U0509118

巨赞法师（1908～1984）

巨贊法師全集

張瑞齡題

第八卷

主编 · 朱哲
副主编 · 李千 马小琳

社会科学文献出版社
SOCIAL SCIENCES ACADEMIC PRESS (CHINA)

59

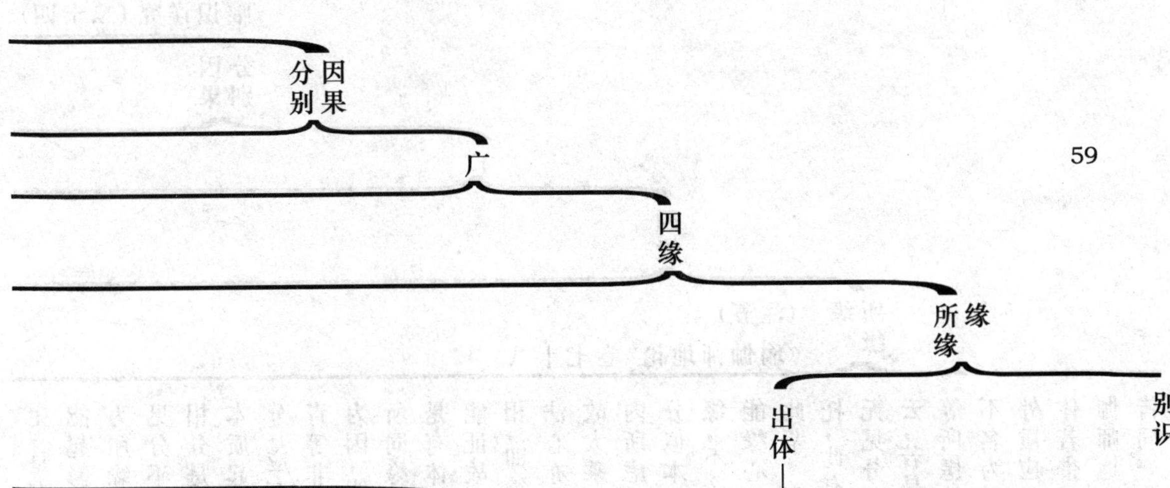

六通缘一切法，故二不同境…渐悟菩萨身在欲界八地已上乃至第十地已来，皆具五识。…顿悟菩萨八地已去，第六识中无漏善相续。即由第六识修慧引起五识中或二识是善，或二即是率尔心，即无记。故五识中半善无记，无不善，从此已后即身无漏五识。」《成唯识论学记卷六》云：「初义难陀，依自无漏种根生故。或云「安慧」。非。唯意法处许无漏故。」《成唯识论了义灯》十一云：「因位五根第八相分，不可有漏发无漏识，问：五根亦有有无漏种，然异熟识许缘有漏，不缘无漏，但持不失，何妨五根亦尔，无漏相好亦然？答：无漏种隐第八不缘，根显如何不缘，无漏相好，至（?）变非执，故亦不缘，不同五根。」《成唯识论掌中枢要》卷四云：「五根实者第八必缘，假者，不要第八缘，种子色等，不要八缘方成实用。故于因中无无漏五根。问：色等可尔，如何种子第八不缘而成实种？此义应思。」《成唯识论学记卷六》云：「《成唯识论掌中枢要》云：即无漏种，在识不缘，无漏五根，亦尔何失，解云：现行五根，必变方实，种不要尔，谓伏法故。」

八识十二心——《疏抄》卷十二云：「十二心者谓欲四，谓善不善二无记，色无色除不善及无漏二心谓有学，无学无漏心。大乘中，欲无复能引生上二界无覆心为等无间缘，即是第八识者，欲界命终生上二界，从上生下亦尔。又有覆无记心亦尔。即是第七识者，若小乘中，无下地无覆心引生上地无覆心，其下欲无覆命终生上色无色界，即欲中无覆心所起上二界染污心。若下有覆心命终，即不得生上二界，以未离下染故。又小说唯善心引无漏心，大乘亦许二无记能引无漏。如初地已去第七有覆引无漏平等性知。又如初成佛时，无覆第八，引无漏第八。」

出体——《成唯识论》云：「若有法，是带已（己？）相，心或相应，所虑所托是所缘缘。此有二：一亲，二疏，若与能缘体不相离，是见分等内所虑托，是亲。若与能缘体虽相离，为质能起内所虑讬，是疏。亲者能缘皆有，离内所虑托，必不生故，疏者能缘或有，离外虑托，亦得生故。」《成唯识论述记卷十四》云：「有法，谓非遍计所执，缘者必是依他无为，可有力用，发能缘识，即简经部，眼识缘和合色，体是假法。带己相者，有二义。古西方师云已者境体，带者，心似彼境相义，即能缘之心。有似所缘之相名带，相者相状。小乘是行相，能缘体摄。大染是相分所摄。此释『正量』部难云，无分别智，不似真如相起，应非所缘缘。玄奘云：带者挟带义，相者体相，谓正智等生。挟带真如之体相起，与真如不一不异。非相非非相。若挟带彼所缘之己以为境相者，是所缘故。若相言体，即有同时心心所之体相。亦心挟带而有。虽有所托，然非所虑，故非所缘缘，相者相分义，或体相义，真如亦名为相，无相之相，所以经言□

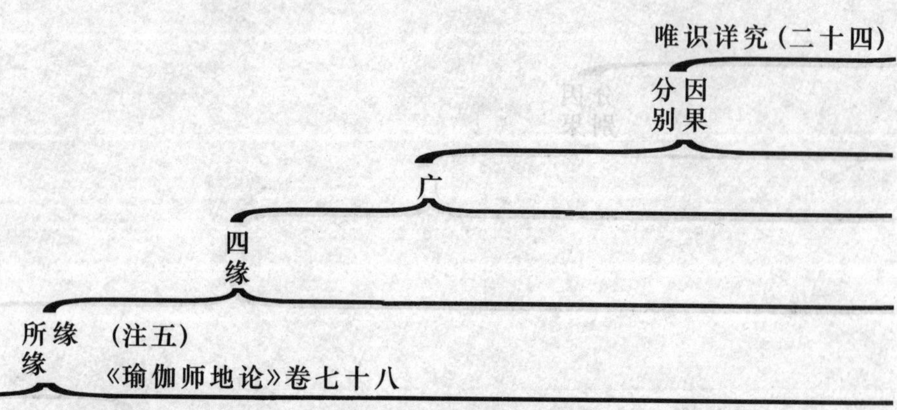

生，是有体为缘能起内心名缘，即此相分于识上现是识所虑法故名所缘。此即是亲，唯约自亲所变相能起影像相分名缘，即见分变此相分似本质法名所缘也。…亲疏差别者，谓如眼识上有青相，相从缘为所缘，由此故云本质能起内所虑托名所缘义。不言本质起内心，亲中相分为缘能起内心故。故今言本见分不相离故。此相摄属本质，缘此相时即缘本质，故本质望见分名疏所缘。此影像相似本质之相名相分是带本质之相，带由似也。如云面热似火，此相亦尔。似本质故，不同亲中见分上相也。见分上相与本质起影像相分名缘。缘由也，见分变此内相分似外本质法名所缘，或可本质望见分即为所缘。此影像分，应有托字。…自证缘见，自证缘证自证，自性分缘自证分，正智缘如皆是亲所缘缘。…疏所缘缘中谓青等非己体分，相分所摄名之为疏。为质能起者谓本质境为质，能起影像相分…一是有为者，即是亲相为因，能缘心心所是果，由有境故，能缘得生也。…亲者谓影像相分是已体分，非相所挕名之为亲，本质所同缘前境，不能亲缘心所故不同缘，如智挟带如体起。故心所非心家所缘缘…所缘缘果者。即所缘境是有体法，心王亦杖托心所方生，其心所应是心王所缘缘。答：心所望心，虽有所讬而无所虑，即心心能证故有无为二种别。若约无分别智说正智证如不一不异：若相言体至非所虑者。此文难意谓心所亦相，即缩头相也。若说依本质名所缘即出头相也。…不一不异等者，若约法相门中真如是所证，正智为法心亦生故。」《成唯识论疏义演》十六云：「大乘有二重相，若约亲所缘者，即相分是所缘，见分名行故大乘中若缘无法，不生心也。疏者，能缘之法，或有或无，以是心外法故。如执实我虽无本质，然离彼内所虑托，不言起内心，以起是缘义，起相分是所缘义。亲所缘缘离内所虑托之相分，一切心等必不行。分似本质法，故名所缘。亲所缘者，即谓见分是带己相，此即疏中影像相分是带本质之相名所缘，故名缘，不亲取故，不仗质故。要为本质能起内所虑托之相分名疏所缘缘，谓为质起故名缘。见分亦变内相能缘心相离法，即他识所变及自身中别识所变，仗为质者是。然虽眼耳等非眼识亲所缘缘。亦非疏所缘此辈。空等虽是无为，然若假变即有为摄。若依本体，即是真如。此有为者，相分摄此说亲已。疏者，与托，此有二：一是有为即识所变名内所虑；二是无为，真如体不离识名所虑托，即如自证缘见分等皆是无见分，如何解所缘？…若与见分等体不相离者，简他识所变及自八识，各各所缘别。唯是见分内所虑云，若是有体之法，是带己相之心及心所法所虑所托者，是所缘缘故。一切有为无为皆此缘挕。安慧等等所虑故，便非镜等所缘缘，不同心等。虽无分别亦能虑故。《佛地》云：若无见分，应非能缘。此中意不名为缘如和合假等。设(谓？)为彼所托，彼得生，亦须彼能虑于此，方是所缘。谓镜等不能虑质，非镜外质应是镜等所缘缘。为解此疑，故云虑托。所虑即前所缘义，所托即前缘义。设此为彼所虑非所讬者，体若带己相，说此名彼所缘缘者。即镜水等所照外质，亦能为缘，生镜中影。镜中影即是带己之相，镜等伽师地论》三八云：唯望心心所为所缘故，非与色不相应为所缘。若尔，有难，谓能缘生能照法。能照法皆同一相，所谓无相。前句是缘，此句是所缘。缘生于谁，谁带己相谓心，或此相应法是所缘缘果。《瑜

成唯识详究(二十四)

四缘

分亲所变相分作法，不约本质也。若疏者，不约自所变为论，唯藉他所变本质为缘，自识于中变起本质之相名所缘。此论云或有外本质能为缘，发起内影相分，或取自一身别识所变为质自托彼变。如眼识要仗他第八所变色境，眼识亦变相缘。然若无本质法，不成疏所缘缘。」《成唯识论演秘》十一云：「相分名已，见带相名带已相：带有二义，一带者挟带亲附之义，能缘亲附所缘缘境而不相离名为挟带，二似也，能缘有似本质之相，相即相分心质相离名为带似。虽境望心近远不同，然心对彼总得名带，如次名二所缘缘。」(考《宗镜》卷七十后，七十一前)

别识

第八——《成唯识论》云：「第八心品，有义唯有亲所缘缘，随业因力任运变故，有义定有疏者。要仗他变质，自方变故，有义二说不应理，自他身土可互受用，他所变者为自质故。自种于他无受用理。他变为此不应理故，非诸有情种皆等故，应说此品疏所缘缘，一切位中有无不定。」《成唯识论述记》卷十四云：「第一师无疏所缘缘者，疏者必强思心方可有故，然亦能变他依处者，相似名变，不仗他生，任运变故。第二师，第八要仗他变为质，方能自变，即种子等亦杖他变。望自身虽为本质，望他即为影像，即是变他根之师。第三师难第一师云自身他身，自土他土，可互受用，故须仗他变。若不变他，应无死后尸骸等事，互相受用，即以他所变为已第八之质。难第二师中且以种子为难，五根亦无受用之义，如何变他？应言此第八心心所，在因果位有无不定，因中变他依处，可受用故，不变他根及种，不可受用故，及死后无故，有色界变仗他无色界无。即因中不定，在佛果位。能缘无为三世等法故有无不定。因中五教，唯托心王所变为质，心王唯能变实法故。佛果五级(？)虽缘去来等亦托心王所变为质，自无力故，与因相似。」《成唯识论疏义演》十六云：「死后无者，死后根种无也。佛果第八缘无为等法无本质者无疏所缘缘。若缘余有为法有：哲法师云：因中五数亦托自第八所变为质，亦能托余人所变色等法为质。若五数变种及五根即分别变，无实用故，若变色等，有质碍用，即因缘变。其五数亦能托余人所变色等法自能变之。然基师五数不许托他质变。」《成唯识论述记义蕴》卷四云：「佛果无漏智，亲证真如岂托心所变为质，又圆镜智，能现一切身五智影，岂不能自变去来影，何要托心？故知疏言且约缘种等托心王所变，非余。」《成唯识论学记》卷六云：「第三师，护法正宗。」

第七——《成唯识论》云：「第七心品，未转依位是俱生故，必仗外质，故亦定有疏所缘缘，已转依位，此非定有，缘真如等，无外质故。」《成唯识论述记》十四云：「此识中有漏者是俱生起，任运无力，必仗第八为外质，无漏位不定有，然缘现在世有为法等有外质故。」

第六——《成唯识论》云：「第六心品，行相猛利，于一切位能自在转，所仗外质，或有或无，疏所缘缘，有无不定。」

唯识详究(二十四)

四缘

五识

《成唯识论》云：「五心品未转依位，粗钝劣故，必仗外质，故亦定有疏所缘缘，已转依位，此非定有，缘过未等，无外质故。」《成唯识论述记》十四云：「必仗第八或第六所变外质方起，已转依位或说亦缘真如，有说不得，但缘去来等故。然今大乘至佛位已，一切皆所缘。唯除见分非相所缘，因中五识诸相互用，唯除相应自体，亦是所缘缘故。」《成唯识论疏义演》十六云：「或第六者，今取十地位无漏第六识妙观察智所变起实定果等为五识本质。不取地前菩萨及二乘第六所变定果色，以彼所变者，体非实故∴佛位同聚心心所亦能相缘。如眼识同聚二十二法皆得更互相缘，乃至八识同聚心心所亦然。唯心王心证不缘自性。乃至见分不能返缘自体，余心所亦然，若菩萨得诸根互用即五识一一能缘十八界，如眼识亦缘耳识乃至亦能缘第八，亦能返缘五根及五尘。然其眼识同聚心心所不能自相缘。乃至余四识亦尔。故云除相应自体等。」《成唯识论掌中枢要》四云：「五识必有疏所缘者。此依观彼业力界地。若定通力所变五尘，非有本质如在下起天眼耳缘上地色等。又解异熟之心，缘境浮浅非要籍本质第八，是虽缘似他身仍不名本质，又前五识等有分别故。必仗本质，缘异地时，虽无自本识本质有他变者为本质故。若尔，即前六识无时无本质，恒分别故，前解胜。」

增上缘

出体——《成唯识论》云：「增上缘，谓若有法有胜势用能于余法或顺或违。虽前三缘亦是增上，而今第四，除彼取余，为显诸缘差别相故，此顺违用，于四处转，生住成得四事别故。」《成唯识论述记》十四云：「此用非是与果等用，但不障力，或顺或违，显勿违顺能为缘。与后生异法为缘，非前灭法，十因中前九是顺，第十是违∴虽无一法非所缘缘。所缘缘外更无增上，然彼正缘时是所缘缘，余不缘者是此缘。∴生住成即一切有为法，得通有无为或前三是有为，第四唯无为。今此中说即此四法，更无别法四体上用，或唯第三成上有作用。第四无为，无作用故。今此所说是顺所生此缘之果。若违之果，一切皆通令不生不住，不成不得故。」《成唯识论学记》卷六云：「有法者(圆)测二说：一云此宽通假，如《对法》云住持增上者，谓命根力，众同分住。一云：此亦非假，如因缘等缘所摄故，就所依种说命能持，观师存初，证师取后，今初为胜，别解脱戒及身语表既(?)异熟因增上缘故，不可彼因唯在实法，身语所依唯无记故，又能作因通唯不碍假亦有法，不障生等，如余实法增上缘摄句。(四缘外有能作故)。或顺或违者(圆)测云，顺违法为增上缘，此较(窥)基胜。」《义演·十六》云：「余不缘者；如眼识正缘西山色时，余东南山不缘之处，即是增上缘摄。故增上宽，所缘狭。此中据缘不缘别体以别四缘也。」《疏抄》十二云：《瑜伽师地论》卷五及《显·十八》云：自种为先，余法色无色为建立助伴，所缘为和合三界法生者。如色种子为先即是因，色等得建立即是果，助伴为和合即能造四大及香味触等及得等四相皆是助伴色法。先有所缘境，即名色法得生现行，亦如心法心王种为先即是因。无色为建立即是果，无色即心心所四蕴，助伴即是作意想思及得等四相。所缘者由所缘境为因，心法方得生，余色法生时无所缘。…若生中既有种为先，三界法生，种生现即是因缘，今说生名增上缘，即说因缘亦名增上，即约杂增上缘解。后三唯是不杂增上。然得中有二解，一由无漏种生现已，无漏现方得涅槃即是不杂上。二无漏种生无漏现，亦名因缘，此亦是杂增上。」

四缘

广

因果分别

四缘与四处等

辨胜——《成唯识论》云：「增上用随事虽多，而胜显者唯二十二，应知即二十二根。」（考《瑜伽师地论》二八附一之《二十二根自性》

缘依处——《成唯识论》云：「因缘依种子立，依无间灭立等无间，依境界立所缘，依所余立增上，此中种子，即是三、四、十一、十二、十三、十五，六依处中因缘种摄。虽现四处，亦有因缘而多间断此略不说，或彼亦能亲办自果，如外麦等，立种名。或种子言唯属第四。言无间灭境界处者，应知总显二缘依处，非唯五六，余依处中亦有中间二缘义故。或唯五六，余处虽有，而少隐故，略不说之。」（按第十五依处为不障碍）。《成唯识论述记》十五云：「除第三、四两依处外，余四依处亦有现行是因缘者而多间断。此略不说是因缘摄。或彼亦能亲办自果，此释将为尽理，或约生起亲故。不说余因缘种，显不说业等，以牵引等疏远等别故略不说。即以此文为不尽理。中二缘中，初师谓领受和合不障碍处三依处中亦有，即以此文为尽理。或为五六者，即以此文为不尽理。」《疏抄》十三云：「若尽理解者，因缘通六依处中一分，等无间缘，等无间依处全，余三少分，所缘缘当知亦尔。增上缘通六依处全。九小分，六谓领受，根依，作用，士用，真实见，障碍，九当知。」《成唯识论学记》卷七云：「基云：非等五无间第六境界，其余三依处中皆有二缘，观待境等心方生。余二合前以为体故。（圆）测二解：一云同前，此不尽理，如《大论记》；一云无间摄十一处。除说习气有润三处，障碍二说，一云许通，染净相违，互为缘故。一云不通以相违故。若所缘缘十一定有，余四二说，语语习气有润障碍；一云不通，以语对义，以因对果及以相违非境门故。一云皆通，以语诠心，种生能缘，净缘染故。余师别释，烦而不要。」

因摄——《成唯识论》云：「因缘能生因摄，增上缘性即方便因，中间二缘摄受因摄，虽方便内具后三缘而增上多，故此偏说。余因亦有中间二缘。然摄受中显故偏说。初能生摄，进退如前。」《成唯识论述记》十五云：「此中别疏摄受因摄上二缘，余九二缘所摄，理准可成，故论不说。但以摄受之中二缘相显，所以偏说，非方便内不摄二缘，观待同事不相违方便摄故。若二因摄，方便摄三缘，能生摄因缘亦兼显十因中六少分是因缘

广

因

十因依处与

四缘

四缘与四处等

依。」《成唯识论述记义蕴》五云：「净因中有本有无漏种，由善友等润，后生无漏，能证涅槃。即以论述记》十五云：「有漏无漏内外种子一切未为善友等所润，贪爱等所润。水土等所润，皆名习气

3、《成唯识论》云：「习气依处，谓内外种未成熟位，即依此处立牵引因，谓能牵引远自果故。」《成唯识七云：「疏者，诸家同然，且顺文。」

待因中通亲因缘于理为胜……疏中虽二解，取疏者胜。今观待因疏相待，不取亲者。」《成唯识论学记》虽亦遍诸心，而不能如受能领乐已。……取亲者顺文，以文中说观待因，生及得中皆有种生现故。故观说得等流果等也。此解胜。」《疏抄》十三云：「二五分位别者，谓苦乐忧善舍五受别。若作意触想思，相待方是此因，不尔，下应言得等流果。又云：若亲相待亦是此因，下此果中但据疏不言亲者，故不于所受非领属己，不如于受，所以不取。其所受中通一切法，但除种子因缘之法，或云此因疏故，唯疏唯取受数，一常遍诸心，二五分位别。别境等法，不常遍诸心，作意等四，无五分位故。触虽有尔，然藉能所之受方是，余非。随是能所受，领彼所能受果，或生住成得，此所待与所生等为因也。今于能受或成或得，此是彼观待因。」《成唯识论述记》十五云：「观，对，待藉也，即是此因通能所受，然所假

2、《成唯识论》云：「领受依处，所谓观待能所受性，即依此处立观待因。谓观待此，令彼诸事或生或住文句而起于想，举初摄余，但云名。」

法。名谓法名，由闻诸法种种名已或自据教寻名句文而起于想。取境分齐善恶等已方起言说，亦依如名字等，『师子觉』文。」《成唯识论演秘》十二云：「法谓一切有无为系不系等，为因起言并名谓法以为自体，所生之说是其果。此各据一义，不相违也。」《疏抄》十三云：「是名想见，《集论》文，由取法及名想三法所起语是此因体。又古师云：所说一切法是此因体，不然。《集论》说此因名想见三《成唯识论述记》十五云：「《瑜伽师地论》卷三十八及《显》云：一切法之名想语三法为因体，今但即能说为所说因，有说此名想见，由如名字，取相执著随起说故。若依彼说，便显此因是语依处。」

1、《成唯识论》云：「语依处谓法名想所起语性，即依此处立随说因。谓依此语，随见闻等说诸义故。此不相违亦有而增上显，若增上别摄余八因，虽余二亦有，而彼三缘显，故不说。

起因摄，虽余五内有因缘，而增上缘显。若等无间所缘缘，唯摄受因摄。虽余观待同事分，中二摄四缘少分，增上摄二因全，说随说相违，余八少分。若不尽理解，因缘唯生因。摄现不尽名退，若并取现名进。」《疏抄》十三云：「尽理解者；因缘摄六因中少因，或说二因，且依《菩萨地》若通取六名进，取二名退，或取六中唯取种子是能生是增上，理已成立，文言略也。虽等者，不尽理释。进退如前者，能生因是因缘或说六摄。一因少分是中二谓摄受，或兼观待同事不相违亦有二缘。论唯说摄受以显故，余

摄二因

十因依处与

因

则宽…自性相称名定不共他故名异。」《成唯识论学记》七云：「界论则狭等者，自界恶感异熟故。」相称为因，谓自界法与自界为因，自性与自性为因，自性中色与色为因。…此果论之则狭，以性论之能生自界等果及各能得自乘果故。」《成唯识论述记》十五云：「此为自性，设他性唯相称。非别性不

7、《成唯识论》云：「差别功能依处，谓有为法各于自果有能起证差别势力，即依此处立定异因，谓各不说种生现，《显》不说种生种。…」

论之则狭者，此因唯有等流种子，无异熟因，下不说得异熟果也。」《成唯识论学记》七云：「《菩萨地》现，现引现，种引种皆是此因。以性论之则狭，以果论之则宽。」《成唯识论述记义蕴》卷五云：「以性起同类胜行及能引得无为法故。」《成唯识论述记》十五云：「谓三性法通无漏也。……现引种种引

6、《成唯识论》云：「随顺依处谓无记染善现种诸行能随顺同类胜品诸法。即依此处立引发因，谓成引释。…然非诸法皆具五六，心等生具，色等少故。」《成唯识论掌中枢要·四》亦说不唯假者得。

摄果名摄受因。测解如此。二助成因缘名摄受因，基解如此。三展转助故名摄受。证合取三，为第四疏因除因缘种。证云后胜。既余亲因说得士用，岂得士用显非实法？言总依六者，谓有三义：一因能法。」《成唯识论学记》七云：「基、测唯取假者士用，下云唯得士用具故。范云：通取实法士用，但此若余缘谓空明等即作具作用也。」《成唯识论述记》十五云：「助成因缘名为摄受，故除因缘亲能生作意即士用依，若余同时心心所疏即作具依。慈法师云：亦如眼识以依第七第六即用二为士用作用，依。根稍亲故，此约法为士用说者有难辨。和上解云：如异生时，取作意能惊觉心王。即作意亲故，其无间，超越，不生（如《第一页》说。）。《疏》云：以眼根及种为士用依，以等无间缘，所缘缘等为作用心所名作者，同时作意四相等名作具。……若士用根本唯约人夫士用说也、用也。法士用有四，谓俱生，证。总依此六立摄受因。谓摄受五办（亦？）有漏法，具摄受六，办（亦？）无漏故。」《疏抄》十三云：「又若相应心缘。）士用依处，谓于所作业，作者作用，即除种子余作现缘，真实见依处，谓无漏见，除引自种，于无漏法能助引所依六根。作用依处，谓于所作业、作具，作用，即除种子，余助现缘。（除内外种生现、种生种，现生种及亲助

5、《成唯识论》云：「无间灭依处，谓心心所等无间缘。境界依处，谓心心所所缘缘。根依处，谓心心所不同。《对法》四近远相对，《菩萨地》异类同类门等。」

云业种子为牵引因，名言种名生起因者，以业对疏故名牵引，名言生果亲名生起。又此牵引生死多又《成唯识论学记》七云：「即前异熟等流种子已熟位也。」《成唯识论了义灯》十二云：「《瑜伽师地论》

4、《成唯识论》云：「有润种子依处，谓内外种已成熟位，即依此处立生起因，谓能生起，近自果故。」无为。」《成唯识论了义灯》十二云：「此解不尔。」

本有种、望无漏能证之智为远因，不望涅槃也。」《成唯识论学记》七云：「（圆）测云，此论约亲实引

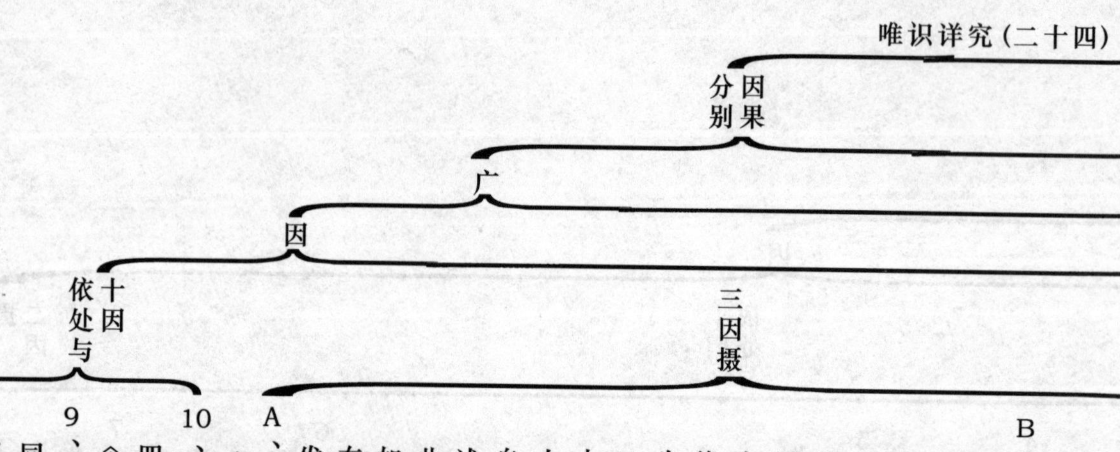

8、《成唯识论》云：「和合依处者，谓从领受乃至差别功能依处，于所生住成得果中有和合力，即依此处立同事因。谓从观待乃至定异，皆同生等一事业故。」《瑜伽师地论》卷十五云：「不取言说，以疏远故。」

9、《成唯识论》云：「障碍依处谓于生住成得事中能障碍法，即依此处，立相违因，谓彼能违生等事故。」《成唯识论述记》十五云：「领受及此后三因，同《瑜伽师地论》五皆言于生住等果，不言余者，余因狭故。此四宽故。然《大论》、《显》但有后三有余生等之一果，言观待中无，此中观待宽，彼唯望情欲作法，其性狭故。」

10、《成唯识论》云：「不障碍依处，谓于生住成得事中不障碍法，即依此处立不相违因，谓彼不违生等事故。」

A、《成唯识论》云：「《菩萨地》说牵引种子，生起种子名能生因，所余诸因，方便因摄，谓牵引，生起、引发、定异、同事、不相违中诸因缘种未成熟位名牵引种，已成熟位名生起种。彼六因种诸因缘种，皆摄在此二位中故。虽有现起是能生因，如四因中生自种者，而多间断，此略不说，或亲办果，亦立种名，如说现行谷麦等种。所余因谓初二五九及六因中，非因缘法皆是生熟因缘种余。故总说为方便因。非此二种唯属彼二因，余四因中有因缘种故。非唯彼八名所余因，彼二因亦有非因缘种故。」《成唯识论述记》十五云：「能生因中牵引因除业习及外无记因，生起因中亦尔，彼非因缘故，其引发因，取种引自种及现为因缘者。除现引种及现，异姓种及涅槃等，彼非因缘故，定异因亦尔。除引自乘及异熟增上等流果，或亦取引发中现能熏种为因缘者。同事不相违摄前因为自体故当知。牵引种牵引因全，四少分，除生起因。生起种生起因全，四少分，除牵引因。问：现熏种亦因缘收，此中不摄者？答：有二：一现能生种为因缘者，以多间断，非如种子性恒相续。此不尽理说。二此现亲办果故，亦名为种，生起种摄，近生果故。……方便因中四因全，及未润生位，已润熟位二因种余，此方便因亦有等无间所缘缘二种，今就一总言但是增上缘。」《疏抄》十三云：「生起因中亦有业种增上缘者。」《瑜伽师地论》十云：「依增上缘所摄牵引，生起，引发三因，说非有因缘。牵引因者，即无明及行名能牵引，识等五果种名所牵引，生起因者，爱取有名能生起因。生老死名所生起，即有业种增上缘也。……异性种者，即善恶业种感无记果等。……除引自乘等者，若引自乘中，无漏种生现，是因缘故取之。无漏现行生种，不取等流果中有二，一种生种现，现生种名等流果，即是因缘，取二假等流果。若由前世杀生业，今身短命报。此实是增上果，除之不取。……观待因中即有生住成得，其生得中亦有种生现是因缘，故取生得中少分。又相违中即言离余相顺因。无与清净作相违因，若清净相顺，无与离余清净等种，亦因缘摄。如何论中亦是增上摄？思之。）

B、《成唯识论》云：「《有寻等地》说生起因是能生因，余方便摄。此文意说六因中现种是因缘者，皆名生起因，能亲生起自类果故。此所余因，皆方便摄。非此生起唯属彼因，余五因中有因缘故，非唯彼九名所余因，彼生起因中有非因缘故。」（按《成唯识论述记》云此与A为第一师与古来大异。C为第二

唯识详究（二十五）

云：化地部说善不为三有因，感人天者，但是轻微不善，道生同此。」生说善恶业不招无记异熟果，同小乘中大众说。…金刚心等者，明第八识。」《成唯识论述记义蕴》四名真异熟故。此言异熟生，即摄得前六识中业所感者异熟生心，亦摄得第八，第八亦名异熟生故。…道不受报非。…此位稍长，至金刚心顿断，通二乘无学。」《疏抄》十三云：「但言异熟，唯摄第六识，唯彼相续者简他及非情，若但言异熟，即六识中报，非真异熟摄。今为总摄彼故，言异熟生，此中即显道生善

五果

1、《成唯识论》云：「一者异熟，谓有漏善及不善所招自相续异熟生无记。」《成唯识论述记》十五云：「自

故，名为亲疏，由因去果有远近故。于近之中分顺别对，离为二因谓引发定异。故此十因更不增减。」因果起故。持谓扶持，立摄受因。又于同事分远近对离出牵引生起二因，二因中有等流异熟二因别因生。与者谓同事因，谓从观待乃至定异皆同能生助与果故。就同事因分形持对。形谓形待立观待因，待顺者谓余九因，皆顺生果名不相违因。二就顺中分显与对，显者谓随说因，由言说故能显诸法，非为违有六，《瑜伽师地论》三十八云：言说相违，道理相违，生起相违，同处相违，怨敌相违，障治相违。近，顺别立十因。释有六对，一违顺对，分为二因，相违因，不相违因。违者，相违因能违诸法不生。相

立十因道理——《成唯识论了义灯》十二云：「何故因但十而不增减？颂云：果于因违顺，显与及形持。观疏并远

繁多，皆如彼释。又《疏抄》十三末亦释《十因之有无漏》及《有无为》。

有为无漏善性，果唯无漏，有无为唯善性。…」其清净之定异因等及杂染十因无记十因又尚体通有漏无漏，唯有为，唯善性。果性唯无漏通有无为定唯善性，若清净法即引发因，因唯通有无为，唯善性。若据平等智摄起染末那，果法亦通有漏有三性。若清净法之引发因，因有漏通有无为，唯善性也。若清净即摄受因，因体通有无为，唯无漏，唯善性，果性唯无漏，彼即是疏，此因亲不取也。若清净之摄受因，因体通有无漏，有无为有三性，果体通无漏非果性等唯有为相，无无为，唯无漏唯善后性，无不善及无记。若据有为无漏远望摄无为果，定是善性也。果通三性，有无漏，有无为。言牵引生起二因者，唯得清净法即牵引生起因，因性，有漏无漏有为，果唯无漏，有为无为善性也。若善清净即观待因，因体通有无为唯无漏因因体通三性，有无漏，有无为，果唯无漏，有无为唯善性也。若清净法随说因，因体通三

三性五辨因果宽狭——《义林》十云：「若清净法即随说因，因体唯有为无漏善性，因通一切法，若清净法之观待

因，余九，就显隐偏说。」

缘种胜显故偏说，余增上多亦偏说。《有寻地》说生起因是能生因，余方便者，生起即是彼生起因，余

C、《成唯识论》云：「或《菩萨地》所说牵引生起种，即彼二因，所余即余八，虽二因内有非能生因，而因

起果体是因缘，不言种现，故摄种生种现，现生种皆名能起於果体名因缘也。」

师，与古来大同。）《疏抄》十五云：「《菩萨地》约种说故因缘分二，唯摄得种生种现。《有寻伺》约能

因果分别

广

果

与果依处

B、《成唯识论》云：「或习气者，唯属十五依处中第三依处，虽异熟因，余处亦有，此处亦有非异熟因，而
十三处得，详曰不取境界，望士用果势疏故。」
云：「或领受处亦得离系，言十一处得士用果者，疏中脱略。实根依处亦得此果。有义加境界成异者相引，即增上果。人士用中无等流果，唯有增上果。法士用中即有等流果。」《成唯识论演秘》十二少分。若不尔者。一切皆是依。」《疏抄》十三云：「等流果唯自界自地相望，即同类，同性，同地相引。若灭，士用，作用真见，随顺，差别功能、和合、不障碍十一处得。得增上果谓语，境界，根，障碍全，余十一夫为士用为观待因故。及士用，作用，和合，不障碍依处。有说，法亦名士用，即领受，习气，有润，无间引自乘果故，及和合不障碍处。若说法为士用，即士用作用俱得此果。五处得士用果，谓领受处，亦望士果。又云：士夫可得，作用依疏，未必可得。得离系果五依处，谓真实见，随顺亦引涅槃故。差别功能各望自现，随顺，差别功能，和合，不障碍七也。有说士用作用依处亦得此果，以法为士用等故，即九得此得此果故。士用果有二说，此亦应尔。得等流果七依处，谓习气望自类种，有润望现及自种。真实见亦上果一切功能。不尔，便应太宽太狭。」《成唯识论述记》十五云：「异熟果五依处所得，谓习气，有润，差别功能。和合，不障碍，或可法作用依处亦得此果，即六依处得。何以知五，准下因得果，不说摄受因见处言显诸依处证系离果一切功能。士用处言，显诸依处招士用果一切功能。所余处言显诸依处得增

A、《成唯识论》云：「习气处言，显诸依处感异熟果一切功能。随顺处言，显诸依处引等流果一切功能。真

5、《成唯识论》云：「五者增上，谓除前四，余所得果。」
用，实不是士夫用，唯假人所得名士用果。」
无为亦是果体。」《疏抄》十三云：「前师约人士用，后师亦约四法士用。此四种即小乘中义，但言如士夫因，所得是士用果，因唯假者，非少实法，二心心所俱等亦得此果。前师唯有为少分为果体，第二师即通

4、《成唯识论》云：「四者士用，谓诸作者假诸作具所办事业。」《成唯识论述记》十五云：「一唯士夫为
所得，非所知障，若所知障为言，定障亦是。有义所知障亦得，此中通说。」

3、《成唯识论》云：「三者离系，谓无漏道断障所证善无为法。」《成唯识论述记》十五云：「有义唯断烦恼障
流。二唯报业相似一法假说等流。」
相者果随顺因。非随小也。」《成唯识论演秘》十二云：「二法者有二说，一因果同性名为一法，是实等故名假。实业所感此果即通有无漏，唯有为，凡圣皆通，亦观望种，种望观。」《疏抄》十三云：「言随顺为同类也。唯此一法非余法皆是假说。实增上果，假名等流，非同性果故。由令他命短，自命亦短，相似非果劣而因胜。似先业等者，如杀生得短命报，是先类之同类。随顺根门即无记果与自业相似，与不善望异类之因为等流果。又同类中，上品与下中品及自上品为果，非下品与中上品为果，果胜而因可劣，

2、《成唯识论》云：「二者等流，谓习善等所引同类，或似先业，后果随转。」《成唯识论述记》十五云：「不

唯识详究

分别因果

广

果

因与缘果

异熟因，去果相远，习气亦尔。故此偏说。随顺唯属第十一处，虽等流果，余处亦得。此处亦得非等流果，而此因招胜行相显，随顺亦尔，故偏说之。真见处言，唯诠第十。虽证离系，余处亦能，此处亦能得非离系。而此证离系相显故偏说。士用处言唯诠第九。虽士用果余处亦招，此处亦能招增上果，而名相显，故偏说。所余唯属余十一。虽十一处亦得余果，招增上果余处亦能，而此十一各招增上，故偏说。」《成唯识论述记》十五云：「此不尽理释也。」

1、《成唯识论》云：「若异熟果，牵引、生起、定异、同事、不相违因，增上缘得。」《成唯识论述记》十五云：「对待唯望士夫为因，故不取，若望法为因，此取十因中六因，增上缘者，大乘报因非因缘故。」《疏抄》十二云：「大乘中善恶业异熟无记名言，非是因缘，若有部是因缘。」《成唯识论掌中枢要》四云：「五因得此果，此说杂染十因，若无记法十因，唯《瑜伽师地论》三十八，不得此果。彼亦无记为随说因观待因，同事不相违因及以无记为相违因故。其清净十因中二因得此果，谓摄受及相违，或此皆非清净法因，以清净法为果故无异熟果。」

2、《成唯识论》云：「若等流果，牵引、生起、摄受、引发、定异、同事、不相违因，因缘、增上、缘得。」《成唯识论述记》云：「此中种望现等是因缘，余增上缘。」《枢》四云：「三种十因皆得此果。」

3、《成唯识论》云：「若离系果，摄受、引发、定异、同事、不相违因、增上缘得。」《枢》四云：「离系果，唯清净因，非余一。」《疏抄》十三云：「观待因中即有生住成得，得中即说涅槃，如何不说观待因得此果。」

4、《成唯识论》云：「若士用果，有义观待摄受，同事不相违因，增上缘得。（以士夫为士用。）有义观待，牵引，生起，摄受，引发，定异，同事，不相违因，除所缘缘，余三缘得。」（通法为士夫。）《成唯识论述记》十五云：「但无不生士用，二说皆是。」《成唯识论述记义蕴》五云：「不生者，即无为，小乘许得士用果，大乘不然，要有能生所生方名士用也。」

5、《成唯识论》云：「若增上缘，十因四缘，一切容得。」《成唯识论述记》十五云：「据通体者为论，或谓除前所用为四果之因外。余因所得，所望不同，果各别也。然不相违中摄无为，如何得增上？答：十因皆得果，无不得者，不同小乘无为，非六因五果之果因也。不言有取与为因，然与所不障碍为因，所不得即此无为之果也。即随说因是，观待等亦然。」《成唯识论述记义蕴》五云：「有部无为，虽是能作因而非五果之因，虽是离系果而非六因之果。今大乘无为虽无与取，然是不相为因而得增上果，以不碍他故。即随说等者，此说不乱增上。即说随说因全，观待中除士用果。余得增上果，相违因异亦取。」《疏抄》十三云：「不违因无为者，意取同事因及摄受因中无为（境界处。）随说因及真见中无为，不令他为因不取。此三因中无为为因，而得增上果也。…大乘亦说无为有因果，由圣故方证，无为圣为因，无为是果，无为为境，心心所缘之。无为为因，心心所为果也。」《成唯识论了义灯》十二云：「无为得增上果者，不言有取与为因，然与不碍为因，所不碍即此无为之果也。无取与义，不同小乘。」

缘生分别

生种

生观

立五果理

《成唯识论了义灯》十二云：「无为理同，故立一果，有为事异疏成四种，四中生自他殊分之为二，谓等流异熟，人法有别复分士用增上，或复亲疏有异分士用增上。由此得彼立为士用，不障他生亦成增上。又云：无为有为，分共不共，不共者，有为之中，异熟等流，无为可知，共谓士用及增上。不生士用即无为是增上用宽故得通二。」《义灯》十云：「果是成办义，要有法是，无法非也。…」(余义同《成唯识论了义灯》较详。)

种生——《成唯识论》云：「本识中种，容作三缘，生现分别，除等无间，谓各(名？)亲种，是彼因缘，为所缘缘于能缘者。若种於彼有能助力，或不障碍是增上缘，生净现行亦尔。」《成唯识论述记·十五》云：「分别之言，摄心心所，若见相分，非为自体也。因缘中亲种简业种生异熟果及余增上，虽眼识生，藉根等种，非亲种故。非因缘。于能缘者，要能缘种心心所法种子，方为彼所缘缘，除一切相分，相分不能缘故。及除自体分，不缘种故。然见分中除五七识，不缘种故，但与第《〇》八一切时见。第六有时缘者，彼与为缘，今简所不为缘者。增上缘中，能助力者，此根种望识种，不障碍者，如异识种望异现行。此中简障现令不生之缘。生净中，见分通与一切见分为所缘缘，皆能缘种故，亦与自体分为所缘缘。佛果识体，缘一切法故，与染别。」《疏抄·十三》云：「若相见分者，今生现分别。分别之中亦有不相应法。相见等不相应等，皆以识为体故。…见相分等是因缘，非唯生识是因缘。如《疏》云：「一切相见等法皆有因缘而生，无非识种生故，…无漏种与有漏现，疏有二解：一、无漏种不与有漏现为生等。不相违增上缘。二、有无漏种，与有漏现亦作不相违增上，后解胜。…至佛果位，无漏种生现，是四缘。又八谛见分皆能缘种。」

现生

1、《成唯识论》云：「有情类，自他展转，容作二缘。」《成唯识论述记·十五》云：「谓自他身分别展转，除因缘及等无间。…此中分别即摄见相分。故由他生者皆名分别，但知不唯是见分也。即唯前六识，或亦第八识，许变他处故。」《疏抄·十三》云：「此言生分别，摄色，不相应法见相分等，由他种生也。六识等者，五识亦托他根尘为本质而起相分，第六能缘他扶尘一切法以为本质而实起相分。第八唯能变他扶根尘等为本质疏所缘缘。不能变他种子五根也。」《成唯识论学记》七云：「何七不缘他，六八得缘五识，测二释：一要托自八，二亦杖他八，不尔生上见下界色，应无质故。」

2、《成唯识论》云：「自八识聚，展转相望，定有增上缘，必无等无间，所缘缘义或有或无。八于七有，七于八无，余七非八所仗质故。第七于六，五无，一有，余六于彼，一切皆无。第六于五无，余五于彼有。五识唯托第八相故。」《成唯识论述记·十五》云：「二八识相应法及见相分等总名自聚。…八于七有等者，以第八相色等为其本质，生五识相分色等。」第七亦缘彼见分境故。第六以彼相见为境，若无八定为本质，五七不生，虽非亲所缘缘，是疏所缘缘。第七于前六中初五无，意识有，意缘一切法故。…五识不待第六所变色等为自境，有力生识者方为此缘，故不以五识自相望为所缘缘，以定无故。」《疏抄·十三》云：「约已知菩萨，无漏第六中变起果色等，五尘法处前摄实色，五识亦能缘第六识中法处色也。」

唯识详究（二十六）

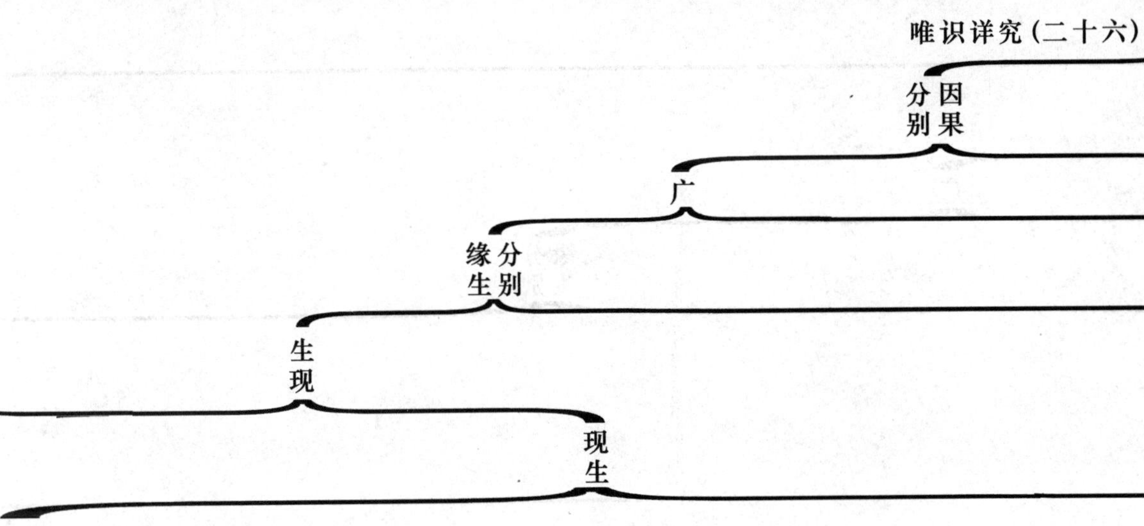

相分种子，至后念即生现行，即如后念五识缘前念相分，意势相依。前后念俱是影像相分，即七相见分种，即前第一念，至后第二念即生见相现行，以是业感故，故云前念第七熏自类见切时皆有。…道理即傍乘义，便解前七于八所缘容有似熏彼第八识相见种故。若前七熏自类二念即生相分现行，后第三念五识缘前念相分，即五识前后亦具三缘。今说此有时有，非一说后念五识前相者，不正义也。说前第一念缘五尘时，有识上相分现分熏成相分种，至后第相分名行相，为本质疏所缘缘也。不取前念相分所种子为所缘缘，五识不缘种故。今此菩萨双熏。若缘余心心所无为二俱不熏。」《疏抄》卷十三云：「相分为行相者，即前念所生，现行成所缘，后释似义别言实亦违理，详曰后不违理。…疏作四句者，第七熏见，前五熏相，第六即彼所缘由能熏引故说能熏是彼所缘，虽现种二相不同，体类同故。二云同疏，此二释中皆种两释：一前七种识各各能熏彼七转识自相见种，在本识中第八缘彼相见分种为亲所缘。二义。若依后解，唯八中前，非前念熏，未润能生第八见故。」《成唯识论演秘》十二云：「相见缘缘，第六双熏，可知，摄相旧识，说缘七识，基唯述后，然其前言，测云，前念或八中前，初具疏。二云：第八相见，五熏第相分色等，故是见分疏所缘缘。第七熏彼见分种，故自证等疏所此门，前七于八有疏所缘，彼相见种。三藏二解：一、七识相见名熏自种，种为亲缘，能熏为也。基唯述此。二、护法假许陈那。三、实许为宗。（即陈那颂有二门，假许实许无违。）若依一、陈那许经部义，彼说五识缘过去境，因必先果故，难信。同时如两角故。陈那别意假顺许熏生彼第八现行相见分种也。第八不缘虚空等故。」《成唯识论学记·七》云：「三藏三释：第八见相而熏种即双熏彼二分种。若缘虚空心心所等以为相分，亦熏彼生空等相种也。非能缘缘。第七能熏成第八见分种，是自证分所缘缘。自证等种生自证等，随应亦尔。第六若缘所缘缘。以前七能熏成第八品见相种故。谓前五能熏成第八相分色等相分种，是第八见分所第八。以非能熏，不能引种。…若后以前念为所缘缘，自身八识品相望中前七于第八亦容有生，故是所缘义。即以相分为行相，本质为疏所缘缘义。五七前后亦有三缘，亦者，亦第六非熏，引相分种，生后念五相分。前念五相有力能生后识见分，故是缘义，后念之识带彼前相前为后缘，引彼功能故，彼随「经部」因果异时。即非现境生五识，故前念五识现行相分，为能缘前念识聚故。唯聚现境故，又非种，故除二缘。…陈那许五识后念见缘前念相。彼论云，或有所缘缘，据缘者说，故此中不除，阿罗汉末后心等无间缘据长时说，故但说容，余七不能自《成唯识论述记》卷十五云：「第一师第六聚容作三缘生后自第六聚，除因缘。现行相望，故者，五七前后，亦有三缘，前七于八，所缘容有。能熏成彼相见种故。（依陈那《观所缘缘论》）

3、《成唯识论》云：「自类前后，第六容三，余除所缘，取现境故。（常□义。）许五后见缘前相

广

分别缘生

如本识亦？定缘种，勿第八俱六个见分境，不同质故。自托分境许不同缘，缘自见故。今依可质起，同名所缘。设许变色。依因位，果亦可然。今后师意，设许无色第八亦变下界之色，五所质？有说一切心必托本质方生，如缘空，托名为本质。第八心王，以五数所变相假力故为本也？前师解云若必有本质，如第六缘虚空时，以何为质？第八心王不托数境生，如何同本现，非五所变，如眼根等。无能生识用。此师难曰，何故同一所缘分二义，第八五数无本质无色界中五心所应无境，诸心心所例然。然前师意各各缘自所变种。然唯心王所变种能生相缘，依因位，佛则不然。相分许缘者，如本识中诸法种，为同时五所触等相分本质。不尔，他变各各自变相似名同一，不要心王缘心所之境生名为同一，第二见分同聚心心所法说不法，必同本识所变质生。二相似名同一，即第八俱心心所法及第六缘过未等。虽无本质，不托过，但有后失。若尔，如何名同一所缘？此有二义：一所仗质同，名为同一，如五识等俱心所同一缘故，大乘见分不许自缘，亦有此妨。然极相近，不缘俱法。说自证分即得自缘，即无前云：「第一，非如『大众部』缘俱生心心法，若许同聚异体相缘者。不同一所缘过，受不与心尔，无色彼应无境故，设许变色亦定缘种，勿见分境不同质故。」《成唯识论述记》卷十五或依见分，说不相缘，依相分说，有相缘义，谓诸相分，互为质起，如识中种。为触等相质，不

4、《成唯识论》云：「同聚异体，展转相望唯有增上，诸相应法，所仗质同，不相缘故。（第一义种。」说异。）又云：「第六望第七，望五识，如望第八应知。而第七及第五识，不能熏成第六相见等一切时恒与第八作疏所缘缘。第六即不定。」（《疏抄》中，文多讹脱，按意与《成唯识论述记》第八自证分作亲所缘缘。其第六能熏相分与第八证自证作疏者。…此中大意，五、七识相分证自证分时，即第六缘第八，自证分时，六相分中相分熏成第八证自证分种，以后生现行与现，与第八证自证分作亲所缘缘，其第六能熏相分，与第八证自证分作疏者，若第六缘第八，不摄证自证分，唯第八能熏第八自证分及证自证分种。中熏成第八自证分种，以后生自证分不能缘前七见分现行见分现行不与第八作疏所缘缘。其第八但约虚空等种。…此上四句，仍所见分虚空等种已而生现行，第八见分自证分，俱不缘现虚空等。第八不缘假法故，其第八第六不缘第八，不熏第八见相分种也。即如第八缘虚空及缘心所见分等时。第六相分熏心心行相分与第八作疏所缘缘也。第二句第七与第八，第三句第六与第八，推此当知。第四句谓八相见五种。第八相分种后感生第八现行相分，此与第八见分作亲所缘缘，即五识中能熏现无等，是正义也。…四句分别者，一五识缘第八所变色等五尘本质时，即五尘相见分中熏第念七识虽熏第八见相种即后念不生第八见相分也。论文皆是异师说，不正义也。前念七於八八相见种分未被业感，即生相见现。此第八见相分种，要经百千年，被业力招感方生现。故前八缘自见相分名亲者，即七识相分中能熏第八相见种子。相见种至后第二念未至现行，即第生现已，被第八见分自证分缘。即名第八缘前七识也。即七识能熏现与第八为疏所缘缘。第前念相分，熏种至后第二念即生现，即后念五识缘也。今若七识能熏第八相见种，此相见种

现作相分缘故，如无分别智，唯是现量，无外境，故不缘，不同后得智，后得智见分，返缘自证彼影，应非知一切，唯除相，不缘见，又第三四亦非相所缘见分摄故。∴显自证分亦见所缘，故。识自证分，与相应法见分同缘，缘自见分。余净心所例亦然。又能或缘彼相分故，若不现身者，互得相缘故。即净八皆得互缘同时心心所，亦得互自缘同时心心所，以彼功能遍现影缘用故。」《成唯识论述记》十五云：「净自他八识为缘皆增所缘缘，以净八识皆得缘他及自

6、《成唯识论》云：「净八识聚，自他展转，皆有所缘。能遍故，唯除见分非相所缘，相分理无能故。故不成疏者，或等者，约见由相生说，得为缘，实非也，见非相影故，不别变相故。」似质之相，今设以相分为质见分为相，说此相与自证为所缘者，而见分影与相分质不相似十二云：「前释为胜或带已相，后亦理通。」《成唯识论述记义蕴》五云：「疏所缘缘必须带起相，种相第八见分（此句或讹或脱缘），即作三缘，即因缘所缘缘增上缘。」《成唯识论演秘》缘缘，更无第五与自证疏所缘缘。∴前来皆约现相见说。故相与见为二缘。若第八见分缘种说，若约疏者，即自证与证自证为亲所缘缘，见与证自证作疏者。然自证缘证自证时作亲所∴相不与证自证作疏所缘缘者，隔两重故，若见分与证自证唯是增上缘。此皆约亲所缘缘证作疏所缘缘，由相分为缘起能缘见分，即自证分亦得生故。见与自证俱是能缘故。此解胜。不与自证分作疏所缘缘也。或可至见分生故者，第二解。谓见与自证作亲所缘缘，相分与自与相不相似故。即见分是能缘心，相分是色境，又见分唯四蕴。相分有五蕴。二不相似故，相不相似者，此第一解，谓若言见与自证作亲所缘缘，相与证作疏所缘缘者不然。何以故？见为增上。然前相与见为二缘，不言种子亦为相分得为因缘者。」《疏抄》十三云：「相与余分至说得由相为缘，见分生故。见与第四，亦但一缘，此据亲者若，疏所缘缘亦得有。二与见相分但「为见二缘，谓所缘增上，相与余分但为增上，若约疏所缘缘，亦非见与相分。不相似故。或可证自证展转俱作二缘，此中不依种相分说，但说现起互为缘故。」《成唯识论述记·十五》云：

5、《成唯识论》云：「同体相分，为见二缘，见分於彼，但有增上。见与自证，相望亦尔。自证与准陈那，五后见缘前相义，然体现有，不假熏力，虽不正缘，相似得力，如依熏力，说缘彼故。」过，受之见分，即不缘受见，仍有不同所缘之失。」《成唯识论学记》七云：「证云：此后师亦云后失。」《成唯识论述记义蕴·五》云：「后失者，即许自证缘于见分即无心等见分自缘之相望，口同缘失，然同时相心心所见而不互缘，望彼相分同时王所见不同缘过。相分见后，故缘妨，如刀自割，今有第二之妨，故名后失。或前疏云见相不相缘，今许自证得缘自见，无见第六三缘。余识有二，有后失者，若许同时见分相缘，有二失：一无同一所缘之过，二有心自识，故前师正。然此二师皆约因位说。」《成唯识论演秘》卷十二云：「此依同时说，依前后者，质故。∴若第二师，一切心起皆有本质名同一所缘。即心心所起时，皆有疏所缘缘，恐乖唯余心所见分，共缘心王见分名同一所缘，无不同一缘过，但有后失，即论文云，勿见分境不同尔，说有本质。前师可玩，后乖唯识。」《疏抄》卷十二云：「但有后失者，此解心王自证分共

缘生分别

生现

现生

作影像缘，仍是相分。不尔，即与证自证无别。何须四分？由是一切心皆具四分，今缘相应法见分，缘自证分，亦能缘证自证分，证自证亦能缘见相分者，唯在佛位，余者不能。此中但遮见非相所缘，遮第三四分亦非相所缘。意显余三互缘一切法名遍缘故。虽作此解，三分何别，各相似故，如前所得者亲得。余新所得影说，故成差别。又云：今但遮相为能缘，及见不缘自证，非显余二得缘一切，此不及前解。」（按《成唯识论学记》七云：测疏四释，变影之中有十五释。《成唯识论了义灯》十二、《成唯识论演秘》十二广破其说，结正归窥基疏净论之中，颇多要义，亦足观玩）

生种——《成唯识论》云：「现种与种，能作几缘，种必不由中二缘起，得心心所立彼二故。现于亲种，具作二缘，与非亲种，但为增上，种与亲种及非亲种亦尔。」《成唯识论述记》十五云：「非中二缘者，以此二缘待心心所为果方能生故，现于亲种等者，依因位，唯除第八及六识中极劣无记，非能熏故。与非亲种，不办体故，除自种外，但一增上。∴唯前显后，净种亦尔，与染同故。」

相续

A

解颂文——《颂》云：「由诸业习气，二取习气俱，前异熟既尽，复生余异熟。」《成唯识论》云：「诸业谓福非福不动，即有漏善不善思业，业之眷属亦立业名，（即五蕴性善恶律义等。）同招引满异熟果故。（不同小乘具十随转，无过未世，实四相故。）此虽才起，无间即灭，无义能招当异熟果（非为有部虽现用无，有过未体，能招当果，而熏本识起自功能。即此功能，说为习气，是业气分，熏习所成，简曾现业，故名习气。（不同无渐，计业皆宿作，化地部等业入过去，现皆有体。又有部等，计过去有体之曾业。顺世外道计一切果唯现业所得，作时即受。今不然，由过去无间灭现行熏习故，种子念念前灭后生，恒现有故，非作时即受果，后时或一多生，才受果。）如是习气。展转相续至成熟时招异熟果，此显当果胜增上缘，相见名色，心及心所，本末，彼取，皆二取摄。彼所熏发，亲能生彼本识上功能，名二取习气，此显来世异熟果心及彼相应诸因缘种。俱谓业种二取种俱，是疏亲缘，互相助义。业招生显，故颂先说，前异熟者，谓前前生业异熟果。余果异熟者，谓后后生业异熟果。虽二取种受果无穷，而业习气受果有尽，由异熟果性别难招等流增上，性同易感。由感余生业等种熟，前异熟果受用尽时，复别能生余异熟果，由斯生死轮转无穷。」《成唯识论述记》十五云：「二取有八解：一、相见，谓即取彼实能所取名二取。二、取名色，即执取五蕴为义，前言相中，亦通取无为以为本质故。三、取心及心所，一切五蕴法不离此二故。四、本末，谓取现果，第八是诸异熟之根本故。余识中之异熟名末，即取二异熟也。谓受乐执取缘取也。或第八总报品名末，余之别报品名末，摄一切法尽，唯简异熟，以极狭故，第五，彼取，即彼上四取。即一取言通上四处是单取，及通彼上是重取，谓有取取前第一能所取之取，如重缘心，取下三取亦然，故有八解。此八皆是二取所摄即是现行之取也。或前四是境，彼取能取但有四也。名习气者，即彼八所熏，亲能生彼八居在第八上功能，名二取习气。即前八中皆其二义，名习气，皆有所生能生义故。本末若为异熟解者，取为所取故，亦具二义，即名言种，由取二而生，故能生本识。此非善不善，但是无记亲生之种，此中二取，通七识所熏随其所应，生第八相见分等。此亲能生果，简前业种。即显名言种，生果无尽，以心为主，但言生心，实通五蕴。：俱谓二种同时感生果。非如小乘异熟因果，必不同世，作时受时，虽世不同种正受果时，必与

62

相续

A

显颂意——《成唯识论》云：「此颂意说，由业二取，生死轮回，皆不离识，心心所法为彼性故。」又云：等流果故性同，增上果故易感。」《成唯识论演秘》十二云：「小乘具十随转者，如《俱舍卷六》说。」果同世，以过未无体性故：…性别谓与业性别，难招谓业难招得必异世果方熟。二取，一者性同，体性相顺，二易感同时生故。此念熏已即能生果，故二取种易感果也。等流谓种与现及自种为俱生同类因，增上□，但等流必增上。

B

别解——《成唯识论》云：「诸习气总有三种。一、名言习气，谓有为法各别亲种，名言有二：一、表义名言即能诠义。音声差别，二、显境名言，即能了境心心所法，随二名言所熏成种作有为法各别因缘。二、我执习气，谓虚妄我我所种。我执有二：一、俱生，即修所断者。二、分别，即见所断者。随二我执所熏成种，令有情等自他差别。三、有支习气，谓招三界异熟业种，有支有二：一、有漏善，即能招可爱果业。二、诸不善，即能招非爱果业，随二有支所熏成种。令异熟果善恶趣别，应知我执有支习气，于差别果是增上缘。」《成唯识论述记》十五云：「唯第六识能缘其名，能发其名，余皆不能。名非业性，故从声本说为无记，不能熏成色心等种。然因名故，心随其名变似五蕴三性法等而熏成种。因名起种，名名言种，心心所熏种，不依外者名显境名。依外者名表义名，显境谓一切七识见分等心，非相分心，不能显境故。见分等体实非名。此心心所能显所了境，如彼故名之为名随二为缘相分等中，熏五蕴种亲办体。…因我执故，相分之中亦熏五蕴种，即名言熏习，由熏我执种，故别立之。初通六七，后为第六。…支者因义分义，通六识皆有此熏。…此后二种望异熟果是增上缘，此异性故。我执相分所熏成种，虽作因缘，亲生本识见分种，令彼自他差别，故成增上。名言种与异熟果为因缘，亲生故。…言说名，唯欲及初定，有寻伺故。此熏习至第四定皆得依名起熏习故。或通无色，无色天佛处听故。显境名言，通三界九地熏习，有支我执，亦通三界，又名言熏习通三性，有支者唯善不善，俱生唯有复，分别通不善。又表义名言唯第六识缘之熏习，显境名言通前七识，第八不熏故。有支通前六识有善恶性故。我执当知，又后二熏习唯有漏，名言通无漏，无漏亦依表义显境，名方熏成种故。《摄》但约有漏表义名说。又名言唯除佛位。第六识有漏至八地，余六识及诸无漏通十地。有支非圣者，圣者不造业故。设造别业，不名有支，非行支故。名言所摄或类相从亦有支摄分别我执，唯异生资粮位起，圣说不共无明，内异生亦无故。俱生者除二乘无学，八地以去菩萨及如来。」《成唯识论疏义演》十九云：「五识但缘色等不缘名，名不依外。…名依声立。声是第八相分，故不熏种。…名言熏习有四解，疏但二解：一、心心所如彼能诠名故，说心心所名名言熏习，体实非名也。二、心心所体即如四蕴名名，即心心所体即是名，能显境故。三、心心所与能诠名同是法处故。四、心心所与能诠名同随事转变，故云名言熏习。…名言通无漏傍约义说，唯通有漏者尽理。不尔，无漏中亦应有我执有支。…随二为缘相分等中者，见分唯熏成四蕴种故，相分中乃熏成无记五蕴种也。…后二熏习定是名言，名言自有非后二者。即诸无记而非执者，及无漏熏种。…若我执相分中熏种，即是前名言种摄，有支相分熏种亦尔，即与异熟果亲作因缘，亲生第八识故，若我执见分种令他自别故成增上。即如第七中我执见分熏成种，即生自第七见分为我执相分中熏种，即亲生第八见也。…能诠之名欲界及初禅有。表义名言，至第四禅以还皆有。无表义名言亦通无色界。」《成唯识论学记七》云：「名是归趣义，趣向义，归向诸法皆称名。…」《深密疏》十一云：「种现分别，唯种非现。」

(注二)《七八页》

C

触颂——《成唯识论》云：「此颂所言业习气，即是有支习气，二取习气。即我执名言二，取我我所及取名言而熏成故，皆名取，俱等余义，如上说。」

唯识详究（二十七）

相续

C

惑苦业——《成唯识论》云：「复次生死相续，由惑业苦，发业间生烦恼名惑，能感后有诸业名业。业所引生众苦名苦，惑业苦种，皆名习气。前二习气与生死苦为增上缘，助生苦故。第三习气望生死苦能作因缘。亲生苦故，惑苦名取，能所取故。取是著义，业不得名。俱等余文，义如前释。」《成唯识论述记》卷十五云：「通一切总报别报现后等业，除无记业及无漏业，能感果熟生故。……《对法·四》：一切欲分别烦恼，皆能发业，皆是不善。任运能发恶行者亦是不善，即修道我见、边见，及此相应贪慢无明，皆非不善。又依《缘起经》知，离我见等俱起法，亦有独头爱等无记。即缘后有起爱，润生爱等，或余本有位起此爱等亦是不发业者。及除上界无明等发业者外余一切不发业惑。余者皆此中发业或摄。余随起有覆等是润生摄，若助发润即通一切。……惑业二种，非异熟性，与果异性，但增上缘。苦种与生死苦为正因缘。」《义演》十九云：「无记业及无漏业，唯感异熟生，不同总别报业，虽别报业感异熟生，不同无记业及无漏业，即无漏现，从异熟识中种生，而勿名异熟生也。……欲界中俱生烦恼发恶行者，亦是不善性。其不发业者，有覆无记性，此有多类，略述有五：一、贪慢无明而俱生身边二见俱起者。二、独头烦恼俱生贪慢等不发恶行者。三、独头贪痴慢等，如九种命终心俱生爱故。（按但有三。）……上界无明发不动业，亦是无记，故今除之。」

感业苦有支与

1、总摄——《成唯识论》云：「此惑业苦总摄，十二有支，谓从无明乃至老死。」《成唯识论疏义演》十九云：「若总惑业苦三即摄十二支尽，若将十二支摄惑业苦三即不尽，盖无明爱取三，即十二支中三支摄，若余一切烦恼即非十二支中摄，若能正感后世总报业。即十二支中行支有支摄。若余能感现报及余别报业，非十二支中行支摄。」《疏抄》十四云：「能感总报业者，即令生死相续，若现报业及引报业但感现身等报果，即不生死相续，故说现报果别报业非行支。」

2、广明有支——如《生杂染》中说。

3、结归——《成唯识论》云：「惑业苦三，摄十二者，无明爱取是惑所摄，行，有一分是业所摄，七有一分，是苦所摄，有处说业全摄有者。应知彼依业有说故，有处说识业所摄者，彼说业种为识支故，惑业所招独名苦，唯苦谛摄为生厌故，由惑业苦即十二支，故能令生死相续。」《成唯识论述记》十六云：「行全，有一分除识等种，是业所摄。识等五生等二全，及有一分中已润识等五种是苦所摄。」

D

总解——《成唯识论》云：「生死相续，由内因缘，不待外缘，故唯有识，因谓有无漏二业正感生死，故说为因。缘谓烦恼所知二障助感生死，故说为缘。」《成唯识论述记》十六云：「有漏业者，谓三界善业欲不善业，如缘起中正感后世引满业是，除顺现生，别助当业，皆非此摄，非是行支正感生死故。无记业亦非业摄。无漏业中除无分别正体后得及此加行，唯取后得有分别者。缘事生故，有漏者异熟因摄。无漏者如异熟因，故言正感。烦恼障者。一切润生诸惑，取发业者，虽理无违，而今此意取润生者，所知障者，此类虽多，但取缘佛有情起者，或取一切如烦恼润。」《成唯识论疏义演》二十一云：「加行，根本，后得，皆无名分别，义各不同，如加行智无颠倒分别。正体智，无推求分别，后得智无邪思惟分别。今唯取缘事生后得无分别智，不取缘安立谛无分别智，以缘四谛理故。…无漏有分别业犹如善恶业，亦能令身得相续，以资故业，身得相续住，故云如异熟因。」《疏抄》十四云：「有二种，一者引业，唯能引第八总报主，二满业，唯能感满果。前十二支中唯引业，不言满业，此言引满者，十二支中为令生死相续，此处为庄严，各据一义。」

唯识详究(二十七)

明生死(注二)

出体——《成唯识论》云：「一分段生死，谓诸有漏善不善业，由烦恼障缘助势力，所感三界粗异熟果，二不思议变易生死，谓诸无漏有分别业。由所知障缘助势力所感殊胜细异熟果。」《成唯识论述记》十六云：「所感三界异熟无记粗异熟果，易了知故，易可见故。名之为粗，五蕴为性。变易生死非彼世间及非迴心二乘境故名殊胜，唯妙唯细，唯是菩萨及其自身并佛境故名细，此以异熟无记五蕴为性，异熟果摄，此于三界定何界。不同分段死定属此界业，此变易死不属无漏业故。」《成唯识论疏义演》二十一云：「预流果入变易身，分段罗汉等皆不见之，但是分段身无问凡圣得天眼与否皆不见。然各各同类自相见，然上得见下，下不得见上。」《成唯识论述记义蕴》五云：「五蕴为性，无色定有色耶？答：三界通言，据多分说，不属无漏业者；此云殊约异熟果，是明不属无漏，若随助因增上果摄，此据尅体不随因，故无违也。」《成唯识论学记》七云：「细异熟等者圆测云即欲色系。唯除无色。《显》等云大地菩萨不生彼故。：窥基云此于三界非定何界非也。随其本业界地定故略不说。」《成唯识论了义灯》十二云：「二种生死正取异熟第八为体，兼通余识异熟五蕴，且分段生取名言熏习识等五种而为亲因。福非福不动三业为胜增上，能招感缘一切烦恼总能为发业润生之缘，由依他缘而得生故。《胜鬘》、《无上依》、《宝性》等皆隐识等名言种，但显增上业。变易生死即前识等五果种皆为亲因。欲界福业并色不动，除无想天及五净居为近胜缘依四静虑缘事无漏后得悲智相应定愿而为远胜缘，既以识等名言种为亲因生明变易生体是有漏。说是无漏界外生死者，依胜缘说，或无漏人所受生死，或无烦恼漏所受生死故名无漏。」《补缺·四》云：「分段生死，以十二支中五果及生老死二为体，余但为生死因缘，非正生死体，此位但取异熟无记，通于色心总别果报。若单别报，即非体摄。变易生死以异熟色心总别果报为体，不取无名，及无漏业为体。此体但是无覆无记，唯有漏故。」又云：「其变易生八地以前皆以现种无明为缘，已上皆以种子无名为缘，以胜无漏所资助故。」

释名——《成唯识论》云：「身命短长，随因缘力有定齐限，故名分段。由悲愿力改转身命无定齐限，故名变易。无漏定愿正所资感，妙用难测名不思议，或名意成身随意愿成故，亦名变化身。无漏定力，转令异本，如变化故。」《成唯识论了义灯》十三云：「分谓齐限，即谓命根，段谓差别，即五蕴体。据此受余有差别故。」

会释三意身——《成唯识论》云：「如《胜鬘》说，如取为缘，有漏业因，续后有者而生三有，如是无明习地为缘，无漏业因。有阿罗汉，独觉，已得自在菩萨。生三种意成生。」《成唯识论述记》十六云：「如似也，以取为缘，即烦恼障，有漏业因，即正因业，由惑润故。续后有者，而生三界之有，此举分段因果，以沉变易。如是五住地中无明习地为缘，即所知障，无漏业因，即有分别业。罗汉等三，以彼所知障及无漏业为因故生三种意成身。旧云意生身，然但转易故，非新生故，故不可言生。此即二乘，无学迴心，向大者及直往菩萨八地以去。方受变易生死，然《佛地》卷二前三果亦得受变易生，七地以前决定性者，有受此生。今此中说二乘无学八地以去受变易生决定故说，其前三果及七地前

唯识详究

相续　　　　相续

D

明生死（注二）

不决定受变易身，故不说之。又解，直往者八地方得，迂迴者虽地前已得。」《成唯识论疏义演·二十一》云：「七地以前智增菩萨名决定性，入初地已去即受变易故。若悲增菩萨名不决定性。七地满心方受变易。智增者怖烦恼故，若初地受变易者，即无决定分段身业，如阿罗汉等。」《补缺·四》云：「有二门，一通就三乘，谓阿罗汉等三，自在菩萨者或初地上，已得无漏生自在故，或七地上，入无生忍位故，或八地上得无功用故。二、偏就萨菩十地建三种意生身，如《楞伽·五》：一、得三昧乐三摩跋提意生身，谓第三、四、五地中自心寂静行种种行，大海心波不起转识之相。二，如实觉知诸法意生身，谓第八地中观觉，得诸法无相。三种类俱生无作行意生身谓自界内自证一切法如实乐相。释云，初中即摄，初二及第六、第二即摄第七及第九地。」（按《楞伽》，系据魏释）（注七）《瑜伽师地论》卷十八。

辨相——《补缺》四云：「分段中有二不同，一、散资，二、定资，散资彼二，顺受横受。顺受者即十二支，谓从无明，次第乃至老死，轮转受任运果。随（《成唯识论掌中枢要》云：「唯在欲界，心猛利故。」）业修促寿有长短，不假闻思为缘，舍财为资。言横受者，见其寿行短促，即以闻思二慧为因。舍衣物施僧，造经像等由此福力，愿令长寿。定资者，于中有三：一外缘资，如四果人入边际定后，出定舍衣钵资感现身，或先舍后入亦得。二、内缘资，如第三果人依未至定或根本定，资受身业，令地地及处处所受之身得长寿。三杂修静虑资。初以有漏资五净居以下四业，次以无漏资助。初念有漏，中间无漏，后念有漏，或反此。如是或多或少，资下故业，得彼受身。变易中亦有二：一迴趣，二直往，初迴趣中，若有学三果迴心者，得以无漏资此。虽未得纯无漏心，而资业时不用有漏，故所练身名为变易，不同杂修业有漏间杂，谓若预流迴心者，如《佛地》云。或有迴心即伏余惑而受变易，或有至第七生方受变易。其余二果，如应当知。若欲界中经生圣者，第八无漏，亦以欲界异熟识为等无间缘。若不退者受上界身，色界四地中随应受身，即练此身至金刚心。若无学果迴心者，亦此无漏资有漏业，不杂有漏，直往人中，一类菩萨。七地以前，即受变易，资业唯用无漏，故所受身名变易。一类菩萨至第八地方受变易，此位唯以无漏资故所练身定是变易。」又云：「七地以前，所受犹粗，八地以去，转胜微细。」《成唯识论掌中枢要》卷四云：「变易唯二：一有漏发愿等并无漏合资故业，谓七地已前一切二乘皆已现行无明等为缘资。二、八地已上为无漏定资，现行智障，并已无故。」

位地——又云：「分段生死既是凡受法，从无始三界九地四生五趣随其业因报位各别。若二乘人入无余舍，若诸菩萨或初地舍，或八地舍。变易生死。若迴心者学无学位，随应初受。如初果人若七生业皆定受者至第七生，方受变易。不定者，初生身，受变易生。若七生中不定者随所受身即受变易。第二果人有三品，或受一大生，若业定者受此一生方受变易。不定者厌受生故即受变易。第三果人若经生者，厌受生故，上业不定，可于此身，即受变易，不经生者，或生色界方受变易，上业定故，不定者，此身即受变易。若第四果，下二界中随在何界，即彼身中受变易。若独觉者一向在欲，直往人当知。」（又云者，《缺》四）。

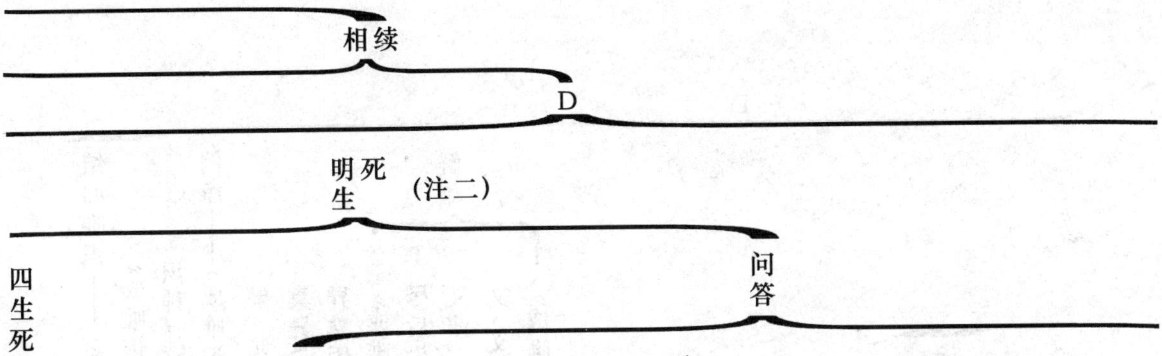

相续

D

明死生 (注二)

问答

四生死相摄——又云：「《无上依经》有四生死，谓方便生死，因缘生死，有有生死，无有生死，方便生死即无明住地(此旧译，新译谓无明习地，由数习故，有五住地。)为缘，生无漏业初生死，因缘生死即无明住地为缘。所生无漏业，有有生死，即无漏业所得三意生身，无有生死即是三意生最后身为缘不可思议退堕。彼虽说四唯一正是变易生死，初一是生死缘，第二是因，第三正是所生果报，第四即是最后异灭二相。非生死体有四体也。如彼分段中有四种难：一烦恼难谓无明受取，二业难谓即行有，三生报难即五果及生支，四过失难即老死支。又惑业生三种皆有迁变行苦之义。变易中无有生死，亦如是。」(按：难即新译杂染。)

一、《成唯识论》云：「若所知障助无漏业，能感生死，二乘定性，亦不永入无余涅槃(问)如诸异生拘烦恼故。(答)」《成唯识论述记》十六云：「小乘所知障不助感生，故难。答中谓彼趣寂者，心乐趣灭，不趣无上正等菩提。虽有所知障不能成佛，如诸异生虽有无漏种不趣涅槃。或谓此中总是难意，下文所知障不障解脱，无能发业润生用方是答，然初解同《瑜伽师地论》、《佛地》俱有此问。」(按：后说正，初有妨难。问答不相应故。又违圣教故。)

二、《成唯识论》云：「如何道谛实能感苦(问)，谁言实感，无漏定愿资有漏业令所得果相续长时。展转增胜，假说名感，由所知障为缘助力，非独能感。然所知障不障解脱，无能发业润生用故。」《成唯识论述记》十六云：「前言无漏为正因感，故为此问。答中谓由第四禅无漏胜定资有漏业令所得果相续新生长时不绝。实有漏业感，但由无漏资力胜故，假得感名。…解脱谓二涅槃。」

三、《成唯识论》云：「何用资感生死苦为(问)？自证菩提利乐他故，谓不定性独觉声闻及得自在大愿菩萨，已永伏断烦恼障故。无容复受当分段身恐废长时修菩萨行，遂以无漏胜定愿力，为延寿法资现身因，令彼长时与果不绝。数数如是定愿资助乃至证得无上菩提。」《成唯识论学记》七云：「二乘永断，八地永伏，伏者有种宁无后有，彼应愿力而受生故。」基云：「必假现感助愿方生，故伏现时永断生死。此大难解。《对法》云：命终生一向善心，何必假现感力，方可说永伏九地烦恼，犹如永断无感生力。」《成唯识论述记》十六云：「虽诸菩萨愿力受生，伏烦恼种，分段之果，定不能生。二乘生死，非由悲愿，若有惑种，生死后续，故断种时，生死永尽。菩萨生死，但由悲愿，必断现惑，助愿方生。故伏现时，永断生死。菩萨虽藉烦恼生死受生，不同凡夫二乘说现及种润生，由起烦恼利益有情业势，便能感生死果。烦恼若伏，业势便尽，故须法执助智受生，故已断伏，无容复受当分段果。」《成唯识论疏义演》二十一云：「虽诸菩萨由愿力受生，无由现行烦恼也。若伏烦恼种时，分段之果必不能生，所以将无漏定愿资分段之时往因受变易生死。…若伏烦恼现行不起虽有烦恼种子亦不能润生，若凡夫不还人亦将烦恼现种润生。(问)，若不还果伏现惑种润者，八地以上菩萨亦应尔？(答)：八地以上菩萨，虽有种，不润生。又菩萨藉烦恼润生皆为利益有情起贪嗔等。故与凡夫二乘别。……法执助智者所知障助无漏有分别业受变易也。……《佛地》说变易身中唯有行苦，然为得，如来三身功德，不以为苦。」(注一)

四、《成唯识论》云：「彼复何须所知障助(问)？既未圆证无相大悲，不执菩提有情实有，无由发起猛利悲愿。又所知障，障大菩提，为永断除，留身久住，又所知障，为有漏依，此障若无，彼定非有，故于身住有大助力。若所留身有漏定，愿所资助者，分段身摄，二乘异生所知障故。无漏定愿所资助者，变易身摄，非彼境故。由此应知，变易生死性是有漏，异熟果摄，于无漏业，是增上果。」《成唯识论述记·十六》云：「解所知障有三释，然八地以上，复更愿资。即无初义，无漏相续不起执故。但有后二，其第二解，谓为永断除此所知障，留身久住。若等以下解分段生死，变易生死差别。」《成唯识论疏义演·二十一》：「无相大悲者无相谓真如，说佛智能圆证真如得利他之大悲，皆悉平等而无法执。菩萨虽证真如，未能圆证，不能平等而起大悲一味之解，所以起所知障。」《成唯识论述记义蕴·五》云：「第七识俱烦恼，由有所知障，若此障，若无此障彼惑亦无。《胜鬘》云：「无明住地为依止故，恒沙烦恼因之而起，故有漏依唯所知障。」

D

解颂

1、《成唯识论》云：「颂中所言诸业习气，即前所说二业种子，二取习气，即前所说二障种子，俱执著故。俱等余文，义如前释。变易生死虽无分段前后异熟别尽别生，而数资助，前后改转，亦有前尽余复生义。」《成唯识记疏义演·二十一》云：「变易生死，以定愿资至十二劫，势待欲尽，便以定愿力资后至二十劫。如是不绝，亦名前尽后生。」

2、《成唯识论》云：「虽亦由现生死相续，而种定有，颂偏说之，或为显示真异熟，因果皆不离本识，故不说现。现异熟因，不即与果，转识间断，非异熟故。」《疏抄·十四》云：「第八识之业种及生第八名，言无记种。此二即名真异熟因，此二即是第八相分故不离本识。虽无漏业，第八不缘，亦不离本识。……生分段变易现行第八识名果，此果及业种因，皆不离本识。」

例净——《成唯识论》云：「无始来依附本识有无漏种，由转识等，数数熏发，渐渐增胜，乃至究竟成佛时，转舍本来杂染识种，转得始起清净种识。(无垢识。)任持一切功德种子，由本愿力尽未来际起诸妙用，相续无穷。」《成唯识论述记》卷十六云：「世尊利他无尽清净种识，皆通现种，皆唯第八，能持种故。」

结归唯识——《成唯识论》云：「由此应知，唯有内识。」

(注二)明生死《瑜伽师地论》卷二

《瑜伽略纂》

生

五趣生

受起差别——处胎分中有自性受，(赖耶相应捨受是异熟生)不苦不乐，依识增长，唯此性受，异熟所摄，余一切受或异熟所生，又苦乐受等或于一时从缘起，或时不起。

熏习生果差别——一切种子识于生自体虽有净不净业因，然唯乐著戏论为最胜因，(名言种子)于生族姓色力寿量资具等果即净不净为最胜因(有支种子)凡夫于自体上计我所及起我慢(我执种子)圣者唯观为苦。

识与名色渐增长相——羯罗蓝渐增长时，名之与色平等增长，俱渐广大，乃至圆满，由地界故依止造色渐渐增广。由水界故，执持不散。由火界故，成熟坚鞹，由风界故，分别肢节各安其所。

种子多少——一切种子，识，若般涅槃法者，一切种子皆悉具足，不尔，缺三种菩提种子，随所生处自体之中，余体种子皆悉随逐，是故欲界自体中，亦有上二界一切种子，余亦尔。

肉心——羯罗蓝识初托处，即从此处最后捨。

依托——羯罗蓝色与心心所安危同故

诸根次第生——此羯罗蓝中有诸根大种唯有身根及根所依(造根四大)处(根所依四尘)大种俱生，即由此身根俱生，诸根大种力故眼等诸根次第当生。又由此身根俱生根所依处大种力故，诸根依处次第当生(依《俱舍·九》有言精血，即成根依。谓前无根中有俱灭，后有根者无间续生。又有余师云别生大种。如依叶粪别有虫生。《瑜伽师地论》同初师，《顺正理》二十四取后说，广如彼详。此则种识成熟二说也展转和合亦二说。《瑜伽师地论》云：由一切种子识功能力故有余微细和合而生，摄云：于母胎中识羯罗蓝更相和合。〈无性〉〈世亲〉同云熟与其赤白同一安危，皆《深密疏》十一云：实无大异也。更究。)

羯罗兰位——父母贪爱俱极，最后决定各出一滴浓厚精血，二滴和合住母胎中合为一段，当于此处，一切种子异熟所摄，执受所依阿赖耶识和合依托。和合依托者谓此所出精血合成一段，与颠倒缘(《瑜伽师地论》云：「中有末心起爱烦恼名颠倒。中有末身名颠倒缘。)中有俱灭，与灭同时即由一切种子识功能力故，有余微细根及大种和合而生，及余有根同分精血和合抟生，于此时中说识已住结生相续。(《瑜伽师地论》云：中有未俱灭前为非情精血，后即有情精血，识住故。)」

一期生十时——成唯识论述记义《蕴·二》云：「一期生十时分者，一羯罗蓝位，二頞部昙，三闭尸，四建南，五钵罗奢佉。(此在胎五位。)六婴儿，七童子，八少年，九盛壮，十衰老。(此出胎五位。)」(按《瑜伽师地论·二》在胎又有三位谓发毛爪位，根位，形位。)

(注一)「菩萨以烦恼助愿受生」——《枢要》四云：「菩萨以烦恼助愿受生，唯以现行势力远资，非如润生爱受等，如行杀生贪嗔等惑方能利乐，未得无漏胜道利生故以贪嗔引无漏道方始能利，名为助愿，非如贪等润生用之。此应为四句分别，有唯现润非种，谓七地前菩萨，有唯种润非现，谓第三果，有俱润谓一切异生，有俱非谓变易及化身等。…问留烦恼本拟润生，八地以去无分段死，不藉烦恼助润，何故不断耶？答如初地怖烦恼即伏而受变易，亦如二乘有学，回心即受变易，虽无分段，不断烦恼所以者何？烦恼虽非亲助润变易如分段生，远势亦有，又惑种在变易时长，不假数资，无惑种变易时促。然有四句：唯定胜无惑助亦不长时受变易，如二乘无学迴心，虽有惑种助，无胜定资亦不长时，如二乘有学迴心，有二俱资即变易长时受。如十地菩萨，故愿留之，不同二乘断之不得非故留也。又二乘但种助，不由愿资而不名留。菩萨正由愿资，傍由种助，故说留之。若即断之，于生无力，惑因亡，果随尽故。又由菩萨意乐菩提，十地练根，不假断烦恼，烦恼在不障得地故名苗。」

（注二）明生死（论三）

- 死
  - 先后起——先所造业绝在先起，其心偏记，余悉忘，若俱平等曾串习者，尔时随初自忆，或他令忆，唯此不捨，不起余心。
  - 三位心死《圆测疏》
    - 明利心——即上三性是粗想现行故，细想现行无记心者即我爱心，此说第六识，若兼第八识，即末后心，故说不忆善恶法。
    - 润生心——唯第六识我爱相应。《对法论》说有九种命终心唯有覆无记。《疏抄》七云：「命终中时第六识中即起爱染而润生，第八识依第六识中染污爱取故而受生，如论云九种命终心俱生爱俱故，故知依染污故，证命终时唯有第八识。」《成唯识论述记义蕴》三云：「上座部云依染污者，谓粗意识名染污在中有中缘当生有而起于爱至生生已于母胎中，随其男女于父于母而有爱憎，即粗意识为名染污。初生之位细第六识依彼而有名依染污，彼行粗细二意得前生故。」
    - 正死心——即末后刹那《唯识论》说第八识。《对法论》说死有末心生有初刹那中有初刹那唯无记性。又《对法论》云：「命终在分明心位有三心，不尔唯无记。」
  - 三性心死
    - 无记心死——行善不善者，或不行者，命终时不能忆。非善不善心死，非安乐死，亦非苦恼死。
    - 不善心死——命终时忆所习不善法现行于心。
    - 善心死——命终时忆所习善法，现行于心，乃至粗想现行。若细想时，善心捨唯无记，所习善不能忆故，善心死时，不见乱色相，安乐而死，不善心死时，见乱色相，苦恼而死。
  - 时非时——寿尽福尽故死名时死，不避不平等死（有九因九缘如食无度量…等）名非时死。按《对法论十》「寿尽福尽，业尽故死。寿尽可知，福尽谓非时死即非福死，以贪著等福力尽引寿业力非时死故。业尽谓顺生、顺后受业俱尽故死。」此各据义说，皆应通论。

- 粗重随眠——诸自体中所有种子若烦恼品所摄名为粗重，亦名随眠，若异熟品所摄唯名粗重，若善法所摄，二皆不名。以此法生时，所依自体唯有堪能非不堪能。是故一切所依自体（异熟五蕴身），粗重所随故（烦恼依附），粗重所生故（无记种起），粗重自性故（体是异熟无复无记），诸佛如来，安立为苦。
- 有染杂染——一处有染欲，即说一切处有染欲，离欲亦尔（一界中有诸界种系染同故，离染翻此）
- 三时业种——诸种子未与果者，或顺生受，或顺后受，虽经百劫，从自种子，一切自体复圆满生。虽余果生要由自种（自名言种起亲因缘），若至寿量尽边。尔时此种名已受果，所余自体种子未与果故不名已受果。又诸种子，即于自体中应受异熟。缘差不受，顺不定受摄故，然此种子亦唯住此位，是故一一自体中，皆有一切自体种子（现在顺现受中报定时不定。种子缘差，现在未得受果，虽于余生方始受果，亦唯住在顺现受位，不名顺余受种，即是顺现报定时不定业，或是三时诸业种子现身应熟，缘差不受，顺不定受故，仍依旧位住名不定业，是故一一身中有三时业种。）（考《瑜伽师地论》十九注四）
- 种子新旧——种子体无始时来相续不断，然由净不净业，差别熏发，望数数取异熟果说彼为新，由此流转不绝。

《瑜伽师地论》一

中有

- 中有心——《成唯识论述记》卷十二云：「中有有心，上座等说，彼中有亦无有心，大乘中有生支摄，故彼中有末心必起润生烦恼而不起报心心所。《成唯识论演秘》十一云：《对法》十云：中有初相续刹那唯无覆无记，以是异熟摄故，从此已后或善恶无记。随其所应，除彼没心，以没心是染污故知中有有心。」又《义演》七云：「中有初心不起染污犹近圣道故，至没心方起染污，问，初二果人可尔，第三果如何起染？答：第三果人于中有没心于上界定而爱味生上果也。地上菩
- 小乘说——《成唯识论了义灯》卷十云：「上座本计无中有，末计有中有。又云：有计有二，一理为量，二教为量，第一立中有，第二不立。《要集》云：上座复名雪山，六八义别，余同一切有，即五立中有。大众等四等无今谓不定，一切有本宗同中论文，不说定有中有，末宗异义，其类无边，雪山同彼岂有中有，大众等论文不说定无中有而云菩萨入胎作白象形，准此即似立中有。」
- 明因缘——由我爱无间已生故，无始乐著戏论因已熏习故，净不净业因已熏习故。彼所依体（中有赖耶与同时蕴为所缘体）由我爱及净不净二因增上。从自种子即于是处，中有异熟无间得生。《瑜伽略纂》云：「或以为若在无色界死，生下界时，前身死处，中有现前，难解。应言即于当生处现，此亦不然，前说是也。」《瑜伽师地论》云：「造中品不善业者…。临命终时我爱现行，便爱自身。由此建立中有生报。」

《瑜伽师地论》卷八六 器生死与种类生死之异点

- 续——器生死断而复续，种类生死断已无续。
- 断——器生死因无永断，种类生死则不如是。
- 坏——器生死或火水风之所断坏，种类生死则不如是。
- 时——器生死于无始终前后际断，种类生死于无始终相续流转常无断绝。
- 因——器生死（器世界）共因所生，种类生死（有情世界）但由不共。

《瑜伽师地论》云：言内分生死，凡器成坏亦摄入，如云由诸有情所作能感坏业，若有能感坏业现前，尔时便有外坏缘起，由彼外分皆悉散坏（一切外分，非情粗色，恒相续住顿灭实难，故坏由业）？

- 上下捨相——作恶业者识于所依从上分捨，不尔，反是。
- 死名别——清净解脱死者名调善死，不尔，反是。
- 根具缺——色界没时，皆具诸根。欲界没时，随所有根，或具不具。
- 解肢节——除天那落迦，所余生处一切皆有，此复二种，一重二轻。重谓作恶者，轻反，北拘卢洲一切皆轻。
- 润生
  - 圣——预流果及一来果，尔时我爱亦复现行，然能制伏之，若不还果，不复现行。
  - 凡——诸众生命终时，乃至未到昏昧想位，长时所习我爱现行，由此便爱自身，建立中有生报
- 善恶相
  - 差别——若行不善业者，当于尔时受先所作诸不善业所得不爱果之前相，犹如梦中见无量种变怪色相，尔时如日后分或山山峯影等悬覆（下品恶业）遍覆（中品）极覆（上品）。
  - 前相——受尽先业所引果——业尽等死非不避不平等等死，定亦有中有之相。
- 死因
  - 净不净业因增上力——《瑜伽略纂》云：有支种子通善不善是第八识增上缘
  - 乐著戏论因增上力——名言种子唯无记，是第八因缘。

  由名言种势力尽故，现不避不平等故死，或寿尽死由有支种势力尽故，现在业尽故死，合由三二因力故福尽死。

萨或云无中有，知而受生，非为不知故。或云有，为救众生受分段身故，至于染污或无，或云有，俱生惑犹在故。」

会违——《成唯识论了义灯》卷一云：「大乘《中阴经》说，佛入中阴（此意不说中有名中阴，以在生死中间名为中阴。此释不尔，若以生死中间名为中阴，何须云郁头子入，先在彼故。）无色有情郁头蓝等亦入中阴礼拜听法，故知虽缘有情，亦通无色。问，已入中阴非无色摄，如何云彼有敬耶？解云，经意难详，今助一解，死生中间所有诸蕴名为中阴，又云，依定果色变现似身依下地定发天眼耳。借下地识见佛闻法者，此亦不尔。若依有部眼不下于身，如何色界眼依无色界，无色界身非实有身根，眼等何依，若依大乘，此亦不许，故正解云：佛即不灭现彼中阴郁头不死亦入中阴，故是化现，非实中阴。」

中有与灭——《瑜伽师地论》卷二六云：「有三种中般涅槃众中，一、从此没已中有续生，中有生已，便般涅槃。二、从此没已，中有续生，生已经少时，未趣生有便涅槃。三、中有生已往趣生有，未得生有便灭。」

三界有无——无色界无，以无形及处故。《瑜伽师地论》卷八七云：「于有色处，依止中有而有去来，于无色处唯有徙生，即于两处乃至寿尽相续而住故名为住。当知此住欲界人中有三分位，谓初入胎所滋润，胎分圆满，自胎而出，当知此三复有差别，欲色无色如其次第。」《对述·七》云：「中有现前处所，在欲色界正受生位，正受。」

异名——中有（在死生二有中间生故。）健达缚（寻香行故，香所资故。）意行（以意为依往生处故）趣生四名（按《杂含》又有神识之名，《杂含·三十四》云：众生于此命终乘意生身，生于余趣，则又一名。生位必有中有。）无色界者，更考余文。

生时分限——未得生缘七日住，有得生缘即不决定，若极七日未得生缘，死而复生极七日住，如是展转未得生缘乃至七七日必得。

转生——此中有七日死已，或即于此类生，若由余业可转，中有种子转者，便于余类中生。

具根——具足六处或复不具，以于六处门常求有故。

相状——造恶业者如黑羺光，造善业者如白衣光，为极净天眼境，妙于阿耨尘故。

余门——（一）生死同时，如秤低昂时等。（二）不同前将死位起内我爱。唯起境界爱缘。（三）同当生形。（四）天天眼，见障处色。（五）身往如得神通。（六）不见异趣，见同类及身当生处，造恶业者眼视下净伏面而行，往天趣者上，人趣者傍。将受生时于当生处见己同类可意有情，由此于彼起其欣欲，即往生处便被拘碍。（七）中有身生时唯是化生，六处具足。（八）其母调适而复值时，父母和合俱起爱染，健达缚正现在前，是谓由三处入母胎。（九）要无三障碍谓产处过患障碍，种子过患障碍，宿业过患障碍。（十）起贪爱已或唯见男唯见女，如如渐近彼之处所，如是渐不见父母余分，唯见男女根门。（十一）多福、薄福闻见声相而托生贵贱之家。

又《宗镜六》云：「问，此人生身变作蛇虎等有中有否，答《慧思》云：（按：是对《成唯识论述记》七文）无中有身，以不改转总报（即本有，本有者，即生有后，死有前于其中间，所有五蕴故，但是顺现转别报故。）若总报第八即不转。又如地狱中万死千生亦无中有，以不转总报故。问如将水蛭虫，干成末已，后置水中，一一尘皆成水蛭，由有中有不。答，此但是一类同业有情，合托此增上缘而受生，即不是变作多虫，若不尔，便犯有界，增过。问，平等王见中有生否，答，不见，问，具如有人被冥司追将亦有见者，此是何身，答此但本有身摄，有云，以此人有业但于自识心上妄见阎罗，王鬼所由等是独影镜上自由变起。」

唯识详究（二十八）

三性

遍计所执

自性

《瑜伽师地论》卷

二能即见相分二种子也？答：自证缘见相时亦熏种，后二分从此种生。问：如何自证分何生实自证分耶？答：是此师意计，未可和会。问：若唯自证熏者，何故下云二能？证分熏，见相不熏，是此师意。然自证是依他起，所熏种乃是假，亦说是计执。问：假种如二不俱，如第七有我无法执。问安慧意二分是计执体，既如兔角，如何乃能熏种？答：但自一，证能熏有漏七识皆有执，二通证八，说能生因皆有执。第六识二执俱有二解：一，同护法，境，妄执即能遍计心，即此能执心熏得种名遍计所执自性妄执种。此文所证有二解：执耶？答安慧无漏后得智见相二分亦是执，护法不许。遍计所执自性者，直是所执计随念得起故，由此故知于依他起有二取者，皆名为执。问：无漏有二取，应皆是有卷二十一云：「所取能取如《无性论》卷四云：「依他起相者谓依业烦恼所取能取遍地论》卷五十一说缘遍计种故遍计种通有漏一切心，即善心等中，许有法执。」《义演》论说第八缘妄种？《瑜伽师地论》卷七十六及《解深密》说第八缘相名分别习气，《瑜伽师耶以遍计所执自性妄执种为所缘故。若有漏心有不执者，有有漏种，第八不缘。何故所执自性之妄执习气，即能执心等种子。《瑜伽师地论》卷五十一及《显扬论》等说赖文皆言八识是妄分别故。圣教中说二取名执，有漏诸心，既似能取所取相现，故皆有执。…三性有漏之心，无非执者，五八识唯有法执，七唯有人、六通二种。《楞伽》、《中边》等取能取现故。说阿赖耶以遍计所执自性，妄执种为所缘故。」《述》卷十七云：「执即通

广遍计义

安慧等——《成唯识论》云：「有义八识及诸心所有漏摄者皆能遍计。虚妄分别为自性故，皆似所五识，有遍非计谓无漏等，有亦遍亦计谓第六识，无第四句。」

十八界为法，不取一个法，以非是遍故。若依安慧义辨四句，八识皆有执，如云有计非遍，谓第八、七及前二十一云：「依正义者依护法义，第三句亦遍亦计谓第六识等者，取二执起时心心所遍缘五蕴为我遍缘体，后以行相明起计失。遍计所执自性都无所有，非少可有，故名都无。依他性法，少可有故。」《义演》卷遍计之言出能计心等体，以遍计行相显其法体。第二句中遍计之言，即能遍计心之行相，前以行相出彼法此计心品类众多或二、三等说为彼彼。此体是何？谓能遍计虚妄分别，即是一切能起遍计依他性心。上句非遍，谓第七有漏识。有亦遍亦计，谓有漏染污我法执第六识等。有非遍非计谓有漏五识及第八识等。以非遍故。今依正义应作四句分别。有遍而非计，谓无漏诸识，有漏善识等、能遍广缘而不计执者。有计而故。」《述》卷十七云：「此即难陀等解。唯第六识能周遍计度，第七识等是此类故，亦名遍计，但可名计而若法若我自性差别。此所妄执自性差别，总名遍计所执自性。如是自性，都无所有。理教推征，不可得计，品类众多，说为彼彼，谓能遍计虚妄分别。即由彼彼虚妄分别，遍计种种所遍计物谓所妄执蕴处界等，

略释名义——《颂》云：「由彼彼遍计、遍计种种物。此遍计所执，自性无所有。」《成唯识论》云：「周遍计度，故名遍

护法等

他用，由斯意识似一切生故有无边行相而转，非五八识有此。」等影像名言熏习名为影像，亦说缘十八界及他识等相分之中熏成种者总名是故一切无边行相分别而转。释曰：以境界多故名曰无边即缘他识及与色他一切识，名言熏习为种子者，谓用无边色等影识名言熏习为因似彼生故，论名言熏习种为此生因。释云：显自见分所熏种是自现行亲生因体，论及用分别俱故能分别。《摄论》云：用自名言熏习为种子者，无始生死所有意识戏染污分别，故第七亦遍计收。……杂糅即是相应俱起义，意识由与随念计度二别。如第七识中与四义相应故是染污分别，若第七与平等性智相应分别名不分别皆是第六识不共业，若准《对法论》七分别非若《瑜伽师地论》是寻伺差种种行相。……三分别中计度分别摄得七分别。然准《瑜伽师地论》卷一说七有执势用之心，无能熏者。」《义演》卷二十一云：「无边行相，即缘十八界等力，应异熟生心。亦是能熏。然汝执第八非是能熏，是异熟心无势用故，不见观随一现起，若有漏心必有法执。……又若有漏心皆有法执，法执之心，必有势与慧俱，宁容有执。若五八细者亦有，何故慧数非遍行？……若无漏心必二空细者，五八亦有。故世亲唯言由此品类能遍计度，不简何者。然非五八识。恒余亦有故。前师云：计度分别，计相粗高，五八即无，自性任运有相分别此等云：意识有分别者，由能显示随念分别所杂糅故。显示者即计度，非是自性，至不染。非五八识有此能故，其第七有计度故，可是此收。五八不尔。无性不能普计，应非此收。此言不尔，三分别中，计度分别，能为七中有相分别乃边行相而转，普于一切分别计度，故名遍计，非五八识皆普计故。若尔，第七意识。又《摄论本第四》云：」当知意识是能遍计，有分别故，乃至是故意识无七云：「此十因立证。《摄论第四》但说意，第七名意与第六识合而言之，总名故，不见有执导空智故，执有执无，俱起故。曾无有执非能熏故。」《述》卷十我法者必是慧故，二执必与无明俱故，不说无明有善性故，痴无痴等不相应

立证——《论》云：「唯说意识能遍计故，意及意识名意识故，计度分别能遍计故，执八识，亦非一切心执我法者。」

标宗——《论》云：「有义第六第七品执我法者，是能遍计。」《述》卷十七云：「全非五性。《杂集》等依后建立。」

云何有十八界耶？三藏云：十八界有二种：一见相所摄，即所执性，二自体分似即依他「执能取时有能取相，所取亦尔，非一切时执二取。」《学》卷七云：「彼唯自证许依他性，而缘相分耶？答：彼意许自证分隔见分缘根尘等相分，相分是假。」《秘》卷十三云：

唯识详究（二十八）

自性

广彼彼——《论》云：「识品虽二，而有二、三、四、五、六、七、八、九、十等遍计不同，故言彼彼。」《述·十七》云：「六、七二识总名遍计，以是『一』故，更不须论。『二者』《摄·四》说一自性计，二差别计。世亲云：如于眼等计自性，于此计为常无常等之差别。《瑜伽师地论》卷七十三云：一无差别，二有差别，或一加行执，二名施设执。《显扬论》云：一文字，二非文字，又一、分别自体，二分别所依缘事。摄八分别者。《瑜伽师地论》卷七十四云：一随觉，二随眠。『三者』，《对法·二》云：一我，二法，三用，或自性，随念，计度分别『四者』，《摄论》云：自性计，差别计，有觉计谓善名言，无觉计谓不善名言，《瑜伽师地论》卷七十三云：计自相，计差别，计所取，计能取。『五者』，《摄论》说：依名计义，依义计名，依名计名，依义计义，依二计二，或计义自性，此有四，谓计自性等，计名自性此有二，谓无差别等，计染自性谓有贪等，计净自性与染相违，计非染净自性，谓此色是能所取等。复五，贪、嗔，合会，别杂，舍随与等，复五，无常计常、苦计乐、不净计净、无我计我、于诸相中遍计所执自性执『六者』，自性计谓计色等实有相、差别计谓计色等实有色无色等、觉悟计谓善言者执、随眠计谓不善言者执、加行计此有五，谓贪嗔等。名遍计此有二，谓文字非文字。『七者』谓七分别谓有相、无相、任运、寻求、伺察、染污不染污。《瑜伽师地论·一》等说。『八者』者八分别生三事，八分别者，自性分别，差别分别，我、我所分别，爱、不爱、俱相违分别。三事谓，戏论所依想色事，见我慢事，贪嗔痴事，如《瑜伽师地论》卷三十六说。『九者』，以理为之，即缘九品计就九地亦然，九结俱品执亦是。『十者』，

广能遍计

会违——《论》云：「有漏心等不证实故，一切皆名虚妄分别，虽似所取能取相现而非一切能遍计摄，勿无漏心亦有执故。如来后得应有执故，经说佛智现身土等种种影像，如镜等故。若无缘用，应非智等。虽说藏识缘遍计种，而不说唯，故非识证。由斯理趣，唯于第六，七心品有能遍计。」《述》卷十七云「不证实故，一切八识名妄分别，非妄分别皆是执心。《中边》说虚妄心心所似二相现者，虽似所取能取相现而非一切能遍计心。由依他起，善无记心，虽有二取非皆起执。《佛地》说但二乘无漏有执，准《二十释》菩萨后得亦有法执，无者谓佛。彼若救言，如来后得无二相者，便《佛地经》佛智现影文。若如来智无见分者，即无缘用，应非智等，等取余心心所。凡夫二乘等有漏善及无记智品，并无漏心品，应无法执，非染污心有二相故。」《义演》卷二十一云：「护法正义，有漏善心无记心及二乘菩萨无漏后得皆无身执，《佛地论》是亲光释，《二十唯识》有三师义，说菩萨有法执者，中间一师义故护法不许。…无谓佛者，但言佛无其执，显余二乘后得皆有法执。故以佛例难菩萨。前安慧师云：佛应有执，有二取相故，如诸菩萨现似二相故。今详疏文，皆是护法假难前师，先难二乘菩萨后得有执，以有二取相故，后将佛后得智难安慧，以如来后得智有二取相而无执故。」《灯》卷十二云：「安慧能计在有漏心，然准《佛地论》卷七安慧《二十唯识》无漏亦有，又安慧计相见皆是执，故有多难。」

《摄论·四》，根本分别，第八识，缘相分别色等识，显相分别眼等识，缘相变异分别老等变异，显相变异分别，变异所有变异。他引分别闻不正法类，不如理分别外道类，如理分别闻正法类，执着分别我见类，散动分别即十散动，十散动亦为十。『十一者』，谓十一识，身者识等缘，此十一生分别，如《摄论》说。『十二者』《楞伽》四云：『言语分别，可知分别，相分别，义分别，实体分别，因分别，见分别，建立分别，生分别，不生分别，和合分别，缚不缚分别，别缘十二处生分别亦是。十三者无，『十四者』，十四不可记事分别。十五者亦无。『十六者』，十六空所除，或三空所除，《显扬论》卷十五云：根缚，有情缚等。『十七者』，《对法论》卷十二谓相见等。十八者十八空所除乃至二十句我我所见，二十空所除，二十五句我我所见。《对法论》卷十二，二十八见，六十二见等，故无量种。」

三性（考35本及附）

遍计所执

广遍计所

——《论》云：「次所遍计自性云何？《摄大乘论》说，是依他起，遍计心等所缘缘故。圆成实性宁非彼，境真非妄执所缘缘故。依转展说，亦所遍。计遍计所执，虽是彼境而非所缘缘，故非所遍计。」《述》卷十七云：「三性之中是依他起，言所缘缘必是有法，遍计心等，以此为缘，亲相分者，必依他故，不以圆成而为境也，彼不相似故。依他是妄，可计少分为彼相分，真者不然，不相近故，远亦不遮。所执虽是遍计心境。而非所缘缘故非所遍计，所遍计者据有法故。境义同通，无法名境所缘缘局，无法即非，故唯依他是所遍计。《瑜伽师地论》卷七十四说遍计所执非凡圣智境，以无相故，似相分者，非无法故，无法非所缘缘，所缘者，必是有法，彼性可言所缘之境，故彼言境而非是缘，以无体故，非不对心说为非境，是故此性说为应知。」《义演》二十一云：「《摄论》云：若遍计所执，自性依依他起实无所有，似义显现，又云：依他起自性名所遍计……不相似者若有漏心缘真如时，真如虽无为无漏，而所变相分同能变心是有为有漏。…依展转说者谓真如是依他之性，依他起既是所遍计，依转展说真如亦是所遍计。有曰圆成亦遍计境，彼遍计执虽不亲缘，圆成实性而由彼故，影像起执彼影像以为实有，故亦所遍计。…遍计所执虽是境摄，以无相故。故俱非凡圣智境。故《瑜伽师地论》说遍计所执性是能遍计心之境。…然说非境者，不是不对心说为非境，故亦应知。」

体相

安慧等

——《论》云：「有义三界心及心所，由无始来虚妄熏习，虽各（名？）体一而似二生，谓见相分，即能取所取，如是二分，情有理无，此相说为遍计所执。诸圣教说，二取名为遍计所执。」《述》卷十七云：「诸心心所虽名体是一自证分，而似依他二分而生，如是二分虽似体有，理实无也。此之二相，《中边》等说为计所执。」《灯》十二云：「安慧本计种子依自证分功能义用非相分摄。《要集》云：见相二分从种子生非安慧计。问安慧相见既遍计所执，云何《摄论》云，唯量唯二皆名依他？西明三释：一云，识自体分与相见种为依，假说自体名见相分，非取见相名依他起。一云自证分上似见相现，由斯说见相名依他。一云，据实见相意取所依，非即二分为依他起。此中初由自证与见相种为依假说自证为见相，二由见相分依依他现，说此见相假名依他。三举见相二显其所依名为唯二。」

护法等

——《论》云：「有义一切心心及心所由熏习力所变二分，从缘生故，亦依他起。遍计依斯妄执定实有无一异俱不俱等，此二方名，遍计所执。」《述》十七云：「见相二分，因缘生者亦依他起。依此二分妄执

64

体相

起依他

护法等

结正 成缘。又安慧熏种不要有体，护法难意，以自义逼他。∴若护法师，种子即是相分，是第八见分所缘，亦见分摄。」《义演》二十一云：「陈那等者；安慧救义，谓一切唯识，何藉缘生？纵是无法，亦得如何缘种？岂一心中亦量非量，得自缘故，许有见分，即无此夫。若更立分者，即初自证不自内缘仍非相分。∴又彼计能生之种有二能生，所生现行及计所执。∴又唯自证分，如何缘证自证分？计所有二分种生之时，但自证现行，是依他起，种生二分便计所执。∴又彼执种非真有体，自证分心亦尔。∴彼计二分非所缘缘，所缘缘者陈那破他，就他而论。我即唯识何藉缘生？∴又彼依他所有智品，应非道谛。有相分故，如有漏心。若不许圣智虽有二分非计所执，应知有漏变二分，应名所执。若许亦计所执则应圣智不缘自依他相分等生。若缘相生，便计所执，能缘他起，二所依体，例亦应然，无异因故。」《述》十七云：「若诸相分非依他者，佛等无漏后得智品所种，后识等生应无二分。又诸习气是相分摄，岂非有法能作因缘？若缘所生内相见分非依谛，不许，应知有漏亦尔。又若二分是遍计所执，应如兔角非所缘缘，彼体非有故。又应二分不熏成

破斥——《论》云：「不尔，无漏后得智品二分，应名遍计所执。许应圣智不缘彼生，缘彼智品，应非道那，末那为依，意识转也。」《学》七云：「安慧云：自体似彼假施设也。」

及六七八识为身者，俱是意界故。若别言之，第八是，第七八识名为受者，由有藏识得有末无间灭意为二三识耶？答：离六能受识无别故不取∴」《蕴》卷五云：「若具言之，五识前念者识，受者识者谓染末那，由是第六不共依故。五识不例，受者之识名受者识。问：何不取六耶，八执五根，五识方起，五根名身，执身者名身者识，第六不例。若依天亲论，以染末那为身如《摄论》说。」《义演》二十一云：「唯量者，量自体也，即王所等体但有内识。∴身者识即赖等言说相现。十自他别谓起我我所执。十一善恶趣生死识谓似五趣相现，∴故相分亦依他。彼能受谓六识界。六世谓似三时影现。七数谓似一等□，八处谓似村等现。九言说谓似见闻意界，三受者，谓第六意识所依意界。此等三识，以六内界为性。四，彼所受，谓色等六尘，五起故。如《摄论》说。相等四法者，五法中除真如，十一识者，一身谓五根，二身者，谓五识所依为依他起摄故。」《述》卷十七云：「唯量者，无境故，唯二者，有见相故种种者，种种行相而生

引证——《成唯识论》云：「诸圣教说，唯量，唯二，种种皆名依他起故。又相等四法十一识等，论皆说

标宗——《成唯识论》云：「一切心及心所由熏习力所变二分，从缘生故亦依他起。」

非真实义，显现所依为依他起相。」《无性》云：「一切法从因缘生，唯识为性皆依他起相。」

按《摄论》四云：「诸识（考《瑜伽师地论》卷七十八注二）皆是虚妄分别所摄，唯识为性，是无所有，别是依他起。」《述》十七云：「从妄分别种子缘生故，唯自证分是依他有。三界心心所是虚妄分别。」

安慧等——《论》云：「相见二分所依体、实托缘生，此性非无，名依他起。虚妄分别缘所生故。诸圣教说，虚妄分为首，俱不俱通二处，此见二相方名遍计所执。」

定实，为有为无，亦有亦无，非有非无，为一为异，为俱不俱等。此以有无为一偏句，一异为二偏句，

三性

圆成实性

一、《论》云：「二空所显圆满成就诸法实性名圆成实。显此遍常，体非虚谬，简自共相虚空我等。无漏有为离倒究竟，胜用周遍，亦得此名。然今颂中，说初非后。」《颂》云：「圆成实于彼，常远离前性。」《述·十七》云：「二圆满，二成就，三法实性，具此三义，名圆成实，由此真如一者体遍，无处无故，即是圆满义。二者体常，非生灭故，即是成就义。三者体非虚谬，诸法真理，法实性故，遍简自相，诸法自相，局法体故。常简共相，诸法无常空无我等虽遍诸法体非实有，谓诸法上无体无用，名空无我，非有实体。非虚谬简虚空我等，小乘外道执虚空我亦体是常能遍诸法。说彼虚谬非法实性，故非虚言，简异虚空，非谬之言即简我等，等妄执故。净分有为亦具三义：一者离倒，体非染故，是实义。二者究竟，诸有漏法加行善等不能断惑，非究竟故。诸无漏法能断诸染是究竟故是成义。三者胜用周遍谓能普断一切染法，普缘诸境，缘遍真如，是圆义。然此不能简别自共相等，又非所证，及非法性。故《颂》中说真如名圆成实，三义胜故。」《义演》卷二十一云：「普缘诸境者，境有二：一、十八界，二远近。今约十八界说，佛菩萨无漏智能通缘十八界，若远近境者离佛近远不等。」

依他起

护法等

结正——《论》云：由斯理趣，众缘所生心心所体及相见分，有漏无漏，皆依他起。依他众缘而得起故。《颂》言分别缘所生者（《颂》中以半颂明依他，谓依他起自性，分别缘所生。）应知且说染分依他，净分依他，亦圆成故。或诸染净心心所法皆名分别，能缘虑故，是则一切染净依他，皆是此中依他起摄。」《义演·二十一》云：「安慧说自证有体，见相无体，此狭。护法云四分总依他有体故宽。（注六）卷七十八。

体相

相分，安慧本质皆得。那俱有亲疏二所缘缘。故今此破依共许教，此释胜。」《枢·四》云：「所遍计法唯言依他，护法亲取他起，此所遍计即疏所缘缘，安慧共许倒（例？）亲所缘缘亦应有体说所缘缘故。准无著、陈本计虽无亲所缘缘，心亦得生，以立唯识故。一云，护法据《摄大乘论》能遍计，所遍计俱依如何以兔角难？答：有三解，一云彼计兔角非因生故非所缘缘，二分因生成所缘缘。一云，位见相体无复不亲得自证及如，将何以为亲所缘缘？答：彼计亲所缘缘非必有体。若尔，名为无漏，缘如缘空分为凡圣。故诸自证，因位不能亲得。现比非量准思可知。问：彼计因答：准缘他心王不知如佛智，亦不亲缘如。因位名无漏，名缘如。名缘二空者，据无明渐微答：缘自证分名俗，缘如名真。问：因位无漏，亦许有执，何名现比非量？又亲得缘如不？初自证，亦应是见分摄。以但缘种故。」《灯·十二》云：「安慧本计佛无见相，何智缘真俗？相是计执故，若安慧云：自证分但缘种，不自内缘，更别立一分缘证自证者，即缘种自证名种生，应同自证，亦依他起。……自证缘证自证即是现量，缘种及相分时即是非量，彼计，种计执。有云：二能生者，若种生，自证即有依是依他，若种生见相，无体是计执。问曰：即同安慧，即约自义。……安慧计能生之种有二能生，即见相二分种名二能生，所生见相二分即种子非是相分摄。然依自证分住。自证虽缘种，种子仍假有，见分是计执，故不缘种。今难缘，若自证分唯缘见分，不缘种子，种子是实有相分所摄。若《安慧》相分是计执，无实体性，

异相不异

等有。」（《宗镜》卷六十上半深明，应参考。）

有。」（按此与有体法别，自相对明异不异，诸论所无，三性对明如《瑜伽师地论》卷三十五《附一》中说摄论异。…无著有三解。」（此中解非异不异，细研可知。）《蕴》卷五云：「圆成亦所遍计，然彼体无，故言不如是即此自性成圆成实者，真如普与一切法为自性故。如等者，意说遍计是无，圆成是有，故知三性，非不异非智皆缘真俗故二无别也。…无著本论之意，遍计所执性既依他起上而起计所执，故二不异，有无别故，不即执名计所执。由此意趣假说，依他为计所执。」《义演》二十一云：「若约见分正体后得二见分应无别，以二所执之所依名计所执也。此与世亲别。又依他起是我色等，意识遍计所遍计故。即依他起为能遍计之所计性，非异非不异。又由依他是我色等。遍计所执所依止故，依他起名计所执，遍计所缘相故，即是依他为计有望非有，非可异故。彼既是无，望何为异？非不异者，有与非有不成一故，依他不净，圆成净故，故彼之计心名计所执，后为计心之所缘故名计所执。无性云：「非异者，依他起有，计所执无，有望于有可得言异，故，是所遍计故者，即彼意识名遍计，缘彼相貌为所取境为所遍计，由此依他亦名计所执性。前即为境能生起为所取所缘境性，能生遍计，是故亦名遍计所执，即依他起为境生遍计心义名计所执性。即释遍计所缘相所执，由即此自性成圆成实。如所遍计，不如是有故。故三性非异非不异。世亲云：谓意识是遍计。此依他依他，亦缘真如故。此约见分以为难，故二无别。《摄论》云：「由依他种生成依他，由遍计所遍计，故成遍计依他起既通凡圣境，真如应亦然。即根本无分别智与后得智，应无别体，本智本缘如，亦缘依他故，后得缘论》卷七十四说真如圣智境。依他起凡圣智境，又依他境体不净，真如净，若二性一，彼此应俱净非净境。又皆对三性明异不异，此中但对依他起者，以此二性有法相对，非计执，无体故。彼约性，此约体。《瑜伽师地应真如非彼实性，不异此性应是无常。彼此俱应净非净境，则本后智，用应无别。」《述》十七云：「《摄论》等

解法——《颂》云：「故此与依他，非异非不异。」《成唯识论》云：「由前理趣，此圆成实与彼依他起，非异非不异。异云：护法真如虽离四句而有所存，清辨所宗，离四句都无所存。如实之义如《本圆（母？）》释。」是不即离义也。」《蕴》卷五云：「我法空即是遮诠，遮我法一故，表诠者谓如为空，表空性故。」《学·七》云：「测门，若空病生，亦立有性。」《义演》二十一云：「此中唯有空者，意说此依他中亦有空性，于彼真如中亦有依他起，于依他。…真如是空之性，非即是空，空为所由，如方显故，真如离空名空性，真如离有名有性，病多起有，但说空者，如应非彼依他之性，应离依他别有如性。故于彼言，显不即离，此中唯有空，于彼亦有此也。今空于所执，不空如是能于，非即一法有能所于。若是即者，真如应有灭，依他应不生。言不离者，即于彼依他上有真如故。若全离实。问：空为门者，为智是空，空为异智？答：空是智境，空体非智，智缘彼空之时，显此真如。…依他是所于，真故。」《述》十七云：「此圆成实依他起上无计所执，二我既空，依此空门所显真如，为其自性。此即约表诠显圆成离。『常远离』言显妄所执，能所取性，理恒非有。『前』言义显不空依他，『性』显二空非圆成实。真如离有离无性

二、《论》云：「此即于彼依他起上，常远离前遍计所执，二空所显真如为性。说『于彼』言，显圆成实与依他起不即不

唯识详究(二十九)

五性

解喻——《颂》云：「如无常等性。」《成唯识论》云：「云何二性非一非异？非一如彼无常，无我等性。无常等性与行等法异，应彼法非无常等，不异，此应非彼共相。由斯喻显此圆成实与彼依他非一非异，法与法性，理必应然胜义世俗相待有故。」《入楞伽》注三云：「从缘起生分别，即妄计；从缘起悟真实即圆成。了分别性空，即生死成涅槃，迷真实性有即涅槃成生死，都是一法，随缘显义成三，三非三而一性圆。一非一而三性具。」可谓深乎其言。

结——《颂》云：「非不见此彼。」《成唯识论》云：「非不证见此圆成实而能见彼依他起性。未达遍计所执性空，不如实知依他有故。无分别智证真如已，后得智中方能了达依他起性如幻等事。虽无始来心心所法，已能缘自相见分等，而我法执恒俱行故，不如实知众缘所引自心心所虚妄变现，犹如幻事，阳焰，梦境，镜像，光影，谷响、水月，变化，所成非有似有。依如是义。故《华严》云：「非不见真如，而能了诸行，皆如幻事等虽有而非真。」《述·十七》云：「今言见者，非谓眼见，意识比见，但是无漏亲证见也。此言要达真理，方了依他，宁说依他是凡夫境。以心上现虽不了达，但亲所取。若论了达，唯圣非凡，若亲为境，凡夫亦得，如世人亲见一物，然不能识。地前等位未达遍计所执之性体是空无，终不如实知依他有，知妄所执无，依此无门证圆成实，便了依他。非初见位一时双见，第五地后及佛能尔。缘自相等者：谓见分缘自相分，自证缘自见分亦缘自证自证。证自证亦缘自自证。由我法执第七识等三性之心恒俱行故，不如实知自心如幻等。八喻显依他非真实有，广如《大般若》说。世亲、无性，《摄论·五》亦广解。」《枢》四云：「《摄论》初文暖顶二位悟入所执，忍第一法悟入依他。初地，初心入圆成实。《摄论》第二文暖顶寻思悟入初二性，四如实智悟入圆成。《成唯识》文要入初地方悟三性。虽有三文，义理唯二：一者二证，二者相似。《唯识》据实亲证，由无漏二智真俗前后方可证得后二性故。证二性时不见二取，即名证彼计所执无，无法体无，智何所证？心所变无，依他起摄，真如理无圆成实摄。故计所执不说别证，但于二性不见二取可名悟入遍计所执。然正体智达无证理，多说此智证计所执。虽见道前亦已不见，未亲得二不名证无，故于初地方名证得。《摄论》初文悟圆成者据实证得与唯识同，前二性据相似悟，长时多分意解思惟前二性故，短时小分虽亦相似悟入圆成，非长时，多分亦非亲证。故据实说。《次文》悟入三性总据相似意趣而说。创观名事不相属故名悟所执，次观唯有识量及假名等诸法虽未证实名悟依他。如实智位虽实有相而未证真，二取俱亡，与真智观相，似趣入意解，亦谓即是真如故实智位名入圆成，实未悟入。」（考《瑜伽师地论》卷六十七，《释颂》。）又《料简》三云：「总观二空，为生真智，后得智起，方了依他。」

总解——《成唯识论》云：「三种自性皆不远离心心所法，谓心心所及所变现，众缘生故，如幻事等，非有似有，诳惑愚夫，一切皆名依他起性，愚夫于此横计执我，有无一异，俱不俱等，如空华等。性相都无，一切皆名遍计所执。依他起上彼所妄执我法俱空。此空所显识等真性名圆成实，是故此三不离心等。」《述》十七云：「谓心心所即自证分及所变现，即相见分。愚夫等不了，谓为实有，故名诳惑，名依他起。…遍计执亦依圆成而起，此但言依依他者，以心相分影像是依他性，依此执为圆成实故，从实而言但说依他。又依他起是安是处，稍可言说及拟宜故。但执依他，圆成不尔故不说也，实亦依执，如二乘无常无我，无乐净等。」

三无性——《颂》云：「即依此三性，立彼三无性。故佛密意说，一切法无性，初即相无性，次无自然性。后由远离前，所执我法性。此诸法胜义，亦即是真如，常如其性故，即唯识实性。」《论》云：「即依此前所说三性，立彼后说三种无性。谓相，生胜义无性。故佛密意说，一切法皆无自性，非性全无。说密意言，显非了义，谓后二性虽体非无，而有愚夫于彼增益，妄执实有我法自性，此即名为遍计所执。为除此执，故佛世尊于有及无，总说无性，云何依此而立彼三？谓依此初遍计所执立相无性，由此体相毕竟非有如空华故，依次依他立生无性，此如幻事，托众缘生，无如妄执自然性故，假说无性，非性全无，依后圆成实立胜义无性谓即胜义。由远离前遍计所执，我法性故，假说无性，非性全无。如太虚空虽遍众色，而是众色无性所显。虽依他起非胜义故，亦得说为胜义无性，而滥第二故此不说。此性即是诸法胜义，是一切法胜义谛故。然胜义谛略有四种：一、世间胜义，谓蕴处界。二、道理胜义，谓苦等四谛。三、证得胜义，谓二空真如。四、胜义胜义，谓一真法界。此中胜义依最后说，是最胜道所行义故。为简前三，故作是说。此诸法胜义亦即是真如，真谓真实，如谓如常，表无变易。谓此真实，于一切位常如其性，故曰真如，即是湛然不虚妄义，亦言显此复有多名，谓名法界及实际等。此性即是唯识实性，谓唯识性略有二种，一者虚妄，谓遍计所执。二者真实谓圆成实。为简虚妄，说实性言，复有二性，一者世俗，谓依他起。二者胜义，谓圆成实。为简世俗，故说实性。三颂总显诸契经中，说无性言非极了义。诸有智者不应依之，总拨诸法，都无自性。」《述》十八云：「《瑜伽师地论》卷七十六云：非由别观三种自性立三无性，然由有情于依他起自性及圆成实自性上增益。遍计所执自性，故我立三种无自性性，乃至广说。故依三性有体无体，总密意说三种无性。三种无性非无后二性，但无计所执：胜义但由无性所显名为无性，依他有缘生，无自然生性故名为无性。依他亦得说胜义无性者，《显扬论》云：「此依他亦名清净所缘，胜之义故，所执既无，非为圣境，不得此名，然无彼计所执故，故说胜义无性。（按依他亦名胜义无性，《显扬论》、《瑜伽师地论》、《深密》皆说依他非清净所缘，无胜义性。故说胜义无性。《述》云：「此依他亦名清净所缘，胜之义故乃至无彼计所执，故说胜义无性者，则如圆成实性，约无遍计所执我法性说胜义无自性也。然论固云：虽依他起非胜义故，亦得说为胜义无性而滥第二，故此不说。即明言显等说依他亦是胜义无性之不足据矣。盖因依他可因非清净所缘无胜义性而曰胜义无性，初遍计性亦可说胜义无自性矣，故无性约义不同故，仅曰此圆成实即为第二胜义无性，而不曰滥，曰滥《基》师言依他是胜义。若说依他为胜义无性，此园成实即为第二胜义无性。故此不说依他为胜义无性：初真即十善巧，第二即四谛因果理等，第三即依诠显实，第四废诠谈旨，且一往为论，三乘合明二谛，非唯菩萨。」《枢》四云：「执我法门必增益，故说有三性遮损灭门。说三无性遮增益门。…自然有二：一无因自然生，举此摄一切无因。二以自然为因生，举此摄一切冥性等不平等因。」又《料简·三》云：「要总观察三性皆空，方能了知无三所执。」(考《瑜伽师地论》卷三十五附一之《附一》。)

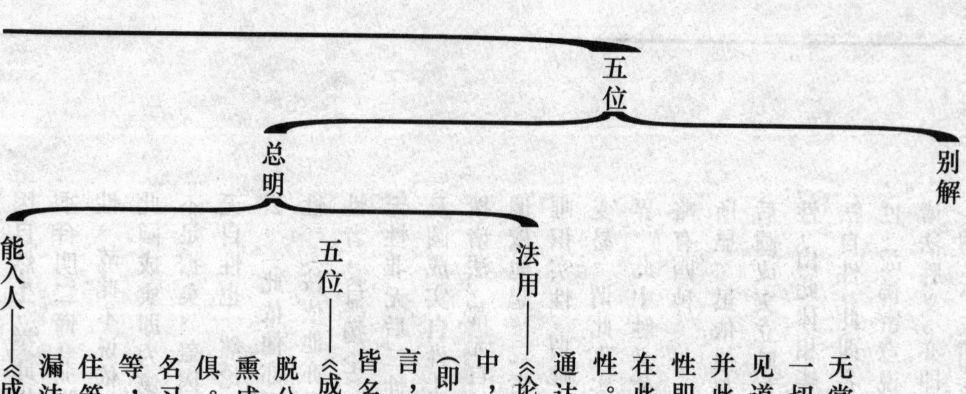

无常，漏无漏别故。」一切佛法，一切无漏种子为体，未起现行有无漏趣向故。通五蕴种子为体，五法中五智，依他圆成二性摄。常见道。此后九住令及初地少分是修道，此皆因位。第十三住即究竟道，如来地摄，果位所收。…种姓住即以并此论有。十三住，七地亦此中五位摄，一种姓住是此所言本性住种姓，第二住即此。初二位，第三住少分是性即此见道，彼已入于地，修差别分及三学分是此修道。彼果智，果断分，是此究竟道。故《摄论》十分所有，在此资粮位。四寻思等所作方便，所入入喻及下初顺解分名互为容等在此加行位。彼悟入唯识性故，悟入三性。」《述》十八云：「初位亦能伏除，少故不说…《摄论》，由善根力所任持故，三种练磨心，断除四处障，即通达，修习位中如所见理数数修习，伏断余障。至究竟位出障圆明，能尽未来化有情类，复令悟入唯识相

法用——《论》云：「诸菩萨于识相性资粮位中能深信解，在加行位能渐伏除所取能取，引发真见。在通达位，如实中，尽未来际。）《述》十八云：「《摄》说四位，合此。初二为胜解行地。」

五位——《成唯识论》云：「一资粮位谓修大乘顺解脱分。（《述》云：此在四十心及已前位，从初发心乃至十回向终皆名顺解脱分，《对法论》说暖等已前。）二加行位，谓大乘顺决择分（即在暖等四善根中，此在初劫。下文等言，胜解行地摄故。）三通达位谓诸菩萨所住见道（即在初地，初入地心）。四修习位，谓诸菩萨所住修道。（即从初地住及出心乃至金刚无间心位名为修道。）五究竟位，谓住无上正等菩提。（金刚心何（？），解脱道

能入人——《成唯识论》云：「具大乘二种性者；略于五位渐次悟入。一本性住种姓，谓无始来依附本识，法尔所得无漏法因。二习所成种姓，谓闻法界等流法已，闻所成等熏习所成。」《述》十八云：「略于五位者，所经时十三住等略为五也。…性者体也，姓者类也。…等者相似义，流者出义，从彼所出，与彼相似故名等流，闻所成等，即是三慧。…此非唯一乘，三乘种姓，不定性者，亦是此人。未种解脱分善名本种姓，种解脱分善根以去名习种姓。」《秘》十三云：「本性无习，习性非本，如何具二方悟？答：有义，依前后际说具二种，非同时俱。」《灯》十三云：「胜解地已去皆名习种姓，菩萨本性种姓者，据未发心本无漏种，习种姓者据已发已所熏成种。《对法论》，十三说有四顺解脱，一依凭顺解脱谓从善法欲乃至为求解脱皆名顺解脱分，即名顺解脱分，故是习种姓。」西明有释，《灯》破之。彼实聚而不要，不若基说。

第四住伏第六信犹于谛理不了故。」二取为法者，唯所知障。」《灯》十三云：「据不信因果为不共无明者说第六信伏。若于谛理迷名不共，成大过。…执此能所取为我实法，真能执心熏成种，方名二取随眠。若执二取为实我者即通二障，若执内六处名能取，外六名所取，十八界亦然。若说此为能所取者，即善心无覆无记心及后得智皆应伏，便之取方名二取。」《疏抄》十六云：「一切善无记心心所名能取，色境等名所取。又依能取建立十二处，取取非即二取，但只二取名二取者，有非执二取种，岂亦伏耶？又相分等非必可伏，故执二取为实有等未能名未伏。非少亦未下论言于加行位方能伏分别二取，因邪教者，于资粮位亦有起故。颂二取言显二云：「一切多住事相散心行诸粗行名住外门。…此位中自分别烦恼及俱生烦恼未尽言不伏，故言多分所取性故。二取习气名彼随眠，随逐有情眠伏藏识，或随增过故名随眠，即所知烦恼障种。」《述》十八门修菩萨行，故于二取所引随眠犹未有能伏灭功力，令彼不起二取现行。此二取言显二取取，执取能取

五位

别解

资粮位

广二取

解颂——《论》云：「此位菩萨依因，善友、作意、资粮四胜力故。于唯识义深深信解而未能了能所取空、多住外

僧祇。以前五心有退作断善，退五无间业故」此。）…资粮位中所言善根，谓信等五根，深固不退方名入僧祇劫。准此文四十心中十信第六心已去方名入体。二性如前，如来住以有无为无漏功德为体。（此中亦杂糅《疏》文，乃释上入法用者，以无余纸故补于漏功德为性。证真如故，亦取一切未曾得世间功德顺趣者为体。三十二相等非皆无漏正智，分别真如及相为相名分别正智为体唯除真如。若三性中唯取依他圆成，未证真如，故唯以有为为体。次十住，以有为无为，无世无漏法故。（有云：资粮位唯取闻思不取修，加行位取修不取余二。）又解行地中亦有能诠名故五法中取故。小乘说与大乘反。…第二住中取十地菩萨佛果功德无漏种为体，亦取自解行住有漏闻思修性，能顺趣出五位种子为体。若至资粮位亦取自资粮种体，亦取后四位种为体。然大乘中前能摄后，后不摄前，后得捨前唯正智摄。据实相名既通无漏相，亦取无漏相名也。若三性中即取依他圆成二法为体。又云此种性住取后中一切无漏种子为体。不取解行住中有漏心为体，以非殊胜故。亦不取真如为体，以未证真如故。故五法中也，是解脱之因。因之一支故名为分。顺解脱之分名顺解脱分。」《疏抄》十六云：「种性住即唯取后十二住此位未能降伏除识相，未名求住真唯识性，即地前四十心皆是此位。勤求解脱者望涅槃为因，分者因也、支此深即清净增上力，固可知。唯识真胜义性。简前三胜义，即真如顺决择位识，作唯识观求住唯识真胜义性。心以善根为自体，以大愿为缘，不退屈为其策发。善根力名清净力，大愿力名增上，坚固不退方名初劫之始。解脱，由此亦名顺解脱分。」《述》十八云：「《摄论》清净增上力坚固心胜进名菩萨初修无数三大劫。大菩提顺决择识，求住唯识真胜义性，齐此皆是资粮位摄。为趣无上正等菩提，修习种种胜资粮故，为有情故，勤求

总解——《颂》云：「乃至未起识，求住唯识性，于二取随眠，犹未能伏灭。」《论》曰：「从发深因大菩提心，乃至未起

唯识详究（三十）

二障（考《瑜珈师地论》卷二十一《障》）

体名

A——「烦恼障」《论》云：「烦恼障者谓执遍计所执实我，萨迦耶见而为上首，百二十八根本烦恼及彼等流诸随烦恼，此皆扰乱有情身心能障涅槃，名烦恼障。」《述》十八云：「我见若断，烦恼随断，见修二断，其义并然。或依九品断，品虽别断，断八品等时，不断我见，以我见无品数全离欲方断故。又解，能生之见亦定九品。随离九品欲，我见渐断。根本断时，余亦随断。若云我见，不摄我所，云身见即摄我所，故此云萨见。《佛地》七亦摄业果。今此据自性障，不取业果。不尔，无明所发感善三业及果，应是染、是障体，故此胜。」《疏抄》十六云：「断我见，初解胜，以我见第九品道方能断除。……约克性出体，唯取根本烦恼及随惑，通四蕴为体。若约同时所起，遍行别境，心王不定等四为体即通五蕴。」

B——所知障

一、《论》云：「所知障者，谓执遍计所执实法。萨迦耶见而为上首，见疑无明爱恚慢等，覆所知境无颠倒性，能障菩提名所知障。」《述》十八云：「此之显数亦与烦恼障同，若烦恼障，必有所知障故。然烦恼粗有多品类可易了知，二乘所断，唯是不善。此细，下无多品类极难了知。唯菩萨断，亦是异熟无记摄故不显数，其实法执无离无明，故必有数。《佛地》亦摄果，果谓等流增上士用果等除异熟果，不感报故。」《疏抄》卷十六云：「此与烦恼障同体起者亦一百二十八种，若别起者有千种类。……若烦恼障，初果人断三界见惑，一未果断欲界修惑六品，不还果断欲界修惑九品。阿罗汉果断三界修惑。若所知障，即不作品类断。有初地菩萨即断有顶地所所障，有第十地断欲界所知障。」

二、《论》云：「此所知障决定不与异熟识俱，彼微劣故，不与无明慧相应故。法空智品与俱起故。七转识内随其所，应或少或多如烦恼说。眼等五识无分别故，法见疑等定不相应。余由意力皆容引起。」《述》卷十八云：「彼异熟识微弱，此法执望彼粗而强，又此是能熏、彼非也，安慧等执三性心皆有法执，此识唯异熟故，唯异熟性中破之。又第八识唯五数俱，法执必慧及无明俱。菩萨法空智品、许与此第八识俱起。故第七有法执法空智起即不行。故第八无法执俱。七识之中，根本有四，随惑有八及别境慧有十三法，第六有一切。五识有根本三，随惑十。五识无分别计度无见疑及忿等十全。余十少分计度分别之所生者，除见疑等，余为意所引生故皆容起。」《疏抄》十六云：「第八异熟识既不与法执俱，前六七识业果异熟，亦不与法执俱。……萨婆多执五识之中唯有修道惑、无见惑，又唯有生得善无方便善。」大乘许五识中亦有见惑，由意引生故，亦有修惑，亦有方便善。

知，入初地时与烦恼同断，五识中俱生所知，即十地中地地皆断。」

惑，如五识中烦恼障说，即初地中断五识惑，二障并得。」《疏抄》十六云：「五识中分别所

「通六识分别起者，见道所摄，六识之中俱起者修所断。五识随意引生即成分别，俱生之

见修分别——《成唯识论》云：「如是二障，分别起者，见所断摄，任运起者修所断摄。」《述》十八云：

疏文应错，应复检经文。」

一见修所断所知障。地者依止种子与现行为依。」《疏抄》十六云：「和尚云：

无明，非无余也。此五住中，初唯见道所断烦恼障，次三修道所断烦恼障，后久住，二乘智所不能断，唯如来智能断，即无名种。无明者即所知障也。唯说处住地、欲爱住地乃至有爱住地。起者，无明住地。一切上烦恼依。令四烦恼慢无明等。」《述》十八云：「烦恼有二，谓住地烦恼及起烦恼。住地有四：见故，总名无明，非无见等、如烦恼种，立见一处，欲色有爱四住地名，岂彼更无

四、《成唯识论》云：「若所知障有见疑等，如何《胜鬘》等说为无明住地？无明增

等心而不起执。」

云：「理实威仪工巧与所知障法执亦俱，今约孤行。据实执时非彼等心，是彼用，起时虽俱而渐次断，圣道势力有分限故。故云所知障是所依。」《枢》卷四为本，后理亦通。…体虽无异而用有别，如一识体取境多用此熏种子体亦多《秘》十三云：「用别有二，一现行用别，二种子用别。障菩提涅槃用故，前解种亦不能生现。二果者谓生空智法法智，或菩提涅槃，重者谓无堪任是也。」亦能生现。若独烦恼种，即不生现。故十地菩萨断一分所知障时，有一分烦恼六云：「无有独烦恼现行而无所知障，若独有所知障种，虽不与烦恼障同种，生势强力厚，通作意生计度所起。从异熟起名异熟生，非业果也。」《疏抄》十依种说。若依粗重，十地皆得，得二果故，异生俱不断二障粗重种子。…异熟恼障。此依种说，不依粗重，趣一切智故。或亦双断，谓入初地金刚心菩萨此善，外道义故。…二乘先断烦恼障不断所知障。十地菩萨先断所知障，不断烦菩萨亦是有复。」《述》十八云：「若善心有法执，痴应与无痴相应，善心有不非余三种。彼威仪等势用薄弱，非覆所知障菩提故，此名无覆望二乘说，若望别。故二随眠，随圣道用有胜有劣，断或前后。此于无覆无记性中是异熟生，痴等不相应故。烦恼障中，此障必有，彼定用此为所依故。体虽无异而用有

三、《论》云：「此障但与不善无记二心相应，论说无明，唯通不善无记性故。痴无

五位

别解

资粮位

修行

磨练——《论》云：「此位二障虽未伏除，修胜行时，有三退屈，而能三事练磨其心，于所证修，勇猛不退。一、闻无上正等菩提，广大深远，心便退屈，引他已证大菩提者练磨自心，勇猛不退。二、闻施等度甚难可修，心便退屈，省已意乐能修施等，练磨自心，勇猛不退。三闻诸佛圆满转依极难可证，心便退屈，引他粗善况己妙因练磨自心，猛勇不退。由斯三事练磨其心，坚固炽然，修诸胜行。」《述》十八云：「粗善者，有障善，又《摄论》有除四处：一、离二乘作意。二、诸疑离疑。三、离所闻思我我所执。四、断除分缘法义境，缘似法似义等。」《疏抄》十六云：「持戒行施等时唯求当来生富贵王位，皆名有障善。」《学》八云：「古德云：三练在十信初心，有说初在十解，发心始故，次在十行，修行始故。后在回向，向菩提故。三藏云：始从十信至回向终皆此三（十住初五言有退者，舍愿行故，此中退屈，但怯弱义，非实退舍。）」《灯》十三云：「三事练心，在资粮位通三十心，不可别配，不尔，十住应不能修十度。又云：亦通加行及七地前唯除见道，以唯在定，又复时促四善根位虽伏二障分别起者，俱生未伏，以文不言。又云三练，断四但在地前，任意取舍。」

胜行——《成唯识论》云：「略有二种谓福及智，诸胜行中慧为性者，皆名为智，余名为福，且依六种波罗密多通相皆二，别相前五说为福德。第六智慧，或前三唯福德摄，后一唯智，余通二种，复有二种，谓利自他所修胜行随意乐力一切皆通自他利行。依别相说，六到彼岸，菩提分等自利行摄，四摄事四无量等。一切皆是利他行摄，如是等行，差别无边，皆此中所修胜行。」《述》十八云：「有唯智非福，谓十力一切智，一切种妙智。无忘失法，四念住愿智等，有唯福非智，即诸相随好。三念住，大悲，四正勤，四神足等有亦福亦智，谓四无畏，三不护等。五根五力，七觉支、八道支等。有非福非智，依事分别，或永断习气无为功德等。又《解深密》卷三十六云：「若依精进，静虑修四无量等名福，若依精进，静虑修三慧，六善巧，观四谛缘生法等是智。菩提分等，等取禅支，十八不共法诸相随好等。四无量等，等取神通，大悲，不护，三念住等，若四句分别。自利谓相好等，利他谓四摄等，自他利谓六度等，俱非、便非功德。」（《疏抄》十六广解。）

位——《成唯识论》云：「此位未证唯识真如，依胜解力修诸胜行。应知亦是解行地摄。」《述》十八云：「亦者，亦顺决择分，彼是解行地，此亦是故。」

结——《成唯识论》云：「菩萨住此资粮位中，二粗现行虽有伏者，而于细者及二随眠。止观力微未能伏灭。」《述》十八云：「此中伏义非令制之不起，令彼不自在是此伏义。」《疏抄》十六云：「资粮位菩萨于劫坏之时亦作六行伏惑道生上二界或生他方。」

伏断分别——《成唯识论》云：「永断二种唯圣能，道伏二现行通有漏道。」《述》十八云：「伏烦恼时此俱法执亦不起故名伏法执，非别起伏道，或见道前加行智伏。」《疏抄》十六云：「异生用六行有漏道可伏，即见道前有漏加行智亦可伏。」

人分别——《成唯识论》云：「二乘但能断烦恼障，菩萨俱断。」《疏抄》十六云：「烦恼障正障涅槃兼障菩提，所知障正障菩提兼障涅槃。……阿罗汉能断烦恼定障，能伏所知障定障，而不能断所知障、定障。少故不说。」

加行位

显位——《颂》曰：「现前立少物，谓是唯识性，以有所得故，非实住唯识。」《成唯识论》云：「菩萨先于初无数劫，善备福德智慧资粮，顺解脱分既圆满已。为入见道住唯识性，复修加行，伏除二取，谓暖、顶、忍、世第一法。」《灯》十三云：「《对法论》十一修瑜伽有五：谓持任镜明依，依谓转依，即是见道，持任镜明四为因得转依果。通烦等四皆有此四，持即闻慧，任思慧，镜修慧，明谓所观无能所取或境即定。明是慧，软顶忍三各因此四方得修满入世第一，或无持任，以上品忍唯一刹那即入世第一。唯定时俱故无持任。但依此位有持任非必四位各有四。又云：四位各有四持任二行，非是闻思，以在定中依凭圣教故以为持，如理作意以为任，无倒思维任持心故。即所依定名镜，能观之智名明。又云：「任持等唯除真见及佛果位，佛果位中更无果故。真见位中无影像故，通所余位，通为正。……此四善根及持任等皆初祇满心方始修之。……菩萨修四善根有正修满位，有仰修习位，仰习作观通三十心。即资粮等位可得仰习。观所取无伏二执，观能取无能伏法执不尔，如何能伏？此及《对法论》《庄严》等据正修位。…据初劫定散杂修已满已过已尽，纯定所修此位方作。」《述》十八云：「此是初僧祇满心修习，故云先于初无数劫乃至广说。」（《学》八多文，不若《灯》论。）

释名——《成唯识论》云：「此四总名顺决择分，顺趣真实决择分故，近见道故，立加行名，非前资粮无加行义。」

所修法——《成唯识论》云：「暖等四法，依四寻思，四如实智。初后位立，四寻思者，寻思名义。自性差别，假有实无。如实遍知，此四离识及识非有，名如实智，名义相异，故别寻求，二二相同，故合思察。」《述》十八云：「四寻思观计所执四境离识非有，唯观所取无。如实知能遍知能取识离识内境决定非有，能取亦空，了知内识及所变相互不相离，如幻事等。此依他起上无计所执，便谓二空，依此二门入园成实，此在四善根唯似三性观，未证真故。前四寻思无所取时，暖是下位伏除，顶是上位伏除，以初伏除所取难故分上下位。至如实智位，下忍印无所取，中忍印顺无能取观。伏除能取。上忍起位印无能取。世第一法双印前二空，名如实智观上品。此于地前位辨上中下。若入地已各有上下，《瑜伽师地论》卷四十八第八地中说，即入地已去不作寻思观，唯作如实智观，已除二取，不须唯观所取假有，二取无故，但作如实智观。七地以前犹未清净，此体即是无生忍体。初地已得，故不须作四寻思观。」（考《瑜伽师地论》卷二十七注四，又按初后位立者，依四寻思立初软顶二位，依四如实知立后忍世第一法二位也。《学》八云：「审决二位，分为寻思及如实智亦得。」）

释四地名

五位

别解

加行位

释四地名——《成唯识论》云：「依明得定，发下寻思，观所取无立为暖位，谓此位中，创观所取名等四法皆自心变。假施设有，实不可得，初获慧日前行相故。立明得名，即此所获道失前相，故亦名暖。依明增定，发上寻思，观无所取立为顶位，谓此位中，重观所取名等四法皆自心变，假施设有实不可得明相转盛，故名明增。寻思位极，复名顶。依印顺定发下如实智，于无所取决定印持。无能取中亦顺乐忍，既无实境，离能取识，宁有实识，离所取境，所取能取，相待立故。印顺忍时，总立为忍，即前顺后，立印顺名，忍境识空，故亦名忍。依无间定发上如实，印二取空立世第一法。谓前上忍唯印能取空。今二空双印，从此无间必入见道，故立无间名。异生法中此最胜故，名世第一法。」《述》十八云：「明得是定，寻思是慧，故名为发，此俱时名发，如世第一法名无间定等，明者无慧慧，初得无漏慧之明相，故名明得。明得之定，名明得定。……顺通二种，乐顺印顺。印顺通上下忍，乐顺在中忍或，下忍名印忍。中名乐顺，上名印顺，忍者智也。印顺俱定名印顺定。……遍计所执所取既无，彼计所执，能取宁有。」《疏抄》十六云：「定明得者，即是慧名，非是定之名。此所得者即是无漏法，若能得者，谓有漏定。若此有漏慧与无漏慧行相相似，可言无漏慧。无漏慧即能都分缘谛缘，明得慧亦能作都分缘，即有漏慧似无漏慧。言明得定不言明得慧者，但举所依定，以显能依之明得慧故。此中定慧皆别境中者。」（中有讹脱。）

释颂——《唯识论》云：「如是暖顶依能取识观所取空，下忍起时，印境空相。中忍转位于能取识，如境是空，顺乐忍可，上忍起位。印能取空，世第一法双印空相，皆带相故。未能证实，故说菩萨此四位中犹于现前安立少物，谓是唯识真胜义性。以彼空有二相未除，带相观心有所得故，非实安住真唯识理。彼相灭已，方实安住。依如是义。《分别瑜伽》颂云：「菩萨于定位，观影唯是心，义相既灭除，审观唯自想，如是住内心，知所取非有，次能取亦无，后触无所得。」《述》十八云：「心上变如名为少物，此非无相、相谓相状，若证真时，此相便灭。相者：即空所执相，有依他相，名空有相，谓有空相是彼唯识真胜义性，灭空有相，即能入真。…观影唯是心者，观内心境影，离心非有，遍计所执心外之境，义相灭除，唯有内心，后触无所得，入真见道。」《疏抄》十六云：「此菩萨正空遍计所执相时，当心变起依他起相分而缘之名有相。此菩萨心中起念口言此定之相，即是唯识，真胜义性。」《灯》十三云：「初次二位未观能取无，观所取空，以彼所取名义二种依能取识而假立。此无心外境依内心一重唯识亦分悟依他，中忍起位观能取空唯识如幻等第二重唯识。初悟入遍计少分，未悟能取亦遍计，此全悟遍计所执，亦知能取性非有，故亦悟依他。上忍第一单双印彼二空并悟圆成。然此言悟据似悟说。又解于暖顶位观名义二离识，是无互不相属名悟遍计，观名义等唯有识量及假名义名悟依他。忍第一法悟圆成实。此依《摄论》名义为客处解。…悟入有三：一初悟遍、次悟他、后悟圆此即名义为客是：二先悟他、次遍、后圆，即见□（绝？）了义无等，三初悟圆、次他、后遍。即非不见真如等。…此四位但遣遍计，不遣依圆。言世第一双印二空者，偏说印空。非不印有，由久妄执名义等有，不了依圆。观彼空时能悟后二，故说印空理亦印有。故云于现前安立少物。」

断缚——《成唯识论》：「此加行位，未遣相缚，于粗重缚，亦未能断，唯能伏除分别二取，违见道故，于俱生者及与随眠有漏观心有所得故，有分别故、未全伏除，全未能灭。」《述》十八云：「由相缚未断，有分别相故。其无堪任粗重缚亦未能断。」《显扬论》十六云：「由二缚执二自性，谓执依他及计所执。若解二缚于二自性正无所得及无所见，彼约执心解缚，非执心者彼不说。彼云，此依他起性以相及粗重缚为体，由此二更互为缘而得生故。相缚即约现行相，粗重即约种子，有漏相未遣，二障种不除。……此中言相缚即一切有漏相，粗重即一切有漏不安稳性，同《瑜伽师地论》卷五十八有漏粗重。初地分得，第八地中第六识全得一向不起，第七分无五八全有，佛地全无。…此位中分别二取乃至细者亦不现行。前许少伏灭，即现分别全伏，俱生少伏，若俱生分别二种子，全未能灭、未得无漏。有所得故有分别故。」《疏抄》十六云：「初地分得者，谓初地中断分别烦恼所知二障及断分别粗重无堪任性也。若前七地中六识，二缚由智至八地，第六识无记行二缚，以第六识恒无漏故。其种子由在八地已上，若第七识中，一切我执不行亦名无分也。」（有讹脱。）《灯》十三云：「粗重有五不同说：一、二障种子名粗重，即此论颂舍二粗重故，便证得转依。二、二障所引生所余习气无堪任性。三、二障现行。四、诸有漏种总名粗重。五、一切有漏种，现皆名粗重。」…《瑜伽师地论》卷六十四云：「五是粗重相，谓现重相、刚强相、障碍相、怯劣相，不自在转无堪能相。…望无漏说有漏名粗重，望善说不善无记名粗重，即二障种现及无记受，善有堪能故。望定说散为粗重，且有漏善或亦名，漏所随故，或非粗重、非漏性故。非种习故。或唯说烦恼，或唯习气，应知多说。」

观境——《成唯识论》云：「此位菩萨于安立谛非安立谛，俱学观察，为引当来二种见故，及伏分别二种障故，非安立谛是正所观，非如二乘唯观安立。」《述》十八云：「此位菩萨于安立谛非安立谛，缘亦学缘，或总作一实真如，或别作二空，别总三心。非安立不唯作四谛差别观。安立者施设义。此位菩萨若加行不作二种观者，不能引真相见二种生，故为入二空，观真如理，正观非安立。为起遊观，起胜进道，成熟佛法，降伏二乘，亦观安立。…二乘亦作人空非安立谛，然不同菩萨，菩萨二空俱作，显劣故不说。」《疏抄》十六云：「观一切法皆无相名一实真如观，此约废诠旨，说一真如名非安立。《胜鬘》约诠门说四谛名非安立。谓取四谛下真如。」《学》八云：「据实生空有非安立、略故。真如非因果故，诸真见道非安立故。今随诠一切法空名非安立。一切生空总名安立，故法空诠是正所学。」

依处——《成唯识论》云：「菩萨起此软等善根，虽方便时通诸静虑，而依第四方得成满托最胜依入见道故。」《述》十八云：「《瑜伽师地论》卷六十九中通三乘说唯依诸静虑及初近分未至能入圣谛现观。非无色定，亦非中间禅，彼无明利无漏故，然有执中间等六地能入现观。……二乘依五地，菩萨唯依第四，诸论通方便为论，言菩萨亦依五地，此中料简，世第一法及增上忍，唯第四定，余通余地。」《疏抄》十六云：「初修暖时，从初未至渐渐顺胜，即引根本定暖。后修根本定暖时即引得第二禅，如次至第四禅修此暖令其成满。如是又依初未至定修顶，中下忍亦尔，故成得体，唯依第四禅，其上忍及世第一法，唯依第四，不依下三者，以时促，如愚意者。若顿悟菩萨身在欲界三州及渐悟声闻身在欲界九处（九不明。）及在初禅及独觉在人中回心，此等修菩萨四善根。通依禅修而入菩萨见道，若渐悟菩萨身在第二禅或第三禅唯修下三禅四善根。若身在第四禅，唯修第四禅四善根，以身在上地，唯除借识及借下寻伺及有顶至借下至（圣？）道……菩萨为遍学诸道，即依四禅中地地遍修四善，

五位——别解——加行位——通达位（考《14》《诸注》）

说随眠已远离故，此取虽复取无相界，不取相故成无相取。虽不构获诸相差别有所增益然一取无相带相，二带体相名带相，正智见分不离真如是内证法故。」《秘》卷十三云：「《瑜伽师地论》七三云：言故说无相分。第三师者护法正义……正智劣要挟真如体相方起故说挟带言，带有二义，一带影像相名十三云：「第二师说此智证如时有细相分与彼真如极相似故名为亲证，非无相分，但不同余智粗相分三谓此缘真智挟带真如之体相起，故名所缘，非带彼相分影像而起名缘于如，不离如故。」《义演》卷二智，应有分别，故应许此有见无相。」《述》卷十八云：「无二取相者，识体合如，冥然无取无攀缘也。第分而可说此带如相起，不离如故，如自证分缘见分时，不变而缘，此亦应尔。变而缘者便非亲证，如后得定有见分。有义此智见有相无，说无相取，不取相故。虽有见分而无分别说非能取，非取全无。虽无相缘彼者，应色智等名声等智。若无见分，应不能缘。宁可说为缘，真如智，勿真如性亦名能缘，故应许此

正智（考《下业》《智摄》）——《论》云：「有义此智二分俱无，说无能所取相故。有义此智相见俱有，带彼相起名缘彼故，若无彼相名后胜，根本智故。」（考《瑜伽师地论》卷六十九及七十《三学相摄》中《三慧》。）

基云无能取执，非也，有漏善亦无执故。测云：有漏见相名戏论，二、无漏后得亦名戏论，《瑜》说亦有戏论故，非后得智，有相分故。无漏后得虽亦有相分无所取著，故此，但遮有漏后得。」《学》卷八云：「取种戏论相者，名无所得。」《义演》卷二十三云：「无相分故名无所得……无漏根本智势引生假名后得智名，有漏后得智，实取相俱是分别，有所得心戏论现故。」《述》卷十八云：「不取者无能取执，不取戏论相者，无所取相。观真胜义无所得，不取种种戏论相故。尔时乃名实住唯识真胜义性，即证真如，智与真如平等平等。俱离二取相故。二

略——《颂》云：「若时于所缘，智都无所得，尔时住唯识，离二取相故。」《论》云：「若时菩萨于所缘境，无分别智都

位——《论》云：「此位亦是解行地摄，未证唯识真胜义故。」

不藉深厌心但求菩提不欣解脱上界亦得，故有声闻色界回心入见道等。此说直往，彼说迂迴亦不相违。」知障对治义，以欲界见道烦恼，有不善及五趣四生厌心可深能入见道，上界不尔。若唯断所知障，趣身起，余慧厌心非殊胜者，此依所知障俱有烦恼障，对治或唯断烦恼障入见道义，非依唯断所趣，有佛出世，能起现观，末法亦得，有佛出世摄故，无佛出世不得。」《枢》卷四云：「入见道唯依欲界善生为论。」《显》卷十六云：「恶趣不入现观，苦受恒随极忧戚故。故二界三趣不起现观，唯一欲界人天二欣上。故彼地圣者亦离欲。入见道时必总厌三界一切法，总缘谛方入故，此一向据入现观为论，非修道及异地或色界或无色界，能入圣谛现观，彼处极难生厌故。无厌见道三界分别惑及恶趣等。厌心名无，非无厌下地。西明许俱得依，乖文自说。」《枢》卷四云：「四善根既唯色界五地。却照无色，无无漏见道，故是有漏修。」

趣身——《论》云：「唯依欲界善趣身起，余慧厌心非殊胜故。」《述》卷十八云：「《瑜伽师地论》卷六十九云：非生上下，故知中间定不得有，三乘成满，方便皆通，以入见道，《瑜伽师地论》卷七十一，六十九唯说五依，非中间依五地，中下忍暖顶可通中间，非是见道近所依故。又云：方便可通，若成满者，非在中间，若大乘者上忍第一唯第唯第四定，余可通依近分中间。又解中下忍暖顶方便时便通依，而依第四方得成满，唯此成满当不通定中修善亦尔。若麟喻独觉，唯第四禅修而得成满，不依下三。」《灯》卷十三云：「若二乘人增上忍世第一法通第四禅方成满，二乘人唯依一地修，即依一地成满不得异地修，不能遍学诸道故。如次第行者，唯依初未至

故得成取。若无构获无所增益此取相状云何可知？答：取胜义故，取无相故，五种事相皆可显现以为其相。此相是自内证智之所证知，此内所证非诸名言安足处。」《枢》卷四云：「相谓相状状貌，无此状貌体相之法，非无境体，以无分别差别相故名无相分，见分之言通，非分别，故彼智有见。」

广

位名——《论》云：「加行无间此智生时，体会真如名通达位，初照理故，亦名见道。」《义演》卷二十三云：「道体即是无漏智，一切诸佛皆遊履此智方得成佛。见者照也，是智之用。」

见道差别

真见道——《论》云：「谓即所说无分别智，实证二空所显真理，实断二障分别随眠，虽多刹那事方究竟，而相等故，总说一心，有义，此中二空二障渐证渐断，以有浅深粗细异故。有义此中二空二障顿证顿断，由意乐力有堪能故。」《义演》卷二十三云：「此有二说，一，三心见道；二，一心见道。『三心师』即内遣有情假缘智等三。谓既有多刹那明知实有三心。但据所证真如体相等总说一心，其实有多。此师即说渐证断。《瑜伽师地论》卷五十九亦说见道三心名顿断者或可初入，观心即断三品惑名顿也，或第三遍遣一切有情诸法假缘智，即合上品烦恼所知障一处断故名之为顿也。菩萨先证生空理后证法空理，先断烦恼障，后断所知障，先起生空遮智，后（遮疑粗）起法空细智。若『一心师』说多刹那者据无间解脱并一胜进道名多非无间道中许有多刹那也。此师即说顿证断。且有二解名顿：一云即初三心名顿，谓一无间一解脱，一胜进，从真入相故，虽有多心，长时相续不出观故名为顿。二，初二心名顿，即起一无间解脱，除胜进。从胜入劣不假起故。然说初无间解脱胜进。三心废立有十一说。此师菩萨见道中必不别起生空观但唯作法空观即带生空。」《疏抄》卷十六云：「或约七心为顿，即上品烦恼上品所知合一上品，中下品亦尔，如是即有三无间三解脱一胜进为七。或除胜进为六心名顿，或五心名顿，或四心名顿。」《学》卷八云：「测云：三藏总述二十五释，护法正宗顿断一品，唯有二心，无间解脱以为义，二心非一，有多刹那，或可三心，加胜进故。（余释如彼文。）」按《灯》卷十三云：「传有二十六释，然亦许，《疏》所述者为正……能断障故名无间道，证无为故名解脱道。」《枢》卷四云：「胜进道即缘解脱道境，更无别行相，思之。」《灯》又云：「真见渐断非顿，若第二师亦如疏引说三品心。」

现见道

一．观非安立谛——《论》云：「有三品心，一内遣有情假缘智，能除软品分别随眠，二内遣诸法假缘智，能除中品分别随眠，三遍遣一切有情诸法假缘智，能除一切分别随眠。前二名法智，各别缘故，第三名类智，总合缘故。法（仿也。）真见道二空见分，自所断障无间解脱别总建立名相见道。有义此三是真见道。以相见道缘四谛故，有义此三是相见道，以真见道不别缘故。」《述》卷十八云：「内遣者，唯缘内身而遣假。有情假者，先解有情皆妄所计，但有内心，似有情现，缘智者，能缘之心，即缘内身为境，遣有情假之缘智也。人法二障各分上下，（细、粗）二粗各别除之，以智犹弱，未双断故。若上品智，方能双断。以惑随智说，三品也。法类三例：一，缘如名法，缘智名类，是前类故，《对法论》约三并缘如；二，别缘名法，总缘名类，此论是；三缘下名法，

二．缘上界名类，是下类故。」《瑜伽师地论》卷六十九文：「各缘一义，不相违：真见道中，有二空见分，虽

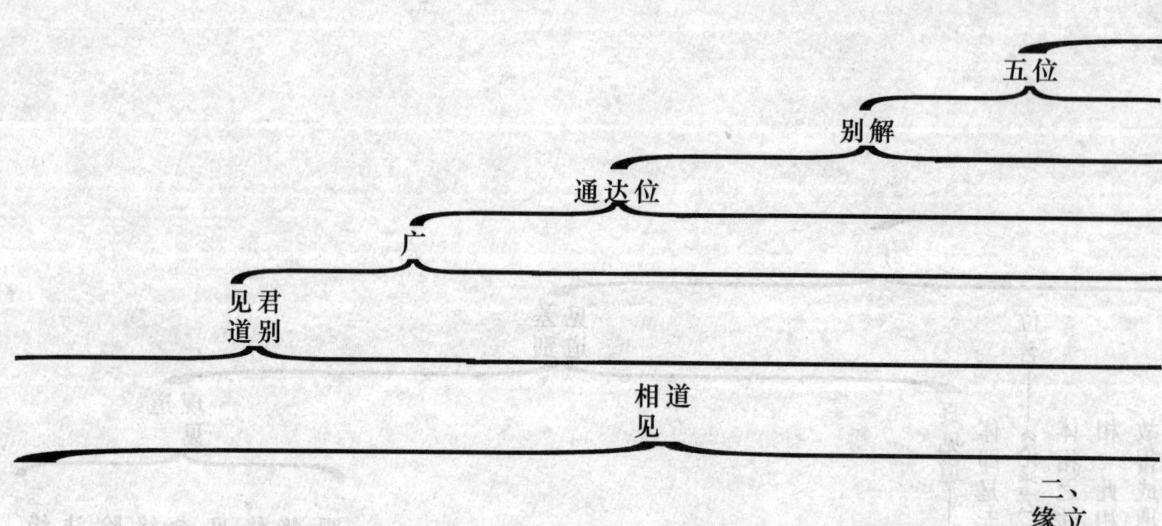

1、《论》云：「依观所能取别立法类十六种心，谓于苦谛有四种心，一、苦法智忍谓观三界苦谛，真如正断三界见苦所断二十八种分别随眠。二、苦法智，谓忍无间观前真如，证前所断烦恼解脱。三、苦类智忍。谓智无间，无漏慧生，于法忍智，各别内证，言后圣法，皆是此类。四、苦类智，谓此无间无漏智生，审定印可苦类智忍。如于苦谛有四心，余三亦尔。此十六心，八观真如，八观正智。法真见道，无间解脱见自证分差别建立名相见道。」《述》卷十八云：「所取谓谛理，能取谓缘理之智，法忍法智缘谛理为境，类

诸相缚不得解脱。相不脱故粗重缚亦不解脱。故离非安立，二解脱不应理。」

摄故。《义林》卷四云：「《瑜伽师地论》卷六十四云：若行于诸安立谛，行皆有相，于二说前胜，问何故真后作相见耶？答：为成就佛法三乘通明大乘亦为降伏二乘欲引乘不作。二解任情。问：声闻菩萨有真相见，独觉亦入相见不？一云亦入，二云不入。谛，现观之中辨此三心，故许小亦有无妨。又解不许。二乘唯观安立谛故，此非安立二据彼总别立三心，二乘真见断，障应亦别总立二心。答：说六现观，既通三乘，现观智解脱。此但拟识，非实断故。或(疑戒)贤释尔。」《灯》卷十三云：「大乘真见断二障，「除软品等，同《瑜》卷五十五。测云：初断我执，次断法执，后即双断，前二无间，后一也，于见道中方得究竟。不说解脱道者，菩萨利根，不别起解脱道故。」《学》卷八云：中有三无间，并第三品中一解脱道有四心也。以定无第四品可断也。并胜进合五心五品者，意说三品起无间故，三品不说，有解脱道，以后品无间即前品解脱故。故三品如是一切法体，亦是无分别智之相，自证复是见相分之体，据此言无别，……约渐断中别，答：无彼，能所缘之别，以自证分虽是能缘而非是无为法之能缘，故言无别或真见分之用。解脱道中二见分亦然。……以自证分至体义无别者，问为无为异。何言无除粗重，似彼断种，假言遣惑。……四见分者，无间道虽一，智有二用，人法断别，有二四。「《义演》卷二十三云：「法者仿似，所法既无，能法何有？虽知假说，亦假似真，以为五心，究竟菩萨利根不别起解脱道故。或总四心究竟，但除胜进，从胜入劣，故合有为七心，或除胜进为六心，或后无间即前解脱即三无间加一第三心解脱并一胜进入相是真见道。以相见道不作三心缘四谛故。此中有别起无间解脱为六，并胜进入相见道别总法者显无间所断有差别故，显解脱道所证，唯一味故。……前第一渐证断师说此三心，但法见分者，见分行相与真如境别故，以自证分与真如境体义无别故不法之。四见分。就无间道中，人法二见分各别法故，有初二心，解脱道中，入法二见总法有第亦所有自性分，而不法彼亲缘如者，即乃仿之，就见分中有无间解脱，随自所断障有

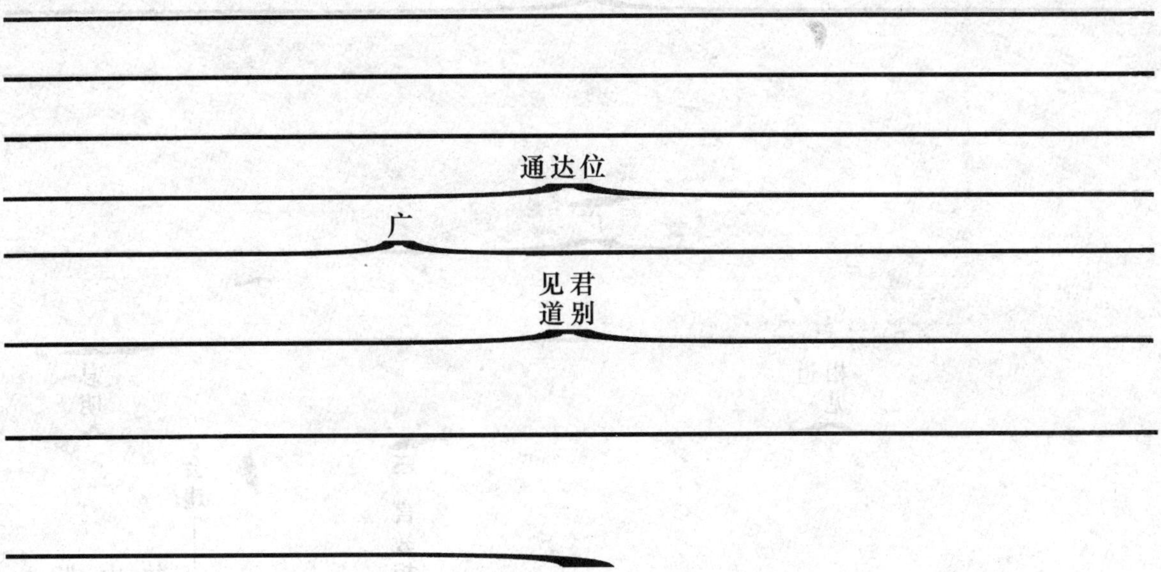

通达位

广

君别
见道

忍类缘前智品观能取。此唯别立，无间解不总合说，故名别立有十六心。……二十八随眠者，欲界，苦下十，上二界除瞋各九。……苦者苦谛，法者苦谛教，智者加行道中缘苦法之智。忍者无漏忍，忍前苦法智，忍言智者以决择故，慧即不然。虽忍智无别随用标名。苦法智者，法谓苦始（如？），能缘苦如之智名苦法智。苦类智忍者，谓后圣法是此苦智之类，名苦类智，缘此之慧，名苦类智忍。苦类智印可缘苦类之智名苦类智。此十六心中法品缘如，类品缘智。法忍法真无间道见分，法智法真解脱道见分，类忍法无间之自证分，类智法解脱之自证分。印前智故，差别立也。又解法忍法无间道。法智法解脱道，此即总法，类忍法无间解脱之见分，虽缘如，智不同，见分是一，故合法也。类智法二道之自证分，前解为本。」《义演》卷二十三云：「《对法论》卷九有前十六不说后。《显》、《瑜》反之。三藏云：观行菩萨自有三类，一依十六心而起观行，一依后十六心而起观行，三用二十六心观。诸论各据一义。」《学》卷八云：「初二可尔，第三云何，未见有说三十二心入见道故。若彼后念方已知根，初二类者无，应此根有当知故。」《灯》卷十三云：「二乘不愚法者作二十六，愚法者作后十六，或广慧者作二十六，非广慧者但作上下。（尚多会违。）

2、《论》云：「依观下上谛境，别立法类十六种心。谓观现前不现前界，苦等四谛各有二心：一、现观忍；二、现观智。如其所应法真见道，无间解脱。见分观谛。断见所断百一十二分别随眠，名相见道。」《述》卷十八云：「《瑜伽师地论》卷五十五云：观上下二地安立苦等四谛境，似法类智生，是第二现观位。乃至广说，谓忍可欲乐智，现观决定智，是现观边智谛现观。《显》卷十七云：法智类智四谛智，不由行差别，然随所作，说其差别，真见道中亦可义说有十六心。十六心可尔，三心亦然，今此约行差别说，故唯是相也。然彼文说上下地十六心者是修道。《瑜》卷五十五说：从见道起有下上十六心生，从三心非安立见道起。作此安立谛观，非全出见道，在修道中方起。彼文稍异。现前界谓欲界，现于欲界入见道，上二名不现前，现观忍法真见道无间道见分，现观智法真见道，解脱道见分，不法自证分，以前十六心后，作此观渐粗故，与前十六心差别观故。一一二者可知。此上皆为观心纯熟为有情说，令见道前亦作得入见道。」《义演》卷二十三云：「现前界有四谛，不现前上二界合有四谛，现观忍通现前不现前，现观智亦尔。观欲界苦谛名苦法智忍。苦法智，观上二界苦谛名苦类智忍，苦类智，余三谛亦尔。此十六心并法见分缘真如也。故现忍属法忍类忍。现观智属法智类智。所谓类者，即上界是下界类也。……第二现观位者，云似法类智生时是见道后得智，是后得智故

唯识详究（三十二）

广

相见道

总明

会违——《论》云：「诸相见道，依真假说，世第一法无间而生及断随眠。非实如是真见道后方得生故，非安立后起安立故。分别随眠，真已断故。前真见道证唯识性，后相见道证唯识相。二中初胜，故颂偏说。」《义演》卷二十三云：「此相见道依世第一法无间而生，但是假说，实非能断分别随眠。菩萨在相见道中学前真见断证之事，故是假立，为欲遍知二障二我故。……说真见道者为证识性故，识性既真如，是无分别智见分所证。故此唯约见分说。若约布教说其差别。即是依彼假说也。此非真相二见通摄。然约布教，相见道摄。」

三、言教相见——《论》云：「若依广布圣教道理说相见道有九种心，此即依前缘安立谛二十六种上观别立，谓法类品忍智合说各有四观，即为八心，八相应止总说为一，虽见道中，止观观运，而于见义观顺非止。故此观止开合不同，由此九心名相见道。」《述》卷十八云：「初二名行相相见道。谓此第三菩萨等在见道等不作此观。但为名粗，《枢要》说上下界十六心名细，观八真如等十六心名粗。」（按太法师之说恐非。）所以先说观智，后说现前不现前。」《疏抄》卷十六云：「此疏观真如等十六心名细，后粗观事，后细观理故。又诸圣教唯说道类，智名已知根建立预流果故。今以相粗显故不违。二释任取。」《枢》卷四云：「二种十六心，上下谛境在前作，初十六心在后作，初道。又云：《瑜》据不出观初作之者判在见道，显据出观后重作判为修道。各据一义，行智俱名见道。《显》约真相别起，相见在后更熏修名修道。若据重缘真见所缘亦属见法前真见道智无相有相二智所行俱各创得故有相智名相见道。又据不出现即入有相法智类智行解不同而有差别。故唯是相见也。」《灯》卷十三云：「一云：《瑜》等据重加行有十六别，然随观谛所作有差别，故真见道中亦可说有十六心……此论中约二谛世清净智生。约此道理说修道位。释曰：四谛二智同《瑜珈师地论》卷五十五，亦不由已于下上诸谛中二二智生。《显》卷十七云：从此谛现观已上于修道中有十六行世出如其次第于一一谛有二种智生。一谓忍可欲乐智；二谓现观决定智。如是从前现观起上下二界及二增上安立谛境，似法类智世俗智摄，通世出世，是出世间智后所得故，后得智也。故《瑜》云：当知此智第三心无间，从见道起方现在前。缘先世智曾所观察无漏智。边者，后也，智谛现观者后所得智通有无漏。意说此后得智向真见道，正体知苦类智，余谛准知。此二俱是相见道中后得智故。云是现观边智谛现观也。现观者真云第二现观位也。忍可欲乐智，即苦法智忍，苦类智忍也。现观决定智者，即苦法智，四十九，广说。」（自在，考《金光明最胜王疏》六。）
此位菩萨有十种发心。《十地》卷一云：十种大愿，十种净修住法等。如《十地》卷三，卷四十七、四十八、
法明门，前后见百劫事，化百身，能身现百菩萨，是名十百自在名多百门。如《瑜伽师地论》卷四十七说
百门者，证百三摩地。见百如来动百世界，化为百类，成熟百种所化有情，得住百劫（若欲留命。）能入百
门已得自在。自知不久证大菩提，能尽未来利乐一切。」《述》卷十八云：「无性云：佛法界名如来家。多

功德——《论》云：「菩萨得此二见道时生如来家，住极喜地，善达法界，得诸平等。常生诸佛大集会中，于多百

缘，以分别故，后说正。考上页《正智》。）
得内证真如而不变影；二、皆能变影而非亲证；三、正智不变而缘亲证自体，后得变影而
质法不变而缘故无相分。」《学》卷八云：「第三师护法。」（按本文本有三说：一、根本后
相分即无五根尘，入无五识，第二师许无相分亦有此难。又第二师许后得智，亲取心外本
起，若不带相起，名所缘缘，缘色等时，应缘声等。」《义演》二十三云：「无十五界者，既无
应非所缘缘。无似境相故。答：不然，带如之相起故。离自体法既无影像，不可言带彼相
带影像，应非所缘缘，直亲照彼，不变为相故。不同真如。真如即是智自体故。若尔，真如
然愿增上，众生识上声色等相生故。……若无相分其他心，他身，他土等体自己体之法，不
由斯后智二分俱有。」《述》卷十八云：「若依初说佛不说法，无十五界，大定智以为体性，
自体法，应非所缘，缘色等时，应缘声等，又缘无法等，应无所缘缘，彼体非实，无缘用故，
等，宁有现身说法等事。转色蕴依不现色者，转四蕴依应无受等。又若此智不变似境，离
等，观诸有情根性差别而为说故。又说此智现身土等为诸有情说正法故。若不变现似色声
有义此智二分俱有，说此思维似真如相，不见真实真如性故。又说此智分别诸法自共相
二取故。有义此智见有相无说此智品有分别故，圣智皆能新照境故。不执著故说离二取。

（考二十《述》卷四末。）

智摄——《论》云：「前真见道，根本智摄，后相见道，后得智摄诸后得智有二分耶？有义俱无，离
等平等智为其相亦应是假？答：不尔，非差别故，是真见，三心见道等是差别说故假建立。」
世位中各别内证绝钺，论故。……故知总别二种见道皆是假立，若尔顿断众引又所能缘平
心也。」《灯》卷十三云：「《对法》卷九云：如上所说见道差别皆假建立，非真实尔，以出
《疏抄》卷十六云：「据实，从世第一法无间即生见道，生见道后即生三心相见道，生十六
自证缘见分时，见分即是依他起摄。故今不说自证缘见分，但见分缘真如是真见道也。」

68

五位——别解——修习位——略／广

广

成故，转之时依名为转依。如随所执转舍杂染，亦随圆成转得净智。」之所依故。此即理为事依。唯大乘中不共义。小乘无也。」《学》卷八云：「凡于依他计所执故，圣于依他证圆与染净法而为依，是事为理依。即同小乘。小乘说一切理法皆依事故。故下文云或依即是唯识真如，生死涅槃他中圆成。由有依他起第八故与能遍计心为所依而执邪道理，若起圣智断染遍计性得证涅槃真如。此依他起至金刚心始断。起法空解脱道时，唯断所知上无堪性也。……第八识为染净法所依。染即依他上遍计，净即依上无堪任性（非种粗重。）若别种生者，十地中地地起法空智无间道断所知障种兼断烦恼上无堪任性。烦恼种故。……若所知烦恼同种生者，十地之中地地起法空智无间道断所知种，烦恼亦随断。起法空智解脱道断二障杂染故，非彼菩提是唯识性。」《义演》卷二十三云：「以理证，相见道在于住心，从真入相故，见道在初入地心法断，所执名舍，非别有体，名为舍也。……涅槃者，即是真如，离杂染性。……牟尼者，寂默义，寂止静默诸离尽时证转依果。……依他起名转依者，流转还灭依也。即所舍所得。所得通二果。由所执故，起有漏法。有漏种粗重，地地别断烦恼障种名粗重者，金刚始除。若论烦恼，非种粗重，亦地地断，约究竟尽，唯在金刚。金刚所执实所取取，非无见分等。……后得智不然，不名出世，故无分别非约后得说……所知障种，名粗重者，及非地终。金刚无间道未并名修道。然非唯智是修习位体，从所缘能断道说，修习无分别智。离能所取者，谓离计尼，名法身故。」《述》十九云：「前见道唯在初地，初入地心。今除入初地心，出相见道已，住出心后乃至第十修习位中断障证得。虽于此位亦得菩提，而非此中颂意所显，颂意但显转唯识性，二乘满位名解脱身。在大牟转灭依如生死及能转证依如涅槃。此即真如离杂染性。如虽性净而相杂染。故离染时，假说新净，说为转依，如，故无始来受生死苦，圣者离倒悟此真如，便得涅槃毕竟安乐，由数修习无分别智断本识中二障粗重。故能无上觉，成立唯识，意为有情证得如斯二转依果，或依即是唯识真如，生死涅槃之所依故。愚夫颠倒迷此真本识中，二障粗重。故能转舍，依他起上遍计所执及能转得依他中圆成实性，由转烦恼得大涅槃。转所知障证起，与染净法为所依故。染为虚妄遍计所执。净谓真实圆成实性。转谓二分转舍转得。由数修习无分别智，断重名，性无堪任，违细轻故，令彼永灭，故说为舍，此能舍彼二粗重故，便能证得广大转依。依谓所依，即依他及证真如。此智具斯二种义故，独名出世。余智不然，即十地中无分别智。数修此故，舍二粗重二障种子立粗议。是出世间无分别智。断世间故，二取随眠是世间本。唯此能断，独得出名或出世名依二义立，谓体无漏，证得转依，复数修习无分别智。此智远离能所取故说无得及不思议，或离戏论说为无得，妙用难测，名不思

略——《颂》云：「无得不思议，是出世间智，舍二粗重故，便证得转依。」《论》云：「菩萨从前见道起已，为断余障，

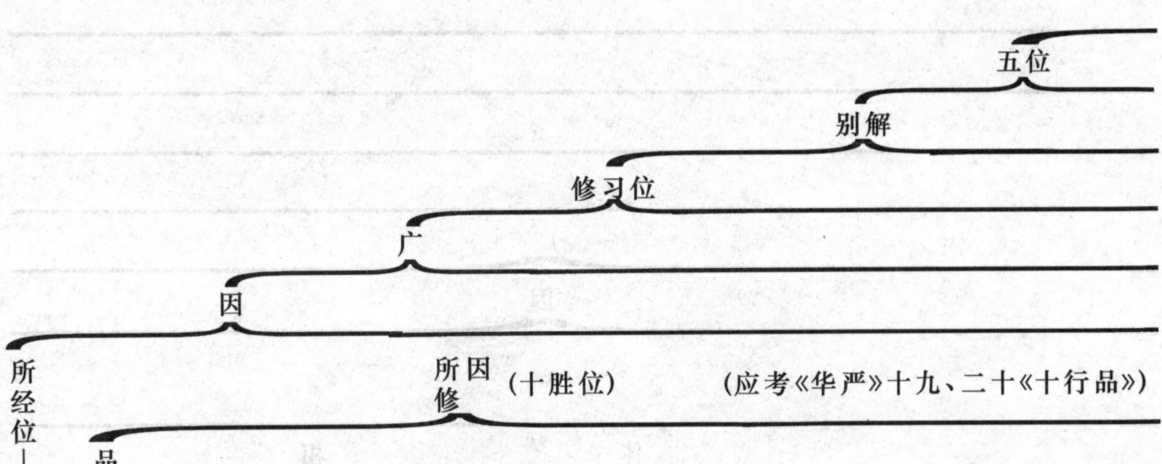

情者，从胜功德标立名约利他说。……有唯生空无法空谓十地唯起法空遊观无漏道及生空《对法论》有情智即《摄》后得智，后得智中能利有情故。后得智中亦有不利生时。今言缘有智。加行智缘世俗色心文字等，此是自利智。《对法论》胜义智即《摄》正智，正智缘如故。印可，然此有八种，谓观因、果、谛、真实胜义等。……《对法论》中缘世俗智，即《摄》加行如是救拔，令前人无畏名无畏施。……谛察法忍者，谛谓审谛，察谓观察，法谓一切法，忍谓三卷云：「无畏施者，如卷三十九云：救拔狮子、虎、狼等畏，救济王贼、水火等等畏，若能度诸论文乖，然皆可相摄。广解如《对法论》卷十二《摄论二释》、《菩萨地》等。）《义演》二十复次，如彼广释言一切法妙智，即后得智。谈体一故。此论等中论用故二，不相违。（六度十安立清净妙智，名智波罗蜜。当知能取胜义慧名慧波罗蜜。能取世俗慧，名智波罗蜜。有多前六度，由此自为与同法者受用法乐成熟有情。《瑜伽师地论》卷四十九云：于一切法如实此施戒等饶益有情。世亲云：由般若波罗多无分别智自性等故成立后得智，复由此智成立蜜多。……无性云：由施等六成立此智，复由此智成立六种名受法乐，由此妙智能正了知十四卷有四种，《璎珞》有三……《瑜伽师地论》卷四十九云：所有十力加行清净名力波罗大悲。《瑜珈师地论》卷四五说有十二种方便善巧成熟佛法有六，成熟有情有六。《对法论》六自利，第十通也。……「世亲」云：以诸善根回求无上菩提是般若，作诸有情一切义利是缘有情为三。从胜功德说，即合第十第六故，俱通二利。此论别开理事二智，各别明故。第以能止息饥□等故。……般若中《摄论》以加行、正智、后得为三。《对法》以缘世俗缘胜义，是第三戒。……安住者，安住现法乐住故。引发者，引六通故。办事者，依此办利有情事故。善法戒，集诸佛法，后得益有情，无罪利益相。七众戒是初体一切佛法是第二戒，济诸有情仪戒。世亲、无性皆言律仪戒是依持戒，为显建立。其余二戒，是故安住律仪戒者，能建立摄……律者法律，仪者仪式。无性云：于不善能远离、防护、受持故名律仪。此即是戒故名律成熟有情智。」《述》卷十九云：施财名财施；施他不令豺狼等畏，名无畏施，法施可知。巧。愿有二，谓求菩提愿，利乐他愿。力有二种，谓思择力、修习力。智有二，谓受用法乐智、空无分别慧、法空无分别慧、俱空无分为慧。方便善巧有二，谓回向方便善巧，拔济方便善甲精进、摄善精进、利乐精进。静虑有三，谓安住静虑、引发静虑、办事静虑。般若有三，谓生戒、摄善法戒、饶益有情戒。忍有三种，谓耐怨害忍、安受苦忍、谛察法忍。精进有三：谓被

品类——《论》云：「十胜行者即十种波罗蜜多。施有三种，谓财施、无畏施、法施。戒有三种，谓律仪

《瑜伽师地论》二十二卷附一之附一。

所经位——按即十地。《述》卷十九云：「此无别体，修十胜行，断十重障，证十如时名十地也。」十地之释考

广

因

后得智，唯说烦恼，不取二乘生空，以二乘人生空非是菩萨六度收。有起法空后有生空，如菩萨初入见道及金刚心双断二障时，必依俱空断，即显俱空中二智齐有作用，有法空必无生空。如十地位中唯断所知障，不断烦恼障，约此义故，说俱空与法空别也。以入生空必无法空，若入法空必带生空故。（此即明俱空与法空义也。）俱空之中约理说无二智。一智有照二空之用，断二障能云有二智。理实非，无一心中有二慧故。……由第六度根本智引起第十后得智，名前六度能成立后得智，非约前六能助后四名成。若后得智即能助成前六也。准《摄世亲》，第十度通加行后得智。说七地以前由加行智引得根本智，说第十后得智成立前六度也。问：八地以上于无相中任运而转，无有功用，何云乃后得为加行起根本智也？答：所言加行，但以后得为因引起根本，不同前勇悍进修名加行也。又地已上望自修无加行，若作他利有情事亦有加行。此中智成前度者，但约自地中前六度说，非是约他地以论前后。地地中修行满足，方入后地，不可以第十度智助成以来诸地六度也。……地前所修十度中，后之五度实是加行智摄，非本后二智。由拟宜学正后二智故。……佛即无耐怨害忍以怨家不能害佛等故，然于佛自受用身上皆义说有之。若化身中亦有耐怨害忍，如天授害佛等是。」

体——《论》云：「此十性者，施以无贪及彼所起三业为性。戒以受学菩萨戒时三业为性。忍以无嗔精进审慧及彼所起三业为性。精进以勤及彼所起三业为性。静虑但以等持为性。后五皆以择法为性，说是根本后得智故。有义第八以欲胜解及信为性，愿以此三为自性故。此说自性，若并眷属，一一皆以一切俱行功德为性。」《述》卷十九云：「施以无贪及相应思并彼所发身语业为体。」……《瑜伽师地论》卷四十云：律仪戒唯二业，余二即通三业。有义第八以三法为自性，不以慧为性。说是后得智者，唯后得智中起故。……若眷属出体，总以五蕴为十度体。」（余如《对法论》卷十一、《菩萨地》广。）《义演》卷二十四云：「《对法论》中说六度皆通三业，此论唯前四者，地上菩萨虽在定中只能发业，而于散位发业相显，故唯前四说三业。」

相——《论》云：「此十相者，要七最胜之所摄受，方可建立波罗蜜多。一、安住最胜，谓要安住菩萨种性。二、依止最胜，谓要依止大菩提心。三、意乐最胜，谓要悲愍一切有情。四、事业最胜，谓要具行一切事业。五、巧便最胜，谓要无相智所摄受。六、回向最胜，谓要回向无上菩提。七、清净最胜，谓要不为二障间杂。若非此七所摄受，所行施等非到彼岸。由斯施等十对波罗蜜多，一一皆应四句分别。」《述》卷十九云：「一切事业者。谓随顺度所有事业，皆应行之。成满度故。无相智所摄受者，即第六不执三轮清净等。回向最胜与第二别者，彼有道心未必一切回向菩提，此乃回向清净胜中为离二障行于度也。四句者即种类福为四句，谓施非度。不求菩提等，是度非施。随喜施等，亦度亦施可知。若不约种类福次第修者，施为三句，

唯识详究(三十三)

五位

无是波罗蜜非施，故余五度得为四句。前有施度得为句故。若非次第者皆得为四句。此中有三个四句。」《义演》卷二十四云：「第六，第六识。三轮即是能施所受财物。轮是展转义。由有我身，即有财物。由有财物即施彼前人故名轮。当施之时，以不执著故名为清净。……种类福者，自虽无物可施，见他施时但生随喜，得功德名种类福。此第四句非施非度谓二乘等所修戒等五度。余五度约种类福一一自相望皆有四句。种类福者四句中第二句是：……次第修除种类福施但三句(缺第二可知。)余五有四句者如戒四句：一、有戒非度，谓二乘所持戒；二、有度非戒，谓前施度。施度非是戒也。余可知。若非次第亦得作四句者，或先行持戒后方行施，即施上亦得有四句。四句者谓有施非度，即不与七最胜相应。有度非施即持戒度有，余可知。如是一、约种类福。二、约次第修。三、非次第修，即三尔四句。」

不增减——《论》云：「此但有十不增减者，谓十地中对治十障，证十真如，无增减故。复次前六不增减者，为除六种相违障故。渐次修行诸佛法故。渐次成熟诸有情故。又施等三，增上生道，感大财体及眷属故。精进等三决定胜道能伏烦恼成熟有情及佛法故。诸菩萨道唯有此二。又前三种饶益有情，施彼资财不损恼彼，堪忍彼恼而饶益故。精进等三对治烦恼，虽未伏灭而能精进勤修对治彼诸善加行永伏永灭诸烦恼故。又由施等不住涅槃及由后三，不住生死，为无住处涅槃资粮，由此前六不增不减，后唯四者，为助前六，令修满足不增减故。方便善巧助施等三，愿助精进。力助静虑，智助般若。」《述》卷十九云：「六相违障谓悭吝、犯戒、嗔恚、懈怠、散乱、恶慧。余详明如《对法》卷十一、《摄》、《解深密》、《菩萨地》。」

次第——《论》云：「十次第者，谓由前前引发后后，及由后后持净前前。又前前粗，后后细故。易难修习，次第如是。」《述》卷十九云：「此三解中，第一《解深密》、《摄》、《瑜伽师地论》同，第二及第三唯此有。《对法论》同之。」《义演》卷二十四云：「六度可言前引后，后持前。后之四度既唯后得智。何亦言前引后后持前？答：此后四度向第六度中摄，所以引持。或后四度体俱是智，随其作用，说四前后引持次第无失。」

修——《论》云：「此十修者，有五种修：一依止任持修。二依止作意修。三依止意乐修。四依止方便修。五依止自在修。依此五修，修十波罗蜜多皆得圆满。如《集论》等广说其相。」《述》卷十九云：「《对法论》卷十二云：初修有四：一依因修。由种姓力，于度修正正。二依果修。依胜自体力。三依愿修。四依简择修。由慧力。第二修亦四：一依胜解修；二依爱味修；三依随喜修；四依喜乐修。三、依止意乐修即六意乐，谓无厌、广大、欢喜、恩德、无染、善好大(六？)意乐。第

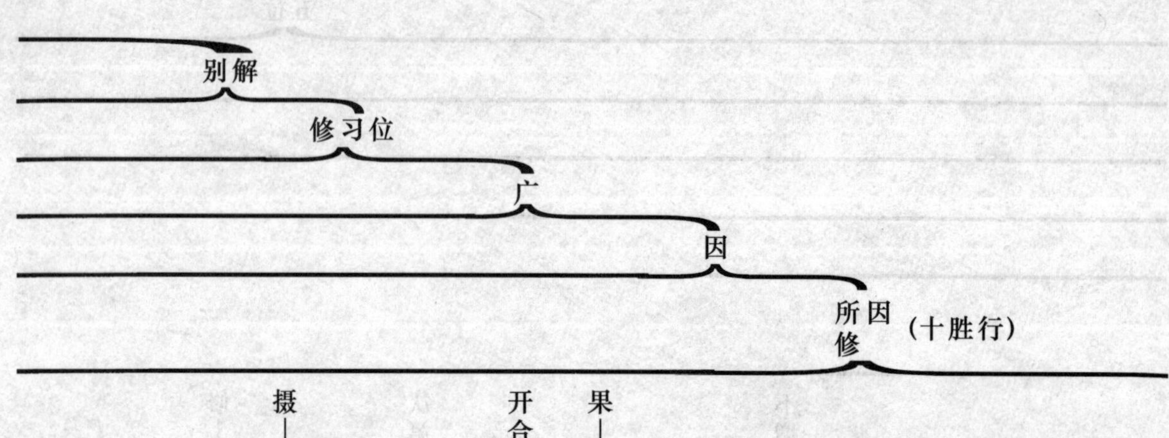

「如对法云：六度一一得五果。」离系又加行位中有漏能资无漏种令生见道无漏智也。据实无漏道断惑而得离系。《学》八云：得异熟果，或感得变易异熟果。有漏资无漏者，谓如七地以前有漏加行智等，引得断惑智，得而名。无漏资有有漏者，如十地位中无漏能资，地前资粮位以前有漏，旧业感得，十王位等名者，由所行施等六度，所招当来胜异熟果，十王位等，据身资具，一切随所依身，皆名异熟相从中文即不尽，亦约有漏六度为疏缘，引大菩提，据实无漏六度能引大菩提名增上。感大财位相引名等流果也。如菩萨今生能行施等，于当来生中，更能广行施等。引大菩提是增上者，此脱，名士用果。不约所证，但据受五蕴假者名士用也，于当来增胜生起是等流者。据六度前后断，故说六度永断自所治得离系果。摄自他是士用者，谓六度通自他利，故摄受有情而得解余如《解深密》、《摄》、《菩萨地》说。」《义演》卷二十四云：「第六慧能正断惑，前五度即能助漏资有漏亦得异熟。故言互相资，或有漏无漏二合说，故得五果。非有无漏体亲能得五果也。来增胜生起是等流。大菩提是增上，感大财等是异熟果。即具五果或有漏资无漏亦得离系。无资，或二合说。」《述》卷十九云：「《对法论》卷十二云：永断自治是离系，受自他是士用，于当

果——《论》云：「此十果者，有漏有四，除离系果。无漏有四，除异熟果。而有处说具五果者，或互相是后得智摄缘世俗故。」

开合——《论》云：「此实有十而说六者，应知后四第六所摄。开为十者，第六唯摄无分别智。后四皆智门。」

十四云：「以真如摄一切法，即摄相归性门，或慧为门摄一切法谓五般若摄一切法。即摄余从等。纯修即前次第修。杂即不次第。四句亦如前说。广如《摄》、《对法论》中会。」《义演》卷二若依纯杂而修习者，展转相望，应作四句。」《述》卷十九云：「《对法论》等说或真如摄，或慧摄待前故。后不摄前，不待后故。依修后行持净前者，后摄于前，持净前故。前不摄后，非持净故。

摄——《论》云：「此十摄，谓十二皆摄一切波罗蜜多，互相顺故。依修前行而引后者，前摄于后，必二身，或得此身亦能行六度。得他受用及变化身亦尔。」（会违如《灯》卷十三。）

止方便有三者，即智观三轮以为三也。……自在修三者，由因中修六度行故，即得自性受用滞碍。谓缘求依止此故修。《摄论》五修名乖义同。无性释易知。」《义演》卷二十四云：「依亦三：一身自在，即自性受用。二身，二行自在，即变化身。三说自在，谓能说六度等，无有四修有三，由无分别智观察三轮皆清净故，由此方便故，一切作意所修诸行速成满故。第五

69

五位相摄

然疏非说余，但说论中四定非地前摄（相？）也。……加行智名无分别者，无执心恶取空。等唯有一种律仪尸罗而防七支二百五十戒。故菩萨望彼殊胜。……四定有义，亦通地前。故，眷属理通三。三具摄十。」《义演》廿四云：「诸菩萨具三种净戒通防三业非，声闻乘悟及二乘，三慧可如论种现通五位分别，若回心者，皆通初二位。……余三或七，非自性二缘平等平等。如眼见取色青等相，非此青相与色有异。余有十一门如《摄》解。依顿诸菩萨行相，复于所缘中，是无分别智，彼所知无相，即此智于所缘中所现无相，能所心。非思量故非心。因缘者即闻熏习，所缘即二无我所显真如。行者行相。《摄》颂云：离于真如义异计度。所依者，即智所依。非心是心，由所依止是心种类。心所引生故是二、离有寻伺地第二定，以上非故。三离想受灭。四如色自性便非是智，如大种故。五、说后得等三，皆第六故。自性者离五种相以为无分别性。谓一，离无作意，熟眠醉等。六作业别，谓十八变又能引发十难行等即自誓难行等。……『三慧』于六度中，合五为一，中粗重障故。四堪能别谓住静虑乐，随欲受生故。五引发别，能引发一切界无碍神通。以大乘法为所缘。二种种别，即四定别。三对治别，谓总相缘智，即缘真如智，速遣赖耶漏故。发智光明通闻思修，如第三地，除障所得。……《摄》卷八云：有六差别：一所缘别，定者多是彼中，由地胜故。唯是无漏，既言声闻等不得，明非地前已得此四及有（疑无）萨行杀生等十业而无罪。生无量福，速证菩提等是。……『定学四』：唯在第四静虑诸胜，一切性罪不现行与二乘共，相似遮罪有现行，与二乘不共。三广大胜。四甚深胜，谓菩『共不共者』，《无性》卷七云：……名有四殊胜，一差别胜，即三聚戒。二共不共胜，谓菩萨故。若随显摄，戒摄前四，前三如前及守护故。定摄静虑，慧摄后五。」《述》卷十九云：摄。若随用摄，戒摄前三，资粮自体眷属性故。定摄静虑，慧摄后五，精进三摄，遍策三二，加行现种俱已□故。若自性摄戒唯摄戒，定摄静虑，慧摄后五，若并助伴，皆具相三。无功用道，违加行故。所有进趣，皆用后得，无漏观中，任运起故。究竟位中现种俱三。见道位中，无加行故。于修习位，七地以前，若种若现俱通三种八地以去、现二种因缘，所缘行等如余处说。如是三慧，初二位中种具有三，现唯加行，通达位中，现二种说。学学有三：一加行无分别慧；二根本无分别慧；三后得无分别慧。此三自性所依故。四健行定，谓佛菩萨大健有情之所行故。此四所缘，对治、堪能、引发、作业如余处集福王定，谓此自在集无边福，如王势力无双故。三贤守定，谓此能守世出世间贤善法广大如余处说。定学有四：一大乘光明定，谓此能发照了大乘理教行果智光明故。二戒，谓正修证应修证法；三饶益有情戒，谓正利乐一切有情。此与二乘有共不共。甚深

三学相摄——《论》云：「十与三学互相摄者，戒学有三：一律仪戒，谓正远离所应离法；二摄善法

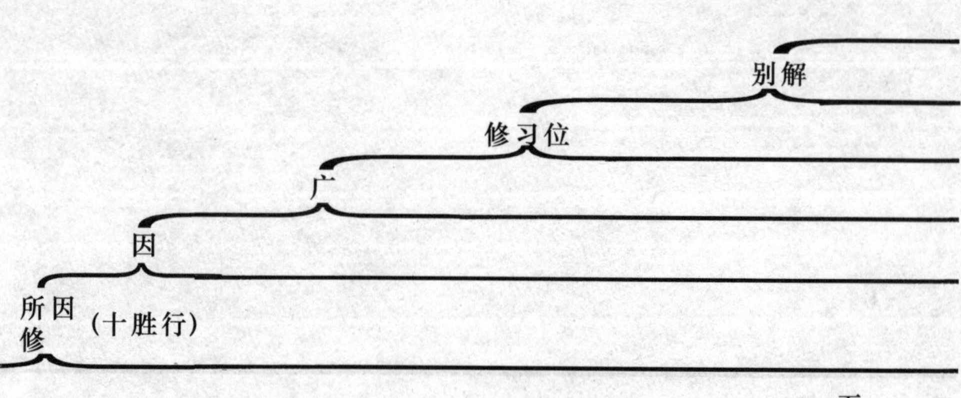

于修习位七地已前种现俱通有无漏。八地已去种通二种，现唯无漏，究竟位中若现若种俱唯无现，现唯有漏，渐悟者，若种若现俱通二种，已得生空无漏观故，通达位中种通二种，现唯无漏，

五位种现相摄——《论》云：「此十位者五位皆具，修习位中其相最显。然初二位顿悟菩萨种通二三。）（又《摄论》及二释之《增上慧分》有详说。）十地，金刚喻定及佛四定如次，今谓不然。随分地地皆修。」（考《瑜伽师地论》卷二十七注五之生草等是遮罪。非贪等生，说遮罪故。……定学有四，西明云旧说判初之四地，五六七地，八九修所证通为无为。此通所证，诸论据所修说也。……据《摄》杀、盗、淫等，贪等所生名为性罪。拔证无为功德，而非无为为戒体。又十胜行明非无为，今谓若尅体出体，即正三业，若据相从，所别。」《灯》卷十三云：「摄善法戒等本疏以有为无为，无漏善法为体。西明云：修有为善证即能别故。亦非非智，以加行智为先因故，此智与境无差别相，如空与空所有光明，是故此智成无分一异等，故此智不可定说缘分别境非分别境。自体亦尔，不可说言决定是智，如加行后得，无分思亦尔。十六，无分别智不缘依他，无分别故。亦不缘余境，但缘此分别法性为境，法与法性非智亦尔。十五，无分别智云何作利有情事？颂曰：如末尼天乐无思成自事，种种佛事成，常离正受义，后得智亦能说法，故云如非哑受义。十四，如人正闭目是无分别智，即彼复开目，后得无漏智云未说，非有漏亦不说。故云如哑求受义，正体智正受义而不说法如哑相似，故云如哑别智如虚空，从种种极恶，由信慧解为因而得无染。十三，加行智求受法义未能为他说法，此望受用身，自用身用四智而为体，所证真如即分证法身变化身，初地亦得化百亿身故。十二，无分中虽得三身而未清净，至第十乃得清净方名究竟，解云，初地得三身者，初地得二智，即分得自分别理，初得出离，后修道位满故，故见一切无分别理也。今言一切，即少分一切也。十一、初地九、无分别智前生中无分智引后后生处，展转增胜是等流果。十、初地入见道时见一切地无能治彼故，不招异熟，又非异熟因。又由无分别智势用强故，资往时故，业感十王位等异熟果。佛变化及他受用身二会中而感异熟果。此但增上果中假说异熟名，实不是异熟因，以无分别智能助伴故前五度与无分别别智为助伴。八无分别智感异熟果，谓菩萨无分别智于十地中，于诸萨行。此行皆以智为所依持，七无分别智助伴。谓前五度分为三道，初四资粮道，后一依止道为八解三无分别智有十六门，此论但五门。彼论云：六智所住持者谓无分别后得智中所得种种菩一切，故亦缘如，意说加行后得虽不证如许缘如也。正智虽证如亦得名缘如，以义宽故。《摄》卷地一切异生及声闻等应成无分别智。……加行趣求真如引无分别智故能缘如，若后得无漏遍缘境而起故。（有讹脱。）……离有寻伺地等者。无性云：若过寻伺地是无分别智，第二定已上诸等颠倒心等之分别。若根本智，后得智名无分别者，即无如境智于执著名无分别。后得智皆缘

唯识详究（三十四）

漏。」《义演》卷二十四云：「此十度约现行，五位中未必一一皆具。如通达位但有定慧无表戒等，无财无畏施及利有情事等，若十度种皆悉具。故见道中有十度者，约法尔种说。见道极促不容行六度也。于修道位中相最显者能行无边行故。资粮位中有最后五度者，但学作后五度说有也。」

五位 广 因

分位分别——《论》云：「此十因位有三种名：一名远波罗蜜多，谓初无数劫尔时施等势力尚微被烦恼伏未能伏彼，由斯烦恼不觉现行，二名近波罗蜜多，谓第二无数劫，尔时施等势力渐增，非烦恼伏而能伏彼，由斯烦恼故意方行。三名大波罗蜜多，谓第三无数劫尔时施等势力转增，能毕竟伏一切烦恼，由斯烦恼永不现行，犹有所知微细现种及烦恼种故未究竟。」《述》卷十九云：「未入劫时同已初入但名波罗蜜多，已成佛竟亦同第三名大。」《义演》卷二十四卷云：「未发菩提心所行施等不得名度。若顿悟利根者发菩提心已去或经六十劫修者未得入初僧劫，即名顺解脱分所行施等名度。六十劫满已至十信等位名入初僧劫。若钝根者，经八十劫或八万劫等未得入僧祇亦名顺解脱分。

十与十地——《论》云：「十于十地虽实皆修，而随相增地地修一。虽十地行有无量门，而皆摄在十到彼岸。」《述》卷十九云：「《解深密》、《瑜》卷七十八说：度清净。度最大无染，最明盛不可动，最清净度，无尽度，威德度，因果义利度摄三性等。」《义演》二十四卷云：「此六度修时通无有漏，三性中摄依他圆成，无漏依他，亦圆成故。」

重障（十障）所治

明重障

一、异生性障

出体——《论》云：「异生性障，谓二障中分别起者，依彼种立异生性故。」《述》卷十九云：「二障种子能生现行者上立此初障，由此凡夫离欲，仍（？）名欲界异生不伏见惑种故。准知此性是染污，亦可言种在本识与识同性，即无覆性。然前说善，既依染种立故亦唯染。定性二乘虽未断所知分别障，随望自乘见道所断种上立，唯依烦恼种立也。若不定者，依二障种立，此小乘唯修所断，世第一与见道合舍大乘唯见所断，见道无间道起时舍，依所断种立此性故，与种俱舍。……有异生非圣，如全未得三乘圣道，有圣非异生，大乘者得见谛。有亦异圣，如不定性圣未至十地中，有俱非，如入无余者。」《义演》二十四云：「执异而生名异生。……身在欲界依自界二障种子若能生现者立欲界异生性。乃至上地亦由此，设（谓？）身在欲界以离欲染，虽二障种不出现行不得于上立而为上界异生性，故得名为欲界异生性……大乘异生性是染污者，有覆无记性也，非善不善性。」《枢》卷四云：「异生性障即分别二障种，三界具有，名何异生？应知取依此地第八分别二障种立。」《学》卷八云：「《枢要》云：三界具有名何异生，随所依本识名此地异生。」

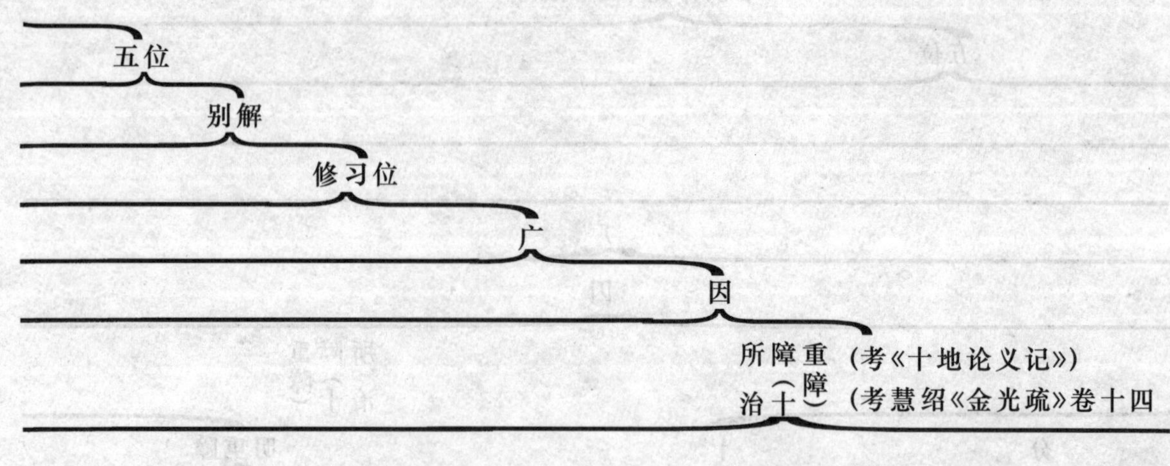

同异——《论》云：「二乘见道现在前时，唯断一种名得圣性。菩萨见道现在前时，具断二种名得圣性。」《述》卷十九云：「断少分名小圣，全断名大圣。」

障道俱不俱——《论》云：「二真见道现在前时彼二障种必不成就，故二性无俱成失。」《述》卷十九云：「萨婆多等难言，若异生性是修所断，见道前舍，无漏果起无有凡圣俱成熟失。若见断种上立异生性，即无间道有惑种俱，此种未舍，有凡圣俱起失，二真见道者，一，二乘人生空智，真见；二，菩萨人法空智真见道。《对法论》卷七云：断如是品粗重，生如是品对治，如明生暗灭，是名为断，故非道惑可说为俱。此言断者，若所知障，唯言断粗重，体非缚法故，若烦恼障从缘缚，相应缚说断。言粗重断虽亦通烦恼障，然从二断唯烦恼中。」《义演》卷二十四云：「所缘缚中若能缚名缚即在烦恼障，若所缚即通所知障及善等三性。若断二障皆名断粗重，若据增胜，断所知唯名所缘相应二缚，不名断粗重。」

二道——《论》云：「无间道时，已无惑种，何用复起解脱道为断惑证灭，期心别故，为舍彼品粗重性故。无间道时，虽无惑种，而未舍彼无堪任性，为舍此故，起解脱道，及证此品择灭无为。」《述》卷十九云：「此小乘难，彼无间道，犹有惑得可起。答中有二，可知粗重性，即二障种无堪任性，此二解中依。后意说种生现虽同时，菩萨金刚心，由有粗重性故，不名为佛，明此位第八识犹有漏为粗重所依。依前解，但证无为者金刚心中第已无漏，未圆明故，不名为佛，故后解胜。依此二解，并前第八识，舍位合解有三。加此一说云：金刚道生，有漏皆舍，种生现同时故。合中粗重言，非谓种子，由种子等令所依无堪任性，此名粗重。虽前已说，至下当知。问：此义可然？然《十地》中地地断烦恼障粗重，既不断种起无间道时复不断粗重，无间道起何所断？答：修道十地中断烦恼粗重者，非离所知障外，别起无间道等治。然烦恼粗重障，无始以来与所知障俱，所知障为本由，无间道本障断故，其末烦恼粗重与所知障粗重，解脱道中舍。」《义演》卷二十四云：「无间道不证灭者，何故说无分别智是缘理智？答：所缘之理，但名真如，不名择灭，下说菩萨利根刹那刹那断惑证灭者，彼依异品相望而谈，此约一品。……第二解中有两师解：一、种生现同时，若菩萨至金刚心无间道时即一切二障种现俱舍，唯有第八名言无记种及现识与金刚心俱生，即此第八与无堪任性为所依止至解脱道起方舍，方得成佛。此是正义。第二师种生现异时者，金刚心即舍二障种及第八识种，但有第八现及无堪任性不得名佛。此护法弟子解，非正义。此中第三解亦不正义。谓金刚心时舍一切二障种及有漏第八并无堪任性。故无间道中舍已得无漏第八但粗重在不名佛。若尔，粗重依何？无间道时应名佛。……修道十地中等者，此未尽理，约实义者，在见道及金刚无间道断二障种。若二障上无堪任性即解脱道除之。若十地中烦恼障与所知障同体强盛势力，此烦恼上无堪任性能障法空智。即与所知障种于无间道中同断，若烦恼上无堪任性劣者，与所知障无堪任性解脱道中同断。其烦恼障体不障地者，唯佛果断。」（考《瑜伽师地论》卷五十《广舍》。）

二障摄

一、异生性障

即愚——《论》云：「虽见道生亦断恶趣诸业果等，而今且说能起烦恼是根本故。由斯初地说断二愚及彼粗重。一、执著我法愚，即是此中异生性障。二、恶趣杂染愚，即是恶趣诸业果等。应知愚品，总说为愚，后准此释或彼唯说利钝障品，俱起二愚。彼粗重言，显彼二种，或二所起无堪任性。如入二定说断苦根，所断苦根，虽非现种而名粗重，此亦应然。后准此释。」《述》卷十九云：「业果等，等取恶趣非业及非异熟及等余增上果等法，及人天趣中分别所起别报业及果等，能起之中但说烦恼，以所知障与之俱故，总名烦恼。愚品者，诸业果等，虽体非愚，业是愚所起，果是愚所感，愚之品故，亦名愚或执著言，是利障品俱起愚，恶趣等言，但是钝障品俱起愚。……或粗重即彼二愚之种，说断二愚者即二愚现行。或亦可说非现非种，但彼二所起无堪任性。」《义演》卷二十四云：「总报果见道既除，别报果炳然不受，故须等也。非异熟即士用果。以得见道时三恶中士用果亦必不受，余上果等法，即如地狱中增上苦具，乃至人中黄门等。所受用境界，人天趣中别报业谓人身中根不具等。……利钝者意取无明与身见等五见俱起时名利愚，与贪嗔等俱起，名钝愚也。」

即无明——《论》云：「虽初地所断，实通二障，而此障意取所知，说十无明，望二乘非染污故。无明即是十障品愚。二乘亦能断烦恼障，彼是共故，非此所说。又十无明不染污者，唯依十地修所断说。虽此位中亦伏烦恼断彼粗重，而非正意，不断随眠，故此不说。理实初地修道位中亦断俱生所知一分，然今且说最初断者，后九地断，准此应知。住满地中时既淹久，理应进断所应断障，不尔，三时道应无别。故说菩萨得现观已，复于十地修道位中唯修永灭所知障道，留烦恼障助愿受生，非如二乘速趣圆寂，故修道位，不断烦恼，将成佛时，方顿断故。」《义演》卷二十四云：「若取烦恼不取所知障者，十无明亦是染污，以无明即是十障品之愚故。然准《摄本》立十无明十障者，即约初地中住地心，满地心已去及障，后九地中入住满心等以立，不约初地初心，以此心中断分别异生性障所以不说。由此准知异生性障非十无明。以异生性是染非无记故。……此言十障，即约十地中初地心断障说。不约障住地心满地心说。初地住满心中据实断俱生所知一分，余地准知。」

二、邪行障——《论》云：「邪行障谓所知障中俱生一分，及彼所起误犯三业。彼障二地极净尸罗，入二地时便能永断，由斯二地说断二愚及彼粗重。一微细误犯愚，即此中俱生一分。二、种种业趣愚，即彼所起误犯三业，或唯起业，不了业愚。」（按此亦就初入地心说，住满心中犹能进断所应断障。）《述》卷十九云：「明生死中言所知障不能发业，此云所发三业者，若发业招生死，所知障即不能，非缚法故。若障智三业，不招恶果，此亦能发。此文所明，但是等流增上业果。此所知障但由烦恼俱故成不善，非性是缚，实义，虽不善心仍名无记，菩萨二乘所望别，即道有无覆故不招异熟果。……或初是起业之愚，后是不了业之愚，非所发业。」《义演》卷二十四云：「此言趣者，即是恶业趣名趣，毁责为名，如说二形是人中恶趣。非是能取五趣中异熟果名趣也。」

三、暗钝障——《论》云：「暗钝障谓所知障中俱生一分，令所闻思修法忘失，彼障三地胜定总持，及彼所发殊胜三慧，入三地时便能永断。由斯三地说断二愚及彼粗重。一钝贪愚，即此中能障胜定及修慧者，彼昔多与欲贪俱故，今得胜定及修所成，彼既永断，欲贪随伏，此欲贪烦恼无始来依所知障转故。二、圆满闻持陀罗尼愚，即是此中能障总持闻思慧者。」《述》十九卷云：「胜定者谓等持等至随诸禅无色无漏定。……三慧别分二者，从胜障说。」《义演》卷二十四云：「由此知初二地菩萨犹有五欲贪，即合实有妻子。若三地以上乃至佛皆许示现有妻子。……然此言永断随相显故，犹未尽也。七地已来犹起贪等故。」

四、微细烦恼现行障——《论》云：「谓所知障中俱生一分，第六识俱身见等摄，最下品故，不作意缘故，远随现行故，说名微细。彼障四地菩提分法，入四地时，便能永断。彼昔多与第六识中任运而生执我见等同体起故。说烦恼名，今四地中既得无漏菩提分法，彼便永灭。此我见等亦永不行。初二、三地行施戒修，相同世间，四地修得菩提分法，方名出世，故能永害二身见等。宁知此与第六识俱，第七识俱执我见等与无漏道性相违故。八地以去方永不行。七地已来犹得现起。与余烦恼为依持故。此粗彼细，伏有前后，故此但与第六相应。身见等言亦摄无始所知障，摄

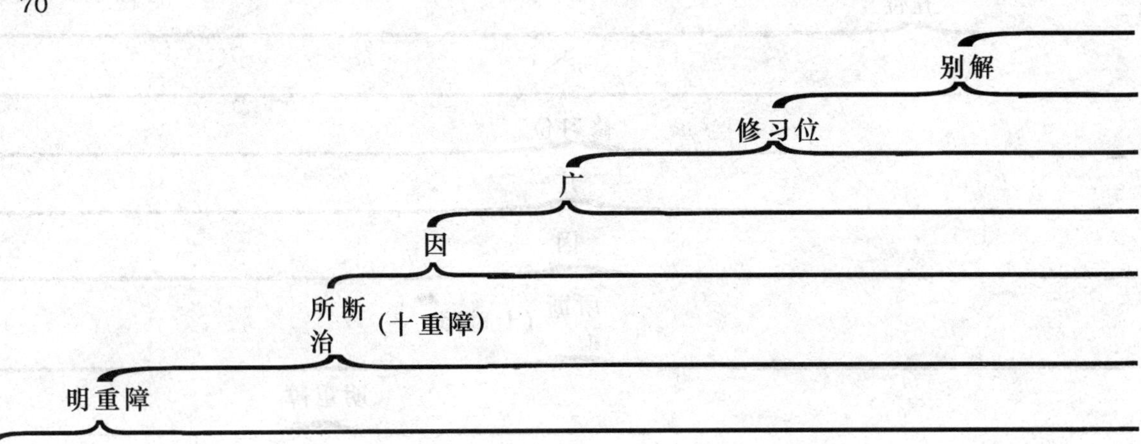

观多行，未能多时住无相观。」《述》卷十九云：「望后七地名粗。《十地》望前名执有染者，诸行流转，染分摄故。二相多现行愚，即此中执有净者，取净相故，相入六地时，便能永断。由斯六地说断二愚及彼粗重，一现观察行流转愚，即此中

六、粗相现行障——《论》云：「谓所知障俱生一分，执有染净粗相现行，彼障六地无染净道，

槃，欣厌差别名无差别道。」

无差别，何得有厌？复有欣耶。」《义演》卷二十四云：「观四谛真如不见生死涅槃者。」《述》卷十九云：「此地真如名无差别，故缘彼道名无差别，生死涅槃，既重。一、纯作意背生死愚，即此中厌生死者。二、纯作意向涅槃愚，即是此中乐涅苦欣灭，彼障五地无差别道，入五地时，便能永断。由斯五地说断二愚及彼粗

五、于下乘般涅槃障——《论》云：「谓所知障中俱生一分，令厌生死，乐趣涅槃，同下二乘厌

卷二末。）

身边见等能能起诸烦恼故，后二为果，正能障故，说为二愚，不相违也。」（考《佛地论》者，二愚据因前地所起说与后为障，身见等据久远所行名十障，又十障据因说，余位别颂起故。」《枢》卷四云：「第四地障身见等不入二愚中，二愚不说为十障六七地断也。由此故知所伏第六非第七也。……定法二爱不与身边二见俱起，于生者是他伴今被害故名害伴。此解正。羸劣者，烦恼不由身边二见引起者，即第然俱生者以相粗故，第四地断。不俱生者，第五地断。即不俱生者名害伴，谓不俱见同念俱起，不俱生者谓烦恼不与二见俱生。即不俱生烦恼与俱生烦恼而作伴，《义演》卷二十四云：「此云俱生非约任运分别说，谓俱身者，即贪痴慢等身边二者微细，谓于第八地已上，从此已去，一切烦恼不复现行，唯有所依所知障在。」不俱生现行烦恼是。二者羸劣，谓第六、第七地微细现行，若修所伏不现行故。三害。非烦恼身见亦起对治。《瑜伽师地论》卷七十八说：「一者害伴，谓前五地诸生身见尽处。又正断所知障身见等并永不起烦恼障中身见等故说二身见名永非如分别起者，逢善友等即舍。……初见道已离第六分别身见，今此后离第六俱缘名下品。即是任运生故名下品，远随现身者，即无始来随逐于身不舍名下品。故。第六独头贪等名中品。通不善性故。此望彼二名下品，唯无记故。又不作意取我所边见及我慢，我受与见俱者，最下品者。第六识，分别身见等法名上，粗猛俱者。所知障摄二愚断故，烦恼二爱亦永不行。」《述》卷十九云：第六俱身见等。等地说断二愚，及彼粗重，一等至爱愚，即此中定爱俱者；二、法爱愚，即此中法爱定爱法爱，彼定法爱，三地尚增，入四地时，方能永断。菩提分法特违彼故，由斯四

唯识详究（三十五）

- 五位
  - 修习位
    - 广
      - 因
        - 所断治（十重障）
          - 明重障

九、利他中不欲行障——《论》云：「谓所知障中俱生一分，令于利乐有情事中不欲勤行，乐修己利，彼障九地四无碍解，入九地时，便能永断。由斯九地说断二愚及彼粗重。一，于无量所说法，无量名句。后后慧辩陀罗尼自在愚。于无量所说法陀罗尼自在者，谓义无碍解，即于所诠总持自在，于一义中现一切义故。于无量名句字陀

八、无相中作加行障——《论》云：「谓所知障中俱生一分，令无相观不任运起。前之五地有相观多，无相观少，第六有相观少，无相观多。第七纯无相观虽恒相续而有加行。由无相中有加行故，未能任运现相及土，如是加行障八地中无功用道，故若得入第八地时便能永断，彼永断故得二自在。由斯八地说断二愚及彼粗重。一于无相作功用愚。二、于相自在愚，令于相中不自在故，此亦摄土，相一分故。八地以上纯无漏道任运起故，三界烦恼永不现行。第七识中细所知障犹可现起，生空智果不违彼故。」《述》卷十九云：「现相者即随欲现金银相等。此即宽遍便于相中别建立土自在，土自在者，随欲现于大小土等。土是假别，能依相是实别，所依相中别分立故。准此知此地已前，亦现相未，未能任运。」《义演》卷二十四云：「相通情非情。」

智起二智用也。缘真名空缘俗名有。前五地中虽真俗合观极难也。故云不同。」云：「冥真俗二境者，即一心缘二境，即合二谛一度缘也。合本后二智者，即一中起于有观冥真俗二境，合本后二智，少用功力即能得，不因五地。」《义演》卷无相不专勤求，乃于空中起有胜行。所言空者无相空理，于空中作有行，即真观还灭细灭相故，纯于无相作意勤求，未能空中起有胜行。今此地中既除此障能于灭相故。纯于无相作意勤求，未能空中起有胜行。」《述》卷十九云：「前地尚取生者，犹取流转细生相故。二、纯作意求无相愚，即此中执有灭者，尚取还灭细七地时，便能永断。由斯七地说断二愚及彼粗重。一、细相现行愚，即此中执有

七、细相现行障——《论》云：「谓所知障俱生分，执有生灭细相现行，彼障七地妙无相道，入无染净道也。（有讹。）」

相能障缘起道灭观。苦净灭道相观即障六地无净相故，前地中有染净相障六地因果名粗相。若第六地观十二支为因果，望前名细。谓五地中作苦集观，即有染住无相观，即后得智作有相净观也。」《义演》二十四卷云：「前五地中作四谛观行，即障缘起还灭观，缘灭道净相为障。由取无漏净相故，相观多行，未能多时其缘起相望四谛为细，望后障故为粗。缘苦集行流转相为障，执有染是相多现细。……由地前观四谛，故有二染二净，故障六地无染净道，此地真如名无染净。

唯识详究（三十五）

二障摄

分别烦恼者，约异生二乘性等说。直往菩萨彼障现起，地前已伏。此在加行位，若智生，故说初断。《瑜》卷五十八说世间道唯伏俱生，若爱若恚，邻近骄慢，不言能伏显，是故偏说。」《述》卷二十云：「烦恼障见所断者，言真见道中唯取无间，惑灭渐断灭。由斯故说二障粗重，一一皆有三位断义。虽诸位中皆断粗重，而三位依，无漏伏故，障不现起。虽于修道十地位中，皆不断灭烦恼障种，而彼粗重亦果相续，能违彼故。第七俱者犹可现行，法空智果起位方伏。前五转识设未转现起，地前渐伏乃至十地方永伏尽。八地以上，六识俱者不复现行，无漏观心及起，地前已伏，修所断种于十地中渐次断灭，金刚喻定现在前时方永断尽。彼障而不为失。八地已上毕竟不行。所知障见所断种，于极喜地见道初断，彼障现前渐伏，初地以上能顿伏尽。令永不行，如阿罗汉，由故意力前七地中虽暂现起断，彼障现起地前已伏。修所断种，金刚喻定现在前时一切顿断，彼障现起，地

明现种伏断位次——《论》云：「此十一障，二障所摄。烦恼障中见所断种，于极喜地见道初别断迷事？谈能可尔，正断即非。」（考《瑜》十四卷，《续注》十二。）十障皆二智除，何但佛地？又断前后，后得断事，一刹那除根本足能，如何后得后得迷事。今谓不尔。若许平等亦正能断，应自能生，既观察引正唯观察。不尔，妙观依金刚定共断此障，所证同故。此通后得根本，而差别者根本双断迷理事，门。三摩地门诸功德等。」《灯》卷十三云：「此佛地障用何智断？西明云：平等菩提故。」《述》卷十九云：「大法即真如缘如之智。譬如大云所含藏即陀罗尼障种。故《集论》云得菩提时，顿断烦恼及所知障成阿罗汉及成如来。证大涅槃大于一切所知境极微细著愚，即此微所知障二极微细碍愚，即此中一切任运烦恼障种，金刚喻定现在前时彼皆顿断入如来地。由斯佛地说断二愚。及彼粗重。一、藏者。此地于法虽得自在而有余障未名最极，谓有俱生微所知障及有任运烦恼一大神通愚，此此中障所起事业，二悟入微细秘密愚，即此中障大法智云及所含法智云，及所含藏所起事业。入十地时便能永断，由此十地说断二愚及彼粗重。为说故。愚能障此四自在，皆是此中第九障摄。」

明重障

十、于诸法中未得自在障——《论》云：「谓所知障俱生一分，令于诸法不得自在，彼障十地大中现一切音声故。二、辩才自在愚，辩才自在者，谓辩无碍解，善达机宜，巧于后后慧辩陀罗尼自在者，谓词无碍解，即于言音展转训释总持自在，于一音声罗尼自在者，谓法无碍解，即于能诠总持自在，于一名句字中现一切名句字故。

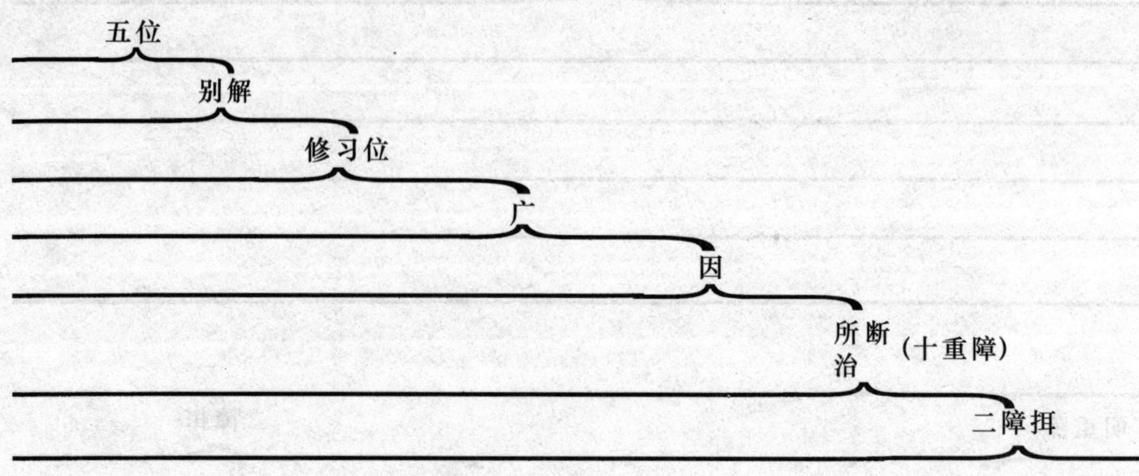

学者，若先得二乘无学未回心者，即无分别烦恼，俱生烦恼也。故云，二种俱无。所知二障。渐有学者，前三有学皆有修道烦恼所知，所以于十地中渐断伏，若渐二道也。……此中所说见所断至二种俱无者，谓见所断者唯顿悟菩萨断分别烦恼分别烦恼。二乘人不能总伏尽。其菩萨世间道力者，非是六行道，但是有漏名世间行能正知胜解或作此谛观，或作真如无相观能伏分别烦恼，至加行位即能顿伏尽世间有漏六行道但伏俱生贪等不伏分别烦恼，以分别惑强故。其菩萨在前资粮加此论中但摄得障十地中入地心所知障，故狭……《瑜伽师地论》卷十五八等者，谓故。」《义演》卷二十五云：「言二障即摄一切分别俱生二障，故宽。若言十障，据净智。若烦恼粗重，非彼种子，即非唯三位及所知障地地能断。但说三位断者，显肤，无加行，无功用无相住，皆永断。三、在肉，如来住中皆悉永断，得一切障极清刚心位亦是成满菩萨住摄。故所知障粗重有三：一、在皮，极喜住皆永断。二、在前。于最上成满菩萨住中，一切烦恼习气随眠障碍，皆悉永断入如来住。此中说金用无相住中，一切能障无生法忍诸烦恼品所有粗重，皆悉永断，一切烦恼皆不现切恶趣诸烦恼品所有粗重，皆悉永断，一切上中烦恼品皆不现行，于无加行无功地地断，亦能伏故。……三位断义者，如《瑜珈师地论》卷四十八说，于极喜住，一治，由第六俱无漏伏故，令不现起，七地以前，犹能现起，第六识者，准此应知，亦者，于前地中亦能伏之，现行粗于种，违于道故。又八地以去五识俱者，虽不得对能障地故。第七识俱，金刚方断，于十地中，有伏有起。五识俱者，谓是后地所能断无漏道，胜势力故，而伏于彼，治彼二障不令现起。此五识俱若所知障地地分断，违第六识二执故不行。……于十地中前五转识，设未转依得无漏智，以第六识胜……无漏观心及果者，二空无漏，无分别智心及此果灭定后得智等，相续不断，能加行，故伏烦恼。十地之中与烦恼俱所知障品多分亦尔。非此俱者，地地可起。见道以前，唯伏法执，其烦恼障，随此而伏，然由所知，加行伏故，说烦恼伏，非前去亦不故起，任运不行，道力胜故。此《对法》卷十四文。……菩萨加行，唯欣于智，此中所说见所断者，唯顿悟人，修所断者，通渐有学，渐无学者。二种俱无，八地已犹起我见等，七地已前尚起贪嗔等故。如阿罗汉者，不怖者故起烦恼，怖者不然。也。修断烦恼种，后皆顿断，不言粗重。粗重者，十地中亦断故。言暂起者，前四地萨正愿胜解世间道力，邪见疑等伏而不行，非以六行有所欣厌，菩萨不为，非不能资粮位，此粗现行，能伏灭。二细现行即未能伏。至加行位分别细者能伏。由此菩

……所知障品多分亦尔者，此约十地断所知障，烦恼随伏，故云亦尔，说同体起者，故云多分。非与此所知障俱者，后后于余地，犹得现起。……《论》前五转识者，此即逐难重释，谓虽说八地以上六识俱者不复现行，犹未尽理。以第六识起无漏智可不起执而障不行，五识异类不违无漏，如何障不起，故有设未转依等文也……十地之中有伏有起者，约十地中第七说。谓第七中所知障虽至金刚心断，不妨于十地中有伏有起。且八地以去纯无漏观，第六偏入生空无漏，第七识中犹起法执所知障以微细故。第六入法空观，方不起，八地以前，故云有伏有起也。五识俱者，此约五识俱所知障，说有伏起。云：五识中所知障能障后地者，于前地中能伏，以现行粗于种子故，故名有伏。又八地以去五识俱所知障，虽自未得对治圣道，由第六恒入无漏观伏故令不现起，若七地以前五识俱者，犹能现起第六俱所知障有起伏，准五识说。」《枢》卷四云：「俱生地前渐伏，地上伏尽，此依六识为论。何故见所断烦恼，随所知伏与不伏，俱生烦恼独入地伏，不随所知，所知后伏，烦恼先伏。见所断不尔？见障利，故同时，修障钝故渐次。」

明断顿渐

——《论》云：「第七识俱烦恼障种，三乘将得无学果时，二刹那中三界顿断所知障种。将成佛时，一刹那中一切顿断，任运内起无粗细故，余六识俱烦恼障种见所断者，三乘见位真见道中一切顿断。修所断者，随其所应，一类二乘三界九地，一一渐次九品别断，一类二乘三界九地合为一聚九品别断，菩萨要起金刚喻定，一刹那中三界顿断，所知障种初地初心，顿断一切见所断者，修所断者，后于十地修道位中，渐次而断，乃至正起金刚喻定，一刹那中，方皆断尽，通缘内外，粗细境生，品类差别，有众名故。」《述》卷二十云：「所障有异，断亦有殊，此中障种无粗细者，八十一品，亦与非想第九一类品摄，如断善邪见，非无九品，故成能熏。又解，所障既同，断无前后，名无粗细，非九地所摄，总是一品。又唯缘内境自地之境，境无粗细，无多品类。故名一品，非三界中总无粗细。……六识烦恼见道断名顿者此是正义。又虽三心九地总合以为二品，不同修道九品别断名之为顿。《瑜伽师地论》卷五十九等，有此诚说。此于见道断六识者，显此五识有分别障。修断有二，然此文中无先伏修，后入见时一品断者，明于见后，方起修故。不说超得第二三果。二乘别者，唯《对法论》卷十三有此文。此中初以九地渐断，是渐次，得果者得一来，必依未至，其不还亦尔。然必起无漏道，方始得果。《瑜伽师地论》五十三卷说，不还者，唯五地于欲界有断对治，不说无色，又此唯超越，非次第者。合为九品断者，唯有利根诸预流非余果。余果不能起胜作业，缺烦恼故。准越超

四道

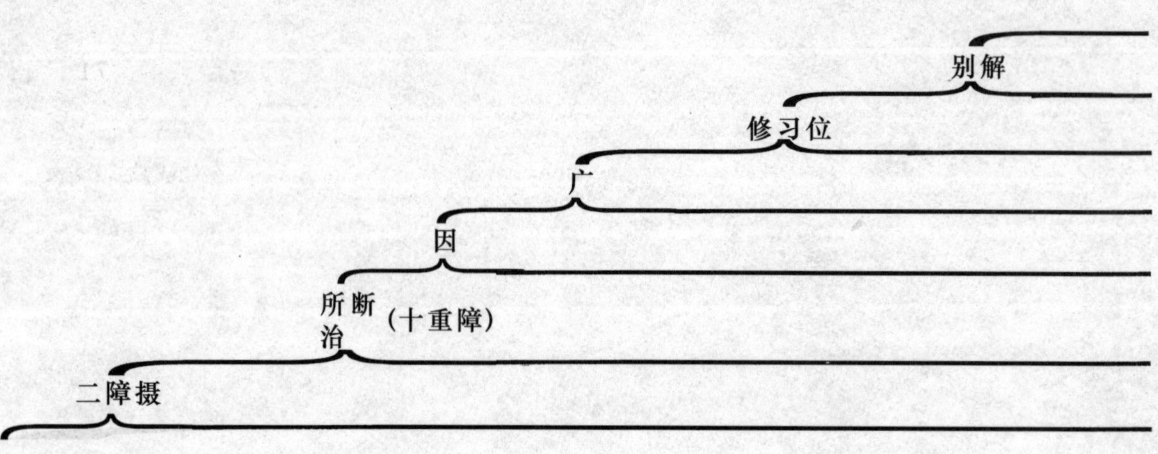

必起无漏对治道方能断惑得果，不同有宗许世间道断惑得中二果。……非次身在此间故。不还亦尔者，次第不还，亦依未至定起对治道断惑方得，然品别断。……必依未至者，谓如次第得果者，必依未至定起无间道断惑得果。以果得第三果也。论中不说。但说超中二得无学果。故论云三界九地合为一聚，九道，伏欲界中六品修惑后入见道时超初果，得第二果。若先伏九品修惑即超前二第，渐次得四者。二、即约从预流果超中间二果得罗汉。若实说者，应先起世间故云真见道中一切顿断……修断有二者，约根不同分二。此论文中一者但约次同修道烦恼，修惑有九品九地之中地地九品断也。又证以《瑜》卷五十九文，此论第三遍遣一切诸法，假缘智，即下品所知障。今日取上下二品烦恼障名顿断，不三遍遣一切有情假缘智，即下品烦恼障。又内遣诸法假缘智，即是上品所知障。界九地中分别烦恼障以为二品。一、由内遣有情，假缘智，即是上品烦恼障。若第品，故成能熏。余文易详……三心九地至有此诚说者，谓如前三心见道中总合三地第六中第九品一类相似故云无粗细。其实亦有粗细如邪见虽云是一，非无九此第一解，即约第七中烦恼；地地有九品，即成八十一品。此八十一品，与非想断，其弟七识中二障要至佛果无学果顿断……第七中障种无粗细，至成能熏者，恼障即障佛果及无学果。若所知障唯障佛果，断亦有殊，谓若二乘人随所障所异，断亦有殊者，所障有异谓六识中烦恼障于二乘有学无学位，若第七识中烦故。所以诸地分分别断。五识由六引，所以通二障。」《义演》卷五云：「所障有三界行相，唯一类等。所以金刚心断，六识中者，行相有九品故，品类差别有众多身故。又彼境中各通粗细，非如第七唯缘内故。前之六识通粗细境。第七唯细境，断上，或由意乐别故。……六识俱所知障，诸地渐断不同者，以道缘内外境内外受变易生起无漏者，岂不许得上静虑耶？故依上根本四静虑亦得此。以下道能解彼文说多分不能得根本定等，非必一切皆悉不得，不说唯依未至地故，不尔，品别断，唯立二果，故依四静虑三无色不得超二果及次第得第二、三果。又取前论》卷十三说顿出离者入谛现观已，依未至定发出世间道，顿断三界一切烦恼品无色证超果也。于修道中未得下断惑道，不能起上断惑道故。遊观可尔。今依《集故，应作四句。尚不许九无间道入根本定得次第第三果，况预流者得四静虑及三界断对治故。此亦应尔。应说此义理不违也。但非以下道能断上惑，由意乐力别何过？然加行心是色界，总缘三界故，无间道可起无色上地。如不还于五地有欲满，为令圆满后后建立十真如，又如《瑜》三十六卷注四说，此亦依三无色，斯有不还，许依五地。具广分别，《论》亦云：「虽初地中已达一切，而能证行，犹未圆

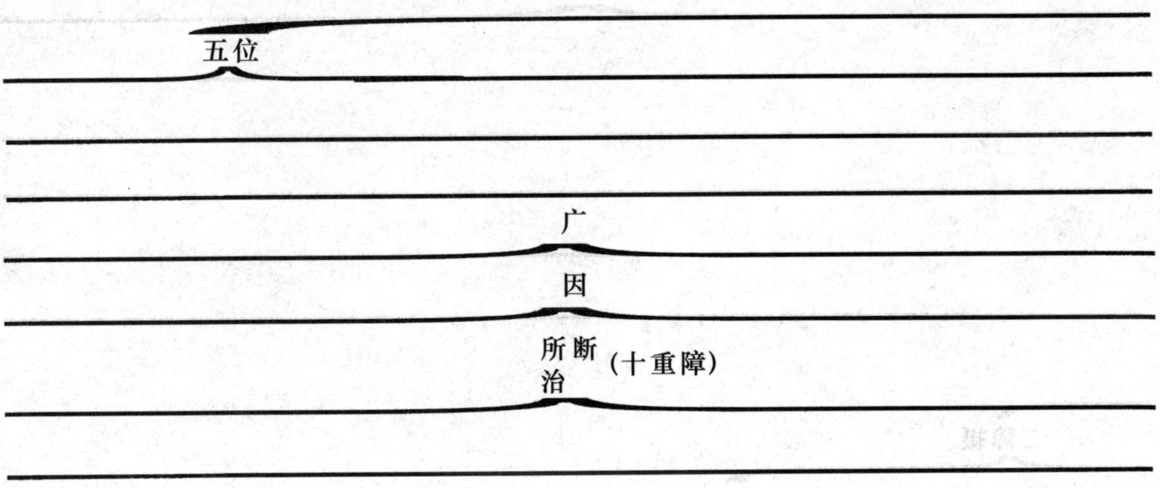

五位

广

因

所断 治 （十重障）

一解者，云《对法》说超中二者，不得四禅等。无学果者，依多分说。若不许，不得而得次第第二、第三果也。故此第二解正。……又取前解至别故者，谓有取前第知超中二果人唯依初未至定，不依四禅下三无色而能超，亦不依四禅及下三色亦不能起。故知预流果人不得起根本定游观无漏也。……依《集论》卷十三文，亦以已伏无所有处以来惑依游观无漏，为加行而得入灭定。若第三果人非身证者□云：前二果人亦不得起根本定中游观无漏。唯身证不还起上八地游观无漏，道。遊观可尔者，云虽不得起四禅三无色断惑道。然起七处游观无漏心。有人道，乃至上地亦尔。预流果人未离欲俱生惑，故不能起四禅根本及下三无色无漏修惑已方得根本定中无漏道，若未离第九品修欲惑者必不得初禅根本定无漏而得四禅根本定下三无色而得超中二。意云：依初至定起无漏道断却第九品欲不许等者，谓如次第那含断欲九品无间道时皆依未至定而证第三果，次预流者人不得依四禅根本定及下三无色定中而得第四果，由此疏中第二解胜。……尚果第三果依初未至定能断欲六品或九九品惑证第二三果。哲法师云：超中二果断上惑，如次第不还依无所有虑无漏道断无所有处惑。有依下地断下惑，如初二惑而得预流及第四果等。有依上地能断下惑，即依下三无色能断欲惑，有依上能切烦恼故。……四句分别者，有依下地断上惑，如依初禅未至无漏定能断上二界由意乐别故。此解不正。有漏定不能断上地惑，无漏定者初未至亦能断上二界一二禅已上惑，故依四禅根本及下三无色地中断上惑。集论中许下道能断上惑者，别故者，意云许依四禅三无色者，说总缘三界，及超中二果人依初未至中不能断以愿力还生欲界至第二身中余惑而得成部行辟支。……加行心是色界至意乐力得无学果即成罗汉。若不办圣旨误断一二品修惑有命终者不得生上界，其人即超中二或断一品二品修惑已许命终不？答：若办圣旨即舍现身之上超中二果还果者亦尔为。兼断上八地九地尽直得无学果，不名不还果故。问：利根初果既六品修惑令立一来果，为兼断上八地六品所以不立一来果。断欲界，九地不立不顶地烦恼也，即将有顶地中上上品烦恼与下八地中下下品烦恼同时顿断。欲界……第二，三界至缺烦恼者，谓利根预流能超中二直得无学果，缺烦恼者，缺有修惑三界分别惑而得第三果，必无次第者，有入静虑及下三无色起对治道者根本定或初未至定五地中而入见道，即以一无间道断却无所有处以来及欲界中第者，谓有超越不还先用六行世间道伏无所有处以来烦恼，其人后时即依四禅

唯识详究（三十六）

依四根本，无漏定资助受变易故知初果回心已去即得四根本定，而受变易身，其超中二果亦能依上四根本定起无漏道断上惑也。有义禅云，回心者即名菩萨，若超中二果即小果，不得相侔。」《枢》卷四云：「第七识顿断中，任运简见道一切内起简修道外缘事独头贪嗔痴等。以此二义故无粗细，无粗细言简修道内外缘迷理身边二见及此相应九地断有粗细故，如是总简一切惑尽。……见道顿断。《瑜伽师地论》卷五十九：三心亦名顿。然二障各分为二，若以九品，粗品先断。则十地修道应先断粗，若以随所障道以办粗细。九地不定，即烦恼品。云何随所知以明粗细？解云，如十地修道地地所断初为粗后为细，烦恼随彼以说粗细，此亦应尔，见道中自分别力粗先断，他引力细后断。……有先伏烦恼超得第二三果，无先伏所知而超入二地，然入地已如闻半颂，以舍身亦有超者。然无超大劫。此义应思。」

二障摄

辨三乘四道同异——《论》云：「二乘根钝，渐断障时，必各别起无间解脱加行胜进。或别或总，菩萨利根，渐断障位，非要别起，无间解脱，刹那刹那，能断证故。加行等四，刹那刹那前后相望皆容具有。」《述》廿云：「『二乘加行胜进』可有别别起，九品为九品加行及胜进者，或但一加行及但一胜进，故加行胜进二道总别不决定。此依容豫胜进者说。不尔，便违《对法》卷九。其无间解脱必各别起，如起无间道断一品已，即起第二念解脱，此第二解脱，不得望第二品为无间道。其第二品要别起无间解脱，以根钝故。九品亦尔，次第超越并然。由有九品渐能断者加行胜进各别别起。若一观中随断几品，即总一加行后一胜进。加行胜进或总或别易故。若九品渐断，出观若不出观，断九品者，无间解脱必各别起，难故。此说修道，非见道中，有如是事，以其根钝，即证无为时，不容断惑故。设（谓？）先世道伏惑，后入见时，亦总一品，与见同断，不为别道。……若菩萨利根，初品无间，至第二念即为解脱。此初品无间望第二念即为加行。此解脱道望自第二品即为无间，望初为解脱，望后为加行。至第三无间道，望第一为胜进，与第二品为解脱。自品为无间，与第四为加行。第二无间望前即非胜进但是解脱。此十地位中断所知障时，分品类排次断法，若别别断。……一一别起。……由能印证及能断惑，复能容预及欣求，故具四道。《对法论》卷九云：胜进道者，谓为断余品，所有加行无间解名胜进道，望此品是胜进故。即是别别望前有也。又云或弃舍断烦恼加行思维诸法等，即是别起胜进行相，即二乘也。或总通三乘，今此既说二乘胜进或别或总，不遮后品所有诸道是前胜进故。其加行不尔，为趣求故。前所有无间解脱非后加行。又今此约，

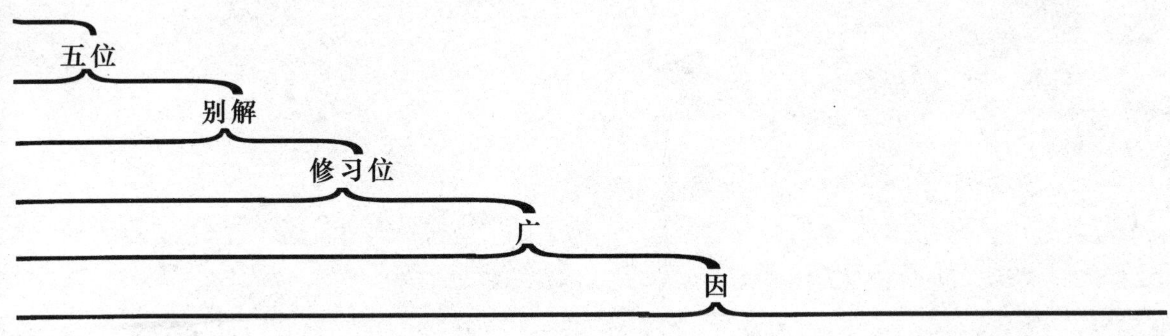

四道。若非别别然者，即闻四道，如初品无加行，最后无胜进等。……此论说二乘道。能断惑即无间，后容预是胜进，故品品皆具四道。智但是一，据义不同，分别取。若菩萨在十地位中一入观时唯断一品障，即便别起四道，由能印证是解脱品中加行道者，此约菩萨入观不出前后相望有四道。初品加行犹是有漏故不菩萨一入观不出排次断之。故约刹那前后相望皆容具有四道。断初品惑不取初脱，望自第四品为无间，与后第五品为加行。余准知。十地皆有障，障入住出心，望前非胜进者，如断第四品惑时即第四无间望前第二品是胜进。与第三品作解『其菩萨』望第二念即为加行者，意说初品无间道望第二品即为加行。第二无间，修九品后入见道时与修一时同断不证初果直取第三不还果。故云：不为别道。不得与后品为无间道，以根钝故，菩萨不尔。然极利根人先于世间道伏见惑及欲知。）即证无为至不为别道者，意云解脱道证理时不容更断余惑。明知前解脱道行无间解脱三道即是前品胜进道。《对法》卷九，即约速疾者说。（其无间解脱可断四品或三品准知。容预者，于加行等道外别起一胜进。若速疾者，即将后品加乃至断五品惑已来，后唯起一胜进道。即起五无间、五解脱、一加行、一胜进。余行道次起无间道，断一品惑，次起解脱道证灭。又次起一无间断第二品惑。如是间、九解脱、九胜进也。若约加行胜进总者，如一入出观断五品惑时，即先起一加观，经少时更入起加行乃至胜进。余品准知断地地九品惑，明即起九加行，九无进』别起者，如起一品加行已即起无间，断一品惑已，即超解脱及起一胜，即出道名异，前后相望起四道名同。如望前为胜进，望后为加行等。……『二乘加行胜种子转为中上者，即下成中下不复起名舍劣也。」《义演》卷廿五云：「若别别起四约此文即转齐义。三品种子，各各别有，不用下品以为中上品也。若约转灭义，一果所摄道时，即舍此间所摄道。以不复现前故。菩萨虽不言向果，亦得胜舍劣。今不成。对法十四云：于现观位，证得后后胜品道时，舍前所得下劣品道，如证此非次无间后之解脱。亦不见许有加行道。中间稍胜，有无间等无失。有顶暗昧，加行等有加行胜进。无漏四道除有顶皆通四道。彼处唯有胜进解脱道类，名解脱亦有，胜进道，自望无胜进。不尔，佛应有胜劣。有漏四道通上二界，十地皆有。欲界唯加行道故。故菩萨金刚心亦有加行道任运加行，非加行智。佛唯有解脱道，是前总胜进者。此四道通三乘。二乘有学及无学，通有无漏。遮加行智通无漏，不遮别起行相，故言总别。若望此品后道名胜进者，此中不说，不尔。即无不起胜进及

所证如——谓十真如。《述》廿云：「初地中于十真如，非皆不达，未圆满故。后后建立，故立十种，行位有十，故圆满真如，名乃至如来十皆能了如《中边释》具广分别。」《论》亦云：「虽初地中已达一切，而能证行犹未圆满，为令圆满，后后建立。」十真如义。又如《瑜》三十六卷注四说。

脱自性离缚名解脱。胜进者，胜谓殊胜，进谓升进，或望前为胜，趣后为进。」未正断。解脱有二：一、能解脱体得自在，即离系缚。如八解脱。二、所显理名解无间者，二义无间：一观理无间，不同加行犹带相故，二断惑无间，不同加行犹加行不求证理。若据别起四道说加行亦能少分伏粗重，约相望说，亦能正断，言通世出世智为四道体。释四道名者于诸所断加功用力，顺趣能断，名加行，非此道，即非次无间后云解脱，故云解脱道类。」《灯》卷十四云：「出四道体克性出体有处圣道中无间道断上有顶惑已引起无所有处解脱。从此方引起有顶地中解脱无漏道断惑得果故。有顶地即有解脱道类等者，如不还果人，身在有顶起下无所间解脱二道。其未至，中间，四禅，下三无色此之九处即具无漏四道，亦依中间禅胜进道，若欲界即用闻思慧心为加行胜进也。故欲但有希求心，进后之心而无无进解脱而无无间，以根本地中不能离下地染故。此色界唯用有漏闻修慧为解脱四道，以八未至中作厌欣观能伏下地染故。若余中间四禅根本，但有有漏加行胜十地也。意云此十地皆容有四道，非一一地中皆具有四道。然八未至中皆具有漏伏惑。有漏道亦能伏，故四道通有漏。上二界十地者，即欲界、中间、四禅、四空名无胜进，但有解脱。问：四道如何通有漏？答：若据断惑说有漏道即不能若约四四道并是无漏，佛唯有解脱胜进。胜进则望前金刚心无间道名胜进，若自望即是无漏。此二乘及七地以前者，加行胜进即通散闻思慧也。若八地已去，断惑等余通有无漏，若地前四道其练根修通除障皆有漏。若初地至七地以来，亦唯断惑道，亦无除定障及练根四道，但有解脱胜进。以上所明四道，唯断惑四道是无漏，除定障、修通、练根四道，以先断惑尽无断惑四道。若麟角先得六通、无修通四第三果人有断惑练根，除定障四道，亦有修六通四道。部行无学，声门无学，即有别。四道通三乘、二乘、学、无学等者。若二果人即有断惑四道，亦有练根四道。若约别起胜进行相或别或总，若后品四道望前品名胜进，此中不说。故与《对法》而作加行。加行唯是趣求。若无间但断惑，解脱但□灭，故非加行。又今此论即胜进或总者，自彼《对法》后品三道皆总与前所有四道而作胜进。与断第二品惑

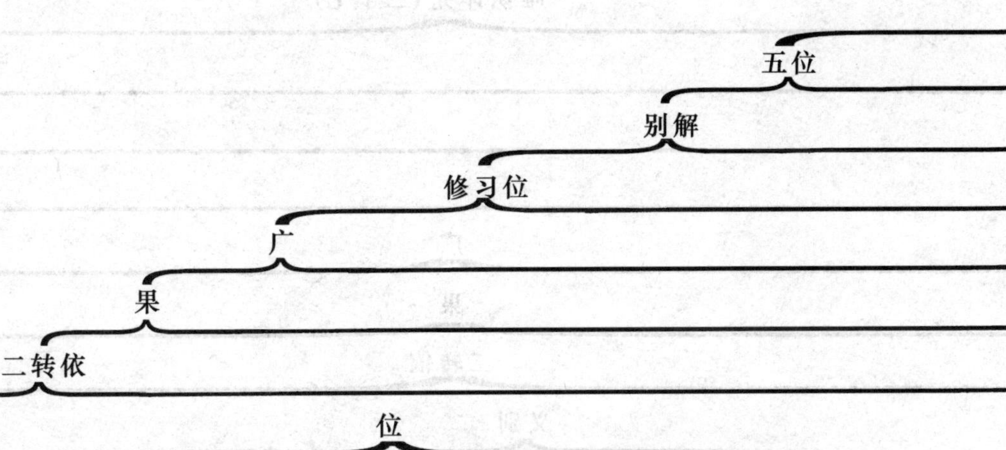

广大转——《论》云：「谓大乘位，为利他故，趣大菩提，生死涅槃俱无欣厌，具能通达二空真如。双断二障种，顿证无上菩提涅槃，有胜堪能名广大转。此中意说广大转依，舍二粗重，而证得故。」《述》卷二十云：「《摄》说即诸菩萨能趣转故。如来已转，故彼不说。说唯取广大转不取圆满转者，圆满转对菩萨说，唯如来，今明十地取广大转，或取广大者，圆满转亦在其中。」

下劣转——《论》云：「谓二乘位专求自利，厌苦欣寂，唯能通达生空真如，断烦恼种，证真择灭。无胜堪能名下劣转。」《述》卷二十云：「通有无学，真择灭者，谓真如由慧择得此灭故，无胜堪能者，无一切智等故。」

果圆满转——《论》云：「谓究竟位，由三大劫阿僧企耶修习无边难行胜行金刚喻定现在前时，永断本来一切粗重，顿证佛果圆满转依，穷未来际利乐无尽。」

修习转——《论》云：「谓修习位由数修习十地行故。渐断俱生二障粗重，渐次证得真实转依。《摄》说：通达转在前六地，有无相观，通达真俗间杂现前，令真非真现不现故。说修习转在后四地，纯无相观，长时现前，勇猛修习断余粗重，多令非真不显现故。」《述》卷二十云：「《摄》云：以有相无相观，通达真俗间杂现前，或真现非真不现，谓入观时，或非真现真不现，谓出观时，又未能即空而观，于有有相观现，真不现，无相观现，非真不现，故说在前六地……《瑜伽师地论》卷四十八云：由第七地犹名为杂烦恼，未名不杂烦恼，非真犹有现时，但无相观长时，故说多令非真不现，非八九十地，非真有现时。」《学》卷八云：「无漏观心真俗间起，无相观时，真现俗不现，有相观时，俗现真不现。」

通达转——《论》云：「谓通达位，由见道力，通达真如，断分别生二障粗重，证得一分真实转依。」《述》卷二十云：「证一分者，未圆满故。」

损力益能转——《论》云：「谓初二位，由习胜解及惭愧故，损本识中染种势力，益本识内净种功能，虽未断障种实证转依而渐伏现行，亦名为转。」《述》卷二十云：「由习胜解者是初位，初位信唯识，增故名胜解，未能伏唯识想，第二位能伏唯识想少伏烦恼名有惭愧，或二胜德并通二位，故为能转体。与「无性」、「世亲」少异。」

总牒——《论》云：「如是菩萨于十地中，勇猛修十胜行，断十重障，证十真如，于二转依便能证得。」《述》卷二十云：「二转依者，菩提涅槃。」

唯识详究（三十七）

广

果

二转依

义别

能转道

能伏道——《论》云：「谓伏二障随眠势力，令不引二障现行，此通有漏无漏二道加行根本，后得三智，随其所应，渐顿伏彼。」《述》卷二十云：「如因第三地无分别智断定法爱俱所知障势力，令烦恼亦不现行，名伏烦恼障。非别起道名伏烦恼，所知障可知。又如离第三静虑，欲伏四定以上惑入灭定，即是以后得智伏二障也。或加行道能渐伏，根本后得顿伏，或根本后得亦能渐伏，无加行道能顿伏者。……有云加行智不通无漏，或说亦通无漏，八地等无者，无有漏加行智别趣求者，八地以去有任运求故（加行智有趣求故。）今此初说加行唯有漏。」

能断道

A——《论》云：「谓能永断二障随眠，此道定非有漏加行，有漏曾习相执所引，未泯相故，加行趣求所证所引未成辨故。」《述》卷二十云：「以有漏心加行智及有漏后得智，一是曾习，二相执所引，三未能泯伏灭此相故，不能断惑，四或加行智是能趣求，所证真如，所引无分别智未成办故，不能断惑。」《秘》卷十四云：「曾习不能断惑者，言曾习是曾得，此曾习道若能断者，即应二障无始不成，以能治道先已起故，虽道曾得而障不亡，故知曾习非能断也。」《学》卷八云：「测云：第六、七识二执引故。诸有漏心，虽非是执，相分所缚，不自在故。」《枢》卷四云：「有漏观心由俱第七惑前相执势所引故，乃顺于障，不断随眠，无漏不尔。」

B——《论》云：「有义根本无分别智亲证二空所显真理，无境相故，能断随眠。后得不然，故非断道。」《述》卷二十云：「后得设作无相观相分仍有故不能断。诸经中无说后得能断随眠，非诸菩萨见修二道。前断所知用无分别，后断烦恼用后得智故。」

C——《论》云：「有义后得无分别智，虽不亲证二空真理，无力能断迷理随眠，而于安立非安立相明了现前，无例证故，亦能永断迷事随眠。故《瑜》云：修道位中有出世断道（无分别智。）世出世断道（后得智）无纯世间道能永害随眠，是曾习故相执引故。由斯诸修所断迷理随眠唯根本无分别智，亲证理故，能正断彼，余修所断迷事随眠根本后得俱能正断。」《述》卷二十云：「诸见所断，虽有迷事忿等十法，见断顿断。故迷事之随眠、随理观一品断。此及修所断无明二见及此俱根本及随迷理随眠，无分别智断，余有贪恚慢无明及此俱随惑迷事者，后得智亦能断。行相浅近故。问：何为亦是根本断？亦是后得断？不违理故。此唯二乘非菩萨。菩萨修道不断迷事随眠故。即唯所知障是根本智断，烦恼障中通二智断。然为迷理身边见等各于自地第九品道时方顿断，而前八品既先断，余烦恼可起。后得智断，第九品道时起无分别智断，以迷理惑故，此约九品别无间

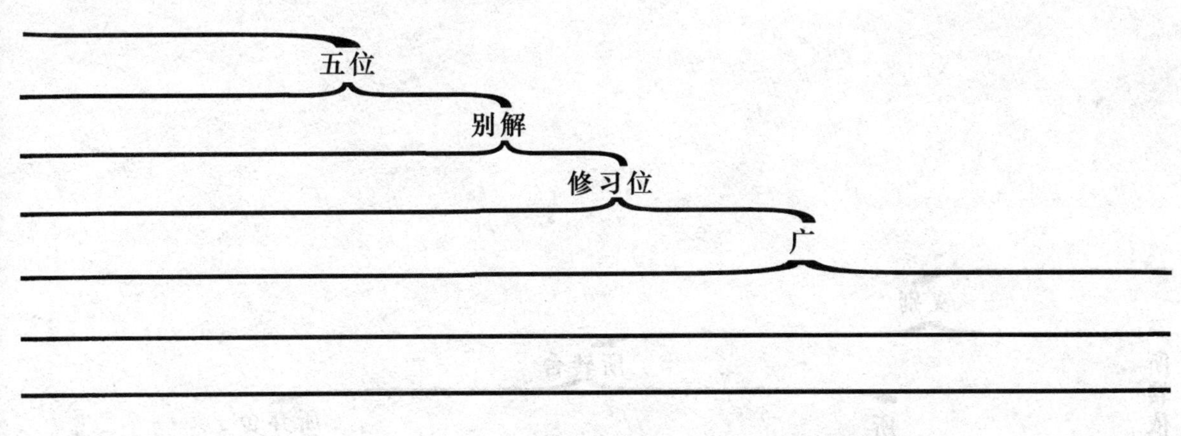

萨故作是说，二理教齐，任情取舍。」者，岂后胜地要唯无分别智不与后得俱方断惑耶？初唯出世断通三乘，后兼菩世出世道有真俗合用智断，此举胜者下下地者断障虽不由俗然必俱时。若不尔执所知障故。前师释修道中世出世断道者，此依菩萨修道有独用无分别智，名之，非菩萨今更解菩萨亦用此智，十地中非念念唯断法执故，亦别时断非法作法同烦恼说，但易其名，思可知也。」《枢》卷四云：「疏中但有二乘用句者，以所知障类同烦恼断有次第故所知障六七相望，亦成四句。四句上。理无有违，又解至类亦应然者。类同烦恼断有次第。即二障至各有四此即在下断上至非缚者，此言所知障非润生非缚法者，显异烦恼故在上下断下地断者，显所知障而不可说上下自他断差别也。以非相应所缘等缚，不同惑障，不净，明与不明，各有别故。即彼二智差别。」《秘》卷十四云：「然约缘缚至可说取境相时，分明亲证，有漏不尔，故不能断。如五通等异生圣者，所证有异，净与二智，并各有相，此二何别？答：后得虽有相，非执所引，非缚所缘，又非曾习，得四句。问：有漏曾习未泯相故，不能断随眠，后得亦有相，如何断随眠？又此障，类亦应尔。此等分别，妙绝古今，于诸论师，实未闻也。即二障六七识合，各烦恼障俱生者以我见为首，故先断时，未能断本。先迷事者，亦可断故，断所知不违理故，非润生故，非缚法故。『又解用后得智』断菩萨亦能，十地断所知障有执非执，非执者名迷事，故亦许断，以障智故。虽未断本坚执之者，何妨先断。如然约缘缚相应缚故可说地断。此即在下断上，在上断下，于五六七识皆不能遮。故。第三句可知，第四句者除上三相，或谓断所知障，不可说上下自他地断故。断下随眠，如在上地取无学果断下地第七识中烦恼种。《瑜》等要金刚心彼方断此应作四句：有依下地断上随眠，如下地得圣断上一切种识中随眠。有在上地不还种子润生，故先离下地欲时其身见等并须断讫，不同第七识不润生故。由学圣者起无漏道却断下地我见等种过。若许尔者，不还应以现行润生妨，既许品数，非如七识金刚心断。问：彼金刚道方断有何妨耶？答：即有色无色界有八是后得，第九是根本智故。即第六识中我见等俱生者要第九品道方断。虽无道断者，若不出观即断九品，唯无分别智断八品中迷事烦恼，不可一观道中前

义别

所转依——《论》云：「此复有二：一持种依，即根本识，谓根本识能持染净法种，与染净法俱为所依。圣道转令舍染得净，余依他起性，虽亦是依而不能持种故此不说。二迷悟依，谓真如，由此能作迷悟根本，诸染净法依之得生。圣道转令舍染得净，余虽亦作迷悟法依，而非根本，故此不说。」《述》卷二十云：「无性等二《摄论》等，但以赖耶为转依。《对法论》卷十一转依有三：一心转即真如；二、道转即前能转道；三、粗重即赖耶。故此转依，略有二种，体宽《摄论》，彼无真如故狭，持种依中体，唯在二乘及大乘有学位，唯有漏，若并佛说，通无漏，此唯约现行种子识，不能持种故，又是所弃舍中摄故。」

所转舍

所断舍——《论》云：「谓二障种，真无间道现在前时，障治相违，彼便断灭，永不成就。说之为舍。彼种断故，不复现行妄执我法。所执我法，不对妄情，亦说为舍，由此名舍遍计所执。」《述》卷二十云：「言真者，一、简有漏，不能断种故。二、简后得相见道等。障治相违，如明与暗，说之为舍者，此即染中名舍，依他起性，由依他种断故，不复能生现行之心，妄执我法现行，由此断故，说现及种，依他为断，依他既断已，所执我法，不对妄情，亦说为舍。谓实我实法，自性本无，但对妄情，妄似于有，今妄情断，无境对心，假说此境亦名为断，诸处言断遍计所执者，义在于此。然三性中，皆有舍义，一遍计所执，如此所言不对情名舍，二有漏依他。此有二种：(一)障法，如此中言障治相违名舍。(二)非障法。下弃舍中摄三圆成实，亦有二：1、劣法，亦所弃舍中摄。2、胜法，唯此不舍故，总言三性皆有舍义。」

所弃舍

A——《论》云：「谓余有漏劣无漏种，金刚喻定现在前时，引极圆明纯净本识，非彼依故，皆永弃舍。彼种舍已，现有漏法及劣无漏，毕竟不生，既永不生，亦说为舍，由此名舍生死劣法。」《述》卷二十云：「余有漏即二障余。谓有漏善，三无记法全，异熟生少分，除法执一分故。劣无漏种，即十地中所生现行及此种类中下品种，由金刚道转极圆者，异前菩萨所依未圆满故。极明者，行相分明，异前菩萨智彼不明故。或极圆简一切有学，极明简二乘无学。纯净本识者，净者无漏，纯者无杂，非如因位，七识等善净而不纯本识纯而不净，今此第八无漏相续，故名纯净。……此乃总言，不简何念能舍。下方明。」《灯》卷十四云：「西明二解：一云但舍二乘无漏，对菩萨故名劣无漏。一云二乘无漏及菩萨因位未圆无漏亦名为劣。《三藏》意取初正，今谓不唯二乘名劣。菩萨因位亦劣所收。若不名劣，因果何别？不尔，论文应有简别，渐悟菩萨舍劣无漏，顿悟菩萨无劣无漏故。又《对法》卷十四云：于诸现观位证得后后品道时舍前所得下劣品道，故知得佛舍劣。因位言舍之者非全舍，但是转齐，二乘者，即是转灭，二俱名舍。『约转齐者』，本有无漏种子三品如加行位，下品种增生初见道无分别智即此现行无漏有力资中品种，今能生现，亦令自种转成中品。又解由中品种生现已资下品

73

所弃舍

得别真常诸好身，永不迁坏。又云空如来藏即是真如具足熏已生常身者。如《慧日论》破。」死，非此无生死即难令无生灭三法。生者皆死，一向记故。太德有云：解脱道后即无生灭，中，无一切暗蔽，是为佛。」「《灯》卷十四云：「论菩萨应无生死法故者，此意应无变易生后说。）《学》卷八云：「后说，即护法宗。《智论》卷九十四云：无碍道中是名菩萨，解脱道所断舍所弃舍少分，除劣无漏，劣无漏但由得胜舍劣。」（按《述》虽云二师俱不违理，而意存弃舍中劣无漏一分通二乘，有余唯大乘。又由前能转道中能断道证所转依中迷悟依，方有识，即住无间道，应名为佛，解脱道应无用。……然此二师俱不违理，所断舍中烦恼一分，所生死法？生死法无，何名菩萨？又无有漏，应无所熏识，非善无漏可所熏故。若已无所熏位劣无漏已无？又若此位彼已舍者，菩萨应无诸生死法，生死法者谓有漏法，谁言菩萨无净识，非彼依故。」《述》卷二十云：「粗重违转依，岂违无间道？又金刚心即劣无漏，如何此故，住无间道应名佛故。后解脱道，应无用故。由此应知余有漏等解脱道起方弃舍之，第八起解脱道证于灭故。此师之意，即说粗重，无间道生舍，解脱道生，但为证灭。」

C——《论》云：「有义，尔时犹未舍彼，与无间道不相违故。菩萨应无生死法故，此位应无所熏识在？由此理故，金刚道生。如明与暗，不俱时生。此师意说，金刚心中已得镜智，仍未名佛未故。」《述》卷二十云：「由有二种，有余漏及劣无漏种既亡已，余有漏法及劣无漏，如何得名转灭？若以不生即名为灭，岂诸种子皆定生现？准此道理，转齐应胜。」

B——《论》云：「有义所余有漏法种及劣无漏。金刚喻定现在前时，皆已弃舍。与二障种俱时舍即应三品各一，但令本种生后中品，即下品种生现行者，自体不增。若尔，即许下品种在，何论》。彼许初习自下地中种子增故。不可唯说但中上增，不通下品，无别目（疑因）故。准此种子。中品生已，下品不生。亦不能生后念中品，杂生中品，但由现行。若尔，即违《对法见已去，能生现行，现熏种即成中品，并有力能令本种生后中品，下品即灭。或虽本有三品或各别生俱许无妨，中上品生转齐亦尔。言转灭，即本有种，唯有一个加行位中有下品，入种转成中品，与本有种中品之者及新熏生亦为中品与能生自本有之种三合生一后念现行，

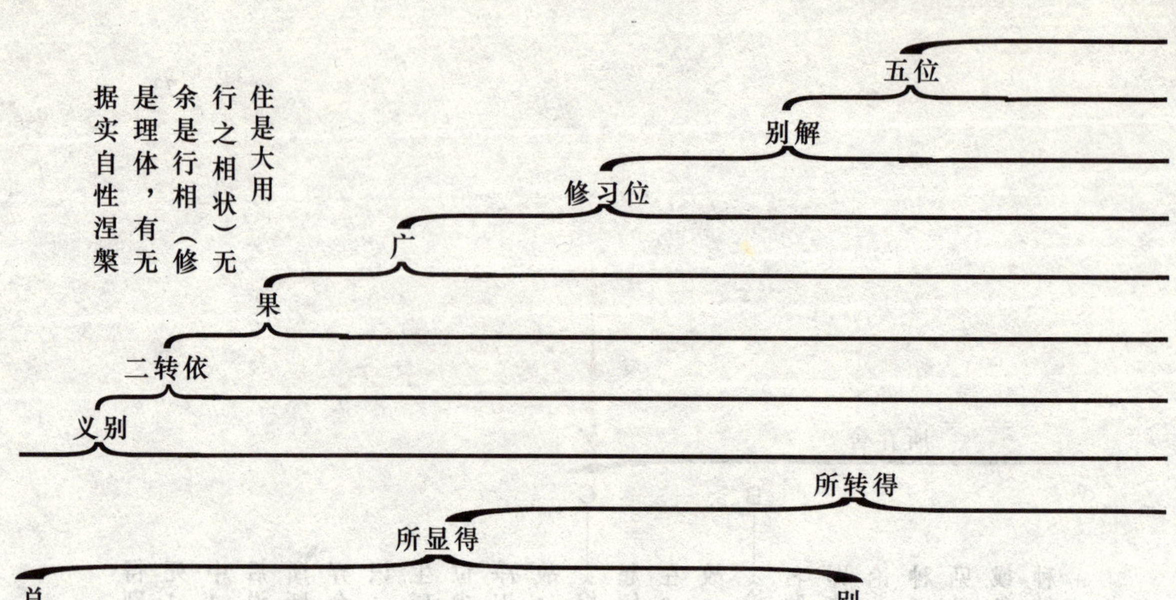

大乘中佛有余依，即取佛无漏五蕴名有余依。即难见相貌故。且说二乘以大乘中难见相貌，从易处言。」《疏抄》卷十八云：「从易处言者，以余依。此约二乘说，以言唯有微苦依故，依谓依身，以其所离显此涅槃，寂故名涅槃。」《述》卷二十云：「显其因尽，苦依未尽，异熟犹在名有真自相，非假名言所安是处，非言依故，异有为法。」

二、有余依涅槃——《论》云：「谓即真如出烦恼障，虽有微苦所依未灭，而障永离一切分别者，离能取相。寻思路绝，显唯内证，非粗心境，名言道断显《述》十七卷，即释三自性文中有此等解也。）离一切相者，离所取相，法性，理非一异，如前第八解讫。（此言第八卷者，即《论》第八卷，当故，功德性故名为具德，凝然湛然故无生灭，众生真性故平等有。法与解，虽有客染者，释本来自性，有十种义。具功德者，以能顺生诸功德如理。彼云：二空所显，约诠所辨，涅槃依得显故，以相即如，前第八卷内所证。其性本寂，故曰涅槃。」《述》卷二十云：「即七真如中实相真法不一不异，离一切相，一切分别，寻思路绝，名言道断，唯真圣者，自具无数量微妙功德，无生无灭，湛若虚空，一切有情平等共有。与一切

一、本来自性清净涅槃——《论》云：「谓一切法相真如理，虽有客染而本性净。如非智为性。然诸涅槃，如来所诠，对二乘故名大涅槃。然有兼如，如《涅槃经记》」显异二乘得无余依无诸德故。」《学》卷八云：「测云：举能成智意取所成，障灭真合方名为大。故《法华经论》云：唯如来证大菩提。究竟满足一切智慧名大涅槃。又若取所显，应但言如来法身名大涅槃。众功所显故。既不唯说法身为涅槃，故相性菩提断俱名为菩提。故知涅槃亦通相性，不尔，何故言般若、解脱、法身名大涅槃？意，唯取于理，举能成智取所显理为其自性，今谓通二摄义圆备故。如余处言菩提，卷三十四、注一。）《灯》卷十四云：「《涅槃经》卷二说三事涅槃，西明一向解彼经故体一如，约显成别。」《枢》卷四云：「义体三事，合名大涅槃。（考《瑜伽师地论》中唯正体智非后得，此依大位，若通三乘随其所应。由此涅槃在缠未显，离障方圆，加行心为希求故。若非断道印证，名得通三智品，除成所作。若言证真理之圣道，于云：「言真圣道者，谓圣所起道名圣道，妙观察智为能断道，解脱道位正证涅槃，有故，令其相显，名得涅槃，此依真如离障施设故，故体即是清净法界。」《述》卷二十

总——《论》云：「谓大涅槃，此虽本来自性清净而由客障覆令不显，真圣道生，断彼障

唯识详究（三十八）

修习位

广

果

二转依

义别

所转得

分别

有苦依在名有余依，从易言也。依谓依身，若三恶趣身以逼迫故，即重苦依，人天可知，阿罗汉身亦有咳唾等苦。」

三、无余依涅槃——《论》云：「谓即真如出生死苦，烦恼既尽，余依亦灭，众苦永灭，故名涅槃。」《述》卷二十云：「有漏苦果所依永尽，由烦恼尽，果亦不生名得涅槃。亦就实出体，通三乘释。」（考《瑜》卷七十八注七之一）

四、无住涅槃——《论》云：「谓即真如出所知障，大悲般若常所辅翼，由斯不住生死涅槃，利乐有情穷未来际用而常寂，故名涅槃。」《述》卷二十云：「大悲般若常所辅翼者，显缘此涅槃生智悲故。或由智悲缘证如故于生死涅槃二俱不住，缘此虽起悲智二用，体性恒寂。」《疏抄》卷十八云：「由大悲故不住涅槃，由大智故不住生死。不住既无住，无住因悲智立号。此根本后得智，皆名大智……显缘此涅槃生悲智故者，此第一解缘者藉也，非缘虑。无住涅槃即由断所知障显得，涅槃是法空理，意说菩萨由有空空理深故即能生大悲大智。二乘人无法空理，即不能生大智大悲也。或由至名涅槃为第二解。缘者缘虑，即由双具悲智二行故，悲智能证得法空理，于生死涅槃二俱不住。即缘此法空真如起悲智二用，法空理即无住涅槃……下文说大悲不能缘如者，约初修行者说。此约久修之者说。」

三乘具不具——《论》云：「一切有情皆有初一，二乘无学，容有前三。世尊可言具四。」《述》卷二十云：「二乘无学不定性未入地者，有初二，定性者有初三，直往入地菩萨有初及后。无学回心入地菩萨有初二及第四。并凡夫二乘有学唯有初，及如来具四有六位差别。若断缚得及得位次同时异时各应广说。」《疏抄》卷十八云：「凡夫身中有自性涅槃而不得，初果人证得一分自性涅槃，乃至一来不还亦得，若阿罗汉圆满而得自性涅槃。……断缚得果等者，即断烦恼缚而得后三涅槃也。二乘人起金刚心断非想第九品烦恼，无间道时即同时双得中二涅槃为果，真实解脱道中方得，言无间道者，约正断故。其二涅槃虽同时得显有前后。若断障尽已即显得有余，若身智灭已显得无余。菩萨在真见道无间道中正断分别二障时即名得无住，即约将得名得，若至金刚无间道正断俱生二障时即双得中二，亦约将得名得。（同时异时思可知。）」《秘》卷十

五位

别解

修习位

广

问答

三果人断烦恼障，唯得择灭，不得涅槃……彼分涅槃，彼谓彼外道，初后二种，即体于真如上立。」《疏抄》卷十八云：「因中所得灭者，如前是彼分涅槃，非择灭故。有俱，谓有无余依涅槃。俱非可解。四涅槃中，障因中所得灭，有是涅槃非是择灭谓本来性净及无住处，或六行得灭《述》卷廿云：「涅槃与择灭四句分别：有是择灭非是涅槃，谓断烦恼此涅槃，择灭为性。故四圆寂，诸无为中，初后即真如，中二择灭摄。」

4、《论》云：「若所知障亦障涅槃，如何断彼不得择灭？（问。）择灭离缚，彼非缚故。既尔，断彼宁得涅槃？（问。）非诸涅槃皆择灭摄。不尔，性净应非涅槃。能缚有情住生死者，断此说得择灭无为，诸所知障不感生死，故断彼时，不得择灭。然断彼故，法空理显此理相寂，说为涅槃，非

3、《论》云：「诸所知障既不感生，如何断彼得无住处？（问。）彼能隐覆法空真如令不发生大悲般若，穷未来际利乐有情，故断彼时显法空理，此理即是无住涅槃，令于二边俱不住故。」《述》卷二十云：「真如为所证缘，起后得智，后得智即般若，般若能起大悲，故于生死涅槃二俱不住，如既不证，悲智不生。」

2、《论》云：「若声闻等有无余依，如何有处说彼非有？（问。）然声闻等身智在时有所知障苦依未尽，圆寂义隐说无涅槃，非彼实无烦恼障尽所显真理有余涅槃，尔时未证无余圆寂，故亦说彼无无余依，非彼后时灭时智已无苦依尽无余。或说二乘无涅槃者，依无住处，不依前三。又说彼无无余者，依不定性二乘说，彼才证得有余，决定回心求无上觉，由定愿力留身久住，非如一类入无余依。」《述》卷二十云：「《胜鬘》说无无余依。又彼经言唯有如来成就一切功德，故得涅槃。罗汉不尔，不得。」（考《胜鬘述》卷三。）

1、《论》云：「如何善逝有有余依？（问。）虽无实依，而现似有，或苦依尽说无余依，有非苦所依身者说有余依。是故世尊可言具四。」《述》廿云：「有无漏所依蕴在。」《疏抄》卷十八云：「第一解不尽理，第二解胜。」

四云：「问：无住菩萨证不？传有两释：一曰不得。生住由菩萨证，非彼已得，如修习位说得转依。非已得故。二曰许得，分断所知所显真如悲智依故。有义断前胜，详曰后胜。」《学》卷八云：「西明亦许后胜。菩萨分证，未名大故，不住二边说因缘得。」

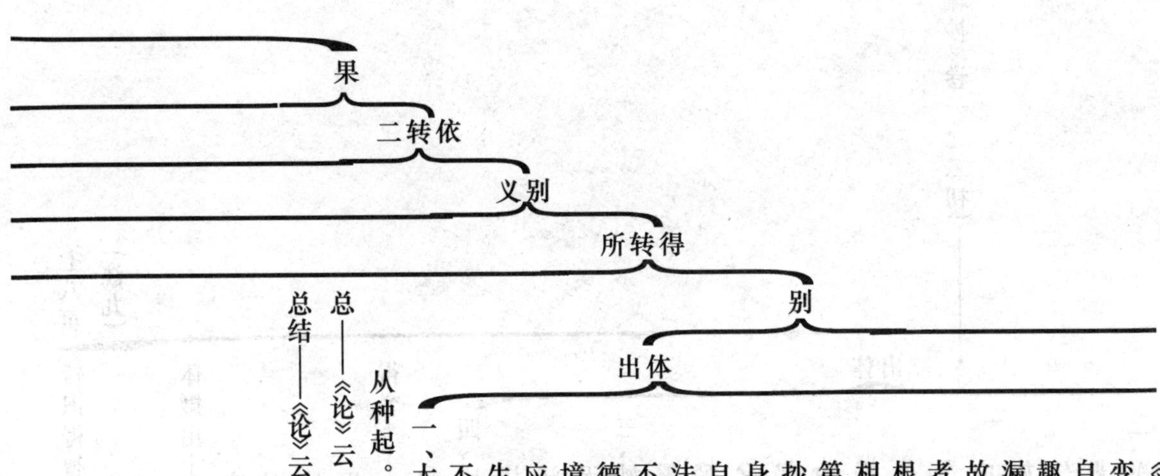

《学》卷八云：「言心品者，通五蕴故。」（释名如《灯》卷十四末。）变起根身等相分，相分于见分上现，即见分能现相分，自证分能现见分名能现。」自假种别生故。亦名别变。故云无别种生也。和尚云：第八识大圆镜智能趣身时缘他有漏有情及五趣等于智上现名为能现，即名独影。唯从见相分，即从漏色法等法皆从第八识中别种子生名能生，若第八识大圆镜智示现他众生五故，一切处能现者，于此二处中即遍一切处皆能现也。第三解谓自身中所有无者，前七转识现行，皆从第八识中种子故名能生。此解为胜。一切方能现者，方能现根身等是第八亲相分，故第八亲能缘之。故云：亲生本质也。第二解能生相分，于圆镜智上现名能现。若亲能变起五根。五根身变五尘等即名能生。既五第一解，谓大圆镜智缘他平等性智等三，不亲缘著三智本质，但变起三智影像抄》卷十八云：「其所缘境能缘行相，唯佛能知，故名微细。……能现等身诸趣等影名能现。无别种生，但有识种，唯于识上现名能现，智为性故。「《疏自第八识上别种所生诸法，如自色心等名能生，依第八别有种故。若现他法，亲缘之境，于识上现名为能现。三智等法，亲缘不著，但从此生名为能生。又不缘著本质，如现余三智影等，名为能现，余色根等，身土等德名能生，又身土等德现种依持者，现行功德之依，种子功德之持，能现能生身土智影者，自心心所境及行相二俱叵测名为微细，不愚者，不迷暗义。不忘（妄？）者，恒现前义。功应心品，言通相应法，离诸分别者。《佛地》云：离我我所执，一切所取能取分别生身土智影，无间无断，穷未来际，如大圆镜，现众色像。」《述》卷二十云：「相不妄不愚，一切境相，性相清净，离诸杂染，纯净圆德，现种依持，能现能

一、大圆镜智相应心品——《论》云：「谓此心品离诸分别，所缘行相，微细难知。

从种起。名得菩提。起已相续，穷未来际，此即四智相应心品。」

总——《论》云：「谓大菩提，此虽本来有能生种，而所知障碍故不生，由圣道力断彼障故，令

总结——《论》云：「如是所说四涅槃中，唯后三种名所显得。」《述》卷云：「以自性涅槃，不由显故。」

但障涅槃，岂彼不能为菩提障？应知圣教依胜用说，理实俱通障二果。」

5、《论》云：「既所知障亦障涅槃，如何但说是菩提障？（问。）说烦恼障

寂，诸无为中，初一即真如，后三皆择灭。」

灭缚得，谓断惑生烦恼得者，二、灭障得，谓断余障而证得者，故四圆

又《论》云：「或无住处亦择灭摄。由真择力灭障得故。择灭有二：一、

涅槃摄。既伏烦恼，即是非择灭。（当作「非是择灭」。）」

分谓少分，世尊言我用无漏断惑所得名为涅槃，汝既唯伏惑得即彼分

（考《华严疏抄》卷一之二初）

出体

二、平等性智相应心品——《论》云：「谓此心品，观一切法自他有情悉皆平等，大慈悲等恒共相应。随诸有情所乐，示现受用身土影像差别，妙观察智不共所依，无住涅槃之所建立，一味相续，穷未来际。」《述》卷二十云：「七通无漏平等性真如理，缘于此故言平等无住涅槃之所建立者，由缘无住涅槃故，此识恒共悲智相应。涅槃名能立，悲智是所立，名为建立，或由此悲智所显真如名无住处即是建立无住涅槃。」《疏抄》卷十八云：「疏中二解，一缘真如理，二因中有我见故。自他差别，不名平等。今在佛果，我见既无，自他平等故名平等性智，此为胜。……据实，十地位中，由第六识能建立得无住涅槃。第七识无，不能建得无住涅槃，即由因中第六识妙观察智引平等智，平等智至果上殊胜方名能建立无住涅槃。若起初禅法空妙观察即引起初禅平等智。乃至引起有顶亦然。如是渐由妙观察智父母经因中二大僧劫养平等性貌令其殊胜。至第八地已去，即平等智得十地平等，至佛果中便胜妙观千倍万倍，能为十地菩萨现他受用身土，亦能建立无住涅槃得十平等，其妙观察智至果位唯能说法。」

三、妙观察智相应心品——《论》云：「谓此心品善观诸法自相共相无碍而转，摄观无量总持之门及所发生功德珍宝，于大众会，能现无边作用差别皆得自在，雨大法雨，断一切疑，令诸有情皆获利乐。」《述》卷廿云：「虽余三智，非无功德，入出诸禅，总持差别，胜余三功德珍宝者谓六度道品十力等法，作用差别者，谓现通等。」

四、成所作智相应心品——《论》云：「谓此心品为欲利乐诸有情故，普于十方示现种种变化三业，成本愿力所应作事。」

得名——《论》云：「如是四智，相应心品虽各定有二十二法，能变所变种现俱生，而智用增，以智名显。」《述》廿云：「廿二法谓遍行，别境，善法并取心故。准前寻伺因通无漏，即妙观察二十四法，今从因果二位通论云廿二，此廿二者，体能变者是见分。所变者是相分，或识自体名能变，相见二分名所变，或能变是种，因能变故，所变谓现，果能变故。智者决断了达之义，彼位决断了达相显，故智用增。」

体摄用——《论》云：「故此四品总摄佛地一切有为功德皆尽。」《述》卷二十云：「智为主故，说智用增，诸余功德，智差别故。」《疏抄》卷十八云：「即余功德，是智助伴也。」

转识得智——《论》云：「此转有漏八七六五识，相应品如次而得。智虽非识，而依识转，识为主故，说转识得，又有漏位，智劣识强，无漏位中智强识劣，为劝有情

七八页（注九）

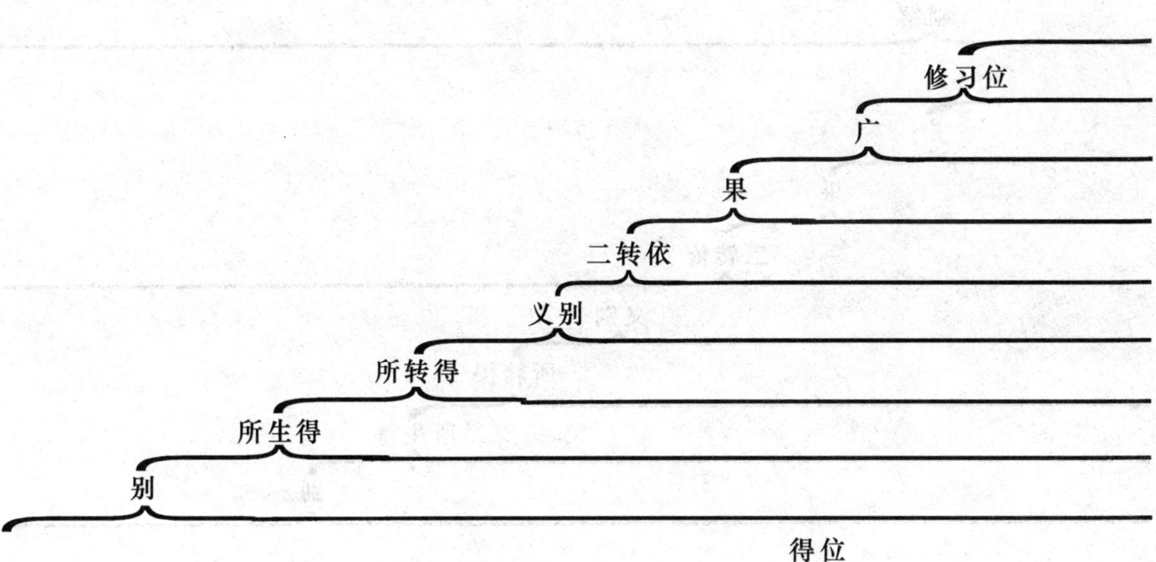

位次得智

如上数明，法云地后，尽未来故，第八决定与一俱故，自力既胜，智平等智。起必同时，若渐次断，平等后起，然诸见道，十地间起，前者，真见道中，此智即起，第六引生，非自力起。二障顿断妙观与净等八相依相续，尽未来际。」《述》卷二十云：「见道初位现在得初起，后十地中，执未断故，有漏等位，或有间断，法云地地后，

平等智——《论》云：「平等性智相应心品，菩萨见道初现前位，违二执故，方事智；若至金刚心时，亦不起有漏五识也。（此中有讹脱，须仔佃。）」至解脱道即引起镜智当尔时亦未引起成事智，已后后念中方引起成金刚无间及后念解脱道皆是妙观察智，俱时亦能引起平等智，灭已，后念尽智方生，即正义不言金刚心与尽智俱时起也。然法更不增长应成佛故，《疏抄》卷十八云：「前念金刚心无间道圆镜智生此唯正义……若无间生已，四智圆明无所熏识，诸无漏定无间尽名等生，不言金刚心时，尽智等起，如何说无间道位种令不失故。」《述》卷二十云：「《对法论》卷十云：「解金刚喻应成佛故。由斯此品，从初成佛，尽未来际，相续不断，持无漏劣无漏法，但与佛果定相违故。金刚喻定无所熏识，无漏不增，种金刚喻定现在前时犹未顿舍，与无间道不相违故。非障有漏

大圆智

B——《论》云：「有义，此品解脱道时，初成佛故，乃得初起，异熟识时未起，便无能持净种识故。」

A——《论》云：「大圆镜智相应心品，有义菩萨金刚喻定现在前时，即初现起，异熟识种与极微细所知障种俱时舍故。若圆镜智尔

通慧非慧。转识成智，会释违文，如《金光明经记》。」《学》卷八云：「《瑜伽师地论》云：智有二：一、实智，以慧为性；二、假者卷十四云：「《大庄严论》说转第六得成事智等，如《佛地》三，《理门论》破。」智，说之为假，故有二种。此中无漏心心法等智，为十二故，皆说名智。」《灯》卷十四云：「《佛地》卷三云：此中智是实有，若智眷属，诸心心法亦名为位胜。」《疏抄》卷十八云：「旧译回观，新译妙观察转五得不正义也。」《秘》观智转五识等，此中唯转第六识得……识是分别有漏位强，智为决断，无漏依智舍识，故说转八识而得此四智。」《述》卷二十云：「无性及《庄严论》说，

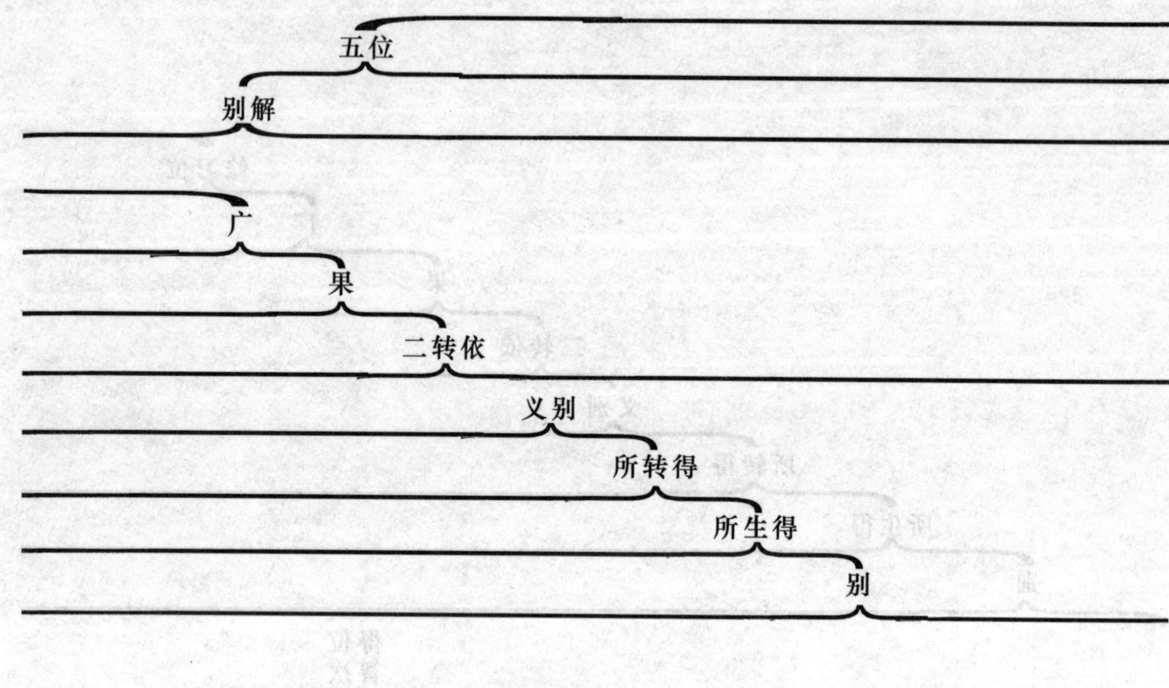

说法空观耶？答：《三藏》云：入法空时必带生空，有生空未必顿皆尔。问：还如法空观起，三时不起谓有漏及生空无心此中但位）唯除有漏及无心时，余一切中渐顿菩萨皆得起此智。故疏云渐位者，意说佛果无学，非二乘者，于上三位中（胜解地，无学位，上空妙智，入初地方得也。以未得菩萨见道故。顿悟至无学等。无学前一大劫满胜解地终已来，皆得起二乘人生空妙智，不得菩萨法地终皆得起观察智。疏渐悟等者，二乘人得四果已，回心向大，地学位者说二乘定性起生空观品，若从四果回心向大乃至菩萨解行乘见位亦得初起者，明非但菩萨见道得，二乘见道亦得此智。至无非理，或二俱观，皆自在故。」《义演》卷二十六云：「生空观品，二品，要菩萨见位方初起，若至佛位唯生空观，或唯理非事，或唯事法空，入必细故，违其粗意，此非有漏及无心通上诸位。法空观位中顿渐皆尔，既不障法空时明法空观必带生观，加行入心，虽独二乘渐悟入者至解行地终，顿悟者至无学位或至上位，谓至十地位，若非有漏生空智果，或无心时皆容现起。」《述》卷二十云：时皆容现起。法空观品，菩萨见位，方得初起，此后展转乃至上后展转至无学位，或至菩萨解行地终或至上位，若非有漏或无心

妙观智——《论》云：「妙观察智相应心品，生空观品，二乘见位亦得初起，此身在初禅，或起非想地平，即不同地，余者准知。」

七、八或同地或异地，如身在初禅，初禅平等性智即七八同地，若入生空。且与第八识恒在第四禅同一地。若第六或入四禅八定乃至九次第定，故不同地。若异生位第七八同一地系，若十地中第不藉第六身，若第六入生空或入法空时，其第七恒常入法空，更不引平亦非想地。因中第七不得自在，一切时由第六引。成佛已后平初未至定中入妙，引平亦是初未至定，乃至第六依非想入灭尽定，七即起法执。若第六起妙入法空时，引第七起平入法空。若第六依前后也。若在因中，若第六起我执，第七亦尔。若第六起生空引第若渐悟菩萨，在二乘位既得妙，后回心入法空观见道方起平故，有二起，由第六引平。若约顿悟菩萨其平，此必同时，顿断二障故。一切皆同。」《疏抄》卷十八云：「初入见道中无间道时，妙平同时不藉六引，六入生空，七恒法空、平等转故，亦不同地，不同因位，

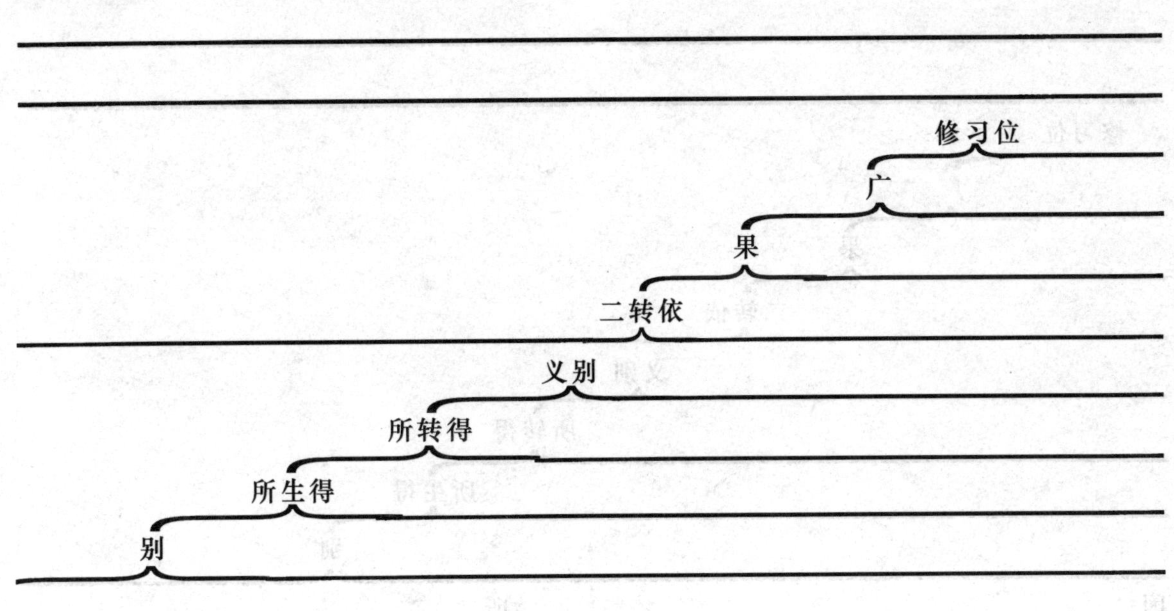

成所作智

B　A

次已后后得智中引成智也。」刚无间道时即平妙二智同时起，至解脱道时，妙智引圆智，解脱道佛果得起圆镜成事二智。」《疏抄》卷十八云：「若金觉，《佛地》论依等觉佛说，故云佛果起成所作智。护法意唯四义发无漏识不应尔。……佛有二种：一者等觉，二者妙灭根。四、同境简第七。第七不与五同境故。有漏五根具上二、不共简现第八。现第八与余为共依故。三、必俱简无间智，此亦应尔。解云：若眼根具有四义：一、有漏简佛果，义……不共等者，谓处难云：如末那识虽是有漏能发妙缘中解，有评义取后解。」《义演》卷二十六云：「此护法正方容现起而数间断，作意起故。」《述》卷二十云：「如前四应故，此二于境，明昧异故，由斯此品要得成佛，依无漏根，眼等非无漏故。有漏不共，必俱同境。根发无漏识，理不相那中而顿得见十百等。」

B——《论》云：「有义成佛，方得初起，以十地中依异熟识所变卷十八云：「若见道中不起五识，如何初地于见道中一刹净土中起五识故。真相见道中不缘外事起粗识故。」《疏抄》《述》卷二十云：「修道位中第六识后得引故亦得初起，于

A——《论》云：「有义菩萨修道位中，后得引起故，亦得初起。」

第六起法空智已方能引第七平智。」细法空观入法空观已即违第七中法执不行，得起平智。……因中也，准文应言若二乘定性不定性……加行心等者，由前加行拟作已至成佛位以来，皆得起生空妙智。然疏文说顿悟至无学位者错抄》卷十八云：「顿悟者至无学位者，文中意说顿悟菩萨得入初地执，不能引起第七法空智，故佛果中第七、八识唯法空智。」《疏智，唯有法空，必无生空，若在因中第六起生空，唯伏第七中我智，或观理事皆得自在，其第六亦得起法空妙智，若大圆，平等法正意，初见道时双证二空非前后起。成佛已去唯第六起生空妙带法空，既不障等者即释此意。法空观品菩萨见位方得初起。准护

唯识详究(三十九)

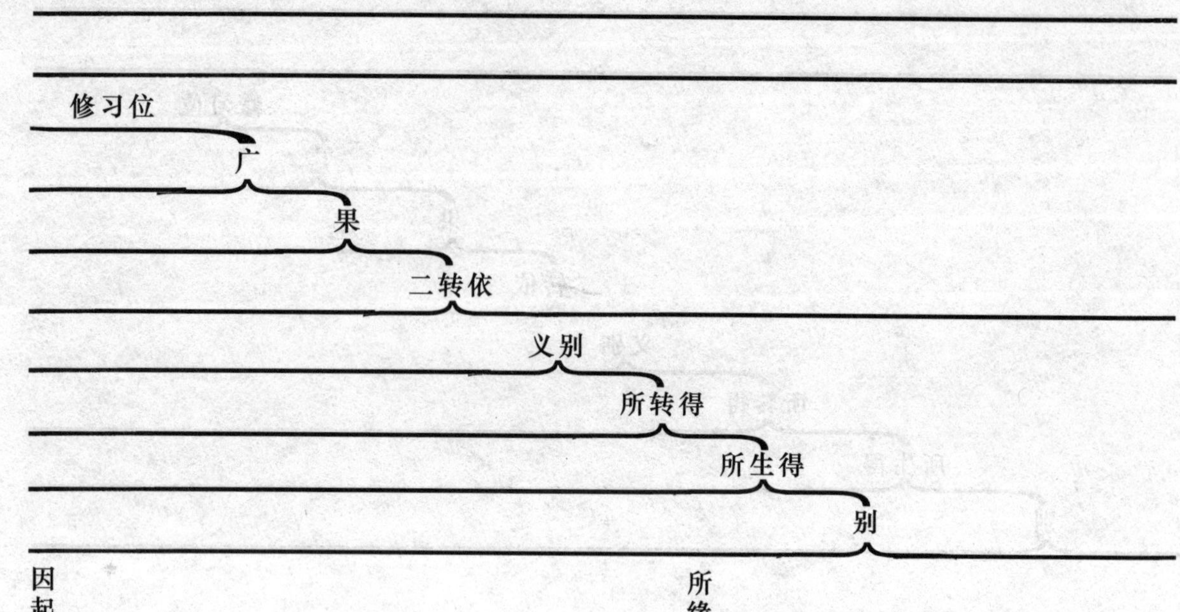

因起——《论》云：「此四种姓虽皆本有而要熏发方得现行。因位渐增，佛果圆满，不增不减，尽未来际。但从种生，不熏成种，勿前佛德胜后德故。」《述》卷二十云：「唯护法义。地前种增，入地二增，地前用增，入地体增，现起别故。」《义演》卷二十六云：「但是妙观平等智二说体用增长，不言大成二，准正义，十地之中不得彼二智故。十地中但熏发大成二智本种子增故，故此圆智等在十地中即各种增已亦名用增，有能生当果功用故。不新熏成二智种故，即无体增也。若成佛已去此二智种生二智观。现行即是现增以不更熏种故无体增。」

大智——《论》云：「大圆镜智相应心品，有义但缘真如为境，是无分别，非后得智，行相所缘，不可知故。有义，此品缘一切法。《庄严论》说：「大圆镜智于一切境不愚迷故。《佛地经》说，依止如来智镜，诸处境识众像亲故。又此决定缘无漏种子及身土等诸影像故，行缘微细，说不可知，如赖耶亦缘俗故。缘真如故，是无分别。缘余境故，后得智摄。其体是一，随用分二，了俗由证真，故说后得。余一分二，准此应知。」《述》卷二十云：「言二智者，体是一，用为二。」《疏抄》卷十八云：「从初地至五地以来，即根本后得二智各别种生，不可说一种生二现。从五地以上乃至佛果，即根后二智同一个种而生二用，或多个种同生现行，现行能有二用，双缘真俗。」又《佛地论》卷七云：「镜智缘一切法自共相，依他圆成俱为境故。遍计无体，非圣所证。」

平智——《论》云：「平等性智相应心品，有义但缘第八净识，如染第七缘藏识故。有义但缘真如为境，缘一切法平等性故。有义遍缘真俗为境。《佛地经》说：平等性智，证得十种平等性故。《庄严论》说：缘诸有情自他平等随他胜解，示现无边佛影像故。由斯此品通缘真俗，二智所摄，于理无违。」《义演》卷二十六云：「第三护法义。」（按《佛地论》卷三，以第三说为如实义。）

妙智——《论》云：「妙观察智相应心品，缘一切法自相共相皆无障碍，二智所摄。」

成智——《论》云：「成所作智相应心品，有义但缘五种现境。《庄严论》说：如来五根一一皆于五境转故。有义此品亦能遍缘三世诸法，不违正理。《佛地经》说，成所作智，起作三业诸变化事，决择有情心行差别

五位

别解

领受去来现在等义。若不遍缘，无此能故。然此心品，随意乐力或缘一法，或二或多，且说五根于五境转，不言唯尔，故不相违。随作意生，缘事相境，起化业故，后得智摄。」《义演》卷二十六云：「佛果成事智似因中平、妙，后得智，不证真故，即似后得名后得，其体不是后得或似因中后得，唯缘俗故名后得……第二，护法义。成事智，但由第六根本智引，故唯是后得，随作意生者，即佛自随无功用任运而生也。谓缘事相起其他业，似作意别生，其实任运生，佛无作意故。」

作用——《论》云：「此四心品，虽皆遍能缘一切法，而用有异，谓境智品现自受用身净土相，持无漏种。平等智品现他受用身净土相。成事智品能现变化身及土相，观智品观察自他功能过失，两大法两破诸疑网，利乐有情。」《述》卷二十云：「成事智通现净秽土，妙智通二土说法。」《义演》卷二十六云：「第八是前七识根本故，第八能现自受用身净土相。第七是前六之依故能现他受用身净土相，若成智是末故现变化事，此则依本末以辨。」《入楞伽》注卷三云：「八识离如来藏无别自体，昧之则八藏七染六计五扶根尘，了之八成圆镜之体，持功德之门。七为平等之原，一自他之性。六起观察之门，转正法之轮。五兴所作之功，並应化之迹，斯则一心匪动，识智自分。」此就第一义说也。考《瑜伽师地论》卷三十七注六。

明颂——《论》云：「虽转依义总有四种，而今但取二所转得，颂说得转依言故。此修修位说能证得，非已证得因位摄故。」《述》卷二十云：「余三转依不可证故。设有真如及无漏道，不是证义，故不说之……十地无间道断障为因，解脱道方证于彼。」《疏抄》卷十八云：「迷悟依真如即十地所得十真如，即迷悟依中摄，若至十地中真如即名悟依，若真如在生死中即名迷依。此十真如迷悟依，即是因中位，即能证得中摄。十地修行故，即断十障而证十真如，故十真如十障皆是解能修道之作具也。故真如迷悟依，能断道断十障十行等皆因中能证得中摄，非果上所证中摄，故此不取。」《义演》卷二十六说亦尔。

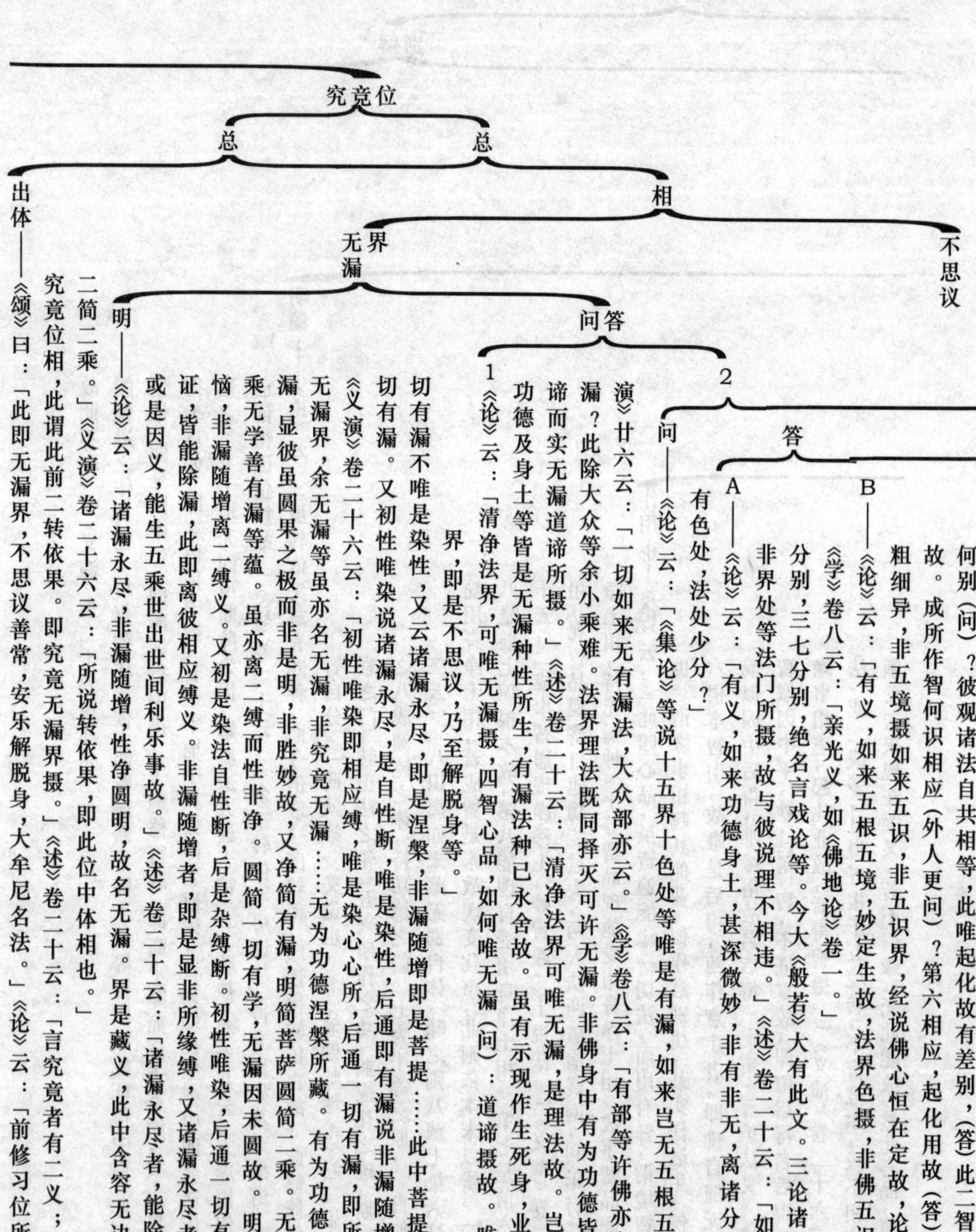

究竟位

总

出体——《颂》曰：「此即无漏界，不思议善常，安乐解脱身，大牟尼名法。」《论》云：「前修习位所得转依，即是究竟位相，此谓此前二转依果。即究竟无漏界摄。」《述》卷二十云：「言究竟者有二义：一、简前四位，二简二乘。」《义演》卷二十六云：「所说转依果，即此位中体相也。」

总

相

无漏界

明——《论》云：「诸漏永尽，非漏随增，性净圆明，故名无漏。界是藏义，此中含容无边希有功德故。或是因义，能生五乘世出世间利乐事故。」《述》卷二十云：「诸漏永尽者，能除漏义，能证所证，皆能除漏，此即离彼相应缚义。非漏随增者，即是显非所缘缚，又诸漏永尽者，显离杂彼烦恼，非漏随增离二缚义。又初是染法自性断，后是杂缚断。初性唯染，后通一切有漏。性净简二乘无学善有漏等蕴。虽亦离二缚而性非净。圆简一切有学，无漏因未圆故。明简二乘无学无漏，显彼虽圆果之极而非是明，非胜妙故，又净简有漏，明简菩萨圆简二乘。无漏具五义性名无漏界，余无漏等虽亦名无漏，非究竟无漏……无为功德涅槃所藏。有为功德，菩萨所含。」《义演》卷二十六云：「初性唯染即相应缚，唯是染心心所，后通一切有漏，即所缘缚，即通一切有漏。又初性唯染说诸漏永尽，是自性断，唯是染性，后通即有漏说非漏随增，是离缚通一切有漏不唯是染性，又云诸漏永尽，即是涅槃，非漏随增即是菩提……此中菩提涅槃即是无漏界，即是不思议，乃至解脱身等。」

问答

1 《论》云：「清净法界，可唯无漏摄，四智心品，如何唯无漏（问）：道谛摄故。唯无漏摄，谓佛功德及身土等皆是无漏种性所生，有漏法种已永舍故。虽有示现作生死身，业烦恼等似苦集谛而实无漏道谛所摄。」《述》卷二十云：「清净法界可唯无漏，是理法故。岂如来身皆唯无漏？此除大众等余小乘难。法界理法既同择灭可许无漏。非佛身中有为功德皆无漏摄。」《义演》廿六云：「一切如来无有漏法，大众部亦云。」《学》卷八云：「有部等许佛亦有有漏五蕴。」

2

问——《论》云：「《集论》等说十五界十色处等唯是有漏，如来岂无五根五识五外界？十有色处，法处少分？」

答

A——《论》云：「有义，如来功德身土，甚深微妙，非有非无，离诸分别，绝诸戏论，非界处等法门所摄，故与彼说理不相违。」《述》卷二十云：「如来身土离能所分别，三七分别，绝名言戏论等。今大《般若》大有此文。三论诸师多为此解。」《学》卷八云：「亲光义，如《佛地论》卷一。」

B——《论》云：「有义，如来五根五境，妙定生故，法界色摄，非佛五识虽依此变，然粗细异，非五境摄如来五识，非五识界，经说佛心恒在定故，论说五识性散乱故。成所作智何识相应（外人更问）？第六相应，起化用故（答）与观察智性有何别（问）？彼观诸法自共相等，此唯起化故有差别，（答）此二智品应不并生，

不思议

75

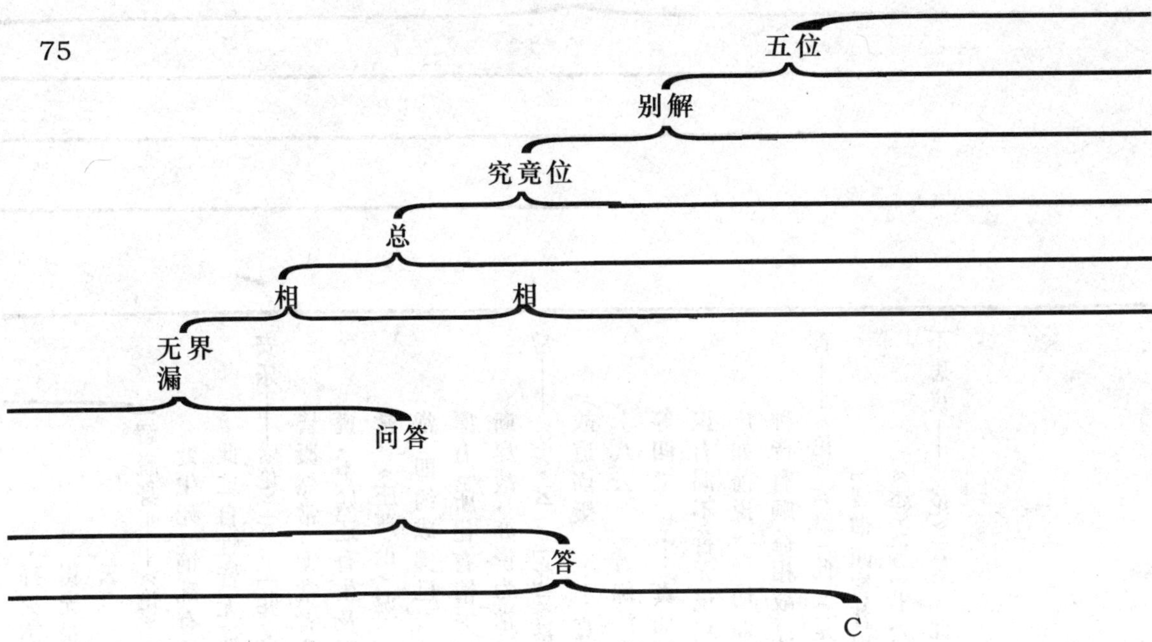

C——《论》云：「有义如来功德身土，如应摄在蕴处界中，彼三皆通有无漏故。《集论》等说，十五界等唯有漏者，彼依二乘粗浅境说，非说一切，谓余成就十八界中唯有后三通无漏摄，佛成就者，虽皆无漏，而非二乘所知境摄。然余处说佛功德等非界等者，不同二乘劣智所知界等相故，理必应尔。所以者何？说有为法皆蕴摄故，说一切法，界处摄故。十九界等，圣所遮故，若绝戏论便非界等，亦不应说，即无漏界善常安乐解脱身等。又处处说转无常蕴获得常蕴，界处亦然。宁说如来非蕴处界，故言非者，是密意说。又说五识性散乱者，说余成者，非佛所成，故佛身中十八界等皆悉具足，而纯无漏。」《述》卷二十云：「二乘等及十五界。」《秘》卷十四云：「何故第八至五常缘故者，虽云何故因八缘于定色，定色引故所变即属法处色，五识亦缘定色为质即非法处色收。答：一性散动，二常缘五尘为境，不同第八故所变色五尘中收。」

[右起竖排，续前]

难。《述》卷二十云：「以意识妙定为先方变，本识随变，设（谓？）第八变，妙定生故，法界所摄，非佛以外所余菩萨及异生等，虽依此佛所变上，变为佛身土等，然佛变细，余变者粗。佛变细者，非五境摄，他之所变义有二途：一、色或定收，如来第八胜定所引故。何故第八定所引？即彼五境（一作识。）不尔，五称散，五常缘故，理亦少难，熟思之也。根境既无，如来五识亦非五识界，根虽非实，似其根相，故佛现有，他不变根，但变似境，以相境故，可受用故。……此师若转五识得成事智品，便违《庄严》、《摄》等说。」《义演》二十六卷云：「此说如来十八界中唯有意界，意识界，法界，无余十五界，如来根境皆是法界摄。如来根境由第六识入定力为先变五根五尘，其第八识亦随他第六识后变起五根尘等，皆是法界中摄。设第八识独变根尘等亦是法界所摄，佛所变亦是妙定所引故。非佛以外余菩萨及异生等五识，即依此佛所变身上扶根尘及外五尘等，说为本质，变起五尘影像相分。然佛所变细，既是定果色即法界所摄，非佛外五境摄。菩萨异生托此所变相分五境摄，以相可得故，可受用故。故佛所变五根既是定果色明知不是实五根。既无所依五根，所缘五境，五识等亦不得生，故佛无

转彼得，体即是彼，如转生死言得涅槃，不可涅槃同生死摄，是故于此不应为土相者，平等品摄，起变化者成事品摄。（答）岂不成事智转五识得（问）？非与第七净识相应，依眼等根缘色等境是平等智作用差别，谓净第七起他受用身一类二识不俱起故，（问）许不并起，于理无违，同体用同分，俱亦非失。（答）或

唯识详究（四十）

地之身十五唯有漏，非说一切凡圣有情十五界等皆唯有漏。……密意说者显非粗浅智境界故。」《义演》卷二十六云：「此护法义。《佛地论》云：如实义者佛地功德非蕴等摄。此解有三，和尚取后，谓亲光立义据佛果功德甚深微妙非实蕴等，护法以理依经，破彼所说，如论应知。其中解谓亲光约法自相杂言道理此就安立诸行道理。」（按中解亦妙。）

不思议——《论》云：「此转依果又不思议，超过寻思言议道故，微妙甚深，自内证故。非诸世间喻所喻故。」《述》卷二十六云：「智之与境，皆具此义。……境微妙，唯甚深智能内证故。」《义演》卷二十六云：「智谓四智菩提，境谓清净法界。《摄》三义解不思议，心言绝，唯佛内证，非世间喻，定令他知故。」

善——《论》云：「此又是善，白法性故，清净法界，远离生灭，极安稳故，四智心品，妙用无方，极巧便故。二种皆有顺益相故，违不善故，俱说为善。论说处等八唯无记，如来岂无五根三境？（外难。）此中三释广如前说。一切如来身土等法皆灭道摄，故唯是善，圣说灭道唯善性故。说佛土等非苦集故。佛识所识有漏不善无记相等，皆从无漏善种所生。无漏善摄。」《述》卷二十云：「此与有漏善别，谓远离生灭等四义。……真如等五法皆灭道摄，唯无漏，故此唯善。既尔，即佛所有眼等皆是无漏善。」《疏抄》卷十八云：「若佛法身及法性土是无为故，是灭谛摄，若自受用身土，他受用身土，变化身土皆是有为故道谛摄。……真如等五法者谓清净法界，四智菩提名之为五也。」

常——《论》云：「此又是常，无尽期故，清净法界无生无灭，性无变易，故说为常，四智心品，所依常故，无断尽故，亦说为常，非自性常，从因生故。生者归灭，一向记故。不见色心，非无常故。然四智品，由本愿力，所化有情无尽期故，穷未来际，无断无尽。」《义演》卷二十六云：「报应二自受用身即是不断常，即约成佛已去始终相续不断绝也。若他受用及变化身，化缘毕即有断绝，后时余处还起身名相续常。《庄严论》说：法身名凝然常，报身不断常。他受及变化身相续常。今说报化二身是常者，据多分说，不妨还有生及灭。」《灯》卷十四云：「相传二释：一自性法身体凝然常，受用变化无常。一云三身皆凝然常，无常者约化相说。依《摄》、《金光明》、《无上依》、《楞伽》等说，报化无常以为尽理。」

安乐——《论》云：「此又安乐，无逼恼故。清净法界，众相寂静故，名安乐。四智心品，永离恼害，故名安乐，此二自性皆无逼恼及能安乐一切有情故，二转依俱名安乐。」《述》卷二十云：「非如有漏善，逼逐处生死，恼乱有情，不令趣涅槃。又有漏法，皆是行苦，逼迫性故，增烦恼故非安乐。」

解脱身——《论》云：「二乘所得二转依果，唯永远离烦恼障缚，无殊胜法，故但名解脱身。」《述》廿云：「解脱生死及缚法故，以彼转依，无十力等殊胜法，不名法身，殊胜法者，断所知障，得无量功德故。」《义演》卷二十六云：「二乘解脱身者，言解脱即是依生空真如上所得假择灭离缚义边名为解脱身。言身者，即生空智所证真如名身也。身者体义，即真如与假择

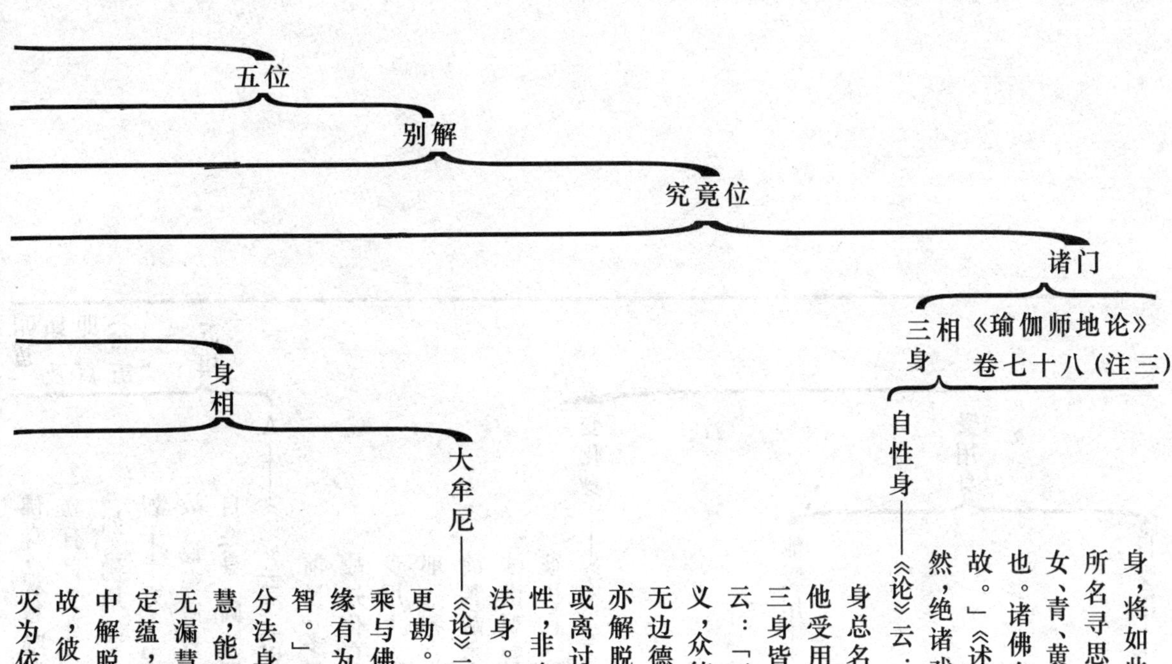

身，将如此喻之法身有三相别，或如《金光明》摄自受用于法身也。考《大牟尼》。）所名寻思也。」（按《深密》、《菩萨藏》等，所云法身，系说自受用身，而非自性身，则所谓法女、青、黄、赤、白、生、住、异、灭。有云：五尘男女生异灭相也。寻思路绝，约三界虚妄心心也。诸佛自性，名自性身，有为无为功德法依名法身。」《义演》卷二十六云：「十相者，谓男、故。」《述》卷二十云：「自性离相者，无十相也，寂然者，寻思路绝也。绝诸戏论者，离语言然，绝诸戏论，具无边际真常功德，是一切法平等实性，即此自性亦名法身。大功德法所依止

自性身——《论》云：「如是法身有三相别：一自性身，谓诸如来真净法界受用变化平等所依，离相寂身总名法身是总，若清净法界独名法身，余二不名法身名别。」他受用变化身亦然。故三身皆有依止义。众德聚可知，即一身皆具三义也。若总若别者，三三身皆有体性义，依止者若法身与报应二身为依止，若自受用身即有为法，更互相依止，云：「三身中法唯取真如与功德法为依故名法身。此通四智等总名法身也。体性者，意说无边德名为法身。此中意说有为无为，各于自身，功德法依，名法身故。身者体性义，依止义，众德聚义。具三义故，名为身故。故通三身，若别若总，离名相义。」《义演》卷二十六亦解脱也。言法身者，非三身中之法身也。佛得二名，离烦恼故，名解脱身。离所知障，具或离过故，通三乘解。成一切法性相，离言不二法门，名为寂默，唯世尊二转依果亦名法身性，非净法界，独名法身，二转依果，皆此摄故。」《述》卷二十云：「寂默法者，离言法也，法身。无量无边，力无畏等大功德法所庄严故。体依聚义，总说名身。故此法身，五法为

大牟尼——《论》云：「大觉世尊，成就无上寂默法故名大牟尼。此牟尼尊所得二果，永离二障，亦名更勘。）（考《瑜伽师地论》二十七卷注五之二。）」乘与佛平等平等。由法身故，说有差别。如来法身有差别故，无量功德算数不及故。（此须缘有为等名慧香解脱知见香也。」《深密》《瑜伽师地论》卷七十八云：「由解脱身故，说二智。」《疏抄》卷十八云：「若前三果人有解脱知见香（五皆作香。）及慧香但取无漏慧，以分法身少分亦通前三果，其中慧蕴，解脱蕴，但取缘无为有为等无漏慧也，不名尽智无生慧，能证无为。若二乘无学身中慧及解脱知见即是尽智无生智，以能缘有无为等，然此五无漏慧同时，无漏胜解数，能望四谛理，此苦我已知，不复更知等。五解脱知见蕴，即无漏定蕴，即取八定中无漏定，或九次第中无漏定，三慧蕴即无漏慧能缘有为，四解脱蕴即与中解脱知见，即是尽，无生智。然五分法身唯是无漏，不通有漏。一戒蕴，即取道共戒；二故，彼菩提果是五分法中解脱知见身，不名法身，菩提及涅槃俱离缚故，但名解脱身。此灭为依故得身名。然非五分法身中解脱身，五分法中解脱身，体唯胜解数故，此无为解脱

五摄

三

(按五

即真

如及

四智)

A——《论》云：「以五法性摄三身者，有义，初二摄自性身，经说真如是法身故，论说转去阿赖耶识得自性身，圆镜智品转去藏识而证得故。中二智品，摄受用身，说平等智于纯净土为诸菩萨现佛身故，说观察智大集会中说法断疑，现自在故。说转诸转识得受用身故，后一智品摄变化身，说成事智于十方土现无量种难思化故。又智殊胜，具摄三身，故知三身，皆有实智。」《述》卷二十云：「如《佛地经》、《佛地论》卷七、《庄严论》、《摄》等中说。」《疏抄》卷十八云：「此不正义师，即不立有自受身，亦不说用何智而成自受用，此师但说镜智实成法身，平智实成他受用身，成智实成佛身，观智唯说法也。智殊胜者，《摄》有十殊胜，谓所知依，所知因果差别智殊胜等。即说智殊胜

变化身——《论》云：「诸诸如来由成事智，变现无量随类化身居净秽，为未登地诸菩萨众，二乘异生称彼机宜，现通说法，令各获得诸利乐事。」《述》卷二十云：「他受用中现身土由平智，现通说法由观智，自他受用法乐等名受用身，变化不尔。」《秘》卷十四云：「《瑜》卷七十九云：地前菩萨不生净土，《摄论》亦云：生净土者是别时意，如何今云化居净土？为未登地菩萨等耶？答：传有两释：一云，二乘异生亦生故。《观经》等皆诚说故。《瑜》、《摄》云不生者，据受用土，不遮化土。二云不生，《大乘同性经》云：净土成佛皆是受用身，秽土中者皆是化身。故知化身所居者不得名净，此言净土据暂变说，如《法华》三变净方，《维摩》等同。曰：今同前说，多经论中说生净故。《同性经》中为对受用化称为秽，亦不相违。」

受用身

他受用——《论》云：「谓诸如来由平等智示现微妙净功德身，居纯净土，为住十地诸菩萨众现大神通，转正法轮，决众疑网，令彼受用大乘法乐。」《义演》二十六卷云：「传有三释：一、观智系发平，故示现之。二云平系发圆而令示现。从能系说平现，三平自能示现，不假他系不系他。详曰后正。既自在智非唯根土现身土相何理不能，第二理通镜智本故。初非，此亦是化身，为对第三变化身但名他受用身。」

自受用——《论》云：「自受用谓诸如来三无数劫修集无量福慧资粮，所起无边真实功德及极圆净常遍色身，相续湛然，尽未来际，恒自受用广大法乐。」《述》卷二十云：「众相备名极圆，体离众患名极净。无间断名极常，无所不在名极遍，积集有碍之体之色身。此即功德之所依身，一是常不断故，二是遍量同空故，言相续者，简自性身，有生灭故。湛然，简他受用及化身，彼时断故。」《义演》卷二十六云：「佛受用身亦名变碍义是色义。虽十方一切诸佛自受用身，更互相遍仍名十八界摄，故变碍以解之，如世间灯光是色法更互尚不明障碍，何况如来而相障碍。」《学》卷八云：「测云此不说法，为生他解方说法故。或可说法，受法乐故。」《金光明》自受用，法身摄，他受用，名应身。（考疏六。）

76

差别功德

云然，当详勘。）……智中镜智居先，余三智在后，故说平等成事皆名后智。（按上云后得智，据《义演》卷二十六，此又智作用，其变化身即似后得成事智作用，所以说他用变化二身是平等智、成事智现也。即前例四智不能亲缘着他用变化身耶？故知镜智亦能现余二身，不言现者，但约相中他用身似后得平等无漏成熟，即成智系余三智，余三智及成智皆能现化身也。若镜智不能现他受用变化身者，岂镜化身，说法。且如平等性智，系余三智，余三智及平智，即现他受用身。又由成事智由生因中，利他实五尘。五尘皆有实用，若余三智皆能转变似五根五尘，皆无实用。又此四智皆能现他受身，及现智是受用佛，此《庄严论》文，转诸转识，得受用者，《摄》文，此文即证四智皆受用身。……」《疏抄》卷十八云：「据实四智俱现，乃至相似后智用者，谓此四智，唯成自受用身，然第八识能变起说法。据实二身四智俱现，岂圆镜智缘于二身不能亲益，今但相似后智用。「明自受用」中说圆镜至末「明他受及变化身」、「明四摄三」中谓平等智品现他受用身，成事智品随类化身土，妙智于中智以摄王身。」自说圆镜智是受用佛至实有色心皆受用摄，「明自受用身」，自又他受用及变化身「自有义至是彼依止彼实性「明自性身。」次明四智品。明四智中自真实功德至摄变化身，即「标四化无根心等而依余说，不依如来，又化色根心心所法，无根等用，故不说有。」《述》卷二十云：量类皆令有心。又说如来成所作智，化作三业。又说变化有依他心，依他实心，相分现故，虽说变贪嗔等？久已断故。云何声闻及傍生等，知如来心，如来实心，等觉菩萨尚不知故。由此经说化无实心及心所而有化现心心所法，无上觉者神力难思，故能化现无形质法。若不尔者，云何如来现成所作智。能现受用三业化身，不说二身即是二智，故此二智自受用摄。然变化身及他受用，虽无现，故不可说，实智为体。虽说化身智殊胜摄，而似智现或智所起，假说智名，体实非智。但说平等身，摄佛不共有为实德，故四智品实有色心，皆受用摄。」「又他受用及变化身，皆为化他，方便示之，又说法身无生无灭，唯证因得，非色心等。圆镜智品与此相违，若非受用，属何身摄，又受用圆镜智是受用佛，转诸转识得受用故。虽转藏识，亦得受用，然说转彼显法身故，于得受用略不说常遍色身，摄自受用，平等智品所现佛身，摄他受用，成事智品所现随类种种身相摄变化身。」「说性。）自性法身，虽有真实无边功德而无为故，不可说为色心等物。四智品中真实功德，镜智所起识中二障粗重显法身故。智殊胜中说法身者，是彼依止，彼实性故。」（以法身是智之依止，智之实又说法身诸佛共有遍一切法，犹如虚空，无相无为，非色心故。然说转去藏识得者，谓由转灭第八

B——《论》云：「有义，初一摄自性身，说自性身本性常故。说佛法身无生灭故。说证因得，非生因故。地》、《摄》、《对法论》。」（按此四引证，解《B》之自性身者。）中具摄三身也。引证中，一引《庄严论》；二引《佛地论》、《深密》；三引《世亲金刚论》；四引《佛

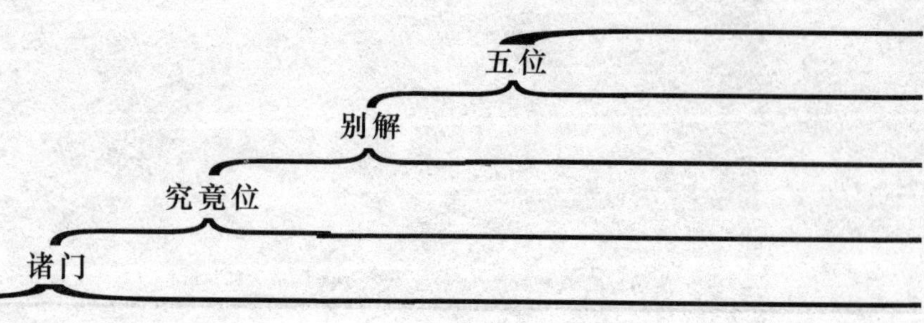

也。」（注十）七十八页。有漏善心等及因无漏皆有法执，今谓真理非常无常等，为断法执，无常等故说常乐等无漏心等为四颠倒。八地以前说功用加行为障，不尔。加行道应非二愚摄。由此一切故八地以去，皆不论现行观心为障。其安慧因中无漏，一切有漏皆有法执，故说二乘依护法唯六七有染心有执为论，其八地以前起下乘般涅槃障细生灭等障皆准此释。也。正证彼时非常无常，诸佛或说我，或说无我，诸法实相中无我无非我，余皆然。此作无常等解。今为除彼，令证极果，说此真如为常我等，令起此行方便趣入，证其法等行为非常，等。令其趣证，论其真理非常无常。然二乘者，由随佛方便言及执引故时，此观不生，故由前凡位起四颠倒或十二例谓想心见等执身等净，佛为陈彼说无常有漏善心，而作此解。于法执所引之果，有漏观心上说能引法执障为颠倒，若无法执真实诸法无常等。诸加行心及有漏后得虽非是执性皆是善。然由六七法执未亡故引解。故入，后出观时，复观前观不审所缘，便见加行谓是真智，所缘亦是无常等便谓以除二乘四颠倒心故，二乘正证此法性者，非作常无常等解。由加行心作此无常等义是也，唯此论但以离贪等为难耳。故云非本意。）《枢》卷四云：「『说常乐我净』等有义，木石之性即佛法身，法身真如，体周遍故。评曰：虽作是释，非此本意。（按有《义演》卷二十六云：「此但以不起贪等为难，不离木石之实性，实性亦是真如体故。例。常乐我净等，应分别，离染尚有漏，众善所依尚有为，无漏无为力德显无生灭。」云：「法身应以木石为难。彼亦不能起贪恚等，应名具功德，此顺生善法故，不得为实功德。若他受用及变化身，唯具无边似色心等利乐他用化相功德。」《述》卷二十离诸杂染。众善所依无为功德，无色心等差别相用，自受用身具无量种妙色心等真

功德差别——《论》云：「如是三身虽皆具足无边功德，而各有异。谓自性身。唯有真实常乐我净，自受用摄。（按：当作前说四智品，实有色心皆受用摄。）（注一）78页。化者不说二身体即二智，但明二智现二身，智体非二身也。故实二智是自受用。由此前说二智实智相违。……但说平等至体非二身者，此意说《庄严》等说平智能现受用，《佛地经》说成事智起三业若余三智缘自受用身土所变之相，自身土摄，非为他故。……由圆镜智方得受用，据所因说，亦不自受用摄，以极微细，非彼境故，由斯二智自变二身，非系第八而令现也。二、所变随质二身土摄。化相，余之三智缘自受用所变之相，各摄何身？答：镜智变余二身土所有相者有两释：一、亦是不？答：依受用身为圣菩萨说法等者他受用摄，依于化身，摄亦如是。问：镜智缘余二身所变之也。……问：按《佛地经》说观智于大众中雨大法雨，说法断疑及所现色等，化相功德等，佛身摄得受用而彼但言转识得受用非第八者，彼说转第八二障种子显法身故，于转八得受用，略而不说《摄》云：转诸转识，得受用身，故知四智摄自受用。《论》虽转藏识亦得受用等者。意云，据实转八……《论》无形质法者，即他心相分心也。」《义演》卷二十六云：「《庄严》说大圆镜智是受用佛。

唯识详究（四十一）

二利——《论》云：「自性身，正自利摄，寂静安乐，无动作故，亦兼利他，为增上缘，令诸有情得利乐故，又与受用及变化身为所依止故，俱利摄，自受用身，唯属自利。若他用及变化，唯属利他，为他现故。」《枢》卷四云：「法身正自利言，显不同利他展转说故。其自受用身修因本为利他故修，又为利他所依止。不说者对他受用等自利义微所以不说，理亦不遮。他用变化何故不说自利？诸佛利他即自利故，理亦应然。意为利他变现生故，从意乐说为利他，故前资粮位云：一切功德皆属二利，随意乐力今此随增上，故三身别。」

（考《华钞》卷七之一后）

依土——《论》云：「自性身依法性土，虽此身土体无差别而属佛法，相性异故。此佛身土，俱非色摄，虽不可说形量小大，然随事相，其量无边，譬如虚空遍一切处。自受用身还依自土，谓圆智相应净识，由昔所修自利无漏纯净佛土，因缘成熟，从初成佛，尽未来际，相续变为纯净佛土，周圆无际，众宝庄严，自受用身，当依而住，如净土量，身量亦尔。诸根相好，一一无边。无限善根所引生故，功德智慧，既非色法，虽不可说形量大小而依所证及所依身，亦可说言遍一切处。他受用身，亦依自土，谓平等智大慈悲力，由昔所修利他无漏纯净佛土，因缘成熟，随住十地菩萨所宜，变为净土，或小或大，或劣或胜，前后改转。他受用身，依之而住，能依身量，亦无定限。若变化身，依变化土，谓成事智，大慈悲力，由昔所修利他无漏净秽佛土，因缘成熟，随未登地有情所宜，化为佛土，或净或秽，或小或大，前后改转，佛变化身，依之而住。能依身量，亦无定限。」《述》卷二十云：「法性土者，以属佛法，相性异故，以佛义是相，谓有为功德法所依故。众德聚义故，二身自体故。法是性义，功德自性故。能持自性故，诸法自性故。体为土，义为身。……还随自受用土下，二身随自土亦尔，非离身别有土名故。功德随所依身，智慧随所证如，亦可说言遍一切处。……化土中有净有秽，非他受用故言净秽。他受用法乐增，同自受用俱名受用，化土虽复说法，神通增故。立变化名，法乐义劣。」《枢》卷四云：「自受用身如净土，量遍法界者，有二解：一云实尔，二云依用说，智是佛故，以所证无边故，如言所见处高，言眼孔大。……四智缘境门中自受用土唯净无漏。余不见故，唯佛所知。他受用土本唯无漏净见者唯净一切不善诸异熟果皆已无故。然通有无漏第八五识所观有漏。故见者居秽土利乐有情，亦为现秽见，亦通秽，通诸识境。化土本唯无漏，然有净秽，见者亦尔通有无漏然有净秽，十地菩萨亦得见故。上知下故，然由本为十地菩萨现净土故论说，化土有其净言，化土本为地前等见不别言净，总说见身土各（名）据增胜本为而说亦不相违，下不知上故。地前二乘必不见无漏净土。此中诸土皆四智境，由随增胜本系发因说智别现，不尔，使有非遍智过。若佛五蕴许蕴收，何不许佛是有情？有情依异熟。佛非有情摄，持性名为法，佛可法所收。」《疏抄》卷十八云：「性相异者，若真如与四智觉为性，即名为相，故真如即名身，若与诸法为性，住持自性故，真如即名为土。故身土别。问：自受用身、眼、耳诸根一一皆遍法界，如何分出身土？答：若

五位——别解——究竟位——诸门

自受用身，身土别者，若与心心所与觉为依有执受即名为身，若执受用是所取缘即名为土。由如人身中有执受名身，若人身中所有运熏等即名为土也。疏中他受用法乐增同自受用，错解也。应言自受用身即受用法乐。他他受用身令他菩萨受用法乐增，既受用义尽，二身俱名受用也。」《佛地》卷一云：「如实义者，如来身土，甚深微妙，非有非无，非有无漏。非善恶无记，非三科法门所摄，但随所宜种种异说。」大好！

同异——《论》云：「自性身土，一切如来同所证故，体无差别。自受用身及所依土，虽一切佛各变不同，而皆无边不相障碍。余二身土，随诸如来所化有情，有共不共。所化共者，同处同时，诸佛各变为身为土，形状相似，不相障碍，展转相杂为增上缘，令所化生自识变现，谓于一土有一佛身为现神通说法饶益。于不共者，唯一佛变，诸有情类无始时来，种性法尔更相系属，或属多一，或一属多。故所化生有共不共。不尔，多佛久住世间各事劬劳，实为无益。一佛能益一切生故。」《述》卷二十云：「《佛地论》说甚好。」《义演》卷二十六云：「《佛地》卷七有三师说，此同第……师正义。」

明身土能所变——《论》云：「此诸身土若净若秽，无漏识上所变现者，同能变识俱善无漏。纯善无漏，因缘所生，是道谛摄，非苦集故。蕴等识相不必皆同，三法因缘，杂引生故。有漏识上所变现者，同能变识皆是有漏，纯从有漏因缘所生，是苦集摄，非灭道故。善等识相，不必皆同，三性因缘，杂引生故。蕴等同异，类此应知。不尔，应无五，十二等。」《述》卷二十云：「第八虽实皆通缘染净土，然约增胜现所得者，自受用唯净无漏识之变，他受用身土，体唯是净，然能变者通有无漏。如来及十地中菩萨无漏后得所变即纯净无漏，若十地第八识并五识及七地以前有漏散心及有漏后得所变，即纯净有漏，然无他受用土体是秽者，非有秽心之所变故。若变化土本质通净秽，唯无漏。若随彼二乘等无漏心所变，即无漏，然彼无此事，彼无漏狭，不能缘身土等。若随彼二乘有漏心并异生所变，即有漏，皆通净秽，或二乘等后得不能缘，即唯有漏通染净，此无漏相分同能变识，一向是善无漏，相不杂见，同非聚故，故性必同，非如有漏心相见性有别，言因缘者，是种子也。蕴等识相等者，以蕴界处三法法因缘杂引生故。谓见分是心，相分非心，如第八相中根境等及六识所缘色等，以与见分非一类种生，故色心等别，以不相违故无漏所变相分法中有五蕴，非如根等，即是相分，纯种与见分无漏及性同也。与见杂种，故色心蕴等，亦各有异，乃至相应法相分亦然，由识起相等同不系法，纯种唯无漏，作用法不同，杂种生色心，不可有漏同无漏难。有漏识上等者，纯从有漏种生故，同是系法，所以言纯。问：何故界系见相许别系，有漏无漏必同耶？答：见相虽界系，仍相顺故。善等三性，识之相分，不必皆同。性相别故。有漏名等，转分转故，不顺理故。不能引相与见分必能令同，如鼻

识变，差别

差别
虚实

变相分，同识是有漏善等识能变，相分同识善性等。答：善等识相不必皆同，杂引生故。意说能顺义。……善等三性至性不可同者，此释蕴等识相不必皆同文也。应先文外问云：有漏识所缘识皆识蕴摄也。……问：见相既许别界系，何必同是有漏无漏？答：若一有漏，一无漏，即失相此蕴界等，亦不随受是受蕴摄，以色心别故，余可知。故不可难言见相俱是无漏所变相分同能同种故，色心蕴处界各有别也。心王既尔。心所（相应法）见相分亦然。如受缘蕴等十八界时故见相二分同是善无漏也。与见杂种色心等，各有异十八界种子各各别生名为杂种，与见不缘蕴等还成色心等十八界。以见分及十八界非是一类种生故。同分相分既纯无漏善种子生，谓见分。相，相分，意云：若心缘蕴处界等时其所缘亲相分蕴等不可随能缘心即识蕴摄，即所蕴变相同于识俱识蕴摄不？答：不然。蕴等识相，不必皆同。三法因缘杂引生故。识相者，识也。……识相不必皆同等者，此答外难。文外难云，无漏识所变相分同识摄无漏，亦可无漏识缘他有漏、贪嗔等法本质时，所变起相分唯善无漏，若有漏心缘无漏时，变起相分即有漏善亲相分，亦是有漏善性。故有漏心中相分与见分一向，同是有漏，三性不必皆同，乃至无漏心质，变起香等三相分，即有漏心中能缘鼻等三识是有漏善性。所缘相分从本质判性亦是善，故识变起香味触三境，即唯善无余。若余异生等鼻舌身识三是善性时，即托佛所变香等三似为本善无漏，非如有漏心相见有别也。且如有漏鼻舌身三识通三性，其所缘香等即唯无记，如无漏净，舍利子见秽，二人有异也。……其无漏心变起净秽土相分，净秽虽异，从能变心判性俱是唯独缘土后得智。二云：二乘人全无缘土无漏后得智。即唯有漏心中所变通净秽，此梵王见智缘土狭少不能多时缘土，二乘人无漏心中多分缘四谛理，彼缘土者即与四谛理合缘之，无无此事等者有二解：一若二乘第六识中无漏后得智所变者唯无漏净秽，然二乘人无漏后得土能变所变即释唯识相见异同。三身余义，如《佛地论》卷七说。」《义演》卷二十六云：「然彼此应知，亦不定故。若同，应无五蕴十二处十八界别，既有三科，明知相见分等不必皆同，身无文，故虚空非择，倒亦应然，故相见分，不必同性，性别既尔，蕴等识相或见相分同、异、类第八所变唯说无记，三识所变通三性，二境亦尔。以三识所变，三处摄故。应言通三性，诸论等三境唯无记，能缘之识通三性等，若皆纯种唯一性者，三境唯无记等言应不成失。不可说约性，作用别故，性不可同如无漏缘，使等相分唯有漏，虚空等能缘心通三性，相分唯无记，香舌身识，见与彼相分，非必同性，故与见分，非必性同，见相分中，三性因缘杂引生故，不可同

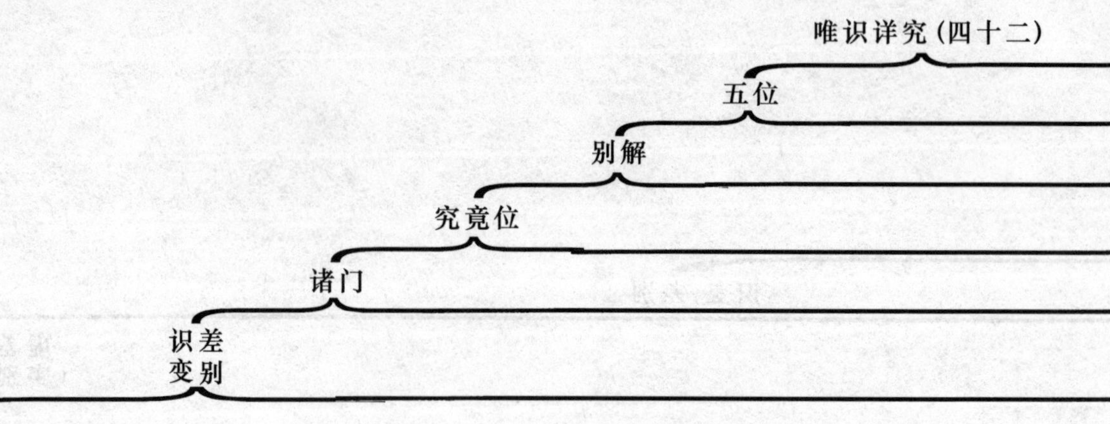

相分说。界地系不系，能所缘同不系，亦约亲相。」云：「第八识漏无漏分别，无漏能所缘俱无漏纯种生故。三性分别，能所缘俱善纯种生故。约亲思，准假实中约识分别复别有无对有无为对，有无漏对，自他界缘对，思维纯杂。」《灯》卷十四缘种杂第七识中得名影纯影杂影。从见质说性故，五识善恶心杂，无记心纯。第六五俱等通法应解由增劣不同，但依亲相分，若依影质，复说不同，影中自地变纯通力引，杂非通力中八缘现纯识，唯异熟识，不能变土也。（七当作八）……二乘变中有二解，前解胜。」《枢》卷四云：「纯杂义有漏六识所变者，唯有漏通净秽。若第六识无漏后得智所变者，即唯无漏通净秽。若有漏第七萨八识所变者，若第八识及五识所变者即唯有漏通净秽，若第六无漏所变者，唯无漏通净秽。若变土亦不久故。从长时说，是秽土摄。……其变化土中佛八识所变者。唯无漏通净秽。若十地菩即唯无漏。其七地以前六识中暂起烦恼不久长。所以所变土亦净摄。二乘及余异生亦起善心而六识入无漏后得智所变者即唯净无漏。若八地已去，第六识中无漏观常相续，即第六识所变者有漏第八识，唯缘第八识不能变土也。若第六识在七地以前有漏心所变土者，即唯净有漏。若第地菩萨第八及五识，所变者，即唯净有漏。若第七识入无漏心后得智中所变者，即唯净无漏。若他受用土体唯净乃至非秽心之所变者，若他受用土中，如六识后得智所变者即唯净无漏，若十有漏善，约三性即不是或能缘见唯无记，所缘通三性等，故论中即双言善等识相不必皆同。……无漏处，即论中但言蕴等相不必皆同，不言三性，有漏心中，缘漏无漏法实起相分时与见必同是无漏法时，其相分与能缘见分同无漏善性，若约三科，即相与见别也。见分是心，相非心等故。明《疏抄》卷十八云：「此文中皆约有无漏八识上亲相分说，不约疏相分说也。又此无漏心缘有漏能缘心通三性，准前救言，虚空等亦应通三性。由此明知，鼻等识通三性，所缘香等是无记也。」等唯是善性。难云，此亦不然，无文说故。虚空非择灭例亦应然者，大乘中说虚空非择是无记，其记故，其鼻等三识所变香等通三性，以能缘识通三性故。又或香等三境通善无记二性，佛所变香漏。……不可说约第八所变至无文者，总是难也。谓外救云，第八所变香等唯无记，以见分是无等也。……如无漏缘者，如菩萨以后得智缘有情身中烦恼（使一）时，不妨见分是无漏，相分是有性。故疏云：性相别故。性即属心，相即属境。心别境故，不得同性。故云，善等识相不必皆同必同无覆无记。若不尔者，第七相分唯是有覆无记所摄，如何与八得成因缘？故知相分不必同等识通于三性。其第六识并眼耳二识，准此知。又末那识相分种子与第八识得成因缘与所生果说能变识通三性，相分唯无记者，谓各各从自名言三性种杂引生故。由始熏等三唯无记，不妨鼻

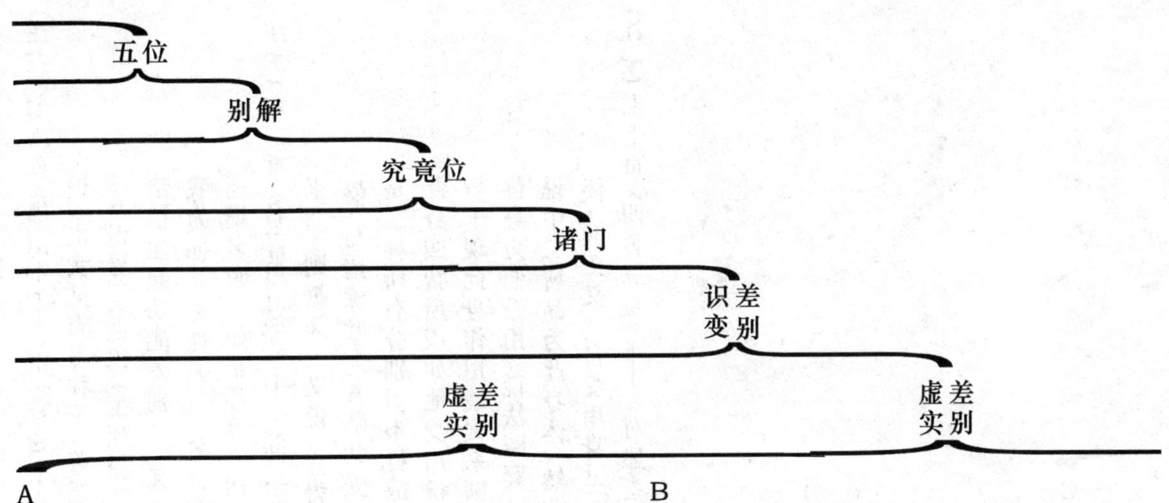

（注八）

重内外，一、依他遍计分内外；二、亲相分名内，本质名外，故疏云：又疏所缘缘亦是外等。前师所说独影境故，见相是虚，是证是实，此师通性境及带质故，三分俱实也。……此有两亦不遮过未相分是假，然此相分无质，是独影境名假也。此师相分与见分同异种生等者，得。」《义演》卷廿六云：「不遮缘过来但得假法者，此，护法说，虽缘现在五尘相见但实，言唯境，恐滥心外之法，故此不论。所执之心，亦是心外法故，是故设不遮滥，言唯境亦是依他，外是遍计所执，以非心所变法，说之为外，非体实有名外。又疏所缘缘亦是外，若等。不尔，真如应非实有。即真如不离识故，非心外法故，亦唯识摄。……境亦通外者，内师相分与识别种。见分与识同种生故。……唯言遣心外遍计所执，不遮内识所变之相分师意，但有相分与识一种是实，不遮缘过未，但得假法，此是正义。前师相见即识种生，此生死，非谓内境如外都无。」《述》廿云：「虽有缘去来等相，是依他故，与识不多别，又此或诸愚夫迷执境，起烦恼业，生死沉沦，不解观心，勤求出离，哀愍彼故，说唯识言，解脱应非实，内境与识即并虚，但言唯识非境者，识唯内有，境亦通外，恐滥外故，但言唯识，

B——《论》云：「或识相见等从缘生，俱依他起，虚实如识，唯言遣外，不遮内境。不尔，真如亦唯境，唯见分等。」《疏抄》卷十八云：「此师外境是所缘。相分名行相，见分名事，同小乘解。」同见分，有分别，行相用故不实。……三分中，自证分是实，余二是假可言唯识，不尔。应言举疏所缘本质境等取亲相分影像皆不实也。何故不实以不为行相用故。说说本质影像，不实者，即相分中本质影像亲疏二缘皆不实也。以疏所缘至不为行相者。如论云然相分等者分名行相，能缘之心名为事。难陀二分俱实，此师二分是虚，与难陀异。……亲疏二缘皆不卷四有此师义，许有三分依他性义。」《义演》卷廿六云：「此师意说本质境是所缘，亲相实。今论所变故相见假，又纵真如是实，以于境中少实有故，但言唯识，不言唯境。《佛地》故，此所不论，如缘自体，余是外境，故不同如，设缘真如，自体实，非识所变，故真如体体故，体性是实有，其变似色等，亦并不实，此师意也。若尔，无分别智境相如何，彼内证仍缘虚境，虚境行相是不实心故，见不及识自体分，识自体分，唯缘于识，是根本故。证自缘色等，见相亦俱不实，不及于识，如缘过未虚空等识。相分虽有，非少实法，见分非无，非如识性依他中实，不尔应言唯境，唯见分等以许相见，与识自体俱实有故。此义应思。设识变现等者，相分等言，等取见分，识自体之所变故，此见相分虽体是依他识自体之用故。分有异，亲疏所缘二皆不实故。以疏所缘，等取亲相，不为行相，此所疏知，如识变故。依有故。」《述》廿云：「等取心所所变现，所变名为行相依识变现等者，唯《难陀》二分义，小

A——《论》云：「然相分等依识变现，非如识性依他中实。不尔，唯识理应不成，许识内境俱实

(注三)七六页《佛论》——《宗镜》卷十六云：「《楞伽》卷四佛：一化佛，二，报生佛，三，如如佛，四、智慧佛；随机赴感，名之为化。酬识，由我见熏习种子，善恶趣生死识，由有支熏习种子。」（考《深密疏》卷十三。）

(六识界)、世识(生死相续不断性。)数识(算计性)、处识(器世间)、言说识(见闻觉知四)。由名言熏习种子，自他差别诸识生起功能差别。」又《摄》卷四云：「身(眼等五界)、身者(染意)受者识(意界)、彼所受识(色等六界)、彼能受识、我为他。」无性云：「名言熏习者谓我法用，名言多故，有人天等我，眼色等法，去来等用，熏习差别，由此我法用影显现，还说名眼。如是耳等一切名言差别亦尔。我见熏习谓由染意，萨见力故于阿识中我执熏习生。由此为因，执自为我，异

(注二)六二页《名言熏习等》——《世亲》卷三云：「名言熏习，谓眼名言熏习在异熟识中为眼生因，异熟生眼。从彼生时，用彼为因，别。」则据又一义说，亦得相通。又《宗镜》卷二十一统收经论说法身及土文凡十种，颇可参考。

故，与诸殊胜大菩萨共受不共微妙法乐。三变化身即是后得智之差别，即能变化名变化身，此增另之所显现，即智差是二种所有分别俱不行故。彼有对治当有所作，此是彼果所作已办，如是差别。二受用身，即后得智，即由此智殊胜力此身四智所现如他受用说。」然《无性》卷一云：「自性身，即是无垢无挂碍智，是法身义。今此与彼无分别有何差别，如智于现此身作用最强系圆智现身平等故论偏说。变化身由成智于净秽土为未登地一切有情随彼宜所类以为体性。理实佛身为他受用，说法断疑，现自在者观智故。平等所依本质身者镜智境故。现大神通成事智故，又佛四智境用遍故，然平说中二智品为此身体，然非正义，他受用由平智于纯净土为大菩萨所示现身，以为体性，据理四智心品，为大菩萨所现体，非正义。自受用身，三无数劫修集资粮所起无边真实功德乃极圆净常遍色身，即四智品一切实德以为体性，虽亦有

(注一)七七页《四智三身》——《对述》卷一云：「自性身以诸如来真净法界受用变化所依为体，具足无边真常功德。虽亦说镜智为

云：「即∧安慧∨宗，唯自性证故。」

力故，今果亦尔者，由因中无妄熏习，果中见相亦无妄执也。此等皆不正义。」《学》卷八分。余人不证不可言性故，故见相皆执。故云：言无见相者，依余有情说。由往因中熏习云：「此第三师中有二解，第一解可知。第二解谓佛有见分，以佛证不可言性故，有见相真如非妄习生，应非唯识，唯识之实性，故言唯识，故除识性，无别有法。」《义演》卷廿六即不尔，见相皆执，不证不可言境故，今此依余说，故言无别，或佛不现，余人自见，若尔，自在了妄执故，设变见相皆非所执，由往因中熏习力故。今果亦尔，佛证诸法不可言故，余有相见者，有法执故。佛似见相净秽土等。不作二解，故非所执余作二解，故是所执。又佛一识性，由前妄熏习力似多分生，似有相见，即佛后得智无别相见分，有漏善心，因后得智有法。此中识言，亦说心所，心与心所定相应故。」《述》卷廿云：「此师不许有相见义。唯

C——《论》云：「或相分等皆识为性，由熏习力，似多分生，真如亦是识之实性，故除识性，无别心，实有亦是外。」《学》卷八云：「三藏存此释。」

……所执之心，亦是心外法者，意云执他心实有者，亦是心外有法，即非但境是外，若执他

（考《华》卷三注二之八。》）其往因，名之为报。本觉显照名为智慧。理体无二，故名如如。《华严》明十佛，所谓安住佛世间成正觉佛无著见；願佛出生见；业报佛深信见；住持佛随顺见；涅槃佛深入见；法界佛普至见；心佛安住见；三昧佛无量无依见；本性佛明了见；随乐佛普五授见。又佛总具十身，一、众生身；二、因土身；三、业报身；四、声闻身；五、缘觉身，菩萨身、如来身、智身、法身、虚空身。若别依五教随教不定，一、小乘教有二身佛；一生身、二法身。二、大乘初教有三身佛，谓法身、应身，化身。三、终教有四身佛，谓理性身、法身、报身、化身。四顿教唯一佛身谓实性佛。五一乘圆教有十身佛，又约性成佛，五教差别不同；小乘唯悉达一人为佛性，初教半成半不成，以有性无性分故为佛；终教凡有心者，当作佛除草木等；顿教无佛无性，离言说相为佛；圆教无所不有佛性，以三种世间皆是为佛，则心外心境无非佛矣。又约心成佛；小乘以善心修所得为佛，初教心性为佛，终教以心相性泯为佛，顿教以心本不生为佛，圆教以心无碍无尽为佛。」（按《大智论》仅说二身：一、法性身；二、化身，又名随世间身。法性身常遍亦说法，唯十住菩萨得闻，则自受用身也。）

（注四）五六页《本识与因缘》——《宗镜》卷四八云：「熏者资熏，系发之义，生者生起，从因生出之义。本识等无力资熏系发自种而有亲生自种之义。然虽有生种之能，而自力劣，须假六七与熏方生。由是义故，本识等虽非能熏，而能生种，故与亲种得为因缘，五根尘等诸根分亦应然。此解今依因位，现行望自亲所熏种能为二缘，（因缘增上缘）唯除第八及六识中极劣无记，非能熏故。问：如前六识所变五尘相分，不能自熏新种，须假能变心缘，方能熏自种故，得为能熏，其极劣无记，亦假能变心缘，何故不为能熏？答：有为法分三品：一、上品，如七转识及相应等，一分能缘虑故，力最强，悉有力自熏。二、中品如五尘相分等，虽有熏力而力稍微。假心与力彼方自熏。三、下品即极劣无记一向无力，故非能熏，本识等类亦复如是，由是义故，今正解者第八识聚，及此所变异熟五根相分，并异熟浮根等及异熟前六识等，并无能熏，以其极劣无非能熏故，从本有旧种所生，其长养五根及此浮根及等流五尘等相分，前六识所变者，皆可各有新本二种。」

（注五）六十《所缘缘明》——《瑜》序云：「带有二义，挟带变带。相有二义：体相相状。所缘二义：一亲二疏。挟带体相名亲。相分逼见无别间隔故。有四句别：一体挟体。为内二分更互相缘。二用挟用，心与心所缘自相分，三体挟用，自证缘见。四用挟体，本智缘如，变带相状名疏所缘。托质（质即是识，实而非虚，心外无境，而不遮识。）一、变相，质为相隔故得疏名。八识则他质变自，他佛身土八识因位，托他本质变自相分，果位他佛身土皆有疏缘）七识则九漏仗八，后得缘如（有漏七仗八变影，无漏七后得缘如，皆有疏缘。六识则仗质为疏，不仗非疏。五识则未转依位依根互根，（五识因位之各自依根及其五根互用皆有疏缘。果位则无。）又有异义，四句之中心缘自相非挟带。六识之内，不仗质缘，容变带有。」文简明，故录之。

（续注二）《三习诸门》——《深密疏》卷十一云：「一切种即三习气，第八识摄三种习气结生相续。三种之三科出体，名言习气。三科中以一分五蕴十二处十八界以为自性，除无漏种，种随所生同蕴摄故。我见习气五云中行云一分所摄处界中法处法界少分为体。有支习气，五云中色行二蕴，以身语业是色蕴，意业行云摄故。处界门中色声处，法处色，声法界一分为体。法数出体者名言百法门中通用百法种为体，形像百法皆熏种故。我见用别境中慧及本惑中萨见为性，有支以十一色中色声及心所中思为体，言、生果，有二：一依《成唯识》通约诸法以明生果，名言通生百法，而差别者九十四法，本质及影皆名言生，无为本影不同，本质六，不从种生，圆成无为无生义故。影像又从名言种生，依他无为据实有为，托因生故，我见习能生自他身中百法差别。有支习能生百法善恶趣别。无为准前，不相应虽假，从实说从因缘生。二、体《摄》就十一识以辨生果，为《注一》说。」

《瑜伽师地论》卷《六五》

（注六）法藏释依他——《密严疏三》云：「依他者，依分别（计执性）他谓得有故，良以大乘一切诸法以心所作，所作诸法不离于心，以心为体，若无妄心，生死之中依他起性不能自起，故诸经中说十二缘为依他性。十二因缘无明为初，故知依他，依遍计他。又经言梦等八喻喻依他性，若无梦心，梦境不现。依梦有境，明知依他分别有。又人说言清净依他，此净依他与其正智为同为异。若言同者，即圆成收，非是依他。（按此恐非理。）若言异者，即从无明，方有余处，即知不清。若不从无明故言净者，何处经云十二缘法明为缘有。故知清净依他性者，浪言无理。……依他起体，义有两重：一者从本建立诸法，谓从无明乃至显识。显识心中见相二分。一时分出，所见相依无明等遍计性故名依他性。于此义中见相二分，皆是依他。二者观行除障，入理建立三性，于此中但立所取相分为体，良以能取见分心者，不知自共相分尘故，执为心外实有诸法。然意识心所执本质尘者是显识作非意作故，观行者达无实时，似有相分，犹有非无，据此行义。世间迷徒，说依他起，是有不无。」（按，显识心中见相二分者，谓「妄心中显识已前无差别相，流至显识，忽现见相，以后渐现种种诸法。如是诸法以显识，故言同体。」）

《瑜伽师地论》卷《六三》

（注七）《变易生死》——《鬘》云：「不思议变易死者，谓阿罗汉，辟支佛、大力菩萨意生身，乃至究竟无上菩提。」《述》卷二云：「谓阿罗汉，辟支佛大力菩萨意生身，乃至涅槃常受此身，于中不断。三种意成身，但转本形，非新生。」又《述四》云：「分段名有为生死，变易名无为生死。据无漏法，不为业烦恼为故。若烦恼障尽所得真理名有余涅槃，具出一切障尽名无余。」又《经》云：「一切如来灭一切意生身。」

《五住地》——《鬘》云：「烦恼有二谓住地烦恼及起烦恼。」按《述》卷二云：「住地有五：所知障总立无明住地，烦恼障中分成见修见道以见为首，发业迷理是增，以一时断，但是分别，总立名见一处住地，修道迷别事生，断复前后，复要须数，宜为此约界分成三种，欲色二界，自界得名。曰欲爱住地，色爱住地。无色界曰：有爱住地。此四住地力，一切上烦恼依种，比无明住地，算数譬喻所不能及。此无明住地，恒沙等数上烦恼依，亦令四种烦恼久住，阿罗汉，辟支佛智所不能断。」此中有爱等四住地能发业而生，通不善故。其所知障以非发法，发润唯有覆故，但能发有覆无覆二业，不能发不善之业，故说不同。」若无明住地断者，过恒沙等如来菩提智所应断法，皆亦随断。（『』者终文。）」

（续注一）七七页

《三身别名》——《金光疏》卷六云：「化身五名，一名化身，《梁摄论》；二名父母生身，《智论》；三名随世间身，《智论》；四但名生身，《涅槃》；五名假名身，《梁摄》。应身六名：一名应身，二名受用身，三名报身，《十地论》；四名智慧佛，《楞伽》；五名功德佛，亦《楞伽》；六名法性生身，《智论》。法身五名，一、法身；二、自性身；三、真实身，《梁摄》；四、如如佛，《楞伽》；五、法佛。」

《三身四门》——又云：「若智（如如智，即四智品。）理（如如即自性法身。）二合名法身，即相性合论门，若唯取如名法身者即性相别论门，若自受用是应身摄，即是假实自他受用二合论门，若应唯他受用身即假实别论门。」（更考同书卷八。）

《三身假实》——《金光明》云：「前二种身是假名有，此第三身是真实有，为前二身而作根本。」《疏》卷七云：「若法身并摄智，即辨变化身及他受用是假名佛是变化起，以如为本，从智变起故，与前二而作根本，若依法身唯摄如如，如如是本，不从他起，故得名实，应依法起，化依应起，故前二身俱是假有。」

境现分明照了名无障碍，不执不计名无相亦无分别。妙用难测名不思议，非不现影。无执计故。言无能所取等相，非余似境缘境相，以无漏心说名无相无分别故。又说缘境不思义故。有义，真实无漏心品亦有相分，诸心心法，法尔似境显现名缘，由似证分通照见分证自证分。证自证分照自证分故，亦定有，相分不定。有义，真实无漏心品无障碍故。亲照前镜，无逐心变似前能照他，亦能自照，非如刀等。然此就粗相诸心心法各有相见二分而说。若四分说，四智相应心品，定有见分照所照境，有自

《四智与四分》——又云：「《集量论》云：诸心心法皆证自体名为现量，故诸心心法虽有胜劣皆能外缘，内证自体，如光明既摄一切佛地。无漏心及心法若俱有法。若所变现品类差别。清净法界摄真如上诸相功德，如是五法具摄一切佛地功德。」

摄在清净法界镜智。波罗密多若是无漏，若似有漏多分摄在后二智中，诸相随好多分摄在成智，其余随应摄入可智，如是四智平智，觉支道支，多分摄在平智。苦等十智真无漏者，多分摄在大智平智，无忘失法多分摄在镜智，永断一切习气，相续多分中有四智所摄。若说彼缘漏尽涅槃，多分摄在镜智平智。第七遍行，行智力者，四智所摄。慧等诸根，慧等诸力，多分摄在镜智门无诤愿智通无碍解，十八不共佛法，力无畏等多分摄在妙智。神境智通，多分摄在成智。漏尽智通漏尽智力。若说漏尽相续品具摄一切功德法门。若就粗相，妙智摄四念住，平等摄四正断及四断。又四如意足及余静虑解脱等持等至陀罗尼门，三摩地《七四页》德，皆是真如体相差别。有为功德四智所摄。无漏□位中智用强故。以智名显一切种心心所有法及彼品类，若就实义，一一智

（注九）《四智所摄功德》——《佛地论》卷三云：「无边功德，略有二：一无为，二有为，无为功德净法界摄。净法界即是真如。无为功

唯内境相为所缘缘。理善成立。」（考（四七卷《内境》、《瑜伽师地论》五二卷《俱有依》、《瑜伽师地论》五九卷《所缘缘》。）

至成熟位，生现识上，五内境色，此内境色，复能引起异熟识上五根功能。根境二色，与识一异或非一异，随乐应说，如是诸识识理无别故。在识在余虽不可说而外诸法理非有故。定因许此在识非余。此根功能与前境色，从无始际展转为因，谓此功能，如何亦说眼等为缘？识上色功能名五根应理。功能与境色，无始互为因。以能发识，比知有根，此但功能，非外，所造。功能发彼有无相随，虽俱时生，而亦得有因果相故。或前识相为后识缘，引本识中生似自果功能令起不违理故。若五识生惟缘内色，能作识缘？决定相随故，俱时亦作缘，或前为后缘，引彼功能故。境相与识定相随故，虽俱时起亦作识缘。因明者说，若此与能生识故。外境虽无，而有内识，似外境现，为所缘缘，许眼等识带彼相起及从彼生，具二义故。此内境相既不离识，如何俱起

（注八）《内境》——奘译《观所缘缘论》云：「彼所缘缘，岂全不有？非全不有，若尔云何？内色如外现，为识所缘缘，许彼相在识，及

他起智断染故得应身由智生时能断障漏故，能净证圆成实性显得法身。」

《三身与三性》——《舍疏》卷七云：「由悟遍计所执相得化身，由有所执我相当情不达境空故不能得现变化身。修净依

集》应身是自利者，据自受用名应身说。《成唯识》据彼应身通二受用故，成二利各据一义俱不相违。」

利他据他受用名为应佛，故俱利他。此经如如同《无上依》，如如智利他据平等性及成事智起他受用变化二佛身故。《杂

何故如是不同？解：《杂集》、《唯识》，自性法身通二利，据尽理论。《无上依》等据自性法身正用而说，云是自利，应化

《唯识》尔然，自性法身唯自利，亦兼利他，自受用唯自利。二《无上依》及《宝性论》法身是自利，应化是利他。三、此经，

《三身二利》——经云：「自利益者是法如如，利益他者是如如智。」《疏》卷七云：「一、《杂集》云：自他二利所所依止。

实智；三、化身即应物之权质。」简明大好。

《窥基无垢称疏》卷一云：「诸佛之身本来无二，随众所宜闻见乃分三种：一、法身，即离妄之真理；二、报身即会真之句，常无常别，三身多名，亦应考。此略）」

化身。《地论》《法华论》菩提留支出，《摄论》真谛翻，而皆天亲之作。明异有义或当译人不体其义。……（自本迹开合四名如来藏，显名法身。此二皆名法身，就应身中自开为二；化菩萨名报身，化二乘名化身。或化地上名报身，化地前名知见三界之相无有生死名法身佛。《法华论》明三身者以佛性为法身，修行显佛性为报佛。化众生义为化身。《摄论》隐

（续注一）七七页《大乘玄论》卷三云：「《地论》（原作法华论）云：王宫现生伽耶成佛名化佛。久已成佛乃至复倍上数，故名报佛。如实穷常无起常，恒在常湛然常，无变常，可考。）」

波罗密。……由一阐提憎背大乘，为翻彼乐住生死不净故修菩萨信乐大乘法得净彼罗密。《涅槃偈论》有五常义，谓无约佛性常等四德，此四无倒还成颠倒。为对此倒是故安立如来法身四德：一常波罗密，二乐波罗密，三我波罗密，四净

（注十）七七页《常乐我净义》——《佛性》卷二云：「为对治无常计常等四倒，故说四无倒。四无倒者：一无常、二苦、三无我、四不净。然故，然此但世俗言说道理分，非就胜义。胜义绝言虑，即无相见不可言心及心法等，离诸戏论不可思议。」

不应言五识上无似极微相非所缘。如是境相同，无漏心无漏种起，虽有相似有漏法者然非有漏。如有漏心似无漏相，非无漏智相应心品有分别故，所缘境界或离体故，如有漏心似境相现分明缘照。若无漏心缘离体境无似彼相而得缘者。《观所缘论》照义用。不尔，诸佛不应现身土等。有义，无漏无分别智相应心品无分别故，所缘真如不离体故。如照自体无别相分。若后得

执（注一）

1、执我体常周遍量同虚空随处造业受苦乐故！《识述》卷一云：「此谓数论、胜论等计。我体常住无初后故。从过去来，未来不断，现在相续。周遍者，五趣之中体周遍故。趣趣有身，非定恒居一趣中故。量同虚空，遍十方故。又此为二：一常二遍，同空以下，释前遍义，同空是喻。数论执我体是受者，三德能作，转作法已，我受用之，名受苦乐。胜论执我，实句又摄，体能作受，故名造业受苦乐。」《学记》卷一云：「二师同计常遍一义。然数论执唯是受者，受用三德所成法故，如王自在受而不作。胜论计通作者受者，唯受不作，不自在故。」《义演》卷二云：「随处等者释同空义也。」

2、执我体虽常而量不定，随身大小有卷舒故！《识述》卷二云：「此即无惭类计，谓尼虔子，今言昵犍陀弗呾罗，译离系子。谓身若大我量便舒，若小我量便卷。」《枢要》卷二云：「彼立量云：所说之我，随身不定，身所有故，犹如影等。

3、执我体常至细，如一极微，潜转身中作事业故！《识述》卷一云：「以我量小如一极微，有自在用，小轻利故，潜转身中显胜自在所栖隐处，作诸事业，显我胜用，能为作者，此即兽主、遍出等计。

（注一）《演秘》引《广百论》第三云：「一类外道」执我周遍于一切处受苦乐故。我无形质亦无动作，不可随身往来生死，故知内我遍于一切。又「一类外道」作如是言，我若周遍如虚空者，不应随身受诸苦乐，如空界无所往来，其性湛然，非作受者，是故我性应如色等随所依身形量不定，虽无形碍而有所依，转变随身受诸苦乐，虽依形质有卷舒，而我体性无生无灭，如油浮水随水广狭，虽有卷舒而无增减。又「一类外道」言若我体性随形量者，即应如身有分有变。又汝执我随所依身似水依堤是则此我如彼水油既变既易，或非常一，引此为喻，而言我体为常为一，与理相违。故我体住于身内，形量极细如一极微，不可分析。体常无变，动虑动身，能作能受。」

破

1、《论》云：「执我常遍，量同虚空，应不随身受苦乐等（《述》卷一曰：破数论），又常遍故，应无动转，如何随身能造诸业（《述》卷一曰：此破衡世我作者也。此师之我虽亦受者，对彼僧佉但破作者。）又所执我，一切有情为同为异。若言同者，一作业时一切应作；一受果时，一切应受；一得解脱时，一切应解脱，便成大过，（《述》卷一云：内真如既非是我，又无系属，亦不作受，故无不定，反诘过失。）若言异者，诸有情我体更相遍故，体应相杂。又一作业一受果时，与一切我处无别故，应名一切所作所受若谓作受，各有所属，无斯过者，理亦不然。业果及身与诸我合，属此非彼不应理故。一解脱时一切应解脱，所作证法，一切我合故。」《义演》卷一云：「业谓三业，果谓四蕴，身谓色身。又云：身者即自他别身也。」

2、《论》云：「我体常住，不应随身而有舒卷。既有舒卷，如橐籥风，应非常住，又我随身，应可分析，如何可执我体一耶？」

3、《论》云：「我量至小如一极微，如何能令大身遍动，若谓虽小而速巡身如旋火轮似遍动者，则所破我非一非常，诸有往来非常一故。」《述》曰：「此中破三种我，并同广论第二、三卷说。」

执（注三）

4、即蕴——《述》卷一曰：「如瑜伽等四种计中，此即第一有计我体即是蕴二十句等，世间异生皆为此计。」《蕴》卷一云：「二十句者五蕴各四，色蕴四者，谓色是我，我有色，色属我。我在色中生。初一是我，后三我所，余亦尔。」

5、离蕴——《述》卷一云：「即体非蕴，前说三计皆是此摄。离者异义，体异名离。不尔，摄计便为不尽。《瑜伽》卷四计，即彼后三，虽住蕴中或住蕴外，或不住蕴，亦非蕴外，并离蕴计。」《蕴》卷一云：「前说三计皆是此摄者，问僧佉以思为我。思即行蕴，如何言离蕴。若谓虽计思为我，而不立为行蕴，故离蕴收者，如外道计二十句等彼不立蕴，名自

注二 诸我执及破释（一）

佛法谈之仍名即蕴，此亦应尔。……数论所计之思是常、遍、同虚空，与行蕴中思，相貌全别，故非即蕴。」《义演》卷二云：「不尔摄计便为不尽者，且如离字，但摄得蕴外之我，然不隔得蕴内之我，以蕴内收计我虽非是蕴，然住蕴中，故言不尽。若言异者，即摄尽。五蕴中我与蕴异故。」《演秘》卷一引《广百论》第三云：「数论外道计思即是我，其性常住，而自言思我离心心所别有自体。如是思我离心心所别有体相，难可了知。故知思我非即心所是离蕴摄。」

6、与蕴非即非离——《述》一云：「犊子部计，正量部等亦作此计，经部本计我亦非离蕴。然萨婆多等叙外道计无离蕴者，大乘说有。此据影相分为论，必须有故，所缘缘体非无法故。非据本质。本质诸蕴或复无故，然今大乘影像而言缘无心不生，本质而说缘，无心亦起，萨婆多说，缘有心生，无即不起，经部师说缘无心得生，不要于有。大乘一念，即俱得缘。独无不生，俱无得起，故三宗别。」

破

4、《论》云：「初即蕴我，理且不然，我应如蕴非常一故，又内诸色定非实我，如外诸色有质碍故。心心所法亦非实我，不恒相续，待众缘故。余行余色亦非实我，如虚空等。非觉性故。」《述》卷一云：「又等下别破二十句中五别计我。根及属色皆名内色，唯破内色我，非计外我者。以外色无作受用故。觉者觉察心心所总名，心所外余行外处，及无表色亦非实我。」《义演》卷一云：「根及属色者，扶根尘名为属色，属于根故。」

5、《论》云：「中离蕴我，理亦不然，应如虚空无作受故。」

6、《论》云：「不俱非我，理亦不然，许依蕴立非即离蕴，应如瓶等非实我故。又既不可说有为无为，亦应不可说是我非我。」《述》卷二云：「破犊子等也，彼宗计我与所依蕴不即不离，然别有体，非常无常，如俱舍论二九卷叙难依义，今解依者，依止蕴上施设不即离故。量云汝所执我应非实我，许依蕴立，非即离故，如瓶盆等。此中法应非实我，简别真义，真如依蕴亦不即离，故无不定。彼计瓶等，依于四尘蕴等而立。然与四尘不即不离，故以为喻。又彼立五法藏三世无为及不可说，彼计此我非常无常，不可说是有为无为也。今者论主直以我非我而为例也。应立量云：汝所执我，应不可说是我，许不可说是有为无为故。如龟毛等。……今破是我兼说非我。」《义演》卷二云：「犊子部宗立五法藏，所谓三世为三，无为第四，不可说第五，然不可说者即是真我，谓彼真我不可说是有为无为也。不可说是有为不是无常。不可说是无为复非是常。」《蕴》卷一云：「然别有体非常无常者，若别有体，如何得言不即不离，复与大论第四何别？答：虽别有体，体与其蕴非即非离，彼论第四虽言即蕴，蕴与其体而即有异，故不同也。」

执我差别上二总破

a、有思虑无思虑破——《论》云：「所执实我体，若有思虑，应是无常，非一切时有思虑故。若无思虑应如虚空，不能作业，亦不受果，故所执我理俱不成。」《述》卷二云：「有思虑者，问僧佉，彼说神我体是思故，无思虑者问吠世等，然僧佉计神我体性常住，除自性外二十三谛。体性虽常，仍有转变无常之相，今难彼我，亦应同彼二十三谛体性俱应转变无常。」

b、有作用无作用破——《论》云：「若有作用，如手足等，应是无常，若无作用，如兔角等，应非实我，故所执我二俱不成。」《述》二云：「诸师作受，计各不同作用，而言作受作用并计是有。……若数论师无作者用，亦各无用，若动转作用势用作用，数胜俱无，十句说故。……无有一师计我无用，然破无动作势用之用故等为难。」《义演》卷二云：「僧佉计我受者之用，非作者之用，胜论计我有作者用受者用也，作受虽复不同，而皆有用，故合破焉。」

」（按《述》卷二破无用言，立义勉强。）

c、我见境非我见境破——《论》云：「所执实我若非我见所缘境者，云何知实有我，若是我境见所缘境者，应有我见非颠倒摄，如实知故。若尔，如何执有我者，所信至教皆毁我见，称赞无我。」《述》卷二云：「破本计非我见所缘，量云：汝所执我应非是我，许非我见之所缘故，如色声等。又此量意云：汝能缘我心心所法，应不知我，非我见故，如缘余心，文虽无救，以理为之。如缘真如心心所法，虽不定作真如之解，得成缘如缘我之心亦尔。缘如之心虽不作如解，真如仍名如心缘，我见虽不作我解，其我应名我见缘，故为此解，助破彼失。」《学记》卷一云：「虽有真如作有如解，还为法执。然所计我实有体性，不同真如离有无性，故彼宗义，心境相违。」《演秘》卷一云：「不作如解等者，无分别智虽复不作真如之解，仍唤真如缘，真如心缘，汝我应尔，然彼本许不许也。」

d、我非我见境我见不缘破——《论》云：「又诸我见，不缘实我，有所缘故，如缘余心，我见所缘，定非实我，是所缘故，如所余法，是故我见不缘实我，但缘内识变现诸蕴，随自妄情种种计度。」《述》卷二云：「应立量云：汝缘我之见，不缘于实我，有所缘故，如缘我外色等之心，……如瑜伽显扬十六大论，皆缘影像自心相分为所缘缘，无有一我是相分者，故是但缘识所变蕴，蕴各别故，故言诸蕴，即计此蕴种种计度，故与小乘所说有异。」《义演》卷二云：「小乘所说有异者，大乘依蕴实我即蕴，我皆不离识。小乘说依蕴计我者，执离识实有蕴等也。」《演秘》卷云：「二论明十六种大外道论所缘皆是自心相分，若有一我体是相分我体可得名为所缘，见缘于我既无其戒体是相分故知我体不是所缘见亦不缘我为其境。」

执

7（考破法执（一）注六）

7、俱生我执——《论》云：「俱生我执，无始时来，虚妄熏习内因力故，恒与身俱，不待邪教及邪分别，任运而转，所名俱生，此后二种：一常相续，在第七识缘第八识，起自心相执为实我。二有间断，在第六识，缘识所变五取蕴相，或总或别，起自心相，执为实我，此二我执，细故难断，后修行道中，数数修习胜生空观（《广百释》卷二云：「修习胜无我观。」）方能除灭。《述》二云：「起自心相者，显缘第八不亲著也。未得无漏，第七识中我执恒起，缘恒具故，非如第六识中执。何故相续唯在第七？略有二义：一缘少故，谓眼、耳、鼻等等意七八识，或九八七五四三缘少故。若加等无间及俱有增上，即更增之。所藉缘少，故第七恒续我执非余。二由行相、深及相续故。第八续而不深。第六深而不续，五识不深不续，第七具有，故唯第七非余。此第七识本质，即以第八为境，由似一常，似实我相，故缘第八、七我恒行影像相中亦无实我，唯似第八是第七识自心之相若从见说名染无记。若从本说，名净无记。以许染净故，杂种所生，执此自心所变之相，以为常一，不称境故，名为执也。不称本质名为执者，五识亦应名为有执，此约影像依他为相，若约所执，当情显现，亦名为相，缘第八者，即是本质。……第六行相深远，亦复间断，第七深而不断，五识断而不深，第八不深不断，故此我执唯六识中，缘蕴总别者，总缘五蕴，为我名总，则应知。非二十句等，别我见也。二十句见唯分别故，第七识中唯缘别识蕴，行相常定，我见一类，不可论其此总此别，故与此殊。第七唯托第八为相，举其本质言起自心相，此中所言五取蕴相或总或别者，是第六本质起息相者，是影像相，显缘不著，妄生我解，又第六本质，非定一法，非定一法，故不别言，其实亦有，非无本质是俱生故，故此所言五取蕴等，皆起影相。……《十地》云：远随现行亦有缘第八识也。皆起影像者，五取蕴由识所变是影像又托以为本质起自心相，复是影像，故云皆是影像也。远随故第七缘第八？今时第六不言别缘第八？答：以第六所缘本质非定是一法，通其总别，所以不别言缘第八也。其意可尔，通缘十八界故。显缘不著者，即不称境名不著，由不称影像，妄生我解，故不别言者，意云此通外难，难云：何蕴。然受想思三蕴，即为自证分变起见分或同时心王变皆得，今说七识共变五取蕴，非是二识而能变五取蕴也。第六缘识所变五取蕴相者，即第六识中我执缘之妄执为我也。一如五八识能变色蕴，余七识之自证分变起见分，并名识即是遍计所执相也。即非但依他名相，遍计虽无体，亦得名相也。故知不称相分名为有执，而不要不称质名为执也。难云：若言第七不称第八本质名有执者，即五识七不约不称本质说有质也。然约影像说。若于影像妄执当情现者，八识相现，然非实我，是依他起相故。若执作我解者，是遍计所执相，故二相有别，不称本质名为执者，意云，种外难。犹如束芦，互相依住，必同时也。影像相中亦无实我者，意云第七挟第七为质时，变起影像相分，在第七识上，但以第谓种子，作意，所缘境。言等无间俱有增上者意说若望诸识随缘更加之，若据第七识以第八识为俱有增上。第八七识七各具四缘生。此中言第七具三缘者，据实同第八具四缘，今将第八根本依即是所缘境所以合说但言三缘，三缘者位不行，余云时恒起。一缘少故至更增之者，谓第七具缘最少故恒行。眼耳具九八缘，鼻舌身具七缘，意识具五缘，八演》卷二云：「内因力生者，藉自种生也。非如第七识中执者，五位无心不起故，第七不尔，故名恒具，唯阿罗汉等三三乘，二以行相而说，其实菩萨亦法空断。胜生空者，简异有漏及游观生空心断，彼不能故。此说无间非解脱道。」《义断以作二解。又能所治以分粗细。九品中从所治行相名细，三品中从能治行相名细，亦不相违。唯言生空断者，一通细亦难断，如九品中下下品等。此中所说二我执故，三心约难易以分粗细，九品约行相以分粗细，理不相违，此显所不相违，以界第九品断名细，品类细故。有难断不名细，即三心中第二三品，有名细非难断，即三心中初中品等，有名断名细？若言品类粗细，初断为粗，难易粗细，先断名细，此中言品类，修道下品名细，三心约难易，故初断名细，亦断。三乘修道，道数数修方能除灭，非数数断。此中二执，行微名细，何故三心初

数断，菩萨数数粗其粗重。名数数断，其种子等，道数数修，非断数数，以十地中皆不断故。第七识执要金刚心方能顿方断顿尽，故言数数修道方能除断。又总而论，六七道数修断，有数数不数数义。二乘断彼第六识执种子，非习能数竟尽。第七识中。二乘入无漏心方暂伏灭，金刚心方断尽。菩萨七地以前入无漏心能伏，八地以上方永不行，金刚心识中，二乘入圣道暂伏灭。要离自地欲尽方断，于金刚心方究竟尽。菩萨初地暂能伏灭，四地永不行，金刚心位方究然，不障他故，无超越故。然初二果不能断之。有覆无记第九品故。断有二种：一、断种，二、伏灭。今论断种，第六道数数修，若数断者，断道俱数。于二乘中渐次行者，故唯修断，若顿悟者，亦通见断。先世间道，伴已伏故，菩萨不二、乘分别，第六识者二乘数断，非菩萨断六识中。三、习分别。若菩萨数断习非种子，若二乘种数断非习。不数断者，难断。初简修道不相应惑。第二简见道一切。第三显自行相细，胜道方除，故唯修断。一、识分别，第六数断非第七。故，不作意缘故，是俱生义，故名为细，一非世道伏，二非初道断（见道），三非地未满修道能断要第九胜道方断故言

若是本质如何但说缘识所变者？意云第六识中俱生我见，既缘五取蕴本质起者，如何今言缘识所变耶？此即疏缘也。相见二分，即此二分名五取蕴。然第六识及俱生我见，托为本质，境后变起由（自？）相分为影像相境而异妄作我解。前执应说变言前既，但言缘第八识，此亦但应五取蕴。（《释》云：除第六识余七识变者，意设余七识，各各自证分变起能变之识，说所变言依相见故实理亲缘，唯所变相。若依本质亦缘能变此随相显说所变言，实亦不应言识所变，不尔，识余七识变。第六所变自亲相分下文别说起自心相执为我故。问：若是本质，如何但说缘识所变？答：理实亦因余第七唯缘一法，故彼举质也。不相应惑者，谓即俱生独头贪等。」《演秘》卷二云：「论缘识所变五取蕴者，有义除第六解为胜。第六本质至实亦有者，第六所缘唯言五取蕴相不别言本质者，由第六所缘有多种法故。不可一一别言，非如相也。以第六识缘彼诸识相见分等计为我故。问：既通见分，即是能变，何名识所变耶？答：自证变故，种所生故，后影像，我相今言相者体义是五蕴之体相，非是第八相分名相也。又解识所变者，除六余七也，取蕴相者，能所缘相俱名种子识生四蕴现行亦名第八所变是因变故。问：四蕴既非第八影像何名蕴相？答：如下论云邪教所说蕴相我相，是问：第八所变色可尔？余之四蕴第八不缘如何称变？既无变义，亦不得言五取蕴相。答：今言变者，非谓八缘从彼是第六本质，起自心相者是影像相，既言第六本质故论言缘识所变五取蕴，即是第六意识缘第八识所变五取蕴相也。缘相分何不名称？答：六七相分非我而执为我，故名不称。既不缘著质义，即与不缘本质同故，五取蕴相或总或别者见俱时心心所等皆名为执，不说于余故不相似，不称本质至五识亦应有执者，五识不缘著外故云不称。若尔，六七亲（？）执，唯见得名沉溺执著，余亦名执。问若言余心心所皆有执，即安慧五八等执应为正义？答：不然。今此意明我王（三？）所，执者著义，诸心心所皆有执著，见是慧义故不通摄，摄我法中，见为其首，余处偏说亦不相违，又深取名果顿断成佛。」《蕴》卷一云：「疏云：言我执者，显非唯见，心心所法皆执故者，谓我见唯，身见别境慧摄，今言执者通覆无记性。第七识执至非数数断者，此约二乘道数数修，断不数数，要至第九金刚心方顿断除成无学果。菩萨要至佛（？）第九品故者，谓初二果人根钝智微，不能世道伏入见道不断，要至欲界第九品胜进道方断第六识中我见，然是有见道时与见道惑于一观一时能断证第三果，何以故？欲界烦恼皆断尽故。或伴者，即前八品我见之伴也。初二果人至断俱生我见？答：且如超初二果直证第三果者能断也，谓此人前于世道六行伏此我见之相应惑，或伴已满伏已入，萨二乘五有不断。若数断者断道俱数者，二乘人，道数数修，种数数断，若菩萨人，道数数修，习气数数断。如何见道能于六识中，意显菩萨不断第六识中执也。不障地故，菩萨求菩提非求涅槃，我见等障涅槃，所以不断。不数断者，谓菩七中非数断者，第七识执，总有一品，其体微细，要与第九品烦恼一时顿断障无学果，未障前三果，所以不断。非菩萨见道一切者，所有分别惑见道能断，俱生我见不尔。显行相者，即如上引《十地》二义解。二乘人第六识中执即数断，第我见，欲界地然，上八地亦尔。简修道不相应惑者，欲界修惑有二：一与我见等相惑，二不相应。不相应者世道能伏简我见，若九品总断尽方名地满，若断前六七八品已来，总名未满。虽有修道起，不能断我见，要在主欲界第九品时方断人皆不能断故菩萨十地之中皆不断故。此显俱义，不作意缘者显生义。非地非满等者，谓欲界九品烦恼。第九品是其现行者，有二解：一云此俱生我执，无始时来，随逐有情任运现行，不由邪师等之所引起故。二云此二我执声闻初二果

诸我执及破释（二）

但说世出世道断迷事惑不除迷理，复不可说迷理真见除迷事惑，相见断亦不得说相见道后别起道断。」（余如五三注六，六俱生对，此任运起故。三、见修对，此唯修断故。四、上下道对，唯上道断故。……有言相见道断者，不应正理。瑜伽之……言细故难断者细有四义：一、品类对，九品之中第九品摄望余迷事，此同第九若自类言，言有九品。二、分别亦同。四、总别地地各九品别断，有后得不断惑失。五、总别各于自地第九品断，此正无失故。修断数不数准知说即有却断下失。二、总者如第一，别者地地九品断，此有二过：若总却断下失，若别后得不断惑失。三、翻第二释，过非见断总有五释如《枢要》辩，又约总别缘蕴生者，次第得果断之差别，亦作五释：一、若总别皆非想第九品断，若尔言亦者以相分亦本质，无有无相计为我者，故言起自心相亦有非无本质者，故言缘五取蕴……又第六识俱生我执见断非种。（《记》云：菩萨不断烦恼。）」《义灯》卷三云：「其实亦有非无本质是俱生故，故此所言五取蕴等皆起影像数数断（《记》云：即道数数，断非数数，应言数数修道，后方顿断。）其超越第四果人第六识执道数数修，断非数数，一品断故，次第得果，一地而论前八道数数修身见第九品除断非数数，若总九地而论，道断俱数数，若回心已唯习数若为一品断但缺有顶，即能断尽，前义为正。三十四念等要伏九品故。第七要缺有顶第九方能断尽。由此难断故，非缺有顶，缺前八品，三界我执而不能断，渐次得果非想地中有二义说，若为九品断前八道亦不除之，自地第九品故，二品即我执。第四解是。）超越第四果顿取二果者（《记》云：超第四果者，即超中二，顿取二果者，即罗汉辟支。）虽惑一切已伏，皆可超位，上欲界俱生我执，一时断惑，残有顶为九品断，我执于第九品证无学时断，余断故。唯二品，二三解，道断俱数数，依第四解，先离无所有处已下欲，超得第三后成无学唯二品断。（《记》云：依第解等者，此说修无间见修惑双断。虽先世道不伏我执，由意影胜入见道位，伏与不伏一念俱断。依第一解道数数修，断不数数，依次四、超得果时，从相见道即入修道无间解脱断修惑得果不起加行，无容别起加行道故。五、超得果时即一刹那真见道说初果非超越故。（《记》云：不出相见道观心，亦不别起胜道，但以相见道心断其修惑立第三果，诸处下难第二解。）观别起胜道加行等道断修道惑得第三果。诸处但说第十六心已知根摄而建立果，何故此中后起修道断惑得果？彼更起唯修道行相，断欲俱生，立第二果，总合为一位，故言得果位，彼以下难第一解。）三、超得果时相见道后更不出果后别起道断，彼既不障果，何名彼地惑如第七识执，此亦何违？（《记》云：超得果位之时虽已断分别或不立初果，四若超越第三果人第六识执于中有五：一是道不能断超得果后而亦不断，要至金刚心与第七识执一时断。二超得七，见缘当生下属第六。）起自心相有二解：一云即影像相，二云即所执相，虽无实体，当情现故。难断疏有三解今第系？不随种润生见缘当生八十八文缘三界法？（《记》云：「随等但解地系总答七六二识不同所由，不随种润生属第《枢要》卷二云：「七识所缘第八与见要同一系任运缘故。六任运缘，何故即总或别？或同地不同地系？随所缘现行其实亦有者有本质也。」

据实缘质，说所变言，据相显处说也，实亦不应言识所变者，意云据相显说所变言，其实但缘本质，不缘识所变。）疏质而能为我也。亦如第八识变起五尘，五尘本质与五识为疏所缘缘，自所变相为亲所缘缘。此随相显说所变者，意云答：意谓虽说我执缘蕴本质理实亦同余能变之识也，如何因耶？要由余七识变起五取蕴已，然后我执等方托蕴为本二注二说。）《学记》卷一云：「若说俱生唯修所断，何故《楞伽》云身见有二种，谓俱生及妄想？测云预流断俱生者，依伏断说。」（案《义灯》云初果唯断妄想身见，不断俱生。）

8、分别我执——《成唯识论》云：「分别我执亦由现在外缘力故非与身俱，要待邪教及耶（邪？）分别，然后方起，故名分别。唯在第六意识中有，此亦二种：一、缘邪教所说蕴相，起自心相，分别计度，执为实我；二缘邪所说我相起自心相分别计度，执为实我，此二我执粗故易断，初见道时观一切法生空真如（《广百释》卷二云：「圣谛现观初现行时。」）即能除灭。」《成唯识论述记》卷二云：「邪分别者，必有间断及粗猛故。第八浅而不间，五间而义浅，七二俱无，故唯在六。缘邪教等第一即即蕴计我二十句等。次乃离蕴计我，心所变相众同分摄，随其所应依何法变？或以名教而为本质起自心相。此二等下显执相粗断之所在，断见道故。道生便灭，相见道中不断之故，故论言初文真见中有无间解脱，无间道断异解脱名初，此依种子，又解脱道能断粗重亦名为初。此约一心，若三心者唯法执说，虽有三品断，望俱生者总名为粗，行相猛名为粗，初圣道除名为易断，此依二乘及行相说言生空断，菩萨亦通以法空断。」《义演》卷二云：「自心相二者谓依他及遍计，同分摄者，意云离蕴计我所变相分是法同分摄，以心上相分是法同分故，亦名为粗者。解脱道望无间道虽得名后，望修道亦得名初。」《蕴》云：「三心者唯法执说者第二心方断法执故，我执名粗也。」《枢要》卷二云：「三心见道何者初断？何者后断？二种俱通，皆有邪教邪思力故，一云邪教力起故后断，邪思力者先断，粗易断故。二云邪教力起者先断，如先续善根势薄弱故。耶（邪？）思力故后断，如续善根，地狱死时续势坚牢故。三云即蕴计等后断，细故，蕴我相似故，离蕴计先断粗猛故。四云不定九地，地地皆有粗细粗者先除，细者后断，由于一时行有粗细，断有前后，其计烦恼与此等流，随其品类说前后断。」《义灯》卷三云：「大乘既有三心见道，二乘有几？答：以义之，大乘为断二障各分二品别总断之，即立三心，以第二心但断下品分别法执，若二乘人，但有二心，唯断我执分二品故，问：二障分上下，下品二心除，而障分细粗，断细亦分二。答初道力犹劣，下品二心除，后道有胜能，故合一心断。」

释

a．释7、8二执

《成唯识论》云：「一切我执，自心外蕴，或有或无；自心内蕴，一切皆有，是故我执，皆缘无常五取蕴相，妄执为我，然诸蕴相，从缘生故，是如幻有，妄所执我横计度故，决定我有。」《成唯识论述记》卷二云：「解蕴我有无，合有三解：一七六有无，二修见有无，三即离有无，第七计我心外唯有，第六计我心外之蕴或是于无。如伏世等我无所依蕴故说为无，俱生定有，分别或无，即蕴计我，本质是有，离蕴计我，本质是无。自心内蕴等者。亲所缘也。不问即离计为我者影像必有故无少法能取少法，唯有自心还取自心故皆缘蕴。是故等者，影像相分，必有蕴故。缘此为我，显大乘亲缘于无心不生也，成所缘必有法故。」《义演》卷二云：「无有少法等者，意说无有少许实心能取外少许实法。」《义灯》卷三云：「问：何故法执通缘处界，我但缘蕴？答：法执通无为，我缘有为。又我执多一常，法执非一常故。又解依影略说，此解为正。《辩中边》说蕴处界皆为破我故知我执通缘三科。此缘蕴等据佛法谈外道不立蕴处界等。」

b、释忆识诵习恩怨等事——《成唯识论》云：「诸有情各有本识，一类相续，任持种子，与一切法更互为因，熏习力故，得有忆识等事。」《成唯识论述记》卷二云：「由第八识与一切更互为缘，宿熏习力有忆等事。互更为因等能所摄藏也。义显前作已熏种本识中，后从本识生诸识等，起忆念等。」《枢要》卷二云：「问：前心善不善熏故，后可忆，前心异熟不熏，后不忆？答：前心是能熏，有种后能忆，前心若异熟，不熏后不忆。问：前心是能熏，有因果能忆，前心若异熟，无因非忆果？答：前心是能熏，有因后能忆，未必要同性，异熟何妨忆？如前嗔心，后善心忆，异性为因，异性能忆。佛忆无始一切事故有漏宿命岂不能忆异熟心耶？但由后时熏习胜故，能忆前事，非要此因生此果故。」《记》云：「有漏宿命者，即是根，通异熟摄也。」《义灯》卷三云：「不要自熏后方能忆，何以故？以善恶心虽能熏种不废有不能忆。又佛圆镜智岂由因中曾见能熏后智起忆？若要由熏，佛不能忆，以在因中诸劣无漏一切有漏皆悉已舍，不熏成种。于此以后用何能忆？故知不由自类熏已后方能忆。但说由熏令彼增明，后起现行即便能忆，此异熟心由善恶心熏令彼忆。问：三性相间由善恶熏异熟能忆多念异熟后如何忆？答：设不能忆，亦复何过？非一切心皆能忆故，或从本有种生能忆，又如《枢要》。……今释能忆有其二位：一佛二余余有自在未自在位，未自在位有二：一现，二种。现中有四：一自体分；二想势分；三与念相应第六意识；四总聚心心所。据自后念能忆前心，偏说自证。据其分限所忆差别偏说想力。约未自在但追过去偏说，念俱分别意识尽理之言第六相应，诸心心所此总能忆。若种子者即上能熏唯除异熟所熏成种为后忆因，或第六识与念想俱相应心所所熏成种生现能忆。若得自在复有二位，谓定及散。定据有漏无漏生空唯第六识，若依法空通第七识，七随六引与彼同缘忆亦无失。若在散位诸根既许皆得互用故应五识亦缘过去或虽互用但缘现在。若在佛果，八识俱能，但由因熏果无新种，故论云由熏习力得有忆识不说各各自熏能忆。」

c、造业受果——《成唯识论》云：「诸有情心心所法，因缘力故相续无断，造业受果。」《成唯识论述记》卷二云：「心心所法因缘力等者，谓由七识熏习种子，因缘力故，阿赖耶识生于诸趣相续无断，六识造此并第八亦能受果。又心心所即第八识自体种子，因缘力故，其现行识相续无断，即此六识有时造业并与第八亦能受果。又八识等心心所法各自种子因缘力故，诸趣五蕴相续无断，即此假者六识作业六八受果，于理无违除第七识。」《义演》卷二云：「此并第八亦能受果者，此谓六识。问：六识既非总报如何能受果？答：虽非总报亦受别报苦乐界生于诸趣等者云即第八于诸趣中一期相续也，其现行等者，即第八现在中刹那刹那相续也。诸趣五等者，谓五蕴身随诸趣中无断故。」《蕴》卷一云：「前六识有异熟故能受果。」

《义灯》卷三云：「大乘八识以辩有无，前六具二，第七俱无。无记故，不作业染污故非受果，第八受果是异熟故，不作业无记故。犊子正量本经贤胄密林山等五部同说五识不能作业受果，第六并能。大众部等同说，六识并能作业受果，萨婆多等五识受果而不作业，第六俱能。此释传闻，未见正教。」

d、释生死轮回及厌苦求趣涅槃——《成唯识论》云：「身心相续，烦恼业力轮回诸趣，厌患苦故，求趣涅槃。」《成唯识论述记》卷二云：「然有似我唯蕴所摄，和合假者，身心相续诸生不断，起烦恼已复生诸趣，复生诸趣，深厌此苦，便求涅槃，故无实我。」

e、释定无实我——《成唯识论》云：「定无实我，但有诸识无始时来前生后灭，因果相续，由妄熏习，似我相现，愚者于中妄执为我。」

《外道三类》——《入楞伽注四》云：「天竺邪见，约三：一佛法外外道，如六师九十六外道是。二附佛法外道，起自犊子方广，
如常乐我净等以真如为性，圆中称我通后三种。」
谓二我余习在无学位。四随世流布我，谓诸佛等随世假称。五自在我，谓八自在等如来后得智为性，六真我，谓真

（续附二）计我六种——《宗镜》卷六十七云：「凡圣通论我有六种，一执我谓分别俱生在于凡位，二慢我。谓但俱生在有学位，三习气我
佛观萨见有五过失。初三即破初三计，后二即破第四计。」（考《瑜伽师地论》卷十六、注二之二）
提（应考《瑜伽师地论》卷八十六、56、八十一注四、八十四注十九。）我为四句，违《百论》等复无诚说未可依叙……文
世间共许，住蕴之我，兽主无惭，住异蕴法及俱不住僧佉等计。如《唯识》等广叙宗破。古德多说僧佉卫世尼乾若
者离蕴即后三计；三者与蕴非即离，或体非蕴即住蕴中亦是初计。（？待细究）犊子部等宗非四所摄。即蕴之我，
蕴非住蕴中，非异蕴中而无有蕴一切蕴法都不相应。《百论》卷二、《唯识》卷一同说有三：一者即蕴四中初计。二

（注四）即蕴等四句——《对述》卷四云：「六、六十四、《显十》执我有四：一者即蕴，二者异蕴然住蕴中，三者异蕴住离蕴法中，四者异
者，使见者。」（释义未录）——《我差别》

《计我类》

士夫。依《大般若》卷四一〇有十三，于前九中更加作者、受者、知者、见者。《大般若》四〇二卷有十七名，□□者，使受者，使知
生、四摩纳缚迦、五养育者、六补特伽罗、七命者、八生者。若依《瑜伽师地论》卷十有十。依《能断般若》有九，前八中加

（附一）《别抄》卷一云：「世亲《般若论》我有四名：一我，二众生，三命者，四众生。《瑜伽师地论》卷八十三有八名：一我，二有情，三意
欲断除谓定无我诸畏怖；四，为宣说自他成就功德及过失令起决定信解心。
我是无常相。无恒，变坏。生起老病死诸相，假立我者为四因故。一、令世间言说易故，二、随顺诸世间，三、

（附一）计我论

申正义——所言我者，唯于诸法假立为我，此不可说与诸法异不异性，勿谓此我是实有体，可彼诸法即我性相。又此假
一切时无无我觉。若由我见者，虽无实我，于我见力故，于诸行中妄计有我。

破义——异说为受者，作者及解脱者，则诸行是受者等，何须计我？设是我者，我应无常不应理。即我性自计有我者，应
转相，何须计我若不尔，即所计我无流转相而有流转止息可得不应理。若所计我为由境界所生苦乐等之所变
有染净相相应，则所执我不应理。若不尔，离染净相我有染净不应道理。若与流转相相应而有我，而诸行中流
身亦不应相属，不应理。若与染净相相应而有染净者，即于诸行中有疾疫及顺益可得，即彼诸行虽无有我而说
无有差别，而计有我是实是常，不应理。若余处者，所执我应是无为。若非蕴性者，我一切时应无染污；又我与
若世间所作以觉为因，执我所作不应理。若以我为因，先已思觉得有所作，不应理。若于蕴施设我者是我与蕴
应理。若计我觉为取现量义者，唯色等蕴是现量义。我非现量义不应理。若取比量，愚稚等未能思度，不应理。
即于所见事起萨埵觉者，不应言即于色计有萨埵，计有我者是颠倒觉。若异于所见事起有情觉者，我有形量不
用，由如是故说有我。

立宗——有我，有萨埵有命者有生者有养者有数取趣者。如是等是实是常。若无我者，不应于诸行中先起思觉得有作

（注二）《显扬论》及《瑜伽师地论》卷六、七、八十七卷等《十六异论中之计我论》

名优波提舍。」）十三云：「论议经者，是名优波提舍。佛所谓论议经及摩诃迦旃延所解修多罗，乃至像法凡夫人如法说者，亦一事，余同相事皆名已说，又如佛说心为轻躁则为已说余心数法，此与昆勒有何殊哉？」）（又《大智度论》卷三别，而广比诸事以类相从龙树立说多不全彰而常影显，彷佛毗勒矣。《成实》立论品明明说有同相论门，如说例……南方七论三法聚，二分别，三界说，四人施设，五说事，六双对，七发趣。……毗勒者，非见对色心诸所分摩呾履迦体，《集论》则是阿毗达摩体……毗昙四例，一本事例，二摄相应成就分别例，三诸门分别例，四决择谓世俗胜义乃至过患胜利是也。阿体以八门转展分别，所谓摄相应成就因缘果自相共相是也。无著《显扬》是摩呾履迦，是故释经论唯有一体，谓邬波第铄体是，宗经论有二：谓摩及阿体是。摩体以十二相显示诸法，所议如来自广分别诸法体相名摩呾履迦，三藏论藏稿别经义名阿毗达磨，然弟子自证无倒显示诸法体相，亦名贤《阿毗达磨论之研究》、宇井伯寿《印度哲学研究》、吕澂《阿毗达磨泛论》诸书。）（又《藏叙》云：十二分论也。其为大乘之阿毗昙者，实自无著之《集论》始。以今知者，大乘之独立阿毗昙，似亦只此一种。详考木村太或无著之释也，至其余三分或说摩呾理迦，或引用古摩呾理迦，皆见本论之依据，盖论文体裁义意在摩呾理迦伽师根本之学在是。第二分立义与本地分有差违，真谛《世亲传》云：无著请弥勒讲十七地经且传且释，此分境。如《论》卷三说五识生后无间意识必起，依《智论》卷八说，此入禅中方知。五分中惟本地分次第井然，或瑜间具过度形式者则《瑜伽师地论》也，本论去《智论》百余年，乃依瑜伽师一派学说而为组织，故立说仍依观小乘之阿毗昙也至若大乘之阿毗昙，则起龙树之《大智度论》，《智论》以后至于大乘阿毗昙之成历时甚久，其同，解法相章门亦合，而舍利毗昙与六分毗昙又有一分相似，因知舍利毗昙实为南北阿毗昙关合之枢机。此法藏，犊子，及大众诸部等是。南方锡兰上座分别说部实另有一类毗昙，即七论毗昙，组织形式与舍利毗昙大纯粹阿毗达磨，唯是弟子所出。如《智论》所出四类中，初二类，为有部所宗。第三类殆为余部所共，即上座之经文宣畅宗要为阿毘昙者，此昆名摩呾理迦，多是佛弟子说。又有以决择法门，分别法相为阿毗达磨者，此乃于阿毘昙藏，内容至繁，有以标释研寻解法义为阿毘达磨者。此实应名邬波第铄，即有佛说者在。又有以研究四昆勒广比诸事诸事以类相从非阿毘昙。又智论云：随相等门为昆勒，解诸法义为毘昙，则两者差别显然至足；三为舍利弗毗昙，传是佛时舍利弗作，四为昆勒，传是佛时大迦旃延作，而丽藏本意云前三种为三类，第《大智度论》卷二云：「解佛语之籍有四：一为身义毗昙，身谓《发智论》，义谓《婆沙》；二为六分毘昙即六又第七卷云：「并不见离五见二因，五见可知，二因谓无因邪因。」（按昆勒当作毘勒，而毘勒又为蜫勒之误。）得般若方便入阿毗昙即堕有中，入空即堕无中，入昆勒堕亦有亦无中，《中论》云：「执非有非无名愚痴论。」自以聪明读佛经书，不明正见，别生妄解，三学佛法成外道，执佛教门而生烦恼，不得悟入。《大论》云：若不

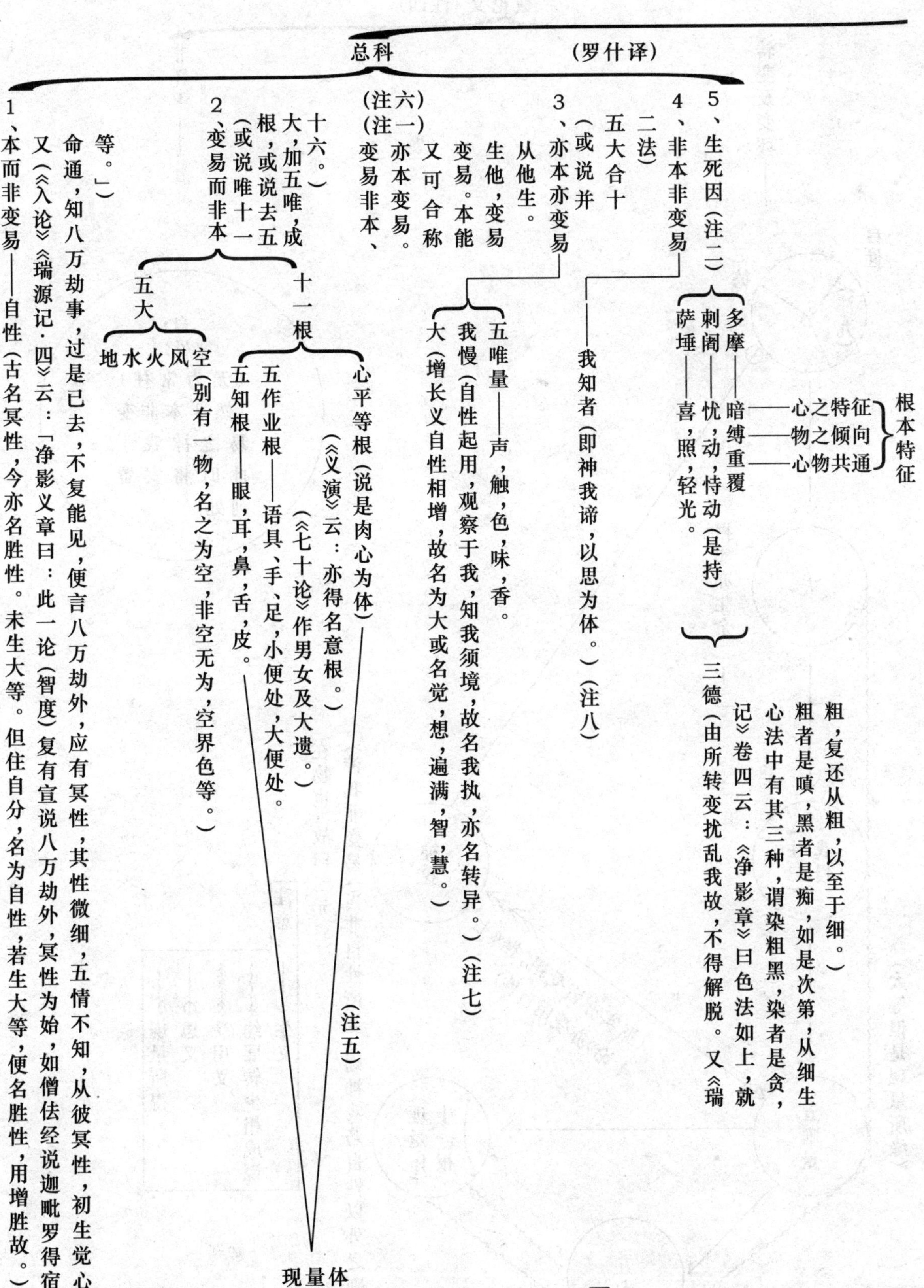
总科
(罗什译)
二十五谛
现量体
1、本而非变易——自性(古名冥性,今亦名胜性。未生大等。但住自分,名为自性,若生大等,便名胜性,用增胜故。)
又(《入论》《瑞源记·四》云:「净影义章曰:此一论(智度)复有宣说八万劫外,冥性为始,如僧佉经说迦毗罗得宿命通,知八万劫事,过是已去,不复能见,便言八万劫外,应有冥性,其性微细,五情不知,从彼冥性,初生觉心等。」)
2、变易而非本(或说唯十一根,或说去五大,加五唯,成十六。)
五大
地
水
火
风
空(别有一物,名之为空,非空无为,空界色等。)
十一根
五知根——眼,耳,鼻,舌,皮。
五作业根——语具,手,足,小便处,大便处。(《七十论》作男女及大遗。)
心平等根(说是肉心为体)(《义演》云:亦得名意根。)(注五)
(注六)(注一)变易非本、亦本变易。又可合称变易。本能生他,变易从他生。
3、亦本亦变易(或说并五大合十二法)
大(增长义自性相增,故名为大或名觉,想,遍满,智,慧。)
我慢(自性起用,观察于我,知我须境,故名我执,亦名转异。)(注七)
五唯量——声,触,色,味,香。
4、非本非变易
我知者(即神我谛,以思为体。)(注八)
5、生死因(注二)
萨埵——喜,照,轻光。
刺阇——忧,动,恃动(是持)
多摩——暗缚重覆
心之特征
物之倾向
心物共通
根本特征
三德(由所转变扰乱我故,不得解脱。又《瑞记》卷四云:《净影章》曰色法如上,就心法中有其三种,谓染粗黑,染者是贪,粗者是嗔,黑者是痴,如是次第,从细生粗,复还从粗,以至于细。)

数论义（注四）

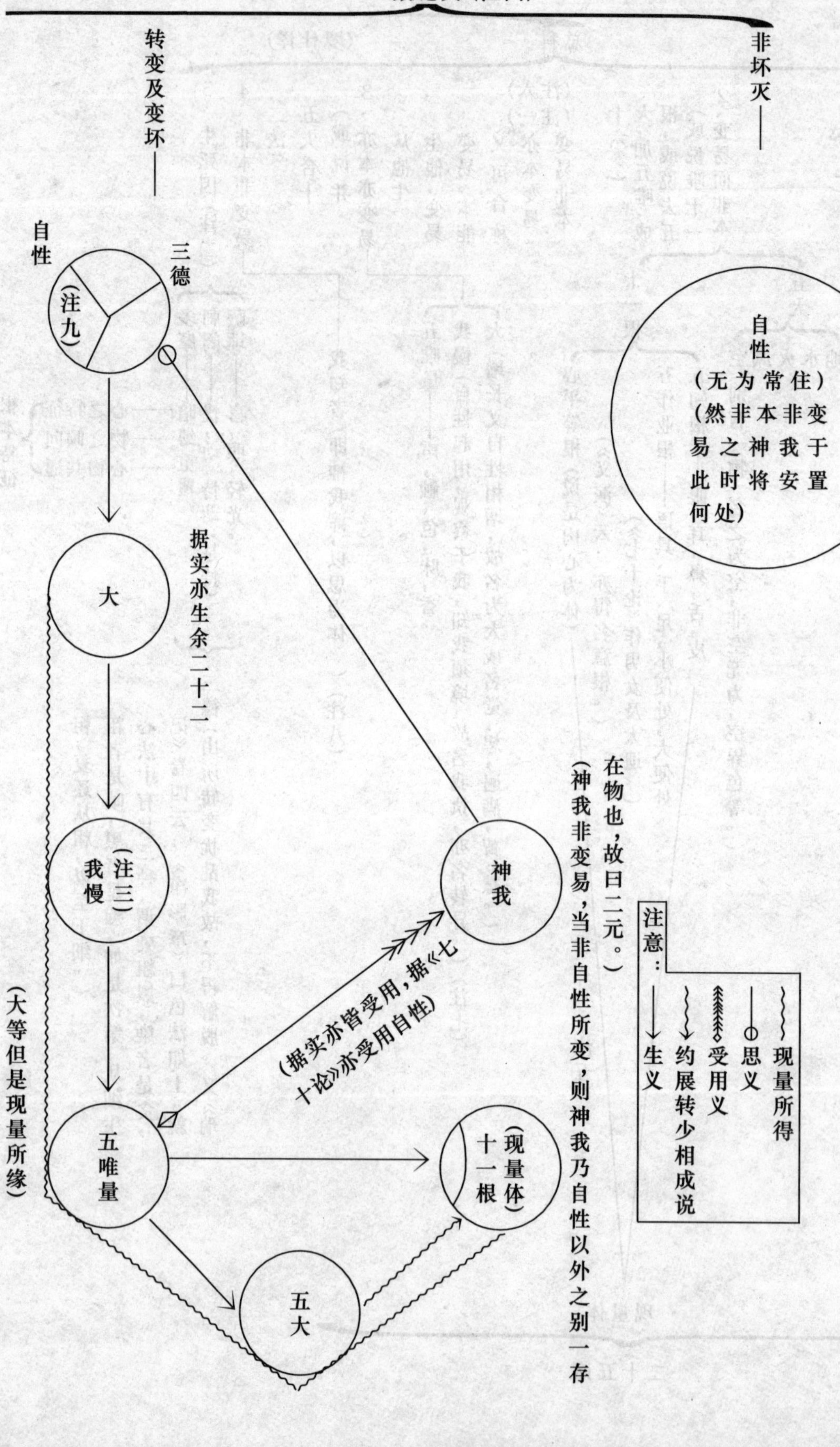

转变及变坏——

自性

三德

（注九）

大

据实亦生余二十二

我慢（注三）

五唯量

十一根（现量体）

五大

（大等但是现量所缘）

神我

（据实亦皆受用，据《七十论》亦受用自性）

非坏灭——

自性

（无为常住）

（然非本非变易之神我于此时将安置何处）

在物也，故曰二元。）

（神我非变易，当非自性所变，则神我乃自性以外之别一存

注意：

→ 生义

⤳ 约展转少相成说

受用义

—○ 思义

～ 现量所得

(注二)《成唯识论述记》卷二云：「梵名萨埵，此云有情，亦言勇健，今取勇义，梵云刺闍，此名为微，牛毛尘等。皆名刺尘，此取尘义。梵云答摩，此名为闇，三德应名勇，尘闇也。傍义译，世名染粗黑，今云黄赤黑，旧名喜忧闇(真谛译)，今云贪嗔痴；旧名乐苦痴，今言乐苦舍。」(按《大经》卷五六七有云：「谓贪嗔痴为火烟闇。」)

(注三)或云：「我慢生五大五唯十法，或云但生唯。」《七十论》云生十六，谓五唯及十一根。五大从五唯生。

(注五)《成唯识论述记》卷云：「心根有二种，「说是肉团，一说非色，非色者不说造，是色者说造，或说唯地造，或说五大皆能造。余根亦有说五大通能造之。」又《义林》卷五云：「说肉团唯地大造，或五大共造。」

(注六)慧按第二，第三之具缺开合，虽有多说，本集所列为正，义颇顺，本及变易义故。

(注七)《瑞源记》卷四云：「《净影义章》曰：从彼冥性，初生觉心，《涅槃经》中名之为慢。《金七十论》云：我慢或名五大初，或名转异，或名炎炽，我慢，我所执，谓我声乃至我香我福德可爱，如是我所执，名为我慢。《演秘》云：我执者，执知其我所须事业，亦如律云执事人也。」

《成唯识论》曰：「且数论者，执我是思，受用萨埵刺闍，多摩所成大等二十三法，然大等三法三事合成，是实非假，现量所得。」《成唯识论述记》卷二云：「广为二十五谛，略为三，谓变易自性，我知变易者谓中间二十三谛……我知非作者，用我者，为领义故。义之言境，证于境也。我是知者余不能知。又从冥性既变。转已我受用故，由我起思受用境界……五唯量者定义，唯定用此成大根等。若约此说，色成于火大，火大成眼根，眼不见火而见于色，声成于空，空成于耳，耳不闻空，而闻于声，香成于地，地成于鼻，鼻不闻地，而闻于香；味成于水，水成于舌，舌不得水而尝于味。触成于风，风成于身，身不得风而得于触。此中所说，约别成义。有说五唯总生成五大，五大总成五根也。五作业根，心平等，亦皆总成，为用五唯须十一根，十一根不能自有，藉五大成：知二十三谛转变无常生厌修道，自性隐迹，不生诸谛，我便解脱……后变坏时还归自性，但是隐显，非无坏体。灭名无常，体皆自性，更无别体。是实非假，此等皆是现量所得。」《义演》卷二云：「为受用五唯者，意云我欲受用五尘境界须十一根，所以五大成十一根也。」《演秘》卷二云：「言五大别成根者，且约展转少相成说，据实成根体唯唯量。」《学记》卷一云：「萨埵等三名自性谛，能生死本，名为三德。自性实有，微细不可见。外曰，若不可见，云何知有？答曰：缘事见因，谓大等事有三德故，比知自性亦有三德，如见青衣，知有青缕。三年增时，能伏余□□盛日光能伏星等。我起思虑，欲受用境，虽不言须，自性即变。初有粗相，名为大谛，尔时未有色等差别。粗相起已，知主所须，随我所欲，变色等相，执取我意，随应变色声香味触，名五唯量，唯谓决定，量即分限，唯有五境，无增减故。此五唯量生余十六，必以根等受用境故。谓即五大、五知根、五唯量，心平等根。我思胜境，三德即变，我乃受用，为境所缚，后厌修道，我既不思，自性不变离缚解脱。……彼宗现量，眼等五根，心根为体。」又《演秘》卷二云：「疏从自性先生大者，问：自性生大余二十二许展转生，云何论言二十三法总自性成？答：二十三体皆自性成，据相相起，但言生大余传传生亦无失矣。」《义灯》卷三云：「触体是何？答：以坚湿痒饥等而造风大，与风体别。皮不得风，风何根等？答：心平等根，不必皮得。」又《演秘》卷二云：「五根心平等根是现量体，彼以大等成于色等故得色时，亦得大等，我执等法现量得者，皆准此知。……大等但是现量所缘。」

又《大疏》云：「由此三德是生死因，神我本性解脱，我思胜境，三德转变，我乃受用，为境缠缚，不得涅槃；后厌修道，我既不思，有义三德类同，合之为一，详曰不可勇尘暗等种种差别，何名类同？」

成法上，一一皆有能成三德也。又《演秘》云：问：自性体即三德，云何三种合名一谛？答：体实有三，作业等即同，故合为一。异有三德，变异由本故；自性有三德，末（二十三谛）有三德故；知本有三德，末不离本故。一一皆有三德者，《后记》云：意曰所

（注九）《入论基疏》云：「谓初自性，总名自性，别名三德，一一皆有三种德故。」《瑞记》卷四云：「言总名自性等者，《金》卷七十云：变尘，故曰知者。」

（注八）《瑞记》卷四云：「《净影章》曰：十六神我，出大品经，神谓神主，我谓我人，论自释曰：所言知者，计有我人，用余五情，知余五《见破法》执第十。

应不灭。若谓青黄赤等唯灭，白色不灭者云何言一？若不尔者青黄赤等色应不灭，不尔，叠不灭者，青黄白等色亦不应灭……」又是叠，二法差别如白叠，一切法因果亦如是。（按此即因中有果论也。）破曰：「若离白别无叠者，白灭叠亦应灭，若叠不灭，白亦我不可得，离我觉不可得，如我经中说：我觉体相如火如热，二法差别不可得。以彼法不可说异故，譬如白叠不可说言此是白此提婆《破楞》云：「僧佉外道言我觉二法是一，二相差别不可得故。如牛马异法，二相差别可见可取，言此是牛此是马，而我离觉故。」（考《涅槃》卷三十八末。）

种，而一则曰「狱卒缚我就闫王」，再则曰「是人临死为闫罗所录」，乃大可注意事，因我国人民盛信十殿闫王故。闫王命狱卒拘人生，或作梵、世主、天、乾闼婆、夜叉罗刹，闫摩罗、鬼神。）兽道五分（足生，飞行生，胸行生，傍形生，不行生。）合人说含识有三按论亦言天堂地狱而不详，止观法门亦言及。言天道有八（梵王生、世主生、天帝生、乾闼婆生、阿修罗生、夜叉生、罗刹生、沙神

……」（按夜摩即禁制，尼夜摩即劝诫。）

此名是四，是夜摩相……能分别为心根，此心根若与心根相应即名知根，与作根相应，即名作根，以心根分别知根事及作根事故空，至得如所意得，三世间之本主。随欲尘用，不系属他，能令三世间众生随我运役，随意住。此四是萨埵相，若增长能伏余二。反苦恼谓不见时守时失时。又见相着杀害二过失。因此见故离欲出家而得解脱。自在有八种：微细极邻虚，轻妙极心神，遍满极虚亦二：外智者六皮陀分，一式义论，二毗伽罗论，三劫波论，四树底张履及论，五阐陀论，六尼禄多论。外智者于诸财物已见三时夜摩、尼夜摩。夜摩有五：守无瞋恚，恭师师尊，内外清净，减损饮食，不放逸。尼夜摩亦五：不杀，不盗，实语，梵行，无谄曲。智亦令我独存各相舍离。如跛盲人。……决智各为六。大有八分，四分名喜，四分名暗。痴、喜分者谓法与智慧离欲自在。法者何？有，生、死、根别故，作事不共故，三德别异故，各我义成立，人我是实有，见者非作者，如是我者见，自性时即得解脱，是自性者，必为他设，他者即是我。）异三德，依故，食者。（如世间中见六味饮食，知有别能食。）独离故，（若唯有身，云何解脱？）五因立我策杖相援，女生欢喜，而父是可畏境，故云作他事。）……聚集为他故。（如床席等聚集，非为自用必皆为人设。五大等聚名身，亦三德在大等中一更互相伏，二更互相依，三更互相生，四更互相双，五更互起。（更互起者是三德更互作他事如忧女被贼缚，其父比量，知自性实有。大等是其事，大等事有三德，故知自性有三德。……卫世师等执因中无果，是义不然，故知因中定有果。……

（注四）《七十论》云：「若知二十五，随处随道住，编发髻剃头，得解脱无疑……自性实有，细微故不可见，缘事见自因自性造，事依平等

自性不变，我离境缚，便得解脱。」《金》卷七十云：「大等诸物，欲起生死时依此十三具（此四字疑「三德」之讹）能使细微身轮转生死，伸缩往还故，自性不如是，无有伸缩故。大等变异，我所受用，故说名尘，自性亦如是，我所受用故。大等变异，一切我共用，自性亦如是，一切我同用……三德互违，犹如怨家，而共为我作事。三德合生变，自性转变作变异故，从一自性，生三世间。三德不同，故有胜劣。」又云：「因智厌解脱，因细身得智慧，因智慧得厌离，因厌离舍弃细身，真我独存，故名解脱。翻此则系缚者，翻智者名无智，如人执言我可怜、我可爱，我可爱者由慢故计我，是名无知，此无知系缚自身，令在人天兽等中。」木村博士《六派哲学》（慧元译）云：「数论轻视祭式之功德，疑人极神之存在，全依思辨的知见，以求解脱，其哲理纯为二元论，立精神的原理之神我，与物的原理之自性，解决一切，即我为多，自性为一，我之本性，在认识力，自性之本质，由活动变化之三德成之。此两元结合之时，神我为动力因，自性为质料因，而万有依之成立。故总数论哲理，可得四特质如次：一、不认吠陀之过失，以之为绝对的权证。二、排神与梵之唯一原理，立自性神我之二元。三、特重物质的原理，一切现象，唯基于其发展。四、分析现象界之事项，于其间附以因果之关系。然此特质，实渊源于《梨俱吠陀》论《奥义书》二书中，而十一种《奥义书》中之《摩诃拉啰亚书》，更以譬喻明自性本质之喜忧暗三德，然只可承认其为数论之导源，而非数论，依之而组成，盖与僧佉耶颂（《七十论》）之以我为认识之主体外，全为无力无势用之本体，一切之活动，悉归自性之哲理犹相距甚远也。故学者间以彼时为数论思想之第一期，叙事诗《摩诃婆罗多》中之所谓四哲学书《萨拉多斯品》、《薄迦梵歌》、《解脱法》、《阿努格多》，使数论之潮流，于二元思想，于缘起思想著著固定，遂判然成为无神主义，与多我主义。故学者间以此时为数论思想之第二期。……数论哲学之方法论三：一、多苦观；二、三量（现，比，至）论；三、因中有果论。因中有果论者，谓由因有果，果非新生，但因变其状态而为果耳。数论之所以立此论者，正欲应用此理，为物质之原理，而说超感的自性故。『此理苟不成立，则自性之说明，终成空想。』……数论以物心二元，建其哲学，谓心与物者，本来独立之一一实在，无论如何，不可混同，然依因缘，两者交涉时，于其关系间，遂引出万有之成立。更以为心之特质，为常住不变，以物之特质，为变化活动。换言之，神我者，常住不助之实在，思考以外无何等之属性，自性者有延长，有增减，见为变化活动之物。吾人所谓精神现象如感情如意志，固属理智之作用，然由本质上言，应属于物质性之范围，故精神的原理之神我，适占客分之地位，虽云二元论，从世界观言之，不过所谓自性女王一人之舞台而已。此乃极端解脱主义之结果。……自性之实在，大概利用平等比量，与因中有果论以证明之，兹举颂之五条理由如下：一、如瓶与瓦之制限物，由同一泥土而成，今依平等比量，可知宇宙万有，由于绝对无制限之一本原而生。二、同性故。三、能生故。四、因果差别故。五、若无不预破坏之第一原因，则劫坏器界后，应无再成之理。……自性之本体的相状如何，《经》曰：「萨埵罗阇，多摩之平均状态，曰自性。」与支那所谓混沌一气，未分阴阳者，大概相同，则现实上之物，悉三德不平均之结果。吾人之认识唯依有变

（续次页后）

数论及破

一、破所成二十三谛（注一）（注六）

a、大等诸法多事成故，如军林等，应假非实（注二）

b、量云：汝之大等亦非现量所得，多事成故，或是假故，如军林等。

c、大等法若是实有，应如本事非三合成。

（注一）彼许大等法三事合成，是实非假现量所得。

二、破本事能成自性

a、萨埵等三，即大等故，应如大等亦三合成，转变非常，为例亦尔。

b、三本事各多功能，体亦应多，能体一故。

c、体既遍，一处变时，余亦应尔，体无别故。

（注四）

d、许此三事体相各别，如何和合共成一相？不应合时变为一时，与未合时体无别故。

e、若谓三事体异相同，便违己宗体相是一。

f、体应如相，冥然是一，相应如体，显然有三，故不应言三合成一。

三、合难二十四谛，唯除我体。

a、三是别，大等是总，总别一故，应非一、三。

b、此三变时，若不和合成一相者，应如未变，如何现见是一色等。

c、若三和合成一相者，应失本别相，体亦应随失。

d、不可说三各有二相，一总，一别，总即别故。总亦应三，如何见一。若谓三体各有三相，和杂难知，故见一者，既有三相，宁见为一，复如何知三事有异？若彼一一皆具三相，应一一事能成色等，何所暗少？待三和合。（注五）

e、体亦应各三，以体即相故。

f、大等法皆三合成展转相望，应无差别，是则因果，唯量诸大，诸根差别，皆不得成。若尔，一根应得一切境，或应一境一切根所得。世间现见情与非情，净秽等物，现比量等，皆应无量，便为大失，故彼所执实我不成。（注三）

（上据《述记》卷五、二十三——五，五分列）金陵版

五，二十三于秦淮河畔

（注二）《义演》卷二云：「自宗五尘亦多事成，一一皆用四大造故。即不许同军林等假何故难他？答：五尘即三假中相续假收。若说积聚收者如秘演会三假者一、相续假，二、分位假，三、聚积假。」

（注三）《了义灯》卷三云：「佛法五根俱四大造净色为体，非一根得一切境者，各自四大种生四大疏造，不同于彼皆二德生。」

（注四）《蕴》卷一云：「彼计自性能成诸法遍一切处，故为此难。大乘山等无始名言熏习种子所生，非第八成故无此过。又变义各别，彼许自性转变成大等，自性既遍故难合一切处皆应转变。大乘第八缘虑名变，变现之能缘故不可难。」

NO.2

按《俱舍》卷十一，破数论转变义。

此论，《智度论》、《金七十论》、《涅槃经阇提首那》及《俱舍论》，此五并解释之。」又《第二》亦有立破，考慧晖《俱舍颂疏义钞》卷一。

《百论第一》云：「『迦毗罗』弟子诵《僧佉经》，说诸善法总相别相，于二十五谛中净觉分是名善法。」《吉疏》卷三云：「二十五谛者，

没之时，目的贯彻，决定究竟独存。」

自性，是系缚之因，亦是解脱之因。自性依其七相（觉之八分，中除智）自缚自己，而依一相（智）为我而解脱自己，舍身之时，自性还

为永恒之寂静态。此之当体，其存在超时间空间以上，故各解脱我相互之间，无有制限，无有交涉，各自为独立无伴之自存体。至于

解脱观有驳论之处，可知解脱我之当体，无苦无乐，无活动变化，但有心本□□心，如玲珑镜而无对之客观，故意识之活动亦无，而

了，纵有相逢，以无执著力故，不致再为开展。然究竟独存后之神我，其当体如何，颂与经皆无，□，唯从其本体观，经中对于他派之

（二人相助）合，由义生世间。」……神我见自性之本质已终，其本来倾向之所要求者，亦已充满，自性被神我见终，则本来之服务亦

本来全异，故自性一旦不为神我所见，则两者之缘断绝，而永久分离。《颂》曰：「我求见三德，自性为独存，（助我之独存）如跛盲人

回之缚系。……神我者，有主观性之倾向，而为能见，自性者有客观性之倾向，而为所见，此两倾向相俟遂成两元之交涉，然其性质，

要之，我者不变不动无活动之灵体也。但以知为本质，属认识之主体，此外无何等之属性。从而我体本来自性清净，无染污，亦无转

有多我之存在，即经验上，人人之生与死与感觉机关皆异，从而作业不同，机根亦有上中下之区别，故各人之主体，到底不能同一，

所作者，非为所作之自身，必有供他用之意在；二、异三德等故；三、支配故；四、有食者故；五、努力于独存故。然数论于本体观，

见分化之位而言，其性质为常住，遍满，无活动，唯一，不分割，自主独立之实在。……神我之证明法，颂有五种：一、凡聚诸物而有

化活动差别而成立。苟入于吾人之认识者，当然无三德平均之理。要之，自性者物质之本原，即指其组织要素之三德，在平均状态未

五、由因变故果变可知，或由缘变异故，果成变义。

申正义——有相，法由五种相可了知：一、于处所，二、于所依（眼中眼识。）三、于自相（如因自体不由比决）四、于自作业，

理，若云已生，果体已有复从因生，亦不应理。

此所破义——若因果两相不异，即无因果决定二体。若因果两相异，因中果体为未生相为已生相。若云未生，未生而说有不应

切一切果生。

彼所立宗——因中恒常具有果性，若不尔者，应立一切是一切因，又应求一果取一切因，又应一切事加功营造为求一果从一

（注六）《显扬论》及《瑜伽师地论》卷六、七、八十七等以两众外道为《因中有果论》，其立破如下：

多生同变亦应见异，云何见一？答不同彼以非实故，自体虚疏同业招故，故似于一。」

（注五）《成唯识论了义灯》卷三云：「论云：既有三相宁见为一者，大乘自宗能造所造色皆同一处，应体相别，云何见一？又如一境

NO.3

胜论义

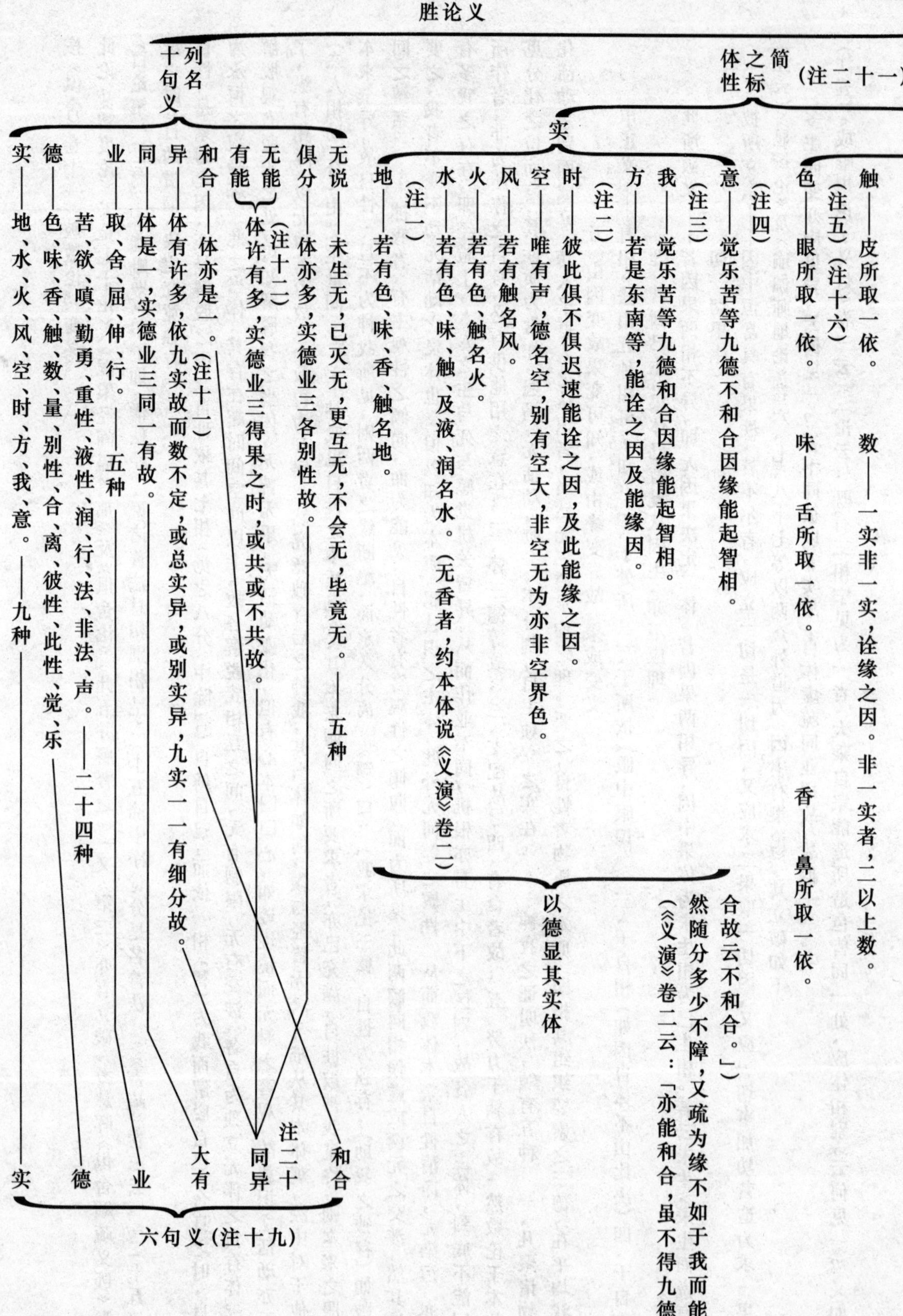
简标之体性（注二十一）
触——皮所取一依。
数——一实非一实，诠缘之因。非一实者，二以上数。
（注五）（注十六）色——眼所取一依。 味——舌所取一依。 香——鼻所取一依。
（注四）意——觉乐苦等九德不和合因缘能起智相。
（注三）我——觉乐苦等九德和合因缘能起智相。
方——若是东南等，能诠之因及能缘因。
（注二）时——彼此俱不俱迟速能诠之因，及此能缘之因。
空——唯有声，德名空，别有空大，非空无为亦非空界色。
风——若有触名风。
火——若有色、触名火。
水——若有色、味、触，及液、润名水。（无香者，约本体说《义演》卷二）
（注一）地——若有色、味、香、触名地。
实
以德显其实体
合故云不和合。」）
然随分多少不障，又疏为缘不如于我而能亲和
（《义演》卷二云：「亦能和合，虽不得九德具足
列名十句义
无说——未生无，已灭无，更互无，不会无，毕竟无。——五种
俱分——体亦多，实德业三各别性故。
无能 有能——体许有多，实德业三得果之时，或共或不共故。（注十二）
和合——体亦是一。（注十一）
异——体有许多，依九实故而数不定，或总实异，或别实异，九实一一有细分故。
同——体是一，实德业三同一有故。
业——取、舍、屈、伸、行。——五种
德——色、味、香、触、数、量、别性、合、离、彼性、此性、觉、乐、苦、欲、嗔、勤勇、重性、液性、润、行、法、非法、声。——二十四种
实——地、水、火、风、空、时、方、我、意。——九种
和合
注二十 同异
大有
业
德
实
六句义（注十九）

胜论义

简标之体性（注二十一）

德

- 声——耳所取一依。
- 非法——能得生死不可爱身苦邪智因。
- 行
  - （势用）作因——智种子，攒掷等业所生势用。（注十四）
  - 念因——现比智行，所生数习差别。
- 法
  - 能还——离染缘正智喜因，正智正因也。
  - 能转——得可爱身因，即得生死胜身

注十 《义演》云：「能转等者，此义得为因转得人天报身也。能还等者，说又由胜善法为离染缘，出世之因也。」

- （注九）
- 液性——地水火三，流注之因。
- 润——地等摄因（以地有湿因方能摄植生长。）
- 嗔——损害色等
- 勤勇——欲作事时，先生策励。
- 重性——坠堕之因。

（《灯》云：外道计觉即是眼等识。）

- 觉
  - 比量
    - 不见同——比见相违法。
    - 见同——比见不相违法。
  - 现量——至实色等根等合时，有了相生。（《义演》云：境欲至于根根与至境合方生了相。）
- 欲——希求色等。
- 苦——逼恼
- 乐——适悦

（注十七）（注十三）（《灯》云：以能取心势远取之名彼。）

- 彼性——依一二等数，时方等实，远觉所待。
- 此性——翻于彼性。
- 离——先二至物不至时乃名
  - 离生——先造实果，由有他缘，未离别之，果实便坏，与空等离。
  - 俱业生
  - 随一业生
- （注八）
- 别性——一非一实等差别诠缘因。
- 合——二先不至物，今至时乃名。
  - 三合生
  - 俱业生
  - 随一业生
- 量（注十八）
  - 圆性
    - 极大——空时方我四实上有，以四体遍周园故。
    - 极微——谓不和合父母真实极微上有。
  - （注七）
  - 长性——三微果以上方有。
  - 短性——唯二微果上方有。
  - 大性——三微果以上方有。
  - （注六）
  - 微性——唯二微果上有，唯最微名微。

《义演》卷二云：「彼外道计此极微本自有是长等性，不由横竖，别等方有此想。」

（注十五）《义灯》卷三云：「以彼父母二微合生小微之上有此微量以为根取。最细之色不与父母合者，以非根境故。卷二十《述》卷三云：「唯地水火风是极微性，色声香味触五大之德体非是微。」

生，三无能句，遮生余果，四俱分句遍在实德业，亦同亦异故。无说无体可说故，非六句摄，六唯有故，和合句者，有一常法，能令句，同异句者，有多常法，能令实等有同异故。十句论师开此为四，一异句，能令法别，二有能句，助和合句，能与诸果。其因令乐、憎、爱、愚、智、勤、堕。慧月造十句，论云有二十四。业谓作业，此有五种。有谓大有，唯有一法能令实有体性故，十句论各同碍，不能缘虑。言德句者，德谓道德，实家之德，有胜力故。此有二十一，谓色、声、香、味、触、数、量、一、异、合、离、好、丑、苦、皈本微住，空谓空大，时谓时节，方谓十方，我即真我。意者梵云阿奴末那，此云微意能生觉等，于五根门，数数回转，体有质方我意四大有二：一细，二粗。细者体常，空劫散住，成劫二微合生一子，一子涉入二微量等，二子生孙，转成大地，坏时渐灭，

（注十九）《学记》卷一云：「□顶造义蔓论释六句义，虽未译依三藏说，实句者有实自体，德业所依能为主故。此有九法，地水火风空时

（注十六）《灯》卷三云：「一极微之色依地大等即为眼取故名为色。」

（注十四）又云：「此现智及比智相生已由能数习差别故知念因也。心之因也，即唤此数习差别名为念因。故说此因亦得名念因也。……虽无熏习之义，然与熏习义相似，亦名种子，或可义当大乘中熏习义故名种子。」《秘》云：「但数修习之习不同佛法熏习名习。」

（注十三）又云：「依实句中一二等时数依一二等方数：一意云一数等能生近觉名此性，二三已上数能生远觉名彼性。又解三法等数名此性，他外法为彼性以他外法皆是远觉所得故名彼性。三法等数是近觉所得名此性。」

（注十二）又云：「实德业三有功用能共得果时名有能，反之名无能。又解有能有多法能合多法共得果，无能亦有多无能能合多法不共得果，为无功能不相助故。」

（注十一）《义演》卷二云：「德业二句并是实我之德业也，故今异句唯依于实。一个实句有九种不同名总实异，一一实中有多细分名别实异如时有春夏等别等。

（注十）又云：「谓正智相应喜也。」

（注九）「火能熔金故曰液性。」又云：

（注八）又云：「此与前数别者，前言一实即是一数。非一实者，理二数等，今此即说一实与非一实异故名别性。又如一水有多差别名一实。与火等别名，非一实俱名别性。问：与异句何别？答：彼取一实非一实等异，此取诠缘之因故不同也。」

（注七）又云：「大长二量俱三微果已上立者，微果虽等自有长而不大，亦有大而不长，故别也。」

（注六）又云：「微性等者谓父母所生子微之上立此量也，问：今此子微望父母微亦有相显形如何说言最微名微？答：本父母微圆量所摄就所生中此最微也。又约根所得境中此最微故。微短二量俱二微果，然微性对大立名，短性形长立称。」

（注五）又云：「眼唯取色不取声等名为一依。非谓一极微色也。」

（注四）又云：「意虽起智而不能和合九德名不合和非谓九德相离而能起智名不和合。」

（注三）又云：「若无我者九德不和合，九德不和合不能起智故。九德者，觉乐苦欲嗔勤勇行法非法也。」（考注廿一）

（注二）又云：「由实有一时性故能令名言诠作彼时此时多时少时，心缘亦尔，若无时体为因即不能诠缘迟速时等故知别有时体。」

（注一）《蕴》卷一云：「若具论地德乃有十四令显体性唯四非余，余虽地德而非地体，今此四种，亦德亦体。」

纯然湿婆主义之二元一之神，恐系基于本典说极微集合因，乃至宇内种种动的现象中如磁石向北，地震等等原因，均归于不可见之故。于是乃变为论之因中无果论，于其形而上学，取积聚说，从其由数多原理之组织而成万有之思想而来也。第八世纪顷，胜论宗义，始明立唯助因三因，故其结论一物之成立，须与此等诸因相俟，从而单为质料因中已备后来应生结果之因中有果论，已非真理。要之，胜如极微物质，其数一身体内仅有一个，以非常速度回转，恰如充遍全体内者然……胜论以为形成一事物，有和合因，不和合因，关。而司根与我之连络，即今所谓知觉神经而兼运动神经者也。然意自体非精神之存在，纯无知觉，其量颇微少，为有触体，俨我与四大同列，然其中心思想仍为根本原理者也，故有评胜论为二元论者。至于意，自来视为心理现象，胜论则视为物质状机想分我为最高我及小我，大我为唯一，小我为多者，要之升天解脱与我有关，万有生灭因之业尔为我用。故胜论虽较他派轻视若离其属性，则我体自身亦与地等同为非精神的实体，然胜论关于我之数亦如数论，认如我之存在。惟至后世有参加吠檀多思我能令九德和合而能起智，故举所和及所起智以显我体。」则与《义蕴》等义亦相顺。）更进而言之，胜论考察分实及德二句义，云：「谓和合性，和合诸德与我合时，我为和合因缘，和合始能和合，令德与我合，不尔便不能。」此为费解，应如《演秘》云：「由类。《十句义》中，谓我以为和合因缘，将我观为苦乐欲等主体，亦胜论特质之一，所谓有执受说是也。（按《大疏》解和合因缘七，为构成客观界要素，而我及意，则主构成主观界，胜论义中我意之间性质上有大差别，然两者协同起心理现象，可视同一为纪元前三世纪顷。盖有部家之成立，约在斯时。……八句，十句之外，又有加无说或非有句与合六句为七句义者……实句前书之影响，直接为弭曼萨派所启发，其思想内容以及学派之态度最为密切关系者。当推顺世派及一切有部，其成立年代，大略识，我则潜伏于意之里面，而与觉等九德合。故能起智，此与杜里舒之言心理，亦略近耳。」木村博士云：「胜论一派间接受奥义

（注二十一）《大疏删注》云：「胜论六句义，明诸法相依而有，异乎西哲一元二元诸陋说，九实中，我意二实者，皆心法也，意即今所谓意总同，德业亦尔，且一地实，有众多地，总名一地，名为别同，一一义差，名为别异，德业准此。」

（注二十）《入论大疏》云：「同异体多，实德业三各有总别之同异故。」《演秘》解云：「实德业三，三不同故，名为总异，九实名实，名为故。」善珠明灯钞云：「二者未合名父母，成子时已合之外，别无第三所生之子，两者合时名子。」此正。

第十五子微其量等于本生父母十四微量，如是，展转成三千界……其子粗微名为有分，有细分故，其本细微但名为分，不有他皆两两合生一子微，子微并本合有三微，如是复与余三微合生一子微，第七其子等于六本微量，如是七微复与余合生一子微，

（续注十五）《明子微》——《二十述》卷三云：「父母极微合生一子微，子微之量等于父母，体唯是一。从他生故，性是无常。如是散极微

（注十七）又云：「彼体云何，谓属一时等远觉所待一实所生彼诠缘因是名彼性。属一时等近觉所待一实所生，此诠缘因，是名此性。」

缘因是名极微，极大者，谓空时方我实和合一实极大诠缘因，亦名遍行识相见分等此惟我相，今名极大。」

积集差别所生三微果等和合一实长诠缘因是名长体，圆体者，有二种：一极微，二极□。□微者，谓极微所有和合一实极微诠果等和合，一实大诠缘因是名大体。短体者谓以二微果为和合因缘二体所生。一实短诠缘因是名短体。长体者谓因多体长体

（注十八）《十句论》云：「微体者谓以二微果为和合因缘，二体所生。一实微诠缘因是名短体。长体者谓因多体，长体积集差别所生三微实等相属不离。」木村云：「将有能无能配于异同性，非是。」

(注三)(注十三)(注十八)

异，故名俱分。

俱分——即实德业三种体性，此三之上总俱分性，地等色等别俱分性，互于彼不转，一切根所取。当旧所说同异性，亦同亦

无能——实德业三，或时共一，或时各别，不造余果，决定所须因，若无此者，一法应能造一切果因，由有此唯造自果，不造余果。

有能——实德业三，或时共一，或时各别，造各自果因，定所须因，若无此者，应不能造果。

和合——能令实等不相离而相属。

(注十二)于实转，是遮彼觉因及表此觉因。」

异——常于实转，遮德等心心所因，表实性心心所因，但于实转异实之物，实由有此，异于德等，故名为异。十句论云：「常

(注九)和合一切根所取，于实德业有诠智因是谓有性。」

同——谓实德业体性非无能诠能缘之因，此体即六句义之大有性。诸法同有，故名为同。十句论云：「谓与一切实德业句义

业

(注二)

行——有质碍实，先合后离之因。

伸——翻於屈业。

屈——远处先离，近处今合之因。

舍——翻於取业。

(注一)

取——上下虚空等处，极微等先合后离之因。

考「慧晖」《俱舍颂疏又钞》卷一。

又《第二》亦有立，破。

《百论第一》云：「优楼迦弟子诵《卫世师经》，言于六谛，求那谛中日三说再供养火等和合生神分善法。」《吉疏》卷三可参考，

种之消极主义，但至后世立大我为大自在天，信解脱为此神摄理之思想，则异于前之所述，而以活动的解脱为理想矣。」

意与我之结合，故以禅定，使意之活动中止，不可见之业力，自然而灭，遂至无苦痛之义，此解脱观与小乘佛教，尼夜耶同为一

依之可上天目的，此盖未全脱弭曼萨派之原型故也。又彼论以为我所有法非法等业者，由依苦乐等而为之种种作业故，其因为

论矣……胜论对于种种问题，下严重之科学的考察，至其所期，唯在解脱，又置重于上天，故本典说「灌顶，断食」等行持，以为

胜论义

- 体性之分别
  - 质碍分别 有质碍无
    - 实
      - 地水火风意有碍
      - 空时方我无质碍
    - 同及异亦是无碍。
    - 德，业，和合，有能，无能，俱分，无说唯无质碍。（注七）
  - 常无常分别（注十九）（注二十一）
    - 无说
      - 不会无，有常无常，如常无常所作，非所作亦尔。
      - 已灭无，更互无，毕竟无三唯是常，性不违实等故。
      - 未生无，一向无常，与实德业生相违故，此若生时，无便灭故。
    - 实若常无常，此等亦尔。（注六）（注十五）
    - 性等，量中大性微性长性短性，唯是无常，圆性定唯是常。（注十一）并余色味触一数一别性。液性润重性及合随所依同类为因生故，因此准知香味无常唯地有故。液性地火所有一切是无常，数中二性等（注）数，别性中二别余十或常无常。色味香触若地所有唯是无常，因门中言。（注五）火合为因，若地所有。色香味触等同类为因，从前
    - 德（注十四）
      - 觉乐苦欲嗔勤勇，法非法行离彼性此性声香十四是无常，其香唯地上有谓是极微，亦是无常。
    - 实
      - 地，水，火，风，非所者常，父母极微非所作故，所作者无常，子微以去，皆无常故。
      - 空，时，方，我，意是常。
    - 业唯无常，说是能作所作事故。
    - 大同，异，和合，有能，无能，俱分，六句是常，非所作故。
  - 一多分别
    - 实
      - 地，水，火，风四是多物。
      - 空，时，方，我，意五是一物。
    - 德业，顺异，有能，无能，俱分，无说，七唯多物。
    - 大同，和合，二唯一物。
  - 无说
    - 毕竟无——以无因故，三时不生，无为体性。（注四）
    - 不会无——以大有为性及实德等随于是处不和不合，如彼处人不于此合无为体性。
    - 更互无——以实德业等彼此互无为共体性。
    - 已灭无——以实德业或因势尽，或违缘生虽生而坏之无为体。
    - 未生无——以实德业因缘不会，而未得生之无为体。
    - 此五即无，体不可说，故各无说

84

现量境非现量境分别

- 业，同，俱分皆现量得诸根得故。
- 无说句非现量得，唯此境故。
- 和合句义，唯识说为非现量得。
- 实
  - 地水火风父母极微非现量得(注十六)，子微以上是现量得(注十七)。
  - 空时方我意非现量得。
- 德(注二十)
  - 觉苦乐欲瞋勤勇是我现境，声及重唯现境，重具德中(注八)，水地德故，总有八德，唯是现境。
  - 法非法全行少分二德半唯非现境，此行即是行中念因，非全取行故是半也。

(后接P560页15行)

(注一)蕴云：「先合后离之因名取业者，谓取物时手与物合，先物与处离为后此因名取。又解物先与彼空等相合，由取为因与空等离。」

(注二)又云：「如人足等名有质碍实，先与地合，后与地离。」

(注三)又云：「地等色等者谓地等诸实物名为实，色等诸德名为德，此即是总一一实等，一一德等名之为别。言互於彼不转者，如色是眼境於耳不转，耳唯取声，於色不转，皆别俱分也。」

(注四)又云：「如彼处人有有性及实德等，此处人亦然。二处之人不和合时名不会无。」

(注五)又云：「因门中至香唯地有者，谓十句论中有因门也。火合为因者，由火与地合为因，地上所有色味香触皆是无常，由多极微之所成故。此中言地意取二微果已上言同类为因者，此色味等各自同类为因。」(《秘》云：约因明德名为因门。)

(注六)又云：「问：二微已上方可言合，如何合性亦通常？答：今说极微之上有能合性，非要合时方名合。」

(注七)不会无有常无常者，如觉乐等非地之德，与地不相应故，此无是常，如色香等是地之德与地可相应，故此无即名无常。」

(注八)蕴作水火德。

(注九)《义演》卷二云：「意说有大有句与能缘为因，后方起言说及缘虑等。」

(注十)又云：「一数是常，二数以上，皆无常。」

(注十一)又云：「圆性唯一极微上立唯是常，若大空上有一圆性亦是常。」

(注十二)《秘》卷二云：「由此异故遮，缘德等心心所法不缘之表缘。实等心心所法而能缘也，或异为因，令缘九实心心所等各有差别故彼论云遮彼觉因，表此觉因名异句义，德是实家之德，实为依故，故言以德而显实也，有及同异，亦实性故，故但依本而意异。」

(注十三)又云：「俱分者实德业三三不向故名为总异，九实名实名为总同，德业亦尔，且一地实有众多地总名一地名为别同，二义差名为别异。德业准此。此同异性在于色上即眼根取余根亦尔，名诸根得。问：空时方我意即唯是一如何得有别俱分耶？有三释：一云但总相言有别俱全，非全，二实皆有别。二云：我意时等，对于多人及诸方时亦得有别空望别别能合之者说亦有多义。三约与德依多少亦异名别俱分。」

(注十四)又云：「十四皆所作故，彼云皆待因生。」又云：「离性无常合当不尔，又说亦待因，故答业等合时有所依实而是常故。故得通常，离即不尔。又虽待因，非所作故得为常。余皆准此。」又云：「若地所者，即彼论因于粗。」

(注二十)《十句论》云：「云何现境谓依附大非一实，云何非现境，谓若依附极微及二微果。」

(注二十一)《十句论》云：「如所作非所作，常无常亦尔。」可知所作无常，非所作者常，因非所作故，无德无动，作无□分，无质碍。地为同谓于乐苦欲勤勇境及彼有能无能俱分有性境所有智，我意二和合为因。比量谓所和合一义和合相违智为先待合等相属念我意合为性，于俱分有能无能所有智，我根意境四和合为因。二者谓于声及声和合有能无能声性有性境所有智我根意三和合为因；三者，合生。一者谓了相于至色味香触数量别体，合离、彼体、此体、重体、液体润势用地水火风实取等业有性，除声和合有能无能声因。……智有二种，谓现及比，现有四种：犹豫智、审决智，邪智，正智。……现量有三种：一、四和合生；二、三和合生；三、二和体润二微果等和合同类为因。一数一别体二微果等和合同类为因。二体等数二别体等别体，同类不同类为因。一体别体，彼觉为因——色味香触同类为因者，谓二微果等和合，火合为因者，谓地所有诸极微色味香触，地及火所有，液体，地水所有重体，及水所有液所取——声触色味香各一根所取，数量别体离合彼体此体液体润势用眼触所取。

（附一）

实之德：

意德——数，量，别体，合，离，彼体，此体，行八。

我德——数，量，别体，合，离，觉，乐，苦，欲，嗔，勤勇，法，非法，行十四。（上言九德此十四德，以觉等九是遍法故，和合此九方能起智决择是非，数等五亦是我德非能遍法，故不说之。）

方德——如时。

时德——数，量，别体，合，离，五。

空德——数，量，别体，合，离，声六。

风德——数，量，别体，合，离，彼体，此体，触，行，九。

火德——色，触，数，量，别体，合，离，彼体，此体，液体，行、十一。

水德——色，味，触，数，量，别体，合，离，彼体，此体，重体，液体，润，行，十四。

地德——色，味，香，触，数，量，别体，合，离，彼体，此体，重体，液体，行，十四。

又云：实德如下：

异，不圆，圆亦尔。如是九实，地水火风空五是根，余非根。如是□□，鼻根即地味根即水，眼根即火，皮根即风，耳根即空。眼亦五。如是九实五常四分别，谓此四中非所造者常，所造者无常，如是有无，分细分，因不相违，非因不相违，非边有异，边有皆有德，如有德，和合因缘有实性有异，与果不相违，有待因亦尔。九实地水火风四有触，余无如是有无色，有无可见，有无对

（注十九）《十句论》又云：「九实五地水火风意有德作，余四无动作，如有动作无动作，有无质碍，有无势用，有无彼此体亦尔。九实一切切业，业诠缘因，于实德不转，眼触所取，地性等亦尔。」

（注十八）《十句论》云：「云何具分，谓实性德性业性及彼一义和合地性色性取性等。实性者，谓一切实和合于一切实，实诠缘因，于德业不转眼触所取是名实性。德性者谓一切德和合，于一切德，德诠缘因，于实业不转一切根所取。业性者，谓一切业和合于一合离彼此液润重势用如色味香亦尔，故知重性通现非现。」

（注十七）又云：「亲捻彼论云：色香味触现非现境，若附极微及二微果名非现境，谓若依附大非一实名现量境，声一切是现量境，数量

（注十六）又云：「今解子微亦非现得者详曰疏既云子微以上明知不说子微为现下破顺世明多果合以为其境不证子微是现境也。」

（注十五）又云：「此色等十随其所应依水火风父母极微即名常住，子微等是无常。」释云：「子微以上名粗地等。」类因故皆无常。」

因……声有三种：一合生；二离生；三声生。合生者有触实合势用俱有触实空处合为因，离生者，有触实离势用俱有触实空处

离为因。声生者，有触合离势用待无障空处声为因。……

德依实——合离依二实，数及别体亦一亦二，余唯一。

德遍不遍所依——色味香触数量别体彼体此体液体，润重体，势用遍所依，余不遍。

相违——二十四德相违不相违如论。

业分别——五业一切有实如实无质碍，无德无细分，离合之因能作所作事不积集实之标帜是攒掷等所待行之因。非同类为因亦尔。取舍

行三以一切地水火风意为所依，屈申二以极舒缓细分安布差别果大长实为所依。又五业一切遍所依，有说依附微意者遍所依，依

附二微等者不遍所依。……」（余文不要，且散见于本书二十页。）

又提菩云：「毗世师外道说一切法异，如说此是白此是叠，此是天德，此是天德叠，我与觉异亦如此，此是我此是智故。如是一切因果各

异，不可说一故。（按此即因中无果论也。）……破云：若异白更有叠者，应有叠非白，有白非叠。若谓譬如画壁依壁有画，壁灭画亦灭，

画灭壁不灭，白叠不灭义如此者，喻事不相似，壁是先有画是后作，而彼白叠起无前后故。」又见破法执第十一。

又《成唯识论述记》卷三云：「吠世史迦，眼舒光至境缘，余尘至根方缘。」

（附一）《成唯识论述记》卷四云：「地有十四德，谓色，味，香，触，数，量，别性，合，离，彼性，此性，液性，润，行。水亦十四，前十四中除

香取重。」按与《十句论》有别。《蕴》卷二云：「坠堕之因名之为重，地是安静，非坠堕义无重德。水有重者现见雨落坠堕故。水无

香气，火无味者，非舌根得。火性炎上故非重。」按《蕴》义有可非难处。

（前接P558页7行）

常无常中生果不生果分别

- 色味触香数量别性合离彼性此性液性润并通二种。（注一）
- 异及有能无能，并非现得。异但差别实因，非如俱分是实性故，有能无能因之所须亦非现得。
- 实
  - 地水火风，父母极微常能生果。
  - 空时方我意虽常不常生果。（《秘》云：我但能造因，不作果故。）
- 有能是常，亦能生果
- 业虽生果，而体无常
- 无说虽亦有常，不能生果。
- 德句准有能中，说有得果，所须十通常德亦能生果，随其所应。（注二）（注四）
- 余五句全不生果。（注三）

（上表据《成唯识论述记》卷五十六至十三页分列）

(注一)《蕴》卷一云：「色味等若依地水等父母极微而立者即非现量境，依粗地即现量得。」

(注二)又云：「此说谓有能句不是自能生果，由实句等得果须故，得入常住，能生果中。今德句中即有十法说通常住，得果之时亦是所须，故准有能亦入常生果也。」

(注三)《义演》卷二云：「十句中余五句全并实中时方我意空而不生果，即同句俱分无能和合异句虽常不能生果也。除无说余四通生不生。德中与实中父母四大极微合者而生果，唯与余空实等相应者，不生果。」

(注四)「十德者，色味触，一数，一别性，液性，润，重性，合量十种皆常，皆许极微上有故。」

(注五)《义演》卷二云：「意云此实等不是能缘识外实有自体之现量智所得。」

胜论及破

一、叙宗

胜论所执实等句义，多实有性，现量所得。(《成唯识论述记》卷二云：「若破六句，六句皆实，十句九实，又六句五现量得，十句中异及和合有能无能，无说非现得，余是。」

二、正破他非

a、诸句义中，且常住者，若能生果，应是无常，有作用故，如所生果，若不生果，应非离识实有自性，如兔角等。

b、诸无常者，若有质碍，但有方分，应可分析，如军林等非实有性。若无质碍，如心心所，应非离此有实自性。

c、彼所执地水火风，应非有碍，实句义摄，身根所触故，如坚湿暖动。

d、彼所执坚湿暖动，应非无碍德句摄，身根所触故，如地水火风。

e、彼所执实句义中有碍常者，皆有碍故，如粗地等，应是无常。

f、诸句义中色根所取无质碍法，应皆有碍，许色根取故，如地水火风。

g、彼所执非实德等，应非离识有别自性，非实摄故，非有实等，应非离识有别自性，非有摄故，如空华等。

h、彼所执有，应离实等无别自性，许非无故，如实德等，若离实等，应非有性，许异实等故，如毕竟无等，如有非无，无别，有别，如何实等有别有性，若离有法有别有性，应离无法有别无性，故彼有性，唯妄计度。

i、彼所执实德业性(同异性)应非实德业性，异实德业故，如和合等。又应实等非实等摄，异实等性故，地等诸性，对地等体，更相微(诘)，唯此应知。如实性等，无别实等性，实等亦应无别实性等。若离实等有实等性，应离非实等，有非实等性，故同异性，唯假设施。

j、彼所执和合句义，定非实有，非有实等诸法摄故，如毕竟无。彼许实等现量所得，以理推微，尚非实有，况彼自许和合句义非现量得而可实有。设执和合是现量境，由前理故，亦非实有。

三、结非

彼实等非缘离识实有自体现量所得，许所知故，如兔毛等。又缘实智，非缘离识(注五)实句自体现量智摄，假合生故，如德智等，广说乃至缘和合智，非缘离识和合自体现量智摄，假合生故，如实智等，故胜论者实等句义亦是随情妄所施设。

上据《述记》卷五、十四——六、八分列(金陵版)

二十四、五、一九三一於秦淮河畔

82

1、数论及破——见上十七——十八

……2、胜论及破——见上十九——二十一

3、事大自在天

立——《成唯识论》：「有执有一自在天，体实遍常，能生诸法。」《成唯识论述记》卷二云：「彼计此天，法身遍常，身如空量，无别居处，其变化身，别有住处。」《秘》卷二云：「彼宗自在有三身别谓法报化，说报身居色天上不下来生状似世尊受用身也。其变化身随形六道，教化众生，然说多住雪山北面或在南海末剌耶山顶，法身即此论所叙是。」

破——《成唯识论》云：「若法能生必非常故，诸非常者必不遍故，诸不遍者，非真实故。体既常遍具诸功能，应一切处时，顿生一切法，待欲及缘方能生者，违一因论，或欲及缘亦应顿起，因常有故。」《成唯识论述记》卷二云：「今此既以非真实为法，即简心心所等法是虚幻有，真如等不尔，故许遍也。《学记》卷一云：「（圆）测云自在天欲，（窥）基云：众生乐欲。」

4、事梵王等（注一）反

立——《成唯识论》云：「执有一大自在梵，时，方，本际，自然，虚空，我等。常住实有，具诸功能，生一切法。」《成唯识论述记》卷二云：「或计有一时是常是一，能生诸法，有计方亦尔。本际者即过去之初首，此时一切有情，从此本际一法而生，此际是实是常能生诸法。古人云：诸部有计时头众生即此也。自然者别有一法是实是常能，号曰自然，能生诸法。如此方亦计有自然是一，是常，能生万法，虚通之理，名不可道之常道也。虚空及我亦尔。」

破——同第三。

5、尼犍子（注二）

立——提婆云：「尼犍子说一切法俱，譬如灯明，有此有彼，有彼有此，无此无彼，无彼无此，如有灯有明，有明有灯，无灯无明，无明无灯。异者，能照所照，以灯异处明异处，是故说异。如我觉白叠等，亦得说一，亦得说异。譬如白於叠中别处不可得，言此是白此是叠，如世间此是牛，此是马等。白叠不尔。是故我说异亦说一，若一者白灭叠应灭，又若一者亦不应说赤叠黑叠，故我说一亦得说异。」

破——「灯明一者，灯即是明，明即是灯，此唯有别数而无别义，若尔灯亦应明，明亦应灯。若此二法一者云何异处，如手与指掌无差别，脚手有差别。若一者云何亦异？是故不得言一言异。」

6、若提子（注三）

立——提婆云：「若提子外道说一切法不俱。不俱者以一切法不可说一不可说异。

破——若尔叠亦应非叠非不叠，白亦应非白非不白。故一异俱不俱皆是虚妄分别，唯有言说无有实义，我觉因果等义亦如是。」（按此与第五皆据提婆菩萨所造《破楞伽经中外道小乘四宗论》。一异二句，见卷八十一注四及八十四注十九。）（又按《入楞伽注》卷七云：「总收诸计，不出四见。」）

7、婆罗门等（注七）

立——《成唯识论》云：「有执明论声常，能为定量，表诠诸法。」《述》卷二云：「明论者吠陀论」，《义演》卷三云：「吠陀论有四种：一者寿谓养生缮（?）性；二者祠谓享祭祈祷；三者手谓礼仪占卜兵法军阵；四者术谓治异技能咒术医方等。」《料简》卷三云：「明论教常声为体，余发声体，即是无常。」

诸法执及破释(一)(注一)

破——《成唯识论述记》卷二云：「汝明论声应非常住，许能诠故，如所余声，余声即非明论外余一切声，以彼声性，非是能诠，故无不定。

8、声显声生论(注八)

立——《成唯识论》：「有执一切声皆是常待缘显发方有诠表。」《成唯识论述记》卷二云：「待缘显者声显也，待缘发者声生也。此有二类：一计常声如萨婆多无为于一一物上有一常声由寻伺等所发音显，此音响是无常。二计一切物上共一常声由寻伺所发音显，音亦无常。如大乘真如万法共故。唯此常者是能诠声，其音但是显声之缘，非能诠体。」《义演》卷二云：「声生师计云声体虽本有，要由寻伺舌等所系发生，生已更不灭。声显师云声体本有不灭但由缘显，显而方得闻故有别。声者所发之音响，声性者本来有与所发音声为体。由寻伺等所发音显者意云音响是寻伺所发，常声是音之所发。」《蕴》卷一云：「如萨婆多等者，彼计一一法缘阙不生，皆有一非择灭无为故，引为例大乘非择灭假非实有不同声计，萨婆多无为皆实故偏引之。」《枢要》卷二云：「一切者计内外皆常也。」

破——《成唯识论》：「声亦非常声体，如瓶衣等，待众缘故。」《成唯识论述记》卷二云：「声及声性合名声体，故但总言非常声体。」

9、顺世外道

立——《成唯识论》云：「有外道执地水火风极微实常，能生粗色，所生粗色，不越因量，虽是无常而体实有。」《成唯识论述记》卷二云：「四大生一切有情，死时还归四大，其胜论所计父母极微，亦兼破。然胜论更许有余物。」《蕴》卷一云：「四大生一切有情等者，心心所法应有碍。有碍者何得下难无方言如心心所。此邪宗妄计故忘矛盾。」《秘》卷二云：「有义顺世极微有三类：一、极精虚；二、眼清净；三、非虚净。所生之果亦三：一心心所；二眼等根；三色声等。无据。」《义演》卷二云：「有余物者，德业等亦能生诸法也。」又《料简》卷三云：「彼说诸法皆四大故。」

破——《成唯识论》云：「所执极微，若有方分，如蚁行等，体应非实。若无方分如心心所应不共聚生粗果色。既能生果，如彼所生，如何可说极微常住。又所生果不越因量，应如极微，不名粗色。则此果色，应非眼根色等所取。便违自执。若谓果色量德合故，非粗似粗，色根能取。所执果色既同因量，应如极微，无粗德合。或应极微亦粗德合，如粗果色，处无别故。若谓果色遍在自因，因非一故，可名粗者，则此果色体应非一如所在因，处各别故，既尔，此果还不成粗，亦非色根所取。若果多分合故成粗，多因极微，合应非细，足成根境，何用果为，既多分成，应非实有，相违。又果与因俱有质碍，应不同处，如二极微。若谓果因体相受入，如沙受水，药入镕铜，谁许沙铜体受水药，或应离变，非一非常。又粗果色体若是一，得一分时，应得一切，彼此一故。彼应如此。不许违理，许便违事。」《成唯识论述记》卷二于遍在自因下注云：「彼救云前言果色等于因量，谁谓所生一色之果，唯与一个极微量等，今云等者，等于二个父母极微遍在二因之中，因既有二，果等于彼，故可名粗。」《秘》卷二云：「大乘同处不相离色许相涉入者，假故。」

10、数论等

破——《成唯识论》云：「勿一切法即有性，故彼执非理。皆如有性，体无差别。便违三德我等体异，亦遣世间诸法差别。又若色等即色等性，色等应无青黄等异。」

立——《成唯识论》云：「有法与有等性，其体定一，如数论等。」《成唯识论述记》卷二云：「此即僧佉自部之中分为十八部，或他外道等非一。彼说胜论所执大有同异。我自宗中不离自体法外别有此二性，二性即法体，法体与此一故。」《秘》卷二云：「彼虽不别立六句义法体不无即名为有法，有同异名同异性，不同胜论。有说三德名为有性，二十三谛名同异性。详曰准此论破有性，不唯在于三德，故知有性通二十五，二十五差异即为同异。」《学记》卷一云：「诸外道皆许有法各有二性。一总二别，总谓诸法非无体性，别谓诸法自他别性。言有等者，等取别性。」

11、胜论等

破——《成唯识论》云：「彼执非理，勿一切法非有性故，如已灭无，体不可得。便违实等自体非无，亦违世间现见有物。又若色等非色等性，□□□□□□□□□□□故法处色中无障碍者□□□□……

立——《成唯识论》云：「有法与有等性，其体定异。」《成唯识论述记》卷二云：「胜论自宗亦十八部。」

12、小乘十一部（注九）

色

立——《成唯识论》云：「所执色总有二种：一者有对极微所成，二者无对，非极微成。」《成唯识论述记》卷三云：「对有三种：初所缘有对，谓心心所于自所缘，次障碍有对，谓十色界，自于他（？）处，初碍不生如手碍手等。后境界有对，谓十二界，法界一分诸有境法。于色等境初后别者，心心所法执彼而起，彼于心等名有所缘，若于彼法此有功能即说彼为此法境界。此中说对谓对碍取障碍有对，十处名有对，法处名无对，彼此共成，除胜定果，余宗无故。」《秘》卷三云碍有二义：障碍，拘碍。障碍有对障碍名碍，余二拘碍名碍。……心心所法其性羸劣非境不生，故彼境等是心所虑名为所缘。此据有缘其用方起非必正起故过未心亦名有对碍。……功能所托名为境界，如色等为眼等境。此约有能非要起用，故彼同分仍名有对。」《义演》卷三云：「胜定果色者谓菩萨从定所起变为鱼米肉等是许有定中所变境故。」《学记》卷二云：「萨婆多云：五根五境为有对色，无表无对。大众部等有对同前，无对谓身精进及身轻安。上座无表胸中肉团，若依经部定境界色名为无对。」《义灯》卷三云：「十二界者七心界及五根界法界少分，所缘有对者谓七心界及法界少分。……相对碍边名障碍有对，根取境时碍不余转，非此碍彼令不得生名境界有对。……有部无表色非极微成，但为四大类能造之。

破

有对色

极微不成破能成有对

a、总非——《成唯识论》云：「彼有对色，定非实有能成极微，非实有故。」《成唯识论述记》卷三云：「经部十处，粗假细实，大乘世俗，粗实细假，萨婆多等。粗细俱实，一说部等粗细俱假，以经部师萨婆多等所计极微，各疏远故。总立宗非，止对萨部，非经部。」《义演》卷三云：「疏远者离识实有也，萨部有对色是离

破

识实有，经部同大乘说是假，故但对有宗。」《蕴》卷一云：「大乘极微，唯意想假，故法处摄，经部虽意识得不同大乘法处摄者用此成假故十处摄。有部极微以细从粗随色处摄者，即古有部计，新师虽与假实异而摄处同。」《秘》卷三云：「说假部计蕴门皆实，说出世，言出世并实，故云萨婆多等。」

《观所缘缘论》
（考《二十述讫三》）

b、破有无碍——《成唯识论》云：「诸极微若有质碍，应如瓶等是假非实。不尔，应如非色，如何可集成瓶衣等。」《成唯识论述记》卷三云：「三有对转障碍有对。有对名碍，有部极微是碍，若有方分名碍非有部，唯经部。又无方分名无碍，有部亦尔。」《学记》卷二云：「经部极微有碍亦有方分，以是色故。四尘极微同处涉入，虽无妨碍，而有触碍，二处极微有触着故。有部极微无碍，亦无方分，以微圆故。四尘极微，各有处住，虽不触着，而有妨碍，于一住处不容余故。虽有多部不出二途。」

c、破有无方分——《成唯识论》云：「极微若有方分，必可分析，便非实有，不尔如非色，云何和合承光发影。又诸极微随所住处，必有上下四方差别，不尔，便无共和集义。或相涉入，应不成粗，由此极微，定有方分。执有对色即诸极微，若无方分应无障隔。若尔，便非障碍有对。」《成唯识论述记》卷三云：「无方分者，是有部计彼以极微等即和合色。又和对古有部师集对今有部顺正理师。」《义灯》卷三云：「此方分四句分别：一、经部实极微有方分；二、有部实极微无；三、大乘假极微中亦有亦无。大假色中无极微故云无。约假拆（析？）粗至极微，可说有。四、阙。」

极微不成
破所成有对

a、小乘问——「五识岂无所依缘色，论云。」

b、大乘答

（注五）

P，申正义——《成唯识论述记》卷三云：「八识生时，内因缘种子等力第八识变似五根五尘眼等五识依彼所变根，缘彼本质尘。虽亲不得，要托彼生，实于本识，色尘之上，变作五尘相现，即以彼五根为所依，以彼及此二种五尘为所缘。」《义演》卷三云：「自变为亲缘他所变者为疏缘。……八识

80

（注一）「提菩」释楞伽经中小乘外道涅槃论如下：（考大日经疏卷一末，卷二初）

1、小乘外道论师——诸受阴尽如灯火灭，种坏风止名涅槃。

2、方论师——最初生诸方，从方生世间人，从人生天地，天地灭没还入彼处名为涅槃，故说方是常名涅槃因。

3、风论师——风能生长命物能杀命物，风造万物能坏万物，名风为涅槃，故说风常是涅槃因。

4、围陀论师——从那罗延天斋中生大莲华，从莲花生梵天祖公，彼梵天作一切命，无命物从梵天口中生。婆罗门两臂中生，刹利两髀中生，毗舍从两脚生，普（首？）陀一切大地，是修福德戒伤生一切华草，以为供养，化作山野禽兽人中猪羊驴马等，于界场中杀害供养梵天，得生彼处名涅槃，故说梵天是常名涅槃因。

5、伊赊那论师——伊赊那论师尊者形相不可见遍一切处，以无形相而能生诸有命无命一切万物名涅槃故说伊赊那常名涅槃因。

6、倮形外道——分别见种种异相名涅槃。

7、毗世师论师——说见一切法自相同相名涅槃。谓地水火风虚空微尘物功德业胜等十种法常故，和合而生一切世间知无知物，从二微尘次第生一切法，无彼者无和合者，无和合者即是离散，散者即是涅槃，故说极微是常能生一切物是涅槃因。

8、苦行论师——说身尽，福德尽，名涅槃。

9、女人眷属论师——说自性人命转变名涅槃。谓摩醯首罗作八女人，一名阿提俤，二名提俤，三名苏罗婆，四名毗那多，五名迦毗罗，六名摩少兔，七名伊罗，八名歌头，一生诸天，二作阿修罗，三生诸龙，四生诸鸟，五生四足，六生人，七生一切谷子，八生一切蛇蝎蚊蝱蝇蚤蚰蜒百足等，如是知者名为涅槃。故说女人是常名涅槃因。

10、行苦行论师——说罪福尽德亦尽，故名涅槃。

（注四）破五根——《述》卷三云：「色等五尘世间共见现量所得，眼等五根非现量得，虽第八识缘及如来等缘是现量得。世不共信，余散心中无现量得，以但能有发识之用比知是有，此非他心及凡六识现量所得，唯除如来。如来小乘许变（亦？）为现量得，非世（也？）共许，故不为证。此但功能，非是心外别有大种所造之色。」《义演》卷三云：「凡六识者凡夫六识也。自（下接582页第一行）

若欲生时，先由第八异熟识从自名言种子生能变似根尘等，即此根尘各有二种：第八变根是亲相分为本质根发眼识等。第六若缘时但是影像根，不能发识。尘亦尔。言似者，毕竟不实，依他起，不同小乘极微所成，执离识有故得名似。」

小乘外道二十种涅槃论

11、净眼论师——说烦恼尽故依智名涅槃。

12、摩陀罗论师——说见自在天造作众生名涅槃。谓：那延罗论师说：我造一切物，我于一切众生中最胜，我生一切世间有命无命物，我是一切山中大须弥山王，我是一切水中大海，我是一切药中谷，我是一切仙人中迦毗罗牟尼，若人至心以水草花果供养我，我不失彼人，彼人不失我，摩陀罗论师说，那罗延论师言一切物从我作生，还没彼处名涅槃，是故名常是涅槃因。

13、尼犍子论师——说众生，递共因生名涅槃，谓初生一男共一女，彼二和合能生一切有命无命等物，后时离散还没彼处名涅槃，故说男女和合各生一切物名涅槃因。

14、僧佉论师——说证谛道名涅槃因。谓二十五谛自性因生诸众生是涅槃因，自性是常故生大，大生意，意生智，智生五分，五分生五知，五知生五业，五业生五大，故论中说，随何等何等性修行二十五谛，如实知从自性生还入自性能离一切生死得涅槃。故说自性是常能生诸法，是涅槃因。

15、摩醯首罗论师——说有作所作而共和合名涅槃。谓果是那罗延所作，梵天是因，摩醯首罗一体三分，所谓梵天，那罗延、摩醯首罗。地是依处，地生是摩醯首罗天，于三界中一切命非命物，皆是摩醯首罗天生。摩醯首罗身者，虚空是头，地是身，水是尿，□□□□，一切众生是腹中虫，风是命，火是暖，罪福是业，是八种是摩醯首罗身。自在天是生灭因，一切从自在天生，□□□□□□涅槃，故说自在天常生一切物，是涅槃因。

16、无因外道——说一切物自然而生名涅槃。谓无因无缘生一切物，无染因无净因。我论中说，如棘刺针无人作，孔雀等种种画色皆无人作，自然而有不从因生名涅槃，故说自然是常生一切物是涅槃因。

17、时散外道——说诸物皆是时作名涅槃，谓时熟一切大，时作一切物，时散一切物是故我论中说，如被百箭射时不到不死，时到则小草触即死，一切物时生，一切物时熟，一切物时灭，时不可过。故说时常生一切物名涅槃因。

18、服水论师——说见有物名涅槃。谓水是万物根本，水能生天地，生有命无命一切物，下至阿鼻地狱上至阿迦尼吒天，皆水为主水能生物水能坏物名为涅槃，故说水常名涅槃因。

19、口力论师——说见无物名涅槃因。谓虚空是万物因，最初生虚空，从空生风，风生火，火生暖，暖生水，水即冻凌坚作地，地生种种药草，药草生五谷，五谷生命，故命者是食，后时还没虚空名涅槃。故说虚空常名涅槃因。

20、本生安荼论师——说见有无物是涅槃因。谓本无日月星辰虚空及地，唯有大水。时大安荼生如鸡子周匝金色时熟破为二段，一段在上作天，一段在下作地，彼二中间生梵天名一切众生祖公，作一切有命无命物，如是有无命物散没彼处名涅槃。故说大安荼出生梵天是常名涅槃因。

(注二)《成唯识论》云：「执有法与有等性，亦一亦异，彼执非理，一异同前一异过故。二相相违体应别故，一异体同，俱不成故。勿一切法皆同一体，或应一异是假非实，而执为实，理定不成。」

(注三)《成唯识论》云：「执有法与有等性非一非异，如耶命等，彼执非理，非一异执，同异一故。非一异言，为遮为表？(应细究)若唯是表，应不双非，若但是遮，应无所执，亦表亦遮，应互相违，非表非遮，应成戏论，又非一异违世共知有一异物亦违自宗色等有法

《诸异论》（注六）（《显扬论》卷九及《瑜伽师地论》卷六、七、八十七等广破十六异论，今取其异论略其破及中正。）

从缘显了论——谓数论师及声相论者，执一切诸法，体自本有，从缘所显，非缘所生。数论师以上说被难，以为非不用功为成于果，复以何缘而作功用。岂非唯为显了果故，故立此论？声论师以声相本有，无生无灭，由数宣吐方得显了，而声体是常。

去来实有论——执有过去未来悉自相成就，犹如现在，实有非假。

计常论——我及世间皆常住非作所作，非化所化，不可损害积聚而住。计前际常者说一切常，说一分常，及计后际。说有想者说无想者，说非想非非想者，复有计诸极微是常住者。《圆测疏》云：「胜论顺世皆有此计。」又《瑜伽师地论》卷五十四云：「有五不正思惟：一、于色聚中有诸极微自性而住。（《圆测疏》云有部。）二、谓极微有生灭（有部，其吠世诸极微是常，余是无常。）三、极微与余极微或合或散（吠世）。四、众色于极微量积集而住。（有部）五、极微能生众多别异色聚（吠世）。」

宿作因论——谓尼犍子，彼见世间虽具正方便而招于苦，邪方便而致于乐，若由现法所作功用为因者，彼应颠倒，故曰诸世间士夫所受者皆由宿作因由勤精进吐旧业故，现在新业由不作因之所害故，如是于后不复有漏。由无漏故业尽，业尽故苦尽，故证得苦边。

自在等作者论——不平等因论者。彼见世间有情欲修净业不遂本心反更为恶等，以为别有作者及变化者为彼物父，谓自在天或余。

（注四）《成唯识论述记》卷三云：「大众部说五种色根肉团为体，眼不见色乃至身不觉触，以经说言根谓四大种所造，各别坚性等，故是肉团，肉团不净，故不见色，稍胜余色，故名清净。有部别有四大生等五因为其因缘造根尘等。大唯身触，根虽积集离心之法，仍实有体。成实论师名师子胄本于数论法中出家，因立彼义云：由色香味触四尘以造四大是无常法，此中四大总得成根为五根体。经部五色根境，虽体并假，实极微成，说假部通假实蕴处门中摄各别故。一说部说唯有其名，都无体性。顺世外道计即是大，且萨婆多五尘离识皆有实体，虽缘积聚，仍体实有。经部说实极微成五尘体假，说假部计若在处门以缘积集说之为假，若在蕴门五尘体实，成实论师体是实有，仍是能造。一说部说唯有假名，无实尘体。数论说五尘体常，仍是碍性，能造所摄。胜论师说声香唯无常，色味触通常无常。顺世外道计即四大。大乘之中有以过去五识相分为五尘，有以现在大种及所造为五尘，然有假实。如色中二十五种，四显色实，余假。响声假，余实。触中所造假四大实。不见香味通假之言。……常□（徒？）但言四大所净色名根，《观所缘论》及陈那即以五识种子名为五根，或以五尘种子名根。护法以五识业种名为五根，《对法第一》云眼界者，谓曾现见色及此种子，皆通用现种为根，根既然，境亦尔，唯现行者无别师说。」《秘》卷三云：「以过去五识相分等者，是过去五识所变相分熏成后生现行今为识境，陈那师义也。香味二以理言之，亦得通假，如和合香可许假故。」《蕴》卷一云：「有部五因者谓生依立持养也。触中所造假者谓涩滑等触。」《义灯》卷三云：「□□□决定实有。是故彼言唯矫避过。」《成唯识论述记》卷二云：「邪命即阿时缚迦外道，应云正命，佛法毁之故云邪命。」

（注五）《大乘十五极微》——《疏抄》卷五云：「《瑜伽师地论》卷五十三云：有十五种极微，谓五根极微五尘极微及四大极微并法处所摄实色极微合十五种。」

（考《瑜伽师地论》卷五十三《俱有依》）

《外道诸梵名》(又诸外道名如《十住婆沙》卷三初说。)

外道Tīrthakaraḥ (作津者)

外道师Tīrthikaḥ

通艺师远飞Ārādakālāmaḥ

水獭喜子、猛喜子 Udrako Rāmaptraḥ

察者Mīmāṃasakaḥ

胜论Vaiśeṣikaḥ　　数论 Sāṃkhyaḥ

顺世 Lokāyataḥ　　食米斋徒Kaṇādaḥ

普行Parivrājakaḥ　　医行 Vaidyaḥ

邪教徒Śaivaḥ

尸婆教徒Pāṣaṇḍikah

兽主徒Pāśupataḥ汤用彤云：主谓湿婆天，兽指个人生命，谓天主之所畜牧

髑髅徒 Kāpālī

无衣Acelakaḥ

离系Nirgranthaḥ (附三)　　令尽Kṣapaṇaḥ

堪敬徒Ārhataḥ

行大勇猛 Mahāvratī

令喜子行者 Rāmavratī

鹿角行者Mṛgaśṛingavratī

黑面Kṛṣṇamukhaḥ

孔雀行者Mayūravrati

白色乞者Pāṇḍarabhikṣuḥ

三杖Trīdaṇḍī

一杖Ekadaṇḍī

二杖Dridaṇḍī

牛角行Gośṛṅgavartn

拔发 Ke'sollunca̐na

(附二) 富楼那迦叶Purāṇaḥ Kāśyapaḥ (护光究竟)(计不生不灭)

末塞羯梨瞿舍利子 Maskarīnī Gośālī-patraḥ (普行牛舍男)牛舍或黑神(计苦乐无因缘，自然而尔)

珊阇夜毘罗胝子Sañjaya-Vairaṭī　putraḥ (欲说氏女子具等胜。)(计众生时熟得道，续九极数。)

阿耆多翅舍饮婆罗Ajitakeśakambalaḥ (具无胜发褐)(计苦行赎罪)

迦鸠陀迦多衍那Kakudaḥ Katyāyanaḥ

妄计吉祥论——精勤供养日月量等祠火诵咒安置茅草满瓮毘罗婆果及饷佉等。

妄计清净论——若我解脱心得自在瑜伽自在名为清净，于诸天微妙五欲坚著摄受，时戏娱乐，随意受用是则名得现法涅槃，第一清净，又若离欲恶不善法于四静虑具足住亦然，复有谓，若有众生于孙陀利迦何等中沐浴支体，所有罪障，一切除灭第一清净，复有持狗戒牛戒，油墨戒，露形戒，自苦戒，粪秽戒等为清净。

妄计最胜论——婆罗门是最胜，刹帝利是下劣，婆罗门是白色，余是黑色。

空见论——彼谓无有施与无有爱养。无有祠祀，广说乃至世间无有真阿罗汉。

断见论——彼谓我身已死断灭无有犹如瓦石，一破已不可还合。

无因论者——彼谓我及世间无因而起。

不死矫乱论——彼外道遇人来问，自称我自不死乱者，随于处所依不死净天不乱诘问，即于彼所问以言矫乱。

边无边论——依世间诸静虑，于彼世间住有边想无边想俱想不俱想。

执害为正法论——于彼祠中咒术为先害诸生命若能祀者，彼一切皆得生天。

(犁迦多衍尼子)(计亦有亦无)
尼犍陀若提子Nirgrantho jñātaputraḥ
(离系亲子)(计业所作定不可改。)
胜性 Pradhānam 六师说考《涅槃经》十九卷,《记》十四页,《无垢称疏》卷九初,《增一》三十二卷末。
勇 Sattva 尘 Rajas
暗 Tamas 大 Mahām
我慢 Ahaṃkāraḥ
五知根Pañca buddhīndriyāni
五唯量Pañca tanmātrāṇi
微细 Aṇimā 自在性Vaśitvaṃ
现前 Abhivyaktiḥ
显 Āvirbhāvaḥ
隐 Tirobhāvaḥ
转变 Pariṇāmaḥ
未生无 Prāgabhāvaḥ
已灭无Pradhvaṃsābharaḥ
更互舍Itaretaiābhavaḥ (Anyonyāhhāra)
实 Dravyaṃ
德 Guṇaḥ **业** Karma
异 Viśeṣaḥ
同 Sāmānyaṃ
和合 Samavāyaḥ
大有性 Mahāsatta(Sāmānya)
我执 Ātmagrāhaḥ
作者性执 Rartitvagrāhaḥ
我 Ātmā, Ātman
有情 Sattvaḥ
命者 Givaḥ
生者 Gantuḥ
养者 Poṣaḥ
士夫 Puruṣaḥ
补特迦罗 Pudgalaḥ
意生 Manujaḥ
儒童 Māṇavaḥ
作者 Kārakaḥ
使作者Kārāpakaḥ

受者Vedakaḥ **知者** Jānakaḥ
见者Paśyakaḥ
外境论者Bāhyārthavādī
经部者Santrāntikaḥ
毘婆沙师Vaibhāṣikaḥ
余部 Nikāyāntarīyaḥ
声论者Vaiyākaranaḥ
四姓 Catvāro Varṇāḥ
净行 Brōhmaṇaḥ
王种 Rṣatriyaḥ **商估**Vaiśyaḥ
农 Śūdraḥ **高种** Uccakualaṃ
贱种 Nicakulaṃ **六句义**Padārtha
毕竟无 Anyatābhāva
子微 Dyaṇuka
孙微 Trosareṇu
原子 Aṇus
事火派 Agnika
乱发派 gaṭila
自性 Prakṛiti
自生派 Svābhāvika
自在天派 Aicvarika(按《光记》卷七云:塗灰外道执自在天是作者,能生诸法。)
业因派 Rarmika
修行派 Yatnika

(附二)六师中二师义补

(按《杂阿含》卷三,富楼那迦叶计无因无缘众生有垢,无因无缘众生清净。又《瑜伽师地论》卷七云:有作是说,于此十四百千生门,六十千六百五业、三业、二业、一业、半业、六十二道迹。六十二内劫,百二十泥犁,百三十根,三十六贪界,四十九千龙家,四十九千金翅鸟,邪命外道,外道出家,七想劫,无想劫,阿修罗,毗舍遮,天、人,七百人,七梦,七百梦,七险,七百险,七觉,七百觉,六生,十增进,八大士地,于此八万四千大劫若愚若智往来经历究竟苦边彼无有沙门等作如是说我常持戒受诸苦行修诸梵行不熟业者令熟,已熟业者弃舍。进退不可知。此苦乐常住,生死定量,譬如缕丸掉著空中渐渐下来至地自住。如是八万四千大劫生死定量亦尔。当系天师中第三师义。)

《小乘诸部及梵名》

《异部宗轮论》之说

- 佛灭后年（百余年）
  - 上座部
    - （三百年初）
      - 说一切有部（又说因部）
        - 三百年中 犊子部（可住子弟子部）
          - 法上部
          - 贤胄部（贤乘部）
          - 正量部
          - 密林部
        - 化地部（正地部）（此与法上部等约同时出后于犊子部。）
          - ——法藏部（法护部）
        - 饮光部（善岁部）（三百年末出）
        - 经量部（说转部）（四百年初出）
      - 雪山部（又上座弟子部）（按《料简》卷一云：上座部分破已后转名雪山则雪山即上座也。此据《宗教史考》、《宗轮述》同料简，上座弟子部，从真谛师说。）
  - 大众部
    - （二百年）
      - 一说部
      - 出世部
      - 鸡胤部（灰山部）
      - 多闻部（此部少后于上三部，然皆但在二百年内分，未满二百年。）
      - 说假部（分别说部）
      - 制多山部
      - 西山住部
      - 北山住部
        - 此三部同时成立，当二百年满时。

《宗教史考》之说（附一）

- 上座部 Sthavira
  - 雪山部 Hāimavata
  - 根本说一切有部 Mūla-Stivādin
  - 即毗婆沙部 Vaibhashika 又 Vibhajyavādin
  - 犊子部或阅耆部 vatsiputriya Vṛjiputrika
    - 法上部 Dharmottarīya
    - 贤胄部 Bhadrayānika
    - 正量部 Sammatīya
    - 密林部 Ṣaṇḍārika
    - 不可弃部 Āvantaka
  - 化地部 Mahīśāsaka
  - 法藏部 Dharmaguptaka
  - 饮光部 Raśyapīya 又善藏部 Suvarshaka
  - 修多罗部 Sūtravādin 即问仁经量部 Sautrāntika
  - 僧伽兰提迦部 Saṃkrāntika 又：ウッタソーヤuttarîya
  - タンラシヤーテーヤTāmraśātīya
- 大众部 mahā-saighika
  - 根本大众部 Mūla-mahāsaṅghika
  - 一说部 Ekavyavahārika，Ekavyahārika
  - 出世部 Lokottaravādin
  - 鸡胤部 Kurkutika 又 Gokulika 又 Kukkuṭika 又 Kaukkkuṭapāda
  - 多闻部 Bāhuśrutīya 又 Bāhulika
  - 说假部 Prajñaptivādin
  - 东山部 Pūrvaśaila

西山部 Aparaśaila
制多部 Caitika, caityaśaila
王山部 Rājagirika
王部西山 Apara-Rājagirika 又 Vādrarika
悉达部 Siddhārtha
北山部 Uttara'saila
摩诃提婆部 Mahativaka
质多罗部 citra 又 citraka
末多利部 Mātalika 又 Vādrurika
（以上三部：不明）

锡仑上座部：
大寺部 Mahāvihāra
无畏山部 Abhayagiri 又法喜部 Dharmaruci
祇园部 getavāniyaḥ 又？部 Sāgalika

部：一，一说部；二，说出世部；三，鸡胤部；四，多闻部；五，说假部；
大天五事不同分为大众、上座两部。后即于此第二百年，大众部中分出八
（《续附一》）《料简》卷一云：「《宗轮论》说，佛灭后百余年，无忧王时，出家四众共议
唯取诵明论声以为常声，诠表定故。由所诠定故，能诠之声计为常也。」
也。问，明论之声为是诵彼明论声，为彼论中所明之声，说如常声。解云：
如是展转更有异计，即非本计，非明论声，本明论声，表诠诸法，即是常声
略之留八千字，经多时复有仙人畜一千字流行于世。如是四说，声论本计
大梵天王说十万字流行世间经多时天帝略之留一万二千字，后复有仙人
其体本多。声显亦尔。」又《别抄》卷一云：「声论计有本有末，本计云：时
常，此复二类：一者执内声常，其体是一，如大常真如；二者执内外声常
二计中一一皆有四种。且声生论有计内外声皆是常，二计内声常，外是无
（注八）《声论种类》——《入正理疏后记》上卷云：「声论师中总有二类：一声生；二声显，此
Codasra Sushtutim
其文云：Jasmai nūmam abhidhyare Vorā Virūpa nityayā voshne
（注七）《明论声常》——《印度宗教史考》云：声常住论之证典，为《梨俱吠陀》八卷六四之四。
此则须勘梵籍方知。然恐《宗教史考》之说是也。」
small and great connyance (V·Trijyāna) 而查 Shannugsrika 则无有。
discinles of Kā tyrā yana and studied The doctrines of both the
or by 密林部 The adherento of This school called lhemselves
《Hand book of Chinese Buddhism》则谓：「无畏山住部 or by 蕴山部
鸡胤部否。至若正量部，上座部之冠圣 Arya 则彼部之自尊称可知。更考
Abhayajirivāsinaḥ 此外又有高拘梨耶部 Kaurukullokāḥ 未知亦当于此之
祇园部作胜林部 getavāniyaḥ 。无畏山部作无畏山住部或作药山部
作 Vibhajyavādinaḥ，大寺部作大寺住部 Mahā vih āravāsinaḥ(法胜部)。
sātiyāh (或作铜鍱部) 则同此僧伽兰提迦部之第三梵名矣。又分别说部
欤？或二部亦有出入欤？待考。又犊子部有两梵音，一同此，一作 Tāmra
一切有部二名，考欧脱尔之书。无圣说一切有部，其有部弟子自尊之号
传而定。然《梵汉辞典》中有「圣说一切有部」Āryasarvāstivādāḥ 及根本说
史》及《大史》所传，西藏所传，正量部所传，义净所传，八世纪一切有部所
（附一）《考诸说异同》——《宗教史考》之说，像杂糅《舍利弗问经》所传，大众部所传《锡仑岛

86 附1

六，制多山部；七，西山住部；八，北山住部，并本大众合说有九。其上座部，尔时犹一味和合，三百年中方有乖诤，分出十部：一、说一切有部；二、犊子部；三、法上部；四、贤胄部；五、正量部；六、密林山部；七、化地部；八、法藏部；九、饮光部；十、经量部，并本上座合十一。两部本末有二十部，除本唯十八。真谛所翻《部执》于大众中略根本大众及西山住部强成十八。《文殊问经》虽说二十，翻家于大部但说为八，上座部内为十二。于雪山外别说上座新旧部执，此不了上座同雪山，遂开二部，依《舍利弗问经》从上座部出十三部，从大众部出八部，此违经论，译家错也。」按南方佛教所传小乘派别源流，详于《岛史》、《大史》等籍。略谓佛灭后百年至二百年间，分十八部。先有上座、大众两宗，上座次分犊子、化地二部。犊子次分法上、贤胄、六城、正量四部。化地次分说一切有，法藏二部。说一切有次分饮光。饮光次分转，说经二部。如是本末十二部。其大众中次分鸡胤、一说二部。鸡胤次分多闻，说假二部。后又分制多部，如是本末六部，与北方《异部宗轮论》说异。又锡兰《菩提史》谓阿育王时大众宗中有以外道义杂入佛说者。因分六部，先有雪山部，次有王山、义成、西山住、东山住四。此四称案达罗派，又次有西王山部合为六。又后世锡兰更有分别说（即南方上座本宗）北道，大空，说空性，说因等部。南传小乘各部执义，有《论事》一书。原名 kathaoatthu，相传阿育王第三次结集时，上座目犍连子帝须所出。（当佛灭后二百二十余年）后即流布锡兰，口相授受。佛灭四百年始有巴利文定本，又五百年而注书曰品类义释者成（相传觉音作）。西纪一九一五年，缅学者翁曾氏与英 mrs·Rhys Dauids 校译，英文名曰：The point of controversy 此《内学》第二辑。《南传小乘部执》所云然。

（续注八）《义林》卷一云：「声显论者声住本有，待缘显之，体性常住。此计有二：一、多；二、一。此二之中各有二种：一计全分内外诸声皆常住。二计一分内声是常，外声是无常，非能诠故，故声显论总束为四，计一计多各通内外。其声生论计声本无待缘生之生已常住由音响等所发生故。此计有二，谓计一计多，亦各开为二，总束为四，全分一分，皆如上说。」

大天五事

1、余所诱——《宗轮述》卷上云：「烦恼漏失阿罗汉无，犹未能免不净漏失。以诸天魔见修善者便往坏之，纵罗汉亦为其娆。」

2、无知——又云：「染污无知，阿罗汉无，不染污无知，罗汉犹有。故不能自知得果差别。」

3、犹豫——又云：「随眠性疑，罗汉已断，处非处疑，罗汉未断，故于谛实中犹怀疑惑。」

4、他令入——又云：「阿罗汉但由他人，不能自知。如舍利子智慧第一，目连神通第一，佛若未记，彼不自知，故于自解脱，都无现智能自证知，但由师之令入。」

5、道因声故起——又云：「诸圣道若不至诚称苦召命，终不现起。」

明论部起由及名——又云：「一说部说世出世法皆无实体，但有假名，名即是说。《文殊问经》云执一语言部谓所执与僧祇同故言一说，非。真谛同此。『说出世部』明世间烦恼从颠倒起，此复生业，从业生果。颠倒不实，故世间法但有假名，都无实体。出世法非颠倒起，道及道果皆是实有。《文殊经》注可称赞者，真谛云出世说者，『鸡胤部』亦云憍矩胝部。《文经》云律主姓。真谛云灰山住部，非。此部唯宏对法。如颂云：随宜覆身，随宜住处，随宜饮食。疾断烦恼。故以律为方便。又云：若讲经必憍慢，不得解脱。须舍为说心应依正理勤行断惑，故知经是方便，唯对法是正理。「多闻部」从德为名，或云祀皮衣无学于大众中宏其三藏，深于大众，过旧所闻，或名多闻。「说假部」此部说世出世法中皆有少假。真谛云分别说部，《文经》无此部。旧云大迦旃延在大众部中于三藏教明此是世尊假名而说，此是实义而说。此部即大迦多衍那弟子所宏通也。『制多山部』从第二大天所住为名。西北山住二部，从不和大天者所住为名。真谛制多日支提，无西山《文经》亦尔。加东山。『上座部』本宏经藏以为上首，以律对法为后宏宜。至三百年初，迦多衍尼子出于上座部出家，先宏对法，后宏经律，乃小乖诤。『一切有部』者一切有二：一有为，二无为。有为三世，无为离世。其体皆有，名一切有。『犊子部』真谛云可住弟子部。《文经》注犊子是律主姓，是也。『法上部』，法上律主名。『贤胄部』，贤者部主名，胄苗裔义。『正量部』，此部所立甚深法义，刊定邪目称正量。『密林山部』，从部主所居立名。《文经》云：『药山部』。或言，此等四部释舍利弗阿毗达摩，义有少者，足之，后各造论取经义添著，既乖大旨，遂分部也。『化地部』，部主本是国王，舍国出家，化地上人，从本为名，名化地。真谛云：正地部，部主是王师。《文经》云：大不可弃非也。『法藏部』，从部主名，亦名法密，此师说总有五藏：经、律、论、咒、菩萨。自称袭目连氏为师。『经量部』唯依经为正量，不依律、论，自称以阿难为师。此师说有种子，唯一种子现在相续，转至后世，故又言说转。『饮光部』等可知。」

《小乘异执》(注九)

(更勘《藏要》本《异部宗轮论》之校注。)

异执

明本宗末宗——《成唯识论述记》卷中云：「本宗同义者，如大众一说等四部根本初诤立义之时，所同之义名本宗同义，别部已后于自宗中后别立义。乘初所立与本宗别名末宗异义。」

(《中论疏》卷七末亦略有此说)

大众部

大众，一部说出世，鸡胤四部本宗同义(附四)

1、诸佛世尊皆是出世——《成唯识论述记》卷中云：「此部说世尊之身，并是出世，无可过故，唯无漏故。」

2、一切如来无有漏法。

3、诸如来语皆转法轮。

4、佛以一音说一切法。

5、世尊所说无不如义。

6、世来色身，实无边际。《成唯识论述记》卷中云：「佛经多劫修得报身，圆极法界，无有边际，所见丈六，非实佛身，随机化故。真谛云：佛身有三无边。一量无边，随宜现大小身故；二数无边；三因无边。佛身诸法一一皆以无量善根为因起故。此理不然，萨婆多等诸部亦有此三无边，有何差别而今叙之？今此意说佛报身无边际，异他故叙。」摄许真谛义亦无失。

7、如来威力亦无边际。

8、诸佛寿量亦无边际。

9、佛化有情令生净信，无厌足心。

10、佛无睡梦。

11、如来答问，不待思惟。

12、佛一切时不说名等，常在定故，然诸有情谓说名等，欢喜踊跃——《成唯识论述记》卷中云：「谓佛不思名句文等，任运自成名句文，有情谓佛思名等故方始为说欢喜自庆，踊跃进修。」

13、一刹那心，了一切法。

14、一刹那心相应般若，知一切法。——《成唯识论述记》卷中云：「此明佛慧一刹那时与心相应，亦能解知诸法。」

15、诸佛尽智无生智恒常随转，乃至入灭。

16、一切菩萨入母胎中，皆不受羯剌，蓝頞部昙闭尸，犍南，为自体。——《成唯识论述记》云：「显菩萨别有清净，造色大种诸根顿具以为自体。」

17、一切菩萨入母胎时作白象形。

18、一切菩萨出母胎时，皆从右胁生。

19、一切菩萨不起欲想、恚想、害想。

20、菩萨为欲利有情，愿生恶趣，随意能往。

21、以一刹那现观边智，遍知四谛诸相差别——《成唯识论述记》卷中云：「其见道中虽亦一刹那能知四谛然但总了，未能别知，意断感故未正分别，未能取四谛差别之相。故见道后边更别起智。」

22、眼等五识身，有染有离染。

23、色无色界，具六识身——《成唯识论述记》云：「无色界有细无粗，故名无色。色色胜欲色，劣于无色色，名色界。」

24、五种色根，肉团为体。

25、眼不见色，耳不闻声，乃至身不觉触。

26、在等引位，有发语言，亦有调伏心，亦有诤作意。《成唯识论述记》云：「非极调顺，名有诤。不可许亦起染识名净。」

27、所作已边，无容受法。

28、诸预流者，心心所法能了自性。

29、承认大天五事。

30、苦（苦受）能引道，苦言能助。

31、慧为加行，能灭众苦，亦能引乐。

32、苦亦是食——《成唯识论述记》云：「地狱食热铁故，此许三受是食。」

33、第八地中亦得久住。——《成唯识论述记》云：「言预流向。」

34、乃至性地法皆可说有退——《成唯识论述记》云：「性地法者即世第一法。」

35、预流者有退义，阿罗汉无退义。——《述》云：「第二三果如初果亦有退者。不疑，不说。」

36、无世间正见，无世间信根。

37、无无记法。——《成唯识论述记》云：「上二界惑唯不善，二通变化心是善性摄。」

38、入正性离生时，可说断一切结。

39、诸预流者造一切恶，唯除无间。

40、佛所说经，皆是了义。

41、无为法有九种（考《瑜伽师地论》卷八十九、《别破余部》。）

42、心性本净，客尘随烦恼之所杂染，说为不净。

43、随眠非心，非心所法，亦无所缘。

44、随眠异缠，缠异随眠，应说随眠与心不相应，缠与心相应。

45、过去未来，非实有体。——《成唯识论述记》云：「现在体用，可名实用。」

46、一切法处，非所知，非所识，是所通达。——《成唯识论述记》云：「法处即是意所对观，此非泛尔世俗智所知，亦非有漏散识所识，要于六通随分得者及见真理者之所通达。」

47、都无中有——《成唯识论述记》云：「前灭后即生，中无间隔故。」

48、诸预流者，亦得静虑。

四部末宗异义

1、如如圣谛，诸相差别，如是如是，有别现观——《成唯识论述记》卷下云：「前二句显四谛相各有差别，后之二句显四谛智各各别观。此观智可云十六心观，若本宗可云四心观。」

2、有少法是自所作，有少法是他所作，有少法是俱所作，有少法从众缘生。

3、有于一时，二心俱起——《成唯识论述记》卷下云：「本计诸识各别念生。」

4、道与烦恼，各俱现前。

5、业与异熟，有俱时转。

6、种即为芽。

7、色根大种有转变义，心心所法无转变义。

8、心遍于身——《成唯识论述记》云：「即细意识遍依身住。」

9、心随依境，卷舒可得。

多闻部本宗同义——一、佛五音是出世教，谓无常，苦，空，无我，涅槃寂静，此五能引出离道故，如来余音，是世间教。二、承认大天五事，余执同一切有部。

说假部本宗同义——一、苦非蕴；二、十二处非真实。（以有依缘积聚假义故。十八界亦非实。虽积聚假，义释于蕴，蕴体非假，无依缘故。）三、诸行相待，展转和合，假名为苦，无士夫用。四、无非时死，先业所得。五、业增长为因，有异熟果转。六、由福故得圣道，道不可修。七、大道不可坏。余同大众部执。

制名山，西山住，北山住三部本宗同义——一、诸菩萨不脱恶趣。二、于窣堵波兴供养业，不得大果。三、承认大天五事，余同大众部说。

上座部

一切有部本宗同义「（）中皆《成唯识论述记》卷下文。」

一、诸法有者皆二所摄。一名（四蕴、无为）二色。

二、过去未来，体亦实有。

三、一切法处皆是所知，亦是所识及所通达。

四、生老住无常相，心不相应行蕴所摄。

五、有为事有三种（三世）无为事亦三种（择非择及虚空。）

六、三有为相别有实体。

七、三谛是有为，一谛是无为。

八、四圣谛渐现观，依空无愿，二三摩地俱容得入正性离生，思惟欲得入正性离生，若已得入正性离生。

九、十五心烦说名行向，第十六心说名住果。

十、世第一法，一心三品（三乘人成三品。）

十一、世第一法定不可退。

十二、预流者无退义，阿罗汉有退义。

十三、非诸阿罗汉皆得无生智。

十四、异生能断欲贪嗔恚，有诸外道能得五通，亦有天中住梵行者。

十五、七等至（四禅、三无色）中觉支可得，非余。

十六、一切静虑皆念住摄。

十七、不依静虑得入正性离生，亦得阿罗汉果。

十八、若依上二界身虽能证得阿罗汉果而不能入正性离生，依欲界身，非但能入正性离生，亦得阿罗汉果。

十九、北俱卢洲无离染法，圣不生彼及无想天。

二十、四沙门果非定渐得，若已先入正性离生，依世俗道有证一来及不还果可说。

二十一、四念住能摄一切法。

二十二、一切随眠是心所，与心相应，有所缘境。

二十三、一切随眠皆缠所摄，非一切缠皆随眠摄。

二十四、缘起支性，定是有为。

二十五、亦有缘起支随阿罗汉转。（或无明、爱、取、生、四支、或受一支。其业已得果行分摄，未得果有分摄，更无异有支随无学转。）

二十六、有阿罗汉增长福业。

二十七、唯欲色界定有中有。

二十八、眼等五识身有染无离染，但取自相，唯无分别。

二十九、心心所法体各实有，定有所缘。

三十、自性不与自性相应，心不与心相应。

三十一、有世间正见有世间信根，有无记法。

三十二、诸阿罗汉亦有非学非无学法。

三十三、诸阿罗汉皆得静虑，非皆能起静虑现前。

三十四、有阿罗汉犹受故业。

三十五、有诸异生住善心死。

三十六、在等引位必不命终。

三十七、佛与二乘解脱无异。

三十八、三乘圣道各有差别。

三十九、佛慈悲等不缘有情，执有有情不得解脱。

四十、菩萨犹是异生，诸结未断，若未已入正性离生于异生地未名超越。

四十一、有情但依现有执受相续假立说一切行刹那灭。

四十二、定无少法能从先世转至后世（以我无故。）但有世俗（假我）补特伽罗说有移转，活时行摄，即无余灭。无转变诸蕴。（随活时行，摄无余灭，法即灭故，不移至后世，无实法转变至后世。前实我无转，今法实无转，皆破实我法。）

四十三、有出世静虑，寻亦有无漏，有善是有因。

四十四、等引位中无发语者。

四十五、八支圣道是正法轮，非如来语皆转法轮。

四十六、非佛一音能说一切法。

四十七、世尊亦有不如义言。

四十八、佛所说经非皆了义，佛自说有不了义经。（末宗异义，其类无边。）

雪山部本宗同义——一、诸菩萨犹是异生。二、菩萨入胎，不起贪爱。三、无诸外道能得五通，亦无天中住梵行者。四、承认大天五事。余执同有部。

（附五）

犊子部本宗同义——一、补特伽罗非即蕴离蕴，依蕴界处假施设名。（佛言无我，但无即离蕴之我，实有我非有无为，既不可说亦不可言形量大小等乃至成佛，此我常住。）二、诸行有暂住，亦有刹那灭。三、诸法若离补特伽罗，无从前世转至后世。依补特伽罗，可说有移转。四、亦有外道能得五通。五、五识无染，亦非离染。（但有无记。）六、若断欲界修所断结名为离欲，非见所断。（离色界等亦尔。）七、即忍、名、相、世第一法名能趣入正性离生。若已得入正性离生，十二心顿说名行向，第十三心说名住果。（十二心者，此中谛别有三心：一、苦法智，即观欲界苦；二、苦法忍，复观欲界苦谛，惑断未尽，以犹有上界惑故，重观断等。三、苦类智，即合观色无色界苦，以苦谛三界尽故，不复重观故合十二心。第十三心或说即道类智第二念相续心，或总观四谛心，次第超越，得果皆尔，次第得第二三果如常。）因释颂言：已解脱更堕，堕由贪复还，获安喜所乐，随乐行至乐，执义不同从此部流出法上等四部。（法上等四部执义别四释一颂，以旧四释：一、阿罗汉中有退住进；初二句释退，次一释住，后一释进。二、三乘无学，初二句释阿罗汉，次一释独觉，后一释佛。三、四果有六种人，一、解脱人即预流初得解脱故；二、家家人，即第二果向；三、一来果人；四、一向人；五、不还人；六、阿罗汉人。已解脱一，更堕二。堕由贪第四人，复还者第三人第三句第五人，第四句第六人。四.六种无学，退、思、护、住、堪达、不动。已解脱是第二人，更堕是第一人，堕由贪是第三人，复还第四人，第三句第五人，第四句第六人。）

化地部本宗同义

1、过去未来是无，现在无为是有。

2、于四圣谛一时现观，见苦谛时能见诸谛，要已见者能如是见（一时现观是见道。见苦谛等是修道。）

3、随眠非心，亦非心所，亦无所缘，异缠。

4、随眠自性，心不相应。缠自性，心相应。（注：原文缺5。）

6、异生不断欲贪嗔恚，无诸外道能得五通，亦无天中住梵行者。

7、定无中有。

8、无阿罗汉增长福业。

9、五识有染，亦有离染。

10、六识皆与寻伺相应

11、亦有齐首补特伽罗（即不（还？）者生有顶地不能起下无漏圣道得无学果至命欲尽其结自尽，得阿罗汉乃至般涅槃，名为齐首，谓生地之首，即有顶地。）

12、有世正见，无世间信根。

13、无出世静虑。（别有无漏九地不名静虑，无漏故，但名为定。）

14、亦无无漏寻，善非有因。（伺通无漏，善非有因者不为生死正因感故。若助不善业，令感人天，亦有此理。）

15、预流有退，诸阿罗汉定无退。

16、道支皆是念住所摄。

17、无为法有九种。（考《瑜伽师地论》卷八十九例破余部）。

18、入胎为初，命终为后。

19、色根六种皆有转变，心心所法亦有转变。（不同有部，前法灭已，后于未来法生至现在，今言前法于现在灭已，无别有法从未来来，但由前法为因力引后法起，转变义成。）

20、僧中有佛，故施僧者便获大果，非别施佛。

21、说一切行皆刹那灭。

22、佛与二乘皆同一道，同一解脱。（非佛与二乘一切种智作用亦同。然道是一，即声闻乃至为佛时，即旧道体不改，性类是同。）

23、定无少法能从前世转至后世。

化地末宗异义——一、实有过未。二、亦有中有。三、一切法处皆是所知，亦是所识。四、业实是思，无身语业。五、寻伺相应。六、大地劫住。（非刹那灭，同正量部等解。）七、于窣堵波兴供养业所获果少。八、随眠自性恒居现在。（生诸法故，虽有过未，现在不断。）九、诸蕴处界亦恒现在。（云即种子。三科恒现在唯能生诸法。此部末宗，因释一颂，执义有异。颂云：五法定能缚，诸苦从此生，谓无明，（三界无明）、贪（欲贪）、爱（上二界爱），五见及诸业（三业）。（又无明即无明支，贪爱即爱支，五见即取支，以用增故，业即行有，故此五法常能缚得令识等七生。）

法藏部本宗同义——一、佛虽在僧中所摄，然别施佛果大非僧。二、于窣堵波兴供养业获广大果。三、佛与二乘解脱虽一，而圣道异。四、无诸外道能得五通。五、阿罗汉身皆是无漏，余同大众部执。（此部无学，未必许有退义。）

饮光部本宗同义——一、若法已断已遍知则无，未断未遍知则有。（法谓烦恼。）二、若业果已熟则无，果未熟则有。三、有诸行以过去为因，无诸行以未来为因。四、一切行皆刹那灭。五、诸有学法有异熟果，余同法藏执。

经量部本同宗义——一、诸蕴有从前世转至后世。二、非离圣道有蕴永灭（六行不能断烦恼，但伏。）三、有根边蕴，有一味蕴。四、异生位中亦有圣法。五、执有胜义补特伽罗（但是微细难可施设，即实我也。）余执多同说一切有部。

《小乘佛性有无》——《佛性》卷一云：「分别部说，一切凡圣众生并以空为其本，所以圣凡众生皆从空出，空是佛性，佛性者即大涅槃。毗昙萨婆多等说一切众生无有性得佛性，但有修得佛性。分别众生凡有三：一定无佛性，永不得涅槃，是一阐提犯重禁者；二不定有无，若修时即得，不修不得，是贤善共位以上人故；三定有佛性，即三乘人。

86 附 2

一声闻从苦忍以上即得佛性；二独觉从世法以上即得佛性，三菩萨，十回向以上是不退位得于佛性。」《俱舍宝疏》卷一云：「检《宗轮论》本宗部中无『分别部』，亦无有执有佛性宗，详其旨趣分别部者是末宗异计，立佛性者是末宗异义，『分别部』中不诵有部所引经故而不全信心生疑惑，『一切有部』，以皆共许阿含等经如来性力知种种界成立无性，『分别部』说，复以四义求有佛性，『有部』即以五义重破……以『分别部』说依小乘宗立有佛性违越契经，于小乘中未说有故。《涅槃》经云：九部经中无方等经是故不说有佛性也。又云，我于二乘经中未闻一阐提等悉有佛性，由此「慈氏」菩萨于《声闻地》述『有部』等计破『分别部』说。「世亲」菩萨依方等经述《佛性论》破小乘执，只破有部等计顺大乘故，后代读《瑜伽》者以《声闻地》破有性故，《涅槃》说一切众生悉有佛性是不了义，《佛性论》伪惑之甚也。《瑜伽》于《菩萨地》后《五识身相应地》立一切众生悉有佛因，即是真如所缘缘种，一切众生平等有又与涅槃第一义空佛性一切诸佛阿耨菩提中道种子无差别也。又《涅槃》第一义定佛性亦非空非不空，感然与善法为种子故，有何差别也。」可知，「奘门」于佛性有无，有二派争执也。

（附三）《百论》一卷云：「『勒沙婆』弟子诵《尼乾子经》，言五热炙身拔发等受苦法是名善后。又有诸师行自饿法投渊赴火自坠高岩寂默常立持牛戒等是名善法。」《吉疏》卷三云：「尼犍子亦名那耶修摩，旧云：《尼犍子经》说有十六谛，……又有诸师下，此皆『勒沙婆』部中技流出也……」

（附四）「圆晖」《俱舍疏》卷一云：「一说、大众、鸡胤，说出世四部奉宗一切诸法无非假，但有言说。经部宗一切法少分实有，多分是假。若萨婆沙多一切有法为所奉宗。」《麟记》卷一云：「今译若一说全假可然，出世部即许出世之法则有实体。故知言四并假未为尽理。又言大众部即本末通论非十八部数也。真谛云：大众部，住央掘多罗国□王舍城地，此部弘《华严》、《涅槃》、《胜鬘》、《维摩》《金光明》等经；鸡胤部不弘经律，谓经律是方便教，佛自有处破经律，故唯弘对法，坐禅断惑。言经部所立少分实者，如言过未是假，唯现在实，及三科法蕴处并假，唯界是实，又不相应等是假立也。」

（附五）《婆沙》卷二谓：「犊子惟」六或七与有部不同。余多相似。六或七执列举应考。

《俱舍光记》卷三十云：「犊子部执有补特伽罗数取五趣，其体实有。与彼五蕴不一不异，彼计我体非断非常，应与蕴一，蕴灭我灭，我等应断，不可言一。若与蕴异，蕴灭我不灭，我应是常，不可言异。」又云：「犊子部立所知法藏，总有五种，谓三世为三，无为第四，不可说第五。即补特伽罗是不可说摄。彼宗立我若在生死与三世五蕴不可定说一异。若舍生死入无余涅槃，又与无为不可定说一异。」《宝疏》卷二十九云：「此五法藏同《大般若》五种法海，谓三世无为不可说，不可说者是胜义谛。犊子部不染邪智谓胜义谛，是其我体，不同外道染污邪智执有实我是我见摄。」按「宝」说有理，《成唯识论》卷三十，固有云：「如是一类执有不可说补特伽罗，后有一类总拨一切法体皆非有，外道执有别真我性，此等一切见不如理，皆不能免无解脱过。」亦以「犊子」说与外道说分为二路者也。

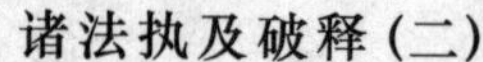

诸法执及破释(二)

12，小乘十一部

色

破

有对色

破所成有对极微不成

b，大乘答

ㄇ，破所缘缘

二、正破执

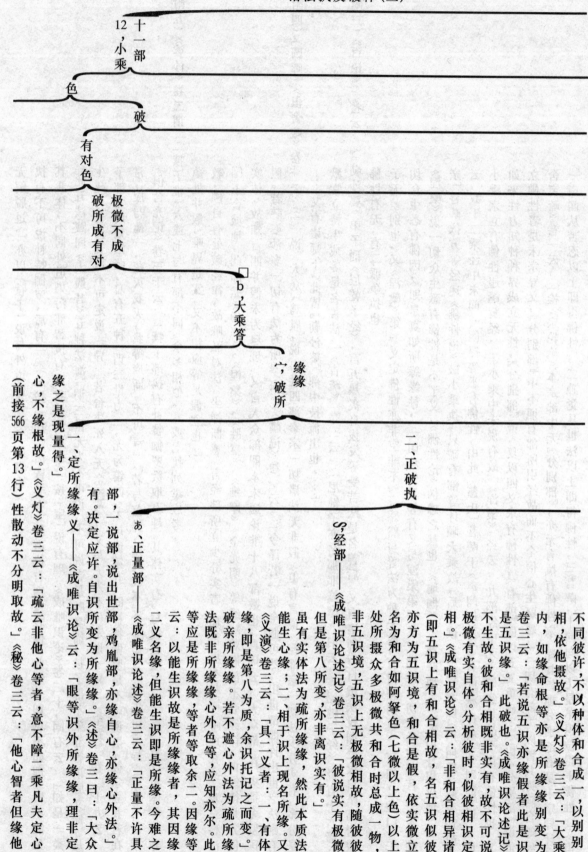

ㄅ、经部——《成唯识论述记》卷三云：「彼说实有极微非五识境，五识上无极微相故，随彼彼处所摄众多极微共和合时总成一物，名为和合如阿拏色(七微以上色)以上亦方为五识境，和合是假，依实微立(即五识上有和合相故，名五识似彼相。」《成唯识论》云：「非和合相异诸极微有实自体。分析彼时，似彼相识定不生故。彼和合相既非实有，故不可说是五识缘。」此破也。《成唯识论述记》卷三云：「若说五识亦缘假者此是识内，如缘命根等亦是所缘缘别变为相，依他摄故。」《义灯》卷三云：「大乘不同彼许，不以种体和合成一，以别别

ㄆ、正量部——《成唯识论述》卷三云：「正量不许具二义名缘，但能生识即是所缘。今难之云：以能生识故是所缘缘者，其因缘等应是所缘缘，等者等取余二。因缘等法既非所缘缘心外色等，应知亦尔。此破亲所缘缘。若不遮心外法为疏所缘缘，即是第八为质，余识托记之而变。」《义演》卷三云：「具二义者：一、有体能生心缘；二、相于识上现名所缘。又虽有实体法为疏所缘缘，然此本质法但是第八所变，亦非离识实有。」

一、定所缘缘义——《成唯识论》云：「眼等识外所缘缘，理非定有。决定应许。自识所变为所缘缘。」《述》卷三曰：「大众部，一说部，说出世部，鸡胤部，亦缘自心，亦缘心外法。」

(前接566页第13行)性散动不分明取故。」《秘》卷三云：「他心智者但缘他心，不缘根故。」《义灯》卷三云：「疏云非他心等者，意不障二乘凡夫定心缘之是现量得。」

外真实极微。」《学记》卷二云：「众□言缘一切境故。许有极微尚有此色，况无识等境，其缘色境之识应亦得缘。）一识应之识，即是缘微细相之识若许尔者余声虽细相，瓶虽相粗以体一故，彼缘瓶粗相相境，勿余境识缘余境故。（若言见微，微微，各各应舍，微圆相故，非粗相识缘细缘彼相识应无别故，共和集位，一一极未集时体相一故；瓶瓯等物，极微等者唯识论》破云：「彼执不然，共和集位与识，以相粗故，识有此相，故所缘缘。」《成七微相资皆有阿拏色。是实法故，有力生和集时展转相资，各有粗相生。如阿拏色等虽有多相，一分是现量境，此诸极微共相故。今救言，共五识上亦有极微相，色「前破极微是缘非是所缘，以五识上无彼

え、新有部众□师——《成唯识论述记》卷三云：

相生为五识境。」但不相资，新师后更正解展转相资，有粗师共和合位可与五识各作所缘即有粗相，等极微，非五识境。」《义灯》卷三云：「古此诸极微体相有异故和合位如不合时。色不和合时无此相故。非和合位与和合时，相。（故非是所缘。）非诸极微有和合相，故。」《成唯识论》破云：「此识上无极微相，各能为缘发生五识，以有实体能缘发生五识。今和合时一一极微有和合粗云：「彼云极微和合所成是假，不能为缘

（注六）

う、古萨婆多毗婆沙师——《成唯识论述记》卷三

假，非无体假故。」识所生之色一体密合故不是假。又设许种共生一现，以本同缘于一质故，种在一

处既尔乃至触处亦不缘假，唯缘本质实四大为境缘之作大小相非五识能缘作大小解，即是假形。色变，眼识缘之。无大小解今谈之为大小等也。意识唯意缘故。此中所言随大小者，随其显识大小顿假色，色处所摄。若以别根境相对长等法处收，缘之，五识同时意识明了，取得长短等，故长等量，明了缘自相故。如色处中唯青黄等实。眼识西方二释，前义胜如下：五唯缘实，五识唯现如何言随大小又如何说长等假色，色处收。答：为缘假实若缘长等即同经部，应无缘义。不尔，一，不同卫世。问如色等法，形表等假五识缘时以成大也。所言一相，是假一相形假似一实非是相，非别变作众多极微，合成一物，即不从于小根尘等义，随其相分形量大小，其能变识顿现一可名挟带。定相随故，彼不尔。大乘述能成所成别影像，不同正量部心，萨部极微者，我色近识执相名无相，仍有体相。）眼缘心上所变之色无有似境相，而亦挟带真如体起。又真如无遍计所起，名为所缘。相者体相。（无分别缘真如时，无即有体，见托彼生，即是缘义。然心起时，带彼相法。若缘本质有法，无法心内影像定必须有。此为所缘缘，是依他性有体法故，不缘心外所执无

（考色聚及色蕴相）

三、结归正义——《成唯识论述记》卷三云：「以自内识所变之色细相。」

体故。又此粗相唯现在有非过未有，不同相入。然彼粗相与极微体无别生灭无异涉入。七种粗相更相涉入如经部宗大造七粗相一一皆与七微量等。然七微不相一本微圆相；二新和集相，且七微合彼极微散时非五识境共和集时皆有二相：

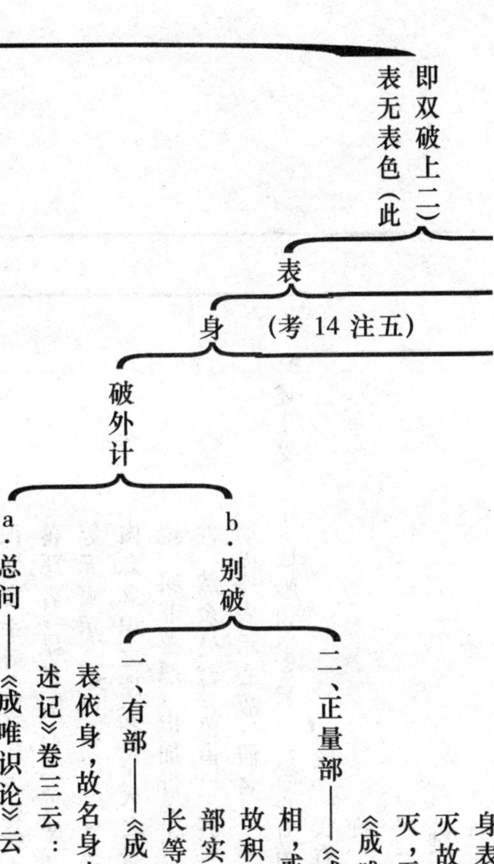

表无表色(此即双破上二)

表

身 (考 14 注五)

破外计

b·别破

二、正量部——《成唯识论述记》卷三曰：「彼计身业以动为体。」《成唯识论述记》云：「若言是动，亦非实有，才生即灭，无动义故。有为法灭，不待因故，灭若待因，应非灭故。若言有色，非显非形，心所引生能动手等，名身表业理亦不然。(此曰出论者即经部本师，亦名譬

一、有部——《成唯识论》云：「若言是形，便非实有，可分析故，长等极微不可得故。」《成唯识论述记》卷三云：「有部实有形故。外人救曰：此实有性有别长等极微性故积集长性微即成长。故非表是假。若尔应失微本圆相，或应极微有别长形者，故表是假，宁为实有。」

a·总问——《成唯识论》云：「且身表色，若是实有以何为性？」《成唯识论述记》卷三云：「身者积聚义，依止义。表谓表示，色处表色，以表依身，故名身表。」

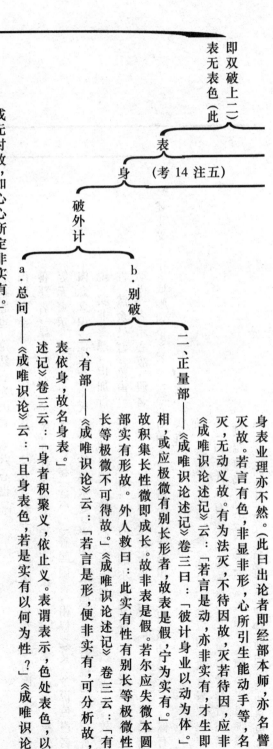

无对色——《成唯识论述记》卷三云：「无对色即法处色。量云无对色定非实有许色所摄。色种类故，如有对色，或无对故，如心心所定非实有。」

境，不缘分位涩滑等触，经部许缘故。」者谓大小相也。不同经部等五，身根但得四大实眼等为门缘色作长等解故亦色处收。言即是假形一相解故不同卫世。……由意识者五识同时意依等一相、名假一相而变不是形等一相当变之时非变。《义演》卷三云：「今言顿现一相者、形虽似长或中或大又非极微集成色聚，故知粗色而但顿聚中曾无极微生，若从自种生时唯聚集生，或细粗色，所以顿变，不以微成。如《瑜》卷三云：于色成」。《秘》卷三云：「顿现一相等者，无实微能生识边际。由此应知诸有对色皆识变现，非极微可析。若更析之便似空现不名为色，故说极微是析至不可析，彼说极微。虽此极微犹有方分而不，不同经部。诸瑜伽师以假想慧于粗色相渐次陈

12、小乘
十一部

喻师。）此若是动，义如前破。若是动因，应即风界，（风能动故）风无表示，不应名表。又触不应通善恶性（谓许此风有表，即通善恶。若许风有善恶者不然触入摄故。）非显、香、味、类、触应知，故身表业定非实有。」

述正义——《成唯识论》云：「然心为因，令识所变手等色相生灭相续，转趣余方，似有动作，表示心故，假名身表。」《成唯识论述记》卷三曰：「大乘五尘皆无记性。然余处言，色声二处通善恶者：一为随顺小乘等说，二为表示内心等说。实非善恶。由加行心为等起因，显随心之善恶简余香等扶根诸尘。故令内念念识之所变。生灭之身，往趣余处，表示心故，假名善恶，说为身业。香等无表示，不可名表。」《义演》卷三云：「等起因者，相似之义。今说色声名善恶者，显是随心之善恶，非性是善恶也。实本体是无记。念念等者，第八识所变手等念念生灭相续也。」《蕴》卷一云：「随顺小乘者，有部等色声体通善恶也。论然心为因者，第六心也。」

语

破外计

a、总相——《成唯识论》云：「诠（语？）表亦非实有身性。」《成唯识论述记》卷三云：「语谓语言，音声为性，语体即业，名为语业，此能表了所欲说义，故名语表。」

b、破有部——《成唯识论》云：「一刹那声，无诠表故，多念相续便非实故。」又《成唯识论述记》卷三云：「彼宗除佛余一刹那声不能诠故。又以理证，设汝说佛一刹声亦不能（注二）诠。」《学记》卷二云：「《婆娑》卷十五云：「声闻多刹那声能说一字。佛一刹那声能说一字。」《义灯》卷四云：「色中别立表色，声中不立者，色法显现故。」

述正义——《成唯识论》云：「然因心故，识变似声，生灭相续，似有表示，假名语表。」《成唯识论述记》卷三云：「言因心者，简唇口等此时虽动，然非语业非因心故。」

无表

破执——《成唯识论述记》卷三云：「汝无表色，亦非实有，色所摄故，如有对色。若大众法密部别立无表色，谓身勇，身精进，若心勇等心所摄。上座胸中色物亦法处摄，今倒破之。」《蕴》卷一云：「身勇身精进者，大众等计别有实无表色在内身中能令身有勤勇进发。心勇非无表摄者，心所法中以有勤及行等即是己立讫。又彼不能勤勇于色故不立于无表色。」

述正义

总言——《成唯识论》云：「依思愿善恶分限，假立无表。」《成唯识论述记》卷三云：「依思是定道戒，愿谓散无表，或思起愿作善恶多少时节分限。或由异想或由异缘，未起已来，所造善恶时节分限，于此思上假立无表。」《义演》卷三云：「依思是定道戒者，即现行思，若散位，兼现种也。或由异等者，即善恶望善名异思，恶友望善名异缘。如正造善时恶友未起已本名善分限造恶翻此。无表戒者，如造善求戒时，内防身语令恶不起名无表戒。若造恶伏善不起但名无表。于此思上假立无表者，意说内防身语思作用强故说现思而为业体即依遍行思上假立无表戒。」（注一）

别释

散无表——《成唯识论》云：「依发胜身语善恶思种，（注四）增上位立。」

（注三）

《成唯识论述记》卷三云：「依谓所依，显假依实。殊胜思者，简下中思不发无表，身语者显古义，发善恶者，显性非无记。恶者不律仪等。增长位者简前及后，谓加行时。种未增长及后舍已种不增长。今有善恶戒时，种子增长，刹那刹那，七支倍倍，……又思种子者，显所依体而非现行，发身语者，简意业。不发身语者，是意业故，又远近二思名意业，非第三思正发业者。今言正发，简初二思又简远近及与刹那，第三思是近因等起，故说发言。又解此思为色，所以发身语善色故，或止身语恶色。故《显扬论》云：诸律仪色，依不现行法建立色性。此中善戒言发身语者，彼说决定得色名因，定道合说，此显差别，定道不发业故。」《蕴》卷一云：「远即审虑，近即决定从第三思熏种已后，更有余思名刹那思。由熏种已相续现故，名者刹那，非是种用增时名刹那。《显扬》等者，身语恶色名不现行，彼唯依此建立色性。今此论云发身语者即依现行建立色性。次疏会《显扬》文有二意：言决定得色名因者诸律仪等无有不止恶身语者故名决定。《显扬》约决定故言依不现行之色性也。言定道合说者，以定道戒不发身语唯能止恶故唯言不现行法。（八地以上定道二思能发善身语。）定道不发业者约二乘说。」《秘》卷三云：「及与刹那者，其动发思发身语者多为近因为因引起身语二故，故名等起能起名起。第二念后心心所等但名刹那，刹那刹那自相引起。近因起者名之为转，依彼现种立表无表。

（注一）《无表色义》《义演》卷三云：「无表者诸宗不同，依有部身语二业皆有无表用法处色以为体性，无见无对四大所造实而非假。若依经部自有两释：一依成实论云非色非心以为体性，非大所造非色非缘虑故非心，二依《俱舍》卷十三云：「思所熏习微细相续转变功能差别说为无表不别建立非色非心大乘无表是法处色假而非实。由此依心随其所应善恶思种及现行思假立无表。」

（注二）《佛一刹那声亦不能诠者》，《义演》卷三云：「我大乘佛一刹那声，望汝宗亦不能有实诠表，何以故？犹如汝说于我极微大我大乘者亦如小乘说一个极微当大乘七个极微，然汝心粗缘我极微不着。今声亦尔，汝宗计佛一刹那声当大乘七刹那佛声我大乘佛一刹那声既极速故知小乘于我大乘佛一刹那声亦不能有实诠表。」

（注三）《秘》卷三云：「于难陀师中分为二释：一云种子念念体增即如疏云：由现无依诸福业事，施主远处心虽不缘受者用时。（如施主远处不见受施人不见所施物名现无依。）施主要期，缘今具故。种子增长，增长福业，故受戒时，第三羯磨虽住无心由前邀期，缘今时具，种子虽无现行熏习亦得念念体性倍增。若尔，后时既无现熏，种云何增？答：由发戒思能熏力胜令所熏种后后体增如水土等有胜功能，令麦等种生牙茎等种种多果。戒等种体既复倍增，有依无依福业事等亦体增也。二云增者但种子上能防恶戒七支功能而倍倍增，何所以者，要现熏习，种方生故。又若体增后时现生从何种起，不可有生有不生者种势等故，后亦不得多种共生违世间故。故但用增，详曰虽有两释用增为正。」故难陀师义：若新熏种，念念种子，体新倍生上立无表，若本有种，体虽不增而功能倍。又云：「护法释传有五解：一体增，体有二：一新二旧。唯新熏增而非本有，本有势力不及新故，又非今时思愿起故。二云由发戒思令新体增，本有用增，依体增立。三云新旧悉体增长依二增立。四云新种用增其体不增本有体用皆悉不不增。五云本亦用增而体不增。」疏云：「若新旧合用者唯取新熏种，倍倍生时用增上说。然此新熏亦唯用增而体不增为胜。」又《秘》卷三云：「无表所依种义，有五释第四为胜。三唯依近因等起初念心种发身语中，此最胜故，身语因此成善恶故。后皆随转非转因故。如刹那思性不定故。由此最初能发无表。」《学记》卷二云：「刹那刹那七支倍增，此中有部云：初念唯有一具七支，至第二念更生七支，前刹那支落谢过去而有得之，如是展转及至未舍得未曾得，先已得者得而不失而不现行。大乘三义，若难陀宗。基云：念念种子体新倍生。（测云彼宗二释：一云如前，一云唯用增长说未曾得，自许用增为胜。）若月藏义，基云体虽不增而功能倍，测亦同。若护法义，二师传异。基云：虽取新熏，不用本有，力不及新故。然此新熏亦唯用增而体而增，既无能熏，种不起故。测云：通依新旧二种势等故。共作因缘生果故。然护法宗分成两释：一云求戒方便思种有三：一新熏种，二法尔种，三由熏力，于法尔上传生种子，第三羯磨更生二种，新熏传生，依上五种，假立七支，至第二念更生二种，新熏传生于上七种假立无表，如是增长名未曾得。一云由熏习力于法尔种令用增长。第三羯磨唯有二种，谓依新旧假立七支至第二念前二种中有胜止用，更立七支乃至未舍念念用增，自许后胜，传生种子无所用故，不熏生种不应理故。问：初起无表，为依一思所熏种立，为依七种。测解云：依一思种假立七支，总斯一身不作恶故。如定道戒依一现思，由愿第三羯磨之时起染或无心皆得律仪。前已熏种，后缘具故。一思所熏亦有两释：一云一体一能熏故。如义法执一体随用断有前后，此亦一种假立七支。一云七体随用熏故。且如眼识缘青等时，一熏多种，理亦应成，犹如双观正后二智：于一慧体熏成二种：……菩萨律仪通制三业，何故唯言发胜身语？法苑三释然存意业，唯表为胜。意有无表，文证故。虽言意律仪未必有无表。如瑜伽说能起律仪然。三藏云：「据实意业具表无表，现思为表，防非无表（今谓若都无防用便违正理，誓愿所引恒引恶故。若有防用而百法中不立别法。故言无者，理必应然。是则亦有防贪等用。故三藏云：有意无表而百法中无别法。基师解云：意无无表，何者？思上引起身语色用，心上色用致自性故，别立法数为法处色，思防贪等，以心防心，心上心用，不转本性，不别立为法处数故。）」

（注四）《枢要》卷二云：「然依思愿善恶分限者，此是佛身无表之别句，是余无表之总句。由佛无表，唯是曾得（记云：初成佛时，已得圆满今更不增。）非念念新增。以昔发愿制于业思众生尽、我期乃尔、以心无萎歇故戒常有。除佛以外戒皆未曾得（有舍劣取胜更增进义。）由愿制思不萎歇故，未遇破缘戒常相续若遇犯舍之缘，愿既萎歇，更不新起，名为舍戒。然定道无表，唯依善思分限，别解脱无表全依善思愿分限，不律仪无表唯依恶思愿分限处中无表通依善恶思愿分限。增长位立者除佛外。发身语思疏中但言是业非表无表名。身表业者动身表之业依主释也。但言身业亦动身之业若言身表者，依身之表其语即表发语之业亦语表之业。随应皆得。三思（审虑、决定，发动。）之中，后之二思二义（生果，游履。）名道，前思唯生当果一义名道（记云：远能生果，不被他遊故。）问：若许思所发身语立表名，意亦由作，应当立表称。又身语思所作则许立业名，意识思所造，亦应立业称。答：不然，身语外彰他表名表，意唯内解自表非他。造作名为业，身语体造作，意体虽他引，非作不名业。其触作意等皆由思作以成三性，体非造作亦不名业，亦不名自表。《瑜伽师地论》卷五十九云：「身语名业道发思名业贪嗔耶见名道者随顺萨婆多与此不相违……又云：佛身定戒与因不殊，唯别脱异，不增长故。下增长言唯据因位，佛别脱无表唯依思愿分限，愿尽未来，方可舍故，不同于因，故此初是佛戒别句诸无表总句。」《义灯》卷四云：「初道定俱律仪不律仪处中之总句，佛身无表之别句。」

（注五）又《枢要》卷二云：「表无表中略为颂曰：恶戒生彼家（生屠儿等家。）发心起忍乐，是不律仪者，业道犹乐成。少多作彼事，便成不善业，如是余有人发心等亦尔，此舍由五缘，誓舍及受戒，命终得上定，形没二形生。（记云：形设无根势者是并二形合为一）比丘非自受，从他简择故。近事（五戒）及近住（八戒）自受亦从他，表业定从他无表通二受（从他得时表生无表，自受时唯发无表。）自受唯意表，非表示他故。出家舍五缘，舍学犯重罪，形没二形生，断善弃同分，近事由三缘，舍学善根断，及弃众同分，并前非法灭（记云：近事并出家非由法灭时能舍戒故，尽形受故。）近住亦由三日出舍学处，并弃众同分。非断善法灭。（记云：八戒时信心新有治无由断善及法灭舍。）定戒通无色。初近分名断，余持远分性。（记云：定共戒由得上定不起欲染，即定同时思义说为戒，近分正断欲染，色定任持不起，共（其？）无色界远望欲界名远分对治不起，由此三义故名断。）是名定律仪。道戒唯九定六色三色。（以见道许依五地修道亦唯通三无色。瑜伽一百云：九地能尽漏，即色界六地并能尽漏即唯修道见道不依中间三依五生故。）是断依见修顿渐无间道。此依于远分。随应及有顶，若起异分心便舍随心戒。」

（续注三）《义灯》卷四云：「无表之色，依表种立，表有多念，依何念立？答：于初刹那正发身语之思，或俱时发，或前后发俱时同一种，前后各别种。皆于初上立第二刹那已去非因等起但名刹那等起非根本故。问：定中许起身语二业，表依何立？答：既是假立通二何妨。……问：别脱无表依于动发思种上立，如入见道别脱戒既不起身语依何思立？答：入见道时有祈愿心动发身语后入见道依此种立。问：定道无表依审决思起身语时依何思上立身语业？答：若在余定起身语者即是通果亦定前加行有祈愿心欲起身语依定引通。虽不在散不正在定亦动发思起于身语。问：起加行时只审决思。未起动发如何依立？答：据实定中起动发思如八地以上常在定心，即义说之不同散位。问：意业十善十恶发无表否？答：法苑二说一云发，一云不发，今者意准定发。……」

（续注一）《辨表无表名》，《义林》卷六云：「表无表色，旧各作色无作色。表色有二，一身表业，二语表业。若大乘说有义更加意表。《瑜伽师地论》卷五十三云：若有等如十八页。《表业》中明。有义三表皆发无表有义唯身语方有无表。意思内发，唯自表知非最增猛。虽熏种子非用倍增故。取舍任情然最后正。无表色中略有三类：一律仪无表，二不律仪无表。三非律仪非不律仪无表。」《决择记》卷三云：「许意发无表胜。何以故意胜身语？菩萨防意有无表故。知胜。《对法》不说意有无表者，彼论通对三乘说故。」（尚有多义，当考《表无表章》）。又《义林》卷十云：「无表色即受所引色。《对法》唯说律仪不律仪。无处中者，二即三摄。善恶颠故。故受所引定通三种。无表总有三：一别解脱无表即七众戒，二定俱无表八等至俱诸有漏戒。三无漏无表八等至俱诸无漏戒，若别解脱无表不律仪无表处中无表。此三皆依动发思种防发身语善恶功能增长位立。故《唯识》说谓此或依发胜身语善恶思种增长位立。《成业论》说，动发胜思能发律仪不律仪表由此熏成二胜种子未损坏位假立善恶律仪无表。定俱无漏二种无表依彼二位止恶现思功能建立故，《唯识》说或依定中止身语恶现行思立。此等诸无表为受所体。」又云：「受为领受，因教因师而领受义，引谓发起。虽定道戒得不从他教然方便时亦从师教。」（按《对述》卷二，无表总有三，作律仪无表总有三。）

（注六）《古有部极微义》——《二十述》卷三云：「古有部师，意说如色处等体是多法为眼识境，所以者何？其二极微，体是实有，合成阿耨，阿耨是假故，此以上皆非实有。五识既缘实法为境故不缘于阿耨以上和合假色，故色处等为眼识等境时，其实极微，二各别为眼识等境，以有实体能生识故。」较前文清晰。

十一部

12、小乘

刹那

刹那等起名为随转，随前转故。不依现种立无表等以非决定是善恶性起身语故，由有随转业起分明故立有也。……定道合说者，彼《显论》定道别脱三戒合说。此类差别者，此论随心戒及不随心二戒差别故。别脱言发身语也定道不必皆能发故。」《义演》卷三云：「共犹俱也，即是定心相应思，思有防身七支用名戒。故云定共戒。道共戒亦尔，即无漏智俱时思。思能遮防身语恶色不现行迹（边？）名道共戒。」（注一）

定无表——《成唯识论》云：「或依定中止身语恶现行思立。」《成唯识论述记》卷三云：「谓依定中止身语恶现行思上立定道戒，不约种子，此名随心转故。故现行思可尔，种子不尔。故止身语恶者解名为色所由。问：定共戒可尔，道共戒若现思者八道支正语业命以何为体，彼皆是表故。以现思为体，岂一现思亦表无表？答：望不（注三）同，通于二义。（《秘》卷三云：望发身语名为表，据防恶色名为无表。）又此唯用念念增长而体不增，非一刹那有二思并故，故知别脱用此解胜。问曰：别解脱种上立无表可尔，以无表示他故。何故定道戒遂现行上立仍名无表？此应是意表。不然，此亦不能表

诸法执及破释（三）

示他故。问：若尔，即散意识现行思应名无表。此亦不能表示他故。答：此定等中别有殊胜止身语恶，先有祈愿别脱类故。不发善身语于现思上假名定道无表，随心转故。散意不然。散意殊胜祈愿即是别脱表戒，从他受得，缘外身语与此不同。此大乘一支二支及主多支皆发无表祈愿胜故。此意表业，现行者名表，然无无表。《义演》卷三云：「不发善身语等者意说定道思虽不发善身语而能内防身语恶色，此中定通明漏无漏，道唯无漏。」《秘》卷三云：「不发善身语等者，据八地前及八地中不发时说。意业名表者，后思表前思名意表业，若前思已灭何所表者，第三羯磨无心之时方名表者，表前方便思故得名为表，此亦尔也。又思见分及自证分更互相表名为表也。」《蕴》卷一云：「大乘一支二支等者唯受一不杀戒等亦发无表不要具受。有部经部不然，要具戒方发无表。」（注二）

立量总斥

1、难实有别举体相及作用因

a、举有法及难体因（注四）——《成唯识论述记》卷三云：「得非得等定非实有，非如色心及心所等。现比二量有体可得故，如毕竟无，其无为等，即色等性，举色心等以显无为如色心等现可得故。无不定失。又择灭等非此所许，亦无不定。」

b、举难用因——《成唯识论述记》卷三云：「谓非异色心及心所等现比二量作用可得故。宗喻同前。真如与心等非一向异，亦无过。」

c、结归假——《成唯识论》卷二云：「由此故名定非实有，但依色等分位假立。」

2、合难体用——《成唯识论述记》卷三云：「此不相应定非异于色心心所有实体用，许蕴摄故。如色心等。其真如等与色等不一不异。不同彼宗不相应行一向有异，无不定失。」

3、别难实有——《成唯识论》云：「或心心所及色，无为所不摄故，如毕竟无，定非实有。或余实法所不摄故，如余假法非实有体。」

ア、问外人——《成唯识论》云：「如何知得非得异色心等有实体用。」

イ、外人答——《成唯识论》云：「契经说故，如说如是补特伽罗成就善恶，圣者成就十无学法。又说异生不成就圣法，阿罗汉不成就烦恼，成不成言，显得非得。」

ウ、教理难——《成唯识论》云：「经不说此异色心等有实体用，为证不成。亦说轮

b、破同分

ゥ，教理难——《成唯识论》云：「经不说异色心等有实同分，为证不成。若同智

イ，外人答——《成唯识论》云：「契经说有天同分，人同分乃至广说。」

ア，问外人——《成唯识论》云：「如何知异色心有实同分？」

（注六）

考《灯》卷四。（成不成别，当

（注五）

よ，申正义——《成唯识论》云：「然依有情可成诸法，分位假立三种成就：一种

a、破得非得

（考《瑜伽师地论》卷三《得》及注）

二）

（注十

相应。

十四不

部等说

1、破有

异界故，往异趣故，受异生故，名异生性。」

类见，异类烦恼随异类业，受异类生，故名异生。复次能令有情堕

《秘》卷四云：「此类虽多者，如《婆沙》卷四十五中说，有情起异

《疏抄》卷二云：「或五四蕴者，欲色界五蕴成有情无色界四。」

未永害量名异生性。即通二障，不善无记二法之上假施设之。」

成等皆此中摄。」又《成唯识论述记》卷三云：「三界见断种子，唯

论述记》卷三云：「此显非得。及得而立，非别有体，断体断善不

者，纵然他身扶尘及器具等名可成也。」翻此假立等者。《成唯识

行中可受用者，他身非情名可成法。」《演》卷三云：「有可受用

者许成就故。五种姓互所无者名不可成，即自身中所有种子及现

可成。然以轮王成七宝故亦许大乘于他非情，许建立得。可受用

法未成就故。」《成唯识论述记》卷三云：「外非情他身过未，皆非

虽多而于三界见所断种。未永害位，假立非得名异生性。于诸圣

子成就；二自在成就；三现行成就。翻此假立，不成就名。此类

故得于法，俱为无用。得实无故，非得亦无。」

因，有情由此成就彼故。诸可成法，不离有情，若离有情实不可得。

得者，善恶无记，应顿现前。若待余因，得便无用。若得于法是不失

起因故。）所执二生便为无用。（诸有为相应无用。）又具善恶无记

已失之法，现虽无得，彼皆许有俱生得故，后时能起，以俱生得为能

非情应永不起。未得，已失，应永不生。若俱生得为因起者。（未得

就。）又得于法，有何胜用。若言能起，应起无为，（以有得故）一切

种等故。（现在必有善恶无记诸法种子后得生故，于现种子，假名成

外人问：若无得者，未得已失及无为法应永不成。答：现在必有善

在故，可假说成，宁知所成善恶等法离现在有。离现实法理非有故。

有自在力假说成就，于善恶法，何不许然而执实得？若谓七宝在现

王成就七宝，岂即成就他身非情？（彼宗不许成他非情。）若谓于实

不相应

（注七）

因斯起故，知实有者，则草木等应有同分。又不于同分起同智言。同分复应有别同分。若谓为因，起同事欲知实有者，理亦不然。宿习为因。起同事欲，何要别执有实同分。」《成唯识论述记》卷三云：「彼言，若无别实众同分者，即缘界趣及四生等。同言同智应不得生，以无能同相似法故，无不生心要缘有故。（《蕴》卷一云：此谓若无实同分应不生心，如何得缘天人趣。）——论十二难云：则草木缘之亦起同言智，应别有同分。」

エ、申正义——《成唯识论》云：「依有情身心相似，分位差别，假立同分。」《成唯识论述记》卷三云：「诸论不说外法之上亦立同分。设立外法有亦无过失。今且依有情内法上立。」《疏抄》卷二云：「经部亦许外法之上有法同分。」《枢要》卷二云：「同分略以十门分别：一释名；二现种所依（皆通）；三等流异熟等（皆通。等长养色心等。）四三性所依（并通）；五内外所依（俱通）；六系非系依（皆通）；七总别所依（皆通）；八见所断等所依；九学等所依；十总别得舍。……择灭无体用，真如是一无相似不立同分。」

c、破命根

ア、问外人——如何知异色心有实命根？

イ、外人答——《成唯识论》云：「契经说，寿暖识三，应知命根说名为寿。」《成唯识论述记》卷三云：「命谓色心不断是命之根，或命者第八识以情为命也。」

ウ、教理难——《成唯识论》云：「此经不说异色心等有实寿体，为证不成。又先已感色不离识，应此离色无别命根。又若命根异识实有，应如受等非实命根。若尔，如何经说三法，义别说三，为四正断。」《成唯识论述记》卷三云：「义别说三等者，论主答：但是一识，义别说三，谓阿赖耶识，相分色法身根所得名暖，此识之种名寿，以能持识故。现行识是识，是则身舍暖时，余二不舍。如无色界生。余二舍时，暖必随舍。此三约义别说，但是一体。如四正断。约已生未生善恶二法义别说四，体但是一，精进数也。」

（注八）

エ、申正义——《成唯识论》云：「依亲生此识种子，由业所引功能差别，住时决定，假立命根。」《成唯识论述记》卷三云：「今取亲生之名言种上立，非取生现行识义。如决择二十二根中命根无所属。」《疏抄》云

不相应

d、破无心定及无想异熟

（注九）：「今者不属种子亦不属业，不属现行识，但是先业所引种上功能势力。」《秘》卷三云：「一云依法尔新熏种立，二云依二种立。有义断依前说。详曰：『护法』既许新旧合用命根所依，亦应如是。或依新，或依旧，或通二。遇缘即依不可定判。」

ア、问外人——如何知二无心定，无想异熟，异色心等有实自性？

イ、外人答——《成唯识论》云：「若无实性，应不能遮心心所法，令不现起。」

ゥ、教理难——《成唯识论》云：「若无心位有别实法异色心等，能遮于心名无心定，应无色时有别实法异色心等，能碍于色名无色定，此彼既不尔，此云何然？（注十）又遮碍心，何须实法，如堤塘等，假亦能遮。」（和合色是假故，有部许。）

I、申正义——《成唯识论》云：「修定时于定加行，厌患粗动心心所故，发胜期愿

（注十）

遮心心所，令心心所渐细渐微，微微心时，熏异熟识，成极增上厌心等种，由此损伏心等种故，粗动心等暂不现行，依此分位假立二

（注十一）

定，此种善故，定亦名善，无想定前求无想果，故所熏成种招彼异熟识，依之粗动想等不行，于此分位，假立无想，依异熟立得异熟名，此三法亦非实有。」《成唯识论述记》三云：「至微微心时，即是末后邻次于定前，刹那心熏异熟识，成极增上厌心种子，以前诸位虽熏成种，犹中下品，未名为定。」又云：「微微心等，诸明了心，求无想果，将此果以为涅槃，所熏成种，此是增上微微心，是招彼异熟，即招阿识，依此本识，余粗动六转识想等不行。于此无心分位，假立无想异熟，此言虽总，而意欲说，明了心时种子，招总异熟，无心以去，厌心种子，招别无想异熟。论种子体通招总别，若据其位，前后有殊，有心无心二果别故。又解微微心以前明了故招总果，微微心细，所熏成种。感别果二种种子，各招一果，亦不相违。微微心种，转为无想定等，故前解为胜。今解即是彼地六识中善染等心不行位建立此体。如许无心，唯依本识，即依本识上立此无心。无心实非异熟，亲依异熟立得异熟名，故论云，不恒行心心所灭，不简何性心。然《瑜伽》五十三云：唯约生得心心所灭立此异熟者，即善等不恒行心，生便即得，非谓异熟生得无记心：第六异熟舍受

十一部 12、小乘

别破异计

生得无记心灭种子上立，即是依本识而生得粗动想等灭。此即正义，诸论皆说生有初心，定无覆故。……此无想天非真异熟，是异熟生，说名无想异熟者，依真第八识生得种立，故名异熟。非是总报真实异熟，故三亦非实有。」《蕴》卷一云：「微微心种至前解为胜者，后解取明了心招彼总报者，此心非极殊胜，又未即转定，何容招彼总果前解唯取末后微心招彼总别此心即转为定，故前解胜。」《秘》卷三云：「行相细名微微，非据微劣名微微也。……明了心时种子招异熟者，即微微心名明了，对无心故。第二解言明了心者，对微微心名明了。」《义灯》卷四云：「虽无想异熟何非实感然为求彼果修无想定。若有心时能感彼无想果者，修有心定，何假无心？以无心定前微微心所熏成种防心不起方名无心定，即说假法能防实心，后得果时彼虽是假，然由厌心功能力故想等不起假说为感，于理何违。若俱实种能感者，应同第八，不名无心。……无想异熟灭一识立，以鼻舌二识但在欲界，眼耳身三，但在初定。在第四定粗但第六。出彼异熟，随所生地以为所缘。」《疏抄》卷二云：「第一解，即取定前初微微心时，熏得种子，此种子由初熏故。有其势力，即成十二处支中行支，能招彼果中总报第八识。即此微微心种子至第二念无心位已去，即势力弱，唯招彼天中别报异熟。此无心已去，厌心种子遂是明了心时。所以熏得厌心种子，其体更无别，其义云何？由此微微成种子是善性故。即是业，即能灭彼天中前第六识无记心现行，由前灭别报，善业厌心种势力故，即令彼天第六识中无记名言种子不现行。……彼天中第八心王及遍行五等名总报异熟，若彼天中第六心王即有遍行五，此六法即名别报异熟或取别境五，亦通异熟故。即彼天第六识中取十一法也。五识唯初禅系。寻伺唯初禅欲界有，悔眠唯欲界，根本亦随是满法（此句疑有讹脱）。十一善非第四禅中无想天中第六识。……第二解若渐约渐渐心中所得种子，此种子能感彼天总报第八识，第渐渐心时所熏得种子，能感彼天中别报，无想异熟，之中二解皆胜。……彼天第六识中唯起生得异熟无记种子，此是厌心之时无心位已去，种子之所感也。即取生得无记种子不行边名无想。

(注一)《秘》卷三云：「律仪防恶通三世有三说，一云通防三世，过未虽无依现立故；二云唯防现在，过未无故；三云唯防未来过现已起防无用故，详曰：初释为胜如无漏见依瑜伽等亦得说断三世惑，此亦应尔。」

(注二)《成唯识论述记》卷三又云：「今应说二种，何大种造等，三业无表皆假。」《蕴》卷一云：「二无表即定散，言何大所造者瑜66中问世尊说无见无对色何大种所造？答：若彼定心思惟欲界有色诸法影像生起当言欲界大种所造，欲亦尔。此言无见无对色即定道等无表色。」《秘》卷三云：「三业无表，皆假等者，按《佛地论》云：虽有毁犯制立学处，但假安立而非实有诸无表业，唯以不作为共性故，亦非实有。」

(注三)《学记》卷二云：「证云：依不散心无表即言增长，定道唯言止身语恶，知但止恶立为律仪，不由增长，无誓愿故，既皆依思，何名为色？测云：防色故假立为色。如《显论》云：律仪依彼不现行法假立色性。」

(注四)《义灯》卷四云：「言得非得等下破不相应行除经部及一说部但破所余。经部得等皆是假有。一说部说诸法但有能诠无实所诠一切法体故亦不立。」

《有部四能得六所得》

(注五)《疏抄》卷二云：「若俱生为因起者，即是法俱得。有部立能得之得四，所得之法六。四者：一、法前得生，或如信法体，法体在未来，未来之时有法前得至无量百千界。从未来流入过去，任生他地，或断有根受时不起。除此以外恒常起也。法体若起，此不更生。二、古人名毕生引前得于未来世得非择灭者，法俱得，信根法体具也。一个法体唯一法俱得，故法俱得无量。古人名影随类得。三、法后得。亦在过去，若法体入过去，有无量法后得，从未来果果流入过去，余应善根及生他地。若凡夫生，亦后时还生欲界。欲界中法前法后法俱得还得起也。若不还果生处，不生欲界，欲界皆前后法俱得皆得择灭，此已后至法后得一切时恒起。若法体在未来世时，法后得不得起。古名犊子随法体后起。四、非前后俱得。即于择灭非择灭之无为上，有非法前后俱得。能得之得其所得法二无为体，不落三世故。其所得法体有六者：一、有一类法体唯法俱得，无法前后得。谓异熟无记五蕴异熟中，即有异熟色，即五根是。又异熟无记中亦摄得无相异熟及长养色，及有覆无记表色。二、有一类法体唯有法俱时及后得。无前得，谓欲界别解脱律仪无表色，及不律仪无表色，及无想定灭尽定处中无表，不善身语表色。三、唯前法得，无俱后得，谓三类智边世俗智，下如异生用世俗智六行伏惑道，无始时来，千回万回，伏上八地惑而生非想。后时还退起惑生欲界等。四、唯法前俱得无后得，谓见道中第十五心道类智忍时，即起道类忍时，亦有法俱得其未来世中亦有百千同类智皆起法前得，至第十六心即起道类智，即得初果，其前念道类智忍上至第十六心，不得起法后得名为得果。五、唯有法后法俱得，说有共出定出等及善心不善心烦等，有覆无记心心所，生得善加行，福分善中间思，及一分工巧威仪极中习者。六、即非法前后俱得。」

(注六)《成唯识论述记》卷三云：「今辩得，一辩依处。今者道说依他非情，自心变似皆自种子之所生起，通成他身及非情法，不同小乘心外取法，二辩差别。有部得依三种别。一属所得谓有为得，二属能得道，谓择灭得道有无漏。三属所依谓非择得，属所依众同分也。大乘有为法得，定属所得。择灭之得亦定属道。然唯无漏，非择灭得略有三种：一属道，谓六行伏惑所得无为，非是择灭不断种故，不属所依，世道得故。二属所依，谓第八识如毕竟得非择灭法，及佛身中邪理不生等。三属种子，暂缘阙法有种子在不属所依故。或即属所依种子即本识故，非心缘证，亦不属道，故但属种，然通有无漏法。三性别等如对法说，所非得法亦通一切，即前一切种子缘缺不生名非得。故非得唯有属于所依，通有无漏，或属种子，暂非得种犹有故。」《秘》卷三云：「有说得

（注九）集论》释云同分者于一生中诸蕴相续等。五、依总相说。《瑜》五十二卷说云何命根，谓于彼彼处所生自体所有住时限量势分处。《显》卷一云：命根者谓先业所引异熟六处住时决定性。四、通五蕴，集论第一，云何等命根？谓于众同分业引决定。《杂《义灯》卷四云：「命根述正大乘有六说：唯说第八识种，此论是。二、通说现瑜伽抉择云八根种现定成命根在中。三、唯内六名命，初禅具四识，二禅以上具一识或第八识名命灭定以过去未来名命。」

此叙有部难经部也。……经部命根而有两说：一正理说依六处立，二俱舍说依众同分。」《疏抄》卷一云：「小乘谓欲界具六识起，不同分心无漏心等，便非彼趣无假命根所依等故。有部以命能持故，即无前过。」《秘》卷二云：「及无色界起不同分等者于细心，所以亦有识。又云：「有部师以命能持身，唯业能持命，如经部等。无命根者不然，即入无心定无物持身及无色界生持身，识暖不恒故。入无心位寿暖有三是一体，亦有识入无色位色皆无，三体既一应有暖。无色厌暖色，有识即无暖。无心不伏

（注八）《成唯识论述记》卷三云：「正理师云若无命根，谁为界趣生之体？于无色界起不同分心及无漏心于下二界入无心定？谁能经部宗通情非情及法同分。」

若外诸色及内身中非业所感而有二分是等流色。」《学记》卷二云：「旧有部唯立有情同分，不立法同分，世亲以后具立二种，色，应无生等，若言因缘法故有外法生等，亦应色类同故外法有同分。」《秘》卷三云：「内有情五根等色业所感者名为异熟，卷一云：「设更救云：内法具诸蕴趣，类同故立同分。外法唯色蕴无多同类无同分者应更难云：内法各蕴许有生等，外法唯与一切相似法为因。难古有部师云：趣是趣向，外法可非趣，不以趣向解，同分何得如趣外法无，相似法上有同分故。」《蕴有生等者，即相似法故，应有同分。若言同分，乐欲之因，同分无故，亦无乐欲，乐欲无故，亦无同分。应唯说有有情同分，应不何妨外法有同分。如异熟色外法可无，若等流色，非外不有。若言外法无乐欲故即无同分。无乐欲故应无生等。若言有为法故而外无情无，同分类应尔，非外皆应有。则分二难《述》卷三云：「难俱舍等云：趣等唯业果，外法可言无同分，许非唯业果，

（注七）《六足对法》无法同分，古有部师亦尔。唯《俱舍》、《顺正》师立，若因论主以草木应有同分难。彼救言，如趣生体，唯内有情有灭得非择灭。得属镜智。然疏言属第八识据所依王通因果说，若在佛果既依镜智。」

漏皆舍非作意断不名择灭亦不可说观察智断，非无间故，名妙觉故。若犹断染应同无间名为等觉，既不如是故镜智生彼等自毕竟不生，种子犹在，亦障所摄。镜智生时方始种子灭即得择灭得属镜智，若尔镜智应能离染如实义者镜智起时非彼所依有得。」又《义灯》卷四云：「由智断毕竟不生即名择灭，体身邪理不由智断但由断彼无明等故邪理不如。又解云：此等现行虽复又塗黄门等毕竟不生。此非择灭但属所依。圣道本欲断惑，断惑之时此等任运不生非道正断，故不属道，又非有为，不属所缘证者，意云此第三属种子者以非心缘故，不同前六行世道，非心证故不同第二。」《蕴》卷一云：「如毕竟得等者如入见道已此得既能得此非择灭故知此得唯属所依众同分身也。以非择灭不离故。如人身中有诸起业由遇害友于其恶趣毕竟不生。非心《义演》卷三云：「大乘非色非是假非实，所蕴所摄，有宗亦非色非心实有自性。众同分者，谓身中有法缘阙不生名非择灭。今性名解脱得因，既白明言解脱之得，明知无为立得何失？一属所得者，属谓系属，有为法上所有能得，皆属所得，同有为故。」善立，无为何无，文不遮故。又云：何等名为解脱得因？答：若于真如先已集起烦恼粗重若遇随顺得对治缘便能永害此堪任

《明得所依》

唯依有为分位别故，无为无得无有功用，云何建立不相应行。详曰，杂集论第五云，谓于善等若减若增建立得获成就。既云于

说名为寿。六、依异熟说，《瑜伽师地论》卷五十六云于业所引异熟住时决定分位建立命根。疏断唯取识见分种名为命根不取相分正。」《成唯识论述记》卷三云：「《显》缘言六处，即第六意处，是此本识种子故。如无始法尔六处相续，言唯取第六处，又是现行识所持故。从所持说能持种业命根。命根所持体非命根，令六处住时决定故。故种为命根。余现行色心等非命根。不恒续故，非业所引故，然业正牵时唯牵此种子，故唯种是根。」《枢要》卷二云：「有难命根若唯种子者何故地狱八现种俱定成就？答：七根有现种，命根唯种。通论八法，故言现种。又此八根定必成就设（谓？）有种现皆定成之，八非说命根亦有现也。」《秘》卷二云：「又是现行识所持者，六处俱是现行，现行即是识种所持。」《义演》卷三云：「外宗立命根通非情，内宗唯依有情立。」

（注十）《成唯识论述记》卷三云：「外难云，大乘厌色入无色，无色即非是色种，厌心入无心，无心应非是心种。厌心入无心，无心即心种。厌色入无色，无色应色种。然彼无色即非色种，故亦无心即非心种。答云：「色法唯所厌，无色非色种。心法亦能厌，无心故心种。设令色法亦能厌，无色不妨是色种。外又难云：我亦应然，心法通能厌，别有非色非心来碍心，色法唯所厌，无别非心非色来碍色。答云：心法亦能厌，别有非色非心来碍心，色法唯所厌，唯应有色来碍色，色法非能厌，不许非色非心来碍色，心法即能厌唯应心种来碍心。我义心法通能厌，即说心法名无色，色法唯所厌，故说心种名无心。即是心法通能厌，唯有心种名无心，色法唯所厌，唯有心法名无色，此中翻覆，仔细微逐不尔，此文即自害。」《疏抄》卷二云：「大乘依二十二种子上立二无心定，故外难无心定应非是心种。」

（注十一）《学记》卷二云：「《婆沙》云：灭定加行，具有三心，一根，二徽细，三徽徽心。初二远加行，当此论渐细渐徽。第三近加行，即徽徽心。」

（续注六）《明得非得所依》——《补缺》卷四云：「一切有为法皆得所依，所依是善，得亦是善，不善无记及至界系亦尔择灭得唯属圣道，非择灭得属三：一以世间六行伏惑暂不生，此得属世间六行道，二若究竟灭者，属所依本识，三若缘缺暂不生者属种子，非得所依有二：一依圣道，二依有为法种子。若一切染污法不得，明依圣道及六行道。所有无漏法非得，依二障种立，若有漏善无记非得依自种而建立。若一切染污法现行不起，名不得用，若种子亦断者名不得体，若一切有漏善无记若约离缘缚时名不得用，若究竟佛位非择灭者名不得体。无漏法不得者，若现行不起名不得用。有种姓者无不得体，无种姓者，体用俱不得。」……小乘内立得，外不立得。大乘内外俱立。又小乘为大得得诸法，小得得大得，不得诸法，大乘立大得。……又萨婆多（考注卷五）立三世有得，过去世立法后得，过去之法虽无用起而有得彼体不失，属行者名法后得，现在名法俱得，现在法而有得与彼法俱而不失名法俱得。未来有法前得，得彼未来之法令属行者。今大乘立法俱得，若种有当生现义，假立法前，容有此义。……生得善名曾得，加行善名未曾得，又有漏善名曾得，无漏法名未曾得。」（考《对述》卷五有译释（?））又《对法》卷二云：「得者，谓善不善无记法，若增若减，假立获得成就。」《成唯识论述记》卷五云：「所依有三：一依所得谓有为得与所得法相属相应随增减故，二依俱道谓择灭得及六行。诸非择得与俱时道性相应相属，随三品转故，三随所依谓除择六行，余非择得毕竟缘缺及暂不生无别相属，随所依本识及缘缺法故。此三得中初通三性，次得唯善，后得随本识者唯善无记，随缘缺者或通三性。……《瑜伽师地论》卷五十二言增盛之因名为得者彼约用说要增盛位方能得故，由此彼言生缘摄受名之为得。此依体说，故不相违。又增减三皆增盛位建立于得，若不增盛立非得故。」

（注十二）《有部发达史略》——有部学说自育王后千余年不绝，可分三期，一旧传佛灭二百年，育王在华氏城举行结集，上座帝须撰《论事》斥异宗，其首章即破一切有义，继而育王遣末阐地等佈教迦湿弥罗，犍陀罗等处，后均为有部之根据地，而宗师辈出，造论释经，一变风尚。二约在佛灭后四百年至六百年间迦旃延尼子法胜等出，有部义宗大盛。三约在灭后六百年至千年间，迦湿弥罗与国外有部各禀师承，颇相水火，继以余宗说盛，大乘教兴，论师撰述沟通。历有迁奕初期论书，莫要六足，其次第与作家奘师旧传一说，梵上称友释《俱舍》又传一说，西藏他拉那他」及「布通等又传一说，互有异同。今加考证，最初出者为《法蕴论》，次《施设论》，次《集异门论》，次《品类论》，次《识身论》，最后为《界身论》，此六书时代不一，性质亦殊，其纯为阿毗昙者，惟一《品类论》刘宋「求那跋陀罗」即已译之，名众事分阿毗昙，此为西方诵本。奘师重译，亦西土本，但又经改订，非其旧矣。第二期中迦旃延尼子著《发智论》对于旧义，颇多裁正。至于作者时代，远无定说，但《婆沙》之作在迦腻色迦王，此论必先《婆沙》，则或前于迦王，亦未可定。其后吐火罗、法胜，继起，组织西方诸师之说，造《阿毗昙心论》。第三期即因《发智》、《心论》之传承分合，极其变化之观，关于《发智》先有各地诵本，又有各家著书，如世友之《集论》（即旧译颇须蜜所集论）妙音之《生智论》法救之论等。关于《心论》则有各种广略释论，如四卷极略本，优婆扇多八千颂本、一万二千颂本。又古世亲六千颂本，皆不主一家之说，但以理长为宗，其末流外国诸师，遂大反于发智，迦延之徒爰集大众造《毗婆沙》抑正众说自小乘异宗，有部异派，乃至同系诸师（世友等）悉致破斥，盖《发智》未备之义皆为补益，而引旧六足为助，乃成一身六足之刊定，为一派宗。《婆沙》既出，有部不纯，皆遭排斥，而与譬喻等部渐有同化（？）之势，于是法救沟通西方与迦湿弥罗两地异宗重申正义著《杂心论》，此后经部势盛，弱点益显，加以大乘流荡，世亲谙其短长，于杂心重事增订，成《俱舍》。其后众贤竭十二年之力作《顺正论》批解《俱舍》。又约要义为《显宗论》，为《婆沙》解难，而实不啻依世亲之意而改有部旧说也。其详考木村泰贤《阿毗达磨论之研究》及吕澂《阿毗达磨泛论》等书，（《藏叙》云：目连《法蕴足》是释经体。舍利子，《集异门足》是法数体。迦旃延《施设足》是问答体。「天寂」《识身足》是破立体。「世友」《界身足》是决择体，世友《品类足》是分别体。此体法门博，分别繁，集五足之大成，显毗昙之全体，毗昙四例，斯论都备。）又按《深密疏》卷一云：「萨婆多宗总有七六一法，以有部宗明七十五法，《十住毗婆沙》立七百不相应法，故知除十四不相应加七百有七百六十一。《智论》明诸法相大分同此。」又云：「萨婆多等说四谛不立真如，故曰存妄隐真宗。」按《宗轮述》卷下云：「一切有者有二：一法一切谓心心所色不相应无为五法，二时一切，谓去来今。」

1、破有（部？）计说十四不相应

（前接592页《诸法执及破释（三）》）

异熟……定体是有心，即是别境中定也，亦不论及不相应以为定也。今者定前渐细心皆是有心定，以为加行引起无心，无心位中令身安和，即说此无心位时名为定也。故二无心定，即假名定。若言二无心定，即从灭心有，以立无心定之名无想者，即彼天中第六识无记名言种子，不起现行边。此无想种子，依第八异熟识。」

尸、问外人——如何知诸有为相异色心等有实自性？

ィ、外人答——《成唯识论》曰：「《契经》说有三有为之有为相乃至广说。」《成唯识论述记》卷四云：「此应言有三有为之相。有为是所相法，有三之相，即显有为有三能相。重言之有为，此属能相，显法有此体是有为，

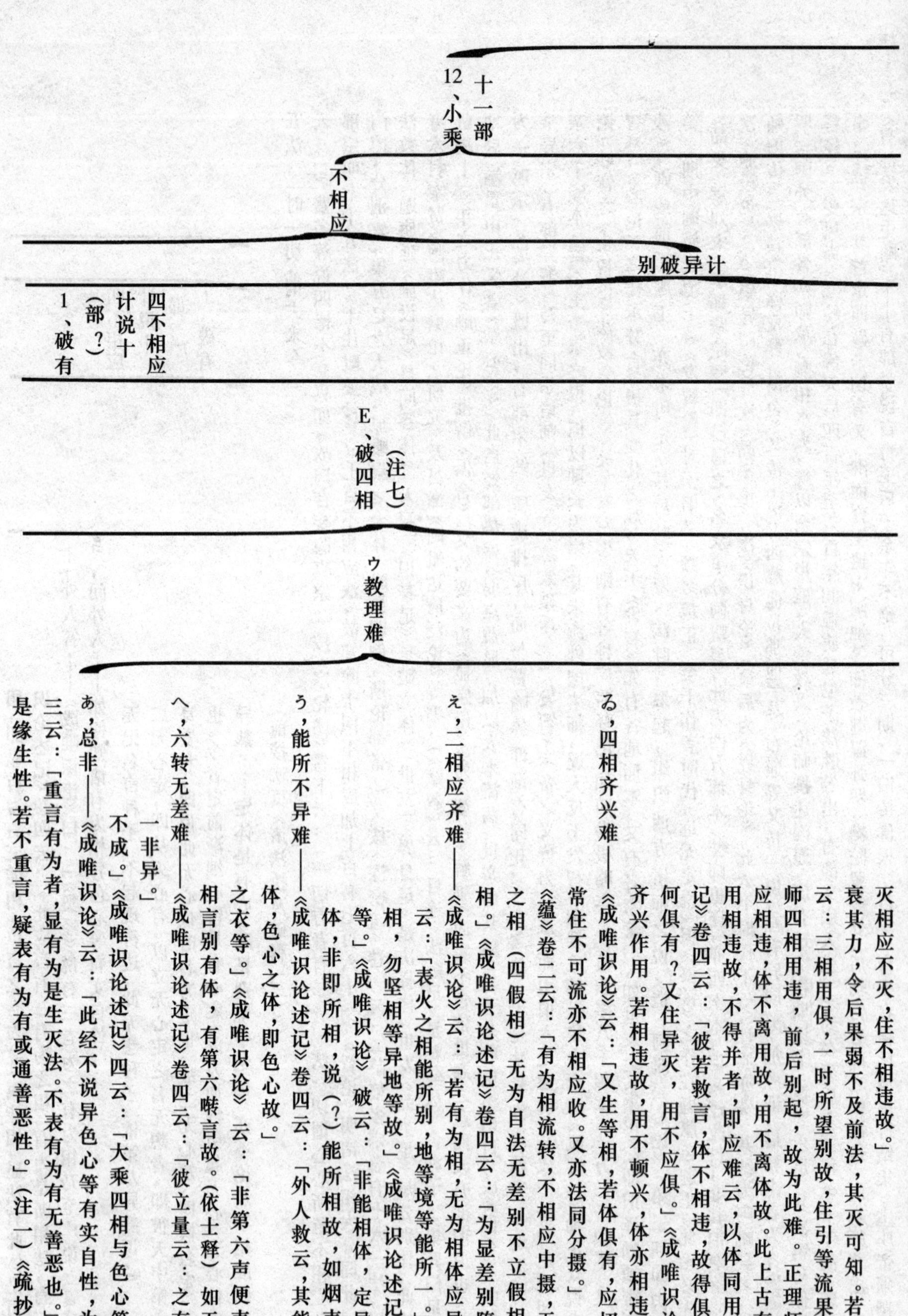

る、四相齐兴难——《成唯识论》云：「又生等相，若体俱有，应切时齐兴作用。若相违故，用不顿兴，体亦相违，如何俱有？又住异灭，用不应俱。」《成唯识论述记》卷四云：「彼若救言，体不相违，故得俱起，用相违故，不得并者，即应难云，以体同用，亦应相违，体不离用故，用不离体故。此上古有部师四相用违，前后别起，故为此难。正理师救云：三相用俱，一时所望别故，住引等流果，异衰其力，令后果弱不及前法，其灭可知。若尔，灭相应不灭，住不相违故。」

え、二相应齐难——《成唯识论》云：「若有为相，无为相体应异所相。」《成唯识论述记》卷四云：「为显差别堕世之相（四假相）无为自法无差别不立假相。」《蕴》卷二云：「有为相流转，不相应中摄，无为常住不可流亦不相应收。又亦法同分摄。」

う、能所不异难——《成唯识论述记》卷四云：「外人救云，其能相体，非即所相，说（?）能所相故，如烟表火等。」《成唯识论》破云：「非能相体，定异所相，勿坚相等异地等故。」《成唯识论述记》又云：「表火之相能所别，地等境等能所一。」

へ、六转无差难——《成唯识论述记》卷四云：「彼立量云：之有为相言别有体，有第六啭言故。（依士释）如天受之衣等。」《成唯识论》云：「非第六声便表异体，色心之体，即色心故。」

あ、总非——《成唯识论》云：「此经不说异色心等有实自性，为证不成。」《成唯识论述记》四云：「大乘四相与色心等非一非异。」

三云：「重言有为者，显有为是生灭法。不表有为有无善恶也。」是缘生性。若不重言，疑表有为有或通善恶性。」（注一）《疏抄》卷

诸法执及破释(四)

か

生等无能难——《成唯识论述记》卷四云：「正理师复救云：法待因缘，故不顿起，因有亲疏，缘法亦尔。亲因虽有，无疏缘用，亦不得生。既有同类，亲因缘体，余缘亦合，既已得生，故执生等便为无用。」

(注二)《蕴》卷二云：「因有亲疏等者彼宗六因中相应，俱有，遍行，异熟，同类为亲因，此五皆是因缘性，能作因为疏因。因缘为亲缘，余三疏。」

因非本有难——《成唯识论》云：「若谓彼用更待因缘，应非本有。」《成唯识论述记》云：「因谓同类因等，缘谓余三缘。……种子体本有，何不用恒生者？虚疏之法缘虽现有种，更无外缘即不能起，以劣弱故。汝之实法何得例然。」

如体本有难——《成唯识论》云：「能相所相体俱本有，用亦应然，无别性故。」《成唯识论述记》卷四云：「彼计用离体外无。」

ま，体等相同难——《成唯识论述记》卷四云：「又所相法三世恒有，而言有生等来与法合，汝之无为体恒有，应有生等合。以此返成无为无生等，有为亦应然。」

く，有无乖角难——《成唯识论》云：「又去来世，非现非常，应似空华，非实有性。生名为有，宁在未来，灭名为无，应非现在，灭若非无，生应非有，又灭违住，宁执同时，住不违生，何容异世？」(注三)

I，申正义——《成唯识论》云：「然有为法，因缘力故，本无今有，暂有还无，表异无为假立四相。本无今有，有位名生，生位暂停即说为住，住别前后，复立异名，暂有还无，无时名灭。前三有故，同在现在。后一是无，故在过去。生表有法先非有，灭表有法后是无。异表此法非凝然住表此法暂有用。此依刹那假立四相：一期分位亦得假立。初有名生，后无名灭，生已相似相续名住，即此相续转变名异。是故四相皆是假立。」《成唯识论述记》卷四云：「诸论通说一切有情无学末心，无后法故。此论亦尔。」又云：「现在法，于后无时名之为灭，假言过去，过去体无，实非彼世。」(注四)《学记》卷二云「护法同时所生既异，故表不同，不同胜军现在刹那亦有前后。如说极微有方分故，谓先生后住，前法时后法即生，生住同时，因果相续。是如断道在生相，所断烦恼即在住相。」按竟无云：「大乘四相以二刹那说。生住异是一刹那，灭又是一刹那。生住异三是一刹那者，相对不同而别建立。对前为生，对后为异，俱对为住。第二刹那前法灭时即后法生时。如称低昂，以是说灭与生同时则可。说一法生灭同时则不可。《起信》说四时同时，大同小宗三世实有之义，故知其为小大过渡之说。则瑕不掩瑜矣。

F、破文句名身

ア，问外人——如何知异色心等有实诠表名句文身？

イ，外人答——契经说，说佛得希有名句文身。

ウ，教理难

あ，总非——《成唯识论》云：「经不说异色心等有实名等，为证不成。

い，如色非诠难——又云：「若名句文异声实有，应如色等，非实能诠。」

う，名等无用难——又云：「谓声能生名句文者，此声必有音韵屈曲，此足能诠，何用名等？」《成唯识论述记》卷四云：「有部虽有名，由声显生二义，今取生破。」《义演》卷四云：「声能生名等犹如眼根生眼识，能显名等如灯照物。生义既破，显义不成。」

え，声色无差难——《成唯识论》云：「若谓谓声上音韵屈曲即名句文，异声实有，所见色上形量屈曲，应异色处别有实体。」《成唯识论述记》卷四云：「量云：声之屈曲应非离所依别有实体，法处所收色蕴上屈曲故。或色声二色之上随一屈曲故，如色处长等。」《蕴》卷二云：「彼宗自许长短等二十一色，异所依色别有实体，仍色处收。故若不言法处所摄，便有所立不成。」《秘》卷四云：「若言法处，他亦不许色上屈曲在于法处。」《义灯》卷五云：「大乘师声上屈曲虽体非实仍法处收。说为名等者，据摄假从实非即正取屈曲声体以为名等取曲屈上有能诠用说为名等。故法处摄，长短之色，无能诠用如屈曲声，自体性边俱自处摄。非大许彼屈曲声体在不相应，彼非色心，此是色故。」

お，随他不诠难——《成唯识论》云：「若谓声上音韵屈曲，如弦管声非能诠者，此应如彼声（弦管）不别生名等。又谁说彼定不能诠？」《疏抄》卷三云：「由佛神通力即是质化，令空中说法悟等即是离质化。」《蕴》卷二云：「离质化者，离声之外别处起化，如林说法等，亦如妙音菩萨先现莲花共（其？）身在此而于十方国土现种种形质化者即于此身而起变化如现在可爱语及身上下出于水火及变身为鱼米等。」按此诠谁说彼定不能诠一语。

か，例生非诠难——《成唯识论》云：「声若能诠，风铃声等应有诠用。（外难）此应如彼不别生实名句文身。」《成唯识论述记》卷四云：「此风铃等声如彼所执不能别生实名句文，以内语声有曲屈音韵，故能诠表，风铃等不尔。」

ま，例生能诠难——《成唯识论》云：「若唯语声能生名等，如何不许唯语能诠。」《成唯识论述记》卷四云：「彼救：风铃等声是外法，不生名等，语声是内法，能别生名。」

く，外难自调——《成唯识论述记》卷四云：「外向：何理定知能诠法者，非名身等，体即是语。若声能生名，名可能诠，声非能诠。能诠离声既无别体初发声时应即能诠何为初不能诠，后方能诠，故知后时名等生也。论主语云：汝宁知异语声体，别有名能诠。汝言能生名等，名等能诠，故异语者，汝何能生？不可一法分分渐生，又诸念声非聚集起，如何名生？亦应初念声即能生名等。彼若救言，如无表发传（？）前表等，最后生故，既尔，即应末声

2、破大众一说说出世，鸡胤（弥沙塞）化地五部计。——《成唯识论》云：「有执随眠，异心心所，是不相应，行蕴所摄，此亦非理。名貪等故，为现贪等，（注五）非不相应。执别有余不相应行，皆准此破。」《成唯识论述记》卷四云：「有余部执不失增长为不相应，是得异名，皆准此破。此如成业论正量部旧云不失法如券是也，并破正理师和合性等。及破成实师无表戒等。」《义灯》卷三云：「成实论师无表虽依思立，是不相应摄。」《秘》卷四云：「彼计随眠即是贪等有十种。若无心位及起善时由有随眠名异生，若是心所既无诸染，应名圣者，由此计为心不相应。」又云：「无表戒等者，有说此法名不失坏故能得当来爱非爱果。」《疏抄》卷四云：「此五部同计贪嗔等诸烦恼法名之为缠，是相应法，仍不是现行法。」（此恐有讹。盖《宗轮论》云大众部等云随眠非心非心所法，亦无所缘随眠异缠与心不相应。」）又《蕴》卷二云：「故知随眠是种，现行贪等与心相应故，此随眠名不相应。……此和合性古□师不立。」又《疏抄》卷四云：「不失法如券者，由如于券财物虽在他处，由有此券，后还索得此不共法亦尔。」

工、申正义——《成唯识论》云：「依语声分位差别，假立名句文身。名诠法自性，句诠法差别。文即是字为二所依。（不能诠二）此三离声虽无别体，而假实异，亦不即声，由此法辞二无碍解，境有差别，声与名等，蕴处界摄，亦名有异。且依此土说句名文依声假立，非谓一切。诸余佛土亦依光明妙香味等假立三故。」《成唯识论述记》卷四云：「法无碍解缘假名等。辞无碍解，缘实声等。虽二自性互不相离，法对所诠故但取名。□多对机，故但说声、色蕴、行蕴、声处法处。声界法界，如其次第摄声名等。……以光明妙香味等者，等取触思数等。光明等上亦得有名等。众生机欲待故。如此声上有名等。由依多法立名，故非声处摄。」《学记》卷二云：「证敌量云，光明香等，定无名等。以非声故，如虚空等。」立生等，《蕴》卷二云：「一类光明分位能诠法之自性，便立名，能诠法差别立句。余亦尔。问：光明是假假色，云何立假？答：如依长短便立生等，若以长等兼实色可立者，此亦尔。问：光明等有质碍法可尔，触思等无形质，云何然？答：如他心智即其事也。如佛欲为众生说法即现多类触思，此为自性，彼为差别即生名等，众生知已遂解文义。」

生名生，汝应但闻末后之声，便能解义。理既不尔，故知但由无此串习前前诸声分位力故，后生解时，谓闻名等。其实耳等但能取得声之自性，刹那便灭，意识于中诠解，名为名等。」

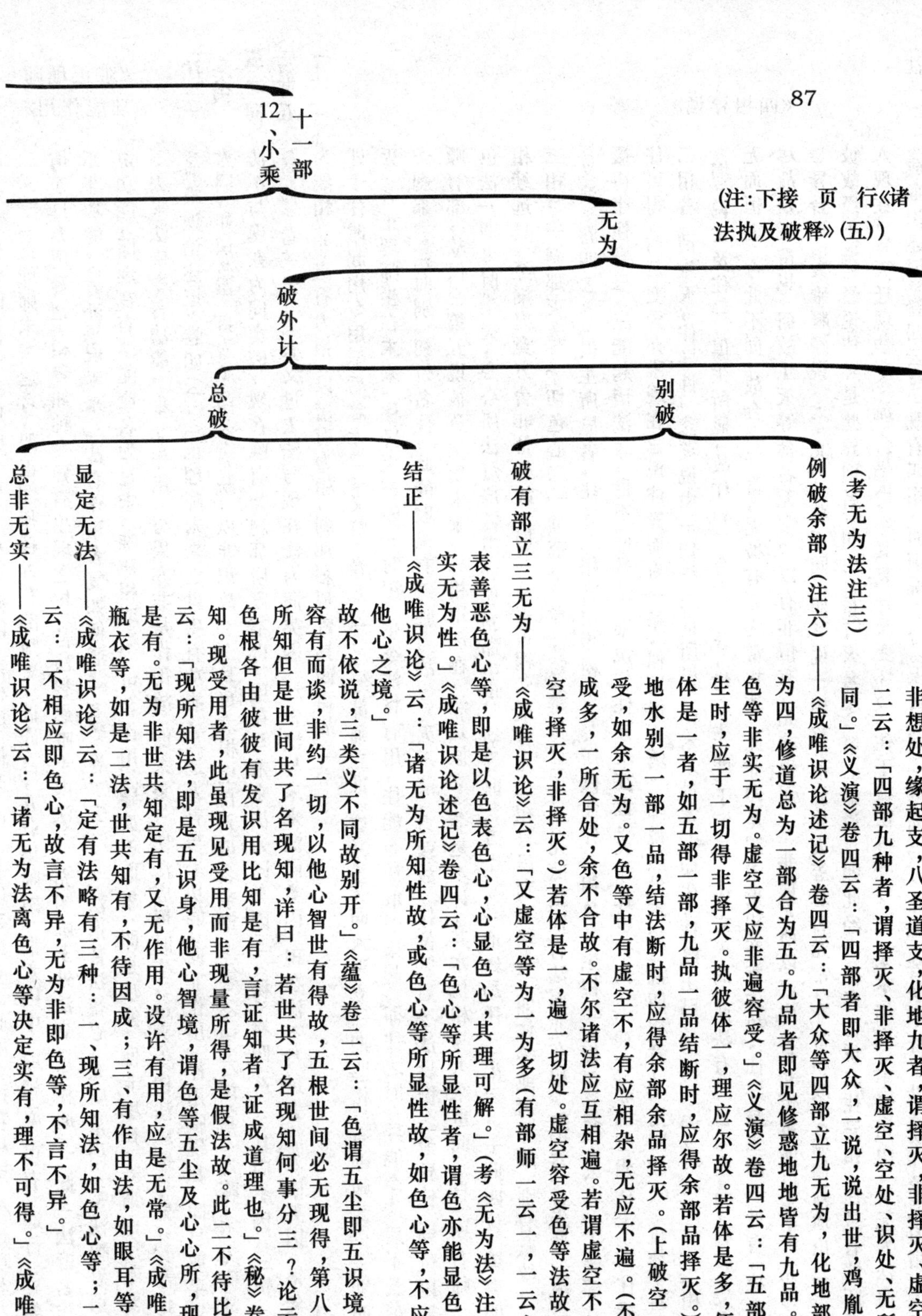

87

(注:下接 页 行《诸法执及破释》(五))

12、小乘十一部——无为——破外计

总破

总非无实——《成唯识论》云：「诸无为法离色心等决定实有，理不可得。」《成唯识论述记》卷四云：「不相应即色心，故言不异，无为非即色等，不言不异。」

显定无法——《成唯识论》云：「定有法略有三种：一、现所知法，如色心等；二、现受用法，如瓶衣等，如是二法，世共知有，不待因成；三、有作由法，如眼耳等用彼彼用，证知是有。无为非世共知定有，又无作用。设许有用，应是无常。」《成唯识论述记》卷四云：「现所知法，即是五识身，他心智境，谓色等五尘及心心所，现量所知名现所知。现受用者，此虽现见受用而非现量所得，是假法故。此二不待比量成立。……五色根各由彼彼有发识用比知是有，言证知者，证成道理也。」《秘》卷四云：或云现所知但是世间共了名现知，详曰：若世共了名现知何事分三？论云现知据世间中容有而谈，非约一切，以他心智世有得故，五根世间必无现得，第八虽缘非极成义，故不依说，三类义不同故别开。」《蕴》卷二云：「色谓五尘即五识境，心谓心心所即他心之境。」

结正——《成唯识论》云：「诸无为所知性故，或色心等所显性故，如色心等，不应执为离色心等实无为性。」《成唯识论述记》卷四云：「色心等所显性者，谓色亦能显色心，如以身语业表善恶色心等，即是以色表色心，心显色心，其理可解。」(考《无为法》注一)

别破

破有部立三无为——《成唯识论》云：「又虚空等为一为多(有部师一云一，一云多，三无为谓虚空，择灭，非择灭。)若体是一，遍一切处。虚空容受色等法故随能合法，体应成多，一所合处，余不合故。不尔诸法应互相遍。若谓虚空不与法合，应非容受，如余无为。又色等中有虚空不，有应相杂，无应不遍。(不遍应是有为如地水别)一部一品，结法断时，应得余部余品择灭。(上破空一已。又若择灭体是一者，如五部一部，九品一品结断时，应得余部余品择灭。」一法缘缺得不生时，应于一切得非择灭。执彼体一，理应尔故。若体是多，便有品类，应如色等非实无为。虚空又应非遍容受。」《义演》卷四云：「五部者四谛下见惑为四，修道总为一部合为五。九品者即见修惑地地皆有九品。」

例破余部(注六)——《成唯识论述记》卷四云：「大众等四部立九无为，化地部亦尔，各各不同。」《义演》卷四云：「四部者即大众，一说，说出世，鸡胤四。」《学记》卷二云：「四部九种者，谓择灭、非择灭、虚空、空处、识处、无所有处、非想非非想处，缘起支，八圣道支，化地九者，谓择灭，非择灭、虚空

(考无为法注三)

《难正理师功能作用》

因，唯是现在能取果。能作因不定。二与果亦能。谓相应，俱有。此二于现在世心王心所更现在相望。作过现与二因。即同类遍三云：「正理师未来之者，即正理师救古有部师义。彼计言，五取果唯现，谓六因中，取相应，俱有，遍行，异熟，同类。此之五谓如日光现等，生相者如种变异有生现之相。苦法智忍唯于内法立。光明唯于外法立。生相通二。此三法皆名作用。」《疏抄》卷亦非功能。《婆沙》说未来三法有作用者复如何通。」《蕴》卷二云：「三法谓苦法智忍、光明、生相。苦法智忍谓入见道时，光明说功能，即现在有功能应名为过未。唯住相取果，可名作用，异灭不取果，即是功能，便非现在，若谓作用不要取果，即显生相不去来法皆令有功能？生非作用，与果亦非是作用故。即未来一切法应恒时生，过去一切法应恒与果，若言作用说现在，过未

(注三)

三世五蕴之同类因

《成唯识论述记》卷四云：「正理师未来之世生有功能，及过去有与果功能，而非作用，作用唯现在，即是取果用。比亦不然。何为因，如识蕴望自为亲，望余为疏，以非识故……且自六根望自六识名亲增上缘，余望六识名之为疏，不为碍故，非近生故。」法不与现在为同类因。现在唯有一刹那所以不得。现在与未来法为同类因。」《秘》卷四云：「且同类因，三恒（性？）五蕴各自《疏抄》卷三云：「有义过去法与现在法为同类因。过去法与未来法同类因。现在法不与过去法为同类因，果先而因后故。现在

(注二)

为能相，非诸有为相，以诸有为相，刹那刹那皆具四相故。」

即于住时起用令用至后念无。」《义灯》卷五云：「经部师立准《婆沙》说同大乘立一期四相。有部师云：一期四相但与同分而灭。若正理师生在未来。住异灭三同一时用。生令法将有用，住能令法取当果起。即住之时，异能令法后不及前，弱于前故。灭一刹那三相时别。初位名住，此能取果有殊胜力故。异灭不能，力弱故。住位以后令法衰微名为异位。异位以后令法后用无名顺有部，故俱舍第五说彼意生用未来。三相用现在。然是假立，非是本计。其本执相与大乘世间。古一切有师，生在未来，现在色法一期多时生灭，心心所法灯焰铃声刹那刹那生灭。动等时长方（古？）地经劫住。（记云：于此四位，皆有四相。）经部师者相续远具，至漏究竟方舍非苦相故，前二数数苦相义增合立二相言虽别有法者，即住等或离别蕴。别有蕴故。）正量部立四相。三相：一刹那灭蕴，一切色心二一期蕴，寿命。此二辨相，三穷生死蕴虽别有法而非在相。（记云：是此三蕴，各具四相，第三《义演》卷四云：「俱生所显者，住异二相皆由生相得有，所以住异二相总各生相。」《枢要》卷二云：「上座部立二相化地部立摄得生住异三，三能起诸法故。世不同者。大乘说生住异现在世，灭相在过去世。小乘有部说生相在未来。住异灭在现在世。」住可得，前后变异亦唯现在总说住异而为一相，似同俱舍第二师说然世不同。说四相者，义用四故。」《疏抄》卷三云：「起中即三相者，谓生灭，住异性。《瑜》说由一切行三世所显，由未来世本无而生，彼既生已，落榭过去，现在世法，二相所显。唯现法有《瑜》说生及住异，俱生所显，故住异二合为一分，建立生品。于第二分建立灭品。此法有时名为生品，若后无常，名为灭品。说

《四相异说》

无而恒无。今此不同，故合名无常，无彼有无之常相故。此非即是四中灭相亦兼生故，住异与生同一世有，故合说。说二相者，尽故是无常也。何故生灭等合名无常？以有非恒有，无非恒无。无非恒无所以言生。有非恒有所以言灭。无为有而恒有，无法与异合说。大乘释经说，大（文？）各不同。如：说一相者，谓说生灭等总名无常，非常相故。《瑜伽师地论》卷八十一云：有起彼故经不说。经说住异是此异别名，如生名起，灭名尽。第二师说：即此经中住异合说名住异相，住是有情所爱著处，令生厌入现在，异灭迁现法，令流入过去。令其衰异及变坏故。住于彼法摄受安立。乐不相离，不说相中，又无为法有自相住，住相滥

(注一)

《成唯识述记》卷四云：「既有四相，何细说三？《俱舍》卷二说，初云：除住，若法令行三世迁流，经说为相。生迁未来法，令流

别生即在现，差别分别亦过未来。

显谓住及异，或复四相俱通三世。虽无全文说通三世，以约前后互相准例义则可通，约三世分生在未来，刹那分师地论》卷五十二约三世。显论云由一切行三世所显。从未来体本无而生，彼既生已落谢过去。现在世法二相所世。《成唯识论》：生表有法先非有，灭表有法后是无。既表后无，故在现不尔应云灭表有法生已无。又《瑜伽

三、约世分——又云：「约世分者小乘如常，大乘多说：一说三相现在一过去。如此论，此约二世，同《瑜》卷五十二说。或约一有，曾有立相，未来当有，当有立相？答：灭相体是无，依已灭已立无相，生等体是有未来体无不立相。」生，自性灭坏，非无现法独说过去。……过去体曾有，曾有立灭相。未来体本无，未来不立相。难：过去曾十六云，过去行已生已灭，又云自性灭坏正观为灭？答：即观现法有酬前相，假说曾因名为过去，名为已行摄因？故依现法与果摄因假立过去。问：既依现法假立过去，云何得言无时名灭。又《瑜伽师地论》卷四与现在法时体俱乖，云何不可施设为异？又若唯无，何故《瑜伽师地论》卷五十二云过去诸行与果，未来诸约诸法因果曾当通一切故。又《显扬》卷一云：心不相应不可施设与心等法若一若异。灭相既依过去无立，及世即俱是实，何得名假？又何得云表此后无？应云表前法已无故。复违《杂集》三依止现在假立三世，彼云灭表有法后是无。若不依现法观曾有义唯取法无已立过去世及灭相者，既论云无时名灭过去实无，灭相

《四相决择》

二、灭属过去议——又云：「《对法》卷三云：依止现在假立去来，故约当得假立未来，约曾得假立过去。又此论云表此后无，又

（注四）一、摄——《义灯》卷五云：「大乘所说四相假有，与所相法不一不异，是不相应行蕴所摄。

《四相异说》

为相？」

异所相法别实有体，不相应行蕴摄。」《学记》卷二云：「中论言四相俱非有无为，谓：若生是有为则应有三相，若是无为何名有不许立住时中之极名刹那，由诸法刹那故。准俱舍五，经部亦立刹那四相。谓一一刹那诸有为法离执实有物，四相亦成。有部说名异，命终时名灭。然婆沙论显彼是众同分相，非有为相，此意即说唯依有情众同分上立此四相，不遍有为。以经部师一刹那法有为，性羸劣故，不能灭法。沙门说四相不异色等，随五蕴体相即彼摄非不相应。经部师说五蕴出胎时名生相续时名住衰变时部不别说在不相应中。分别论者说有为相皆是无为性强威，故能生法，有为反此。法密部说三相有为，灭相无为，若无常相体是

（续注一）《义灯》卷五云：「《婆沙》三十八云：「如譬喻者说有为相是不相应行蕴所摄，不相应行蕴无实体，故有为相非实有体。然末经所以此法于未来藏有功能也。」

忍，此在法智忍，在未来世中能排未来世中余异生性更不得起。若在法起忍流至现在，其于世第一法及异生性同时，若入过者，于现在时能空异生性令劣约无集力，更不能引未来藏中后念异生性，如残怨极相似。犹现在世第一法，有力能引未来世在法智胄（？）不能起，（有错简）若光明至现在，问已无光明无用。（亦有错简）。第三在法起忍，现在第一法与异生性俱时起世第一法，云：「三法者，一生相，能令未来生起至现在唯有住异灭三法有作用，生相不起用故。二光明在未来世，能排未来世，胄（？）个果，即如人送物还他……不能取果，即是功能便非现在者，此疏文错也，有部宗说住异灭三相皆能取果故。如《俱舍抄说》。」又果。其异熟因，必无现在与果，作忌不世受故。言取果者，为彼种故，名为取果，由如人从他借物，若与果者，酬彼力故，名为与行，此二若邻次之，即现在果，亦现在与果，若漏起者，即现在取果。过去与果，一与唯过去，谓异熟因，唯现在取果，即过去与

四、遍不遍差别——又云：「一期四相约有情辩，刹那四相遍有为法。八十八云：如是三相，依二种行流转安立：一依生身，二依刹那。」《疏抄》卷三云：「正量部立大地经劫住等唯有一期四相，于二期上，无刹那四相。若灯炎等唯有刹那四相，刹那四相上无一期四相。大乘立一期四相者，即如人身一期住经留年，其身刹那生灭，于一期四相上即有刹那四相。即依刹那四相上立一期四相。有部有十时亦有刹那四相而不立一期四相。」

（注五）《成唯识论述记》卷四云：「有部随眠是缠现行法，诸部之中，此义最心粗。」

有部随眠义　《秘》卷四云：「此义最心粗者，此有部所以名粗，若缠是现行缠与随眠之义不相应。言随眠者随逐有情眠伏不起，若现行缠不相续故，故与随眠名之反义皆不相应。问：如何知有部随眠是现？答：俱舍十九云：毗婆沙师作如是说欲贪等体即是随眠故本论说欲贪随眠三根相应，既曰相应，明知现也。」

（注六）《疏抄》卷四云：「大众部等说欲色二界有色身故，心心所法依色身能通缘一切法。四无色处心，为无色身命依故，无色界心但

大众部之四无色十二支等无为义　依无，依无故，其无色界心唯能缘自地上地法，不能缘下地一切法，故四无色处皆有无为。八缘起性支者，即如经说，此缘起法，若有佛无佛法性常住。（考四四（？）刹那灭）大众部等解云：缘起即十二支，法性常住，则是无为。十二支为依无为，所以常定，各法性常住。其无为即是常，即十二支作性，其十二体是生灭无常也。解圣道支性云：圣道支即三十七圣道支亦取七觉支八圣道支。八圣道支为其圣道支。法性常住者，即时无为也。圣道支依无为故，以无为之体则能常有能断世惑，故立圣道支无为。」

（注七）《有部四相义》——《疏抄》卷三云：「有宗说住异灭三相皆能取果。彼宗说一个色法从未来生流至现在即有九法：谓本法体，大生大住大异大灭小生小异小住小灭（四大四小称八法）。然大四相各具三名：一即名本相，谓本生本住等。小四相随他大四相，故本随对；二、即单名四相。若小四相即对他大四相皆得后名谓生生，住住异异，灭灭，即单复对。三、大小对。若本法对即四因，四非因。即小四相无力故不能为因生本法（即四相自体故，亦名本法体。）名四非因，大四相不尔，谓大生能生本法体等，故曰四因。若大生望八法即是俱有因，其大生能生大住异灭三，小生住异灭四及本法体。若八法望大生即五因三非因者，谓小住异灭，不能生大生五因者谓本法体，大住异灭三及小生能生大生。大住乃至大灭与八法更互相望亦尔，其中差别，谓小生唯能生大生。更不能生余七，小住唯能住大住，不能住余七，余应知。又《抄》卷四云：「小四相望大四相，是俱有因，小生生大生故。小生望本法，俱有而非因，小生不生本法故。」《讲义》卷二云：「小乘于大四相外立小四者，小乘不立种子，辨析稍细即不能不作如是反覆之说，此一义也。又灭相有生住异者，有宗三世法有，过未体相仍存，故灭虽过去而有灭生生，灭住住等相，又一义也。其详如图：

本法（自体）
生　住　异　灭
八法（随相）
小生（亦曰生生下列）　小住　小异　小灭　大生　大住　大异　大灭

本 生 ↓ 小 生 ↓ 大 生 ⟶ 本 生 ⟶ 小 生 ⟶ 大 生
（以下相续不绝）
（此当更考！）

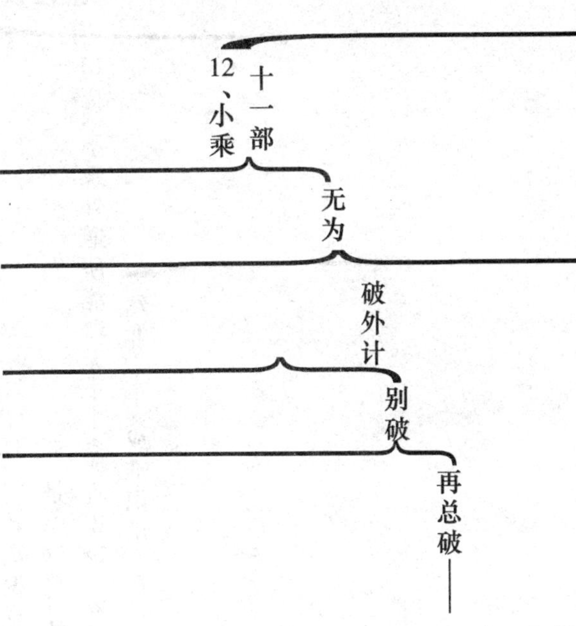

抄》卷四云：「若六因唯得有为果，六因不得为果，若旧论中名无为非因果。若大乘果时，非六因所得，为能作因等时，不得五果，故自宗无为非异心等故无过失。」《疏卷四曰：「他部无为论有因果，体是因果，而无因果也。因果即是六因五果，为离系《成唯识论》云：「又诸无为，许无因果故，应如兔角，非异心等有。」《成唯识述记》动也，由断此动而得无为名为不动。善等真如三体各一，性皆是善，道支缘起同大众部。」切圣道皆然，此中举胜且言八道。化地九无为者，择灭等三，三体各一，定障多动是散差别自是生灭。理是无为。由有别理能为碍窍故。道决定次第差别，能离苦等，据实一由此生死有别理故，能为碍窍，故先无明后行等起。一切圣道性能离染理常是一，其人后方生行等。定行等前有无明等此理是一性常决定。其无明等是有为摄理，是无为。故，无色不然，心不缘下既有隔碍，别有无为为所依也，缘起支性，谓生死法，定无明而是常住。问：色界何无？答：以蕴非细界，非极胜，能依心等，能缘上下无障碍之处，别有无为是灭所摄，要得此灭依之方生彼能依细五蕴自是无常，所依四无色部等九无为者初之三种体？皆一物？显有分位非体成多次空等四，即四无色所依为无有体性。分别论者立四立无为，谓虚空等三及缘起无为。」《秘》卷四云：「大众不动，善法真如，恶法真如，无记法真如，圣道真如，缘起真如。正量及譬喻师立三无

注一

亦能生小生，小生大生更不立第四。」

一法得，即大得；二得得，即小得。小得得大得，得向（自？）前本法，大得亦向后得，小得之上，更不立小得得。又大生生本法，

《续注七》《疏抄》卷五云：「大生生本法，大生不自生，要须小生生大生，更不立第四生。余住异灭亦尔，小宗说得与生相似。然得有二，

果，乃至一期身经百年已临死之时方能取果，乃至行等威仪言至灭相时亦能取果。」

《续注一》《正量之长时四相》——《成唯识论述记》卷五说，正量立长时四相。《疏抄》卷五云：「正量计言：后劫灭灭相时有胜功能取

——《破有部四相》——（考《婆沙》三十九卷）

法体上分位假立，二于种生现时现行上假立，三于现生种时种上假立，不同种子非于现行上假立与现行各有因果差别用也。」下：「此破……所生有为法是果：本法望八法皆是俱有因然法（八法）非因而是果，生（大生）非果而是因。……大乘之生一于行上假立，或向种子上假立。生等只是法体上假立法，不是因也。不同种子是实有为法因故。」按《讲义》卷二引此少异其文，如能法非生应是果。若小生生大，即小生为俱有因，大生为果，余三小四亦然。今破云：我大乘生非是因，法非是果。生法义向现为法体大即是果。大生生八法即是俱有因，乃至大四相更互望八法皆俱有因，若本法望八法其本法亦是俱有因。此疏中亦应言行因果，差别故。」《疏抄》卷四云：「然法非果乃至种上立者，此文破萨婆多宗，法者谓大四相小四相等。生相即是因，所生有《成唯识论述记》卷四云：「然法非果，生非是因，即于法上假施设故，亦有唯于现行等法或种上立，故例（？）不同种子，非现苟不立大生则法断灭，不立小生则法相杂乱，故大小四相为小乘立义甚精之点。」按「宜黄」之论，或有未尽，当俟参考订正。又

诸法执及破释（五）

无为，许通余系断缚而显故，亦通士用，是不生士用果，是义说。又大乘中，从十因中其无为即摄受贾意（二字讹）同事不相违因，此四因得有无为，无为亦得离系果，增上果。」《义演》卷四云：「体是因果而无因果者，意说无为非六因得名无因，不得五果名无果。体是因果者体是能作因又即解脱果。如修无为时无为不障他义边名能作因，即与大乘增上缘相似，无为当体即离系名解脱果。」《学记》卷二云：「有部许三无为非六因所得，非得五果。」《义灯》卷五云：「旧《俱舍》云无为非因果者错翻「无」字以为非字，若言非者，即不是六因五果，他宗自许六因之内为能作因，五果之中是离系等。今言无因果者，虽为能作因无取与果用故无有力能令果生，故云无果。虽择灭无为是离系等果不从因生，故云无因。」《枢要》卷二云：「大乘无为是系系果，十因中观待，摄受、引发、定异、同事、不相违因得是观待摄受同事相违不相违因能得增上果。今就他宗又是同品。亦无过失，定有性故。」

结非——《成唯识论》云：「诸无为定非实有。」

13、破小乘外道所能取无——《成唯识论》云：「外道余乘所执诸法，异心心所非实有性，是所取故，如心心所。能取彼觉亦不缘彼，是能取故，如缘此觉。诸心心所依他起故亦如幻事非真实有。为遣妄执心心所外实有境故，说唯有识。若执识真实有者，如执外境，亦是法执。」《成唯识论述记》卷四云：「所执诸法通三聚□法，除心心所，……有部等言若境无实，云何缘时生心心所？今立量云：汝言能取彼色等觉，亦不缘彼色等诸法，是能取故，如缘此觉之所有觉。觉者是心心所总名。缘心等心，即他心智等。」《义演》卷四云：「三聚者谓色，不相应，无为，本五聚，除心心所唯三故。」《疏抄》卷四云：「言唯识者如下十卷云：识唯有内，境亦通外。恐滥外故，但言唯识。难云：境滥外故，但言唯识，不言唯境。识亦通遍计，外识应不得言唯识识。解云：言通外者，通外本质，不是遍计取执境。若遍执境即有前难。又外本质通性非情识，唯是有情境。即是未从心变故，摄末旧本，故言唯识。」

14、俱生法执——《成唯识论》云：「俱生法执，无始时来，虚妄熏习，内因力故，恒与身俱。不待邪教及待分别任运而转，故名俱生。

(注二)「考

此复二种，一常相续，在第七识缘第八识起自心相，执为实法，二有间断，在第六识缘识所变蕴处界相，或总或别

(一)注六」

起自心相执为实法。此二法执，细故难断，后十地中数数修习胜法空观，方能除灭。」《成唯识论述记》卷四云：「相续唯第七识未得无漏圣道已来恒相续起，要入佛地方永不生，中间亦有间转位次，未入圣时，恒无转故。名为相续。然第七识亦唯有说唯我无法，法执亦通第八识有。间断有说通五识起。缘识所变诸蕴处界等，同前我中二解。……六识中俱生法执，于其十地道数数修，地地别断，以障地故。第七识者于十地中道数数修，要至金刚方能除断。此唯菩萨非二乘者。若数数断，习种俱然。又除灭有二：一伏二断。六识伏亦断，第七伏不断。故皆言数数。又我执难断，言修道除，通三乘故。然初地中入位出别，故十地中皆有修道。言胜法等者，简游观心，唯取无间断法

心智能取他心。《二十唯识》说除佛他心智，不知如佛所行境故名不如实。即取心外法，如何言心取似彼而转。」《成唯识论述记》卷四云：「外色实无，可非内识境，他心实有，宁非内识所缘，又佛他应知实无外境，唯有内识似外境生。故《厚严经》颂云：为愚所分别，外境实皆无，习气扰浊心，故法，非此聚识亲所缘缘，如非所缘，他聚摄故。同聚心所亦非亲所缘，自体异故，如余非所取。由此质。自心内法者即影像相分。世尊说者，引《解深密经》。」

（注三）

16、释

二、释外法无缘义——《成唯识论》卷二云：「心心所决定不用外色等法为所缘缘，缘用必依实有体故。现在彼聚心所质或有或无，若修道俱生法执所缘有本质，若分别法执所缘或无本质。即如缘五蕴有质，缘自性等无如，故如幻有。」《义演》卷四云：「第七识中法执所缘言有本质境，即第八识也。第六识中法执所缘本法或无，计蕴等或容有，计自性等定无。心之所变皆因缘生。一切皆有。内心所变，种子所生，不同真起性，如幻事等。」《成唯识论述记》卷四云：「第七本法定有，第六本法或无，修道本法定有，见道本然似法相，从缘生故。是如幻有，所执实法妄计度故决定非有。故世尊说，诸识所缘，唯识所现，依他

一、释所依有无——《成唯识论》曰：「自心外法或有或无，自心内法，一切皆有，是故法执皆缘自心所现似法执为实有。

断第二第三心望后修道，修道名后。第二三心相名初断也。」

义应说。（《记》云：若据三心及依粗重有非初故。）《疏抄》卷四云：「三心中若断初二品名初，第三心名后，若道非相见道；四、四道初在无间道非解脱通。故此依一心见道非断粗重释在此四初断分别法执。三心见道等随初。」《枢要》卷二云：「初有四种：一地位初，在初地断非余地；二圣道初，彼中唯见非修；三真相初，在真见中分别所知障亦得与第六法执同初地断，此中无者，五识中无分别筹度等。一心而论准我中说者约无间道断名心断名初，初受第三道除，望修道为初故。」《义演》卷四云：「五识等者，五识中无法执，不可言初地断，然五识二障中五识所知障亦初地断。以无（？）分别筹度慧性。不能起执，故此中无。一心而论准我中说。若三心者，二别计度，执为实法。此二法执粗故易断，入初地时观一切法法空真如，即能除灭。」《成唯识论述记》卷四云：「下中有。此亦二种：一缘邪教所说蕴处界相起自心相，分别计度，执为实法。二缘邪教所说自性等相，起自心相分

15、分别法执——《成唯识论》云：「分别法执，亦由现在外缘力故，非与身俱。要除邪教及邪分别然后方起故名分别。唯在第六识灯》卷五云：「问：断第六识俱生法执有于渐顿次及超否？答：唯渐断次第，不超，无顿得果及超地故。」名修道品不名见道也。五识无法执，不可言十地断。据五识中俱生所知障亦得与第六识中法执同十地断。」《义道，出心及已后名修道，故得初余九地名十地也。虽已后有三心，然除初见道入住心已应说诸地。诸地有三心皆解云：亦如初地有入住出心，若入心则断见惑，住出心，有地则除断细法执。」《义演》卷四云：「入住时名见品，故言细也，上上智能除言难断也。有人难云：初地即是见道，唯断分别惑，如何今云十地修道能除细法执？义。二解者，一、执依他起影像相分执而为定法；二、执遍计执，即当情所执妄相，执为实法。……法执在下下执道。此中说执不言五识。若所知障，五识亦通十地中断。」《疏抄》卷四云：「然第七识亦唯有说等者，安慧师

三释妨难

a、外难——《成唯识论》云：「吠世师难，若无离识实我法者，假亦应无，谓假必依真事，似事，共法而立。如有真火，有似火人有猛赤法。乃可假说此人为火。我法若无依何假说？无假说故，似亦不成，如何说心似外境转？」

不离识境。此外道难也。破量云：现在彼聚他心智等所缘之境心心所法，非此聚识亲所缘缘，他聚摄故，如非所缘，若疏所缘，或不障故。此因在后。他聚者谓他身或自身中八识更相望为他聚也。护法解云：《二十唯识》说佛他心智所变之相，与本质心相极相似，故胜余之智，非谓亲能取得他心名异余智。不尔，便有识非唯。世亲自释亦不言亲取。」《疏抄》卷四云：「不如实者有说二乘菩萨缘他心时不能分别而知，若在定中，缘他心是虽是现量境，不能仔细分明知他心。安慧云：佛无法执，故知他心如实知。若就鬼天他心智是生得通。他心亦不是现量。」《蕴》卷二云：「如非所缘者，问五七缘境不遍可有非所缘境，如声非眼识境。第六遍缘十八界。又佛身八识亦能遍缘，应非无同喻。答：第六非恒遍缘，佛身诸识他不许恒缘。又此除佛说，故得为喻。」《义灯》卷五云：「问无体法虽无缘义得有所缘者，何故前第一云非诸极微共和合位可与五识各作所缘？答：五识不能缘细境，故说非所缘。不障第六缘无变相成所缘义。若尔，何故《观所缘》云：极微于五识谓缘非所缘。答：意破所缘谓纵缘义无实体法望于六识皆不成缘。问：假法及无皆不成缘大乘第六缘兔角等，若许成缘何故破他不尔，岂无亲所缘缘。答：小乘等执识外之法假实皆无非所缘缘，故前破之。大乘所缘是不离识，简遍计故，皆得名实成所缘缘。」《枢要》卷二云：「前卷谓许有部等有极微故纵成缘而无所缘。就他比量非自许，今述正义。」《学记》卷二云：「安慧宗佛他心智亲照他心及佛自身八识展转亲所缘。今「护法」宗从凡至佛皆变影像。」（考《二十述四》。）

b、破计

破小乘伏难真事——《成唯识论》卷二云：「假必依真事立者，亦不应理。真谓自相，假智及诠，俱非境故。谓假智诠，不得自相，唯于诸法共相而转。亦非离此有别方便，施设自相为假所依，然假智诠必依声起，声不及处此便不转。能诠所诠，俱非自相，故知假，说不依真事。由此但依似事而转。似谓增益非实有相。声依增益似相而转，故不可说假必依真。是故彼难不应正理。」《成唯识论述记》卷四云：「不及处者，不及自相之处。」《疏抄》卷四云：「声，不约余方及无色界说。」（注四）

破外道——《成唯识论》卷二云：「彼难非理，离识我法，前已破故。依类（性也）依实假说火等俱不成故。依类何说理且不成？猛赤等德非类有故。若无共德而假说彼，应亦于水等假说火等名。若谓猛等，虽非类德而不相离，故可假说，此亦不然。人类猛等，现见亦有互相离故。类既无德又互相离，然有于人假说火等。故知假说，不依类成。依实假说理亦不成，猛赤等德非共有故。谓猛赤等在火在人，其体各别，所依异故。无共假说，有过同前。若谓人火德相似故可假说者，理亦不然。说火在人，非在德故，故假说不依实成。」《成唯识论述记》卷四云：「破外道胜论为首，余亦从之。」

《破上座等计》——《成唯识论述记》卷四云：「今唯破上座法藏部计，兼破余也。立比量云：同聚心所，非心亲所缘，与心自体异意相似。」《义灯》卷五云：大众部说智等能了为自性故，能了自他，如灯能照为自性故，能照自他。」前后五蕴并同时色蕴名相应知不相应，余应知。今言缘共有法者，意说四蕴心心所法能缘俱时法，西方师说大《蕴》卷二云：「化地部等者……此念四蕴同时而起名相应，前后念五蕴及此念色蕴名不相应。以此念四蕴能缘缘能及俱生有法亦得名识俱色蕴，乃至想受亦能缘俱有法，亦得名相俱五蕴，受俱五蕴，余心所皆准慧知也。」缘扶根四尘，非是意根处种类故，扶根是色，意根非色故。此即散意识唯缘更互缘心心所……上举慧为首，识亦及心王所与慧俱时，同时有故，慧能缘之，名俱有法也。意识唯依无间意等者，意识生时依前念等无间意根，不慧亦能慧扶根四尘，能有二说：一、眼识俱时慧，唯缘眼根，不缘扶根尘。二、俱缘。乃至身识亦缘五蕴。此色根慧，此慧能亲缘同时心所，并缘同时眼根。身中色等者，即是身中色、香、味、触扶根四尘，是五根界色种类故，《疏抄》卷四云：「西方非此大唐国唤为西国。乃『迦湿弥罗』、『噜犍驮逻』二国……慧俱五蕴者，如眼识相应应不能取一切境界。有部自云：此随转色及此随转不相应行名俱有法。详曰化地西方，二义（六？大？）同。」部难云：若尔眼识应不能取自身诸识，余亦尔。彼作是说五识能取自身中境，意识不能。有部难云：若尔，意识药于眼，眼不见药。西方说等，按《婆娑》卷九云：西方诸师作如是说与慧俱生诸蕴相续自身摄者是俱有法，有应慧知不相应者。不相应知相应。（疏「共」字疑「俱」字误）有部破云，何缘不知俱有诸法，答：极相近故，如置地等者，按《婆娑》卷九云：「或复有执心心所法能了俱有彼作是说。慧有二种俱时而生，一相应，二不相应，相是则有缘自心生，不则心心所应俱时起不同所缘，故不能知相应诸法。（按此顺有部破上座部等相应义也。）化时转故，谓一有情心心所法于一境界俱时而转，理无展转互相缘义。若智能知相应受者，彼受为能缘自体否？复有执心心所法能了相应如法密部，彼作是说慧等能了相应受等。问：何缘不知相应诸法，答：同一所缘，俱等。非根种类故，大众部说心心所法能取自体，与大乘同。」《秘》卷四云：「上座部等者，按《婆娑》卷九云：或蕴名俱有法，五识依色根，俱有身中色等，是根种数故。能缘之意识，唯依无间意，所依非色，不能缘俱有身中色

（注三）《小乘缘义》——《成唯识论述记》卷四云：「上座部法藏部等计同聚心相应之法亦互能缘，化地部说缘共有法，西方师说慧俱五

（注二）《申二法执》——按《成唯识论》卷二云：「然诸法执略有二种。」是二法执乃总别诸法执分别而言，非诸法执外，犹有此二法执也。

有实体。」

（注一）《譬喻师及所立无为》——《疏抄》卷四云：「譬喻师即前立鸠摩罗多，即是经部祖师，无为者，谓虚空择灭非择灭，唯有假名，无

识能变，自证分。安慧不立识所变见相分，唯立能变自证分。」

遍计无体而非是心，心即自证。又云：安慧二分体即不有。」《疏抄》卷四云：「识所变，见相分。名。」《成唯识论述记》卷四云：「依识所变见相分法，非安慧文。」《义演》卷四云：「「安慧」见分

c、显正——《成唯识论》云：「然依识变对遣妄执真实我法，说假似言。《厚严经》云：于识所变假说我法

罗陀弟子。」则一在佛灭五六百年间，一在佛灭八九百年时矣。又《唯识述记》卷八说，佛灭一百年后出世，一四日照世之称故，（童受。照北。）然《三论玄义》云：「佛灭九百年内有诃梨跋摩作成实论，其人是有部鸠摩国及竭盘陀国条下知此师生于呾义始罗国住于竭盘陀，与马鸣（东），提婆（南），龙猛（西），同时，以当时与摩罗多此云豪童，是经部祖师，于经部中造《喻鬘论》，《痴鬘论》，《显了论》等。」又《按》，《西域记》呾义始罗《三论玄义》云：「三百年中从有部出，名说度部，唯经藏为正。」此二说同，惟年异。《俱舍光记》卷六云：「鸠

（续注一）《明譬喻师及经部名义》——考经部起源《宗轮论》云：「至第四百年初从有部出，名经量部亦名说转部，自称我以庆喜为师。」

食，今既见已，有比知生，故走也。」按此说非是。鼠之畏猫，非由前生所起比智，由后天经验所证（?）故。闻他声起假智故。此理不然，如鼠闻猫声，或见鹞等即便急走，彼起生已，能起证智耶？此鼠前生曾为猫所

（注四）《鼠畏猫义》——《成唯识论》言假智诠必依声起，《成唯识论述记》中难及答云：「若尔婴儿等应无比智，及生无色，比智应无。不

（?关?）处等，各缘自见非他故，此义应是（《记》云：今二解，一、非要具此名相应。二、言相应四义具足，依见分说。）」如何说为相应？证自证分为问亦尔，自证是识体何得不相应？彼又难云：见时等、依等、事等、处等，此缺应法自证分等同一所缘，自之见分故不相违。问：心心所法既自相应诸自证分既不同一所缘，所缘亦不相似许相缘，下第八云：勿见分境不同质故，遮见分境不同质过。非令知能缘必同是见分故，佛第八见分等与相以自证缘见尽故名遍知者，凡夫亦应遍智。」《学记》卷二云：「二说大乘义。」《枢要》卷二云：「同聚心所自为自缘否？若自缘者，刀不自割，不尔，佛应非遍知。答：心王见分虽不自缘是自证缘亦名遍智。前解不正，与上座计何别？彼现所缘（或作亲所缘，现行缘）此变影（或作显）故。问：如心所见分缘心王自体心王见分缘者，不立自证分缘见分故，心不能缘。……问心缘受时等者，问上座部？疏无答。」《蕴》卷二云：「第二师此王见分分体，不能自缘心王，自证分缘见分还共诸心所法同一所缘也。缘心心所唯此。上座等心等不能自上，同时相应心所，皆自心王见分上现，心王心所更相于他见分现，亦如诸心所法，同变影像缘心王见分时，所见分同缘智等一切外境，心心所皆同缘也。自证分能自缘见分名别境也。于见分上佛等者，如心王是分见分同缘受见方名同缘，缘余心所亦尔。……前虽二释后解为胜。」《疏抄》卷四云：「见分之境等者，心王心缘，故有斯答：二自证等者，且同时心除受以外与余心所缘受是时自证分亦缘自见名同所缘，不要受见与余夫不尔，不名为佛。见分之境等者，此会透也，谓有难云：「心心所等各缘自见，自见既别，如何王所名同所部心等不自缘故。」《秘》卷四云：「谓佛镜等者，问：凡夫自证亦各自知，应名为佛。佛一刹那知余一切，凡缘者，即有缘自性之过，不即心心所不同一所缘过。何得共取前境？唯心能缘相应法，受等不能自缘也。彼缘，非不即许彼为疏所缘，因明法尔，又上座等，心等不能自缘，唯缘相应法。问：心缘受时，受自缘否？若于见分上佛现彼影名遍智故。然一一自证分与相应法见分同境名同所缘，非要皆见分方同所缘故。又遮亲所成遍智，见分之境，心等必同自证分境，许各别故。二、镜智相应心心所法，亦许相缘。此但亲遮，不遮疏也。故，如余眼根等非所取法。此有二说：一、谓佛镜智能现智影自相应法亦非所缘，以自证分缘自体尽，故亦

遣妄存真宗。」

唯是一，无心法故，不相应法唯一谓诸无作，无为有三，如注一说。」又云：「经部师遣诸妄法存法性空，故曰云：「经部宗所说法数不同，一云离心无别心法，若依彼说有十九法，谓色中有十四，谓五根五境四大种，心分，次期据《婆沙》，后期据《顺正理论》。吉光片羽，仅是一斑，安得更研梵籍而搜索之。又按《深密疏》卷一部之中经为量者皆名经部，非一部说。」待考。至其教义刘定权《经部义》中分三期，初期据《异部宗轮论》后彼又谓经量饮光从上座出，异于《宗轮论》而与《寄归传》上座分二，有部分四之说近。又《料简》卷三云：「诸所言上座是，三但名经部，其实总是一经部。」锡来等地传说转部与说经部为二，与东晋译《舍利弗问经》同，分别言之，《识述》二十一卷云：「此有三种：一根本即『鸠摩罗多』，『二宝利逻多』，造经部毗婆沙，《正理》经部师义二则，而北凉旧译无文。《婆沙》以后，《俱舍》、《顺正理》、《中观释论》、《唯识述记》于经部譬喻皆百年中方出世，而奘传结集《婆沙》在佛后第四百年，则经部出世约与同时，盛行又在慧后。故唐译《婆沙》有一百年，亦不能后于四百年，造成实论者所师之『鸠摩罗陀』，其第子固谓其属有部，则另一人可知。经部四名日出论者，一名譬喻师，当时犹未有经部，经部四百年中方出世故。至此我人或得断曰，此师年代不得早于

附录（甲）

附录(一)

A. 经典中习语之梵名(1)

清静法界 Dharmadhā tuviśuddhiḥ

具不退转 Apratyudāvartyadharmaḥ

了法不昧 Niṣkānkṣodharmajñānaiḥ

穷未来际 Aparā ntakoṭiniṣṭhaḥ

尽诸法界 Dharmadhātuparamaḥ

未毁喜根 Avipr aṇāśaḥKuśalamūl ānām

无量智慧 Aprameyajṇānam

无过辩才 Anantaḥ Pratibh ānena

渡习苦河 Oghād uttirṇaḥ

断诸结缚 Pracchinno granthaiḥ

解诸烦恼 Vimuktaḥ paridā ghaih

到彼岸 Pā ragataḥ

已度 Tirna ḥ

除烦恼 Bhinnakleśah

悟道 Mārgavit

讲道 Mārgākhyāyin

佛子 Buddhaputra

灌顶 Abhiṣecani(abhi s akah,ebhiṣiktaḥ)

住于无相 Animittavihārab

心等空相 Ākāśasamacittaḥ

心不动如须弥 Sumeruparvatarājavadakampyacittaḥ

心不染如莲 Padmavadanupaliptacitta ḥ

心清如玉 Ratnavat suparuddhaciśuddhacittaḥ

心净如金 Suvarṇavat suparyavadātacitta ḥ

具大慈大悲 Mahūmaitrimahākarunāsaman-vāgatah

断业障根 Ramāvaraṇapratiprasrabdhah

出诸魔业 Mārakarmasamatikrantaḥ

心无碍 Apratihatacittah

游戏神通 Abhjñāvikrīditaḥ

诸漏已尽 Rsīnaaravaḥ

无烦恼 Niṣkleśaḥ

心得自在 Cittavaśitā(Vaśin)

心得解脱 Suvimukhtacitta

所作已办 krtakryaḥ

多闻 Bahu śrutaḥ

清净圆满 Parip ūrna'śukladharmaḥ

粪扫衣 Pāmsuk ūli kaḥ

但三衣 Traicīravikah

常乞食 Piṇḍap ātikah

一坐食 Ekāsanikah

中后不饮餐 Khalupaścadbhaktikaḥ

住寂静处 Āraṇyakaḥ

树下坐 Vṛkṣ atalammi

塚间坐 Śmāśānikaḥ

常坐不卧 Naiṣadikaḥ

大乘 Mahāyānam

小乘 Hīnayānaṃ

一乘 Ekayānaṃ

契经 Sūtraṃ

应颂 Geyaṃ

记别 Vyākaraṇaṃ

讽颂 Gāthā

自说 Udānaṃ

因缘 Nidānaṃ

比喻 Avadānaṃ

本事 Jtivṛttā kaṃ

本生 iātakaṃ

方广 Vaipulyaṃ

希法 Adbhutadharmaḥ

论议 Upadeśaḥ

(契经至论议:考智论三十三末)

十二分教 Dvādaśānga-buddhavacana

亲说 Kaṇṭhoktaḥ

集略 Sūtraṃ

品类 Kārikā

科文 ṭippiṭakaḥ

注 VṛttiḥVivaraṇaṃ

细疏 Panjikā

大疏 Vārttikaṃ

本疏 Paddhatiḥ

释疏 Ṭ ikā

颂 Ślokaḥ

单句 Gadyaṃ

文章 Vattaṃ

音韵 Chandaḥ

品 Parivartaḥ或者Patalaḥ

摄颂 Uddānaṃ

依义不依文 Arthapratisaraṇena bhavitavyaṃ no vyañjanapratisaraṇena

依法不依人 Dhamapratisaranena bhavitavyam napudgalapratisaraṇena

依智不依识 Jñānapratisaraṇena bharitaryaṃ no vijñānapratisaraṇena

依了义不依不了义 Nītārthasūtraprtisaraṇen abhavitaryam na neyārtha-sūtrapratisaraṇena

胜义 Paranārthaḥ

真性 Tattvaṃ

真实际 Būtakoṭiḥ

真如 Tathatā

法界 Dharmadhātuḥ

法不多性 Dharmaniyāmatā

不可思议界 Acintyādhātuḥ

性不颠倒 Aviparyāsatathātā

无二 Advayaṃ

归依 Śaraṇaṃ

礼拜 Vandanaḥ

近事／其实 Upāsanaṃ

破戒 Duḥśīlaḥ Duḥkśīlyaṃ

无上 Anutttaraḥ

第一 Paramaḥ

功德 Anuśaṃsā

鹿爱 Mṛgatṛṣṇikāmṛgatṛṣna（有时也译为阳焰，同Marīoc）

阳焰 Marīci

幻 Māyā

乾闼婆城 Gandharvanagaraṃ

芭蕉 Kadalīskandhah

空花 Khapuṣpa

施主 Dānapatiḥ

受者 Pratigrāhakaḥ

无戏论 Aprapañcaḥ

离戏论 Niṣprapañcaḥ

现法 Dṛṣṭadharmaḥ

此世 Ihatraḥ

彼世 Amutraḥ

此生 Ihajanmaḥ

他生 Pārajanmikaḥ

后世 Saṃparāyaḥ

下生 Cyavanaṃ

转生 Jātiparivartaḥ

四生 Catvāroyonayaḥ

胎生 Jarāyujāḥ

卵生 Aṇḍajāḥ

湿生 Saṃsvedajāḥ

化生 Upapādukāḥ

根缺 Indriyavaikalyaṃ

如来不出世 Tathāgatānām anutpādaḥ

佛国 Buddha-viṣayaḥ

佛土 Buddhakṣetraṃ

索诃世界 Sahālokadhātuḥ （真諦记云，索诃此云能忍，星梵王名，以彼能见他胜享常生随喜不起嫉妒能忍争故。非闻忍旧名忍也。）

极乐世界 Sukhāvatī （净上无明）

傍世界 Jiryaglokadhātuḥ

魔 Māraḥ

天主帝释 Śakrodevendraḥ

天 Deroḥ

龙 Nāgaḥ

药义 Yakṣaḥ

乾闼婆 Gandharvaḥ

金翅鸟 Garuḍaḥ

阿苏罗 Asuraḥ

转轮王 Cakravartirājānaḥ

真言 Mantraḥ

总持 Dhāraṇī

明 Vidyā（明咒）

蔓荼罗 Maṇḍalaṃ

调伏 Ābhicārīkaṃ

仪规 Vidhiḥ

施食 Baliḥ

相违 Dvandvaḥ

带数 / 双纷 Dviguḥ

依主 Tatpurusaḥ

持业 Karmadh ārayaḥ

鬼 Bhūtaḥ

恶鬼 Ṛākṣ asaḥ

赞颂明论 Rgvedaḥ

歌咏明论 Sāmavedaḥ

禳灾明论 Atharavavedaḥ

寿明论 Āyurvedaḥ

马祠 Aśvamedhayajnaḥ

人祠 Purusamedhayujñaḥ

祭祠 Yajñaḥ

众 Saṃghaḥ,Sanghaḥ

圣众 Āryagaṇaḥ, Āryasaṃghaḥ

圣会 Āryagaṇaḥ

持经 Sūtradharaḥ

持律 Vinayadharaḥ

持论 Mātṛkādharaḥ

中边论 Mādhyamikaḥ

识论者 Vijñānavādin（京唯识者）

醍醐 Maṇḍaḥ, sarpimaṇḍaḥ

趣向 gamanaṃ, nimnaḥ

散心 Vikṣiptacittaḥ

善趣 Sugatiḥ

正趣 Sadgatiḥ

时间 Karaṇam 或者 Avakāsaḥ，prastavaḥ，kālāntaraṃ

庆贺 Utsavaḥ

节期 Parvan

金刚 Hīraṃ or Vajraṃ

庄严 Alamkāraḥ

璎珞 Keyūraṃ

散花 Puṣpābhikīrṇaṃ

伞盖 Chattraṃ

幢 Dhvajaḥ

附录(二)

A. 经典中习语之梵名(2)

旛 Pātakā
灯 Dīpaḥ
莲花 Jalajakusumaṃ, Jalajaṃ, Padmaṃ
青莲花 Utpalaṃ
须摩那 Sumanāḥ
蔓陀罗 Mandāravaḥ(风茄小花)
法门 Dharmaparyāyaḥ
一切种 Sarvathā
大威德 Mahanjashamahaujaskah
寿尽时 Āyuḥsaṃskāraḥ
障 Āvaraṇaṃ
离生 Nyāmaḥ
积集,修习 Parijayaḥ
真谛 Paramārthasatyaṃ
俗谛 Saṃvṛtisatyam
异类而熟(谓异熟) Visadṛśapāko Vipāhaḥ
广大异熟 Udāravipākah
授记 Uddiśatisma, vyakaraṇaḥ
烦恼,入,贪 Vyasanaṃ
苦行者 Tapasvī
证净 Avetyaprasādaḥ
祭天 Havyaṃ
祀祖 Karyaṃ
总义 Samudāyārthaḥ
四句 Cātuṣkoṭikāḥ
得证正觉 Ahhisambudhyati
现等觉菩提 Bodhim abhisaṃbuddhaḥ
得佛果 Buddhattamavāpnoti
刹那住 Kṣaṇikaḥ
塔 Stūpaḥ, Dâgôba
近住/斋戒 Upavāsaḥ
戒 Śīlaṃ
学处 Śikṣāpadaṃ
律义 Saṃvaraḥ
果 Kāryaṃ
因 Karaṇam, hetuḥ
大丈夫 Mahāpuruṣaḥ
成就 Samanvāgataḥ
魔地 Māracamūḥ
修证 Samudānayaṃ

增长 Utkarṣaḥ, Vrddhiprasarpanam
领纳 Anubhūtiḥ, Anubhavati
自性 Prakrtiḥ, Svabhāvah
贪欲 Vasanah
阿僧衹 Asaṃkhyeyaṃ
无量 Aparimāṇaḥ
无边 Aparyntaḥ
无比 Atulyaṃ
极微 Paramāṇuḥ
微 Aṇuh
由旬 Yojanaṃ(踰缮那)
时 Kālaḥ
候或时 Velā(不连则时,连则译为候)
劫 Samayaḥ(不连则时,连则候或劫)
一刹那 Kṣanaṃ
顷刻 Lavaḥ
须臾 Muhūtaḥ
等无间 Samanantaram
弹指间 Acchatāsaṃghātamātraṃ
坏劫 Samvartakalpaḥ
中间劫 Antarakalpaḥ
劫 Kalpah
成劫 Vivartakalpaḥ
大劫 Mahākalpaḥ
明星出 Aruṇodgataṃ
今 Adhunā 或 Sāmpratam
今/近来 Idānīm
古昔 Bhūtapūrvaṃ
过去 Atikrāntaḥ
前边 Pūrvāntaḥ
前际 Pūrvākoṭaḥ
后边 Aparātaḥ
当有/将来 Bhaviṣyat
长夜 Dīrgharātraṃ
三世 Tryadhva/Triṣkālaḥ
食非时 Akālabhojanam
饮语 Surāmaireyamadyapānaṃ
乞食 Pineapātah
贤劫 Bhadrakalpaḥ

作沙门 Śramaṇakārakāḥ
不饮酒 Madyapānaviratih
出家 Pravrajitaḥ
受大戒 Upasaṃpannaḥ
沙门 Śramaṇaḥ, Shramaṇa, Sa'mana
比丘 Bhikṣuḥ, Bhikshuḥ
比丘尼 Bhikṣuni
沙弥 Śrāmaṇeraḥ
沙弥尼 Śrāmaṇerikā
近事男 Upāsakaḥ
近事女 Upāsikā
布萨 Poṣadhikaḥ
和尚 Upādhyāyaḥ(坞波陀耶)
阇梨 Ācāryaḥ(Acharilya)(规范)
羯磨者 Karmakārah(清净比丘)
初业者 Navakarmikaḥ(行僧)
执事 Vaiyāvṛtyakaraḥ
徒 Śisyaḥ
徒孙 Prasiṣyaḥ
侍者 Autevāsi
随从沙门 Paścācchramaṇa
新出家 Navakaḥ
坐具 Nisidanaṃ
重复衣 Saṃghāti(六衣、杂碎衣)
上衣 Uttarāsanyaḥ(七衣、入众衣)
下衣 Antarvāsaḥ(五衣、作衣)
裙 Nivāsanaṃ
手巾 Snātraśāṭakaṃ
雨衣 Varṣāsāṭicīvaraṃ
资具衣 Pariṣkāracīvaraṃ
钵 Pātraṃ
碗 Sarakaṃ
锡杖 Khakkharaṃ
杓儿 Kalācikā or Darnikā
净瓶 Vardhanikā
鞋 Upānat
袜 Pādaveṣṭanikaṃ
针 Sūcī
印 Mudrā
小刀 Śastrakaṃ

伞 Chattraṃ
扇子 Vidhamanaṃ
蚊拂 Maśakavaraṇaṃ
厚枕 Bimbopadhānaṃ
带 Paṭṭikā or Loṭhakā, Aṣṭuñcakaṃ
蚊帐 Maśakakuṭī
帽 Kholaṃ
布袋 Kolāhalasthavikaḥ
衣袋 Cīvaṛabrsikā
锅 Kaphalikā / Kuṇḍalakaṃ
水瓶 Kuṇḍikā
帚 Sphijaṃ
斧 Kuṭhārikā
净地 Vihāraḥ
住房 Layanam
犍槌 Gaṇḍīkoṭanakaṃ
unakavāsaḥ
布衣 Karpāsakaṃ
别别解脱 Prātisakam
俗家 Gṛhavyākulikā
同住 Sārdhavikārī
五体投地 Pañcamaṇḍalakena
Vandanaṃ kṛtvā
合掌 Pragrhītāñjalih
暖房 Jontakaḥ
剃发 Muṇḍanā
客僧 Āgantukaḥ
钥匙 Kuñikā
洗碗器 Kuṇḍalakaṃ
三藏 Tripiṭakam(three divisions of Buddhist canon)
经 Sūtraṃ
论 Abhidharmaḥ
律 Vinayaḥ
H.Abhidharmah 作 Abhidharaṃ(S.)
Abhidhamma(P.)J
pa(J)Pitaham 作 Piṭaka G.
(生死大海)Samsara(轮回)(The ocean of birthand death, transcendencyt, the agitation of selfishness.)

现量 Pratyakṣaṃ
比量 Anumānaṃ
圣教 Āgamaḥ
喻 Dṛṣṭāntaḥ /Udāharaṇa
立宗 Pratjñā
圣教量 / 对言量 Āptāgamaḥ ,pravacanaṃ ,śabdaṃ
喻语 / 譬喻量 Upamanaṃ
相违 Viruddhaḥ
有同法 Sādharmayavat
有异法 Vaidharmayavat
似因 Hetvābhāsaḥ
似喻 Dṛṣṭāntābhāsaḥ
破 Dūṣaṇaṃ
自品 Svapaksaḥ
他品 Parapakṣaḥ
Karma 业: action, work, the law of action, retribution, result of deeds.
论者 Vādī
敌论者 Prativādī
自相 Svalakṣaṇaṃ
共相 Sāmānyaṃ
释 Parihāraḥ
征 Codyaṃ
组合 Upanayaḥ
结 Nigamanaṃ
宗 Siddhāntaḥ
量 Pramāṇaṃ
论破 Tarkaḥ (乾业)
支 Avayavaḥ
简 / 坏 Nirakarānam
随一不成 Anyatarāsiddhaḥ
自不成 Svatosiddhaḥ
他不成 Paratosiddhaḥ
两俱不成 Ubhayāsiddhaḥ
所染不成 Āśrayāsiddhaḥ
表示 Saṃkketaḥ
有相 Sākāraṃ
非是遮 Prayudāsapratiṣedhaḥ
是遮 Prasajyapratiṣedhaḥ

宗法性 Pakṣadharmatvam
同品有性 Sapakṣe sattvaṃ
异品非有性 Asapakṣe cāsattvam
无相 Nirākāram
自量 Svataḥpramāṇam
他量 Parataḥ pramāṇaṃ
同事缘 Sahakāripratyayaḥ
勤勇无间所发 Prayatnānantariyakah
见地 Darśanabhūmiḥ
非现境 Adṛṣṭa
果报 Phala

附录(三)

B. 诸人名之梵名

昆庐遮那　Vairocana
阿閦(不动) Akṣobhyaḥ
阿弥陀　Amitābhaḥ
宝生　Ratnosaṃbhavaḥ
昆婆尸(胜现)　Vipaśyin
俱留孙(所应断已断) Krakucchandaḥ
金寂　Kanakamuniḥ
尸弃　Śikhi (持发)
昆舍浮　Viśvabhuk (遍一切自在)
饮光　Kāśyapaḥ
能仁寂默　Śākyamuniḥ
燃灯　Kōpamkarah
观自在　Avalokiteśvaraḥ
慈氏　Maitreyaḥ
虚空藏　Ākāśagarbhaḥ
普贤　Samantabhadraḥ
文殊　Mañjuśrīkumāvabhūtah
(妙吉祥法王子)
地藏　Kṣitigarbhaḥ
大势至　Mahāsthāmaprāptaḥ
宝掌　Ratnapāmih
金刚藏　Vajragarbhaḥ
阿若多桥陈如　Āk ñātakanudinyaḥ
舍利弗　Śāriputraḥ
大目犍连　Maudgalyāyanaḥ
迦旃延　Mahākātyāyanaḥ
须菩提　Subhūtiḥ　(《深密疏》卷九作深吼底,或称善现。)
富楼那　Pūrṇamaitrāyaṇiputraḥ
马师　Aśvajit
无灭　Aniruddha
覆障　Rāhulaḥ
庆喜　Ānandaḥ
难陀　Nandaḥ
难陀迦　Nandakaḥ
难提迦　Mabānāmaḥ
木名　Mabānāmah
提舍　Tisyah
优婆提舍 Upatiṣyaḥ
拘利多　Kolitaḥ
优楼频螺迦叶 Uruvilvā-kāśyapaḥ
捺提迦叶　Nadikāśyapaḥ
牛主　Gorāmpatiḥ
焰然　Vāspaḥ
近获　Upasanaḥ
周利槃陀迦　Cūḍapanthakaḥ
大路边　Mahāpanthakaḥ
闻二百亿　Śroṇakoṭiviṃśaḥ
出现　Udsyī
善妙　Sundaranandah
卓任结纳呕哲呕哩　Śroonatīkarnah
善乎　Subāhuh
上行子　Udsāyanah
善契　Lavarabhadrikah
近執　Upāliḥ(忧波离,鄔波离)
大膝　Mahākauṣṭhilaḥ
象头山饮光　Gayākāśyapaḥ
善容　Vakkulaḥ(薄拘罗)
竭陀林士　Rhadiravanikah
善来　Vukkulaḥ
众主　Mahāprajāpatī Gautamī
六幻　Māyādevī
名闻　Yaśodharā
明女　Gopā
优波罗那　Utpalavarnā
法所施　Dharmardinmaḥ
龙树　Nāgārjunaḥ
龙叫　Nāgāhvayaḥ
圣天　Āryadevaḥ
无著　ĀryaAsanga
世亲　Vasubandhuḥ
圣勇　Āryśūraḥ

马鸣 Aśvghoṣaḥ

陈那 Dignāgaḥ

护法 Dharmapālaḥ

法称 Dharmakīrtiḥ

众贤 Saṃghabhadraḥ

德光 Guṇaprabhaḥ

世友 Vasumitraḥ

德慧 Guṇamatih

释迦意 Śākyabuddhih

天主意 Devandrabuddhih

智藏 Jñānagarbhaḥ

寂获 Śāntarakṣitaḥ

妙月居士 Caneragomī

佛护 Buddhapālitaḥ

清辨 Bhavyaḥ

妙好 Vararucih

波腻尼 Pāṇiniḥ

本颠迦梨堕水 Patañjalih

月称 Candrakirtiḥ

调伏天 Vinītadevaḥ

喜 Nandaḥ或难陀)

法上 Dharmottaraḥ(Dharmasri)

释迦亲友 Śākyamitraḥ

智施 Jñānadattaḥ

光成 Prabhākarasiddhiḥ

戒贤 Śīlabhadraḥ

法军 Damatrāsenaḥ

法救 Dharmatrātaḥ

殊亲 Visesamitraḥ

日藏 Raviguptaḥ

有使 Bh āvabhataḥ

罗怙罗 Rāhulaḥ

喜、阿难 Ānandaḥ 作 Āna'ddña

阿尼鲁达 Aniruddhah 作 Anur'ddña

马 Aśvajit 作 Áshvajit

车难 Chauadaka

提婆达多 Devadatta, Devapu'tra(One of Buddha's Brother)

晳多 JêtaRaundibya(S.)Rôndiñña(P.) Name of Buddha'sfiratdisciple.)

弥勒 (Nairteyah 作 maitreya(S.) metteyya(P.) Mâ'ya (Buddha's mother.)

释迦 Thākya(S.) sākya(P.) Shuddhdama(S.) Suddhdana (P.)(Buddhas father.)

阿阇世 Ajātasatru (自此至□咯巴，据史考。)

迦比罗 Kapila (其名已见于优波尼沙土时代，木村博士云在纪元前六世纪前后。)

阿修利 Āsuri

般尸诃 Pañcacikha

筏梨婆(雨) Vrsha 又 Varsha (即《開元录》之跋婆利，纪元纪四世纪人为数论十八部之长，筏梨婆即雨，佛者称雨众外道。)

自在黑 Īśvara-kṛṣṇa(即《世亲传》之频阇诃婆娑，与佛教大论辩，著《金七十论》，昆利婆之弟子也。)

足目 Akshapāda又称天答摩 Gautama (尼夜耶派之祖，后于 Jaimini，与 Rarila 殆同时。)

阇弥尼(ジャイミJaimini)(弥曼薩学派之大成者)

商羯罗 Śaṃkara (弥曼萨学派之世亲)

婆达罗衍那(バ-グラ-ヤナ，Bādarāyana) (弥曼差学派之中坚，殆与阇弥尼 Jaimini 同时。前于商羯罗。)

迦那陀 Kanāda(胜论之祖，后世称为优洛迦 Uluka 即食米仙人，其时代或稍后于足目。)

惠月 Maticandra

商羯罗主 Śaṃkara-svāmin (《因明大疏》云梵音商羯罗塞缚弥。)耆那跋陁摩那(耆那教主详《悉檀多经》,阿笈摩伽经,或谓该教由佛教分出之一支,或谓耆那为佛陀之前辈,教化于恒河之平原间。汤用彤云:耆那教尼乾外道。)

耶输陀罗 Yasodharā

马鸣 Matrceta (西藏之称,义净□□亦□□□传称之。)

奥那庇耶帝须 □ânampiyaTissa□

毘阇耶 Vijaya (天□帝须之祖先,佛教于其时输入,当阿阇世王八年,即佛灭之年也,见善见律。)

频婆娑罗王 Bimbisāra(阿阇世之父)

优陁那跋陁罗 Udāyibhaddaka (阿阇世之孙)

波斯 Prasenajit

笈多 Gupta

迦腻色迦 Kaniṣka

护月 Candragupta

光友 Prabhamitra(?)

智月 J͂ñanacandra(?)

庐舍那 Tocanā

耶舍陀 Yasas

离婆多 Revata

提多迦 DhÎtika

中观派、中论 Mādhyamika

商那和修 Śaṇa-vāsin

优波趣多 Upagipta

瞿沙 Ghoshaka

诃梨跋摩 Harivarman

童叟 Kumāralabdha(鸠摩罗陀)

友军 Mitrasena (密多斯那)

宗喀巴 Tsong khapa 陈那 - 摩诃特拿伽 - 大域龙(《入正理述记》云)(《宗论述》云:七叶岩中当结集阿毘达摩。)

双赞思甘布 Sron-tean Gampo (赞文成公主之西藏王)

目连子帝须 Moggaliputta Tissa

阿提沙 Ātiśa (一名吉祥燃灯智)

附录(四)

C．诸经之梵名

大般若百千颂 'Satas āhasvikā Prajñāp āramita

大般若二万五千颂 Pañcaviṃ'satis ākasrikā

大般若八千颂 Aṣṭas āhasrik āprajñā pāramitā

大方广佛华严经 Buddhā vataṃsakaṃ (佛陀华严)

菩萨藏 Bodhisattvapitakaṃ

普曜经 Lalitavistaraḥ

禅定王经 Sam ādhir āsiaḥ

出世间品 Lokattaraparivartaḥ

妙法莲花经 Saddharmapuṇḍarīkaṃ

虚空藏经 Ākāśgarbhaḥ

宝云经 Ratnameghaḥ

楞伽经 Lankāvatāra

金光明经 Suvarṇaprabhāsottamah

维摩诘经 Vimalakīrtinirdeśah

宝严树经 Gandary ūhah

大乘密严经 Ghaṇavyūhaḥ

虚空藏菩萨经 Ākāśagarbhaḥ

无尽意菩萨经 Akṣayamatinirdes'aḥ

善方便经 Upāyahśalyaṃ

法集经 Dharmasangītih

勇猛善降伏经 Suvin āntavikr āmī

悲华经 Mahākar uṇāpundarīk am

宝髻经(宝顶，宝灯) Ratnaketuh

十地经 Dasabhūmikam

大悲经 Mahā-kārunā-puarīka

紧那罗王请问经 Drumakinnrajaparipuchā

日藏经 Sūryarbh aḥ

佛地经 Buddubh ūmiḥ

如来不可思议秘密大乘经 Tath ā?????

首楞严三昧经 'S ūramgamasam ādhinirde' sḥ

海龙王所问经 Sāgaran āgar ājapariprcohā

阿阇世生怨悔经 Ajāra'satrnkau kṛtyavinodanaṃ

解深密经 Saṃdhinirmocanaṃ

诸佛要集经 Buddhas aṇ gīti ḥ

护国所问经 Rāṣṭrapā lapariprcchā

诸法无行经 Sarvadharmāpravṛttinirdeśah

宝髻所问经 Ratnac ūdapariprcchā

宝积经 Ratnak ūṭaḥ

大乘教信思维 Mahāyānaprasādaprabhāvanaṃ

大乘论议 Mah āy ānopade's aḥ

胜思维梵天所问经 Āryabrahmavisaeacin-tapariprcchā

文殊圣住 Mañju'srīvih ār aḥ (大庄严法门经)

大般涅槃经 Mahāparinirvāṇaṃ

不退转法轮 Avaivartacakraṃ

分别因缘经 Karmavibhaṇgaḥ

般若五正颂 Prajñāp āramita pañca'satikā

般若三百颂 Tukatika prajñāpāramita

宝炬经 Ratnalkā

境界清静经 Gocanapari'suddh aṃ

指示如来出生 Tath āgatotpotpattisamb-havanirde'sah

大乘流转诸有经 Bhavas aṃkr āmtih

第一义法胜经 Param ārthodharma vijay aḥ

妙吉祥佛土功德庄严经 Mañju'srgībuddha kṣetragunaryūhah

指示菩提分经 Bodhipaksanirade'sah

除障业经 Rarm āvar aṇapratiprasrabhiḥ

三聚经 Triskandhak aṃ (根本有部律仪)

能夺聚集经 Saṛvavidalegasamgrahad (摄一切有部)

僧伽陀经 S aṃgh ātas ūtr aṃ (相融经)

如来智印三昧经 Tath āgata jñānamaidr āssm ādhih

大金刚妙高山楼阁陀罗尼 Vajramcu'sikharak ūatradh āravi

入诸佛境界智光明庄严经 Sarvabuddhavisay āvat āra jñ ān ālak ālamk ārah

文殊所说般若经 Sapta'satikara jñāp āramita

妙臂菩萨所问经 Sub āhupariprcchā

佛子所问经 Simhapariprcchā

守护大千国土经 Mak āsahasrapramardanam

信力入法门经 'Sraddhābaladhānam

史峨崫摩罗经 Arijulim ātiyam

大□□经 Mak āsmrtyaasth ān am

弥勒授记经 Maitrīvyākavanam

药师如来本愿功德经 Bhaisajjyaguruvaid ūryaprabhah

义决定经 Arthrini'scayah

宝箧经 Mah ābasūtṛam

化王请问 Vikurv ānar ājapariprcehā

帝设论 Prajñ́aptisāstraṃ

集异门足论 Saṃgītiparyāyaḥ

法蕴足论 Dharmaskandhapāda

界身足论 Dhātukāyaḥ

发智足论 Jñānaprasth ān aṃ

品类足论 Prakaraṇapādaḥ

增一阿含 Ekottaraga maḥ

中阿含 Madhyamāgamaḥ

长阿含 Dīrghāgamaḥ

相应阿含 Saṃyuktāgamaḥ

律分 Vinayavibhangaḥ

律根本分 Vinayavastu

律杂事分 Vinayaksudrakam

律大圣分 Erttaragranthaḥ

阿毘达磨法蕴足论 Abhidharma dharma skandha pāda(by maudgalŷayana)

阿毘达磨发智论 Abhidharma jñāna prasthāna(ascrided yo Ratŷaŷana)

阿毘达磨心论 Abhidharma Hridaya Śāstra(byupadjota)

俱舍雹论 Abhidharma kosa karaka Vata(by Saṁghabhada)

阿毘达磨俱舍论 Abhidharma kosa Śāstra

阿毘达磨甘露味论 Abhidharmāmsita Śastra(by Ghosha)

岛史 Dīpavaṃsa

大史 Mahāvaṃsa

附录(五)

D.诸地名之梵名

波罗奈 Vārānasī
吠舍厘 Vaiśālī
圆寂 Parinirvānam
王舍 Rājagsham
竹林 Venuvanam
憍赏弥 Kau'sāmbā
室罗伐悉底 'Srāsvartī
誓多林 Jetevanaṃ,Jêtavana
给孤独园 Anāthapindaeaeyârāmaḥ
哩濕嚩胜撒 Pugravardhana
菩提树处 Bodhiryadam
灵鹫山 Grdhrakūta-parvataḥ
伽耶顶 Kayāsīrseḥ
胜那烂陀 'Srīnalandaḥ
摩揭陀城 Magadha
苇林 'Sarāsvati
蓝毗尼 Lumbini
因陀罗释罗呵 Indrasalaguhā
拘尸那迦罗城 Ku'sanaguram
乌尸罗山 U'saraguih
□□尼城 Ujjayarīnagari
□□伽 Raliniyah
鹿苑 Mrgadāh,sarnat
仙堕 Rṣipatanam
拘萨罗城 Gosilā
纳誓 Sāketam
阿悉底 Avantih
□半遮罗 Pañclah
柳叶隅 Ataravati
迦罗陀园 Rakardananivāpaḥ
地持山(特边) Nimimharah
马耳山 Asakarnah
善见山 Snar'sanah
檐木山 Khadirakah
持轴山 Īsādharah
持双山 Yugamdharah
金山 Meruh
须弥 Sumeruḥ
铁围 Cakravāḍah
香山 Gandhamādanah
雪山 Himavān
崑崙 Hailāsaḥ
补陀罗迦 Potalakaḥ(白花山)
磨罗耶 Malayah
宾陀山 Vindhyah
胜多山 Vaidehakaparvataḥ
无畏山 Abhayagiri(on cylon with an ancient temple in which Fa-hien found 5000 priests,A.D.400.)
G.Achira'vatÎ(Ariver)
Benares (the well-knwncity in India)
恒河 Ganga
HiranyavatĪ(S.),Hirañ̃navati(p.)(a river)
Rapilavástu(S.) Rapilava'tthu(P.)(the capital of the Shākyas)
Rā́shî (old and holy name of Banarea.)
Nairañjana(S.)Nra'ñjarâ(P.)(Name of a river identfied by some with Nilajan by other with the Pholgu.)
Pasaliputra(S.)Pātalipu'tta(P.)
华氏城 (Also called Pātaligā ma,a city one the anals north of Rrajagarircha and helonging to the kingdom of Magadha.) Pāvā (a villege where Buddha cooks his last meal.)
Rājagri'ha(S.),Rājaga'ha(The capital of Mogladdha.)
Ujja'yinÎ (S.),UjjênÎ (P.)(name of a city)
Uruvillvâ (S.),Urur ê llvâ (P.) (aplace south of Patna on the bauka

of the Neranjavāriver now Buddhargayā.)

Vaisalī 作 Vaishālī(S.),Vêsā l Î (P.) a great city of India North of Patra.

罽宾 Kashmir, Kasmīra, Cashmere (按《宗轮述》云:争大天五事后,上座众往北印迦湿弥罗无忧,王遂舍迦□弥罗造寺。)

师子国 Lankā

金地国 Suranna-bhūmi(缅甸)

雪山边国 Himavanta

缚喝国 Balkh

暗货罗国 Tukhara (大月氐)

那爛陁 Nâlanda

昆诃罗山 Vaibhâra

七叶窟 Sattapanni, Saptaparna (按《宗轮述》云:佛灭后七叶岩中二部结集,界内有迦叶、满慈、近執、庆喜诸上坐届外亦有□教、无学。于是界内为上坐部,届外言总大众,而人无异争,人法异说。大天争时届外少年僧门人□离共为一朋,名大众部。届内者旧之僧共为一朋,名上坐部。然诸说不同,考诸藏章。)

秣怠罗国 Mathûra

韩若国 Ranyaja

胆波国 Campa

香华城 Rusumapura (俱苏摩、摩竭陀之旧都,有新都曰波陀□子《宗述论》云。)

安息 Parthiu 波斯

康居 (Kirgij,吉利吉思)

粟特 (Sogdiana)(康居之一部,即后康国)

于阗 (Khotan,和阗)

龟兹 (Kucha,库车)

健驮罗 (Gandhā ra)

琉勒 (Kā shgar,喀什噶尔)

高昌 (Turfou,土鲁蕃)

鄯善 (Lab-nor,罗布泊)

焉耆 (Karashar,喀喇沙尔)

子合 (Karghalik,斫利迦)

葱岭 (Dāmit)

乌场 (Udyāna)

砂盤陀 (Sarikol)

跋禄迦 (Aksu,阿克罗)

素菜水城 (Takmak)

纳缚波 (Bavapa)

大宛 (Jergana)

莎车 (Yarkand,叶尔羌)

吐藩 (Tibet)

条支 (Assylia)

大秦 (Syria or Rekem)

大夏 (Bacteri, Baetria)(《善见律》称舆那世界)

E. 梵字拼音研究

梵汉辞典之拼音与G.及H.不同,其字母之次序为:(据梵语索引)

A, Ā, I, Ī, U, Ū, R, E, Ai, O, Au, K, Kh, G, Gh, C, Ch, J, Jh, T, D, T, Th, d, dh, N, P, Ph, B, Bh, m, Y, R, I, v, Ś, S, S, h

H.之次第同普通之英文字典,G.则不同,如:

"a as the Italian and Brerman short a

U as oo in good

Û as U in rumor

â as a in father

ai as in eye

e as e in tent

an as ow in how

ê as e in eight

ñas ny

i as i in hit

jñ as dny

Ī as I in machine

ñ ñas nny

o as o in lot

ch as ych in church

O as o in home
cch as ch-ch in ric chanc

S,j,Y and other letters as usual English words. Double consonant are pronounced as two distinct words.

The h after p,b, k,g,t,d,is audit as in dnb kun,heg brick how and hill. Pronounce twt-h â g â not Ta-th â gata.

To the average European it is difficult to catch, let alone to ōmitate, the difference of sound between doffer and now dotted letters. All who are desieus for information on this point must consult Sanskrit and pali grammars

Test the reader unnecessarily bewildered with foreign-language dots and sign, which after all are no help to him, all dotted t, d, m, n and italicized t, d, m, n have been replaced in the text of the by t, d, m, n, ñ, ññ, dotted □□ italicized s have been transco by ny, nny, ro, and sh."

附录（乙）

A.迷唯理谬识者

（基云：第一第四名迷唯识，全不解故。第二第三名谬唯识，邪分别故。）

1、萨婆多等——《识述》卷一云：「依说十二处密意言教，诸部同执离心之境，如识非无。彼立量云：其我所说，离心之境，决定实有，许除毕竟无，心境二法，随一摄故，如心心所。」《义演》卷一云：「如来为破空教说十二处教，不分根尘而有内外别，虽勤不分意在心内，依他起性不离识故。小乘不解如来密意言教，计十二处离识实有。」《义蕴》卷一云：「彼量有决定相违过，今立量云：汝离心境应非离心实有，许除心心所无为不相应等是所知故，如龟毛等。此恐他作不定故遮心等，设不简之，亦无此过。大乘不许无为等离心有故。又有解云：彼有有法自相相违过。量云：汝所许离心境应非离心境，心境二法随一摄故，如心心所。」《秘释》卷一云：「若宗法言决定非无故无过，以瓶等虽是似，然是非无性故。」《学记》卷一云：「基师立量有不定过，应云汝外境非离识非无，许除无法能所取中随一摄故，犹此内识，违彼法中意许差别，宗中识言亦摄心所，故无不定，亦有有法自相相违，彼亦不成外境性故。」

2、清辨等——《枢要》卷一云：「第一清辨依世俗谛心外有境，二俱非无。第二小乘中一说部执一切法唯有假名，都无心境。外道空见，亦复如是。」《识述》一云：「清辨等师。依密意教，说诸法空。便亦拨心体非实有。彼立量云：汝之内识如境非有，许所知故，如汝心外境。」《疏抄》卷一云：「经中密意诸法空者，佛即约心外无遍□所执法故，所以说诸法空，还有依他法也。其清辨依此密意□故，即依他之法亦说为空。」《义蕴》卷一云：「此有不定过，为如我心外境许所知故。证内识非有耶，为如识性真如，许所知故，识实有耶。」《秘演》云：「因有不定过。为如外境是所知故，证识是无。为如内境是所知故，证识是有。」《学记》卷一云：「三藏又解，清辨立相，而不立见，且如眼识缘青等时心即是离青等外无别能缘。乃至证真空外无智。虽于世俗心境俱有境实心虚，从实唯识，如唯识师摄相皈心——彼意真智证真如时，智虚归境，余心亦然。心行似境，境不似心，明知心虚，随境改转，不可说言，由心缚解。心与境本，勿心由慧亦缚亦脱，慧为主故。虽未而利，能引道故，名依世俗。五识非有，世间相无劳余过。」按学记文恐有错简。（考卷四十六立二分之〈破他〉及卷三十五三，续注一。）

3、大乘中一类菩萨——执诸识用别体同。《识述》卷一云：「大乘中一类菩萨，依相似教说识体一，摄论第四说一意识，菩萨计一依远行，及独行教。游历诸境，故说远行。复言独行，无第二故。二依五根所行境界，意各能受教。三依六识身皆名意处教。四又解深密、瑜伽等说，如依一镜上有多影像教。五如依一水中有多波喻教。此恐违众教，故说有一识。有云一意识，但说前六识为一意识，理必不然。此说八识，体是一故。」《义蕴》卷一云：「依摄论第四等者，问既有一意识，如何言有眼耳等识耶？摄论自解云：彼彼依转，得彼彼名，虽有一识于眼根转则名眼识，余亦尔。远行者游历一切所识境故名如远行，为证此义复说独行无第二者，无形质故。」《疏抄》卷一云：「五根所行境界各能受者，眼识缘边乃至，余境亦尔。即第六识能缘五尘。依六识力皆名意处教者，此师意言十二处中六识总立为意处。不依五蕴十八界，十八界中七心界为七也。」《演秘》云：「《瑜论》卷五十七云：依意根处由于前际无始时故，遍缘一切所知境故名为远行。

谛，上界亦尔。欲界能知治圣道即欲界系名欲界道谛，上界缔亦尔。所以灭道分后八心分上下界也。五下分结者
义解十六心，如欲界身及山河等者名苦谛，上界亦尔。欲界烦恼名为集谛，上二界亦尔。欲界断烦恼所得择灭名灭

C'、化地部——《疏抄》卷一云：化地部执缘俱有法者，且如五识与五根俱时而起，眼识能返缘眼根，及余耳根等应知亦尔。文外

B'、法藏部——心起必有相应触、作、意、受等，此心王亲能缘触等心所，亦得更互相缘（《疏抄》卷一）

涅槃立，与世间我不别，今者唯识论中，唯破世间我，不破出世我故，所以但言许依蕴立，非即离蕴。

故。又犊子部说若出世间许依蕴作，然与蕴不一异，若断尽烦恼已，其出世我与涅槃真如不一异，然出世立我不依
说一刹那心能缘一切物亦尔。即约相续多时，即初念能缘一切法，仍心不自缘心。若至第二念，即心亦能自缘心
为能知者。萨婆多破云：如言火能烧一切物，岂一刹那火能烧一切物，即约相续多时，说火能烧一切物。今此经中
若心起时即能缘前一切法，心体不能自缘，其同时之我即缘自心体，故云我为能知者，若我不能缘心者，即我不名

附：

A'、小乘犊子部（注一）——计我是能知者，亦执有法。《疏抄》卷一云：「俱舍论中解彼部云：引经云：一刹那心能立一切法者，

外境为所缘，相分名行相，见分名事。若大乘中影像相分，即通五蕴也。）

论影像相也。然小乘相分，唯有四蕴，何以得知小乘中有相见分？即下论文云，有离识所缘境者，即说
及大乘等。俱无，安慧等。）（《疏抄》卷一云：二十部中唯除正量，余皆立有相见分。相分即是境相，不
都无心境。又四句分别，有见无相为正量部师不作相分而缘境也。有相无见谓清辩师。相见俱有，余部
（《识述》卷一云：四句分别，清辩顺世有境无心。中道大乘，有心无境。小乘多部有境有心。邪见一说
心无体。）

（《枢要》云：第三小乘执心意识义一文异摄大乘说心意识一者，第四上古大乘亦有依庄严论执心所离
十，谓十大地。或十四，加贪及嗔、痴、慢。」

故。《顺正理论》第十一谓执别有心所，论者于心所中多兴诤论，或唯说三谓受、想、思。或四，加触。或
诸色皆是大种差别，非色皆是心之差别。若经部师自有二释：一譬喻师唯心无所。二有心所四，释不同
一四二云：尊者觉天作如是说：诸有为法有二性，一者大种，二者心。离大种外无所造色，离心无所。
意云色所依故，立四六种所依故云空心所依立识故说六界成身。」《演秘》卷一云：「《大毗婆沙论》卷
所唯有二三等，少故名离心外无别心所，非是计离心外全无心所。」《义演》卷一云：「言士夫六界者，
天法救，此经部觉天唯立受想思三所，行即是思，于思上起染名贪，起净名信。实体即是思。诸部立心
心功用立心所名。恐违至教故，说无心所。」《疏抄》卷一云：「觉天是萨婆多宗四评师，谓妙音世友觉
故。经说三和生触，又说士夫六界染净由心，故无心所，彼说唯有受及想、行、信、思等心，更无余法，随

4、经部觉天等——《识述》卷一云：「经部师说佛说五蕴，故离心外唯有三心所：一受，二想，三思。觉天所执亦依经
远独行故。二、《五根生识经》，五根所行境，意各能受故。三、《十二处经》，总摄六识为意处故。」
诸心相续，一一转故，无主宰故，名为独行。」《学记》卷一云：「一类菩萨，三经为证，一、《法足经》，心

谓身见戒禁，疑是初果断，贪欲嗔恚是那含断，故名为五，犹贪欲嗔故不得生上界，犹身见戒取疑三，虽生上界，却还生欲界。下分者，下界有此五恶法，或下人身中有故，即是凡夫身有也，圣皆断故也。又云：化地部执缘俱有法者，解云此缘慧俱五蕴，如在定中慧俱自有识，即名识蕴。同时有受想思，即名受想行蕴，同时有定共戒道共戒，定共戒者，此定俱现行思，能妨恶色身语七处，假名为色。道共戒即八支圣道，谓正身业、正命，此等皆是色摄。定道二戒能妨故，假为色，当体是思。此二决定与定道俱时，名之为共。恶律仪依现行色立，善律仪依不现行色立，由持戒故，杀生邪行皆不现行，能妨色故，假名色也。」《义演》卷一云：「有三解：一返缘俱时想等，二缘俱时扶根尘等，三俱时多心亦得相缘，取第一解。」

D'、法救——《疏抄》卷一云：「计贪嗔等余心所法皆思蕴收，所以言诸心所法是思蕴摄。若思不摄者，应别立贪蕴、嗔蕴，故知余心所法皆于思上假立，此师亦唯立有受想思三心所，及执离心无别心所。」

注一：《演秘》卷一云：「准彼宗计眼等诸根名见觉等，我能领知觉彼根等见觉等事，即据根本说我能见，计思为我。」

现量
- 定义——《入正理》云：「此中现量，谓无分别，若有正智于色等义，离诸魔障，亦离名种等所有分别，各附境体，离贯通缘，乃名现量。」
- 异名——《义演》卷四云：「现量又名证量。」
- 有部与大乘现量说之异点——《疏抄》卷四云：「有部说五识唯是现量境。前念之五识虽落入过去邻次后念起第六识现亦得现量境。若大乘说，与五识俱时意识是现量，五识落后已，后念独影意识是比量。」（考《瑜伽师地论》卷三十五注四）
- 《显扬论》（注二）
  - 性质
    - 四种所有
      - 清净现量——若世间现量亦清净现量，有清净现量非世间现量，谓出世智于所行境有知为有等。
      - 世间现量——下二种。
      - 意受现量——意根所行境界。
      - 色根现量——色相五根所行境界。
    - 所成相
      - 非思构
        - 才取便成取所依境——如良医病者药，色香味触悉皆具足，有大势力成熟威德，当知此药色香味触才取便成取所依境，药之所有大势熟德，病若未愈，思构所成，若愈时便非思构。
      - 建立境界取所成位境——如瑜珈师假想思构地界等，若于地界解为水解，即依地想建立水想，此中地想即是建立境界，取地界即是建立境界之所依，若解未成是名思构所立，解若成就，即非思构。
    - 非错乱所见相——非想、数、形、显、业、心、见诸错乱。

附录（乙）

B、三量研究

（考《瑜伽师地论》卷九注十三及续）

非不现见相
- 同类生——欲缠诸根于欲缠境……已生已等生，若生若起（《瑜伽师地论》卷十五作相
- 异类生——上地诸根于下地境，若已生等。
  似生故，超越生故，无障碍故，不远远故。）
- 无碍障
  - 非覆障所障——非黑暗不澄净色等之所覆等。
  - 非隐障所障——非药草力或神通力所隐蔽等。
  - 非映障所障——非少为多物之所映夺等。
  - 非惑障所障——非闷乱酒醉放逸狂等所碍。
- 不极远——非处极远，非时极远，非推析极远（非损减极远。）

比量《显扬论》
- 定义——「藉因三相而观于义，有正智生。」亦《入正理》云：因三相者，谓偏是宗法性，同品定有性，异品偏无性。
- 种类
  - 相比量——如见烟比知有火
  - 体比量——如以现比知去来
  - 业比量——闻比于于，身曳地行比知是陀
  - 法比量——无常比知有苦
  - 因果比量——见作善比知必获大财富

  推度境界与思择俱

至教量《显扬论》
- 定义——一切智人所谓言教，或从彼闻法随法行
- 性质
  - 圣言所摄——如来及其弟子所说经教等
  - 对治杂染——依此法善修习，永调伏一切烦恼
  - 不违法相——□违法相，如执有我有情命者等

量之相别六师说——《入正理》云：境为所量，智为能量，即此量智能观能证彼二境相，说名量果。《灯》卷六云：「有六师说：一、觉天说根为现量，慧为能量，境为所量，根是量果。二、妙音说根境同前，能量取识。三、法救说能量慧及识，余如前。此皆显故名现。四、经部说根境识和合生法，名之为现，根识为能量，境为所量，境还以根识为量果。五、犊子说以神我现量诸心心所为能量，神我为量果。六、成实师以心所中受想之用为能量，境为所量，识为量果。」

（注二）现量异释——《瑜伽师地论》卷二十述三云：「有部有世友说，以根名见，根体是现量，以显现义是根义故。此能量境故名现量。法救说识名见能量境故。妙音慧名见。能量法胜，慧名现量。正量部说。心心所法和合名见，心心所法合名现量。经部师说，根识和合假名为见，假能量境，假名现量。胜论德句中，觉为现量。数论师说，十一根中，五根是现量。若归于本，自性是现量。大乘师说。根名为现，依、法、属、助，如根，五义胜余故。然是色法，不能量境。唯心心所能量度故，心心所法，正是量体。若无著前，但说二分，唯一见分为现量体。无著以后陈那立三分，见自证分为现量体。护法以后见，自证，证自证三为现量体。安慧诸识虽皆有执。然无随念计度分别。明现取境，名为现量。无漏皆现量。如说善等性。」又《东语西话》卷下云：「现量者何？乃众生随识所变执而不可化之见妄也。」

B、三量研究

似现量——有分别智于义异转，不以自相为境界。准理门言有五种智名似现：一、散心缘过去，二、独头意识缘现在，三、散意缘未来，四、于三世诸不决智，五、于现世诸惑乱智。

非量——《疏抄》卷四云：「若不摄本质，亦不摄影而起执者，即是非量。」（考《瑜伽师地论》卷三十七《续注》四之三）

更详——《入正理疏》云：『现量』，行离动摇，明证众境，亲冥自体，故名现量。（能缘行相不动不摇，自唯照境，不筹不度，离分别心，照符前境，明局自体故名现量。然有二类，一定位，二散心。定心澄湛，境皆明证，随缘何法，皆名现量。一切散心，若亲于境，冥得自体，亦皆现量。）『比量』，用已极成，证非先许，共相智决，故名比量。（因喻已成宗非先许，用已许法成未许宗，如缕贯华，因义通被，共相智起印决先宗，分别解生，故名比量。虽将已许成未许宗，智生不决，非比量摄。）『似现量』，行有筹度，非明证境，妄谓得体名似现量。（散心有二，有分别，无分别，诸似现量，遍在二心，有分别心妄谓分明得境自体，无分别心不能分明冥证境故，名似现量。论据决定唯说分别，非无分别心，皆唯现量故。）『似比量』，妄兴由况，谬成邪宗，相违智起名似比量。（妄起因喻，谬建邪宗，顺智不生，违解便起，所立设成，此彼□□，异生分别，名似比量。）又云：「诸量之中，古说或三，现比，及圣教量，亦名正教及至教量，或名声量，观可信声而比义故。或立四量，加譬喻量，如不识野中言似家中。或立五量加义准量，谓若法无我，准知必无常。或立六量，加无体量。如入室见主不在知所往处。陈那废后四，随应摄入初二。」又云：「似现似比总入，非量。……有是现量，非比非量，谓证自相真现量智，有比非量，非真现量，即证共相比量及智及诸非量。此依见分。若依心体，见分通比非，自证必现故。」又文轨《入正理疏》云：「证法自相不带名言，如镜鉴形，故名『现量』。目观玄黄谓见瓶等，犹观旋火名『似现量』。托驱于显，幽旨可卷，类契真宗，故名『比量』，圆形于影，未尽丽容，拟而失真名『似比量』。」又《义断》云：「正释文中云现量心离教分别。《瑜》卷七十七云：菩萨修所成慧亦依于文，亦不依文者，非《因明》随转理说，《瑜伽》尽理说。因明以□量离名分别者，非谓不缘名句文等云离名分别，以不如名定执其义，亦不谓义定属其名，及外道教诸邪名言云离于名，与《瑜》相似。」

更明量果——《因明大疏》云：「于二量中，即智名果，是证相故，如有作用而显现故，亦名证为量。即者不离之义，即用此量智，还为能量果。即此量智，□观能彼二境相故，所以名果。彼之境相于心上现，名而有显现，假说心之一分名为能量。云如有作用，既于一心以义分能所故，量果又名为量，或彼所量即于心现，不离心故，亦名为量，以境亦心，依二分解，或约三分明，能量见分，量果自证分，体不离用，即智名果，是能证彼见分相故。相谓行相体相，非相分名相。如有作用而显现者，简异正量，彼心取境，亲照境故。今大乘依自证分起此见分取境功能及彼相分为境生识，□和缘假，如有作用，自证能起，故言而显现，故不同彼执直实取，此自证分亦名为量，亦彼见分，或此相分亦名为量，不离能量故，如色言唯识，此顺陈那三分义解。」《义断》云：「约自悟故智为果，若非自悟泛尔现量，即现量心亦名为果，故论云于二量中，若量皆智，何经说中，知即心为果者，即《集量论》以为明证。《集量》云：似境相所量，能取见自证，即能量及果，是三体无别。《唯识论》第二、四分广明。」

二量与知觉——《对述》卷一云：「一切现量皆知所摄，一切比非量皆觉所摄。」按此亦方便言说，不尔，无上正等正觉应亦比量摄，何以断惑证灭？（考《深密疏》卷七有广说，又考《瑜伽师地论》卷八十六中）。

广会

出体——《补缺》卷八云：「二量名三：且现量一尅胜，谓唯取彼远离分别，缘于自相。诸明了智。（慧沼《续疏》云：离分别，略有四类：一五识身，二五俱意，□诸自证，四□定心）。二，相从体者，即现量境及五色根，亦名现量。三，具摄体，心及心所但离于前所说分别，诸不现等皆名现量。若不尔者，自八无智，应非现量，非现量者，即违一切大乘经论。比量体中，一尅胜体，除现量体及以非量，余所有智，皆名比量。二相从体者，现量智境及比量境并知其因遍宗等智，生比量合，若先若俱，皆名比量。三，具摄体，亦因一切王所皆比，不唯是智，现量既通，比非独智。」

释名——「言现量者，先离后合，离者，现谓明显，若境若心，俱悉明显，明离分别思构错乱，显离映障，量谓量度，能缘之心及所度境，俱名□量。合释有依主，持业，有□诸释，比量名者，亦先离后合，离中比谓比类，量谓筹度，合释亦有三释。」又云。

废立——「陈那取缘心及以所缘境无过自共，此中自相即为自体，共相即贯通余法，缘自相心名为现量，缘共相心名为比量，离此二外无别所缘更可立量，故但立二，彼声喻等摄在此中。」又云。

问答

约识辨——又云：「诸识若在佛果位中及识处定通漏无漏，皆唯现量，然有漏定有二解：一等持定在欲界地作火观等，假相未成非现量摄，假相成现量摄。一欲界诸假想定皆名未成，但名似现。诸上界定与轻安俱，诸假想者，即名为成，欲界心作，任为方便，此解胜，若在散位，为□唯现，第七非二，第六通二，与五俱缘离诸分别，即现量取，虽与五同缘而分别取非称本境，即非量摄，若称境智，即比量摄，故比量唯在第六。」（注一）

约心明——「谓卒尔、寻求、决定、染净、等流五心，五心皆通现比，若别别说太繁，但约识辨心，量随识易了。」（约识辨如余处说。）

约心所——「遍行别境及善十一通二可知，根本六惑、疑、恶见全余四少分不通二量，随其所应与见疑俱非二量故。若贪嗔痴在五识者，是现量。若在意识，贪嗔痴慢分别俱生皆通现比。若与五俱不横计者即现量摄，所余或比非量不定，或可意识诸俱生，或□五俱者可是现量，分别起者亦非现量，二解前胜。二十随惑，同于本惑，通现比非量不定。四不定中悔唯比量或复非量，不通现□。眠亦非现量，可有比量。寻伺二在定心一切现量，在散心与五识同时起者得境自相即是现量，缘共相境或比非量。」

约分——「相分虽非是量，随心而辨通现比量。见分通二，五、八见分，因果恒现。第七见分，定心唯现，散非二量，第六见分，若在定心及假□成就皆唯现，欲等持心。假想二说，如上说。若余散心及诸心所，见分同前约识等明，余之二分，一切皆现。」

附2

（注一）《约识明量》——五十八识如上所说，《瑜□》六、七则《宗镜录》卷四十九云：「意识通三量有二：一明了意与五同缘通三量，初念得五尘自性是现量，第二念至作解心时，若量境不谬是比量。若心所不称境知是非量，二独头意识有三：一散位独头，亦通三量，多是比非，若缘现量，此得五识，引起独散意识，说为于第一念缘前来五□所缘五尘之境，得其自性名现量。二定中独头唯是现量。三梦中独头，唯是非量，若见分唯非量，内二分是现量。第七末那约有漏位中□是非量，若第七内二分唯现量。」

C、圆明字轮表解(注一)(注五)

天城体		义(注二)	音(注三)		
			(1)	(2)	(3)
अ	(注四)	一切法从初来不生相;不流,不流即常,常即如来。	A	阿	阿,取上声。
र		一切入离垢相,乐求胜义声。	Ra	啰	啰,罗字上声兼,弹舌声。
प		一切法第一义;入般若波罗密门;入一切法无我。	Pa	跛	跛,波可反。
च		一切法终不可得,诸法不终不生;出四圣谛声。	Ca	佐	左,上声。
न		一切法不得不失不去不来,离名性相;遍知名色声。	Na	曩(舌头呼)	曩,鼻中声。
ल		诸法超越一切世法恩爱报应因缘	La	逻	攞,勒可反。
द		诸法善心生,亦施相;悟一切法调伏寂静真如平等。	Da	娜	娜,那可反。
ब		一切法无缚无解;佛十力。	Ba	么	么,莫可反。
ड		诸法无热相,怨对不可得。	Dà	拏	拏,佇贾反。
स		诸法六自在王,性清净故;诸法无有挂碍,不得诸事。	Sa	洒	洒,沙贾反。
व		入诸法语言道断。	Ua		嚩,无可反。
त		入诸法如相不动;如如不可得。	Ta	多	多,取上声。
य		诸法入实相中不生不灭;一切诸法乘不可得。	Ya	耶	野,音也。
ष्ट	Sta字母47合27	一切法无障碍相;一切诸法得至究竟。	Stha(?)		瑟吒,二字合为一字呼。
क		诸法作者不可得;业异熟随入非业异熟。	Ka	迦	迦薑佉反,佉取上声。
स		一切法一切种不可得;诸法不可得时不可转。	Sa	娑	娑,桑河反。
म		一切法离我我所;解知诸法人人吾我起。	Ma	莽(轻呼)	莽,莫朗反。
ग		入诸法去者不可得;受持诸法者不可得见;一切法行取性不可得。	Ga	誐	诚,鱼迦反,迦准上音。
थ		一切处所不可得。	Tha	他	他,取上声。
ज		诸法生老不可得。	Ga	惹	惹,慈拶反。
स्व	Sua字母48合45	一切法安稳性不可得;真实不可得;言说不可得。	'Sva		娑嚩,两字合为一字。

ध		一切法中法性不可得；一切法界不可得。	Dha	拕	驼，唐贺反。
श		诸法寂静性不可得；或本性寂故；出一切止观声。	Śa	舍	舍，如本音。
ख		一切法虚空不可得；一切诸法如虚空声。	Kha	佉	佉，取上声。
क्ष	Kṣa17合47	诸法消灭不可得；入一切法涅槃。	Ksa		乞洒，二合为一字，□沙□。
स्त	Sta48合32	一切法如如不可得；不可动摇。	gta(?)		娑多，合一字。
ज्ञ		一切法中无智相；知真法性。	Jña	孃	孃，取上声。
र्थ	ntla43合33	诸法义不可得；因性不可得。	Ja(?)		啰他，二合，上转舌下取上声。
भ		诸法破坏不可得；一切法有不可得。	Bha	婆	婆，取去声。
छ	Sma48合41	一切法欲乐覆性不可得；一切法影像不可得。	Cha	磋	磋，仓可反。
स्म	hra49合45	诸法可忆念性不可得，诸法如金刚石；诸法无所作。	Sma		娑么，二合，下忙可反，鼻中声。
ह्व	tsa32合48	一切法无音声，相分别不可得。	Hra		贺嚩，二合为一。
त्स		诸法无悭无施相；诸法死亡不可得，或皆得尽灭。	Jsa		哆娑，二合上多可反。
घ		诸法不厚不薄；一合性不可得；出除无明黑暗。	Gha	伽	伽，取去声。
ठ		诸法处不可得；集积性不可得；长养不可得。	Ja	咤	姹，拆贾反。
ण		诸法不去来，不坐卧，不立起，众生空，法空故；法诤不可得。	Ṇa	拏	佇，如耕反，鼻中声。
फ		诸法因果空性；遍满果报不可得；诸法不空如聚沫。	Pha	娑	颇叵。
स्क	SKa48合17	一切法聚积蕴性不可得；法性不可得。	Ska(?)		塞迦，二合。
य्स	ysa42合48	诸法衰老性相不可得；诸法不可得常；不得他念。	Ysa(?)	吒	也娑，二合。

天城体		义	音		
			(1)	(2)	(3)
श्च	SCa46合22	入诸法行不可得；分舍不可得；聚集足迹不可得；无所得。	ŠCa		室者，二合。
ठ		诸法此彼岸不可得；无有度者；驱迫性不可得；不得所在；断结声。	Ja(?)		吒，谪贾反。
ट		诸法边境处不可得，不终不生；一切法必不可得；执持不可得	S(?)Jha)	(去)茶	侘，折贾反，借音。

出入者。

光般若》、竺法护译《光赞般若》、鸠摩罗什译《摩诃般若》卷六及《大智度论》卷四十六（二十八亦有，略），诸籍所注音，颇有与此六《考疏》，地婆诃罗译《华严》，佛驮跋陀罗译《华严》卷五十八，玄奘译《大般若》卷五十三、三八一中、四一五等，无罗叉译《放此外若不空译《文殊问经》《字母品》，不空译《华严四十二字观门》、《字轮瑜珈仪轨》。般若译《华严》、实叉难陀译《华严》卷七十

（注三） 注音之(1)系据《新修大藏经》所注陀罗尼门。(2)据不空译《瑜珈金刚顶经》《释字母品》。(3)据慧琳《华严四十二字观门经音义》。

（注二） 四十二字包义无边，此不过举其大略。详当考密宗诸典籍。

因，是名为逆。」

若法本来不生则无造作，若无造作则如虚空相乃至无因者，当法不生是名为顺。若法无因，则谛不可得，乃至无相等者当知无一切字者，如人执有造作应破彼言，若诸法本不生义已成立而云有造作，是义不然。乃至执有因者，亦如此破，逆顺旋转者，所谓者，如人执诸法有本有生，应破彼言，若诸法离于造作而云有生者，是义不然。乃至若因不可得而云有生者，是义不然。以一字破谓一切法不生，以无作故，如虚空相故，乃至无因故。一字成立一切字者，谓一切法乃至无因，以其本不生故。以一切破一切字字者，如释阿字门时，以种种因缘观无造作，即见本不生义，乃至以种种因缘观诸法无因即见本不生义。以一切字成立一字者，释一切字？如释迦字时，但以种种因缘观本不生，即见无所作义，乃至释诃字时亦以种种因缘观本生即见无因义。一切字释一成立一切字义，以一切字义成立一字义，以一字义破一切字义，以一切字义破一字义，以一字一切字者顺逆旋转可知。云何一字又《大毗卢遮那》《神变加持经》一行疏卷七云：「此中旋陀罗尼字轮相者，谓以一字释一切字义，以一切字释一字义，以一字义卢遮那如来智身于诸法中得无障碍。」

十二字门了一切法皆无所得，能观正智，所观法界平等无异无别。修瑜珈者若能与旋陀罗尼，观行相应，即能现证毗此即所谓圆明字轮，亦即旋陀罗尼也。《瑜珈仪轨》云：「应于月轮内右旋布列四十二梵字，复应悟入般若波罗蜜四

（或作三合）、31、32、33、38、39、40也。

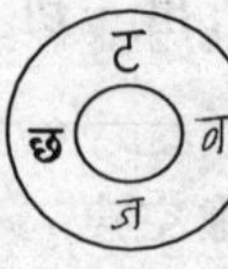

字轮四十二字中用根本字内三十一字（摩多中用一阿字，体文中用二十九字，及末附刹字），余则二合音，即第14、21、25、26、28

十九字之音义。

不可得。」十四字，《续通志》、《七音略四》竟认为四十三字，高楠所编新修《大藏经》，遂衍Ha之译音，实则此十四字系字母第四奘师译《般若经》卷五十三，第十三字至第四十三字，实即字轮第二十九字至四十二字。因写手误入□呵字门，悟入一切法因性征中朱朝梩知珍徸砧诂钠吒。三合字准此。（作三合字，音为曷攞多，则从实叉难陀所译《华严》音也。）

矣。其有音无字者，画一○，或有填相类之字于○中者。二合则分二字唱，如瑟吒，瑟即唱尸尸书书尸师尸尸师尸师师瑟，吒唱张三字成句，讲经一段毕，唱演三四句云。」按此说是也。如阿字门，唱阿仰鞥翁岛爊哀医因安音谙讴阿，则连首尾本音共十四字十一字，唱陀字即字轮之第七字。查《续通志》卷九十六云：「华严四十二字，后世沙门每字各唱演十二字，仍归本字收声，共十

（注一） 杭州刻本《华严经行愿品》末附举字母赞，所称唱也娑字即字轮之第三十九字，唱室左字即字轮之第四十字，唱侘字即字轮之四

（注四）《更明阿义》——《华手》卷十四云：「法名无思无虑，无相无作，无忆无念，净妙无缘，无有文字，亦无言说，不可显示，诸法不会诸根，不可以智知，不可以无智知，非可知，非不可知。法名众缘所成，如来能知，而如来知不可言说，而如来以不可说法说是诸法，所有说道即是法门，何以故？以诸行印印一切法令一味故。诸法无尽，尽际无尽故，诸法毕竟不增不减，入尽际故。以是义故，如来以语言文字分别解说，阿字门入一切法，以阿字门分别诸法，先入阿字门，然后余字次第相续，是故言从阿字边变出诸字，从诸字边会成诸句，以诸句故能成诸义，是故如来说阿字门入一切法。所谓法者，本来无作，无说无示，无知故知，无说故说，无示故示，如是阿字能作是一切语言，是名法门。诸法无门，不可入故，法不可入以不出故，诸法无出，不可入故。是故如来若有所说皆不离是无碍际说，以无碍际说一切法，无碍际者即无边际，无边际者即一切众生性也。入是际门，则能开演千亿法藏，此法藏者即非藏也。如来众法藏中，有所说法，皆说是际，复有色藏，受想行识藏，是藏非藏，不自在藏，是名诸藏，以阿字门入。」

（注五）《大智度论》卷四十八云：「字等语等诸字入门。诸字无碍无名亦不灭亦不可说不可示不可见不可书。须菩提当知一切诸法如虚空。须菩提是名陀罗尼门所谓阿字义。若菩萨是诸字门印阿字印，若闻受诵读持为他说，得二十功德。……（有四十二字义）论是陀罗尼于诸字平等无有爱憎，又此诸字因缘未会时亦无终归亦无现在，亦无所有，但住吾我心中忆想分别觉观心说，是散乱心语不见实事，如风动水则无所见，等者。与毕竟空涅般同等。又诸陀罗尼法，皆从分别字语生，四十二字是一切字根本（文字陀罗尼），因字有语，因语有名，因名有义。菩萨若闻字，因字乃至能了其义（又有四十二字详解，应考）。」又《智论》卷八十九云：「当知一字乃至四十二字。一切语言皆入初字门，第二字门乃至第四十二字门。一切语言皆入其中。一字皆入四十二字，四十二字亦入一字。是众生应如是善学四十二字。能善说字法。善说无字法。」又《大经》卷五十三云：「字平等性，语平等性，言说理趣平等性，入诸字门是为文字陀罗尼……（有四十三字义。）」

（附三）

D、悉昙字母表之一（注一）（注五）

体（注二）						音（注三）		
(1)	(2)	(3)	(4)	(5)	(6)	(1)	(2)	(3)
[illegible]	[illegible]	[illegible]	[illegible]	[illegible]	[illegible]	短阿，上声，近恶引。	阿（上）	a, aeent
[illegible]	[illegible]	[illegible]	[illegible]	[illegible]	[illegible]	长阿，依声长呼。	阿（引去）	ā,Bathen
[illegible]	[illegible]	[illegible]	[illegible]	[illegible]	[illegible]	短伊，上声，近于翼反。	伊（上）	i, aBotizh
[illegible]	[illegible]	[illegible]	[illegible]	[illegible]	[illegible]	长伊，依声长呼。	伊（引去）	ī, teen
[illegible]	[illegible]	[illegible]	[illegible]	[illegible]	[illegible]	短瓯，上声近屋。	捂	u, hnt
[illegible]	[illegible]	[illegible]	[illegible]	[illegible]	[illegible]	长瓯，长呼。	污（引）	ū, too
[illegible]	[illegible]		[illegible]	[illegible]	[illegible]	纥里	哩	ṇ,moth enty
[illegible]	[illegible]			[illegible]	[illegible]	纥梨	哩（引上）	n̄，同长声
[illegible]	[illegible]			[illegible]	[illegible]	里	唱	e, middee
[illegible]	[illegible]			[illegible]	[illegible]	梨	呼	ē，同长声
[illegible]	[illegible]	[illegible]	[illegible]	[illegible]	[illegible]	短蔼	曀	e, maie
[illegible]	[illegible]	[illegible]	[illegible]	[illegible]	[illegible]	长蔼	爱（引）	ai, Why
[illegible]	[illegible]	[illegible]	[illegible]	[illegible]	[illegible]	短奥	污	o, So
[illegible]	[illegible]	[illegible]	[illegible]	[illegible]	[illegible]	长奥	奥（引去）	au, tow
[illegible]	[illegible]	[illegible]	[illegible]	[illegible]	[illegible]	短暗	暗	aṃ, toomenscy
[illegible]	[illegible]	[illegible]	[illegible]	[illegible]	[illegible]	长痾	恶	aḥ, aheod
[illegible]	[illegible]	[illegible]	[illegible]	[illegible]	[illegible]	迦，居下反，近姜。	迦（上）	Ka
[illegible]	[illegible]	[illegible]	[illegible]	[illegible]	[illegible]	佉，去下反，近去可反。	佉（上）	Kha
[illegible]	[illegible]	[illegible]	[illegible]	[illegible]	[illegible]	牙 伽，渠下反，轻近其下反。	誐（上）	Ga 喉音
[illegible]	[illegible]	[illegible]		[illegible]	[illegible]	声 伽，渠我反，重。	伽（引去）	Gha
[illegible]	[illegible]	[illegible]		[illegible]	[illegible]	哦	仰（鼻）	
[illegible]	[illegible]	[illegible]		[illegible]	[illegible]	者，止下反，近作可反。	左	Ca,Chiea
[illegible]	[illegible]	[illegible]		[illegible]	[illegible]	车，昌下反，近仓可反。	磋	Cha
[illegible]	[illegible]	[illegible]		[illegible]	[illegible]	齿 社，重近昨我反。	鄼（上）	gha 鄂音
[illegible]	[illegible]	[illegible]		[illegible]	[illegible]	音 社，杓下反，轻。	惹	ga gcie
[illegible]	[illegible]	[illegible]		[illegible]	[illegible]	若，而下反，近若我反。	孃（上）	ña, onion
[illegible]	[illegible]	[illegible]		[illegible]	[illegible]	吒，卓下反，近卓我反。	吒（上）	ṭa
[illegible]	[illegible]	[illegible]		[illegible]	[illegible]	侘，折下反，近折我反。	咃（上）	ṭha
[illegible]	[illegible]	[illegible]	[illegible]	[illegible]	[illegible]	舌 荼，宅下反，轻。	拏（上）	da 舌音
[illegible]	[illegible]	[illegible]		[illegible]	[illegible]	声 荼，重，近幢我反。	荼（去）	ḍha
[illegible]	[illegible]	[illegible]	[illegible]	[illegible]	[illegible]	拏，搦下反，近搦我反。	拏尼爽反鼻音	na
[illegible]	[illegible]	[illegible]	[illegible]	[illegible]	[illegible]	多，怛下反，近多可反。	多（上）	ta
[illegible]	[illegible]	[illegible]	[illegible]	[illegible]	[illegible]	他，他下反，他可反。	他（上）	tha
[illegible]	[illegible]	[illegible]	[illegible]	[illegible]	[illegible]	喉 陀，大下反，轻。	娜	da 齿音
[illegible]	[illegible]	[illegible]	[illegible]	[illegible]	[illegible]	声 陀，重，近陀可反。	驮	dha
[illegible]	[illegible]	[illegible]	[illegible]	[illegible]	[illegible]	那，捺下反，有音曩。	曩	na
[illegible]	[illegible]	[illegible]	[illegible]	[illegible]	[illegible]	波，钵下反，近波我反。	跛	pa
[illegible]	[illegible]	[illegible]		[illegible]	[illegible]	颇，破下反，近破我反。	颇	pha
[illegible]	[illegible]	[illegible]		[illegible]	[illegible]	唇 婆，罢下反，轻。	么	ba 唇
[illegible]	[illegible]	[illegible]	[illegible]	[illegible]	[illegible]	音 婆，重，薄我反。	婆（重）	bha 音
[illegible]	[illegible]	[illegible]	[illegible]	[illegible]	[illegible]	么，莫下反，又音莽。	莽	ma
[illegible]	[illegible]	[illegible]	[illegible]	[illegible]	[illegible]	也，药下反，近药可反。	耶	ya

音 (注三)			义 (注四)
(4)	(5)	(6)	
		a■阿又作遏，哀，曷，安，頞，恶。	
		ā ■阿（长声），安，阿，庵，頞。	出离我声，一切法寂静。
		i■伊又作壹，彝，意。	出诸根广大声，一切法根广不可得。
		ī■伊（引）又作翳，咿，伊。	出世间灾害声，灾祸不可得，自在。
		u■坞，又作乌，欧，郁，忧，于，佛。	出荒乱声，一切法譬喻不可得，最上。
		ū ■乌又作污，忧，欧、瓯、呜。	出下众生声，一切法损减不可得，大乘最上味香牛乳。
		里	一切神通不可得，直软相续有情声。
		哩	出断染游戏声，一切法类例不可得。
		ṭi■里又作力，吕，鲁。	出相生法声，一切法染不可得。
		ṭī■里（引）又作卢，	出三有染相声，一切法沉没不可得。
		e■翳又作噎，蔼，曳，哑。	出所起过患声，一切法求不可得。
		爱	出圣道胜声，一切法自在不可得，如来义。
		乌又作鸥，襖，鄂，污。	出取声，一切法暴流不可得；出死暴流到彼岸声，烦恼义。
		燠又作炝，奥。	出化生等声，一切法化生不可得，大乘义。
		aṁ■闇又作庵，暗。	出无我声，一切法边际不可得；能遮诸不净物。
		aḥ■恶	出没灭尽声，一切法远离不可得。
		Ka■迦又作葛，嘎，柯，绀。	
		Kha 佉，又作呿，喀，吃，哥。	
		ga■哦，又作诚，伽，我。	
		Gha■伽	
		ṅa■仰又作我，俄，哦。	诸事所为义利皆成就，一切法支分不可得，五趣清净声，一切行破坏之相。
		Ca■左又作拶者	
		cha■嗟又作擦，车	
		ga■惹又作社，阇	
		gha■嵯又作酂社	一切法战敌不可得，一切烦恼速灭。
		■若	
		ṭa■吒	
		ṭha■咃	
		ḍa■拏、又作疤。	
		ḍha■茶	
		na■拏	
		ta■多	
		tha■佗	
		da■娜又作陀、捺	
		dha■驮又作达	
		na■那又作娜，曩	
		na■跛又作波，簸	
		nha■颇又作叵	
		Ba■婆又作么	
		tha■婆又作嚶，泼	
		ma■莽又作摩，磨	
		ya■耶	

（附 4）瑞士学者戴密微说，守温中国字母与梵文相同者，见当क，溪当ख，郡当ग，疑当ङ，知当ट，彻当ठ，澄当ड，娘当ण，端当त

种种差别名言。」

以摆，嚩，娑，贺，仰，孃，拏，曩，么等十二迴换转加成十二番。句义文轮悉摄于是，又以八转声明论参而用之备尽世间一切声韵成一番，除去野字，即将啰字遍加三十四字之下准前以十二字声势翻之一字生十二字，三十四字翻了成四百八字，又是一番。次举后字母一字一字翻之，一字更生十一字，兼本成十二，如此遍翻三十四字名为一番，又将野字遍加三十四字之下准前翻之，又是。慧琳斥之云：凡文句之中有含余音声不出口者名为半音，非呼。字母为半字也。又《一切经音义》云：「用前十二字为声势，

案字母有十二翻字声势（或曰转音），四助声（希用）三十三体文（或加例外二合刹字成三十四字）。玄应指四十七字母为半字，非二字，以备缀字及界畔字之例耳，其实ल्ल为ळ之当体缀系字，ळ为क合स之异体缀系字，非体文也。

八曰 Snirant。（案正属颚音，स属舌音，ष属齿音。）四十九曰 Asnirate，与上所说之重音同，又《悉昙字母表》常加ल्ल（滥），ळ（刹）类之内第一、二字曰清，第三、四曰浊，又第一、二曰轻，第三、四曰重，第五唯鼻音，至四十二至四十五曰半母音，四十六至四十牙音，二十二至二十六为齿音，二十七至三十一为舌音，三十二至三十六为喉音，三十七至四十一为唇音，然当以后说为正。每二至二十六为颚音，二十七至三十一曰舌音，三十二至三十六曰齿音，三十七至四十一曰唇音。《悉昙字记》则十七至二十一为诸字母发音之部位亦有可得而说者，十七至四十曰五类，曰五十五声，曰相随声。其《涅般经疏》等，第十七至二十为喉音，二十也，隋慧远但立十二缀字章引。（余注重字轮之义，于梵文之组织，须考《声明略》等书。）

或曰单字，连写二、三、四、……字则成无数之缀字，或曰重字，或曰合字，此无数之缀字，悉昙家列之为十八章，即《悉昙十八章》曰康沙能脱，汉文曰体文，总三十三字，即子音也。四十二至四十九《悉昙字记》曰：遍口声。以上四十九字谓之根本，或曰字母，体文，又第十五字梵语曰[illegible]，意为随音，悉昙家曰空点，第十六字梵语曰[illegible]，意为止音，悉昙家曰涅般点。十七至四十九，英文十五、十六《悉昙字记》谓之界畔字，在摩多与体文之间故也。案此二字，《悉昙字母表》列之为摩多，印度普通之梵文字典列之为字，总得十二字，所谓《摩多十二章》也。八至十为希用字。故《悉昙字母表》多除之，七虽常用亦多除之。故七至十或曰别摩多。字母表第一至十四，梵文曰[illegible]，英文曰伏威尔，汉文曰摩多。存一、二、三、四、五、六、十一、十二、十三、十四，加十五、十六二

檀，三对治悉檀，二、各各为人悉檀，则其含义又大广于此之所谓悉檀矣。

印度之书体。查《大智度论》卷一显宗差别名四悉檀（《义林决择记》卷二云：悉檀者，此翻为宗。）一世界悉檀，四第一义谛悉云：其梵书有三体文，谓南中北三天之文，《悉昙字记》初段亦载此说，而据专学印度书体者云：中国等所传之悉昙字，皆属北之见。但在宋时，阿拉伯人《印度记》中，云其世北印所用之字母表曰悉昙摩多，盖同于中国佛家所传之名矣。按中国等悉昙家

（注一）悉昙之名，梵语曰[illegible]，有成就吉祥义，亦曰悉地罗窣睹，与声明义同。其于中国，始见于隋而盛于唐宋，至印度所存之梵籍，似未

D、悉昙字母表之二

体						音						义
(1)	(2)	(3)	(4)	(5)	(6)	(1)	(2)	(3)	(4)	(5)	(6)	
[illegible]	[illegible]	[illegible]	[illegible]	[illegible]	[illegible]	啰，力下反，三合卷舌啰	啰	Ra	[illegible]	[illegible]	[illegible] Ra ■罗又作啰	弹舌音
[illegible]	[illegible]	[illegible]	[illegible]	[illegible]	[illegible]	罗，洛下反，近洛可反	逻(上)	ta	[illegible]	[illegible]	[illegible] la ■逻又作罗攞	
[illegible]	[illegible]	[illegible]	[illegible]	[illegible]	[illegible]	嚩，房下反，近旁可反	嚩	ua	[illegible]	[illegible]	[illegible] ba ■嚩又作婆和,□和	
[illegible]	[illegible]	[illegible]	[illegible]	[illegible]	[illegible]	奢，舍耶反，近舍可反	捨	S'a 颚声	[illegible]	[illegible]	[illegible] Sa ■捨又作汲，奢	
[illegible]	[illegible]	[illegible]	[illegible]	[illegible]	[illegible]	沙，沙下反，近沙可反	洒	Sa 舌音	[illegible]	[illegible]	[illegible] Sa ■洒	
[illegible]	[illegible]	[illegible]	[illegible]	[illegible]	[illegible]	娑，娑下反，近娑可反	娑(上)	Sa 齿声	[illegible]	[illegible]	[illegible] Sa ■娑，又作萨	
[illegible]	[illegible]	[illegible]	[illegible]	[illegible]	[illegible]	诃，许下反，近许可反	贺	ha	[illegible]	[illegible]	[illegible] ha ■诃	一切诸因缘不可得，正殺烦恼声，心欢喜。
	[illegible]	[illegible]		[illegible]		叉，楚下反，近楚可反	乞洒(二合)		[illegible]	[illegible]	[illegible] ksa ■刹又作乞洒	
	[illegible]					槛，力陷反，近郎绀反						

《皇朝通志》卷十五，《续通志》卷九十六之《天竺字母音读》，慧琳旨以国书合声之法为准。(6)录自织田能得之《佛教大辞典》，他若，统》。《四库总目》云：以天竺五十字母，西番三十字母，参考异同，大满洲文之译音，录自乾隆十五年庄亲王允禄奉勅撰之《钦定同文韵亲受天竺字法，依其本音译以唐古特字，以为传布经咒之用。(5)系西藏文之译音。录自《皇朝通志》十五卷，说曰贞观年间，吐蕃相阿努品》，汉字注音，从此为正。(3)系现行西文注音。(4)乃唐古特即

(注三)注音中(1)据《悉昙字记》，(2)据不空译《瑜伽金刚顶经·释字母起于西历第八世纪，后渐成印度普通之文矣。

五卷《天竺字母谱》。(6)乃天城体，或曰城书，印度近代之书体也，第十一世纪上下写本，存此与第三近天城体。(5)据《皇朝通志》十烂陀寺沙门法护，中国僧惟净等撰，共五十字。(4)据《金刚经》西历古代之书体也，相传造于梵天。(3)据《天竺字源》，该书宋中天竺那(A.D.780-805)僧广智撰，共五十一字，此与第一皆属梵书，印度公使携归，今存法隆寺中。(2)据《悉昙字记》，该书系唐德宗朝

(注二)文体中(1)据法隆寺贝叶，相传古时(A.D.593-625，隋唐之间。)趣平等性入诸字门是文字陀罗尼门，见《大经》五十三卷。)云：欲考唐音，舍M之书莫由。)诸书。(按字平等性语平等性言说理sovs leet'ang(唐代长安方音考)(B.R.瑞典人，M.法人，缪子才sino-gananese(唐韵字典)Masnero:Le diaiecte de tch'-ang-ngan gie chniuse(中国音韵学研究)Anolytic dictivory of Chinese 要，未入书目)。广韵 Bermhard Katgren:Etvdes sur la nhonoto-等性集解》(该书缪子才作，注释章太炎之《齐物论释》者，以烦芜寡照，彳当穿，丅当晓，日当日，丨当影。欲究春详当考《字平等性语平当明，ㄌ当来，ㄕ当审，ㄙ当心，ㄈ当敷，当微，ㄐ当精，ㄘ当清，ㄓ当当见，ㄎ当溪，兀当疑，ㄉ当端，ㄊ当透，ㄋ当泥，ㄅ当帮，ㄆ当滂，ㄇ床、禅、晓、日、影、喻，则中国特有之字母，若以国音字母相配，则ㄍ [illegible]，审当[illegible]，心当[illegible]，匣当[illegible]，此外若非、敷、微、精、清、从、邪、照、穿、透当थ，定当[illegible]，泥当[illegible]，帮当प，滂当फ，并当ब，明当प，来当घ，奉当

也。

否？然考欧脱儿之书，则知所谓俗语，好巴利文，天城字，当又是一种，吾意天城字乃雅语之一种，其产生在巴利文后，犹待详考

（注五）按《声明略》云：「印度先有佉楼书（Kharosthī）及西纪前八世纪后始有梵书（Brahamī），再后有提婆那伽利书（Aeva-nagari），亦曰天府书，吾国悉昙家所传字母书法系梵书之一体，至近人刊行梵典则多用那伽利书也。」又云：「印度古代文字通名梵书，后来梵语于吠陀语外别成一种『雅语』（Samskvta），纪元前五百年顷，大语学者波尼尔出，整理雅语，遂为声明别辟一新时期。声明著述多以雅语为本，但在中世印度别行俗语（Prakrit），佛教大乘要典稍晚出者多用此种文章。」未知天城体即所谓俗语

（注四）义意尚多，不能悉记，其未注出者，则已见于《圆明字轮表解》中。

《一切经音义》之《大般涅般经》卷八，玄应《大般涅般经文字品音义》（解说多误），法显、慧严译《泥洹经》，昙无谶译《大般涅槃经八如来性品》，《大毗卢遮那成佛神变加持经》，梁僧伽婆罗译《文殊师利问经·〈字母品〉》，唐地婆诃罗译《方广大庄严经示书品》，又不空译《文殊问经》字母品，所注汉音，皆有与此少出入者。

《宗镜》卷三十四云：『宗密禅师立三宗三教，和会祖教，一际融通，『禅三宗者：一、息妄修心宗，二、泯绝无寄宗，三、直显心性宗。教三种者：一、密意依性说相教，二、密意破相显性教，三、显示真心即性教。一宗者，说众生虽本有佛性，而无始无明覆之不见，故回轮生死，诸佛已断妄想故，见性了了，出离生死，故须背境观心，息灭妄念，念尽即觉，无所不知，故须修禅观，远离喧杂，息调身心注一境等。(二)泯绝无寄宗者，说凡圣等法皆如梦幻，都无所有，本来空寂，非今始无，即此达无之智亦不可得，平等法界，无佛众生，法界亦是假名，心即不有，谁言法界，无修不修，无佛不佛，设有一法胜过涅槃，我说亦如梦幻，无法可拘，无佛可作，凡有所作皆是迷妄，如了本来无事，心无所寄，方免颠倒，始名解脱。(三)直显心性宗者，说一切法若有若空，皆唯真性，无相无为，体非一切，谓非凡非圣，然即体之用，谓能凡能圣等，于中指示心性复有二类：一云即今能言语动作贪嗔慈忍造善恶受苦乐等即汝佛性，即此本来是佛，除此无别佛，了此天真自然故，不可起心修道，道即是心，性如虚空不增不减，但随时随处息业养神，自然神妙，此为真悟。二云：诸法如梦，诸圣同说，妄念本寂，尘境本空，本空之心，灵知不昧，即此空寂之知，是汝真性，任迷任悟，心本自知，不藉缘生，不因境起，知之一字，众妙之门。若顿悟此空寂之知，知且无念无形，谁为我相人相？觉诸相空，心自无念，念起即觉，觉之即无，修行妙门，唯在此也。此上二说皆是会相归性故同一宗。次佛教三种：(一)密意依性说相教，佛见三界六道悉是真性之相，但是众生迷性而起，无别自体，故云依性，然根钝者，本难开悟，故且随他所见境相说法渐渐度之，故云说相，说未彰显，故云密意，此一教中，自有三类：一、人天因果教，说善恶业报令知因果。二、断惑灭苦教说三界无安，皆如火宅之苦。令断业惑之集，修道证灭等。三、将识破境教，谓身相及外世界唯识所变，迷故执有我及诸境，即悟本无我法，唯有心识，依此二空之智，证二空真如。此第三将识破境，与禅门息妄修心宗而相扶会，以知外境皆空故。(二)密意破相显性教，据真实了义则妄执本空，更无可破，无漏诸法，是真性随缘妙用，永不断绝，又不应破。但为一类众生执虚妄相，障真如实性，难得玄悟，故佛且不拣善恶垢净性相一切诃破，以真性及妙用不无而且云无，故云密意，又意在显性语乃破相，意不形于言中故云密也。此教说前教中所变之境既是虚妄，能变之识岂独真实，心境互依，空而似有，且心不孤起，托境方生，境不自生，由心故现。心空境谢，境灭心空，皆假众缘无自性故，是以一切诸法无不是空，凡所有相，皆是虚妄，生死涅槃平等如幻，此教与第二宗全同。

(三)显示真心即性教，直示自心即是真性，此教说一切众生皆有空寂真心，无始本来，性自清净，明明不昧，了了常知，尽未来际常住不灭，名为佛性，亦名如来藏，亦名心地，达摩所传是此心也。问：既云性自(?)了了常知，何须诸佛开示？答：此言知者，不是证知，意说真性不同虚空木石，故云知也。……(此心虽自性清净，终须悟修方得究竟。)此教全同第三宗。此三教摄尽一代经论之所宗，三义全殊，一法无别，就三义中第一第二空有相对，第三第一性相相对，皆迢然易见，唯第三第二破相与显性相对，讲者禅者，俱迷为同是一宗一教，皆以破相便是真性，今乃明其十异，空宗唯破相，性空唯显性，权实有异，遮表全殊，十异者：(一)法义真俗异，空宗未显真性，但以一切差别之相为法，法是俗谛，照此诸法，无为无相无生无灭为义，义是真谛，性宗以一真之性为法，空有等种种差别为义，经云：无量义者从一法生，《华严》云：法者知自性，义者知生灭。(二)心性二名异，空宗目诸法本原为性，性宗目为心，《起信》云：一切诸法从本已来，唯是一心，良由所说本性不但空寂而乃自然常知故，应目为心。(三)性宗二体异，空宗以诸法无性为性，性宗以灵明常住不空之体为性。(四)真智真知异，空宗以分别为知，无分别为智，智深知浅，性宗以能证圣理之妙慧为智，以该于理智，通于凡圣之真性为知，知通智局。(五)有我无我异，空宗以有我为妄，无我为真。性宗以有我为真，无我为妄。《涅槃》云：无我者名为生死，我者名谓如来。(六)遮诠表诠异，遮谓遣其所

（注一）

非，表谓显其所是，又遮者拣却诸余，表者直示当体。空宗但遮，性宗有遮有表。如云：真如妙性不生不灭，不垢不净等，皆是遮诠，若云知见觉照灵鉴光明等皆是表诠。若无知见等体，显何法为性？说何法不生不灭等，必须认得现今了然而知即是我之心性，方说此知不生不灭等，今人皆谓遮言为深，表言为浅，放唯重非心非佛乃至一切不可得之言，不欲亲证自认法体，一向托空，随言所转。（七）认名认体异，谓佛法世法一一皆有名体，如人问，每闻诸经云：迷之即垢，悟之即净，纵之即凡，修之即圣，能生世出世间一切诸法，此是何物？此举功能义用问也。答云：是心。举名答也。愚者认名便谓已识，智者应更问何者是心，徵其体也，答知即是心，指其体也，此一言最亲最的，余字余说皆疏。空宗相宗为对初学及浅机恐随言生执故，但标名而遮其非，唯广义用而引其意，性宗为对久学及上根令忘言认体故。达摩云：指一言以直示，即是知字一言，若言即心即佛即四言矣。若领解不谬亲照灵知之性，方于体上照察义用，故无不通矣。（八）二谛三谛异，空宗唯二谛，性宗摄一切性相及自体，总为三谛，以缘起色等诸法为俗谛，缘无自性，诸法即空为真谛，一真心体非空非色，能空能色，为中道第一义谛。（九）三性空有异，空宗说有即遍计依他，空即圆成，性宗即三法皆具空有之义，遍计即情有理无，依他即相有性无，圆成即情无理有。（十）佛德空有义，空宗说佛以空为德，无有少法，是名菩提，性宗一切诸佛自体皆有常乐我净，十身十智相好无尽，性自本有，不待机缘。……如上依教依宗摄略和会，秘抉宗旨之本末，开析法义之差殊，校量顿渐之异同，融即真妄之和合，可谓卷教海之波澜，湛然掌内，若心处立法立境，识上变我变人，遂乃立空破有，实有非空，崇教毁禅，宗禅斥教，终不能履一实之道矣。至若姚秦鸠摩罗什，后魏菩提流支之主一教，齐刘虬，隋诞法师，宋昙无谶，隋慧远，唐印法师之主二教；后魏统法师，陈真谛，唐玄奘，隋吉藏之主三教；齐大衍，梁光宅，隋笈多，唐元晓，隋智顗之主四教；齐护身，唐波颇，唐贤首之主五教；隋耆阇崛多之主六教，或有所偏，或有所重，或立门户以毁他，或背事理而涉迁，皆有待于商量。（考《唯识讲义》卷一，《法苑义林》卷一，《唯识料简》卷一等。）而自隋唐以还，为后世学人所奉为判教之圭臬者厥唯台、贤二宗，余皆绝响。近自日本取得奘门诸大著回，空有俱非之说乃复苏，基师之《大乘法苑义林章》卷一，及《唯识料简》卷一中，广多立破，智周，道邑，灵太，慧沼诸贤之著作中亦有论及，彰三教而略叙他非，明俱非以契于中道，颇可观摩。足资谈助，则唐玄奘三教之说也。（按圆测《深密经疏》一亦略论诸说，而玄奘之立三教亦根据于《深密经》也。）

（按《宗镜录》所引宗密之论，三教三宗见《禅源诠序》卷二，而更谓：「初息妄修心宗者，南能北秀，保唐宣什等门下，皆此类也。牛头、天台、惠稠、求那等进趣方便，迹即大同，见解即别，二泯绝无寄宗者，石头、牛头下至径山皆示此理，便令心行与此相应不令滞情于一法上，日久功至，尘习自亡，则于怨亲苦乐一切无碍。因此便有一类道士儒生闲僧泛参禅理者，皆说此理便为臻极，不知此宗不但以此言为法，荷泽，江西，天台等门下亦说此理，然非所宗。」第三宗于第二说下又有多句，考下录《禅源序文》至于三教则以《深密》《瑜伽》为初之第三教；《般若》、《三论》、《广百论》为第二教；《智论》亦说此理，但论主不执，故该收大小乘教法相，吻同后一真性宗，以《华严》、《密严》、《圆觉》、《佛顶》、《胜鬘》、《如来藏》、《法华》、《涅槃》、《宝性》、《佛性》、《起信》、《十地》、《法界》、《涅槃》为第三教。故云知也，下又多文考《绀珠集》之《华严玄赞记》论宗密处，其论十异第六末二语，此无。恐系延寿所加。第七又有一段考《玄赞记》论宗密处。

（注一）《知》——宗密《圆觉大疏抄》三亦云：「善法既空，心体本寂。寂即法身，即寂而知，知即真智，亦名菩提涅槃。」（又《禅源诸诠集都序》云：「诸法如梦，诸圣同说，故妄念本寂，尘境本空，空寂之心，灵知不昧，即此空寂之知是汝真性，任迷任悟，心本自知，不籍缘生，不因境起，知之一字，众妙之门。由无始迷之，故妄执身心为我，起贪嗔等念，若得善友开示，顿悟空寂之知，知且无念无形，谁为我相人相，觉诸相空，心自无念，念起即觉，觉之即无。修行妙门，唯在此也。故虽备修万行，唯以无念为宗，但得无念知见，则爱恶自然淡泊，悲智自然增明，罪业自然断除，功行自然增进，既了诸相非相，自然无修之修，烦恼尽时，生死即绝，生灭灭已，寂照现前，应用无穷，名之为佛。」又神会云：「一切众生心本无相，所言相者，并是妄心，所作意住心，取空取净，乃至起心求证菩提涅槃，并属虚妄，但莫作意，心自无物。即无物心，自性空寂，空寂体上，自有本智，谓知以为照用，故《般若》云：应无所住而生其心，应无所住，本寂之体，而生其心，本寂之用，但莫作意，自当悟入。」又云：「无者无有（？应细究。）念者唯念真如，言其念者，真如之用，真如者，念之体，念与真如无差别。以是义故，立无念为宗，若见无念者，虽具见闻觉知，而常空寂。」又云：「心起故即色，不可得故即空，又云，法性妙有故即色，色妙无故即空。经云：色不异空，空不异色，其义如是。又云：见即色，见无可见即空。经云：色即是空，空即是色，受想行识，亦复如是。」又云：「见无念者六根无染，得何佛智，名为实相，中道第一义谛，恒沙功德一时等备，能主一切法，即摄一切法。」又云：「无住体上有本智，本智能知，命本智而生其心。」又云：「念不起，空无所有名正定，能见念不起，空无所有名正慧，即定之时是慧体，即慧之时是定用，即定之时不异慧，即慧之时不异定，即定之时即是慧，即慧之时即是定，何以

附六

故？性自如故，即是定慧等觉。」又云：「真如之体不可得名为空，能见不可得体湛然常寂有恒沙之用故言不空。」又云：「有无双遣，中道亦止者，是无念，无念即一念，一念即一切智，一切智即甚深般若波罗蜜，甚深般若波罗蜜即如来禅。」又云：「无明系佛性，佛性依无明，两相依，有则一时有，觉了者即佛性，不觉了即无明。」（按《承馨图》述神会宗旨与《禅源序》同，且有评北宗，洪州，牛头语，当勘。）又《图》云：「洪州云：心体不可指示，但以能语言等验之，知有佛性，是比量显。荷泽云：心体能知，知即是心，约知以显心，是现量显也，洪州缺此。」）

F·破三玄义

《宗镜》卷四十六云：「周弘正释三玄云：《易》判八卦阴阳吉凶，此约有明玄。《老子》虚融，此约无明玄，《庄子》自然，约有无明玄，自外枝派祖原出此。今且约此以明得失。如《庄子》云：贵贱苦乐是非得失，皆其自然。若言自然，是不破果，不辩先业即是破因。礼制仁义卫身安国，若不行用灭族亡家，但现世立德不招后世报，是为破果不破因。若言广流后世并前，则是亦有果亦无果也。约一计即有三行：一谓有计行善，二计行恶，三计有行无记，如玄理分应尔，富贵不可企求，贫贱不可怨避，生无所欣，死何足畏，将此虚心令居贵莫骄，处穷不闷，贪恚心息，安一怀抱，以自然训物，此其德也。德有多种，若言常无欲观其妙，无何等欲，忽玉璧弃公相，洗耳还牛，自守高志，此乃弃欲界之欲，攀上胜出之妙，即以初禅等为妙，何以得知？《庄子》云：『皇帝问道观神气见身内众物。』以此为妙，似如通明观中发得初禅之妙。若言诸苦所因，贪欲为本，若离贪欲，即得涅槃，此无三界之欲，此得灭止妙离之妙。又法名无染，若染于法，是染涅槃，此无染欲得一道微妙，妙此诸欲，欲妙皆无，汝得何等，尚不识欲界欲初禅妙，况后欲妙耶。若与权论，乃是逗机渐引覆相论欲妙，不得彰言了义而说，但息夺企之欲，观自然之妙诠诐之行既除，仁让之风斯在，此皆计有自然而行善也。又计自然任运恣气，亦不运御从善，亦不动役作恶，若伤神和不会自然，虽无取舍而是行无记，行业未尽，受报何疑。若计自然作恶者，谓万物自然恣意造恶终归自然，斯乃背无欲而恣欲，违于妙于就粗，本以自然息欲，乃揭自然而为恶，此义可知也……又《华严演义》云：『此方儒道玄妙，不越三玄，《周易》为真玄，《老子》为虚玄，《庄子》为淡玄。』《道德经》云：道生一，一生二，二生三，三生万物。注云：一者冲和之气也，言道动出冲和妙气，于生物之理未足，又生阳气，阳气不能独生，又生阴气，积冲气之一，故云一生二，生积阳气之二，故云二生三。阴阳含孕冲气调和，然后万物阜成，故云三生万物。次下又云，万物负阴而抱阳，冲气以为和，上来皆明万物自然生也。《庄子》《宗师》篇云：在太极之先而不为高，在六合之下而不为深，先天地生

然，云何有自然？若言实是自然，但妄执成不自者，是亦不然。即此妄执亦是自然，云何有不自然？」又卷二十二云：「释境空有三空，
明自然有因。」又卷七云：「破庄子义云：汝因不自然得，自然则是相因，不自何名自然。又问：汝有不自然，则自然理不遍，若无不自
又《中论疏》卷三云：「若如庄周所论明有之已生则不须生无之未生，复何能生？今言生者自然尔耳，盖是不知其所以然谓之自然，此
要门论》下卷。）
又大珠和尚云：「儒释道三教，大量者用之即同，小机者执之即异，总从一性上起用机见差别成三。迷悟由人，不在教之异同。」（《顿悟
者，并属因缘？（应细究）」）
者，道士之愚过。僧家自然者，众生本性也，道士因缘者，道生一，一生二，二生三，三生万物，因道而生，若其无道，万物不生，今言万物
二，二生三，三生万物，从一以下，万物皆是自然，因此见解不同。」（又云：「僧立因缘不立自然者，僧之愚过；道士唯立自然，不立因缘
又《神会语录》云：「如释门中佛性与无明俱自然，何以故？一切万法皆依佛性力故。所以一切法皆属自然，如道家自然，道生一，一生
通曰道，即自然而然，是虽有因缘，亦成自然之义耳。佛法虽有无师智，自然智，而是常住真理，要假缘显，则亦因缘矣。故说三世修因果。」
一，一生二，二生三，三生万物，似有因缘而非正因缘，言道生一者，道即虚无自然故。彼又云：人法地，地法天，天法道，道法自然。谓虚
句之中，或者非得大自在，具大神通者不可办乎？）又《瑜》七十二卷云：「古德多云，儒宗五常，道宗自然，佛宗因缘。《老子》虽云道生
下至百八惑等，乃《华钞》卷三文。）以此甄别邪正，则无幽而不烛，用之解释见惑，乃若刃之破竹，若具泯有无于言诠之外，贯有无于诸
即外道见故。若约佛法，历四教四门，各生四见，又一种四门各一绝言。如是一一亦各有八十八使，六十二见，百八惑等。」（按自单四句
句。又有绝言四句，一单四句外一绝言，二复四句外一绝言，三具足四句外一绝言。有三绝言。上诸四见，一一皆有八十八使相应，是见
非有非无。第四非有非无具四者，一非有非无有，二非有非无无，三非有非无亦有亦无，四非有非无，非有非无。上四一十六句为具足四
有无，具足四句者，四句之中皆具四故。第一有句具四者，谓一有有，二有无，三有亦有亦无，四有非有非无。第二无句中，具四者，一无
有，二无无，三无亦有亦无，四无非有非无，第三亦有亦无具四者，一亦有亦无有，二亦有亦无无，三亦有亦无亦有亦无，四亦有亦无
四非有非无。复四句者，一有有，有无，二无有，无无，三亦有亦无有，亦有亦无无，四非有非无有，非有非无无。而言复者，四句之中皆说
出单四见外，尚堕复四见中，见网中行，非解脱道。」（所谓单四句复四句者，如《瑜》四十六卷云：「单四句者：一有，二无，三亦有亦无，
又《瑜》六十五卷中亦云：「若此间，庄老无为无欲，天真虚静，息诸夸仙，弃世绝智等直是虚无，其抱尚不出单四见外，何关圣法，纵令
未为究竟，以此一例，其余可知。」按破义犹未的当，不免门户之见，基师《唯识述记》卷二亦稍论及，如《本集》八六页四中说。
明己眼，宁鉴名异体同，恐参大旨，故录示之。且如外道说自然以为至道，不为方便仍坏正因，佛教亦说自然，虽成正教，犹是悉檀对治，
性之欲也。后儒皆以言词小同，不观前后本所建立，致欲浑和三教，但见言有小同，岂知义有大异？是知不入正宗，焉知言同意别？未
父母等众缘，菩提自然生，则一切果报不由修得。又《易》云：寂然不动，感而遂通天下之故。《礼》云：人生而静，天之性也。感物而动，
谓也。今断云：若以阴阳变易而生，即是邪因，又一者无也，即是无因，若计一为虚无自然，则皆无因也。则人生自然生应常生人，不待
则有彼此相形，有二有三，不得为一故，在阴之时而不见为阴之功，在阳之时而不见为阳之力，自然而有阳阴，自然无所营为，此则道之
之道，阴阳不测谓之神。释云：一谓无也，无阳无阴乃谓之道，一得为无者，无谓虚无，虚空不可分别唯一而已，故以一为无也。若有境
又若谓万物自然而生，即《庄子》意，则万物自然无使之然，故曰自然，即无因也。如乌云黑。即《庄子》文，《涅槃经》意，《周易》云：「一阴一阳谓
然也，意云但有知有为，皆不为而为，故自然也，今断云，若以自然为因者，断义也。即《老子》意由道生一，道是自然故以为因，是邪因也。
而不为久，长于上古而不为老。注云：言道之无所不在也。无所不在，所在皆无也。又云：知天之所为。知人之所为，知天之所为者，自

成唯识论别抄……窥基
成唯识论枢要……窥基
成唯识论义演……○……如理
成唯识论了义灯……慧沼
成唯识论演秘……○……智周
成唯识论义蕴……道邑
成唯识论学记……○……太贤
成唯识论疏抄……○……灵泰
辩中边论述记……○……窥基
成唯识论述记（注四）……窥基
瑜伽师地论释……最胜子——玄奘
瑜伽论略纂……窥基
瑜伽论记……遁伦
瑜伽师地论（注三）……○弥勒（藏作无著造）——玄奘
辩中边论（注十七）……○……世亲——玄奘
显扬圣教论（注十五下）……○……无著——玄奘
杂集论……○安慧（藏最胜子造）——玄奘
集论……○……无著——玄奘
广五蕴论……○……安慧——玄奘
五蕴论……○……世亲（注八）——玄奘
百法明门论注……○……普光
百法明门论疏（注十一）……○……窥基

庄严论（注二十三）无著（藏作弥勒造）（注十四）唐 波罗颇蜜多罗
二十唯识述记（注二十五）……窥基
大方广佛华严经（注十八）……唐 实叉难陀
密严经（注二十）……唐 地婆诃罗
菩萨藏经……唐 玄奘
大乘同性经（注十九）……宇文周 阇那耶舍
无上依经……梁 真谛
华手经……鸠摩罗什
杂阿含经（注十五）……求那跋陀罗
解深密经疏（注十四）……圆测
解深密经……玄奘
大乘入楞伽经（七卷）……唐 实叉难陀
入楞伽经（十卷）（注十三）……元魏 菩提流支
楞伽阿跋多罗宝经（四卷）……刘宋 求那跋陀罗
宗镜录……延寿
法苑义林章补缺……慧沼
大乘法苑义林章……○……窥基
摄大乘论释……○……无性——玄奘
摄大乘论释（注六）……世亲——玄奘
摄大乘论……无著——玄奘
杂集论述记……窥基
成唯识论料简……○……窥基

参考书目（一）

诃止观》卷十九之文。更有议论应考。更考《止观辅行》卷十一及十二卷中论庄子，难道家。又《注十不二门》宗翌自序难老庄。

说，而未详列。（按《摩诃止观》卷十有详说，则清源承是说耳。）又《摩诃止观》十末又难道家，又自周弘正释三玄至此又可知也，皆是《摩

考宗密《原人论》、《斥迷执》及《序》，与第四《会通本末》。又考《会玄记》卷三十六，又《法华玄义》十五卷末难道家亦有单四句复四句之

同异自在身上交徹十方世界如因陀罗网门皆是外道，如是通凡及圣，尽以同行方便引之名为遍行外道。即如此孔丘、老、庄之流，亦是其类。」

考《华钞》卷三十七之一初，《玄谈》卷八中，《华严刊定记》卷一。又《华严合论》卷一百云：「凡所修进未至究竟一乘法界理智妙行，一多

一、庄周，明境无定，如美色，于人为美，鸟见之高飞。」

释禅波罗蜜……智顗
法苑义林章决择记……智周
成唯识论演秘释……如理
成唯识论了义灯记……智周
成唯识论枢要记……智周
注成唯识论(注十)……失名
百论……提婆、婆薮释——罗什
中论……龙树、青目释——罗什
大智度论……龙树——罗什
大般若经第十一至第十六分……玄奘
大般若经第六至第十分……玄奘
大般若经第五分……玄奘
大般若经第四分……玄奘
大般若经第三分……玄奘
大般若经第一分……玄奘
大般若第二分方便般若……玄奘
大般若第二分实相般若……玄奘
大般若第二分信解般若……玄奘
大般若第二分须菩提般若……玄奘
大般若第二分舍利子般若……玄奘
(考《遗珠集》甲七六之四六)
宝生论……护法——义净
胜鬘经(注二十一)……求那跋陀罗
佛地经……玄奘
缨络本业经……姚秦竺佛念
金光明经……北凉昙无谶
观所缘缘论(注二十四)……陈那——玄奘
佛性论……天亲——真谛
佛地论……亲光——玄奘
十地论……天亲——菩提流支

能显中边慧日论……慧沼
异部宗轮论述记(注二十二)……窥基
楞伽经通义……宋·善月
楞伽经纂……宋·杨彦国
楞伽经集注……宋·正受
大乘入楞伽经注……宋·宝臣
入楞伽经心玄义……唐·法藏
真唯识量略解……明·智旭
三支比量义抄……明·明昱
因明论疏瑞源记……凤潭
因明入正理论续疏……慧沼
因明入正理论纂要……慧沼
因明入正理论义断(注十六)下……慧沼
因明入正理论疏(注十二)……窥基
南海寄归内法传……义净
大唐西域记……玄奘
H.B.of Chinese Buddhism (1888)……B.J.Eitel
梵汉对译佛教辞典(注五)……云来
藏要第一辑叙(论)……欧阳渐
瑜伽师地论叙……欧阳渐
唯识讲义……欧阳渐
菩提心离相论(注七)……龙树——宋施护
发菩提心论……天亲——罗什
菩提资粮论……龙树(注九)——达摩笈多
金七十论……?(注一)——玄奘
十句义论……慧月——玄奘
释楞伽经中外小涅槃宗……提菩——菩提流支
破楞伽经中外小四宗论……提菩——菩提流支
六妙门……智顗

百论疏……吉藏
十二门论疏……吉藏
中观论疏○……吉藏
大智度论疏○……南北朝·慧影
十地经论义记……隋·慧远
璎珞本业经疏……新罗·元晓
大乘密严经疏……法藏
胜鬘经疏义私钞……唐·明空
胜鬘述记……窥基
胜鬘经义记……隋·慧远
金光明最胜王经疏……慧沼
金光明经疏……吉藏
金光明经文句（注十六）……智顗
金光明经玄义……智顗
法相诸论叙合刊……欧阳渐
大乘入道次第……智周
胜鬘宝窟六卷……隋·吉藏
观所缘论释……护法——义净
大乘百法明门论开宗义记序释……失名
大乘百法明门论开宗义决……唐·昙旷
大乘百法明门论开宗义记……唐·昙旷
摄大乘义章……失名
摄论章……失名
摄大乘论章……失名
摄大乘论抄……失名
摄大乘论疏（注二十七）……失名
唯识三十论要释……失名
瑜伽论手记……唐·法成
瑜伽师地论分门记……唐·法成

宗心印后续联芳……明·善灿
武林西湖高僧事略正……明·元敬 元复
皇明名僧辑略……明·袾宏
大明高僧传……明·如惺
补续高僧传……明·明河
宋高僧传……宋·赞宁
续高僧传……唐·道宣
神僧传……梁·宝唱
高僧传……梁·慧皎
名僧传抄（注二十八）……梁·宝唱
高丽新刊大藏校正别录……守其
大明重刊三藏圣教目录
至元法宝勘同录……元·庆吉祥等
大藏圣教法宝标目……元·清源居士
贞元新定释教目录……唐·圆照
开元释教录……唐·智升
大唐内典录……唐·道宣
历代三宝记……隋·费长房
众经目录……隋·法经（七卷）静太（五卷）
出三藏记○……梁·僧佑
肇论○……后秦·僧肇
宝藏论○……僧肇
鸠摩罗什法师大义（或名大乘大义章）……晋·慧远
三论游意义……隋·硕法师
二谛义……吉藏
大乘玄论○……吉藏
三论玄义……吉藏
十二门论宗致义记……法藏
掌珍论疏○……唐·失名

僧宝正续传……宋·祖琇
禅林僧宝传……宋·慧洪
净土圣贤录续编……清·胡珽
净土圣贤录……清·彭希涑
东林十八高贤传
东国僧尼录
智者大师别传……唐·灌顶
康藏法师碑……唐·闫朝隐
法藏和尚传……唐·崔致远
永明道迹……宋·大壑
曹溪大师别传
惠果和尚行状
不空三藏行状……唐·赵迁
善无畏三藏行状及碑铭……唐·李华
圆测法师佛舍利塔铭……唐·宋复
慧沼法师神塔碑……唐·李邕
窥基法师碑……唐·李乂
窥基法师塔铭……唐·李宏庆
唐三藏大遍觉法师塔铭……唐·刘轲
大慈恩三藏传……唐·慧立
玄奘法师行状……唐·冥祥
法琳别传……唐·彦琮
法显自传
释迦方志……唐·道宣
释迦谱……梁·僧祐
释迦氏谱……唐·道宣
比丘尼传(注二)……梁·宝唱
大唐西域求法高僧传……唐·义净
续武林西湖高僧事略……明·袾宏

传法正宗记……宋·契嵩
付法藏因缘传……元魏·昙曜
喇嘛溯源……清·守一
朝鲜禅教考……朴永善
三国遗事年表……一然
三国遗事……一然
图书集成神异典二氏部汇考
图书集成神异典释教部纪事
图书集成释教部汇考
释氏稽古略续集……明·幻轮
释氏稽古略……明·觉岸
释氏资鉴……元·熙仲
释氏通鉴……宋·本觉
僧史略……宋·赞宁
善女人传……清·彭际清
优婆夷志……清·郭凝之编·园信校
居士传……清·彭际清
先觉宗乘……清·郭凝之编·园信校
居士分灯录……明·朱时恩
名公法喜志……明·夏树芬
佛法金汤编……明·心泰
南宋元明禅林僧宝传……清·自融撰·性磊补

(注一)本论作迦毗罗(或云劫比罗)，作如是说，至阿利修(或作筏里沙，华言雨众)，阿传般尸诃，般广成六万偈，传至自在黑，抄集出七千偈，略辨如《了义灯》卷三。然观《成唯识论述记》，似用「雨众」为是。按长行则为天亲造，而《大藏经纲目指要录》则谓为膩宾国王解说其义云云。按木村博士谓迦毗罗，阿利修皆为神话人，而以般茶尸诃为数论之开祖，自在黑为数论之整理者，其年代或同世亲，或同陈那。

(注二)宝唱，前有慧常者，曾奉诏译《比丘尼传》。

(注三)《讲义》卷二云：「《瑜伽师地论》以五分明，一曰本地分。以三相摄十七地，三相者境行果也。境摄九地，由五识及意而至有心无心，行摄六地，三通三别，果摄二地，有余无余之二通果。二曰决择分。抉择本地分中不尽要义而发挥唯识道理，故于境则谈八识，于行独详菩萨，于果则讲无住涅槃。又决择《解深密》、《宝积经》以畀学者。三曰释分。释地中诸经解说仪则。四曰异门分。释地中诸经名义别异。五曰事分。释地中三藏要义。前之四分是弥勒今学，此一分删繁以明古学。」又《圆测疏》云：「初九辩三乘境，次六辩三乘行，次中初三通行，后三别行。又初三是方便行，后三是根本行。又初三是所学行，后三是所成行。」此论异译有昙无谶译《菩萨地持经》十卷，当卷第三十五本事分中菩萨地；刘宋求那跋摩译《菩萨善戒经》九卷，当卷第三十五本事分中菩萨。又求那跋摩译《菩萨善戒经》一卷，当卷第四十至四十二戒品。真谛译《决定藏论》三卷，当第五一至五七五识身地意□。

(注四)《成唯识论述记》乃《成唯识论》之疏，《成唯识论》则《三十颂》之注。《三十颂》有三师科判，今录如下，知此即了余二书之科判故。

- 一师
  - 相(二十四颂)
    - 释难标相(一颂半)
    - 广相(二十二颂半)
      - 广前能变(十四颂半)
      - 广前所变(一颂)
      - 广前释难(七颂)
  - 性(一颂)
  - 位(五颂)
- 二师
  - 略(一颂半)
  - 广(二十三颂半)
    - 明相性(十五颂半)
      - 辨能变(十四颂半)
      - 亦所变(一颂)
    - 释难(七颂)
    - 明性(一颂)
  - 位(五颂)
- 三师
  - 境(二十五颂)
  - 行(四颂)
  - 果(一颂)

《讲义·一》云：「以广略位三相成立唯识，自是合理。一师以略广都摄相中，提性独立，文势不合。境行果为法相唯识通判，相性位提性为有，对解若无，乃唯识别判也。又法相、法性、法位出《华手经》卷八《求法品》，较有系据。《疏抄》叙三师次第，护法、安慧、火辨，则一师应是护法。」慧按，当用三师或一师义，而以三义参入为是。(按《大正录》，本论异译有真谛《转识论》一卷。)

(注五)本书绪言云：「翻译名义大集者原语mahāvyatpwtantti之义译。此语本来有「大分解，大字源」之义，分解佛教圣典之文，其中诸名目也典语抄出而集成，故有斯名。对照现存之梵语。西藏语、汉语、蒙古语四种，其初仅梵与西藏两语之对译耳。依J.Hawalcwski之

(注十二)此外又有唐·神泰之《因明正理门论述记》，唐·文轨之《因明入正理论疏》，皆不完。唐·智周《因明入正理论疏前记》三卷，《因
明·智旭《百法明门论直解》，唐·从芳《百法论显幽抄》。

(注十一)《百法明门论》除窥基、普光之注疏外，又有明·德清《百法明门论义》，明·明昱《百法明门论赘言》，明·广益《百法明门论纂》，
明·智旭《八识规矩直解》，清·行舟《八识规矩浅说》及《颂注》，清性起《八识规矩论义》，亦有可观玩者云。
义》一卷，明·正诲《八识规矩略说》一卷，明·真可《八识规矩颂解》一卷，明·德清《八识规矩通说》一卷，明·顾□《八识规矩释》，
卷，明·智旭《唯识三十论直解》一卷，元·云峰《唯识开蒙问答》二卷，明·普泰《八识规矩补注》二卷，明·明昱《八识规矩补注证
执，亦有调合之功焉。又智素作《成唯识论音响补遗科》二卷，将成唯识论细加科判。此外犹有明·明昱之《唯识三十论约意》一
十卷，乃皆杂糅台贤，融会性相，续慈恩之绝响，启后学于童蒙者也。阅之可知，慈恩疏释亡佚后之我国唯识义，于诸宗派间之诤
唯识论自考》，明·智旭，《成唯识论观心法要》，清·绍觉《正义》，新伊《合响》，智素《补遗》（续藏合为《成唯识论音响补遗》）各
除此外关于《成唯识论》之释□有明·明昱《成唯识论俗诠》，明·通润《成唯识论集解》，明·王肯堂《成唯识论证义》，明·大惠《成

(注十)《注成唯识论》一书，失佚太多，仅加行位、资粮位等有所论及，然全摘录《述记》文而无所发明，不足观也。佐伯定胤疑崇俊所作。
庄严经》亦云：我昔尝同。
西纪前五八年即位，在位二十八年。二、西元一一〇年即位，在位十年以上，结集为第二王事，故《婆沙》百十四云：昔迦王，《大
沙》成于佛灭后六百年顷，而龙树约在《婆沙》成书百年以后，故龙树于七百年出世者，吕澂之说也。羽溪之谛谓迦王有二：一、
尔部第九十四函发见马鸣复迦腻色迦王书，于是马鸣为为胁比丘弟子殆无疑矣。此梁启超《大乘起信考证》之说也。然又谓《婆
以后人。富那奢则胁比丘弟子也。又有谓为与迦旃延同时者，则马鸣为佛纪第三纪时人。差幸近日寺本婉雅将西藏佛藏中丹殊
树为纪元二世纪之人物，亦《概要》之说也。然有说谓马鸣为提婆弟子或富那奢弟子者，提婆为龙树弟子，则马鸣为佛纪第七纪
五百人中之一也。依西洋史家精密之研究，王实纪元第一世纪上半之人，由是佛灭五百年之上半，即马鸣之时代，由此而推知龙

(注九)龙树之年代，为佛灭第六百年，即纪元二世纪时，何以知然？因马鸣为胁比丘之弟子，胁比丘乃迦腻色迦王时《婆沙论》编纂者
高楠氏亦以世亲之年代，在纪元四百二十年至五百年之间。
释为世亲之祖师，即所谓古世亲也。然望月信亨则以今世亲之年代为五世纪终，或六世纪初，即后于罗什。前田慧云氏亦然。又
之人，非结集《大毗婆沙论》中之法救也。然则云何而知有古世亲耶？因《杂心论》之初有「和修盘头以六千偈释之」之语，普光记
在三世纪之终，故世亲者，佛灭八百年即九世纪之人，是谓今世亲。古世亲则前法救。此法救乃《杂心论》之著者，为纪元三世纪

(注八)考舟桥水哉所著《小乘佛学概要》中谓世亲有二人，作《俱舍论》等之世亲，决在罗什以前出世，为纪元四世纪之人物，而其诞生，

(注七)《开元录》云：《发菩提心论》或曰天亲造，或曰弥勒说，《众经目录》疑其译者，曰右一论，此众论失译也云云。
魏佛陀扇多之译，又吕澂译《西藏传本摄大乘论》见《内学》第二辑。

(注六)世亲释《摄大乘论》，陈真谛译十五卷，隋笈多共行矩等译十卷，皆在玄奘前，论本亦有三译，除释论一一师真、玄所译外，又有元
惟梵语有中南北之分，未知此属何种。缪篆《字平等性集解》中谓第八世纪，天城体通行五天，其天城体耶？待考。
说，此本于西历第九世纪西来，同世纪中由西藏之梵语学者加西藏译汉、蒙古两译。何年代加入不详。」则此书乃第九世纪之作，

（注十六）《金光明》之注疏又有宋·知礼《金光明玄义拾遗记》六卷，《金光明文句记》十二卷。明·明得《金光明玄义科》一卷，《金光明文
论记·一》亦有此说，此经异译有：失译，别译《杂阿含经》十六卷。失译：《杂阿含经》一卷。余考《大正录》

（注十五）按《瑜伽师地论》卷八十五言佛在南印度立五《阿笈摩》，即《四阿含》外，别立《百部阿笈摩经》。《深密疏·二》云：真谛《部执
之末卷，因脱简，失译人名，后人乃目为另一译耳。明藏经题下有夹注「此经即《解深密》第四、第五卷别译。」十五字）
经》，依《真谛翻译目录》云有《义疏》四卷。四即奘师所译五卷本。（按：又有《相续解脱如来所作随顺处了义经》一卷，系宋译
宋·求那跋陀罗译一卷或二卷，名《相续解脱》。二、后魏·菩提流支译五卷，名《深密解脱经》。三、陈·真谛译一卷，名《解节
固相传造《法蕴足论》等也，待考。）按《深密疏》卷二云：此经广本十万颂，略本千五百颂。此略经，梵本唯一，华译有四：一、
谛诸上座所说偈、比丘尼所说偈、尸路偈、义品牟尼偈、修多罗皆悉广诵。」或可为证，虽证力不足而目犍连、舍利子、迦旃延等
所，咨问请受。」《杂含》四十九云：「一时佛住王舍城迦兰陀竹园，时尊者阿那律陀夜后分时，端身正坐，诵优陀那波罗延那见
典，如《杂含》四十七云：「一时佛在舍卫国祇树给孤独园……云何不知渡处。谓彼不知修多罗、毗尼、阿毗昙，不随时往到其
弟子所论议者则无有也，其殆译者或传者推尊圣言皆谓为佛说耶？应勘梵籍。（至此，可附志说，余疑佛在世时即有撰集经
经》或系论藏，余及余友徐季广亦尝疑及经藏之多，论藏之少，而论藏中近所有者多系佛灭后小、大乘诸师之作。佛在世时与

（注十四）《大乘法苑义林·三》谓：「西方相传《阿毗达磨经》及《解深密经》是对法藏，《首楞严经》多诠定学。」则《解深密
广莫《楞伽参订疏》八卷。
《楞伽义疏》八卷，明·曾凤仪《楞宗通》八卷，明·通润《合辙》八卷，清·函显《心印》八卷，清·净挺《楞伽心印》一卷，明·
疑《佛语心品》，来犹未全也。）唐·净觉《楞伽师资记》，明宗泐、如玘《楞伽注解》四卷，智旭《楞伽经玄义》一卷，
更重略之言相合。又《集注》云：大部十万偈，百万句，三千六万言，总百五十一品，今所传者止《佛语心品》，不知何据？盖慧
明·德清作《观楞伽经记》八卷（按：德清云：在五台遇梵僧，言此经西土有四十卷，四卷者，来未尽耳，与法藏四卷本就中人
与跋陀共译事之诸大德而后定其构于谁手方妥。）失名之《楞伽经疏》二皆残册，殊足惜。明·焦竑作《楞伽经精解评林》一卷。
得有注？近谓圆悟禅师作益，误矣。慧按宝臣之说虽是。然书中有「梵本如是」之言，则似作该书者，亦尝列于译场也。当更考
叶后经生所书，不著名氏。宝臣云：智严所注者非也，按《僧史》智严乃宋文帝时人，尝于杨都翻译，在跋陀之前，既未有经，安
经沙门智严所注，而宋正受《楞伽集注》末之《阁笔记》则云：所言注者，汝南谢如晦云：周寿元翁得于庐山古经藏中，盖唐中
有四译，非仅三译也。亡佚者为北凉昙漠谶译。其注疏之作，除书目中所列者外，又有唐智严《楞伽注》（宝臣云：唐敬爱寺译
有余，即此本是。（按：弥陀山即唐译之勘译者）。其四卷回文不尽，语顺西音。其十卷虽文品少具，圣意难显。」然考诸书，则
颂，经中某品，即备答一百八问，如吐火罗三藏弥陀山亲于天竺受持此本，复云西国现有龙树所造释论解此一部一小本千颂

（注十三）《楞伽玄义》云：「《开皇三宝录》说在于阗南遮俱槃国山中，具有《楞伽》等十本大经，各十万颂，此为大本，次本有三万八千
明入正理论疏后记》三卷，《因明入正理论疏抄》（略记）一卷，明·真界《因明入正理论解》，明·王肯堂《因明入正理论集解》，
明·明昱《因明入正理论直疏》，明·智旭《因明入正理论直解》各一卷。

句科》一卷。宋·从义《金光明玄义顺正记》三卷，《金光明文句新记》七卷，宋·宗晓《金光明照解》二卷，明·受汰《金光明科注》四卷。本经异译，《合部经序》云：「除昙无谶本外，又有周，阇耶崛多译五卷，真谛译二十二品，开皇、志德、宝贵添译成八卷，曰《合部金光明经》，然唐·义净译《金光明最胜王经》十卷，则非宝贵所知。如此则前经五译而今存者，北凉、隋·唐三本耳。

（注十七）《中边》异译，又有真谛《中边分别论》二卷，疏除《述记》外，有新罗元晓《中边论疏》四卷。

（注十八）《密严》异译，又有唐·不空《密严经》三卷。

（注十九）《同性经》异译，有唐·地婆诃罗译《证契大乘经》二卷。

（注二十）奘译《菩萨藏经》，收于《大宝积经》中，曰《菩萨会》或曰《大菩萨藏经》。异译有宋·法护译《菩萨藏正法经》四十卷。

（注二十一）求那译《胜鬘经》，具曰《胜鬘师子吼一乘大方便方广经》，此外又有唐菩提流支译《胜鬘夫人会》（《大宝积经》第四十八会）。

（注二十二）《宗轮论》标佛灭后四百年一切有部世友造。然《述记》列三说：一主世友造，二前颂后学作，三始从如是传闻终于叙年列部世友作。前五颂后述本末义宗，后人所造。此土异译有真谛《部执异论》、罗什《十八部论》。

（注二十三）《二十唯识》异译有后魏般若流支译《唯识论》一卷。真谛译《大乘唯识论》一卷。按《述·一》云：「魏译本或云：菩提流支法师，或云般若流支居士。」

（注二十四）《所缘缘》疏有明昱《会释》一卷，《释记》一卷。智旭《直解》一卷，《释直解》一卷。异译有真谛《无相思尘论》。《内学·四》中有译藏本，又，《内学·四》论奘译特点，大好大好。

（注二十五）《华严》异译有晋·佛陀跋陀罗译六十卷，唐·般若译四十卷，余译尚多，考《大正勘同录》，《疏》更多，考后。

（注二十六）《般若》疏有窥基《述赞》，大隐《关法》六卷，葛颙彗《纲要》十卷。异译有西晋无罗义译《放光般若》二十卷（当第二会。），罗什译《大品般若经》二十七卷（当第二会疏有吉藏《游意》一卷，《义疏》十卷，元晓《大慧度经宗要》一卷）。《小品般若》十卷（当第四会）、《道行般若》十卷，后汉支娄迦谶译，（当第四会。）《金刚经》、《胜天王般若》等皆经中某品之异译，考《大正勘同录》。

（注二十七）此为敦煌唐写本，近内学院中又辑有唐人圆测《论疏》十卷，普光《论钞》八卷，慧观《论疏》四卷，玄范《论疏》二十卷，义寂《论未详决》三卷（以上释论之作）。清素《论疏》十卷，佚名《论疏东钞》二卷。崇俊《论义翼》七卷，义滨《论枢要记》二卷，合因《论枢要记》二卷（以上翼基说之作）。道证《论要集》十四卷，神昉《论文义记》十卷，璟兴《论贬量》二十五卷，极太《论贬量钞》七卷，忠安《论记》（料简之作）。

参考书目（二）

十二门论……龙树——鸠摩罗什　　般若波罗蜜多心经（注二）……玄奘

广百论释论……圣天、护法释——玄奘　　金刚经……罗什

大乘中观释论……安慧·宋惟净　　不坏假名论（注三）……功德施——唐地婆诃罗

顺中论……龙树、无著释——元魏瞿昙般若流支　　仁王般若经……鸠摩罗什

般若灯论释……龙树、分别明释——波罗颇蜜多罗　　能断金刚般若经论颂（注四）……无著——义净

掌珍论……清辩——玄奘　　金刚般若波罗蜜经论（注五）……无著——达摩笈多

涅槃宗要……元晓
涅槃游意……吉藏
涅槃经疏……灌顶
涅槃玄义……灌顶
涅槃义记……隋慧远
涅槃集解……梁宝亮
遗教经论……天亲——真谛
涅槃经本有今无论……天亲——真谛
涅槃论……婆薮槃豆——元魏达摩菩提
佛说方等般泥洹经……西晋竺法护
大般涅槃经后分○……唐若那跋陀罗
大般涅槃经（南本）……刘宋慧严
大般涅槃经（北本）○……北凉昙无谶
十住毗婆沙论……龙树——鸠摩罗什
解卷论……提婆（汉陈那）——真谛
方便心论……龙树——后魏吉迦夜
回净论……龙树——后魏毗目智仙
十八空论……龙树——真谛
大乘要义论……龙树——施护
大乘二十颂论……龙树——施护
六十颂如理论……龙树——施护
大乘破有论……龙树——施护
壹轮卢迦论……龙树——般若流支
大乘理趣六波罗蜜经……唐般若
入大乘论……坚意——北凉道泰
大丈夫论……提婆罗——北凉道泰
百字论……提婆（藏作龙树造）——菩提流支
究竟一乘宝性论……无著藏弥勒颂（注十）——后魏·勒那摩提
金刚仙论……世亲金刚仙——菩提流支
能断金刚论释（注五）……世亲——义净

心经略疏……法藏
心经略赞……圆测
心经略赞……窥基
心经幽赞……窥基
大乘义章……隋慧远
大方广佛华严经入不思议解脱普贤行愿品……般若
佛母般若波罗蜜多园集要义释论（注十一）三宝尊……施护
五百问论……湛然
法华大意……湛然
法华宗要……元晓
法华玄赞义决……慧沼
法华玄赞○……窥基
法华游意……吉藏
法华义疏……吉藏
法华玄论○……吉藏
法华文句……智顗
法华玄义○……智顗
法华义记……法云
妙法莲华经优婆提舍……婆薮槃豆——菩提流支
妙法莲华经……鸠摩罗什
净名经关中疏○……道液等
无垢称疏○……窥基
维摩义疏……吉藏
净名玄论……吉藏
维摩玄疏……智顗
维摩义记……隋慧远
注维摩经○……僧肇
佛说无垢称经○……玄奘
维摩诘所说经……罗什

大品游意……吉藏
肇论疏……唐元康
三论略章……失名抄
续古尊宿语要（注八）……宋师明
正法眼藏……宋宗杲
御选语录……○圆明居士
古尊宿语录（注七）……○宋赜藏主
高峰语录……元、原妙
东语西话……元明本
唯心诀……延寿
万善同归集……延寿
顿悟入道要门论……唐慧海
最上乘论……弘忍
达摩大师破相论……不可以人废言
达摩大师悟性论……係伪托而言言中的，
达摩大师血脉论……达摩三论
神会和尚遗集……○胡适辑
四论玄义……○唐均正
心经疏……唐慧净
心经疏……靖迈
仁王经疏……圆测
仁王经疏……吉藏
仁王经疏……智顗
金刚经夹颂……傅大士
金刚经注……僧肇
金刚经疏论纂要……宗密
金刚经赞述……窥基
金刚经疏……法藏
金刚经疏……智顗

摩诃止观……○智顗
金刚般若论会释……窥基
金师子章……法藏
原人论……宗密
注法界观门……宗密
三圣圆融观门……澄观
法界玄镜……澄观
义海百门……法藏
立三宝章……○法藏
华严策林……法藏
杂孔目章……智俨
华严旨归……法藏
五十要问答……智俨
一乘十玄门……智俨
五教止观……○杜顺
华严一乘义分齐章……法藏
华严合论……李通玄
华严决疑论……李通玄
华严大意……李通玄
华严七处九会颂释……澄观
华严略策……澄观
华严疏抄……○澄观
华严文义纲目……法藏
探玄记……○法藏
搜玄记……智俨
华严游意……吉藏
大般若理趣分述赞……窥基
大慧度经宗要……元晓
大品义疏……吉藏

五灯会元续略……明 净柱
增集续传灯录……明 文琇
续传灯录……明 玄极
续佛祖统纪
佛祖统纪……宋 志磐
释门正统……宋 宗鉴
佛祖纲目……明 朱时恩
佛祖历代通载……元 念常
宗门统要续集……宋宗元集 元清茂续
隆兴佛教编年通论……宋 祖琇
五灯会元……宋 普济
嘉太普灯录……宋 正受
联灯会要……宋 悟明
建中靖国续灯录……宋 惟白
天圣广灯录……宋李遵勖
景德传灯录……宋 道原
传法正宗论……宋 契嵩
传法正宗定祖图……宋 契嵩

华严发菩心章……○……法藏
华严游心法界记……○……法藏
华严问答……○……法藏
妄尽还源观……法藏
心要法门……○……澄观
普贤行愿品疏……澄观
大乘止观法门……○……慧思
诸法无诤三昧法门……慧思
八教大意……灌顶
四教义……智顗
观心论……智顗

传戒正范……清 见月
山庵杂录……宋 无愠
雪堂拾遗录……宋 道行
大慧宗门武库……宋 道谦
禅林宝训……明 净善
林间录及后录……宋 慧洪
枯崖漫录……宋 圆悟
人天宝鉴……宋 昙秀
丛林盛事……宋 道融
罗湖野录……宋 晓莹
云卧纪谭……宋 晓莹
黔南会灯录……清 如纯
锦江禅灯……清 通醉
建州弘释录……明 元贤
五家一滴图……一 东
五家辨正……养 存
法门锄宄……清 净符
佛祖宗派世谱……清 悟进
宗统编年……清 纪荫
南岳单传记（注一）……清 弘储表
续灯正统……清 性统
正源略集补遗……清 达珍
正源略集……清 际源
续灯存稿……清 通问
五灯全书……清 超永
禅灯世谱……明 道忞
继灯录……明 元贤
五灯严统解惑篇……明 通容
五灯严统……明 通容

禅门师资承袭图	唐　宗　密	湘山野录	（注九）宋文莹
法眼宗门十规论	唐　文　益	冷斋夜话	宋慧洪
修禅要诀	唐佛陀波利	避暑录话	宋叶少蕴
楞伽师资纪	唐　净　觉	朝鲜佛教通史	李能和
传法宝纪	唐　杜　朏	弘明集	僧佑
洛阳伽蓝记	后魏杨衒之	广弘明集	道宣
新修藏勘同录〇	高楠顺	护法论	张天觉
新修藏著译目录	高楠顺	遂初堂书目（说郛二十八）	宋尤袤
法宝总目录	高楠顺	北山录（说郛三）	失名
乐邦文类	宋　宗　晓	长松茹退（宝颜堂本）	明紫柏
乐邦遗稿	宋　宗　晓	支谈（宝颜堂本）〇	明焦竑
庐山志（注六）	宋陈舜俞	一乘决疑论	彭际清
酉阳杂俎卷三具编	唐段成式	华严念佛三昧论	彭际清
酉阳续俎卷五六寺塔记	唐段成式		

（注一）《续灯正统》《凡例》中有云：「近代灯录叠出曰《补灯》、曰《续略》、曰《缵续》、曰《存稿》、曰《大统》、曰《宝积》，缵述去取，各有所尚。」读至此，未尝不废书而三叹也。归原无二，方便多门，奚见隐显台禅青原南岳之异哉，乃契嵩大师《定祖论》、普济大师《五灯会元》出而招台宗之忌。宗鉴、志磐存偏狭之心鼓村姑之舌，抹杀一切而独尊台宗，法门从此多事，《五灯会元续略》出而通容作《严统》，同胞昆季，互哄曹、临，使后生小子瞠乎莫知适从，法门从此坏矣。吾故不忍卒读，亦不忍悉书也。他若觉范之罪古公，古公之斥觉范，犹余事耳。先哲如此，今更何言！苍天苍天！其梦见有唐高德以正依违乎！虽然，此事非依他作解可辨，要当呵佛骂祖，拨古置今方得，吾其勉旃。

（注二）按《深密疏》卷二称《般若波罗密多心经》为《多心经》或《多心般若》。异译有罗什《大明咒经》一卷。唐·法月《普遍智藏般若心经》一卷，唐·般若共利言等译《心经》一卷，唐·智慧轮、唐·法成亦各一卷，宋·施护译《佛说圣佛母般若经》一卷，敦煌本《唐梵翻对字音般若心经》一卷，《疏》除所列者外，又有二百家，考《大正勘同录》。

（注三）《金刚经》当《大般若》第九会，异译有元魏·菩提流支译一卷，陈·真谛译一卷，隋·笈多译《金刚能断般若波罗蜜多经》一卷，唐·义净译《佛说能断金刚般若波罗蜜多经》卷。《疏》除所列者外，又有百余家，考《大正勘同录》。（所列疏中傅大士者，系敦煌唐写本）。按异译又有玄奘译《能断金刚般若波罗蜜多经》一卷，前后凡六译。志云：「此经上下二卷，与三本大异，对校甚难。故今以宋元对校，明别附藏卷末。」慧意乃当时抄写传讹之故，更考。

（注四）《仁王》异译有唐不空译《仁王护国般若经》二卷，疏除所列者外又有数十家，考《大正勘同录》。

（注五）世亲《金刚论》异译有菩提流支译《金刚般若经论》三卷，又颂非无著造也。考《遗珠集·甲》八二之八九，八五之一〇二，又《缩印藏》笺多译者，又有别本二卷，题曰《金刚般若论》。

（注六）《庐山志》除宋刻外，又有清初毛德奇编者，于东林条下，列桑乔，但宗皋之十八贤徵疑，及谢灵运之《远法师塔铭》及《诔》、宋濂、谢枋得、文德翼、叶梦得、晁补之、李元中之《白莲社图记》或序、跋等。李北海之《东林寺碑》，足补乐邦遗稿之失。桑、但徽疑，又多卓见，为研究十八贤者之重要参考。余拟作《东林十八贤考》，一以时间之限制，二以无裨于身心性命之学，草未及半而罢。他日兴之所至，或将重作焉。近人吴霭龄有《庐山新志》之编印。余离庐山时，尚未出版，故未见要当一浏览之，嗟夫！匡庐雄秀，足寓群贤，昔也有远公诸大德倡导其间，今则流氓走卒盘踞其中，明哲者欲息影以保身，不可得矣。万方多难，四海流离，余安托迹以静究众妙为世用哉，念远公之高纵，抚社图而流涕。

（注七）按《宋咸淳》丁卯，阿育王寺大观序《重刻古尊语录》序云：「洎夫抑扬示诲，见于传灯，而多有载不尽者，往往散落，异时有赜藏主者，旁搜广采，仅得南泉而下二十二家示众机语，厥后又得云门、真净、佛眼、佛照等数家，总曰：古尊宿语，非止乎此也，据其所搜采而言耳。」然据日人、道忠所编《古尊宿语要目录》，则《福州鼓山寺古尊语要全部目录》列赜藏主所刊者凡二十家，为：南泉愿，投子同，睦州纵，赵州谂，南院颙，首山念，叶县省，神鼎湮，三交嵩，石门聪，法华举，大愚芝，云峰悦，杨岐会，道悟真，大隋真，子湖纵，国师晏，洞山初，智门祚。惟《云卧纪谭》云：「福州鼓山于绍兴之初，刊行《古尊宿语录》二十二家，洪之翠岩芝禅师者，其一焉。」淳熙戊戌鼓山德最亦曰：「赜藏主刊二十二家，惟大隋、赵州有行状，谨略具其未列者之始终出处于卷首。有不载者，则缺焉。」据此可知，赜藏主所集实二十二家，其间二家，或因著书期与刊行期相距百年而散佚。然赜藏主决非于二十二家之外，复探云门、真净诸家如大观所说者，盖咸淳丁卯距淳熙戊戌已八十余年。前未说二十二家之外复有数家，后何得知有耶？故二十二家以外诸家，决是重刊时所加，非赜藏主所集也。大观之语及其后不知来历之「别集南泉、赵州、黄檗、临济、云门、真净、佛眼、东山二十余家」数语，乃附古德以借重耳。今刊本凡三十六家（今刊即重刊）。

（注八）《续语要》总八十家，嘉熙戊戌岁续刊于鼓山，益可证明三十六家之《古尊宿语录》是咸淳年间加入。咸淳丁卯后嘉熙戊戌二十九年故。

（注九）毛晋云：「钱塘僧文莹……自号道缊，与苏舜钦友善，尝题其诗，或强之谒六一居士，坚辞不往，终老于荆州之金銮。有《渚宫集》，郑毅为之序。」此或非信史，尝见《津述秘书》中某书有文莹因苏舜钦介见欧阳公，公所赠之诗云。又按清吴青坛《说铃》。徐倬序云：「《湘山野录》之妄诞。」沈存中《梦溪笔谈》等亦有非议之处。则若用该书事时，当略考证，以免妄诞也。按《玉台清话》鲍跋亦据《野录》谓莹未尝不诣欧公，陈直斋说非与余意合。

（注十）内院刊《金刚仙论》卷末附志云：此论原本第五卷、第九卷首题：「魏天平二年，菩提流支三藏于洛阳译」十五字，今考各家经录均不载此书，寻文亦不似翻译，当系后人记述旧闻归之菩提流支所传云尔，故改题为佚名撰述。又此论是解魏译天亲《金刚经论》是也。

（注十一）欧阳先生《大般若经序》中有云：「陈那《园集要义论》五十六颂，三宝尊菩萨长行详释，撮摄《小品》，义固无违。乐读简文，初读此论，即读四分，亦饮甘露，亦龠重详。」

（注十二）《下》《阅藏知津》不过抄些目录及经文而已，乱七八糟，毫无统系，又且不别真伪，如《宝藏论》仍谓为僧肇作，谓为知津，实足齿冷□□□，藕益浮夸，敢于制作也，今日知其非仅浮夸而已，亦且不学无术。陈实之《大藏一览集》，六十品一千一百八十一则因缘，乃是斋公斋婆之课本，益不足以登大雅之堂。

《注十三》《下》，木村泰贤《阿毗达磨论之研究》第五篇大意云：「旧传世亲自罽宾学成归犍陀罗讲《毗婆沙》，日辑一颂后造长行成《俱舍》(见真谛《婆薮传》及圆晖《俱舍论颂疏》，然今以《婆沙》对勘《俱舍》，次第品目绝异，讲论辑颂之说殆不可信，又自《婆婆》结集至于《俱舍》经时二百五十年，中间论书繁出，世亲作论，不应无所资取而反直接《婆沙》，尝见林常《俱舍论广法义》云：「世亲论主依《法胜论》(《毗昙心》)立品次位少有改替，对阅可知。」更考世亲生地犍陀罗当时盛行释《法胜论》之《杂心论》，世亲祖师古世亲亦尝释《法胜论》与《杂心》思想同其系统。故世亲之熟悉《杂心》易可想见。今细勘《俱舍》、《杂心》二论，乃知《俱舍》之作实多依据《杂心》，虽谓以经部等思想订正增补《杂心》而成《俱舍》亦无不可。所谓订正增补者，凡有二大端：一、品题之整理。自法胜以来，论题分界行等品，而附有经杂等品，以存古式，其实则赘文也。至于《俱舍》乃删定品目，不蔓不支。二、颂文之整理。《杂心》六百诵，每失之冗杂，至于《俱舍》乃斟酌尽善。有更易文字而存原颂者，有并原文数颂为一颂者，衍一颂为数颂者，有取原文长行为结颂者，大约存原颂之半。」(据《内学一辑》译文。)

(注十四)《上》、《庄严经论》之作者有五说，一、本颂长行俱无著造，二、本颂长行俱世亲造，三、颂弥勒造，长行世亲造，四、本颂无著造，五、颂无著造，长行世亲造。详考《内学第一辑》吕澂之《论庄严经论与唯识古学》。

(注十五)此据《内学第一辑》云：宇井伯寿因《三无性论》即《显扬论成无性品》之异译，而出《无相论》；《显识论》《转识论》亦出《无相论》，而《转识论》即世亲《三十颂》之异译。以此推《三无性论》亦当出自同人。故有长行无颂，显扬之长行，或非无著自作而别出于世亲，吕秋逸则以为《转识论》系《三十颂》之古释不出世亲，不得据以疑《显扬》之长行。

(注十六)《上》《内学第一辑》有谓：因明为佛教与耆那教所共同建立。耆那教旧传经典间亦说及比量论法等事，但极粗略。至西纪第六世纪中叶，悉檀摩那提婆迦啰著《入正理论》始有关于因明之组织的著书。其书因陈那之说而变之，有多为法称因明废立之所本，迨西纪第八世纪初，耆那教徒摩尼法难提集诸家之说为《观门论》，以六大品详论量之性质种类以及量境、量果等事，耆那因明遂大成矣。

参考书目(三)

华严玄谈……〇……澄　观　　法　华　论　疏……吉藏
维摩文疏……智　顗　　法华经论述记……唐·佚名
维摩略疏……智　顗　　增一阿含经……〇……东晋　瞿昙僧伽提婆
维摩疏记……湛　然　　中　阿　含　经……〇……东晋　瞿昙僧伽提婆
维摩游意……吉　藏　　长　阿　含　经……〇……后秦　佛陀耶舍共竺佛念
维摩略疏……吉　藏　　四阿含暮抄解……〇……婆素跋陀……符秦　鸠摩罗佛提
法华经疏……宋　竺道生　　法　蕴　足　论……〇……目　乾　连……玄　奘
肇论疏……陈　惠达　　集异门足论……〇……舍　利　子……玄　奘

观无量寿佛经（注八）……刘宋·畺良耶舍
大阿弥陀经……宋·王日休会
阿弥陀经○……罗什
苏悉地经○……唐·输波迦罗
金刚顶经（佛说大教王经三十卷本）○……宋·施护
大日经○……善无畏、一行
五事毗婆沙论……法救……玄奘
入阿毗达磨论……塞建陀罗……玄奘
阿毗昙甘露味论○……瞿沙……曹魏·失名
舍利弗阿毗昙论○……姚秦·昙摩耶舍
尊婆须密所集论○……婆须密……符秦·僧伽跋澄
俱舍论法宗原……唐 普光
俱舍论疏○……唐 神泰
俱舍论疏○……唐 法宝
俱舍论记○……唐 普元
顺正理论述义记○……唐 元瑜
成实论○……诃梨跋摩……鸠摩罗什
显宗论○……众贤……玄奘
顺正理论○……众贤……玄奘
俱舍论○……世亲……玄奘
杂阿毗昙心论（注十三）○……法救……宋·僧伽跋摩
大毗婆沙论○……五百罗汉……玄奘
阿毗昙心论经○……优婆扇多……高齐那连提耶舍
阿毗昙心论○……法胜……晋·僧伽提婆共惠远
发智论○……迦多衍尼子……玄奘
界身足论○……世友……玄奘
识身足论○……提婆设摩……玄奘
品类足论○……世友……玄奘
施设论○……迦多延那……宋·法护

删定止观……唐·梁肃
随自意三昧……慧思
法华经文句辅正记……唐·道暹
法华经统略……吉藏
小止观……智顗
禅门章……智顗
四念处……智顗
观心论疏……灌顶
法界次第初门……智顗
法华经安乐行义……陈·慧思
三观义○……智顗
华严纲要……明·德清
华严悬谈会玄记……元·普瑞
华严文义要决问答○……新罗·表员
华严经文义记……失名·古德
华严大意……明·古庭
文殊指南图赞……宋·佛国
圆宗文类○……高丽·义天
华严经题法界观三十颂○……宋·本嵩
华严一乘法界图……新罗·义湘
华严一乘成佛妙义……唐·见登
修大方广佛华严法界观门○……杜顺
行愿品别行疏钞……宗密
普贤行愿品别行疏……澄观
禅源诸诠集都序……宗密
释华严十明论……李通玄
华严普贤观行法门……法藏
往生论……天亲
鼓音王经……

金光明经文句记……知礼
金光明经玄义拾遗（注十二）……知礼
大日经疏○……一行记
金刚顶经大瑜伽秘密心地法门义诀（注十）……不空
弥陀经疏……元晓
妙宗钞……知礼
观经疏……智者
憨山净宗法要（注九）○……赵钺辑
龙舒净土文……宋·王日休
天如和尚净土或问……善遇编
生无生论……明·传灯
宝王论……唐·飞锡
弥陀要解……智旭
弥陀疏抄……袾宏
因明论理门十四过类疏（注六）……窥基
瑜伽师地论义演……唐·清素
俱舍论颂疏……唐·圆晖
俱舍论颂疏……唐·遁麟
俱舍论颂疏义钞……唐·慧晖
台宗十类因革论……善月
一乘佛性究竟论……唐·法宝
四明仁岳异说丛书……宋·继忠
三千有门颂……宋·陈瓘
十不二门枢要……宋·了然
十不二门指要钞……知礼
观音义疏记……知礼
观音义疏……智𫖮
观音玄义记……宋·知礼
观音玄义……智𫖮

法华经击节……德清
法华经合论……慧洪
法华经入疏……宋·道威
法华经玄义节要……智旭
法华文句格言……宋·善月
法华妙玄格言○……宋·善月
谨录邃和尚止观记中异义……唐·乾淑
妙经文句私志记……唐·智云
大藏一览集……宋·陈实
阅藏知津……智旭
止观义例（注十二）○……湛然
止观大意……湛然
始终心要……湛然
法华玄赞要集……唐·栖复
法华玄赞决择记……唐·崇俊
法华玄赞摄释……智周
止观辅行搜要记……湛然
金刚錍……湛然
十不二门……湛然
止观辅行传弘决……湛然
法华文句记……湛然
法华玄义释签……湛然
净土十疑论……智𫖮
国清百录……灌顶
南岳思禅师立誓愿文
十一面神咒心经义疏……慧沼
大日经供养次第法疏……唐·不可思议
法华经传记……唐·僧祥
请观音经疏阐义抄……智圆

（续㈠注九）——《西域记》及西藏传以迦腻色迦王时之第四结集首席为胁尊者。真谛《婆薮槃豆传》则云是迦旃延子。故有以为胁比丘即迦旃延子者，《发智》论之制作亦与《婆沙》同时编纂，然《发智》之作，非在罽宾，故非二人为一，而《发智》作者当为迦王第二以前之人。第四结集之首席，实胁比丘也。又《世亲传》记马鸣应迦旃延之招至罽宾，此盖因马鸣文声煊赫，强以借重。非有是事。盖西藏传并未记马鸣曾赴北印也。且西藏传马鸣师提婆，出家于那烂陀寺，与胁比丘尤无何等关系可知。

《西域之佛教》作者羽溪了谛云。

（《简目注一》）——华严寺所藏《嘉禾楞严方册藏》所收语录目如下：《坛经》，圆悟，中峰，明觉，大慧。《永嘉集》《传心法要》《黄蘖复问》，《天乐鸣空》，寒山诗，《紫柏全集》，《憨山全集》，《梦游集》，《憨山年谱》，《石门文字禅》，《五家录》，《四家评唱》，赵州，云门，楚石，白云，虎丘，应庵，密庵，云庵，雪岩，高峰，元叟，端狮子，无见睹，石屋，唯庵，无趣，无幻，愚庵，恕中，

内学第一辑	内学院
天台九祖传	宋·士衡
法界宗五祖略记	清·续法
华严经传记	唐·法义
教观纲宗	智旭
增修教苑清规	元·自庆
山家诸余集	善月
螺溪振祖集	宋·元悟编
四明教行录	宋·宗晓编
宝云振祖集	宋·宗晓编
金刚錍义解	善月
金刚錍显性录	宋·智圆
法华十妙不二门示珠指	宋·源清
十不二门指要钞详解	宋·可度
大乘止观法门宗圆记	宋·了然
法华经台宗会义	智旭
法华经纶贯	智旭
法华三大部补注	宋·从义
法华三大部读教记	宋·法照
天台法华疏义赞	唐·智度
法华经通义	德清
北魏僧惠生使西域记	
游方记钞	
两部大法相承师资付法记	唐·海云
弘赞法华传	唐·惠祥
历代法宝记	失名
莲宗宝鉴	元·优昙
云栖法汇	袾宏
净土证经录	如如子辑
经律异相	梁·宝唱
法苑珠林	唐·道世
曹溪通志	清·雪櫵
大沩山志（注七）	清·陶密庵
景佑新修法宝录（注五）	宋·吕夷简等
天圣释教总录（注四）	宋·惟净等撰
大中祥符法宝录（注三）	宋·赵安仁等编
大唐开元释教广品历章	宋·玄逸撰
景佑天竺字源（注二）	宋·惟净等撰
传灯玉英集（注一）	宋·玉随撰
双峰山曹侯溪宝林传	唐·智炬集
内学第二辑	内学院

毒峰，南石，呆庵，笑隐，古庭，了庵，幻有，密云，天隐，雪峤，湛然，寿昌，觉浪·南明，五峰，破山，费隐，弘觉，万如，牧云，浮石，林野，天岸，瑞白，三宜，石雨，即念·大休，隐元，文雪，山茨，鸳湖，溥山，云关，尔瞻，永觉，百痴，云峨，介为，笑堂，《究心录》古雪，永济，祇园，季总，二隐·芝岩，《开蒙偶谈》，《颂古合响》《绝余篇》懒石，灏愚，法尔玉，卧龙拙，山晖，嵩山，莲月，天王水鉴，介庵，一初，月幢，晓山，吹万，铁臂，巴掌，耳庵，三山，断愚，达变，方融，《懒斋别集》宏智，千岩，明觉聪，云外，梓舟，虚舟，《三圣诗集》，《嵩山后录》不磷，婴宁，自闲，憨予逻，拟寒山诗，俍亭，三峰，继起，爕云，灵树，内绍，象崖，云腹，云叟，《觉浪全录》，愚者，宝象林，宝持，祖揆符，慧觉，圣可，密印，竹庵·古林，破峰，云幻，恒秀，奇然，秀野，智覃，百愚，悔台，见如，观涛，文穆彦，佛古，石璞，大方，寂光，天台独朗，蔗庵，斌雅，槈云，佛敏，远庵，古宿尊，洪山俞昭，北京楚林，长目，寒松，还初，翼庵。(二名而标点「·」者，系合册，二名而无标点者系一人。)(按：此不尽，又有数十家。北京刻经处有嘉兴藏目录，后再考。)

(一注二十八)——陆羽《茶经》《说部》八三，涵芬楼本)引「释道该说《续名僧传》宋·释法瑶」云云，是该书已亡。

(三注一)此本系金藏，编印于宋藏遗珍中，原刻十卷，今缺六，七，九，十四卷，其余另文所缺尚多，第六卷据常盘大定所发见者补。

(三注二)节录《景德传灯录》而成，故云《玉英集》，实无价值之作。

(三注三)第三十卷现存十五卷，按该书每将重要经论品目列出，更标列同译，略记译经处所、年、月及译者姓名，而又举出所据经录。其所据经录除《费长房录》、《开元录》、《内典录》、《大周录》、《法经录》、《翻经图》、《僧佑录》外，又有道慧《宋齐录》，《聂□真释正度等录》，僧睿《二秦录》，竺道祖《晋世杂录》，《支敏度录》，竺道祖《河西录》，朱士行《汉录》，《真寂寺录》，《法上录》，李廓《魏世录》，《道安录》，竺道祖《吴录》，《凉录》，《始兴录》，《王宗宝唱录》，《伯录》，实是治佛家目录学者之要藉，又其所记译经时、地等，除经录外，又有据《高僧传》《续高僧传》及序跋者。

(三注四)本二十一卷，现存十六卷，录当时所译大小乘经、律、论，以奏进年月为次，体例先列书名，次详翻译经过，次全书每卷提要，次进经表，文后叙进表以后事，如赐物嘉奖、入藏刊行，请诸寺院童子学梵文。诏僧充证义笔受、赐紫等。乃至诏许法护还天竺，诏天息灾改名法贤，度童行为僧等亦叙入，是亦一特创体例，然断朝经录如此方好。又自第三卷(上二卷缺)至第十六卷，标云别明。圣代翻宣录中，藏乘正别年代指明二，自十七至二十卷(二十以下缺)，标云别明，圣代翻宣录中，圣贤集传、翻译著撰三，是其全部体例，犹不能尽见。按卷二十亦载大中祥符法宝录云二十一卷，并总录一卷，对总故言别，则其全部体例可知矣。

(三注五)本三卷，缺上。卷中末云：「右准正元续《开元释教录》四朝翻译经论及念诵法赞录等计一百二十五部，二百□□卷下已佚。历章三十卷，本录三卷，勒成三帙，附正元录之首，以上总二百七十五卷，二十七帙。」卷下即大中祥符录之总录，更标曰：「皇朝新翻藏乘统收录，后更录大中祥符五年五月后续译经论十七部，一百七卷。」末云：「右天圣释教总录中都收开元旧录，并附续新编及正元法宝等录，共计六百二帙，六百二号。」

(三注六)本书疏理门论似破十四过类，为基师得意之作，其于第一过类中破顺憬量，设难涅槃悲智冲突。于第四过类中设难天地动，凡圣对辨有无佛性，有无息言，戒定防非，门外何故无三车及破顺憬量。于第七过类中，设难天地动等。于第八过类中设难广百论中破常到不到，论因果同不同时等，皆妙有趣味，行文亦不似大疏之艰涩。

（三注七）本二十一卷，存十四卷。体例，圣宋翻宣继联前式录上，分记宋代每朝所译经论，随译年代区别藏乘录中同大中。祥符录而又分为三类，归摄藏乘略明经旨一，圣贤集传华竺类例二，嗣续兴崇译场诏令三，复准八例排经藏录下，即总录以极简略之文字总录前诸录也。

（三注八）会后汉月支三藏支娄迦谶译《无量清净平等觉经》。曹魏康僧铠译《无量寿经》，吴月支支谦译《阿弥陀过度人道经》，宋法贤译《无量寿庄严经》。

（三注九）此收于《净土二十五经》之中，《二十五经》中乃有乩笔之《西方确指》，可谓芜杂已极，惟憨山之说，与余吻合，憨山诚具眼哉。《十疑论》未辨一心不乱乃至禅净之争，《宝王论》多门不精要。《无生论》台宗家言，失净土本义，《或问》多拾人牙慧，无可取。莲池之说，大似斋公不痛澈，故惟憨山之说为胜。此外如袁宏道之《西方合论》，清陈熙之《念佛切要》，玉峰、古昆之《念佛四大要诀》。如如子辑《莲宗辑要》，《净土文钞》，《往生录》。皆无补于理，至于澈悟《念佛要语》，则为印光所师，其偏浅可知。录其语之玉峰则净土法门之罪人矣，亦如了善、智深之为印光之罪人也。

（三注十）只卷上，恐缺卷下，其中有云：「此土《梵网经》二卷，从此经中出浅略之行相也。其大经本，阿阇黎云：「在南天竺铁塔之中，佛灭度后数百年间无人能开，其中天竺佛法渐衰，时有大德先诵持大日真言，得大日佛而现身，于空中说此法门及文字章句，次第令写讫即灭，即今《大日念颂法要》一卷，时此大德于七日中绕塔念诵，以白芥子七粒打此塔门乃开，入见广本一遍，得诸佛指授，所堪记持不忘，便令出塔。尔时书写所记持法有百千颂，此百千颂本，此国未有此略本至此土者，于开元初金刚菩提三藏云：「我……于开元七年至西京，一行禅师求我灌顶，闻有此法门，乃令伊舍罗译为汉文，一行等亲自笔受。」不言龙树开塔，颇应注意。其录长文，多解事相，言理者少。

（三注十一）此为密宗注疏之要藉，多依般若智论以释义，尚不差。卷三云：「即心成佛，旨趣难知，恐未来众生轻慢法故，不能咨访善知识，未蒙三密加持，而自师心执文，辄自修学，久用功力，无所能成。反谤此经，谓非佛说。」此密宗重师承之用心，则必有斥为非佛说者矣。卷四初及卷十九之护摩品皆谓密教之种种作为，是接引当时之印度教徒及外道而设。如云：「韦陀典中有火祠法，真言门中亦有，所以尔者，彼若闻有此法，即从此门而入正法。」则密教之源，于此得其依据。

影印绀珠集甲原稿

紺珠集簡目

附誌

[illegible]

二、集中所引經典，僅有卷數而無頁數，係引瑜伽師地論，[illegible]

三、識論即成唯識論，或僅曰「識論」及「識」。

四、在識論下所錄之述曰，係窺基之成唯識論述記，[illegible]

五、梵文注音，未能一一查對，係據梵漢辭典，[illegible]

六、S.係梵文，P.係巴利，T.係藏文之縮寫。

七、梵文羅馬字拼音諸有異，第一注音通常係梵漢，[illegible]

八、集中所引之[illegible]

九、本集[illegible]

[illegible]

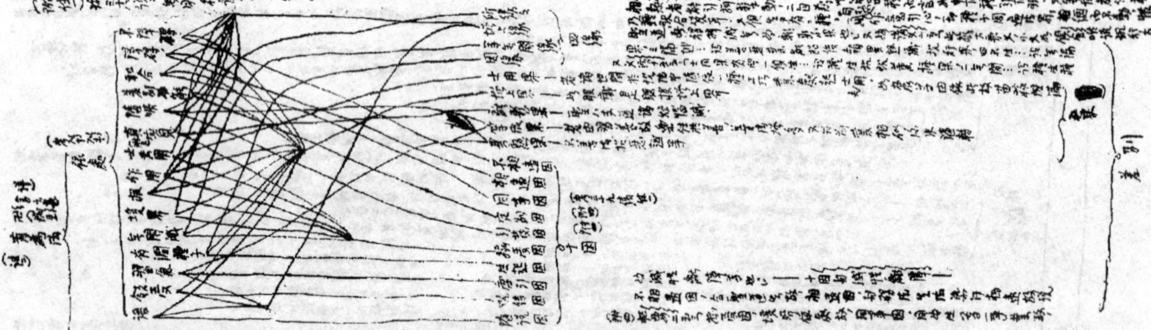

五位百法之諸梵名

心所有法 Caitasikā dharmāḥ.
觸 Sparśaḥ
想 Saṃjñā.
受 Vedanā
作意 Manaskāraḥ
思 Cetanā.
欲 Chandaḥ
勝解 Adhimokṣaḥ
念 Smṛtiḥ
慧 Prajñā
等持 Samādhiḥ
信 Śraddhā
慚 Hrīḥ
愧 Apatrāpyam
無貪 Alobhaḥ Kuśalamūlam
無瞋 Adveṣaḥ Kuśalamūlam
無癡 Amohaḥ Kuśalamūlam
精進 Vīryam
輕安 Praśrabdhiḥ
不放逸 Apramādaḥ
捨 Upekṣā
不害 Ahiṃsā
貪 Rāgaḥ
瞋 Pratighaḥ
慢 Mānaḥ
過慢 Adhimānaḥ
慢過慢 Mānātimānaḥ
我慢 Asmimānaḥ
增上慢 Abhimānaḥ
卑慢 Ūnamānaḥ
邪慢 Mithyāmānaḥ
無明 Avidyā
見 Dṛṣṭiḥ
身見 Satkāyadṛṣṭiḥ
邊執見 Antagrāhadṛṣṭiḥ
邪見 Mithyādṛṣṭiḥ
見取 Dṛṣṭiparāmarśaḥ
戒禁取 Śīlavrataparāmarśaḥ
疑 Vicikitsā
忿 Krodhaḥ
恨 Upanāhaḥ
覆 Mrakṣaḥ
惱 Pradāsaḥ

嫉 Īrṣyā
慳 Mātsaryam
誑 Māyā
諂 Śāṭhyam
憍 Madaḥ
害 Vihiṃsā
無慚 Āhrīkyam
無愧 Anapatrāpyam
不信 Āśraddhyam
懈怠 Kausīdyam
放逸 Pramādaḥ
失念 Muṣitasmṛtitā
散亂 Vikṣepaḥ
不正知 Asaṃprajanyam
掉舉 Auddhatyam
惡作 Kaukṛtyam
惛沉 Styānam
睡眠 Middham
尋 Vitarkaḥ
伺 Vicāraḥ
得 Prāptiḥ
無想定 Asaṃjñisamāpattiḥ
滅盡定 Nirodhasamāpattiḥ
無想果 Āsaṃjñikam
命根 Jīvitendriyam
生 Jātiḥ
老 Jarā
住 Sthitiḥ
無常 Anityatā.
眾同分 Nikāyasabhāgaḥ
句身 Padakāyaḥ
名身 Nāmakāyaḥ
文身 Vyañjanakāyaḥ
流轉 Pravṛttiḥ
定異 Pratiniyamaḥ
相應 Yogaḥ
勢速 Javaḥ
次第 Anukramaḥ
時 Kālaḥ
方 Deśaḥ
數 Saṃkhyā

異生性 Bhedaḥ (不決)
和合 Sāmagrī
不和合 Asaṃgatatvam (異性)
藏識 Ālayavijñānam
執持識 Ādānavijñānam
染污意 Kliṣṭamanaḥ
眼識 Cakṣurvijñānam
耳識 Śrotravijñānam
鼻識 Ghrāṇavijñānam
舌識 Jihvāvijñānam
身識 Kāyavijñānam
意識 Manovijñānam
六因 Ṣaḍ hetavaḥ
四緣 Catvāraḥ pratyayāḥ
五果 Pañca phalāni
能作因 Kāraṇahetuḥ
俱有因 Sahabhūhetuḥ
異熟因 Vipākahetuḥ
相應因 Saṃprayuktakahetuḥ
遍行因 Sarvatragahetuḥ
同類因 Sabhāgahetuḥ
因緣 Hetupratyayaḥ
等無間緣 Samanantarapratyayaḥ
所緣緣 Ālambanapratyayaḥ
增上緣 Adhipatipratyayaḥ
等流果 Niṣyandaphalam
增上果 Adhipatiphalam
士用果 Puruṣakāraphalam
異熟果 Vipākaphalam
離繫果 Visaṃyogaphalam

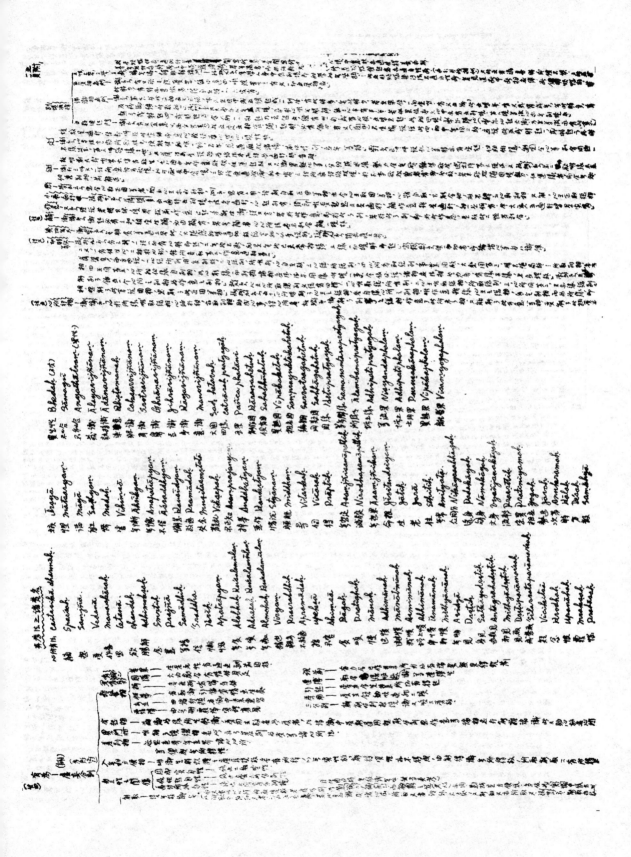

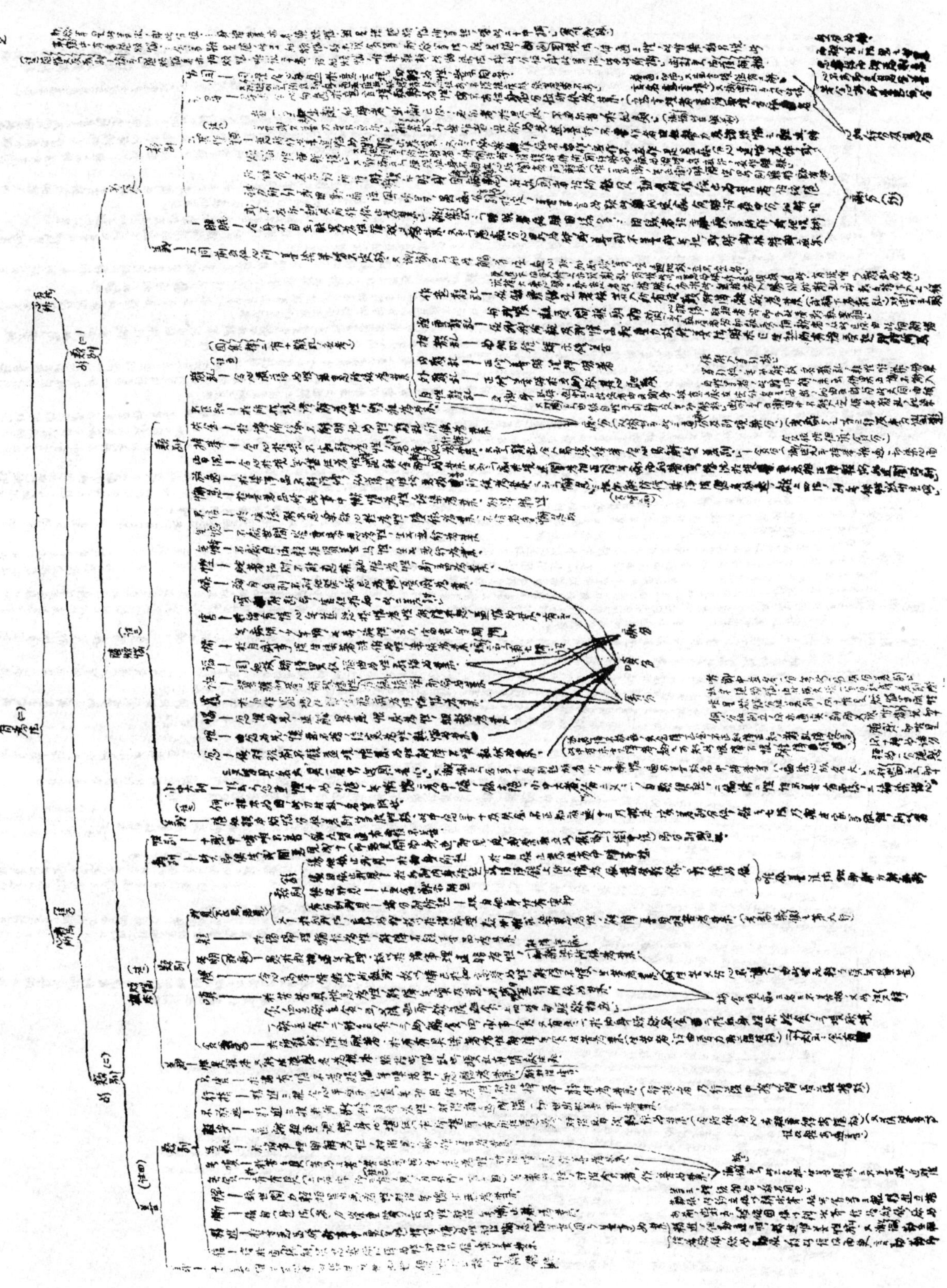

及此波羅蜜多菩薩身中若十一法，雖[illegible]自地及上地法，又[illegible]得加行者，亦[illegible]唯加行，餘通二種。」

若言十一，[illegible]九地，[illegible]中[illegible]，廣慧[illegible]身中若善十一，亦解了一切法，若有色界中實生欲界[illegible]，解得異熟果也。若善十一中無漏善者，即非[illegible]故。」

善心所

[illegible]—[illegible]，[illegible]非見所斷。[illegible]云：「非見所斷，非邪依故。」[illegible]（參考[illegible]）

三界—此唯修所斷及非所斷，非見所斷。述記云：「[illegible]」

別境相應、三性、三界、三學—論云：「此與別境皆得相應，信等欲等不相違故。十一唯善，輕安不遍，餘通三界，皆學等三。」又[illegible]

受俱—論云：「十五相應，一除憂苦，有逼迫受無調暢故。」

有義若有輕安，[illegible]有調暢故，或所作智俱，必有輕安故。」述記云：「[illegible]所引善者亦有[illegible]」

諸俱—論云：「此十一種前已具說，第七八識隨位有無，第六識中定位皆具，若非定位唯闕輕安。有義不定[illegible]」

遍不遍—論云：「有義十一，四遍善心，精進三根遍善品故，餘七不定……有義彼說亦不應理，應說信等十法中，十遍善心，輕安不遍，要在定位方有輕安，調暢身心[illegible]」

俱不俱—論云：「不放逸、捨、不害，是假有，餘八實有，相用別故。」述記云：「[illegible]」

知不知—論云：「諸染所翻善中，有別建立有不爾者，相用別者便別立之，餘善不然，故不立之。又諸染法遍六識者，勝故翻之，別立善法，慚等[illegible]」

實有自體，不[illegible]依彼一分假立，為顯慈悲二相別故……論云：「……說別有自體，行果善性。」

瞋—論云：「云何為瞋？於苦苦具憎恚為性，能障無瞋，不安隱性，惡行所依為業。謂瞋必令身心熱惱，起諸惡業，不善性故。」

[illegible]—論云：「……若無全宗静者，即四法上[illegible]，若所令寂静者，即除因法外餘心等上[illegible]，此不能障[illegible]……不放逸[illegible]」

[illegible]論云：「……此相云何……」

……即四法於斷修防修，名不放逸，非別有體……

[illegible]（四法者，精進及三根）……

[illegible]中……二加行，無間，解脫，勝進別故。」……自分行三品別者，上中下三品心……自分勝進及初發心……二加行，加行有遠近故。

[illegible]……或所發心不墮，無間，解脫，勝進……無等無上……四修……

……或資糧等五道別故，二乘究竟道，欲大菩提故，諸佛究竟道，樂利樂他故。（此解別釋善趣）

……果中……是[illegible]……因果……等流果……增上果……勝因果，由俱有……因[illegible]……[illegible]……

不空因……不遍六識，[illegible]……根本不善，[illegible]……

[illegible]……有具，瞋唯欲界……故云非善……今解除法並通三界……

……世間名他，或所此中崇重賢善，[illegible]

名自，世間名他……[illegible]……自身，生自尊貴，崇上於法，生貴重增上之力……或自身及法名自，世間名他……

……善心起時隨緣何境，皆於善等無貪等……二種俱遍善心……

……大乘中……十善……小乘……輕拒惡……性……

……是自性善，彼相應故。依此……善心起時隨緣何境，皆有崇重善及輕拒惡義，故慚與愧俱遍善心所緣無別。聖教假說為自為他……

……上座部……大眾部……依……說……心淨為性……

……此二信淨心為相……

三十……此等……由此信……

……彼空義……此性……一是聖教……二貪……瞋……癡……

……云……信……彼……作……

三者，謂欲有，色有……有者……

……立三善乃至……或四善……無癡……

……

附：大小乘善數—論云：「若大乘師立十一善，若小乘師立十善」……正量部……

釋慚別—論云：「……」

非有三通……

（注三）三有……

（注二）有別：
—「於苦因……」
—一切……
—……

有別：實有、世俗有—忿、恨、覆、惱、嫉、慳、誑、諂、害、憍、無慚、無愧、掉舉、惛沉、不信、懈怠、放逸、失念、散亂、不正知。（此二十隨煩惱：[illegible]……）

煩惱 自性：
—……

通—論云：「十煩惱皆通七識。」[illegible]

緣—論云：「[illegible]」

性別—……

義別—……內門……外門……

有別—……

自性
慢—事生慢……七、
見—二事……
瞋—事……
貪—事……

[illegible]……

（注）

勝[illegible]，是假有，但言世俗，而體實有。」

有、捨、慚、愧三種，有又是假有，又是實。」述記云：「凡世俗者，對……」

又論云：「……」

大小乘……述……小二十……小七中二唯……

（注）
俱起—……

（附）
[illegible]煩惱
自性
貪—十事生—事所生貪—取蘊，諸見，未得境界，已得境界，已受用過去境界，男女，惡行，親友資具，所有及無有。
瞋—十事生—事所生瞋—已身，所愛有情，非所愛有情，過去怨親，未來怨親，現在怨親，不可意境，嫉妒，宿習，他見。
無明—七事—事生無知—依七事生七無知（瑜伽論卷五十九、五十八等說）：世事，世間出世事，所知事，真實事，新染清淨事，增上慢事。
慢—一事—事生慢—七、
見—二事—……
疑—[illegible]

……不正思惟—邪教，邪行處……不正行……

（注）
緣處—……
……

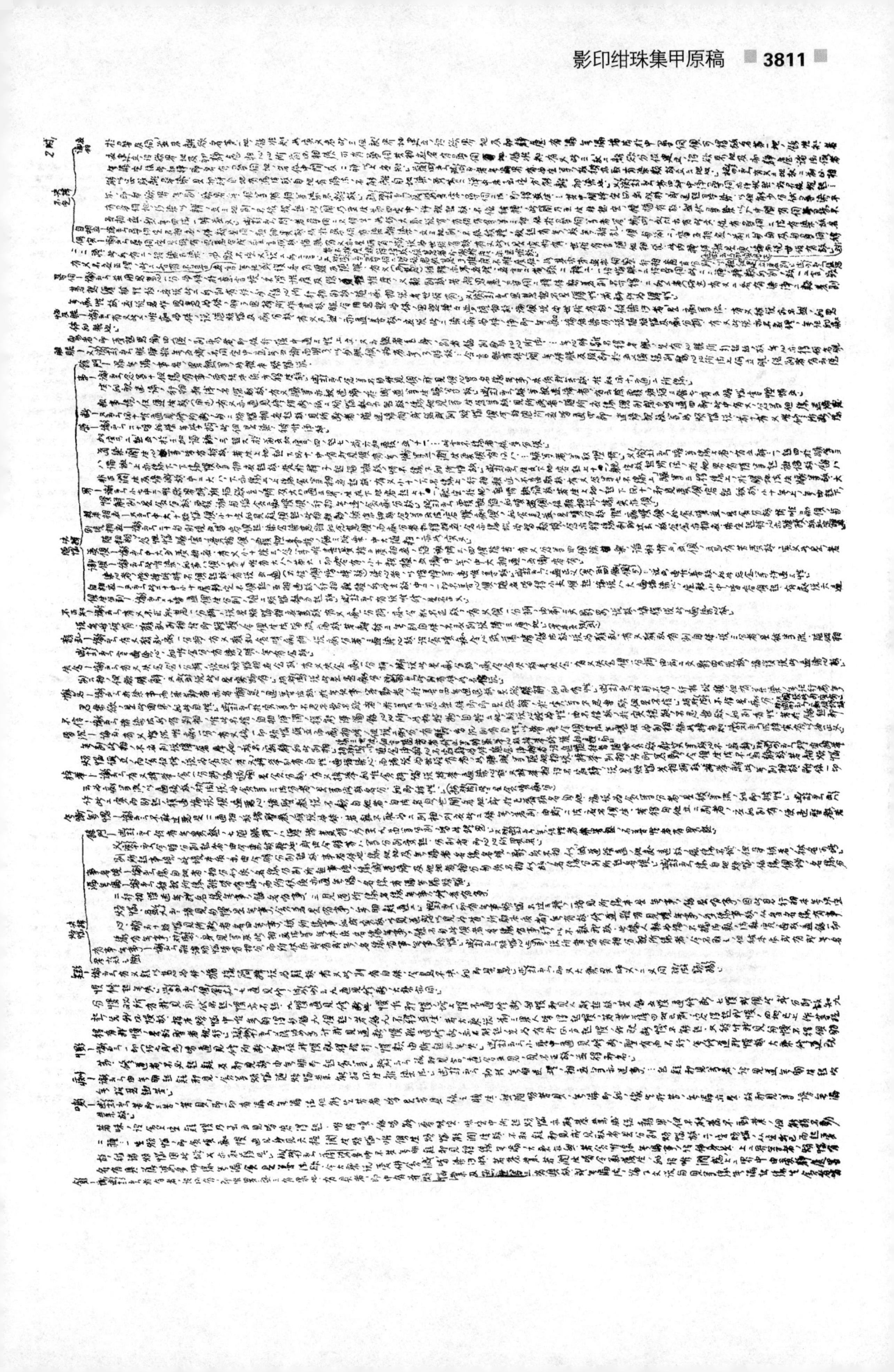

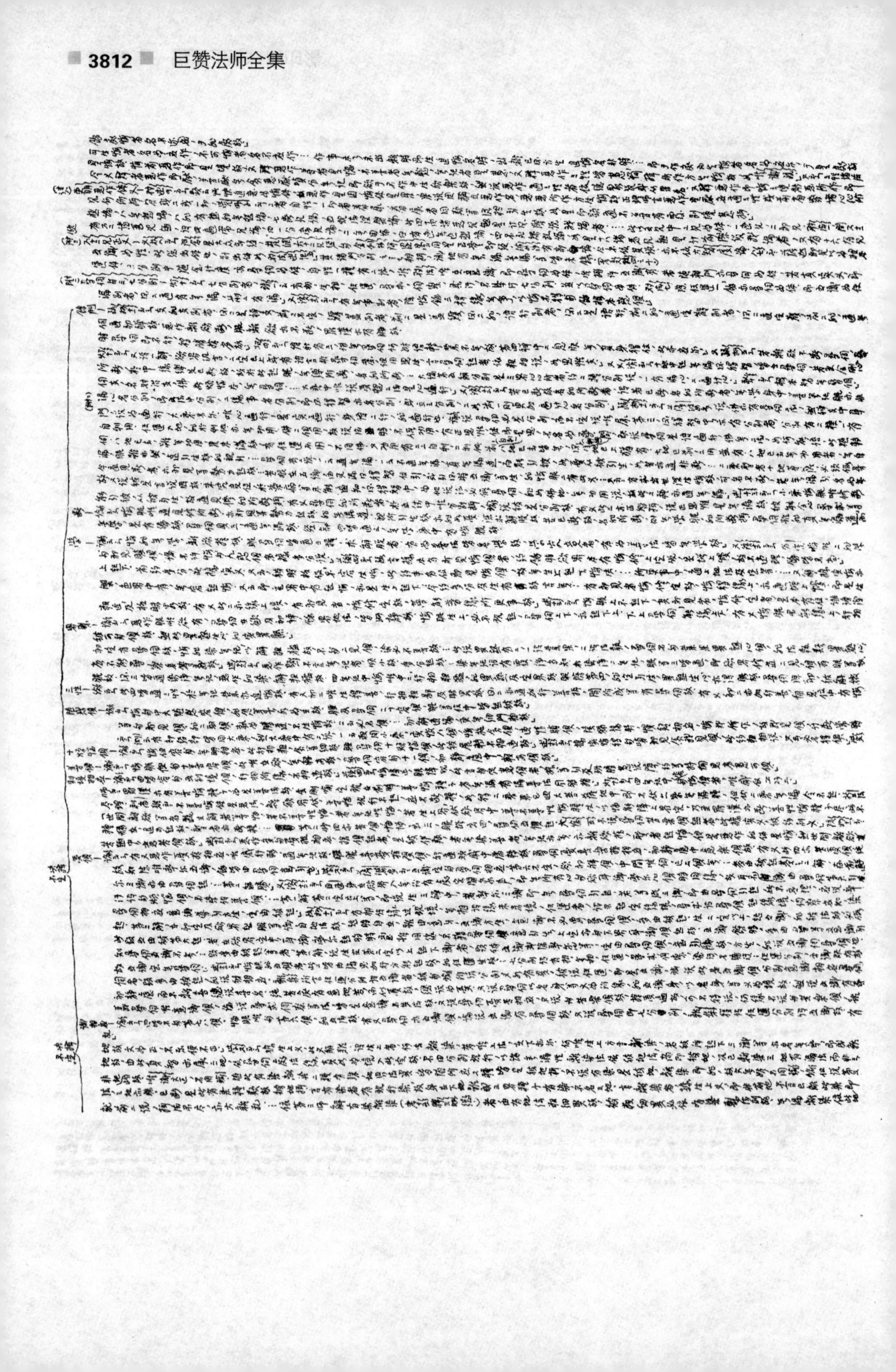

[illegible]

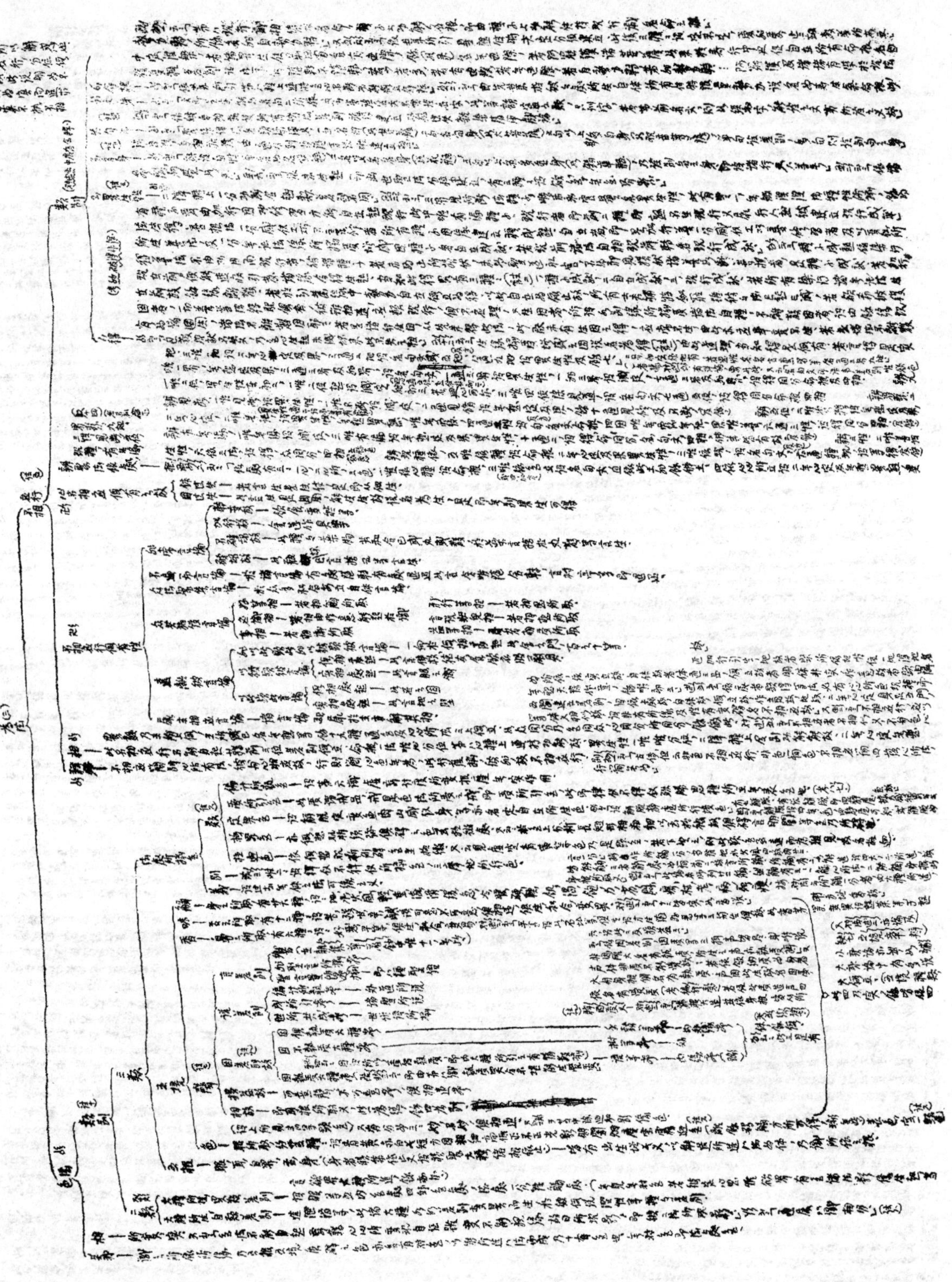

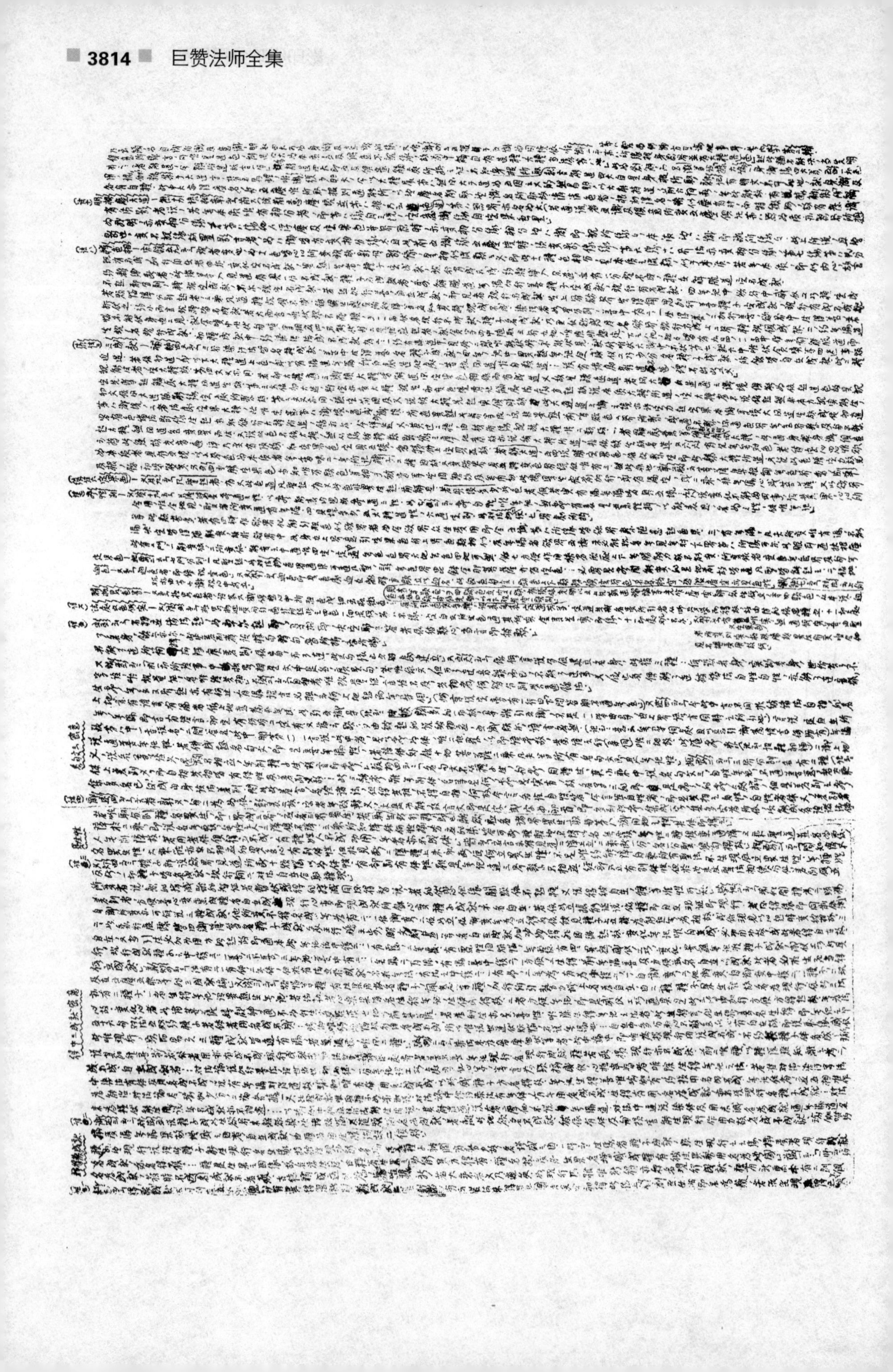

[illegible]

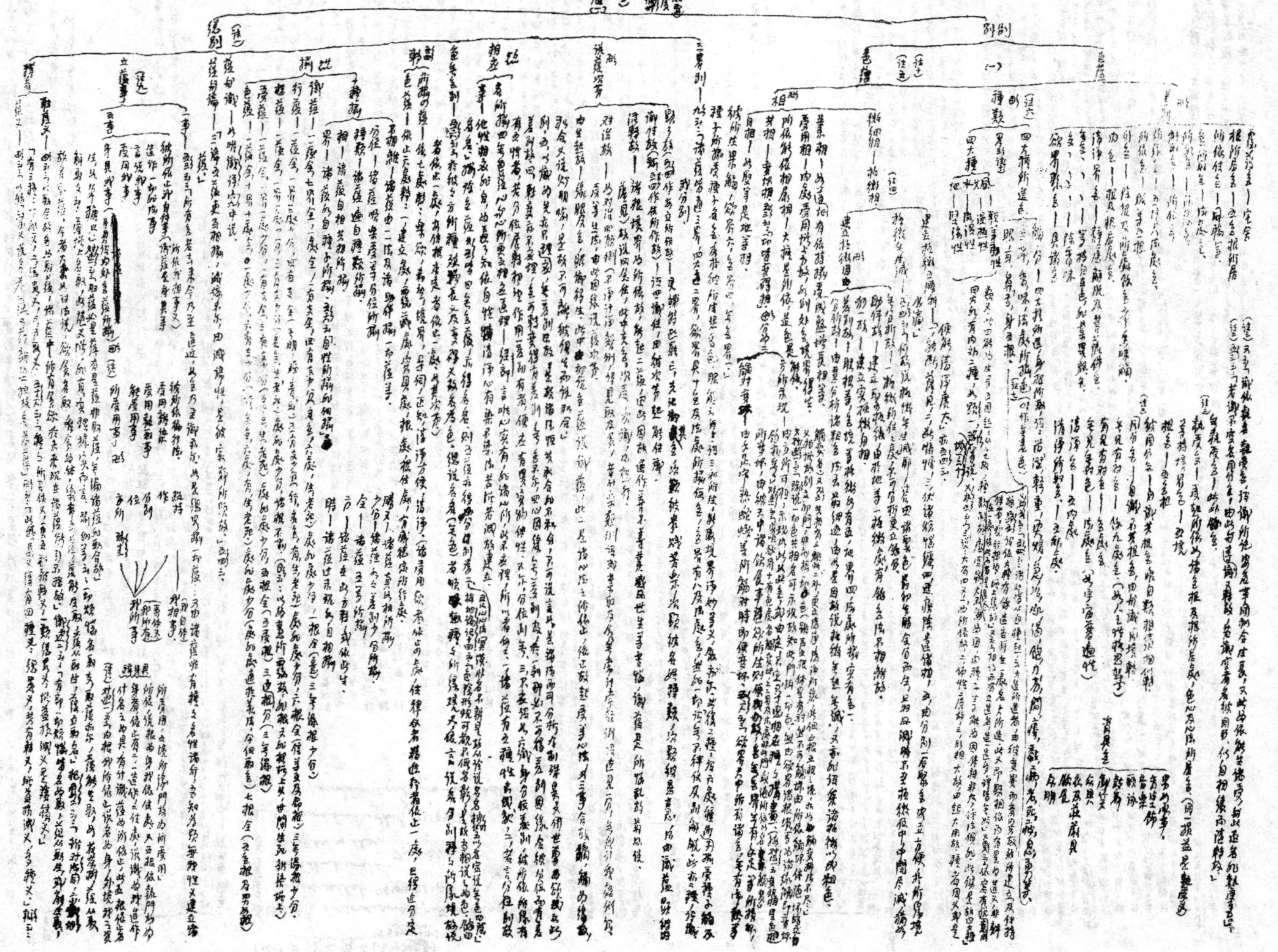

(注二) 五蕴之异名(参26解脱身)(参事物理论品)

无漏(出世)五蕴 Asamasamāḥ pañca skandhāḥ

戒蕴 Śīlaskandhaḥ(倶舍论四云:无漏净戒)

定蕴 Samādhiskandhaḥ(又云:无漏定慧)

慧蕴 Prajñāskandhaḥ

解脱蕴 Vimuktiskandhaḥ(又云:无学胜解)

解脱智见蕴 Vimuktijñānadarśanaskandhaḥ(又云:无学正见)

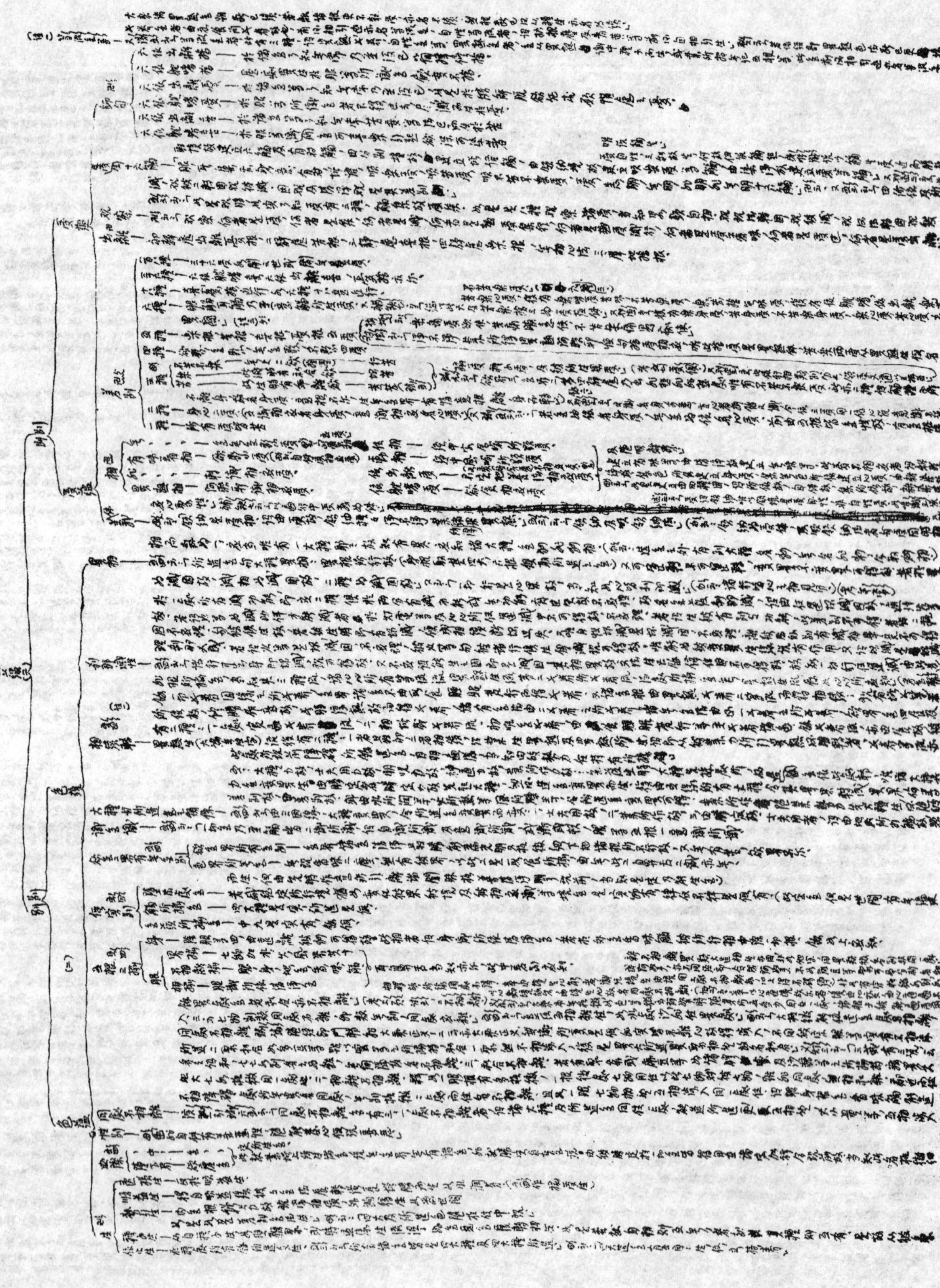

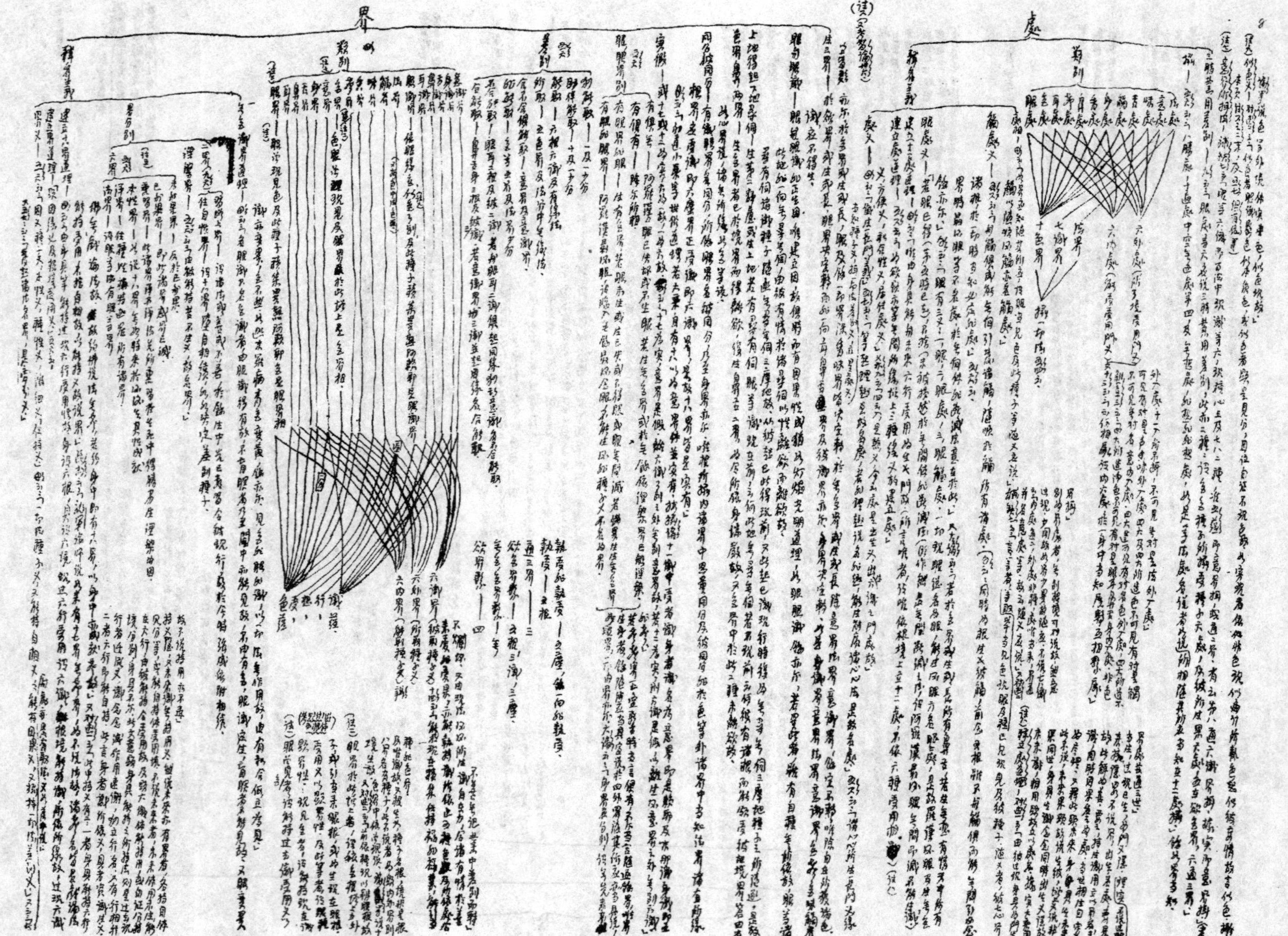

(甲)分别(一)蕴处界

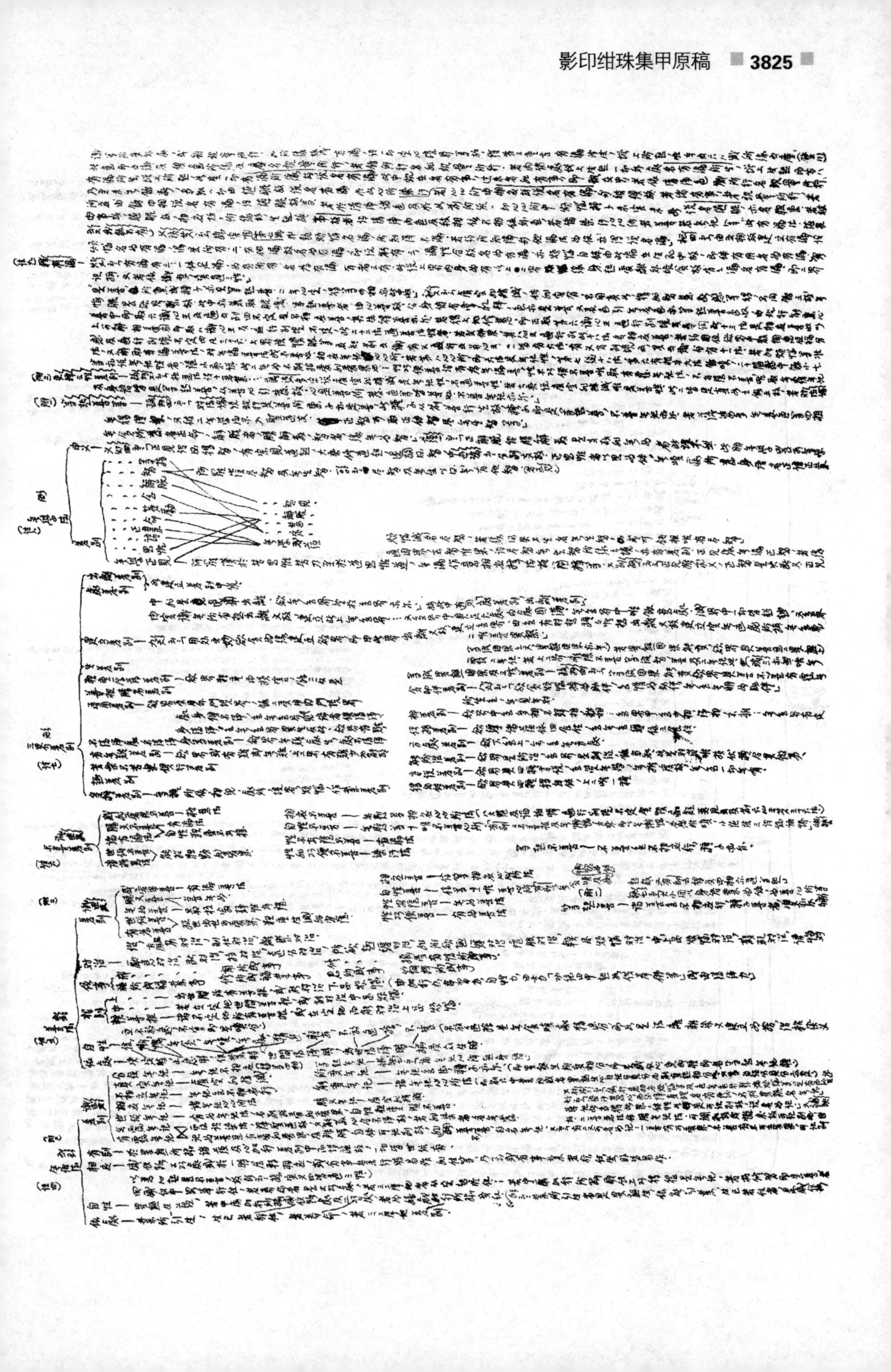

10

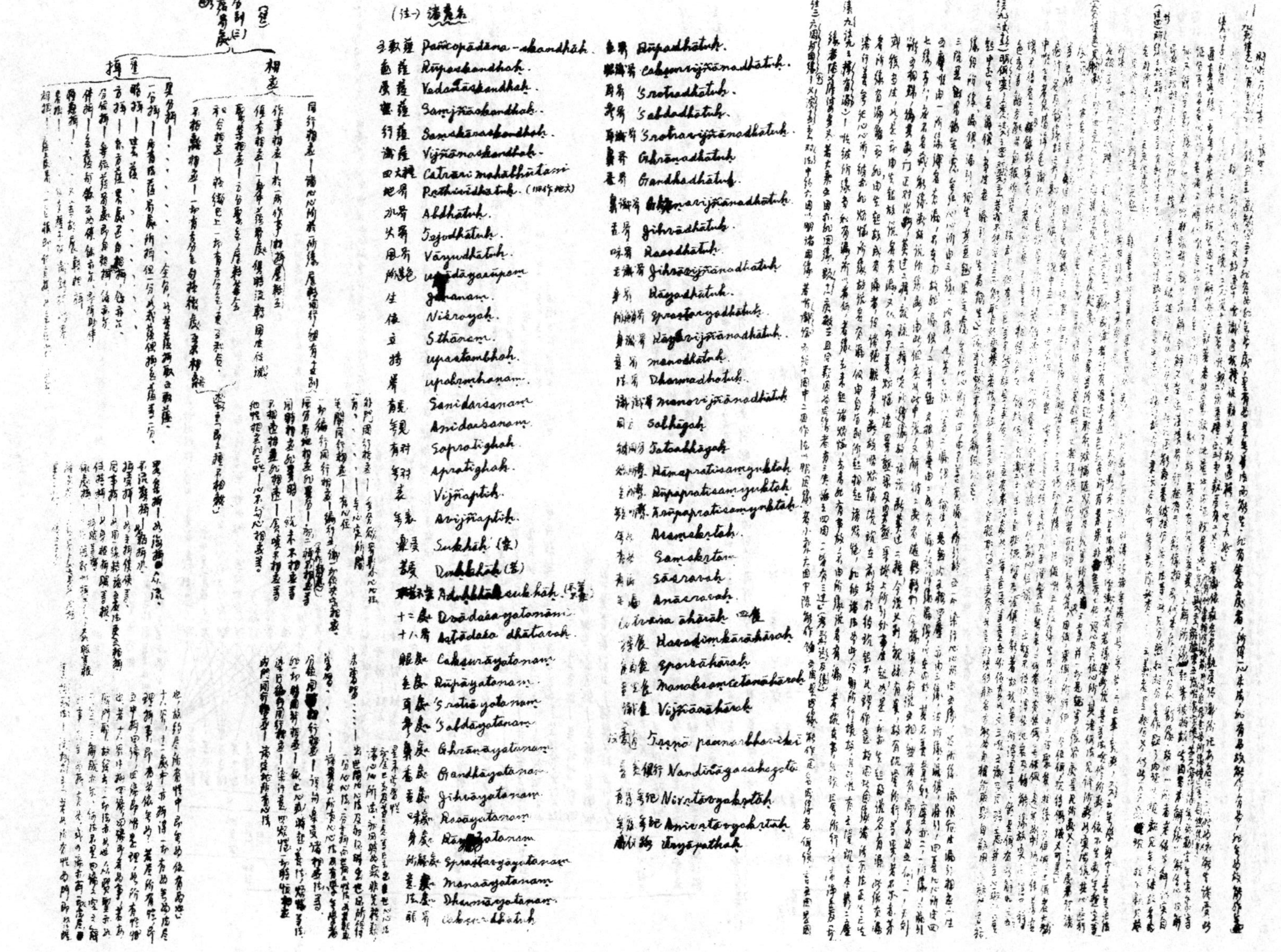

（注一）諸蘊等

五取蘊 Pañcopādāna-skandhāḥ.
色蘊 Rūpaskandhaḥ.
受蘊 Vedanāskandhaḥ.
想蘊 Saṃjñāskandhaḥ.
行蘊 Saṃskāraskandhaḥ.
識蘊 Vijñānaskandhaḥ.
四大種 Catvāri mahābhūtāni
地界 Pṛthivīdhātuḥ.
水界 Abdhātuḥ.
火界 Tejodhātuḥ.
風界 Vāyudhātuḥ.
所造色 upādāyarūpam
生 Jananam.
依 Niśrayaḥ.
立 Sthānam.
持 upastambhaḥ.
養 upabṛṃhaṇam.
有見 Sanidarśanam.
無見 Anidarśanam.
有對 Sapratighaḥ.
無對 Apratighaḥ.
表 Vijñaptiḥ.
無表 Avijñaptiḥ.
樂受 Sukhāḥ (受)
苦受 Duḥkhāḥ (受)
不苦不樂 Aduḥkhāsukhāḥ (受)
十二處 Dvādaśāyatanāni
十八界 Aṣṭādaśa dhātavaḥ
眼處 Cakṣurāyatanam.
色處 Rūpāyatanam.
耳處 Śrotrāyatanam.
聲處 Śabdāyatanam.
鼻處 Ghrāṇāyatanam.
香處 Gandhāyatanam.
舌處 Jihvāyatanam.
味處 Rasāyatanam.
身處 Kāyāyatanam.
所觸處 Spraṣṭavyāyatanam.
意處 Manaāyatanam.
法處 Dharmāyatanam.
眼界 Cakṣurdhātuḥ.

色界 Rūpadhātuḥ.
眼識界 Cakṣurvijñānadhātuḥ.
耳界 Śrotradhātuḥ.
聲界 Śabdadhātuḥ.
耳識界 Śrotravijñānadhātuḥ.
鼻界 Ghrāṇadhātuḥ.
香界 Gandhadhātuḥ.
鼻識界 Ghrāṇavijñānadhātuḥ.
舌界 Jihvādhātuḥ.
味界 Rasadhātuḥ.
舌識界 Jihvāvijñānadhātuḥ.
身界 Kāyadhātuḥ.
所觸界 Spraṣṭavyadhātuḥ.
身識界 Kāyavijñānadhātuḥ.
意界 Manodhātuḥ.
法界 Dharmadhātuḥ.
意識界 Manovijñānadhātuḥ.
同分 Sabhāgaḥ.
彼同分 Tatsabhāgaḥ.
欲界繫 Kāmapratisaṃyuktaḥ.
色界繫 Rūpapratisaṃyuktaḥ.
無色界繫 Ārūpyapratisaṃyuktaḥ.
無為 Asaṃskṛtaḥ.
有為 Saṃskṛtam.
有漏 Sāsravaḥ.
無漏 Anāsravaḥ.
四食 Catvāra āhārāḥ
段食 Kavaḍīkārāhāraḥ.
觸食 Sparśāhāraḥ.
意思食 Manaḥsaṃcetanāhāraḥ.
識食 Vijñānāhāraḥ.
後有愛 Tṛṣṇā paunarbhavikī
喜貪俱行 Nandīrāgasahagatā
有覆無記 Nivṛtāvyākṛtaḥ.
無覆無記 Anivṛtāvyākṛtaḥ.
威儀路 Īryāpathaḥ.

12

[illegible]

（註三）苦苦等梵名

苦苦—Duḥkhaduḥkhatā

行苦—Saṃskāraduḥkhatā

坏苦—Vipariṇāmaduḥkhatā

生苦—Jātir duḥkham

老苦—Jarāduḥkham

病苦—Vyādhiduḥkham

死苦—maraṇaduḥkham

愛別離苦—Priyaviprayoge duḥkham

怨憎會苦—Apriyasamprayoge duḥkham

求不得苦—yad apicchayā prāyeṣamāno na labhate tad api duḥkham（言曰雖復希求而不得苦）

五取蘊苦—Saṃkṣepeṇa pañcopādānaskandhaduḥkham（或曰略說五取蘊苦）

[illegible]

苦諦（註）

[illegible]

四諦之一 [illegible]

遣空觀

（附十）

差別

觀空真智所治之障與所見差別

空性——有二空性：謂眾生空性、法空性

（附二）

差別相

十六種

自我眾生

破執

四諦諸義名

十八空	Aṣṭādaśa śūnyatāḥ.
内空	Adhyātmaśūnyatāḥ.
外空	Bahirdhāśūnyatā.
内外空	Adhyātmabahirdhāśūnyatā.
空空	Śūnyatāśūnyatā.
大空	Mahāśūnyatā.
勝義空	paramārthaśūnyatā.
有為空	Saṃskṛtaśūnyatā.
無為空	Asaṃskṛtaśūnyatā.
畢竟空	Atyantaśūnyatā.
無際空	Anavarāgraśūnyatā.
無散空	Anavakāraśūnyatā.
本性空	prakṛtiśūnyatā.
諸法空	Sarvadharmaśūnyatā.
自相空	Svalakṣaṇaśūnyatā.
不可得空	Anupalambhaśūnyatā.
無性空	Abhāvaśūnyatā.
自性空	Svabhāvaśūnyatā.
無性自性空	abhāvasvabhāvaśūnyatā.
四聖諦	catvāry āryasatyāni.
苦	Duḥkham.
無常	Anityam.
空	Śūnyam.
無我	Anātmakam.
集	Samudayaḥ.
生	Prabhavaḥ.
因	Hetuḥ.
緣	Pratyayaḥ.
滅	Nirodhaḥ.
靜	Śāntaḥ.
妙	Praṇītaḥ.
離	Niḥsaraṇam.
道	mārgaḥ.
如	Nyāyaḥ.
行	Pratipattiḥ.
出	Nairyāṇikaḥ.

13

(衡)又禪宗…「我六代大師一一皆言單刀直入，直了見性，不言階級，[illegible]」…二師同說，亦見作二十六心…[illegible]…故見相二十六心或略作一…[illegible]

(續道場說法) 見相明分—[illegible]

滅諦

異名

- 於彼所有異名—上異名之有○者，依論亦有，除此餘有：常，恆，久，住，無變，有法，前蕩，所趣，吉祥，無轉，無旋，無實。
- 涅，無動，亦總一切解脫。
- 所所有異名
  - 昭依
  - 弘濟—速大苦災橫
  - 洲渚—三界隔絕
  - 舍宅—無畏害所依事
  - 無漏
  - 甘露
  - 不卑屈—離三處故
  - 不轉
  - 難見—超過肉眼境
  - 無為
  - 不動
  - 無病
  - 勢吉祥
  - 樂事
  - 清涼
  - 安隱
  - 無燃熱
  - 無熱惱
  - 不死
  - 勝歸趣
  - 不生
  - 無作—不作現在諸業煩惱所依處
  - 無邊—永斷所攝諸業煩惱勢力所行
  - 無起
  - 無生
  - 涅槃

差別

- 沒—諸法自然滅盡
- 滅—[illegible]所有事現滅後不[illegible]
- 離欲—修道對治得離繫
- 盡—見道對治得離繫
- 永吐—永吐隨眠
- 永出—永出諸纏
- 無餘永斷—由勝利故由內外[illegible]
- 差別
  - 無上離欲—佛菩薩所有離欲，為欲利益有情故
  - 有上……—世間聲聞獨覺所有離欲
  - 無顛……—永斷他[illegible]煩惱已生厭性
  - 遍知……—已得見道者於三界法生厭性
  - 相狀……—由世出世道諸煩惱
  - 無……—諸愚夫於涅槃界生厭性
  - 增上……—得勝處者於下界生厭性
  - 殊勝……—於諸美饍生厭性
  - 損害……—[illegible]欲者於[illegible]惱已生厭性
  - 自性離欲—於苦受時苦受處生厭背性(攝此十差別)
- 最勝—佛菩薩無住涅槃所有滅
- 無餘—無餘依滅
- 有餘—有餘依滅
- 有莊嚴—俱分解脫六通三明所有滅
- 無莊嚴—慧解脫阿羅漢所有滅
- 圓滿—無學阿羅漢果所有滅
- 不圓滿—諸有學或預流一來不還果所有滅
- 勝義—以聖慧所攝種子所得滅
- 世俗—以世間道攝伏種子所得滅
- 甚深—[illegible]諸行寂滅…[illegible]…諸行不可說異不異
- 諦亦爾
- 相—真如境上有漏法滅…[illegible]…離欲，滅，涅槃…[illegible]…相不現行，相是滅諦相，又無生滅相是常相，滅

行相差別

- 滅相—是常住故永出離故
- 靜相—即此滅靜是最勝故
- 妙相—一切苦樂無餘寂靜
- 離相—集諦無餘息滅(攝)

攝

- 勝義攝—勝義諦、、、、、、
- 世俗諦攝—世俗諦所攝苦諦無餘永斷此所攝欲滅沒寂靜
- 勝攝—勝攝、、、、、、、
- 全攝—全攝集諦無餘永棄此盡諸欲滅沒寂靜

四諦之三

集諦

行相(緣相)

- 緣相—諸有情引生得樂因，又…[illegible]…
- 生相—引別的身無量品類差別生因
- 集相—從無有情積集眾…[illegible]
- 因相—能引後有身等因
- 釋處文—[illegible]…[illegible]

釋勝義

- 勝義諦攝—若因能感勝義諦所攝苦諦
- 世俗諦攝—若因能感世俗諦所攝苦諦
- 眾受…[illegible]

攝別

- 勝攝—[illegible]
- 全攝—一切三界煩惱及業

四諦之二

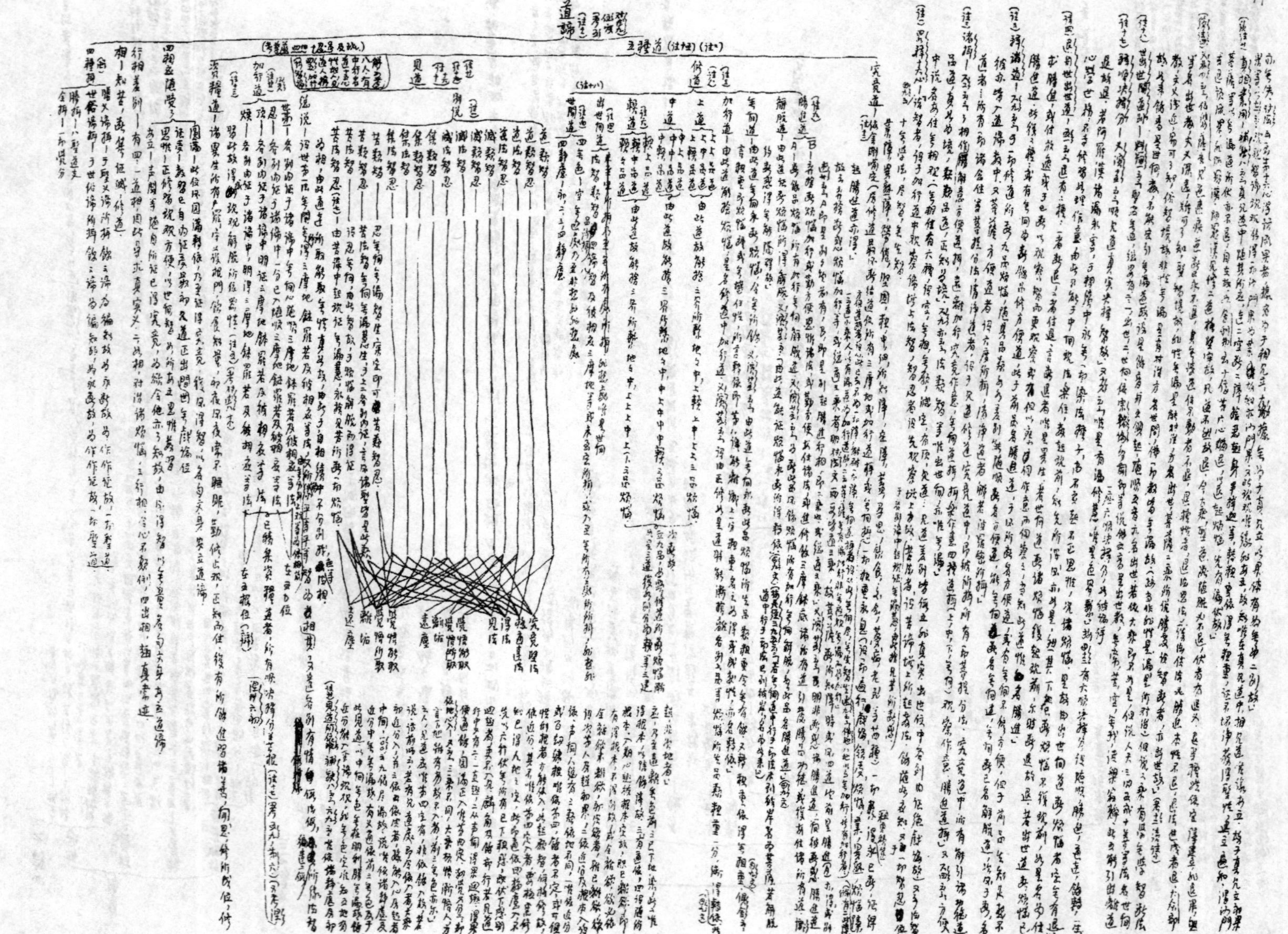

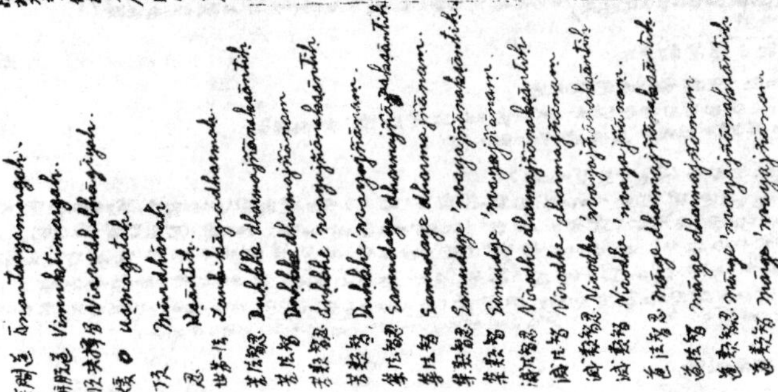

15

（一）有漏三有事（廿一—四十）

杂染

别别

杂染烦恼

相

差别相——一、随眠对有[illegible]种相，二、所缘[illegible]，三、[illegible]行[illegible]，四、品差别[illegible]……是烦恼相。

共相——一切皆不寂静相，[illegible]由此生故身心相续不寂静……

自相——十烦恼各各自性行相。

自性——者谓生时其相自然不寂静起，由彼起故，不寂静行相续而转。

多种——[illegible]烦恼杂染……

七种——一、欲爱随眠……

三种——欲界、色界、无色界系。

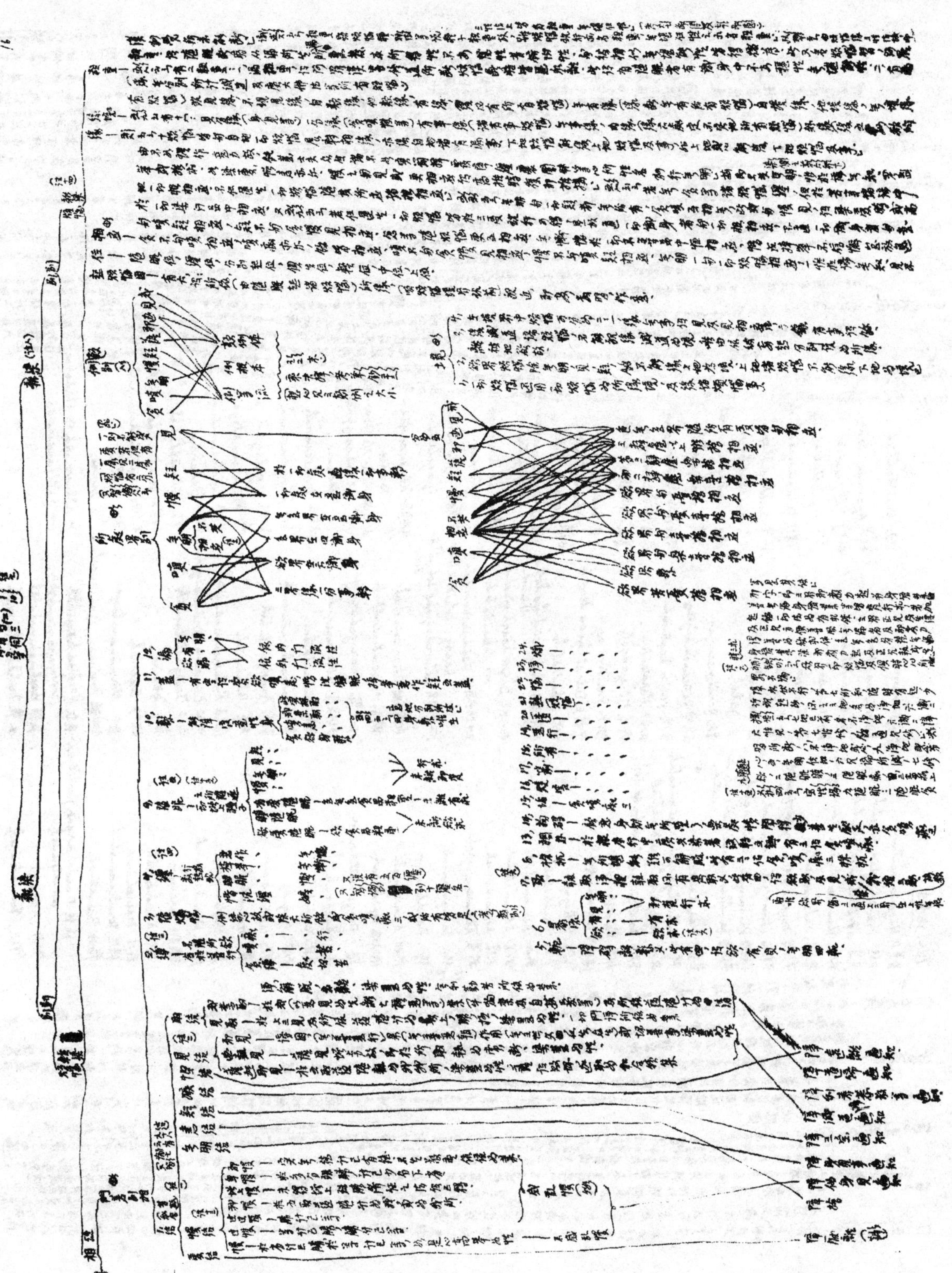

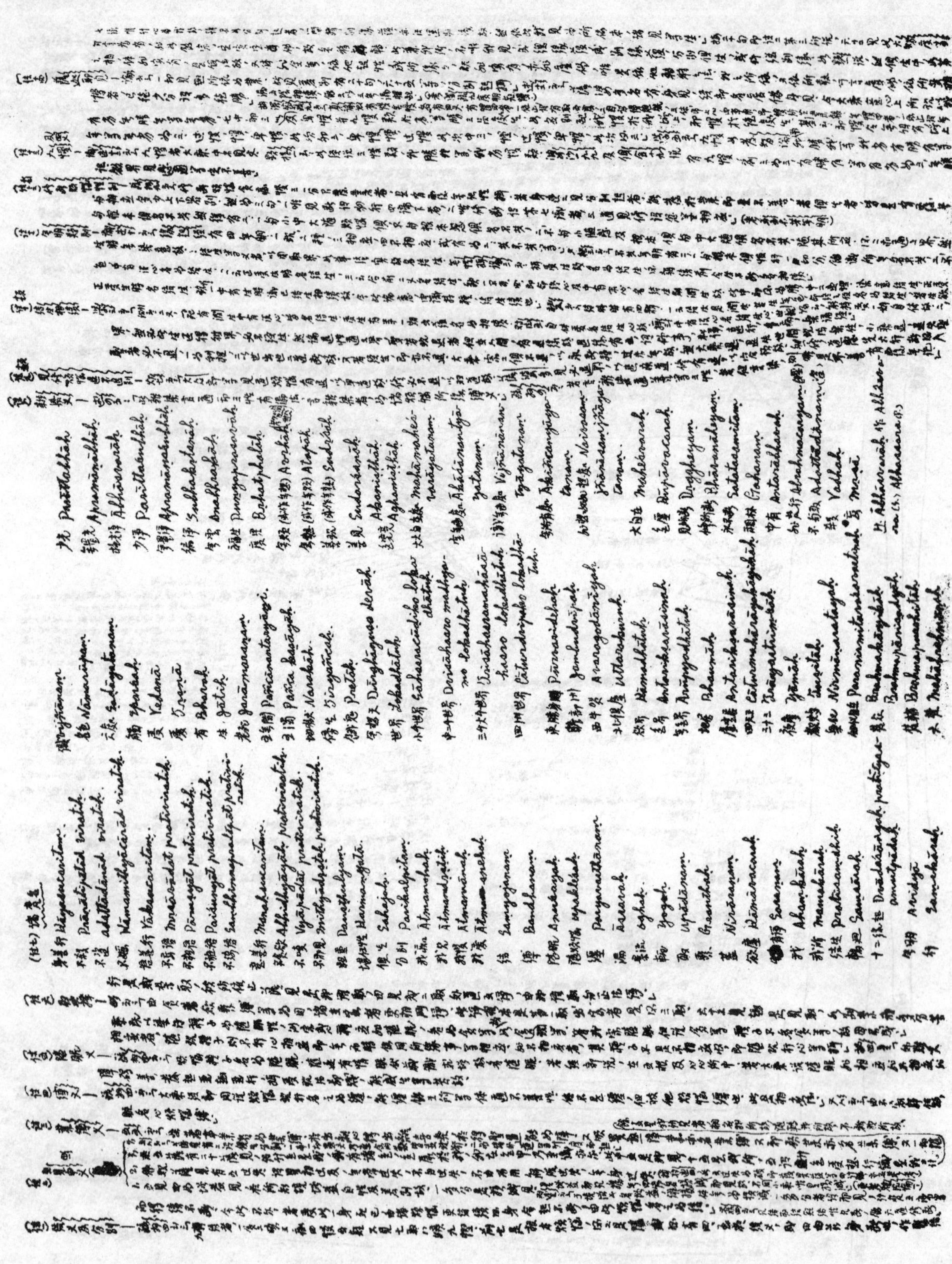

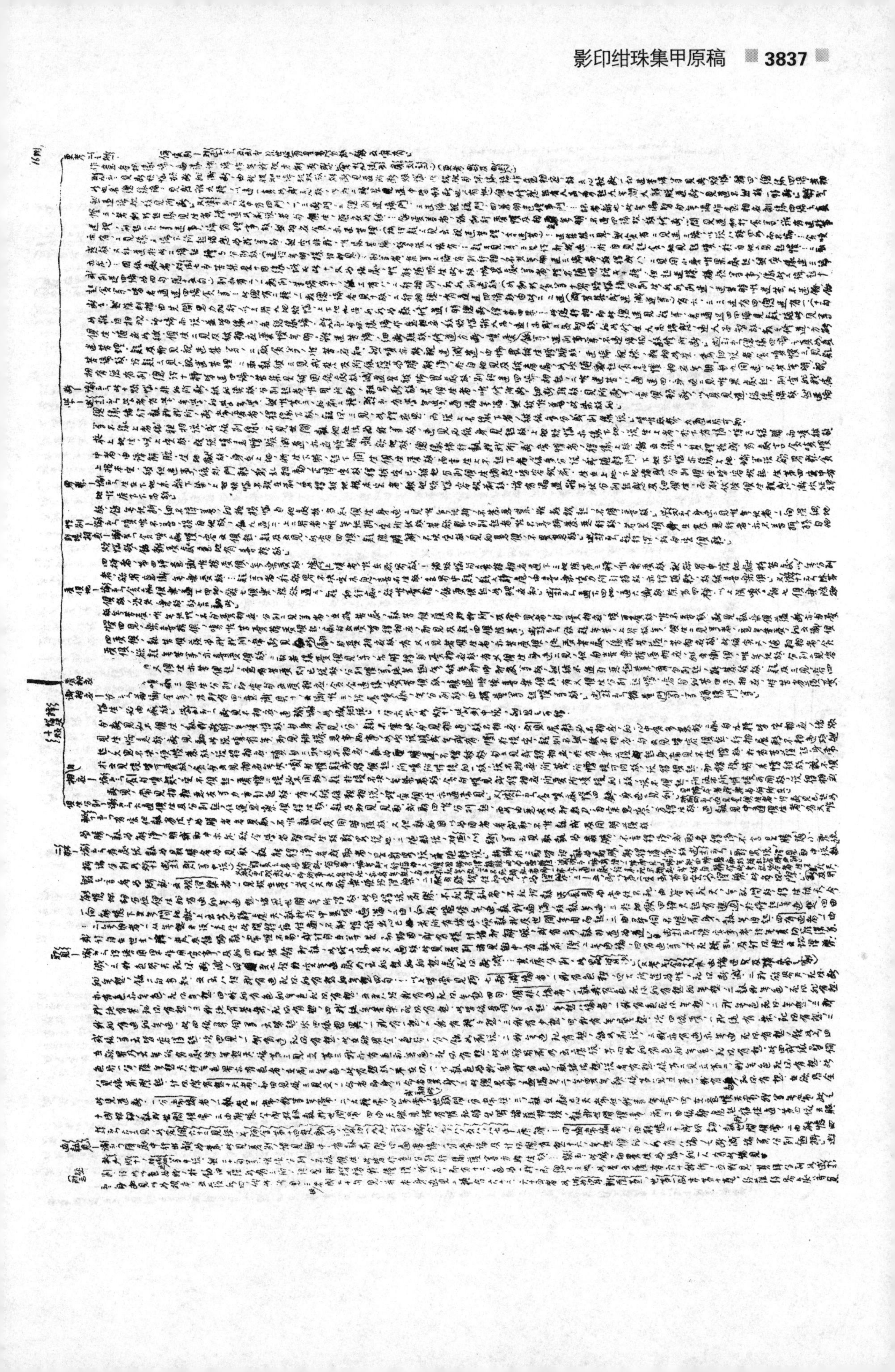

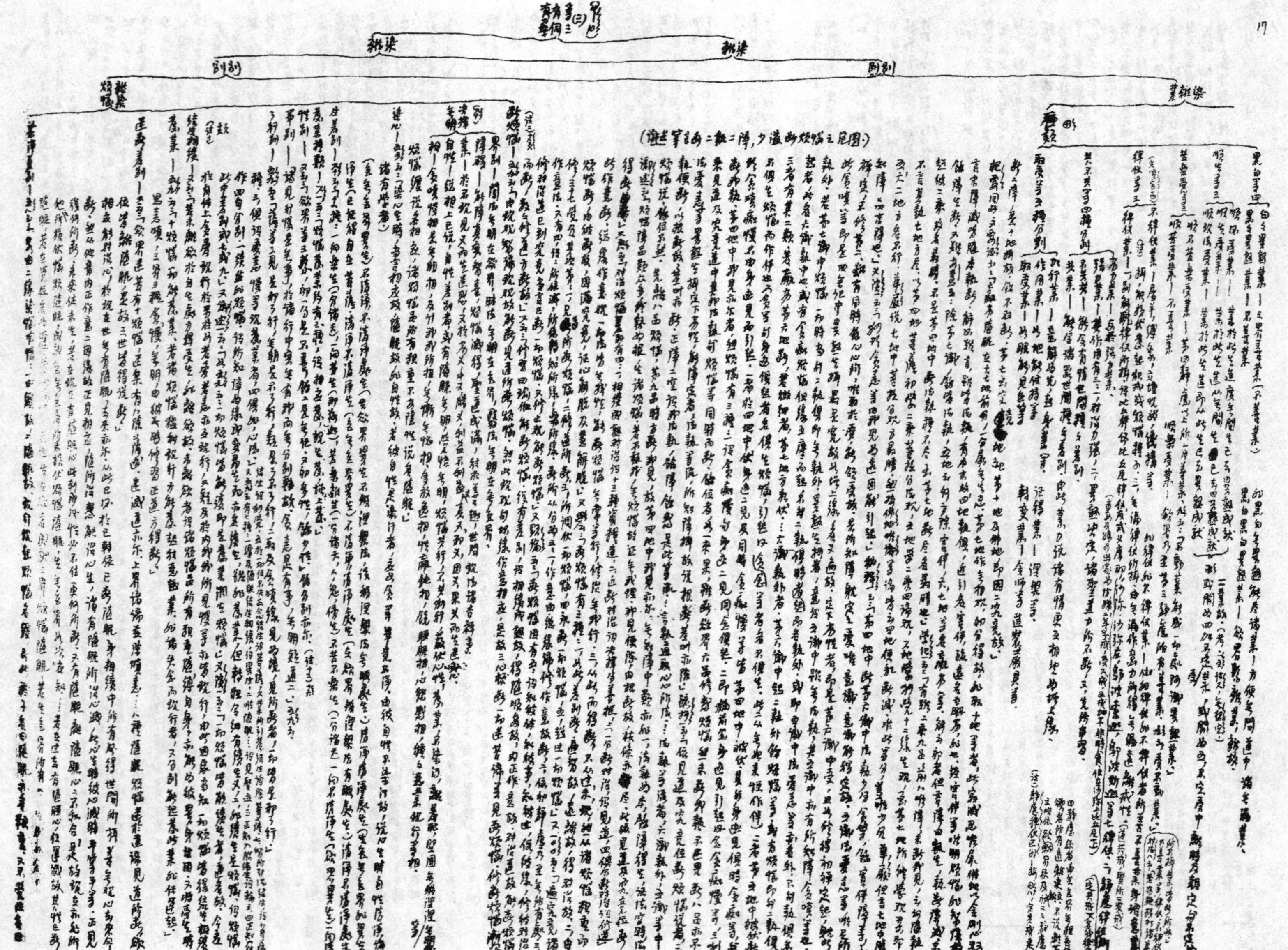

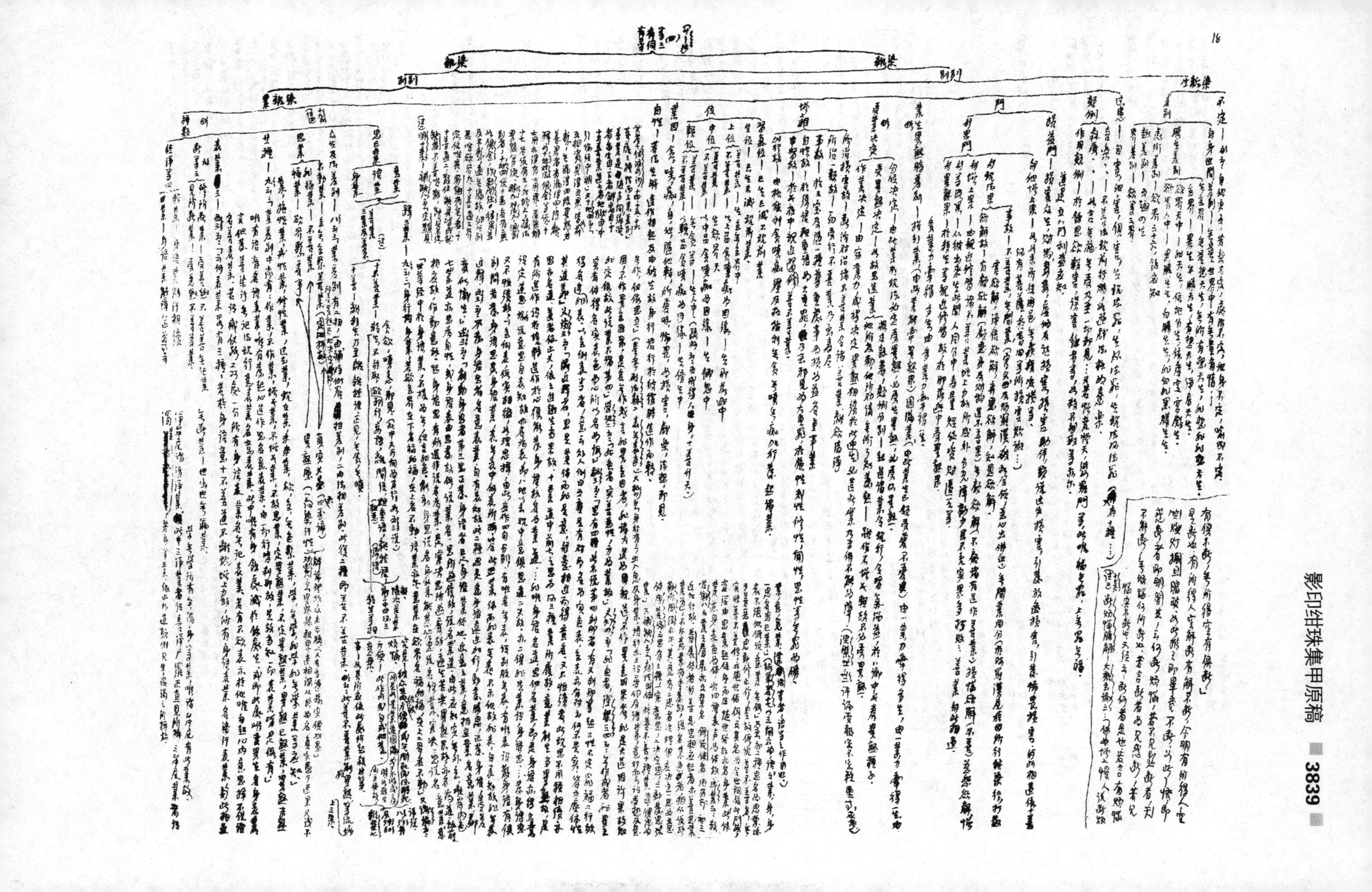

16

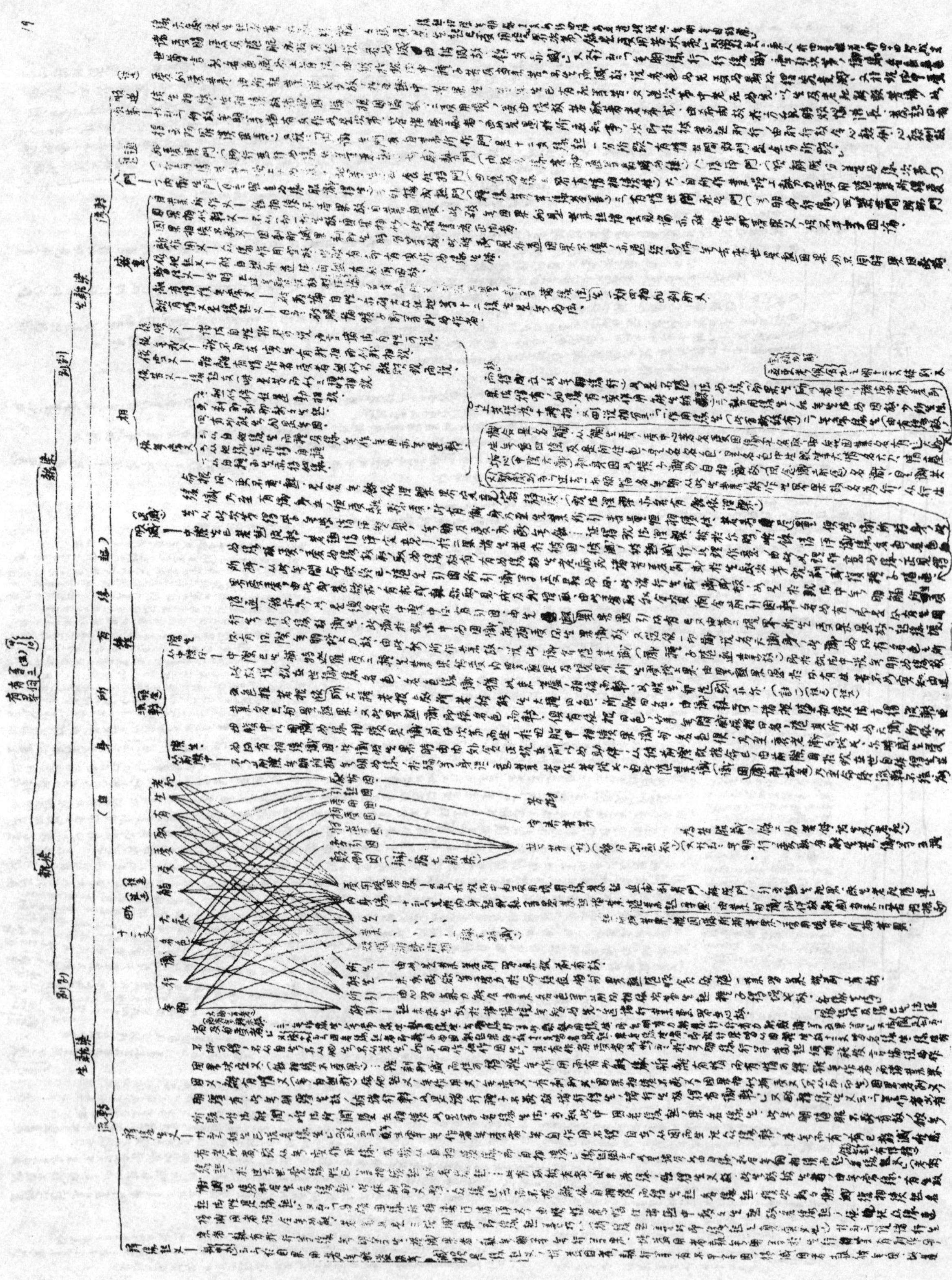

201

（自身所有緣起）

（丝二）障（纲）

一、真实障
- 八圣道——能灭世出世障
- 七觉支——见世出障（见道所断）
- 五力——离于此障
- 五根——不摄因满，悟解脱分胜善根障
- 四神足——三摩地灭二事
- 四正断——有懈怠
- 四念住——于事不善巧障

二、因障
- 善等障
- 诸障于菩萨

辨解障
出离障
正加行障——九烦恼障
加行障（增减障）——贪等行
狭小障（一分障）——烦恼障、所知障等种姓
广大障（遍分障）——烦恼障及所知障

此菩萨地障
- 初地
- 二地
- 三地
- 四地
- 五地
- 六地
- 七地
- 八地
- 九地
- 十地

十三净障
- 布施波罗蜜多
- 净戒
- 安忍
- 精进
- 静虑
- 般若
- 方便善巧
- 愿
- 力
- 智

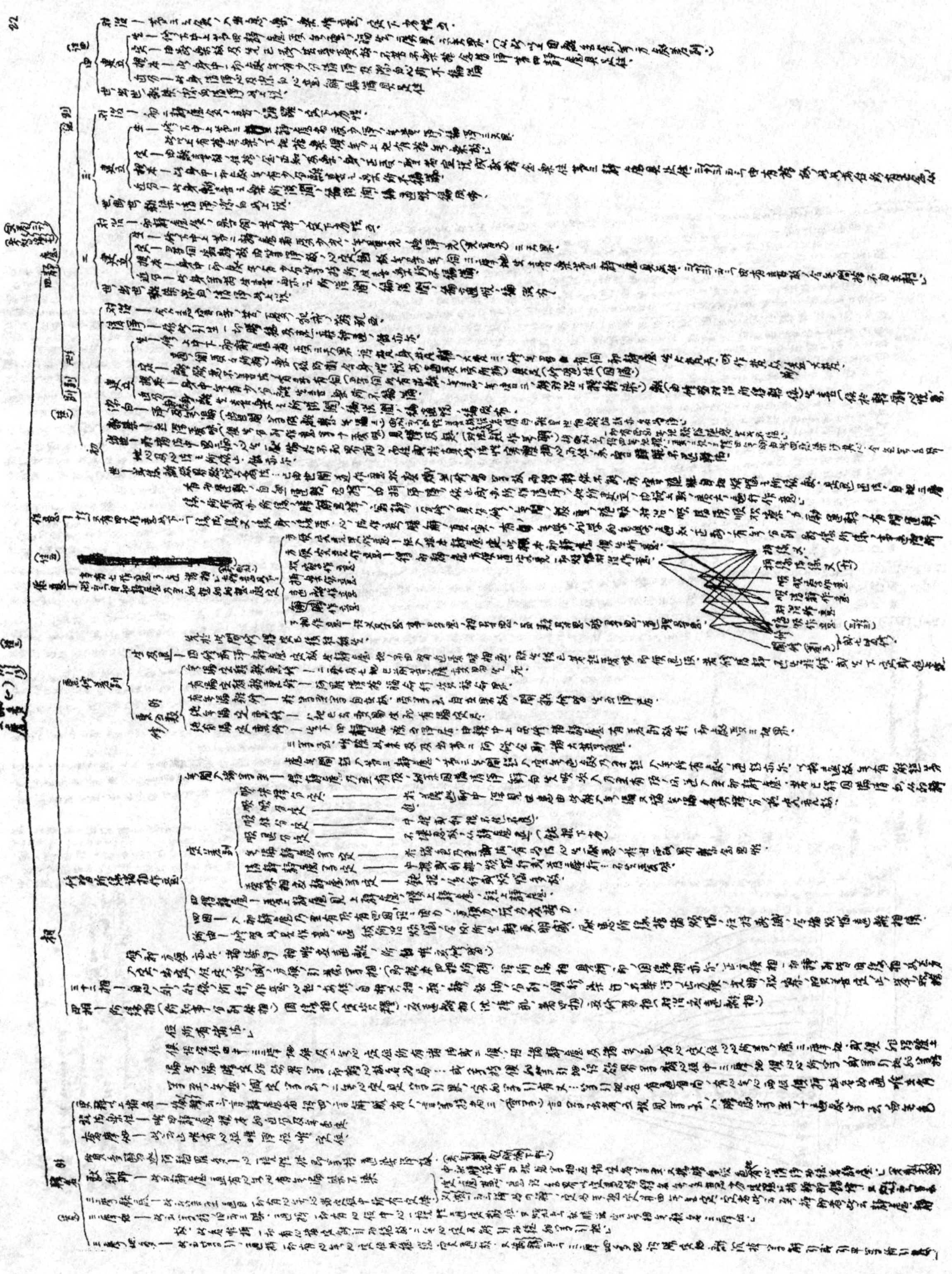

十遍处 Daśa Kṛtsnāyatanāni.
三解脱门 Trīṇi vimokṣa-mukhāni.
慈 Maitrī.
悲 Karuṇā.
喜 Muditā.
舍 Upekṣā.
空 Śūnyatā.
无相 Animittam.
无愿 Apraṇihitam.
金刚喻三摩地 Vajro nāma Samādhiḥ.
止 Śamathaḥ.
观 Vipaśyanā.

(注二)诸禅名

不净观 Aśubha-bhāvanāḥ.
数 Gaṇanā. (数息)
随 Anugamaḥ. (息入)
止 Sthānam. (息住)
观 Upalakṣaṇā (息出)
转 Vivartanā. (息转)
净 Pariśuddhiḥ. (息清融)
入出息念 Ānāpānasmṛtiḥ.
四静虑 Catvāri dhyānāni, Dhyāna (S.) Jhāna (P.) (intuition, ecstasy, the ascents of samādhi.)
等至 Samāpatti
四无量 Catvāri apramāṇāni.
八解脱 Aṣṭau vimokṣāḥ.
八胜处 Aṣṭau abhibhv-āyatanāni.

（四）止觀（二）（附一）

證得——於勝分關係其一……細細微細煩惱為所知障，究竟證得無著無礙一切智見，建立最極清淨法身。

十地——不得圓滿法身證得障

九地——一切種善巧言詞不得自在障

八地——於無相作功用及於有相不得自在障

七地——細相現行障

六地——相多現行障

五地——生死涅槃一向背趣障

四地——定愛及法愛障

三地——欲貪障

二地——微細誤犯現行障

菩薩初地——惡趣煩惱業生雜染障

（對治）

散動——

粗重……——內作意為緣生起所有諸受，由粗重身計起我慢

相……——依外相於內等持所行諸相作意思惟

內心……——由惛沉及以睡眠，或由沉沒，或由愛味三摩鉢底，或由……

外心……——於外五欲諸雜亂相所有尋思隨煩惱中外心馳散

作意散動——謂若菩薩捨於大乘相應作意，墮在二乘相應作意中

障——五蓋中疑，恐身財是止障，於聖教不得隨欲是觀障，貪欲瞋恚心是俱障

業——此能解脫相縛粗重縛為業

果——善清淨心，善清淨慧以為果，一切聲聞及如來等所有世出世間一切善法皆是止觀所得之果

因——清淨尸羅，清淨聞思所成正見以為因

於所了知事以文中，於無有相，亦無有得，無所遣

除遣——由真如作意，除遣法相及義相，若於其名及名自性無所得時，亦不觀彼所依之相，如是除遣……

觀是真無分別三摩地，若即於彼一切法相都無作意……

尋伺等三——若有粗顯領受觀察諸止觀名有尋有伺三摩地……

通達，總法止觀——從初極喜地名為通達，從第三發光地乃名為得

依法不依法——依止法得止觀……

奢摩他種——三種——隨彼無間心

毗鉢舍那種——有相……尋求……伺察……

心相，無間心，心一境性——心相者謂三摩地所行有分別影像……

心，識——諸毗鉢舍那三摩地所行影像，彼與此心當言無異……

（附二）成辦所緣境事

四所緣境事——有分別影像所緣境事，無分別影像所緣境事，事邊際所緣境事，所作成辦所緣境事

依住——依法假安立……

諸門分別事理止觀及十義……

[illegible]

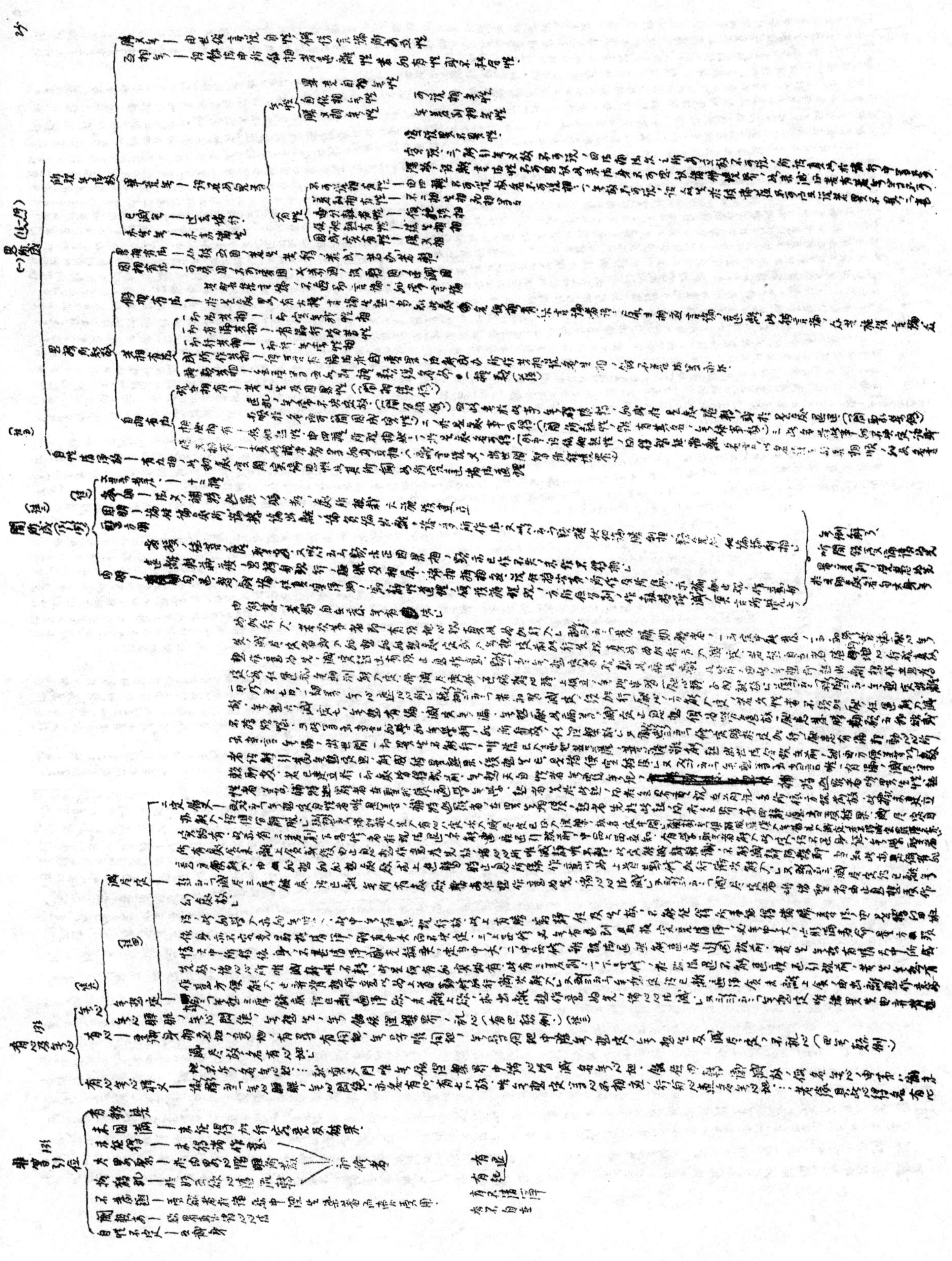

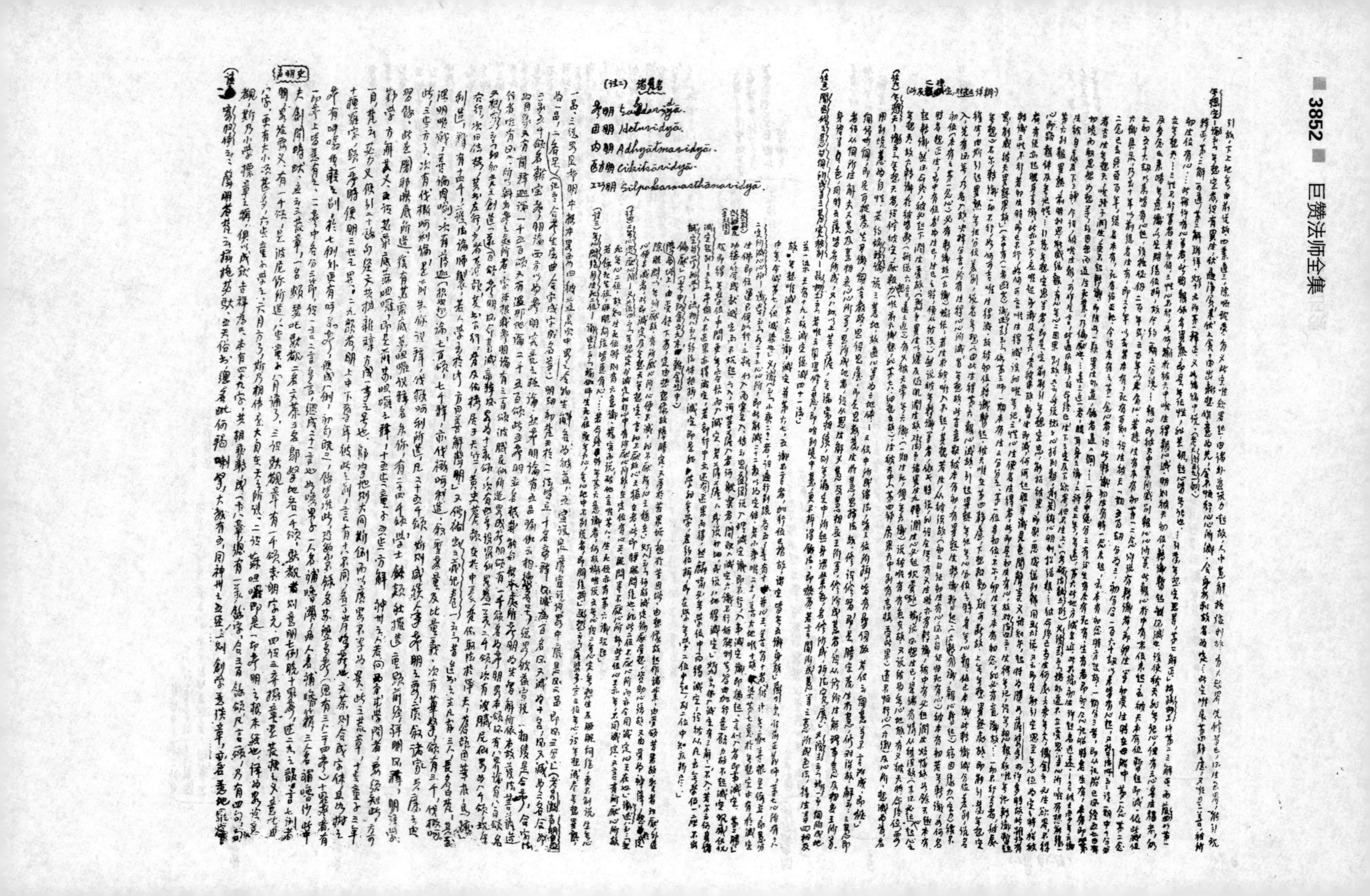

(注二) 五明

声明 Śabdavidyā.

因明 Hetuvidyā.

内明 Adhyātmavidyā.

医方明 Cikitsāvidyā.

工巧明 Śilpakarmasthānavidyā.

声明史

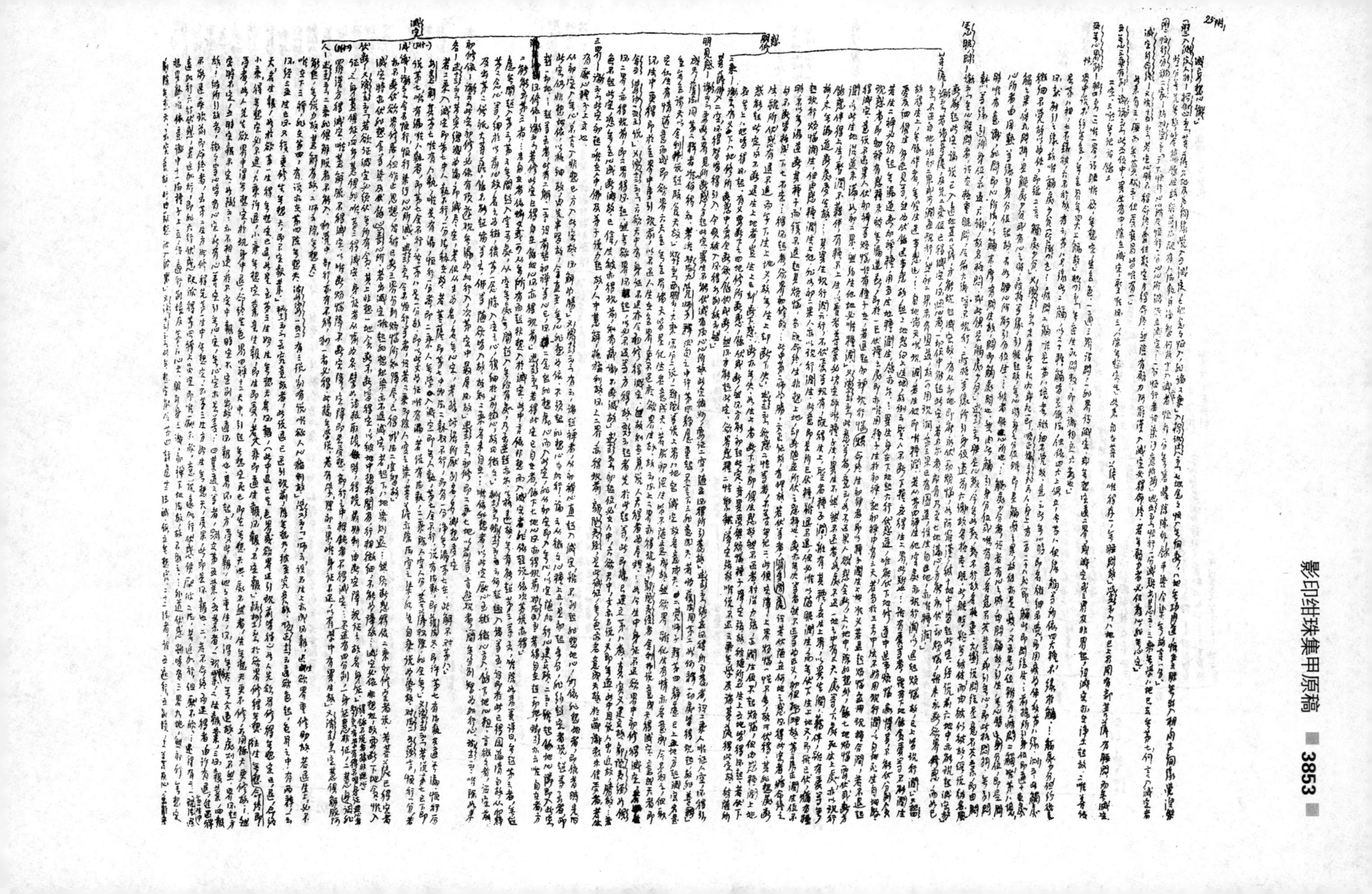

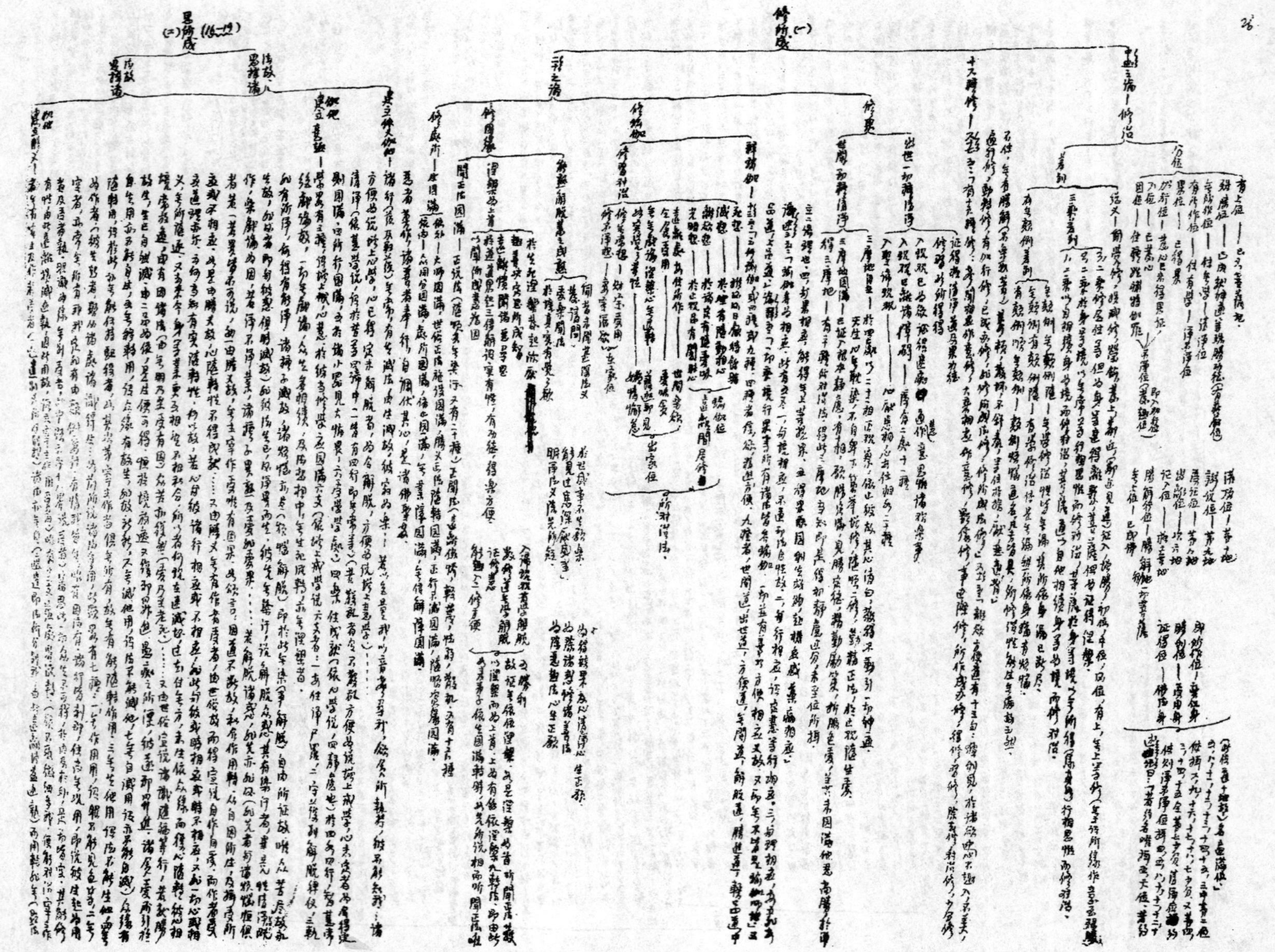
修所成(一)
思所成(二)

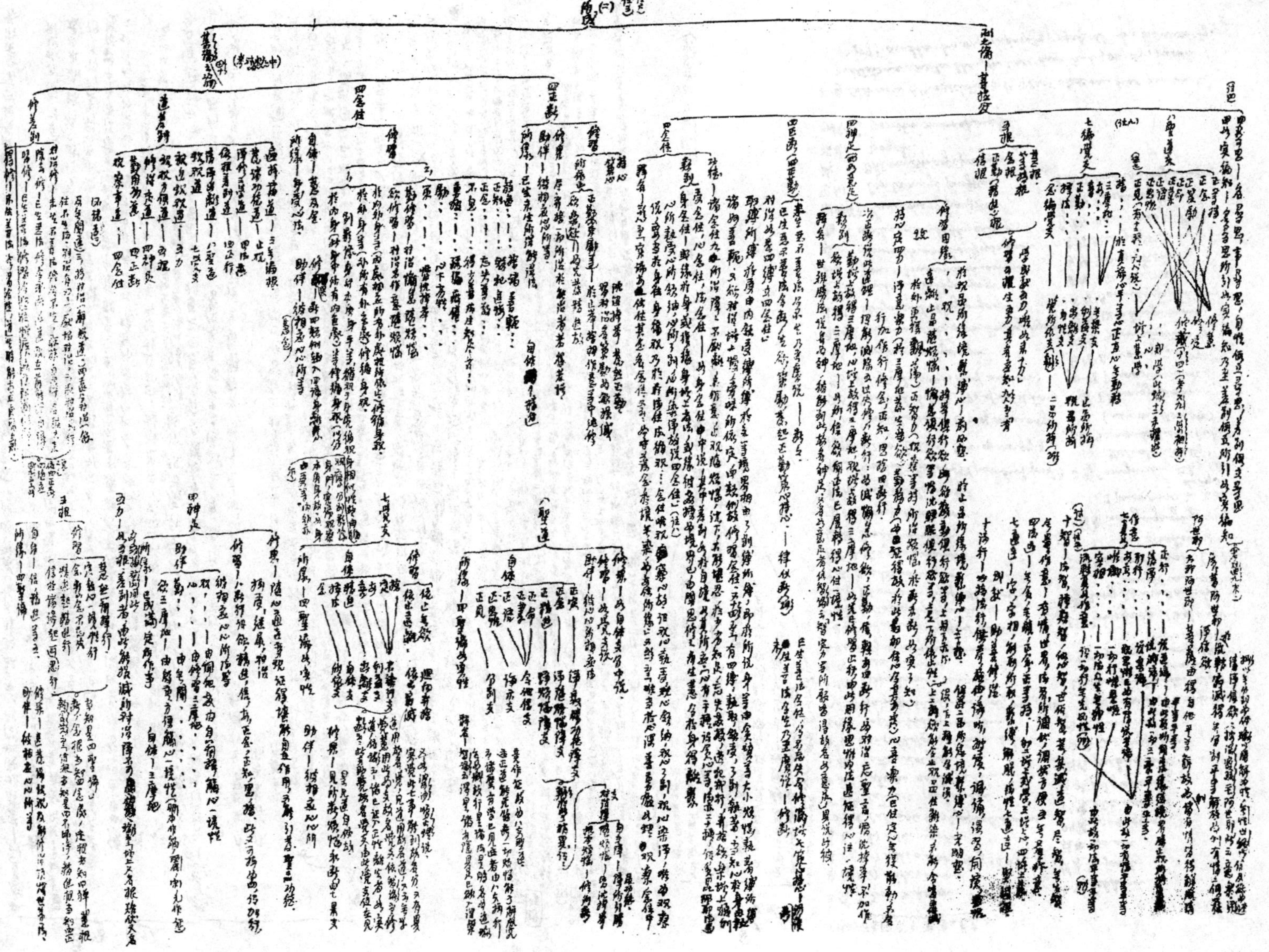

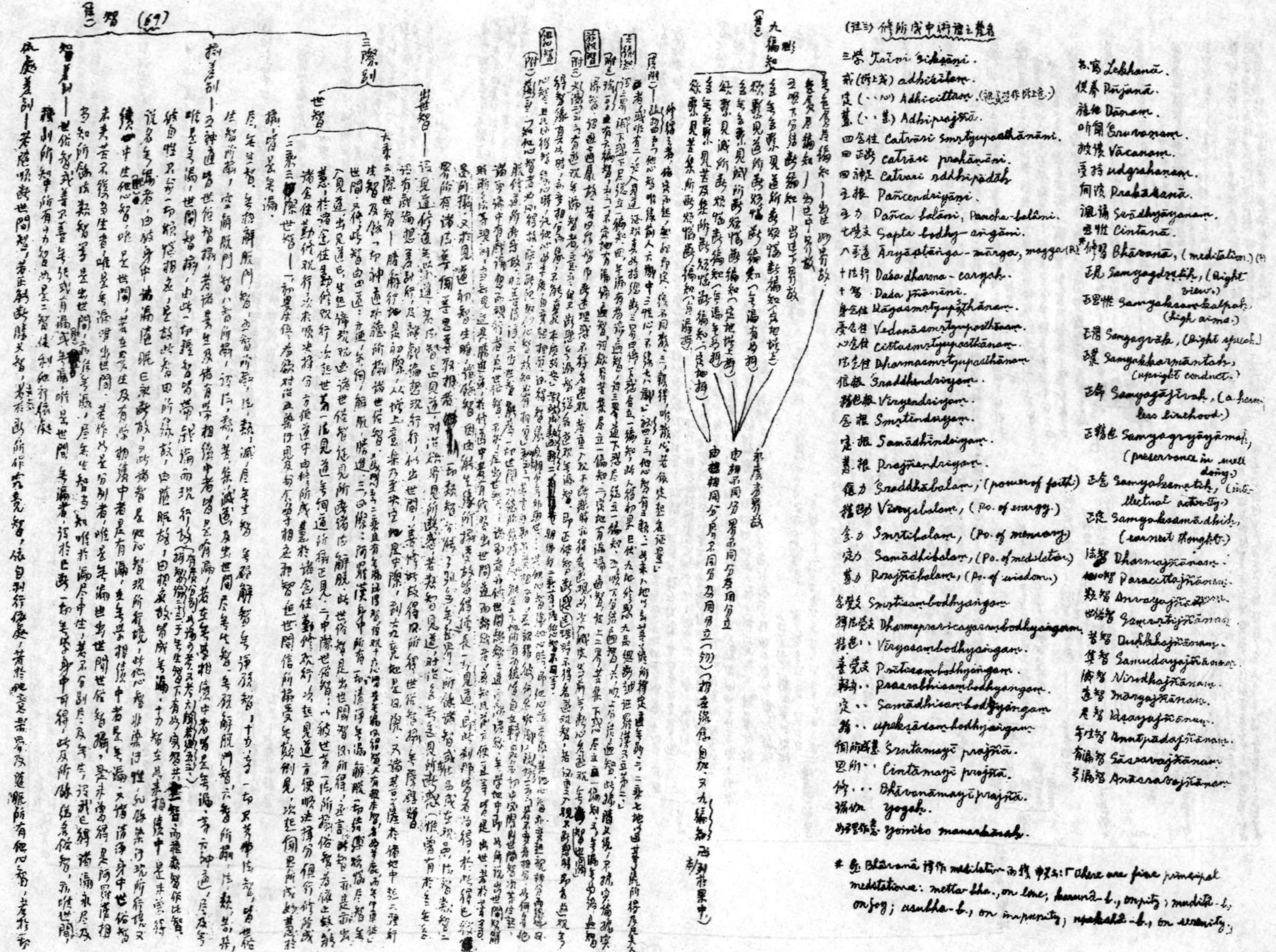

(注三) 修所成中術語之梵名

三学 Trīṇi śikṣāṇi.
戒(増上戒) adhiśīlam.
定(〃〃) Adhicittam. (記是修作增上意)
慧(〃〃) Adhiprajñā.
四念住 Catvāri smṛtyupasthānāni.
四正断 catvāri prahāṇāni.
四神足 Catvāri ṛddhipādāḥ
五根 Pañcendriyāṇi.
五力 Pañca balāni, Pancha-balāni.
七覚支 Sapta bodhy-aṅgāni.
八正道 Āryāṣṭāṅga-mārga, magga (P.)
十法行 Daśa dharma-caryāḥ.
十智 Daśa jñānāni.
身念住 Kāyasmṛtyupasthānam.
受念住 Vedanāsmṛtyupasthānam.
心念住 Cittasmṛtyupasthānam.
法念住 Dharmasmṛtyupasthānam.
信根 Śraddhendriyam.
精進根 Vīryendriyam.
念根 Smṛtīndriyam.
定根 Samādhīndriyam.
慧根 Prajñendriyam.
信力 Śraddhābalam, (power of faith)
精進力 Vīryabalam, (Po. of energy.)
念力 Smṛtibalam, (Po. of memory)
定力 Samādhibalam, (Po. of meditation)
慧力 Prajñābalam, (Po. of wisdom.)
念覚支 Smṛtisambodhyaṅgam
擇法覚支 Dharmapravicayasambodhyaṅgam.
精進〃 Vīryasambodhyaṅgam.
喜覚支 Prītisambodhyaṅgam.
軽安〃 Praśrabdhisambodhyaṅgam.
定〃 Samādhisambodhyaṅgam.
捨〃 upekṣāsambodhyaṅgam.
聞所成慧 Śrutamayī prajñā.
思所〃 Cintāmayī prajñā.
修〃〃 Bhāvanāmayī prajñā.
瑜伽 yogaḥ.
如理作意 yoniśo manasikāraḥ.

書寫 Lekhanā.
供養 Pūjanā.
施他 Dānam.
聽聞 Śravaṇam.
披讀 Vācanam.
受持 udgrahaṇam.
開演 Prakāśanā.
諷誦 Svādhyāyanam.
思惟 Cintanā.
*修習 Bhāvanā, (meditation) (*)
正見 Samyagdṛṣṭiḥ, (Right views.)
正思惟 Samyaksaṃkalpaḥ, (high aims.)
正語 Samyagvāk, (Right speech.)
正業 Samyakkarmāntaḥ, (upright conduct.)
正命 Samyagājīvaḥ, (a harmless livelihood.)
正精進 Samyagvyāyāmaḥ, (perseverance in well doing.)
正念 Samyaksmṛtiḥ, (intellectual activity.)
正定 Samyaksamādhiḥ, (earnest thought.)
法智 Dharmajñānam.
他心智 Paracittajñānam.
類智 Anvayajñānam.
世俗智 Saṃvṛtijñānam.
苦智 Duḥkhajñānam.
集智 Samudayajñānam.
滅智 Nirodhajñānam.
道智 Mārgajñānam.
盡智 Kṣayajñānam.
無生智 Anutpādajñānam.
有漏智 Sāsravajñānam.
無漏智 Anāsravajñānam.

* Bhāvanā 譯作 meditation，而據……: "There are five principal meditations: mettā-bha., on love; karuṇā-b., on pity; muditā-b., on joy; asubha-b., on impurity; upekkhā-b., on serenity."

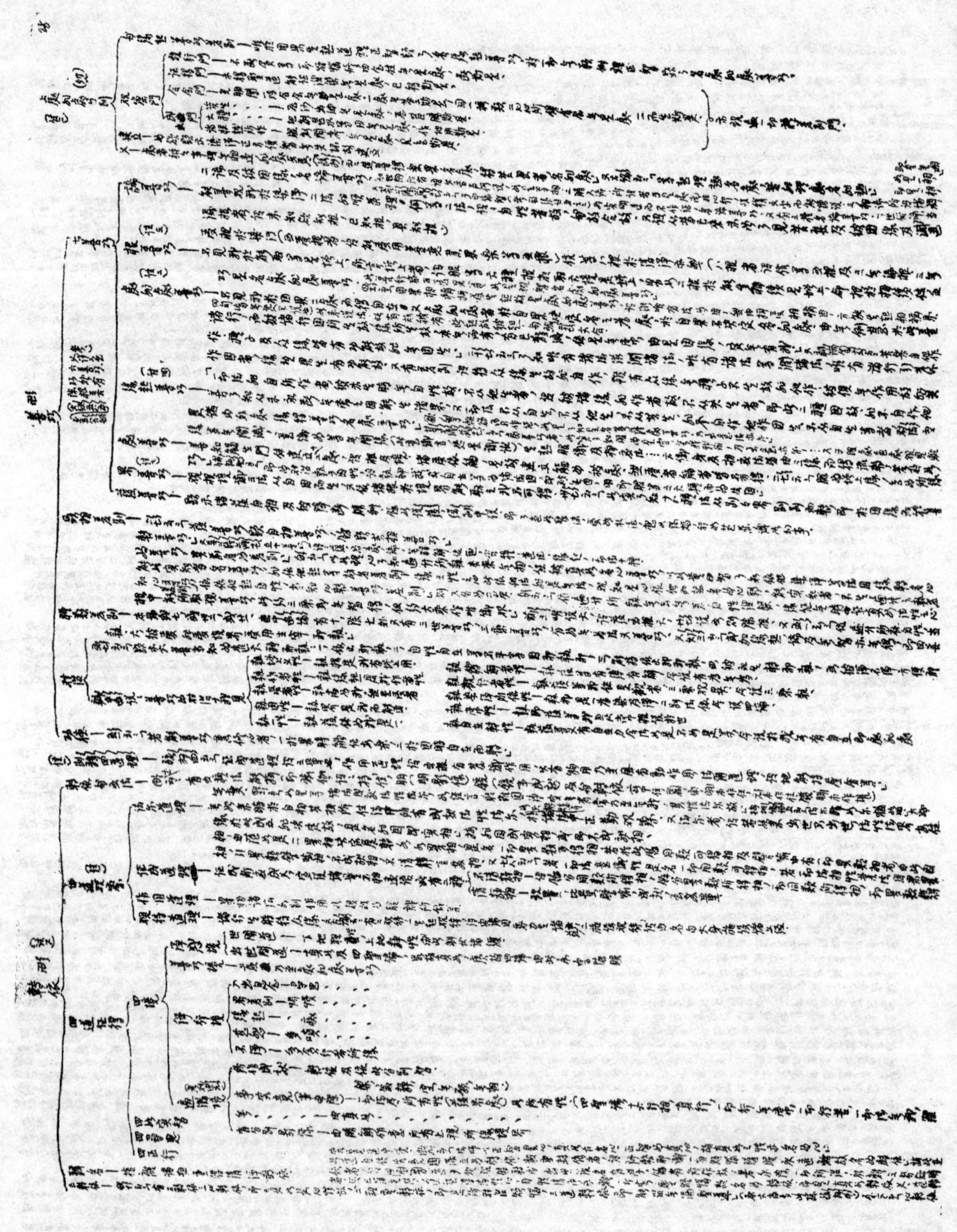

(附三)

诸梵名

二十二根	Dvāviṃśatīndriyāṇi
眼根	Cakṣurindriyaṃ
耳根	Śrotrendriyaṃ
鼻根	Ghrāṇendriyaṃ
舌根	Jihvendriyaṃ
身根	Kāyendriyaṃ
意根	Manendriyaṃ
男根	Puruṣendriyaṃ
女根	Strīndriyaṃ
苦根	Duḥkhendriyaṃ
乐根	Sukhendriyaṃ
喜根	Saumanasyendriyaṃ
忧根	Daurmanasyendriyaṃ
舍根	Upekṣendriyaṃ
信根	Śraddhendriyaṃ
精进根	Vīryendriyaṃ
念根	Smṛtīndriyaṃ
定根	Samādhīndriyaṃ
慧根	Prajñendriyaṃ
未知当知根	Anājñātamājñāsyāmīndriyaṃ
已知根	Ājñendriyaṃ
具知根	Ājñātāvīndriyaṃ
命根	Jīvitendriyaṃ

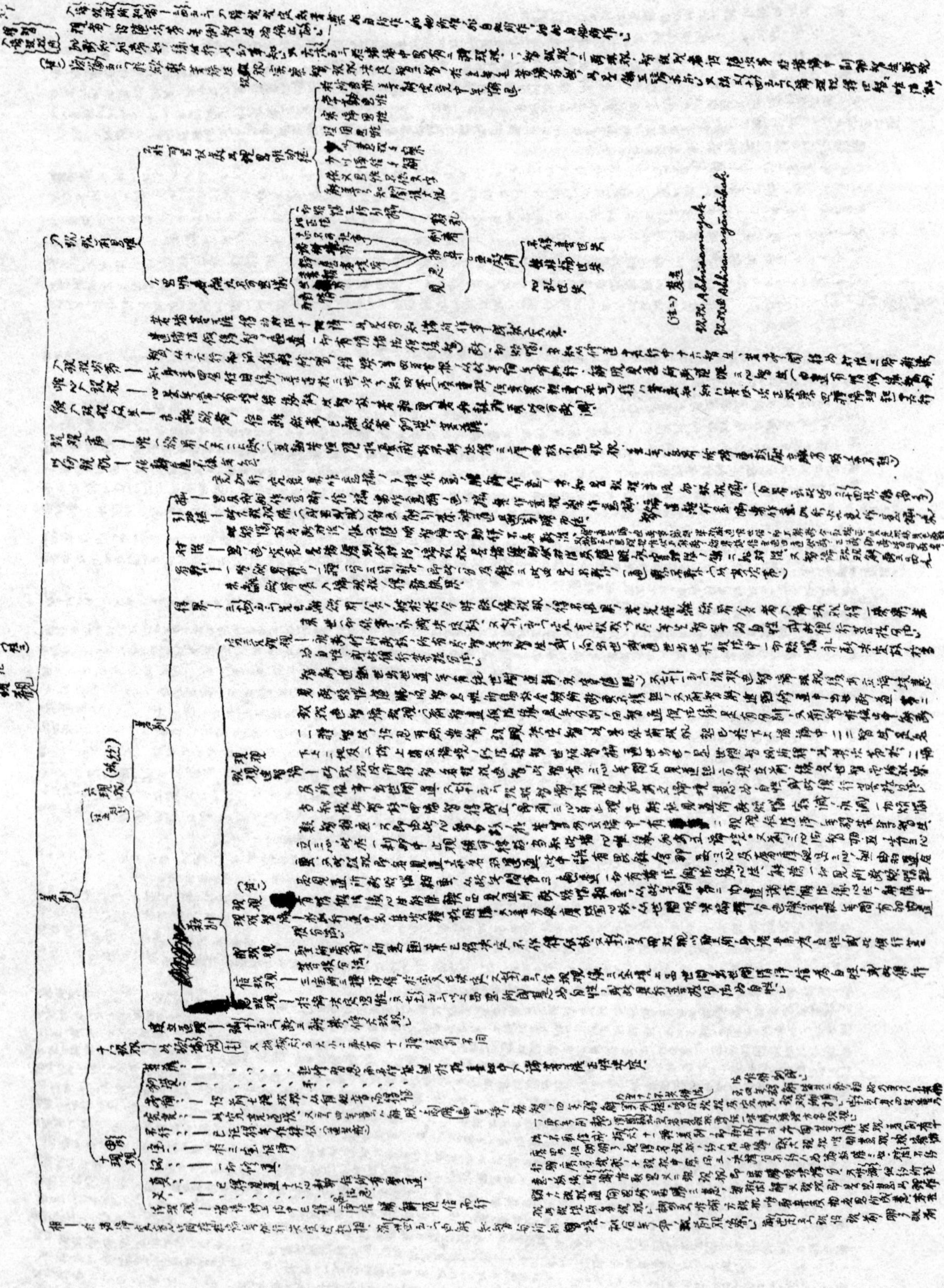

31

成熟、宾分别智█善巧所成，由於胜法此亦成熟，取於之道，共利明矣」

剖舍旧疏云：「声闻断烦恼障已趣生死得涅槃，不能除所知障未证菩提不通诸法，故分别心二乘犹有，由此劣法彼亦

（注十四）建立瑜伽师地论疏……由四缘故建立……世间故，断诸烦恼故，显示自他具德失故」

思益大智度论第三云：为小说人生空，为大说法空者，依我胜解修证说「大乘说法空」，此乃三乘同修法观，由根利钝，善巧有无，故于智断有所成各

有根钝，理有深浅，故虽同行一行而智断不同，非由智断不同而加行需要，此乃三乘同修，由根利钝善巧有无，故于智断有所成各

等(?)修法空理，依空中随二乘地，如大般若经说……智有明昧障

（注十五）二乘有法空，别有一类诸论难显不显，理实二乘亦修，……法空解，所知障，证法空如因果，修习法空般若，为有进随空二乘所

财以身济度不以言语，何以故，唯现身相示现种种神通境界乃至为令心住，说诱者未归向心，又彼一切本来一向趣寂

独觉（注十五）（二十四）

行——一切独觉随依彼彼村邑聚落而住，善护其身，善守诸根，善住正念，随行彼彼村邑聚落，或为乞食，或为济度他下劣愚

部行喻者不无一向乐处寂静亦乐聚部众，若初若住，独一麟角者

住——麟喻独觉乐处寂静，乐居什（?）乐甚深缘起道理，乐居最极空无相无愿作意

习——又有一类或从第二或第三独觉道出无佛世自修三十七菩提分法，证法（?）独觉菩提果永断一切烦恼成阿罗汉——麟角喻

有一类依前独觉道满足百劫修身加行，过百劫已出无佛世无师自修三十七菩提分法，证法证得独觉菩提果永

修方善巧依出世道，于当来世证得阿罗汉果

道——值佛出世亲近善士听闻正法如理作意证法随法行，然不能于此身证得沙门果，而有（?）能力于一切种果（?）证得独觉菩提，不得往（?）阿罗汉果，复

顺决择分，未至上忍，但至中下忍，若至上忍唯一刹那入第一法，即能证得法现观，故是声闻种，非独觉乘」

于当来世能证法现观，证得沙门果，灯喻云：「此身初阶或先已起顺决择分，此道本来是独觉种性（种空之人），及为（?）于此声闻独觉乘，

值佛出世亲近善士听闻正法，如理作意于先所未起顺决择分善根引发，今起而无力能证法现观，得沙门果，后修六善巧，

未任独觉种性经于百劫值佛出世亲近承事成就相续于心求证独觉菩提，于六善巧勤修学故，于当来世速能证得

种性——本性独觉种性未证得菩提时有中根种性，是慢行类，由此因缘深心希愿无师无敌而证菩提，所云一人具三」

于正说法剑有情事心不爱乐，于少思惟寂静住中深心爱乐

本性独觉先未证得彼菩提时有薄尘种性，由此于寂静处心爱乐，论谓（?）或观待缘而悟圣果，亦名缘觉」

（注十二）（注十三）（注十六）

（有种二乘余不定……十位减沙（?）一切）

（二乘资度之世考十住减沙一切）

声闻（注二）

二道

出世间道——云二云依止四圣谛境，渐次生起七种作意，乃至证得阿罗汉果。

七作意，谓了相、胜解、远离、摄乐、观察、加行究竟、加行究竟果作意

世间道——云二十三云：「一切外道，于正法中根性钝劣，修止行，根性非钝，一切菩萨，于现法中求证大菩提，如于此法，四种众生由

此或出立——云三十三一往，一问，问：是我非，复于多处如是安立，谓彼是要行（?）粗处，远离处，心一境性处，修清净处，修作意处。

处——若欲，忧恼，死，天四种，又又数云：「魔有二种，二夏萨罗(?)魔……」

外加四别欲+处，谓蕴中陈，得欲忧悲，饥渴，爱，睡眠，怖畏，疑惑，名利，自高

轻慢」佛地经云「烦恼魔者谓一百八烦恼等随烦恼，蕴魔谓五取蕴，死魔谓有漏内法

诸无常相，天魔者谓自在天子」又十魔有十影(?)别。

景门——沙门，波罗门，苾刍，行，慧，勇，精勤，出家。

修果——四沙门果

瑜伽修——加行修，菩提分修

瑜伽师种类——（注七）初修业，已修习，已度作意瑜伽师三种。

瑜伽所作——所依灭，所依转，遍知所缘，爱乐所缘

作意——力励运转作意，有间运转作意，无间运转作意，无功用运转作意，（加行究竟果作意）又有四：调练心，滋润心，生轻安，净智见。

瑜伽坏——毕竟，暂时，退失所作，邪行所作瑜伽坏

随顺学法——不净想，无常想，无常苦想，苦无我想，厌逆食想，一切世间不可乐想，光明想，离欲想，灭想，死想，凡十。

补特伽罗（26-29）（注九）（注十）

学——增上戒学（安住具戒），增上心学（离欲恶不善法有寻有伺离生喜乐乃至第四静虑具足安住乃至第四……），增上慧学（于四圣谛如实智见）

教授——无倒教授，渐次教授，教授，证教授，教授有诸相圆满教授，真事教授三：一、神境神变，二、记说神变，三、教诫神变

至无所有处对治想所有想（处）

所缘——遍满所缘境事（有分别影像（观品），无分别影像（止品），事边际性（一切事，真实事），所作成办（因果相属事）），净行所缘境事（不净，慈悯，缘性缘起，界差别，阿那波那念），善巧所缘境事，净惑所缘境事（下地粗性，上地静性，为欲断下地而得乃

建立补特伽罗差别道理——根，众，行，愿，行迹，道果，加行，定，生，退不退，障差别故，又略有（？）种别故（声闻乘言），任持差别故（已具资粮者，随信随法），果差别故（五十七圣贤），界差别故，修行差别故，大如」

胜者（考本四补特伽罗种）

钝根者，利根者，贪、嗔、痴、慢、寻思行者，等分行者，薄尘性者，行向者，住果者，随信行者，随法行者，信胜解者，见至者，身证者，极七返者，家家者，一中般涅槃者，生般涅槃者，无行般涅槃者，有行般涅槃者，上流者，时解脱者，不动者，慧解脱者，俱分解脱者

解脱出离补特伽罗差别——钝根者，利根者……

出离——云二十五云：由世出世间道而趣离欲，及此二道所有资粮，但自然圆满，戒，根律仪等，如是道中说。

相——略有六相（注二）

积不若要须三生」

三界：一极久远者，经六十劫修解脱分善根，最后身得涅槃；二不极久远者，有经多生乃至一劫方能得涅槃；三最极速疾得入涅槃

根者住种姓者，随修种性，未得圣道，已知究竟方便者，今即于此依修未得聖道，不见正理的阿罗汉，而修行者速证得

趣入（21）

住——种姓云：一住种姓者趣入人，二成下品善根者，谓已趣入未经生修，三中品善根者，已经生修未至最后入圣身最后上品善

已成熟位未得成熟，或有已成熟，或有趣入而未成熟，或有趣入亦已成熟，或有亦趣入亦

建立——或有种姓，或有种姓亦趣入（已成熟），或有趣入而未成熟，或有已成熟，或有亦趣入亦是

自性——闻法得正信，获得六处殊胜诸根，能作长时殊胜正信……获得最后有身，渐至趣向至极究竟

或近，或未成熟，或已成熟，或未清净，或已清净。

安住种姓众生——或性住种姓而未趣入，或未出离，或已趣入及出离，或有极多有下劣行，或少或远。

种姓（21）

安住种姓众生——略说有六相（注三）

无解脱法众生——略说有六相……若资粮瑜伽，若正知而住，若乐远离，若清净诸盖，若依三摩地

食知量，若初夜后夜常勤修习觉寤瑜伽，若正知而住，若乐远离，若清净诸盖，若依三摩地

涅槃法缘——一胜，二胜，得正法增上他音及内如理作意，二劣，若劣因缘，若善法欲，若出家，若戒律仪，若根律仪，若于

有般不般因缘——生劣胜，离远过，不离行，有障过（有般涅槃者，得有般涅槃法不般涅槃）。

处名为殊胜」

安立——此种姓亦名种子，亦名界，亦名性，又是殊胜六处殊胜，从无始世展转传来法尔所得，谓六云于如是种姓

是种类分位六处有如是相，又是殊胜六处所摄，亦名种子，亦名功能，说彼

粗——又随相续，所以者何，此是种子非于六处有别有相，即此此

体——附在所依，有如是胜，从无始世展转传来法尔所得

（二种云：「声闻种姓，若种子，界，性，依，胎藏，所遣，舍宅，又有二：一本性住，二习所成」）

释人——住种姓补特伽罗有种种种（有种了当有）若遇胜缘，便有堪能，便有势力，于其涅槃能

(附注)

于此解脱 ─ 罗汉须未得灭定者，通例钝人唯断烦恼障，亦断[illegible]。

名者为身证。[illegible]

有别得但断得灭定者，得理更观为身根，取境[illegible]，若大乘师不言身证。

多身证 ─ 不还得灭定者（有新[illegible]），以得此定，亦[illegible]有名根。

多见至 ─ 随法行人至果位，即利根人

1，信解 ─ 随信行人修行至果位，即钝根人

为身证 [illegible]

四行

乐速通 ─ 利、、、、、、、、─ 上品、

乐迟通 ─ 钝、已、、、、、、、

苦速通 ─ 利、、、、、、、、 ─ 中品

苦迟通 ─ 钝根未得观法乐住为尽诸漏 ─ 下品

根

贪行 ─ 于可爱境不起[illegible]

瞋行 ─ 于可憎境[illegible]

痴行

贪行（或有惯行，寻思行而无初二痛七种病行差别）

利根

钝根

（考[illegible]）

(注八) 声闻之补特伽罗(三种)

(注七) 断三界之惑，所断有五：一见所断，二修所断，三非所断[illegible]

但作事观，不作理观，以其缘根无漏故，更不得果故，但为多观不别得无漏，若大乘菩萨练根，入唐空观[illegible]

入定观以更断惑[illegible]，但行解脱道无间道[illegible]而即得果……

[illegible]

……初果即移相第十六方始是[illegible]

初果已更未与修，由定[illegible]力有[illegible]故，依初近分已未得根本故，超越三界六识修惑九品[illegible]

[illegible]

二乘伏断证得差别

[illegible]

(注五) [illegible]

(注六) [illegible]

欲界中四果及上二界中第三第四果，亦是修[illegible]

[illegible]

(注四) 三宗纪第十三，十四(之) [illegible]

[illegible]

开权，二果成因不成，所有性断，菩萨开权，三因果俱成[illegible]

不成……合经及论开权有三：一断善根，二大悲[illegible]

阿赖耶识[illegible]

[illegible]

五 种性说

菩萨根则谤善之阐提也，二者[illegible]

又抠密说二[illegible]

阿赖耶识[illegible]

(注三) 又[illegible]

初觉证得

先未得证得 ─ 麟角喻

先已得证得 ─ 部胜

[illegible]

(注二) 例

究竟证得

证得因 ─ 得世间离欲之道，次解脱分，顺决择分所有善根。

加行证 ─ 无量，遍处，解脱，胜处，无诤愿智，无碍解，神通、[illegible]

果证 ─ 四沙门果，[illegible]

净证 ─ 四证净

佛证净

法证净

僧证净（四）

圣所爱戒 ─ 已见谛者，于已得决定[illegible]

智证得 ─ 法智，种类智，苦集灭道智，此外所得世俗智，尽智，无生智，

地证得 ─ 见地，修地，究竟地，

(注一) 例

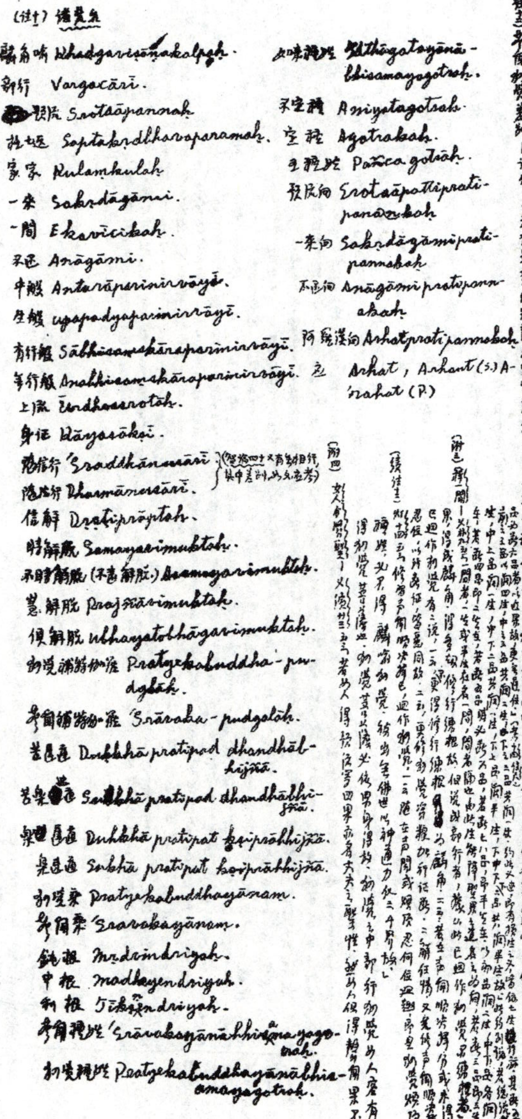

（注十）諸覺名

麟角喻 Khadgaviṣāṇakalpaḥ.

部行 Vargacārī.

預流 Srotāāpannaḥ.

極七返 Saptakṛdbhavaparamaḥ.

家家 Kulaṃkulaḥ.

一來 Sakṛdāgāmi.

一間 Ekavīcikaḥ.

不還 Anāgāmi.

中般 Antarāparinirvāyī.

生般 upapadyaparinirvāyī.

有行般 Sābhisaṃskāraparinirvāyī.

無行般 Anabhisaṃskāraparinirvāyī.

上流 Ūrdhvasrotāḥ.

身証 Kāyasākṣī.

隨信行 Śraddhānusārī }（俱舍四十八有如相行，其中差別，此文應考）

隨法行 Dharmānusārī.

信解 Dṛṣṭiprāptaḥ.

時解脫 Samayavimuktaḥ.

不時解脫（不壞解脫）Asamayavimuktaḥ.

慧解脫 Prajñāvimuktaḥ.

俱解脫 ubhayatobhāgavimuktaḥ.

獨覺補特伽羅 Pratyekabuddha-pudgalāḥ.

聲聞補特伽羅 Śrāvaka-pudgalāḥ.

苦遲通 Duḥkhā pratipad dhandhābhijñā.

樂遲通 Sukhā pratipad dhandhābhijñā.

苦速通 Duḥkhā pratipat kṣiprābhijñā.

樂速通 Sukhā pratipat kṣiprābhijñā.

獨覺乘 Pratyekabuddhayānam.

聲聞乘 Śrāvakayānam.

鈍根 Mṛdvindriyaḥ.

中根 madhyendriyaḥ.

利根 Tīkṣṇendriyaḥ.

聲聞種姓 Śrāvakayānābhisamayagotraḥ.

獨覺種姓 Pratyekabuddhayānābhisamayagotraḥ.

如來種姓 Tathāgatayānābhisamayagotraḥ.

不定種 Aniyatagotraḥ.

無種 Agotrakaḥ.

五種姓 Pañca gotrāḥ.

預流向 Srotaāpattipratipannakaḥ.

一來向 Sakṛdāgāmipratipannakaḥ.

不還向 Anāgāmipratipannakaḥ.

阿羅漢向 Arhatpratipannakaḥ.

應 Arhat, Arhant (S.) Arahat (P.)

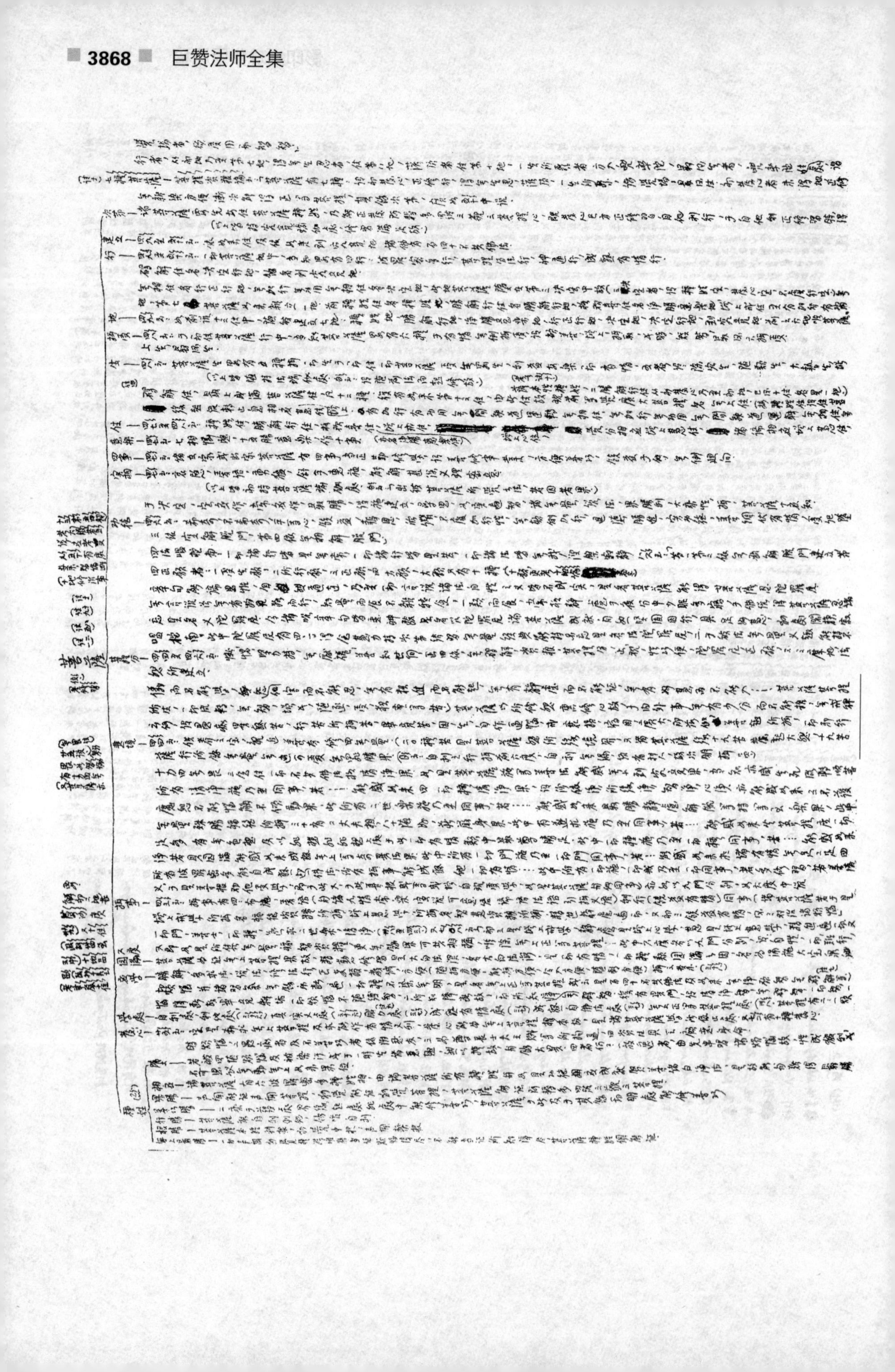

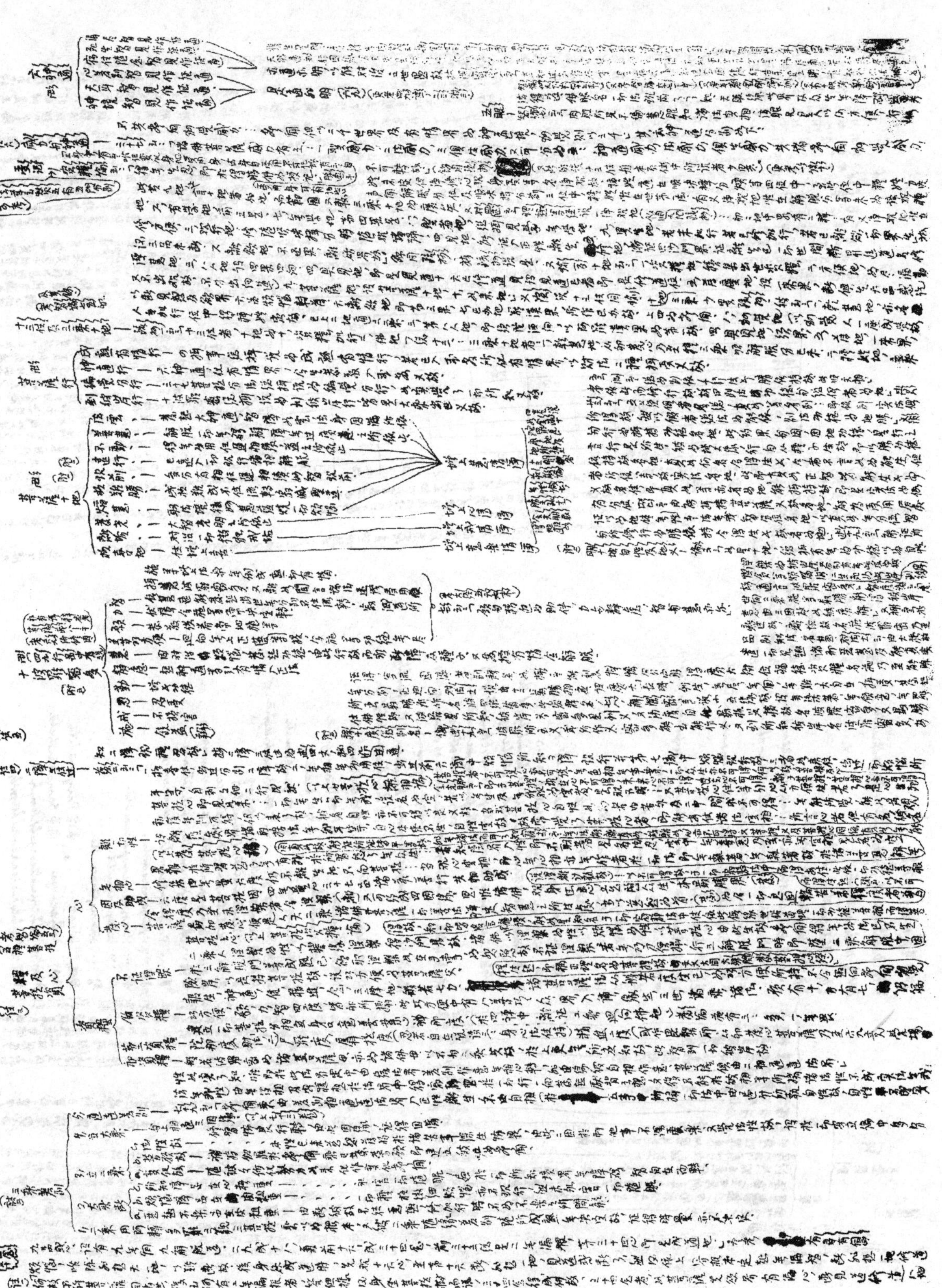

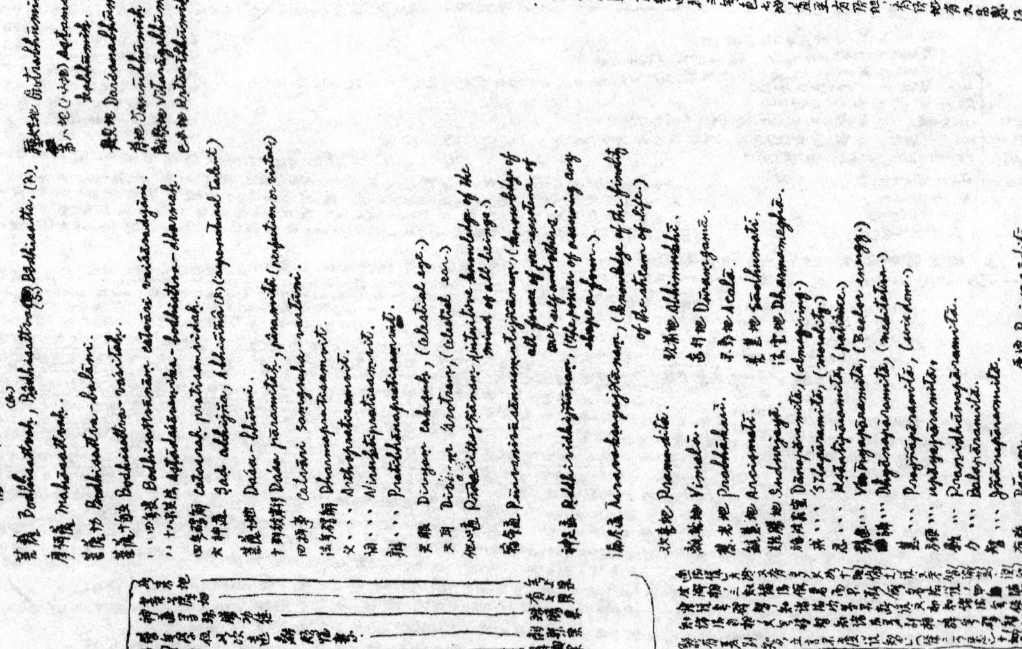

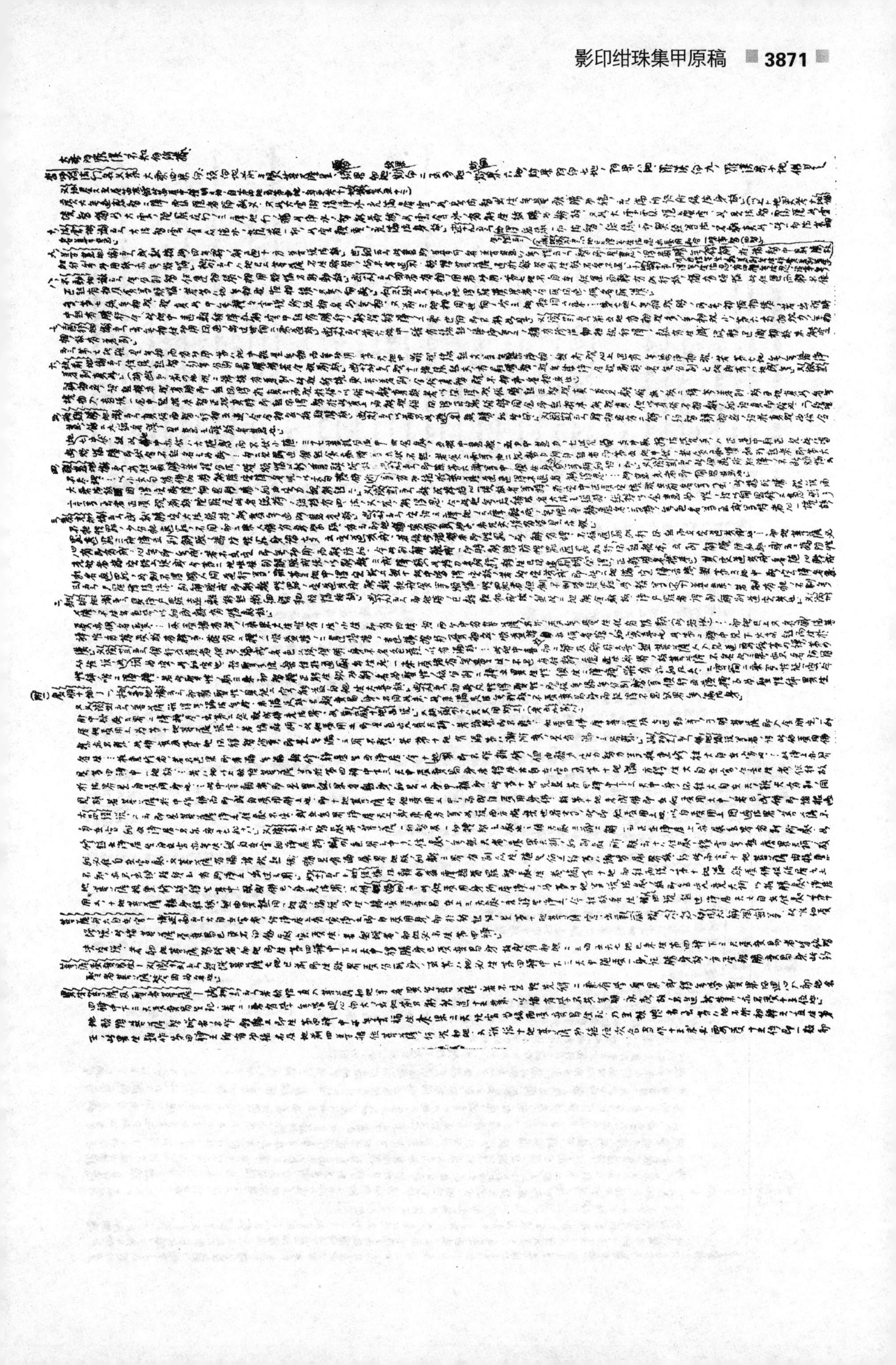

[illegible]

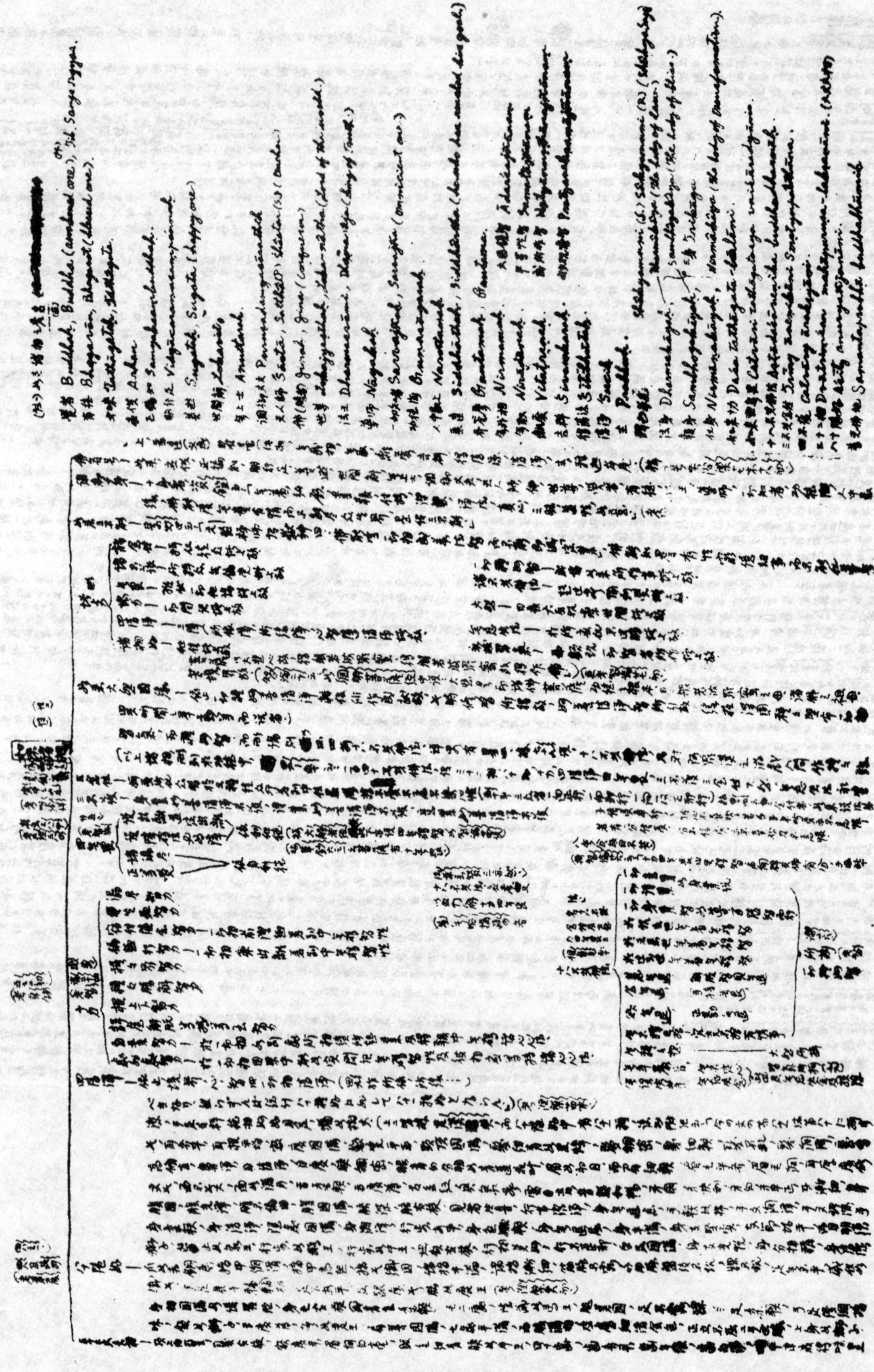

涅槃 Nirvānam

有餘依涅槃 Sopadhiśeṣanirvānam

無餘依涅槃 Nirupadhiśeṣanirvānam

無住涅槃 Apratiṣṭhitanirvānam

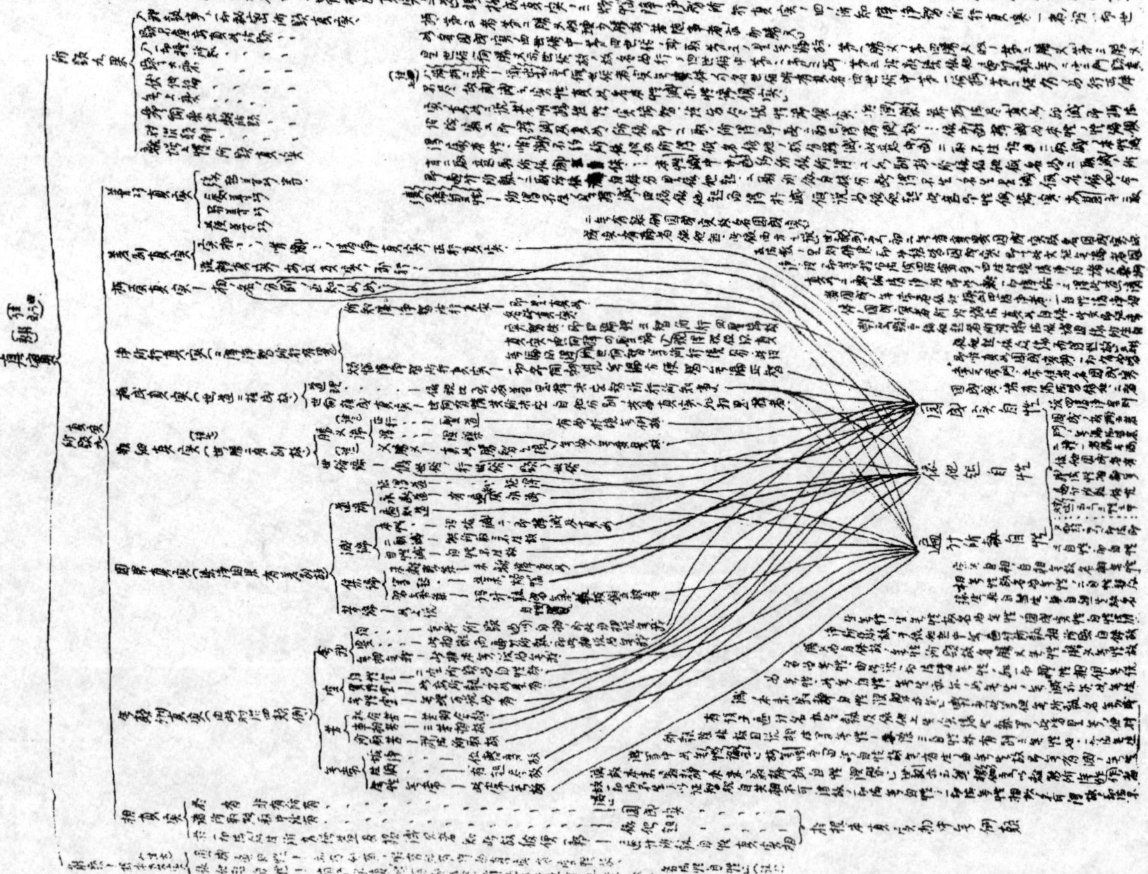

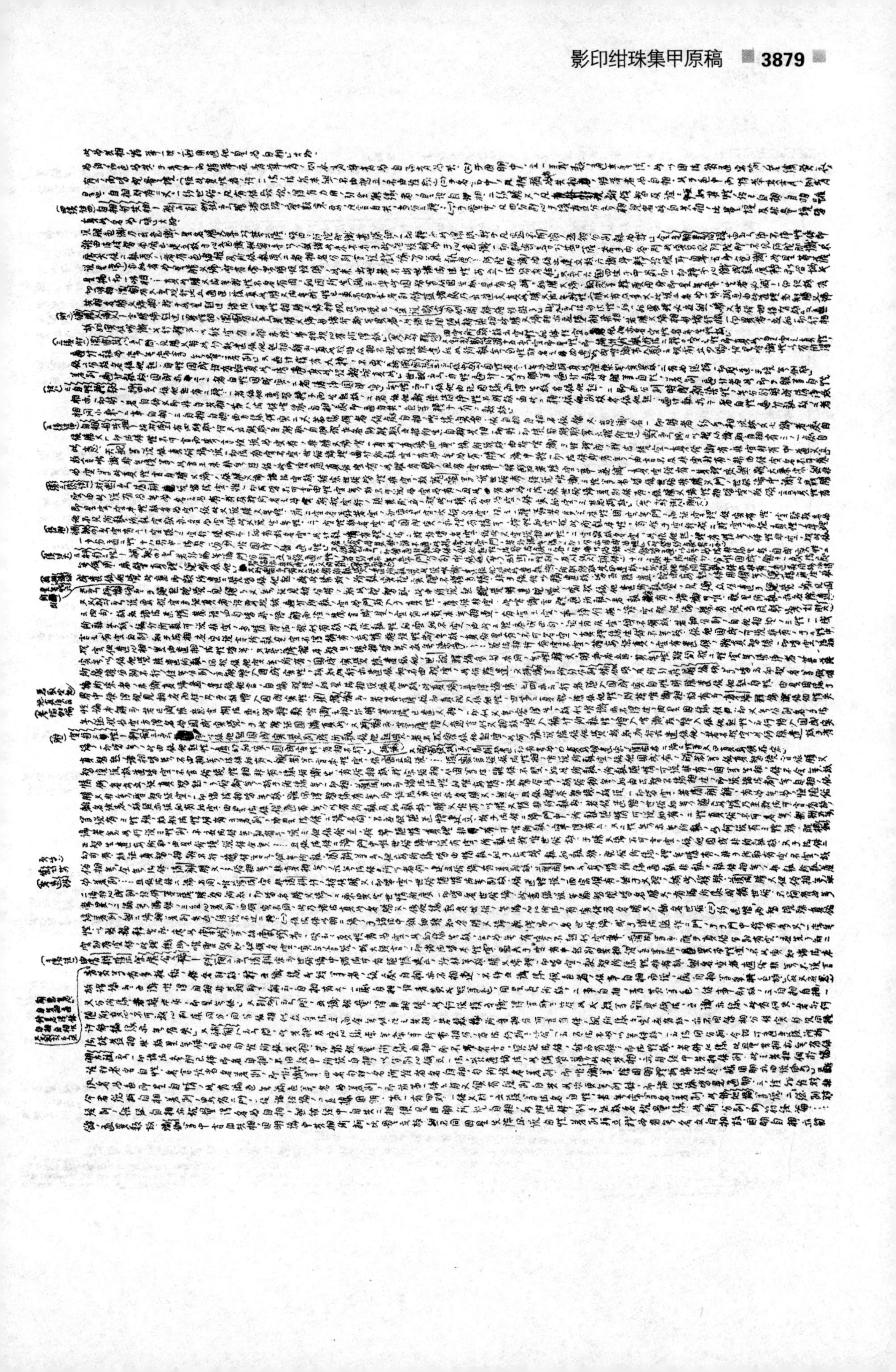

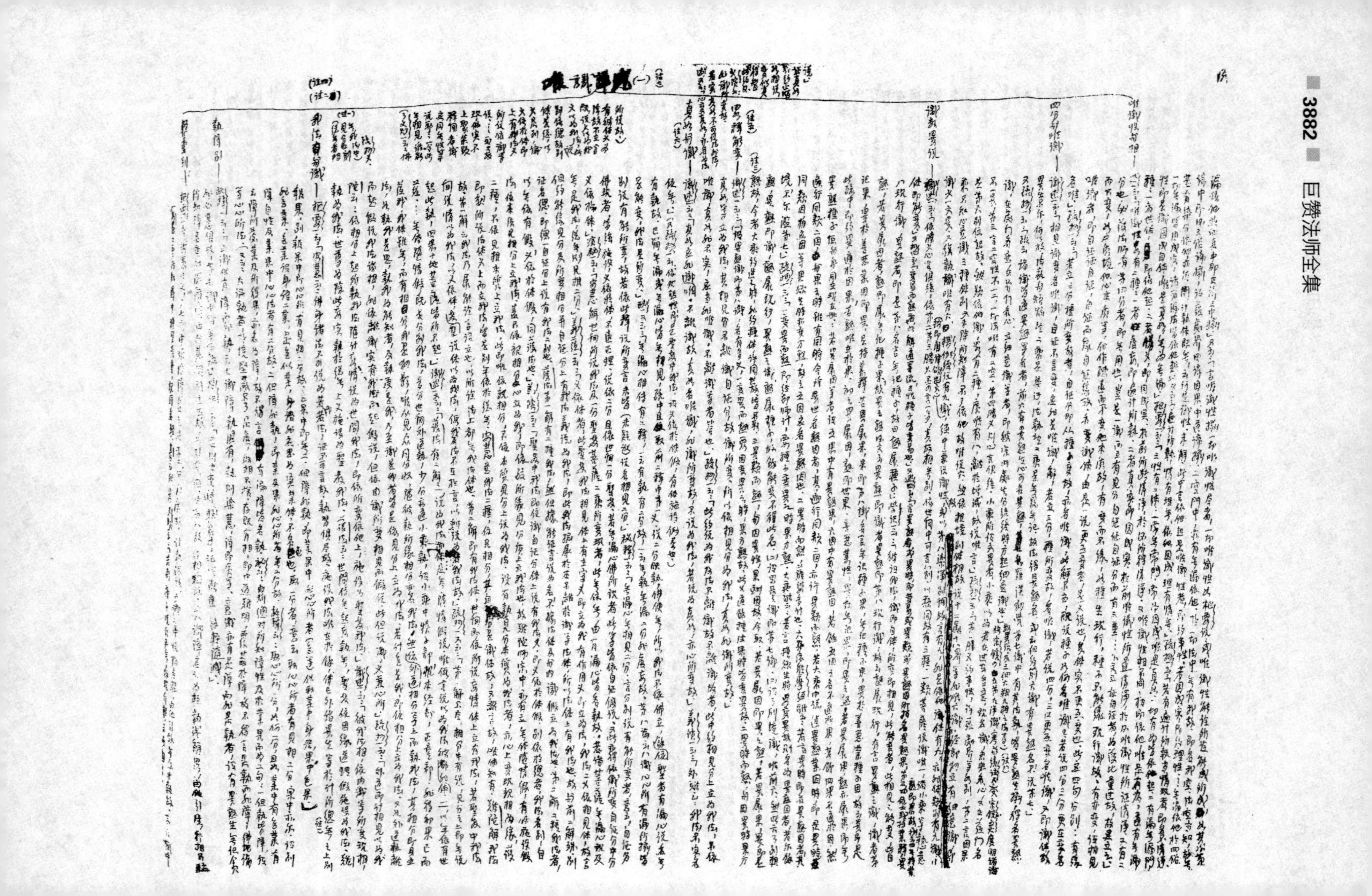

唯識講義（一）

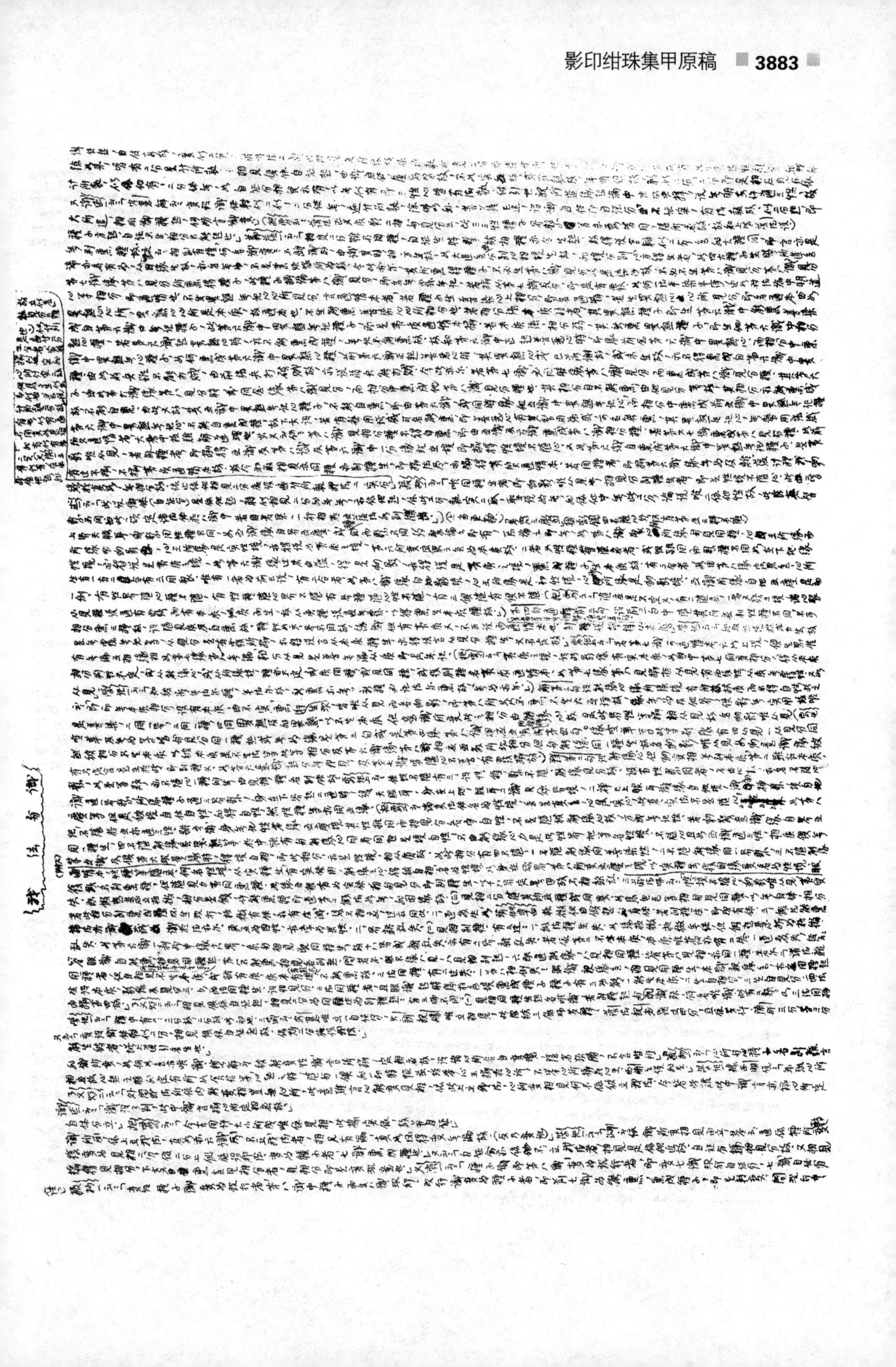

我法與識

(附2)

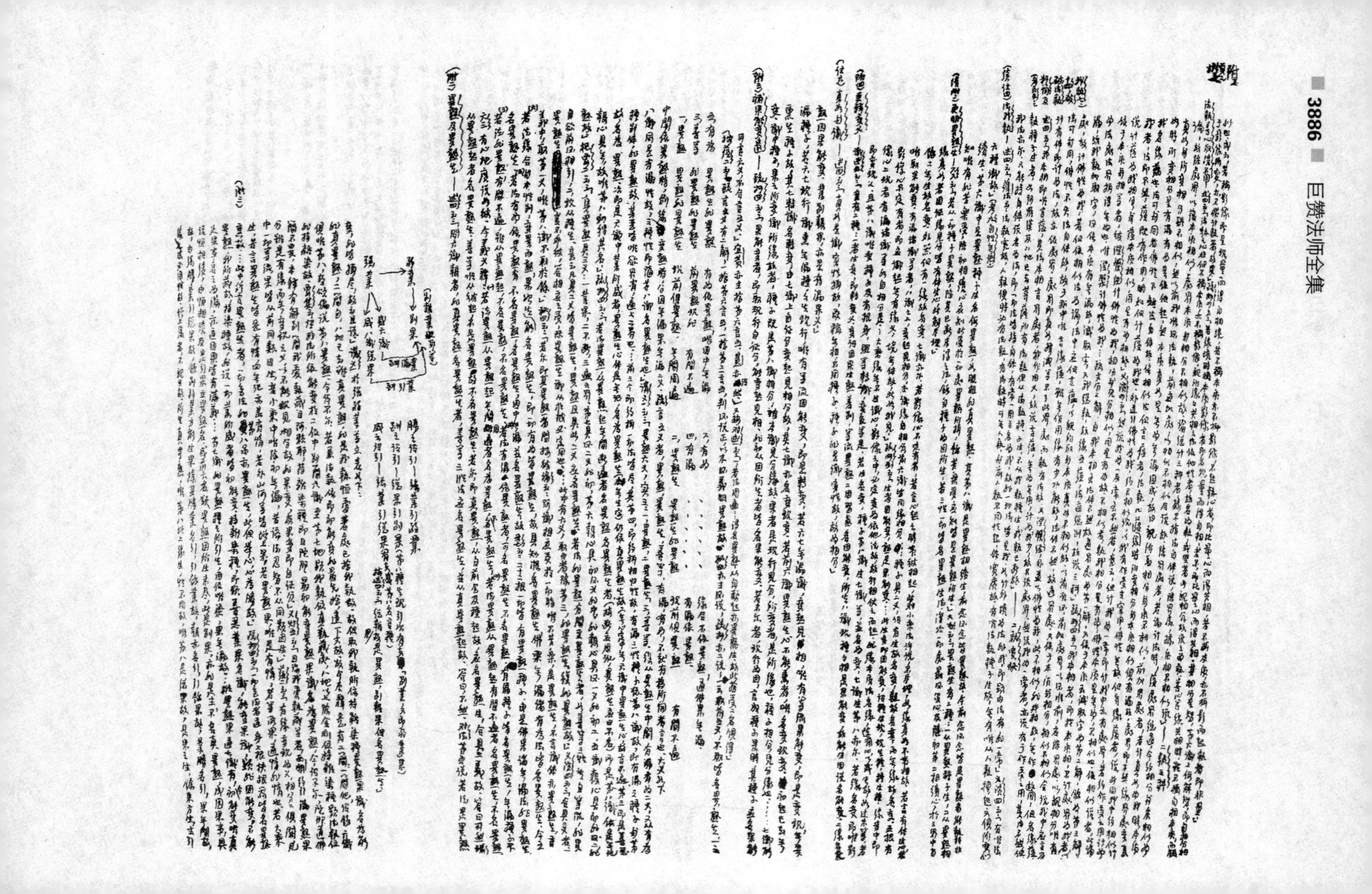

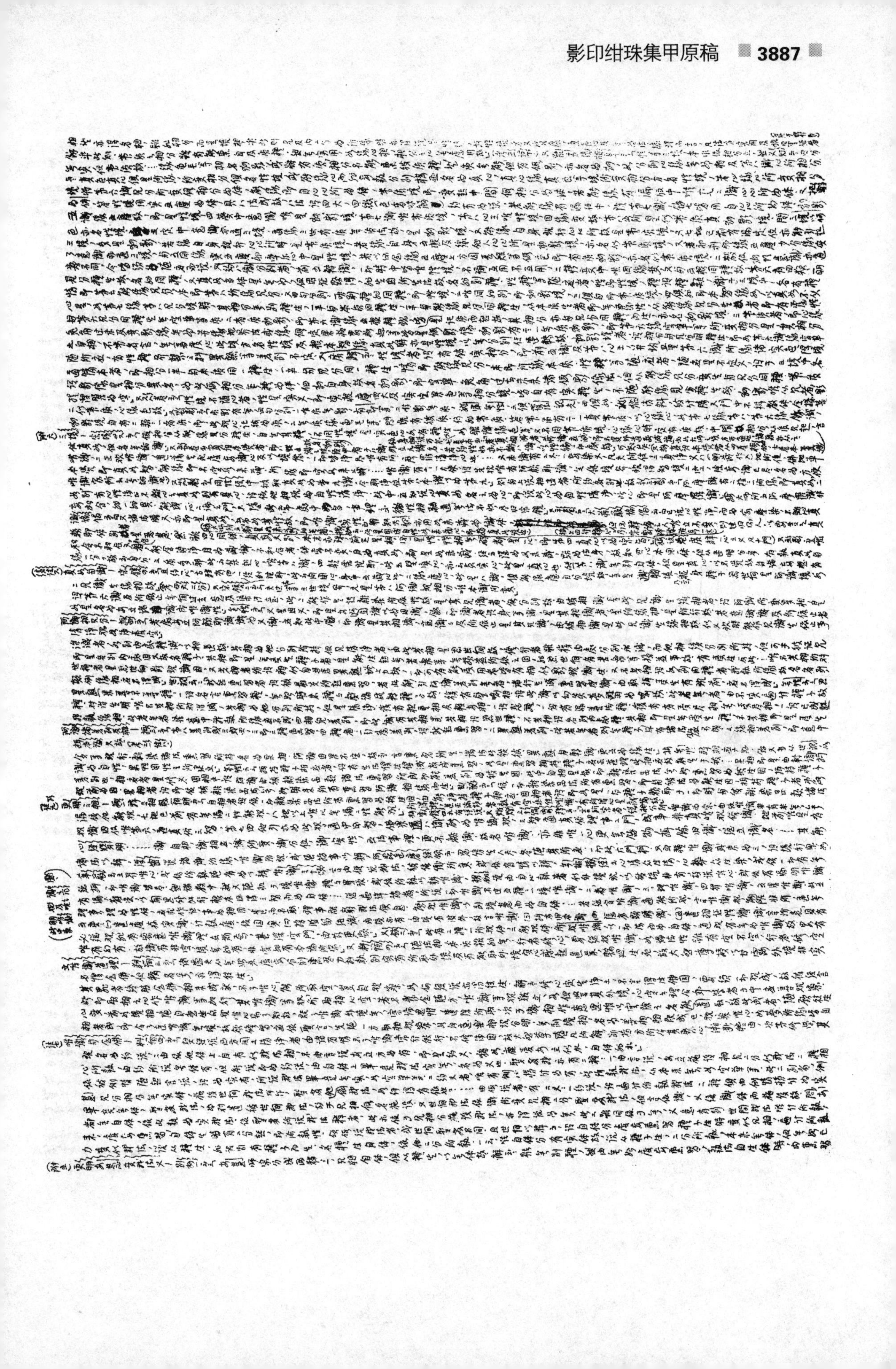

唯識詳究(二)

第八識

征

釋

第一段

第一段

自相

果相

因相

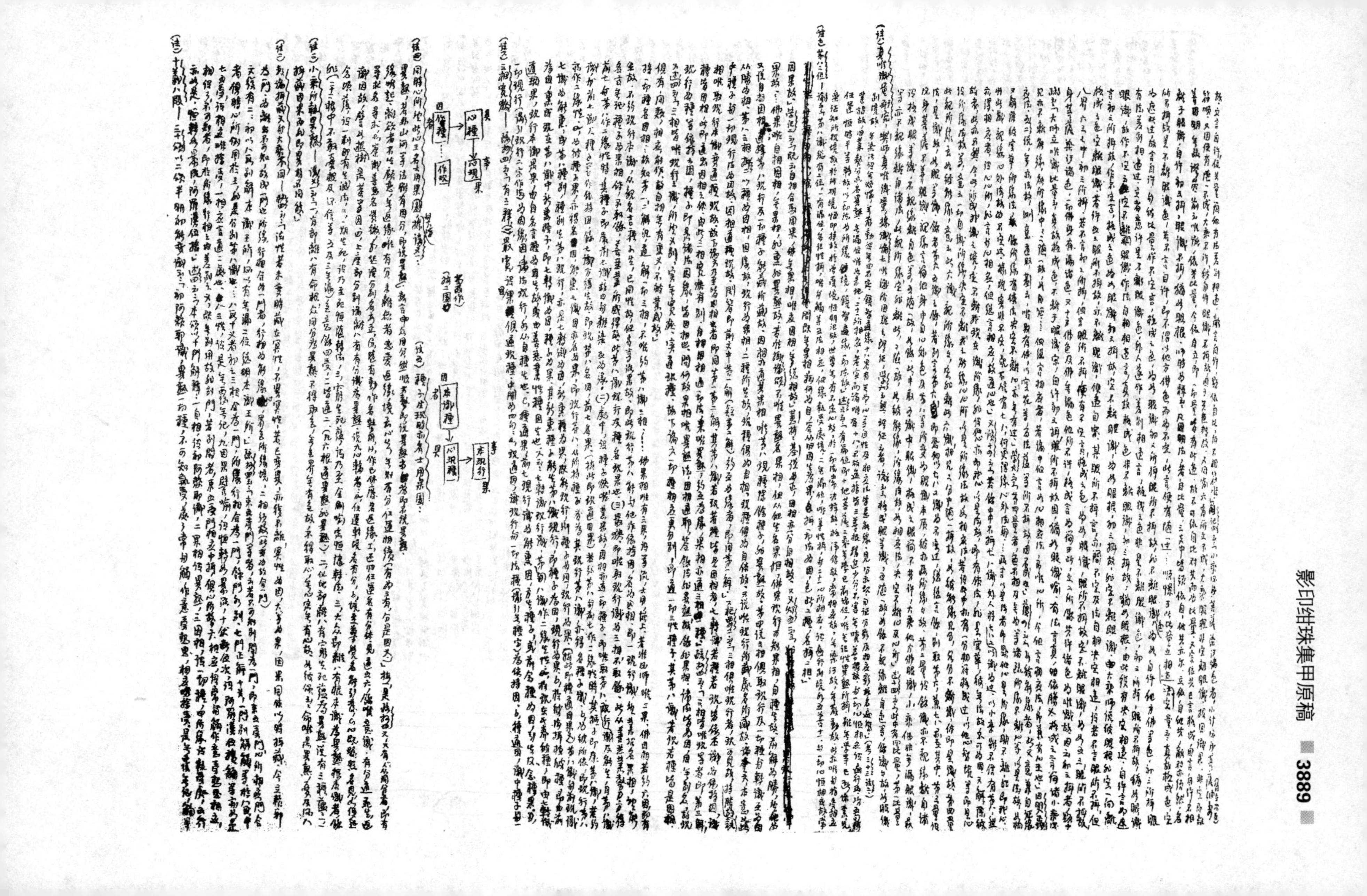

唯識講究(三)

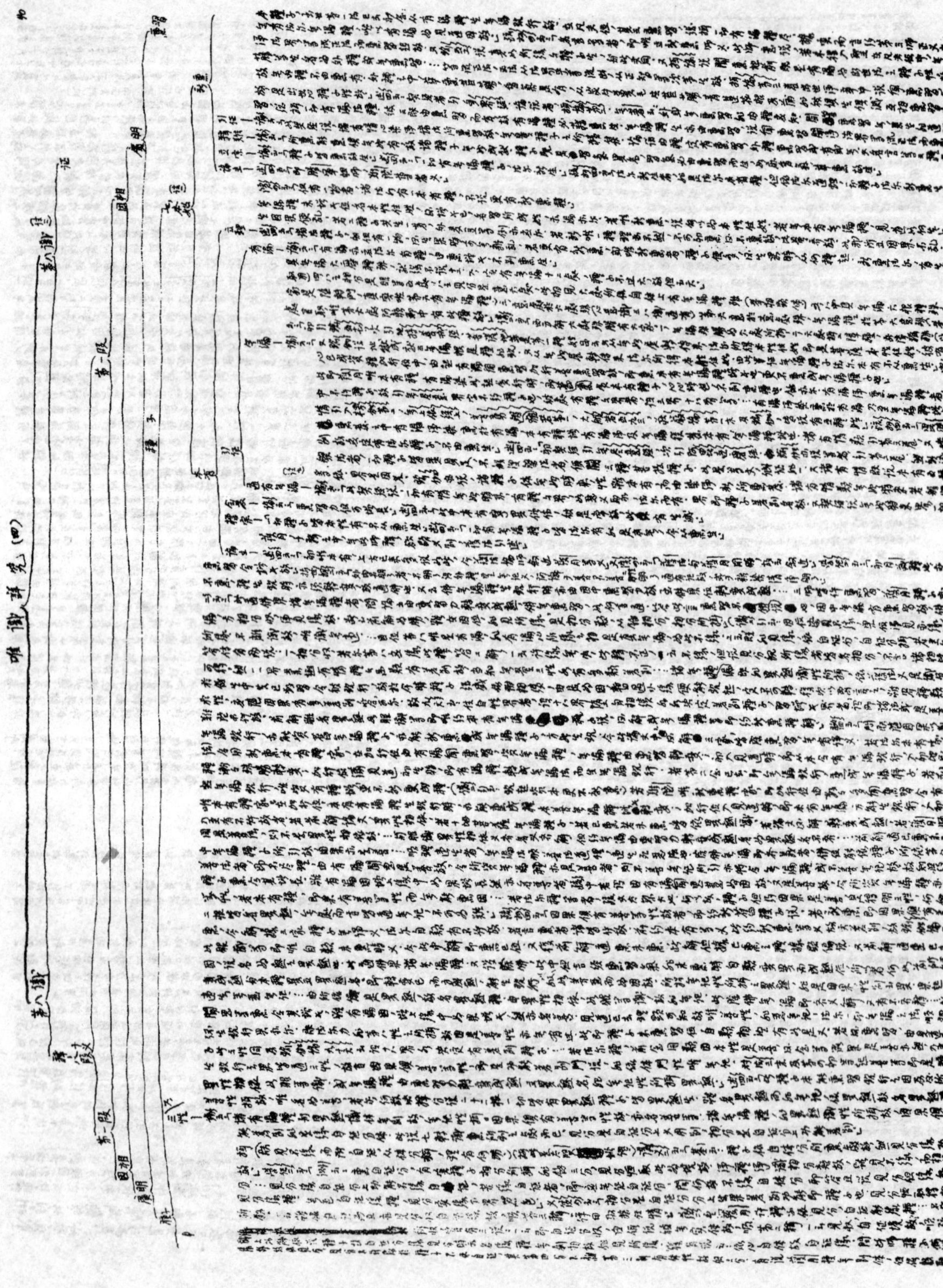

41

唯識研究(五)

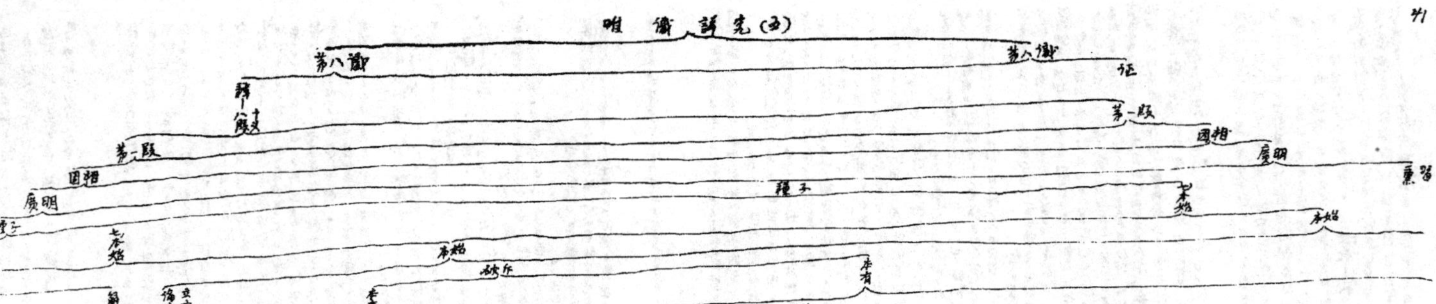

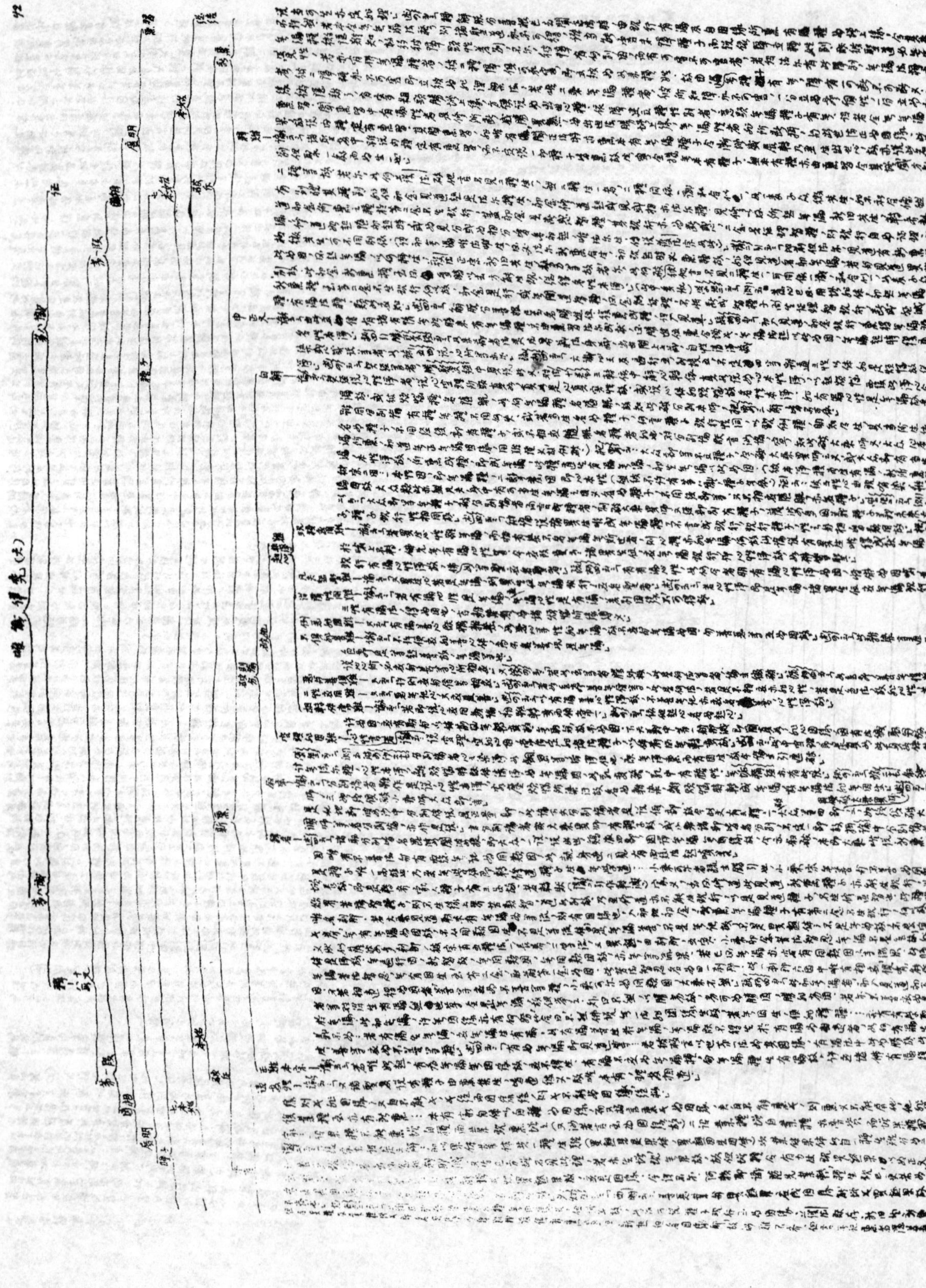

唯識研究(七)

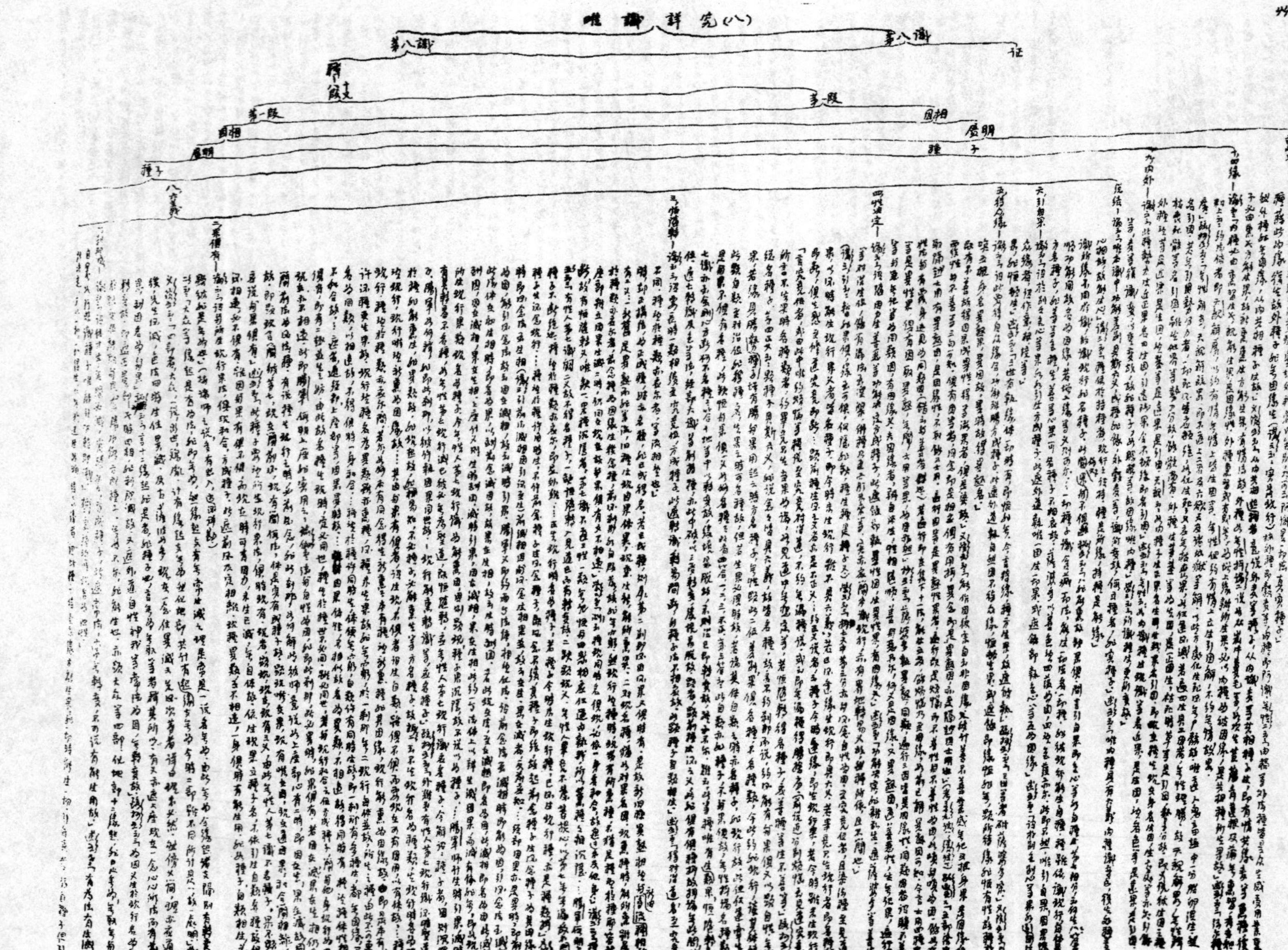

唯識研究(八)

明權臣志(六)

唯識講說（廿）

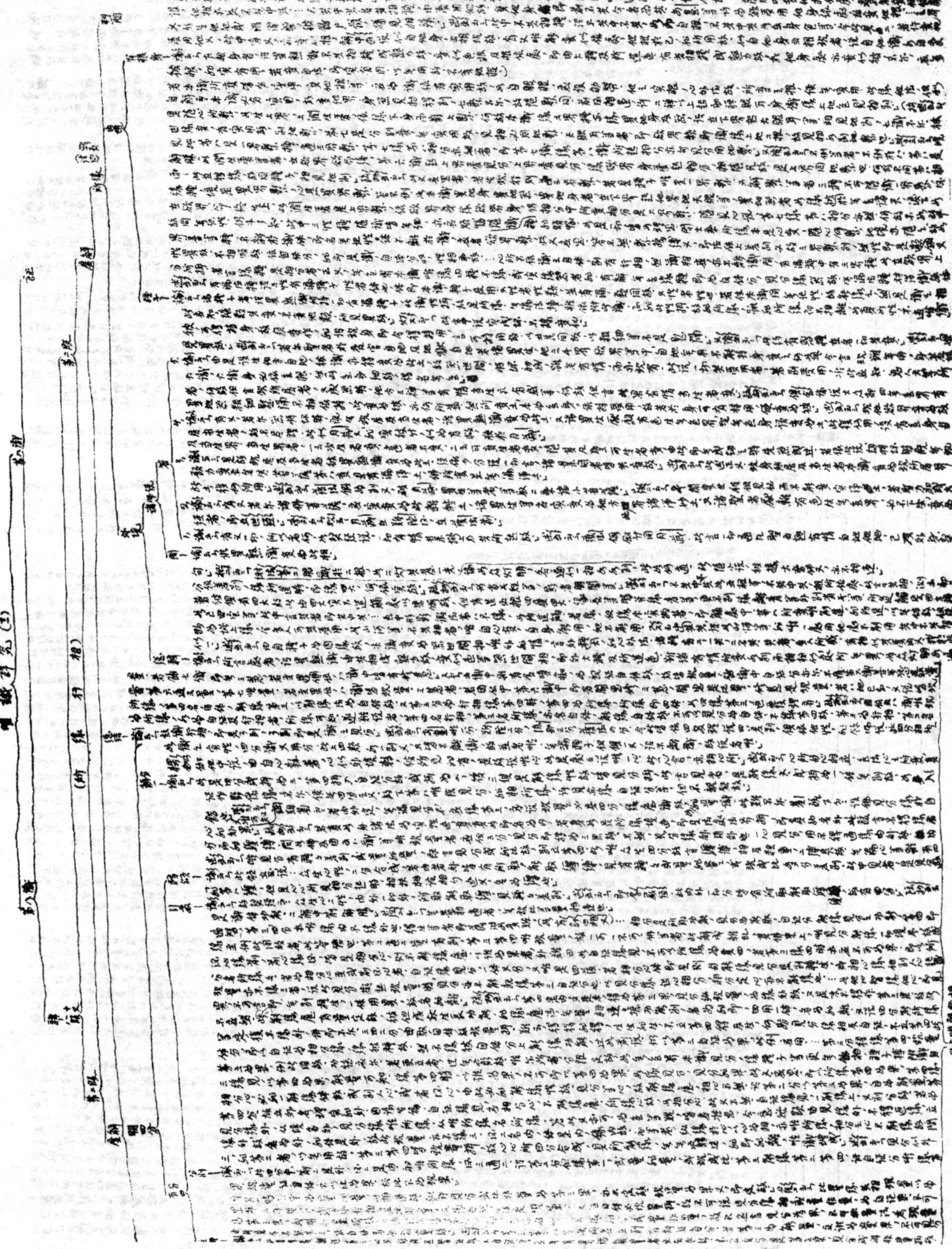

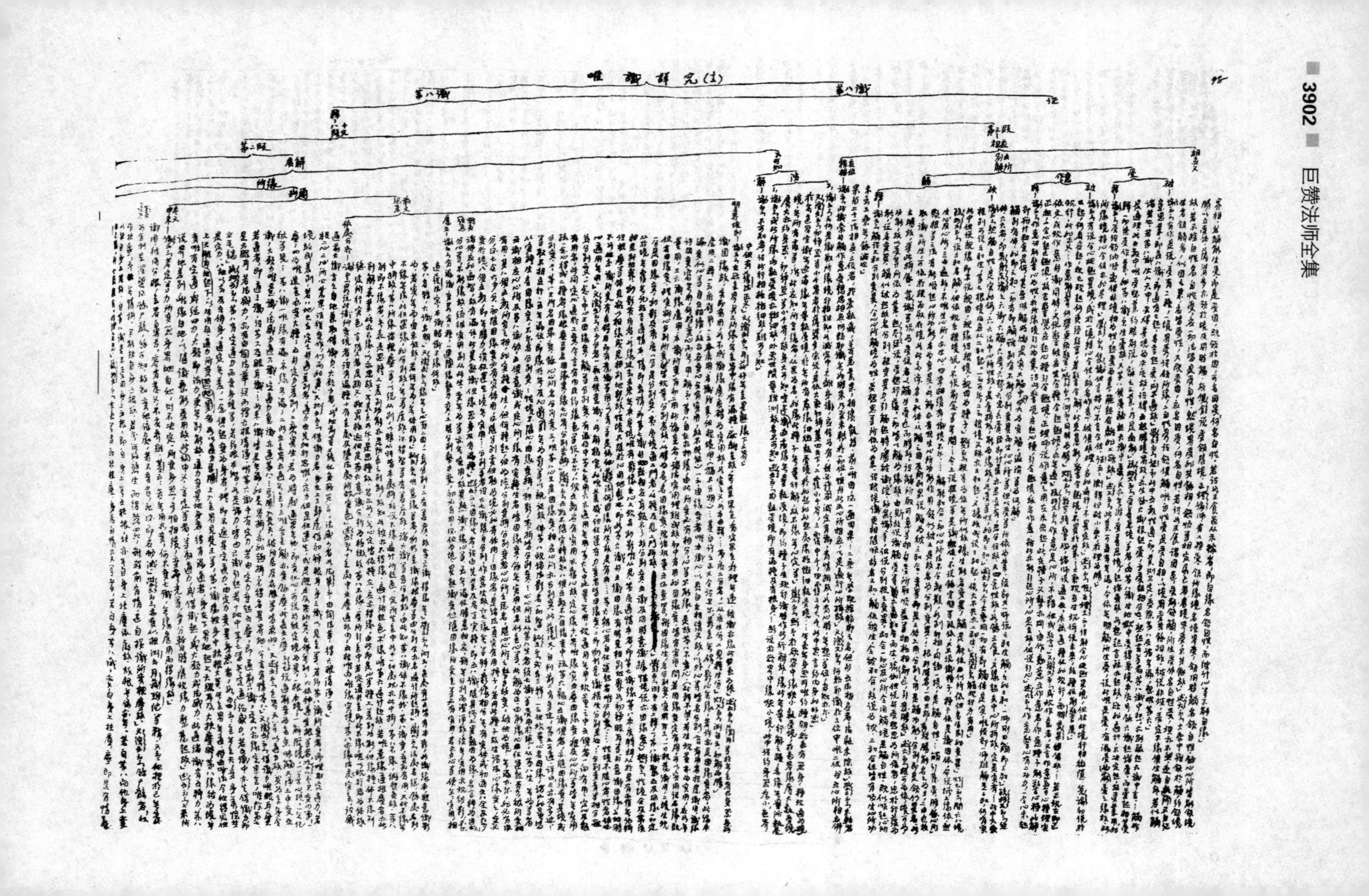

唯識研究（上）

唯識研究(十三)

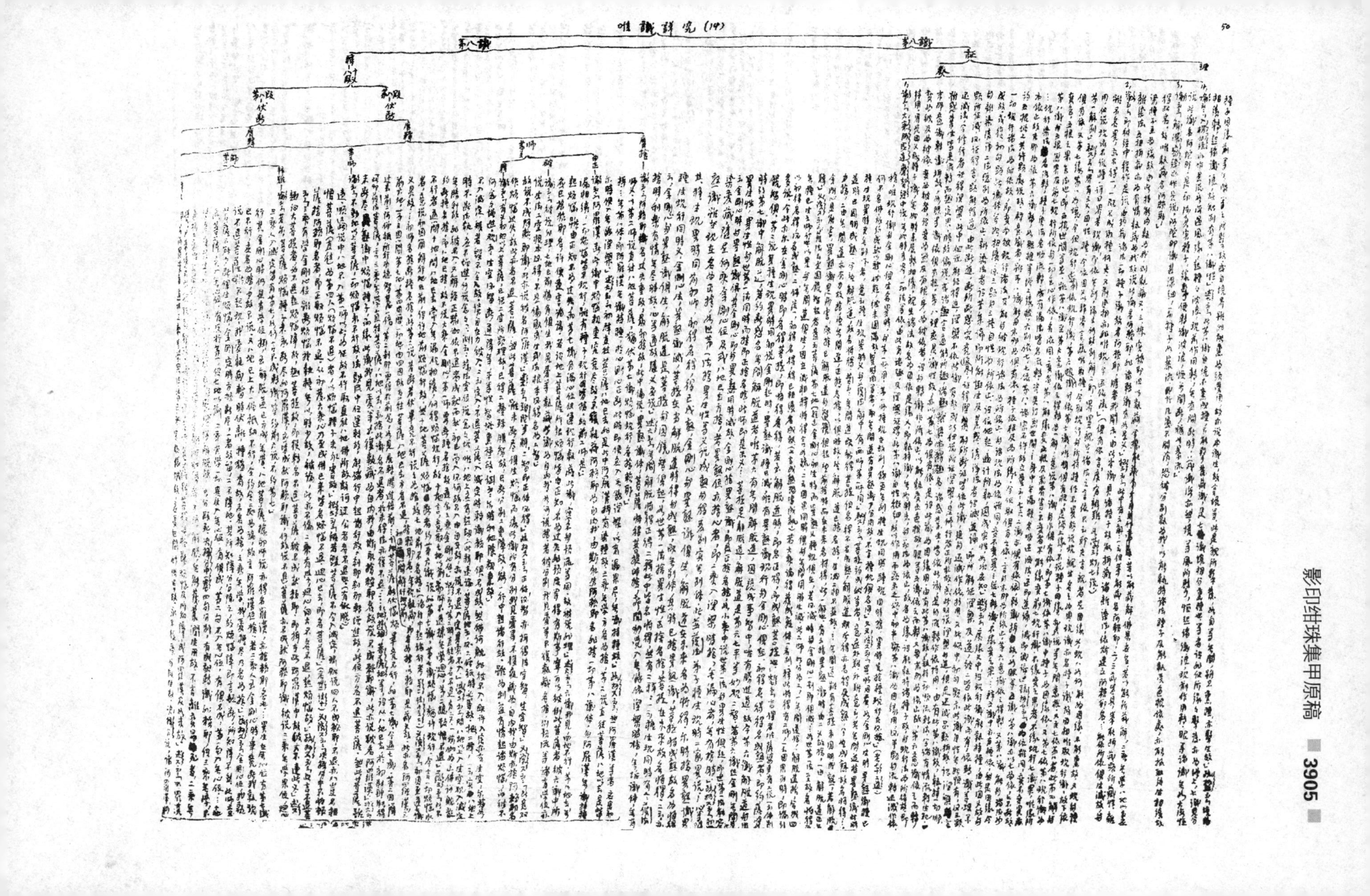

50

唯識詳究（14）

第八識

證

教

唯识研究（19）

增减详究(16)

唯識研究(19)

54

唯識詳究(18)

第七識

證

6. 性別

受俱

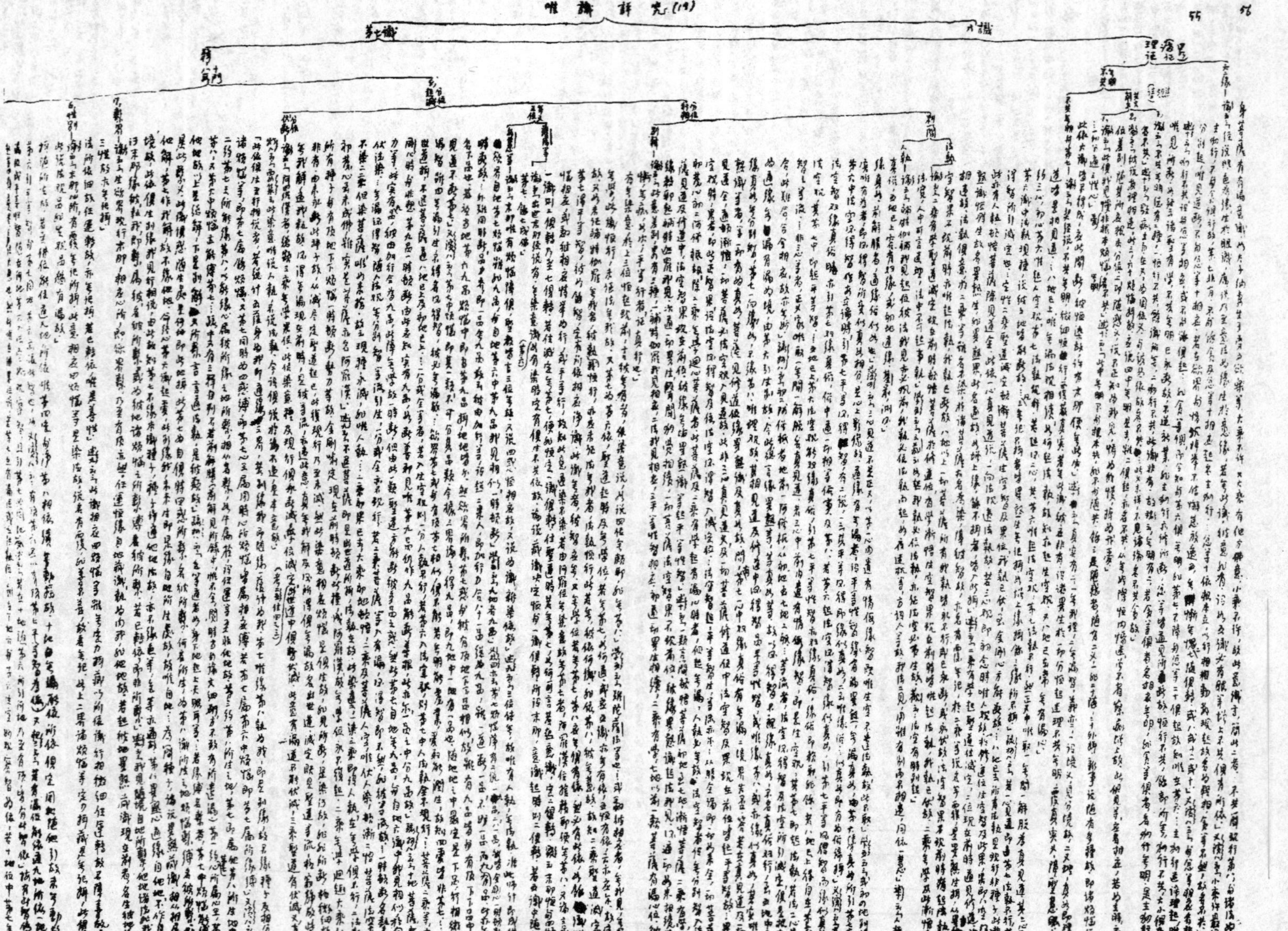

唯識研究（19）

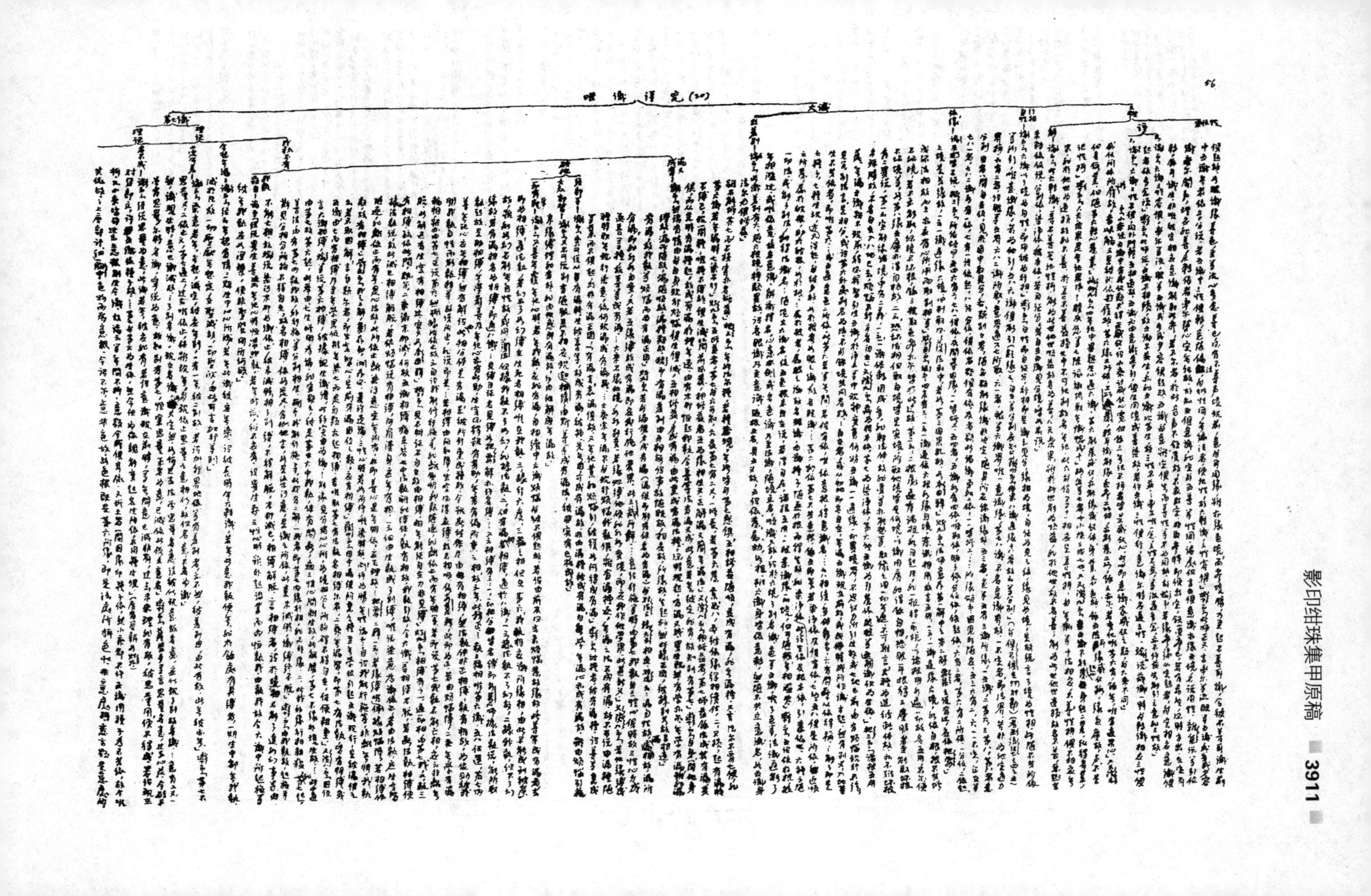

56

唯識研究（20）

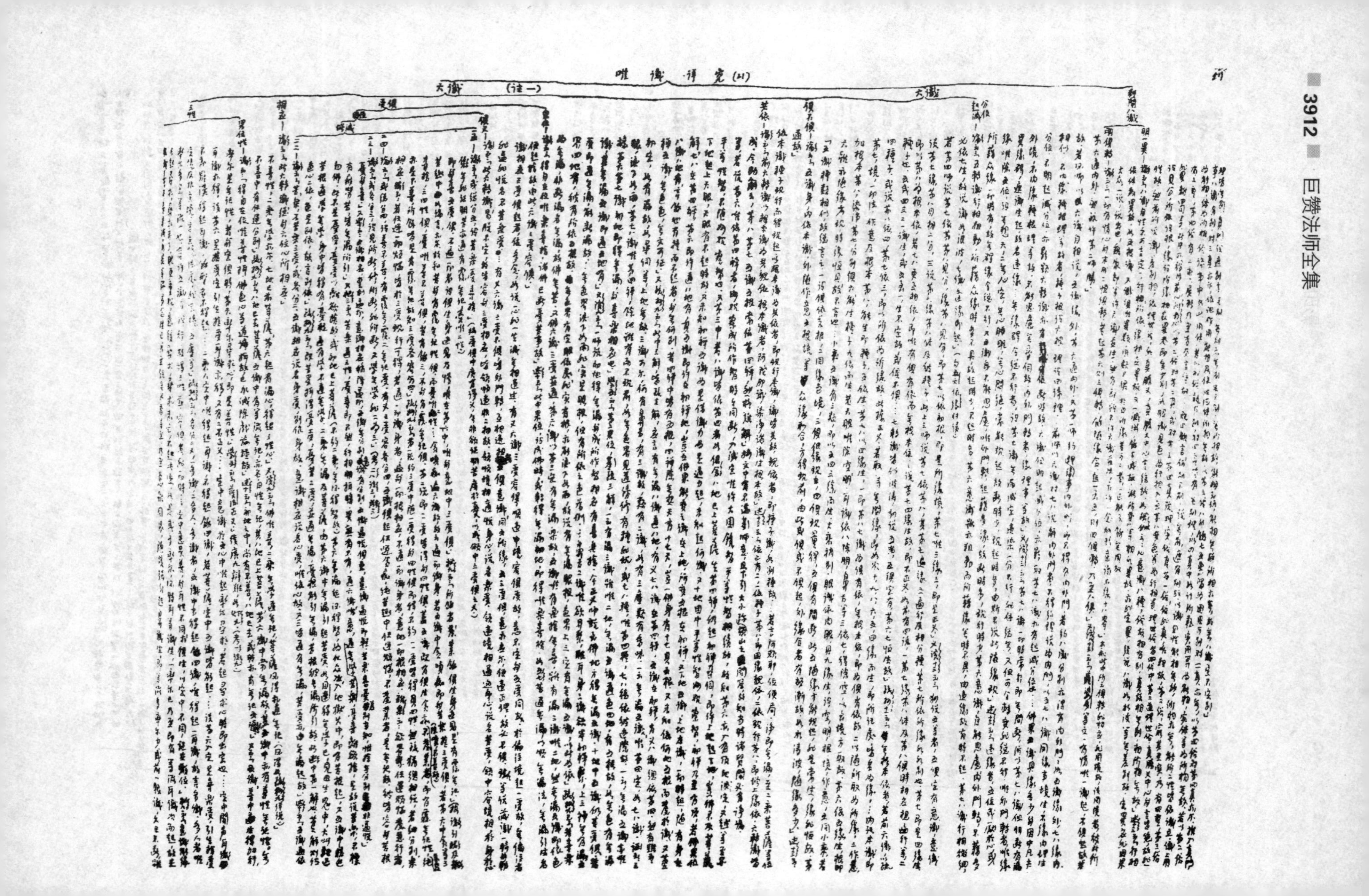

唯識研究(八)

[illegible]

六識（𤄃一五三）（注一）

意識

作業—[illegible]

所緣—一切法爲其所緣

所依—[illegible]

自性—[illegible]

身識

所依—俱有依謂身，[illegible]

自性—依身了別觸

舌識

所依—俱有依謂舌，[illegible]

助伴作業如上應知

自性—依舌了別味

鼻識

所依—俱有依謂鼻，[illegible]

助伴作業如上應知

自性—依鼻了別香

耳識

所依—俱有依謂耳，[illegible]

所緣—聲，[illegible]

助伴作業如上應知

自性—依耳了別聲

眼識

作業—[illegible]

助伴—[illegible]

所緣—[illegible]

所依—[illegible]

自性—依眼了別色。[illegible]

唯识研究(22)

55

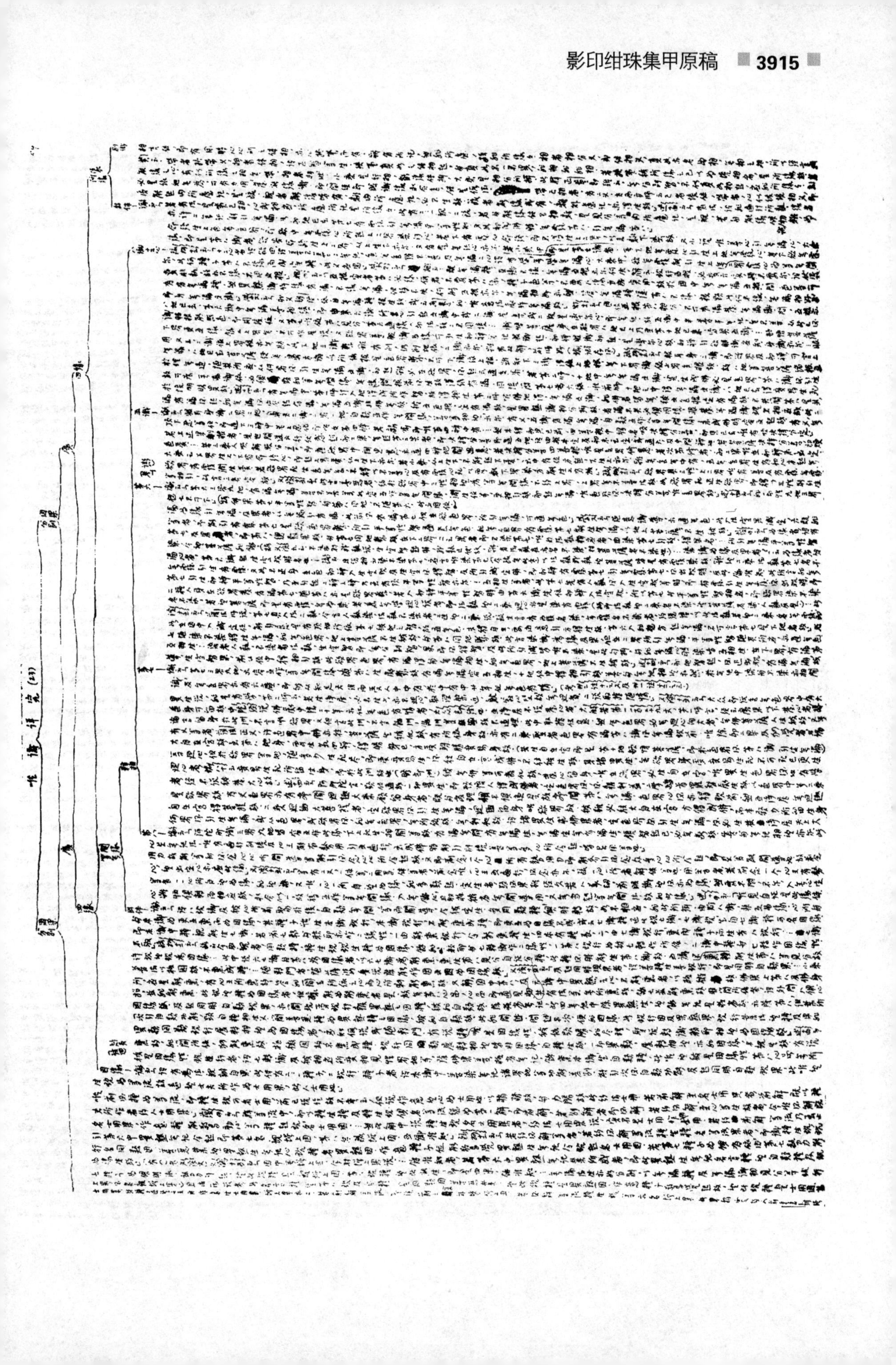

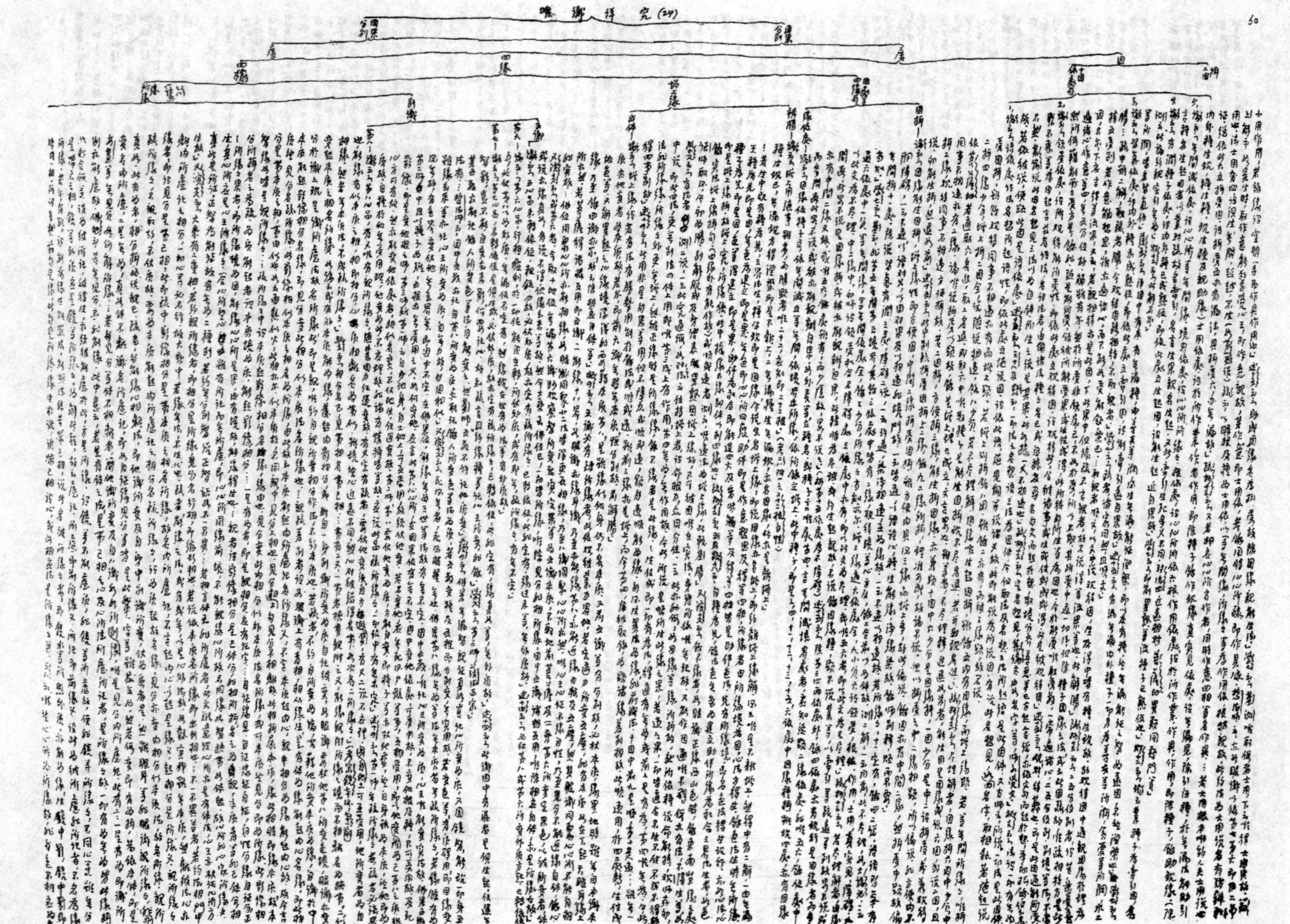

唯識研究(24)

50

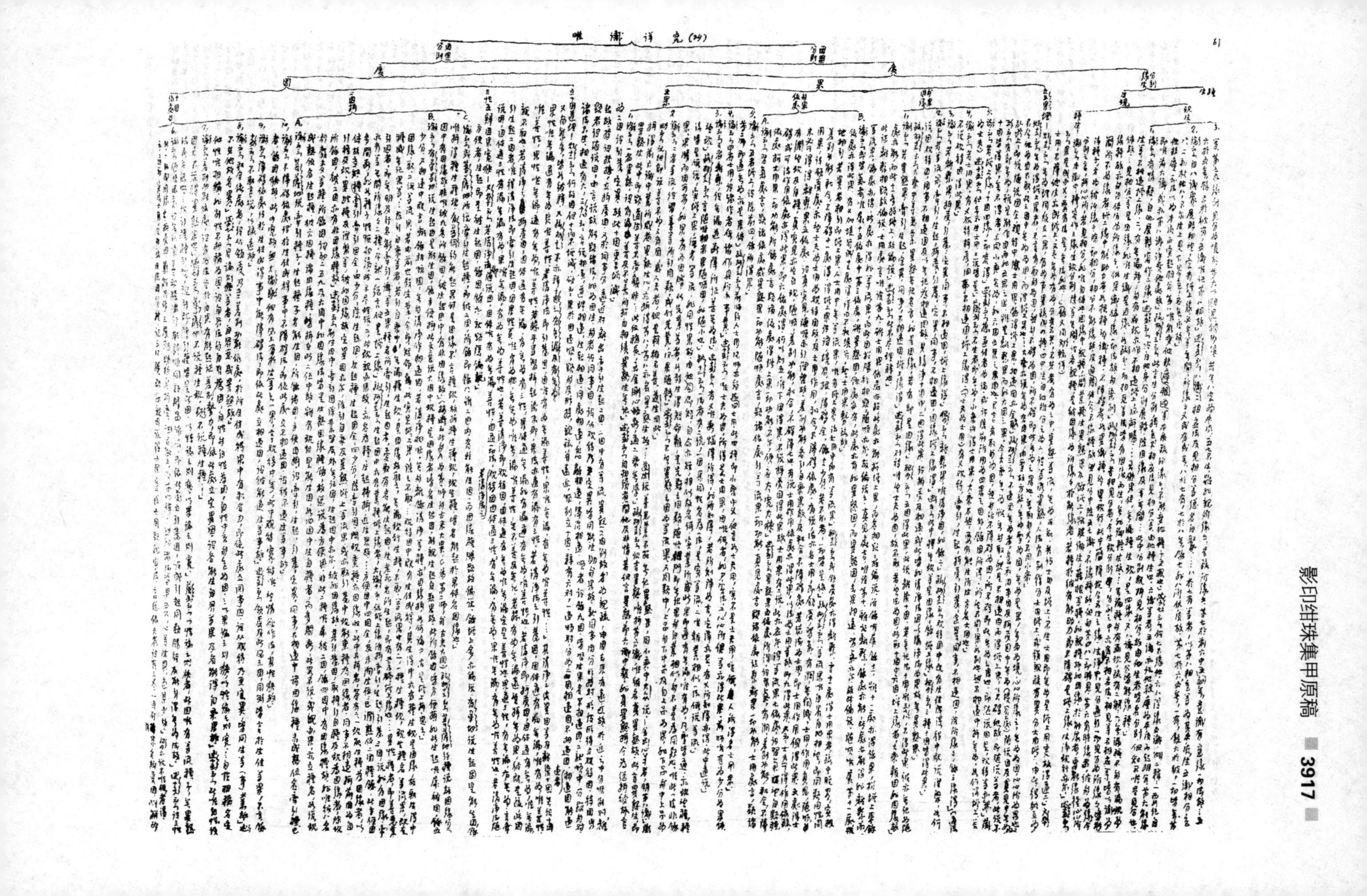

唯識詳究(34)

61

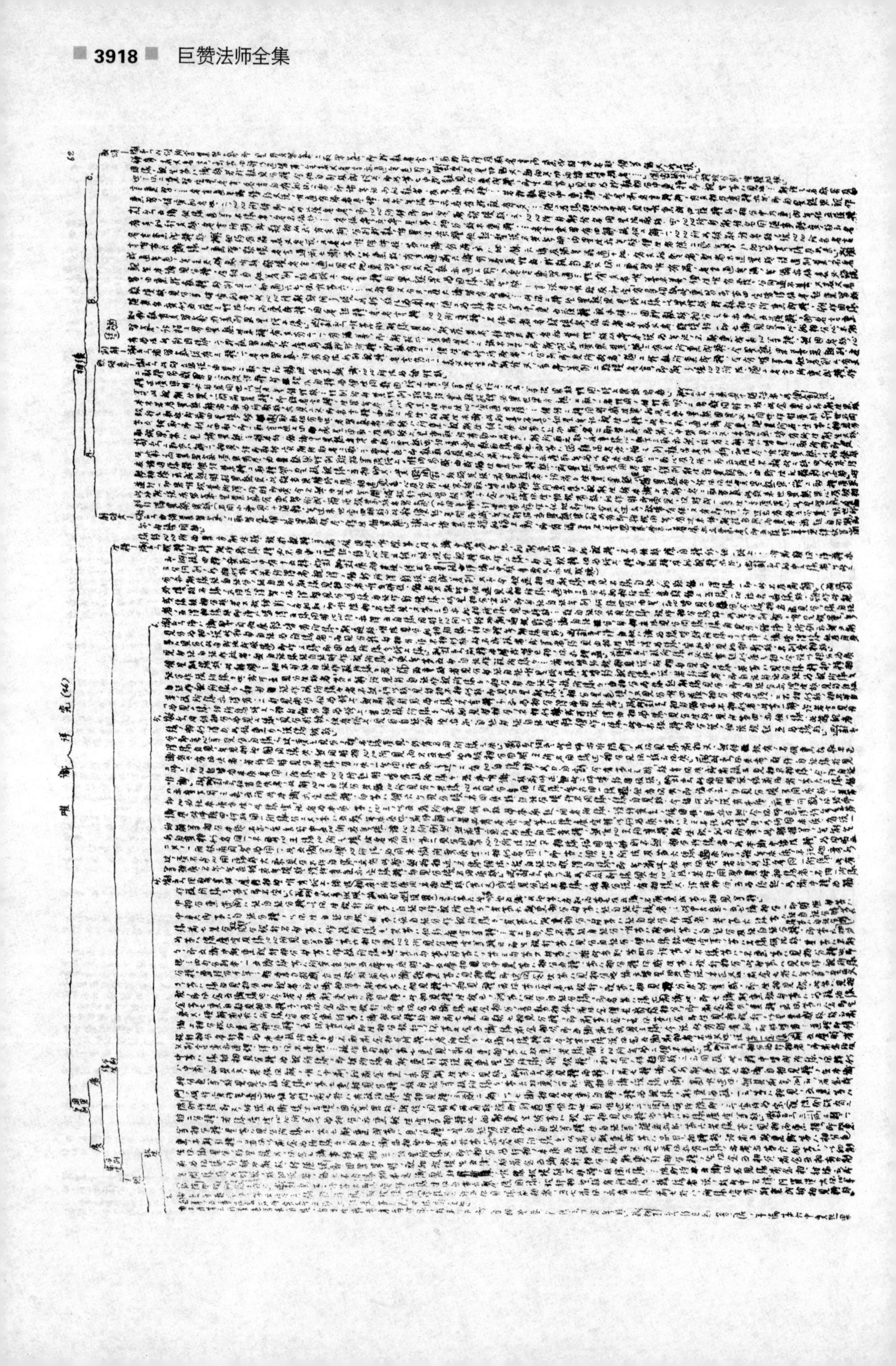

唯識研究(66)

唯 識 評 究 (37)

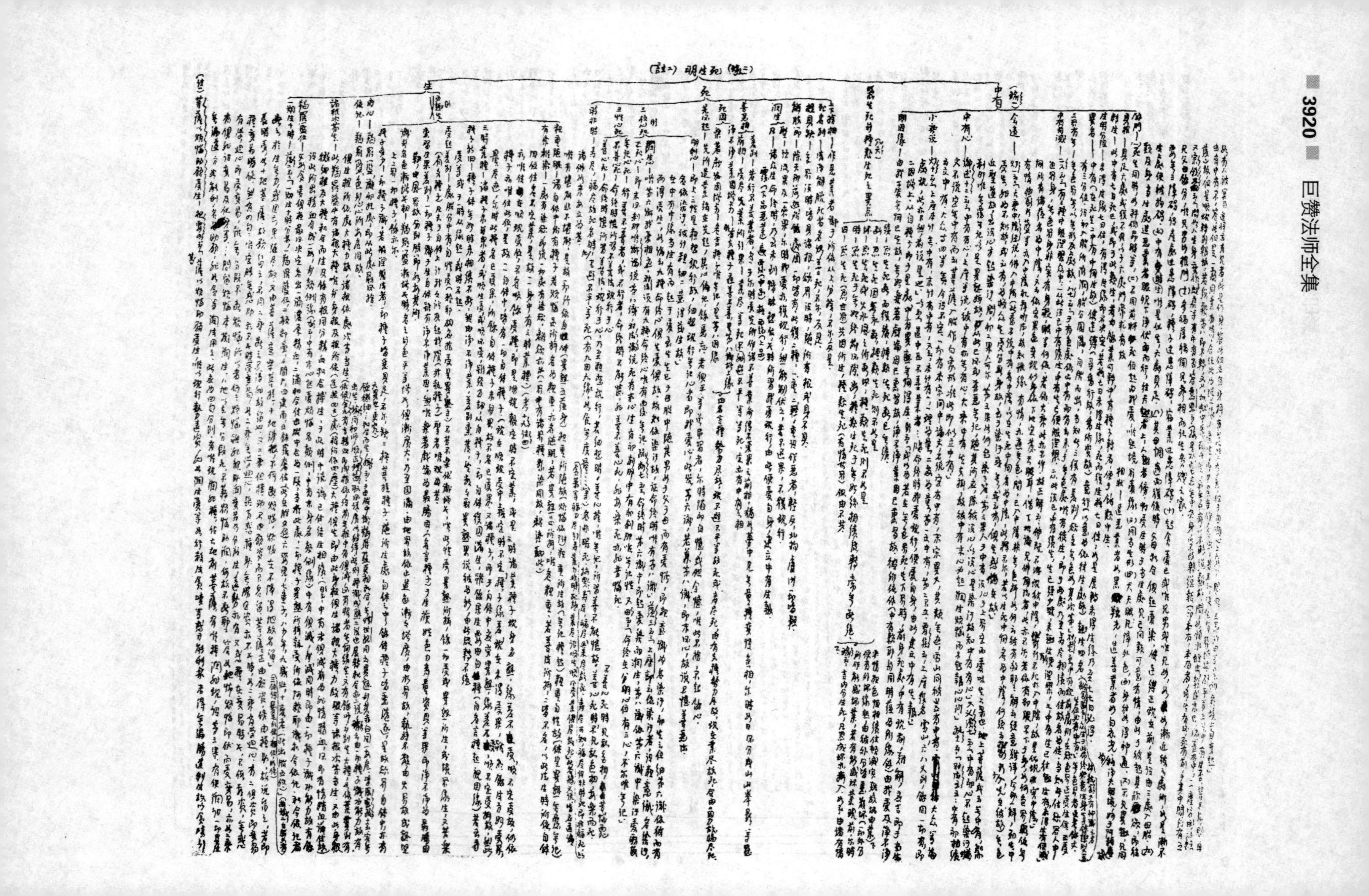

(註二) 明生死(續三)

中有

死

生

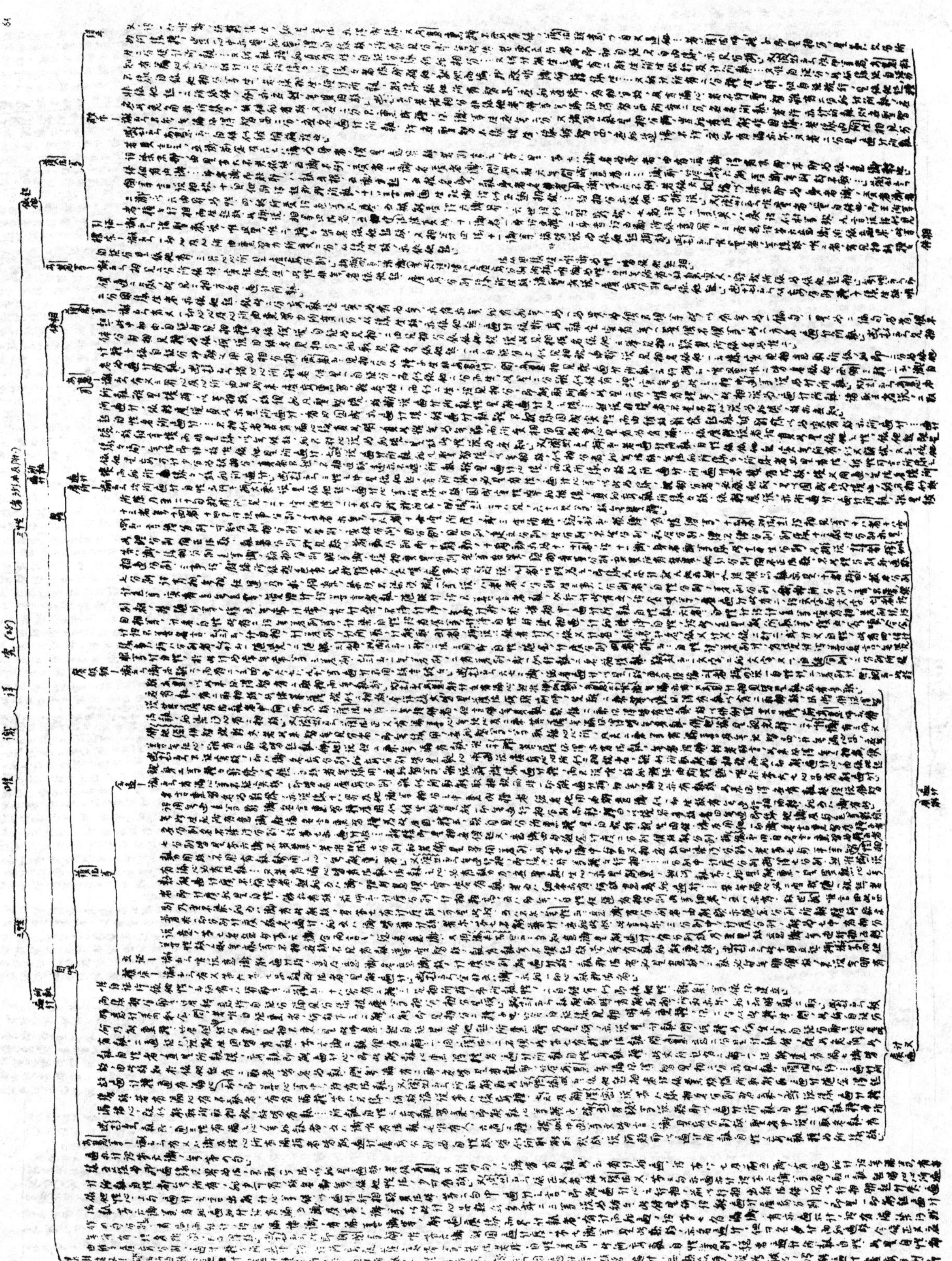

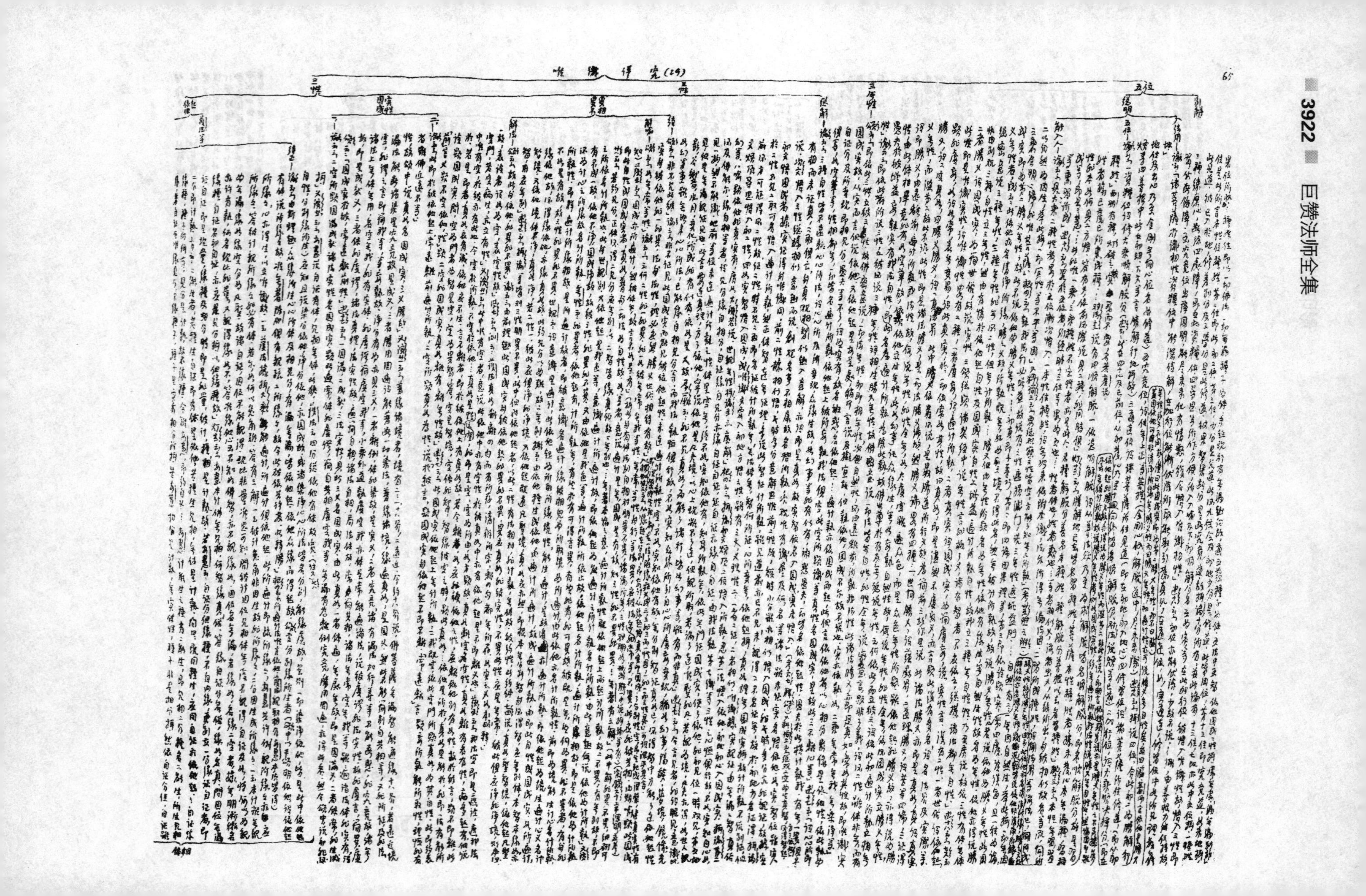

唯識研究(29)

65

五位：總明 / 別解
總明：入住(？) / 五位 / 解入(？)
三無性：總解
三性：遍計 / 依他 / 圓成實性
三性：總解 / 別解

[illegible]

唯識研究(30)

五位

別解

資糧位

加行位

煖田地處

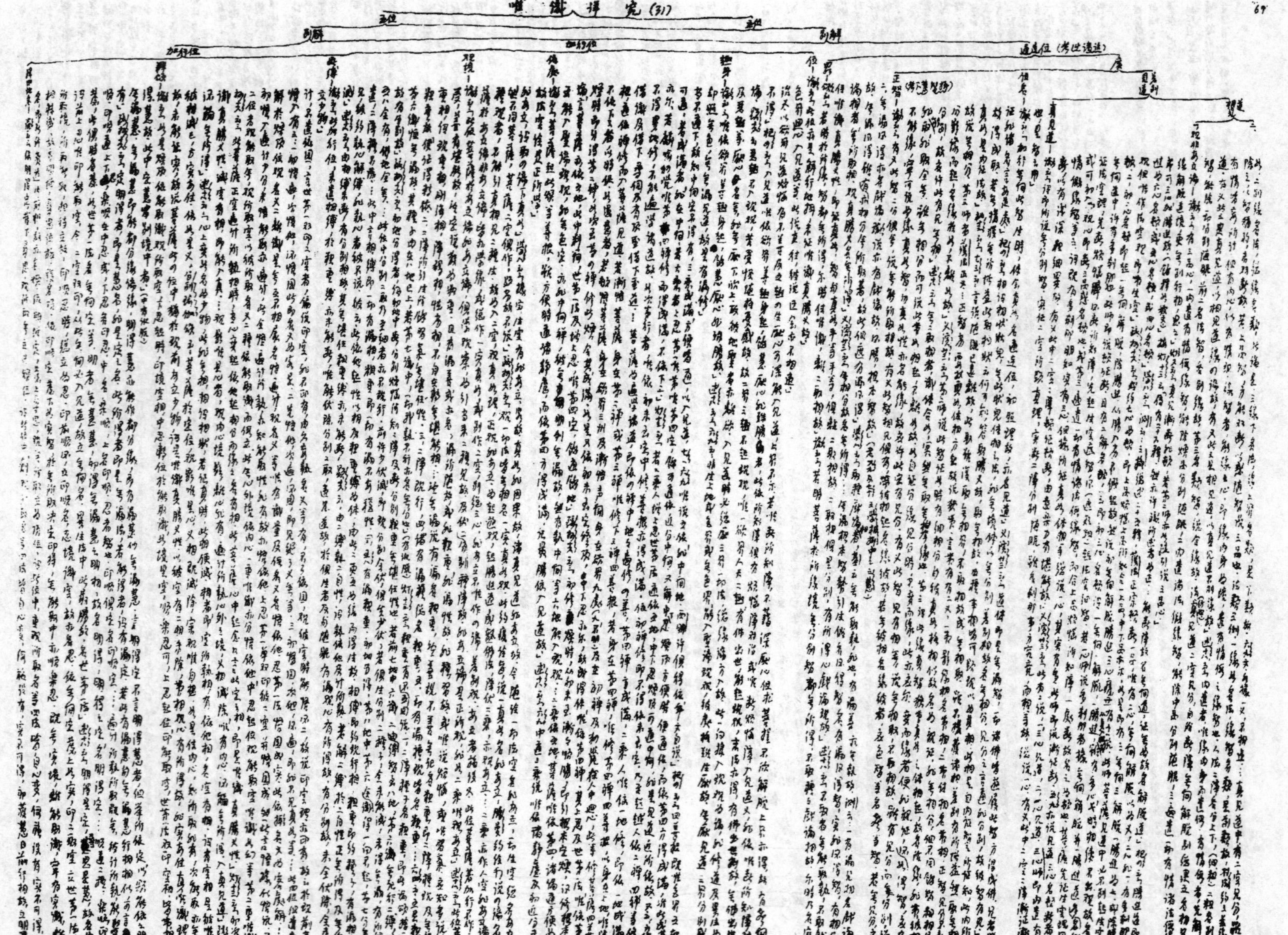

64

唯識研究(32)

[illegible]

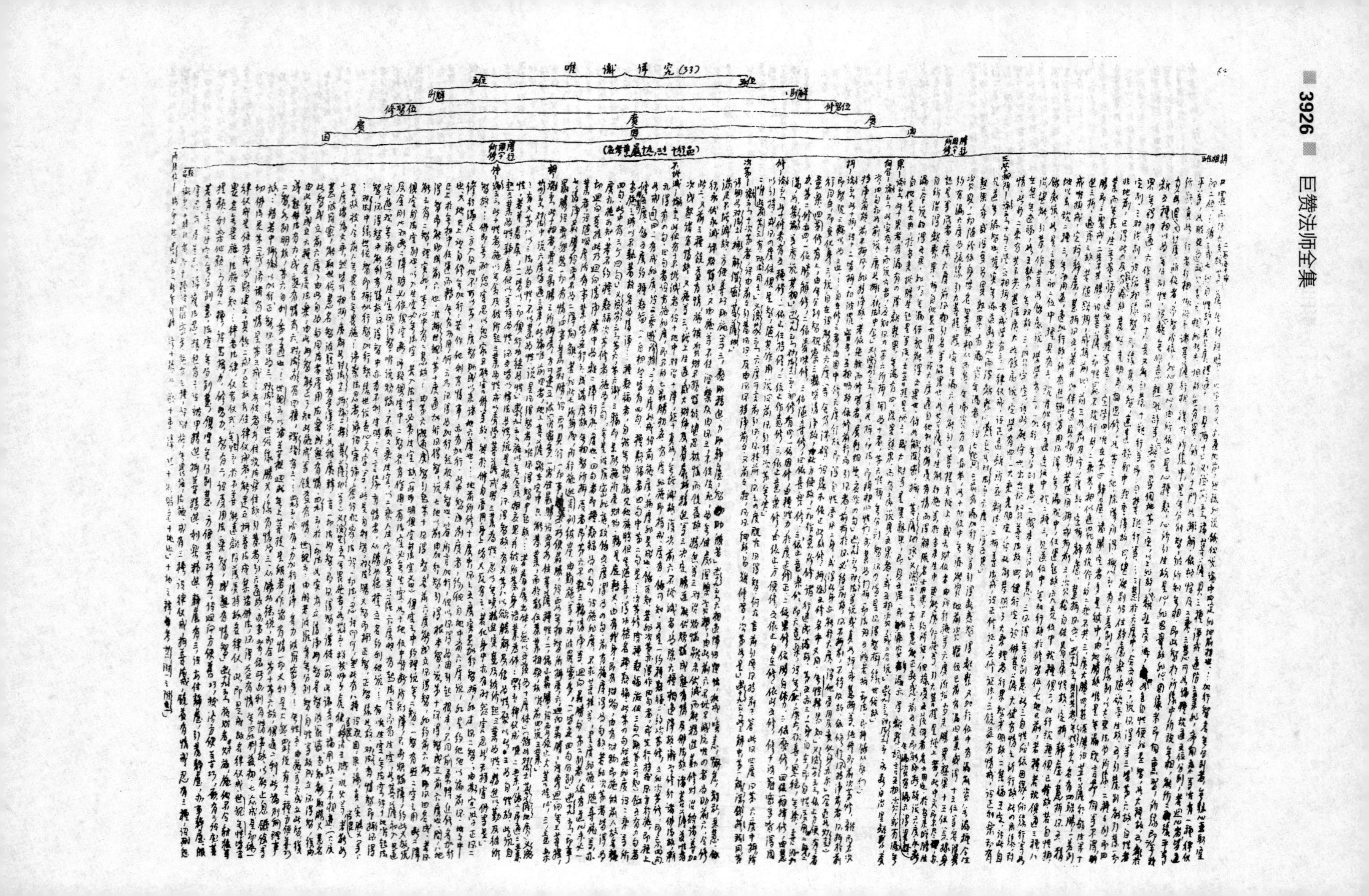

唯识研究(33)

五位　五位

别解　别解

修习位　修习位

广　广　广

因　因　因

(参考摄大乘论……)

唯識詳究(39)

71 72

唯識詳究(35)

72

唯識擇究(36)

所證如

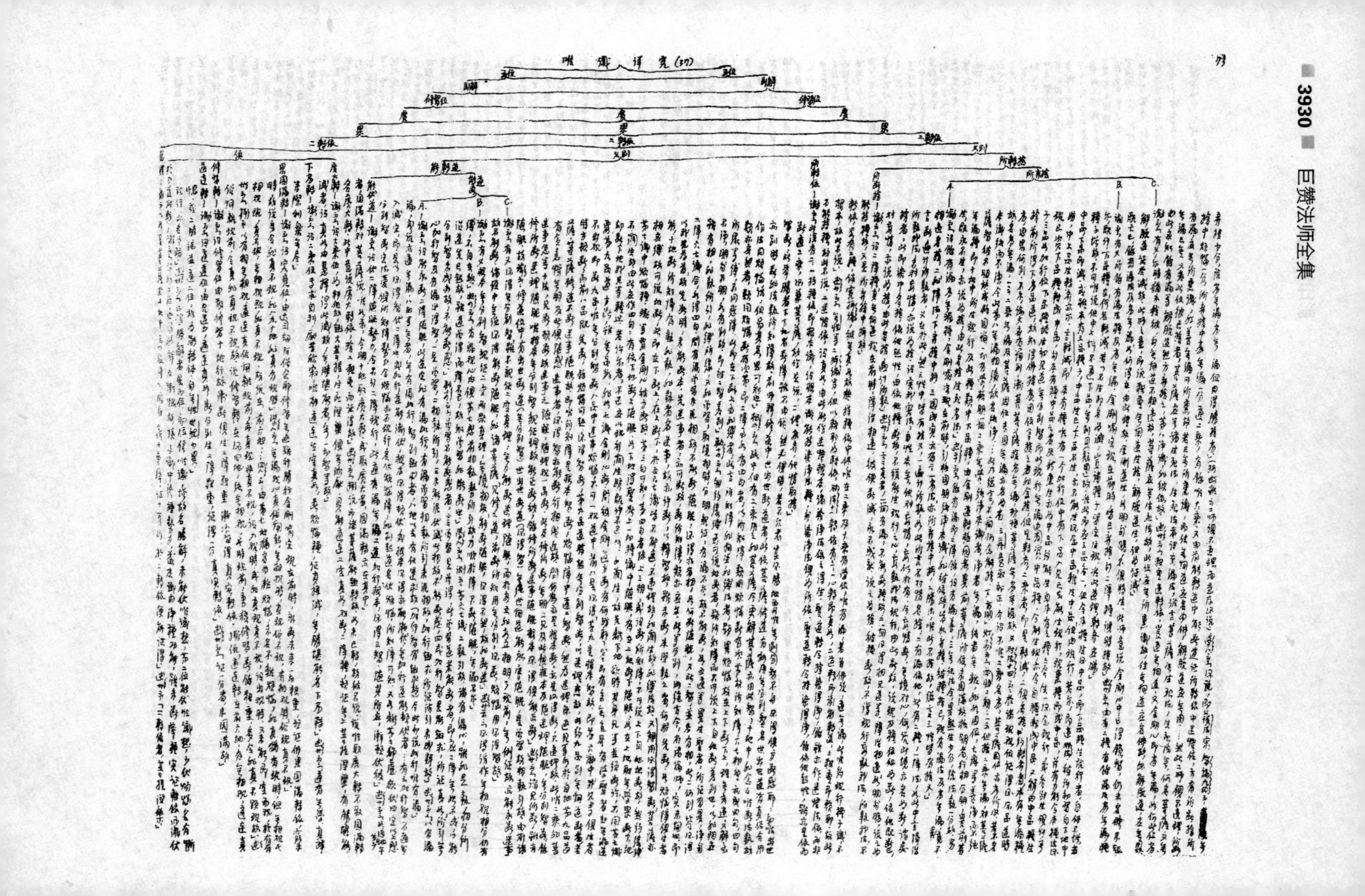

唯识详究(37)

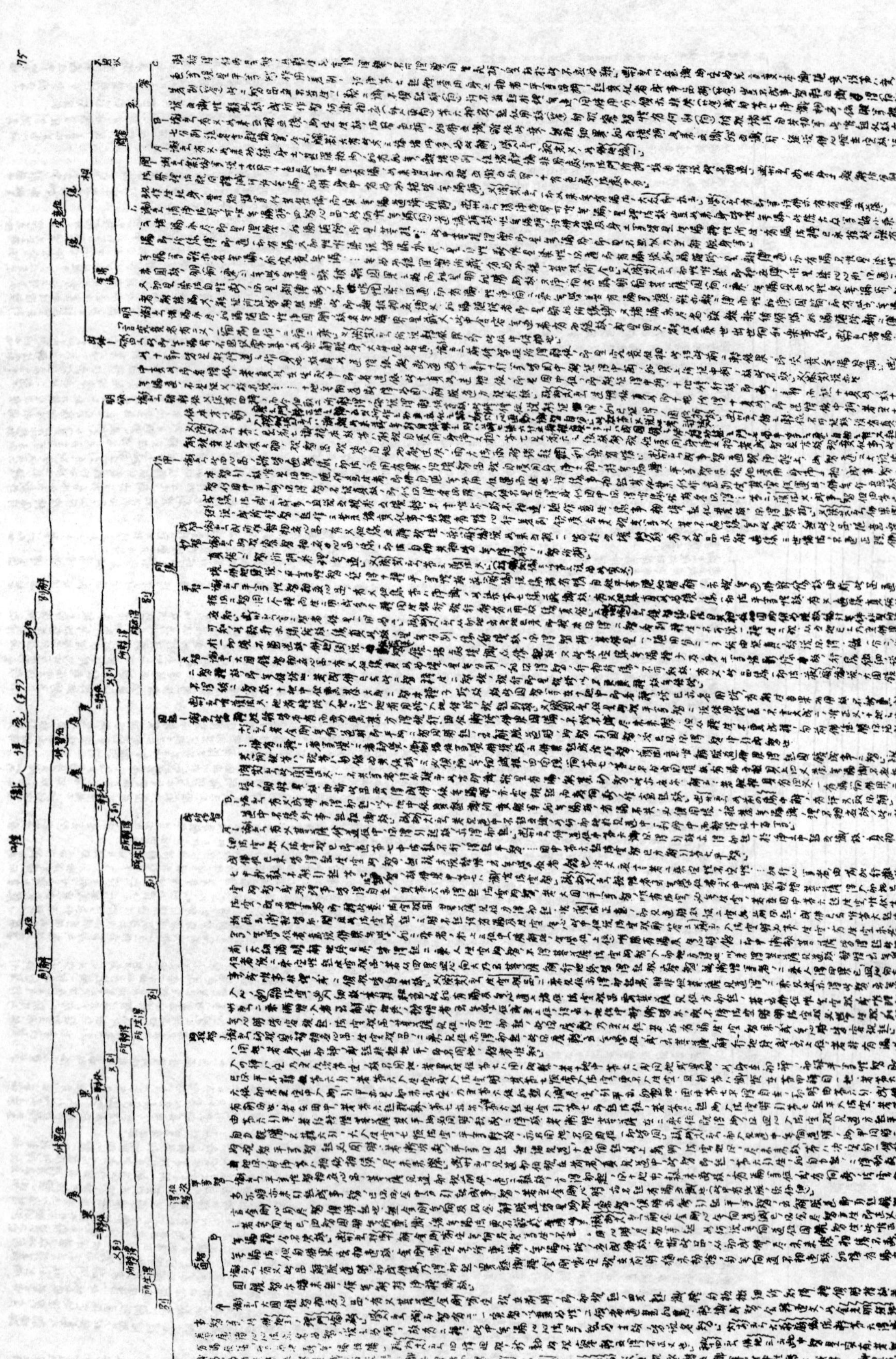

唯識擇究（P0）

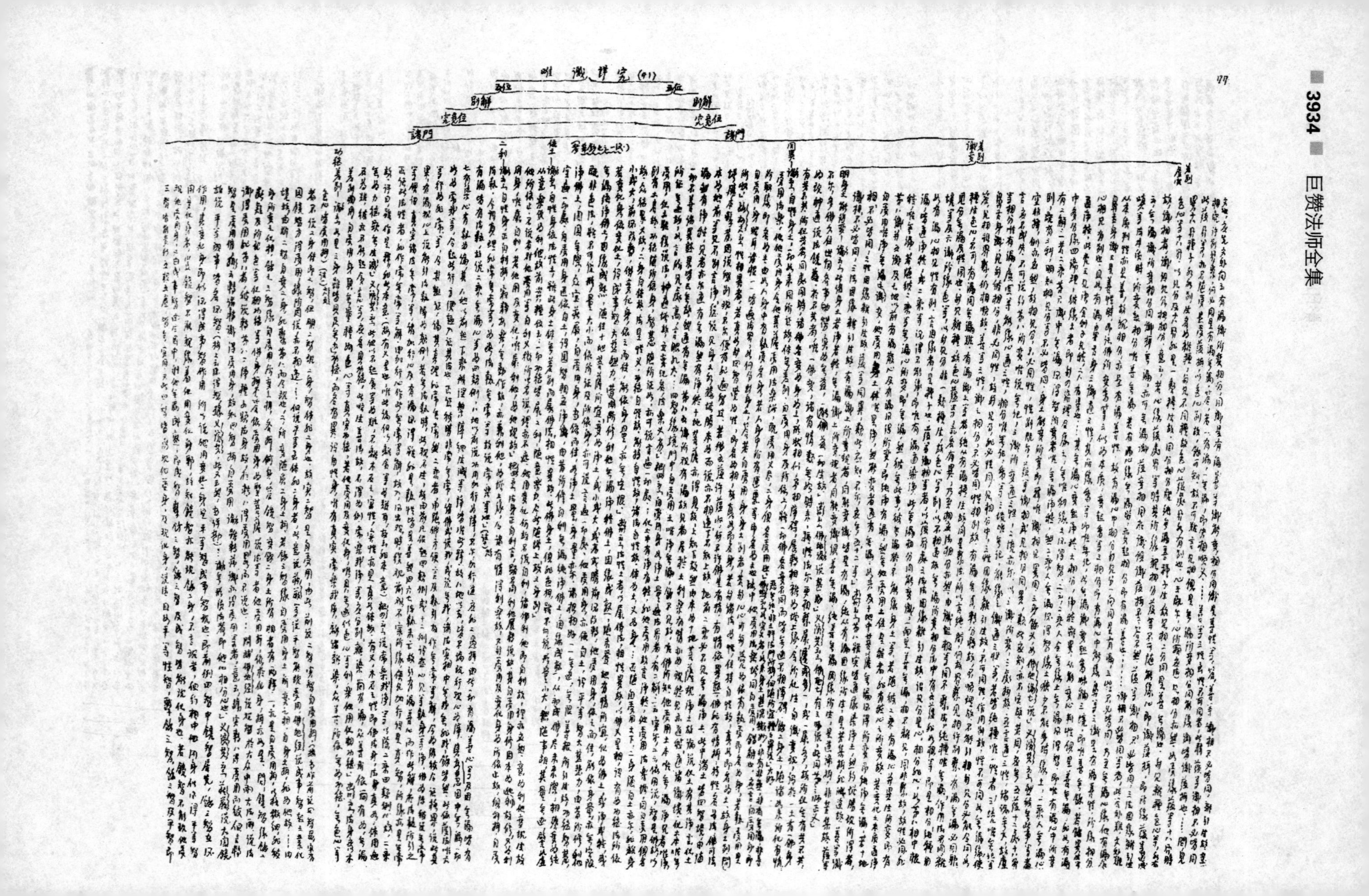

唯識研究（41）

五位 — 别解 — 究竟位 — 諸門

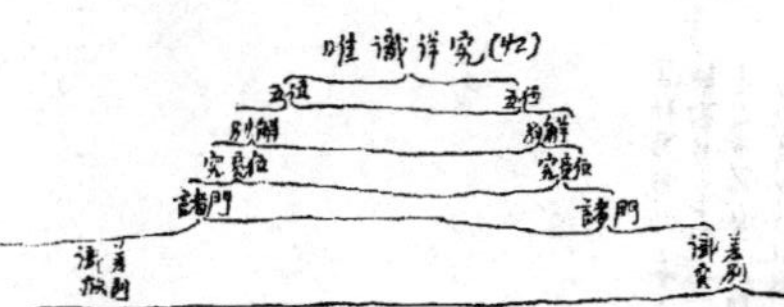

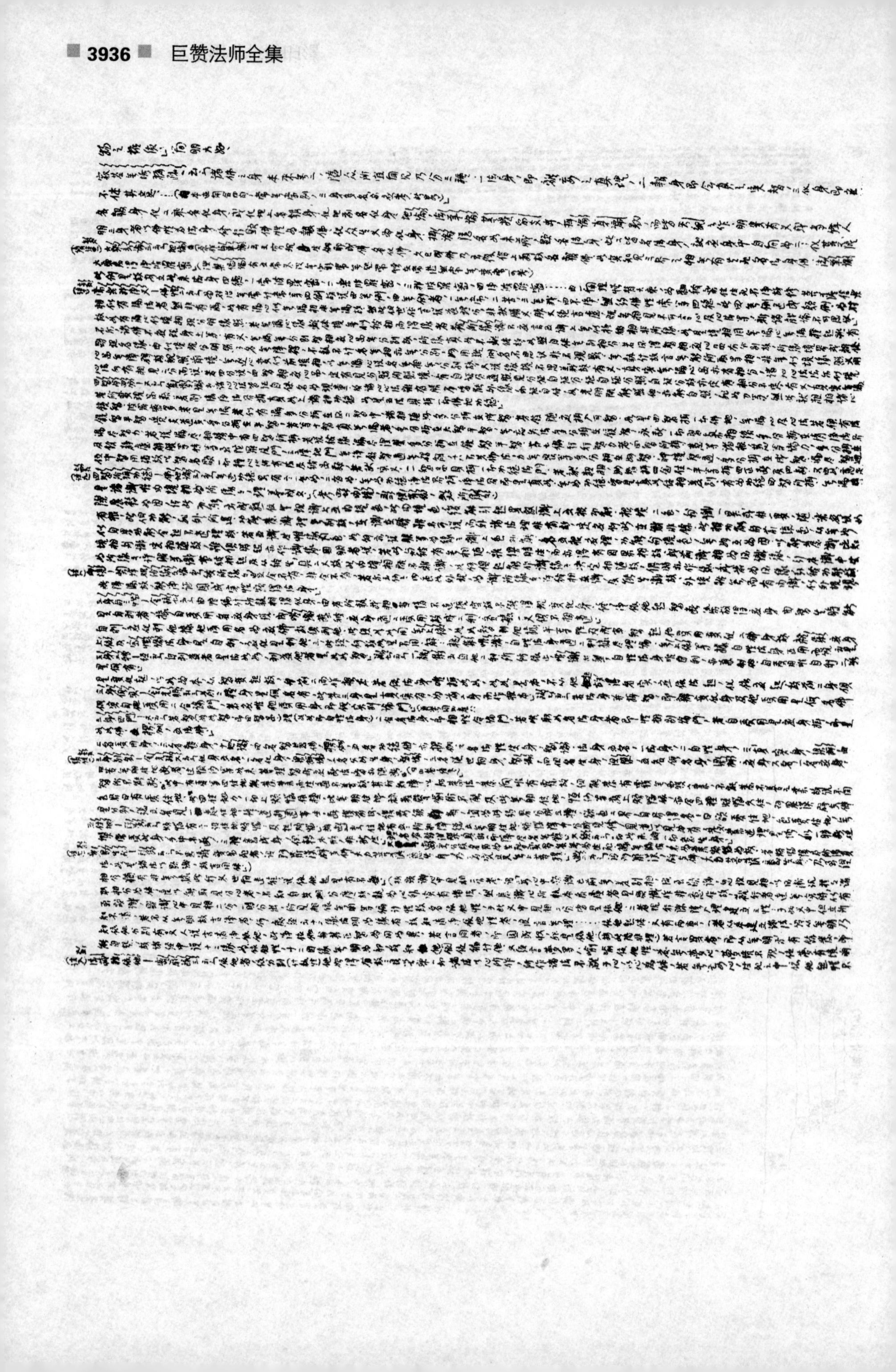

諸戒執反破[illegible]釋(一)

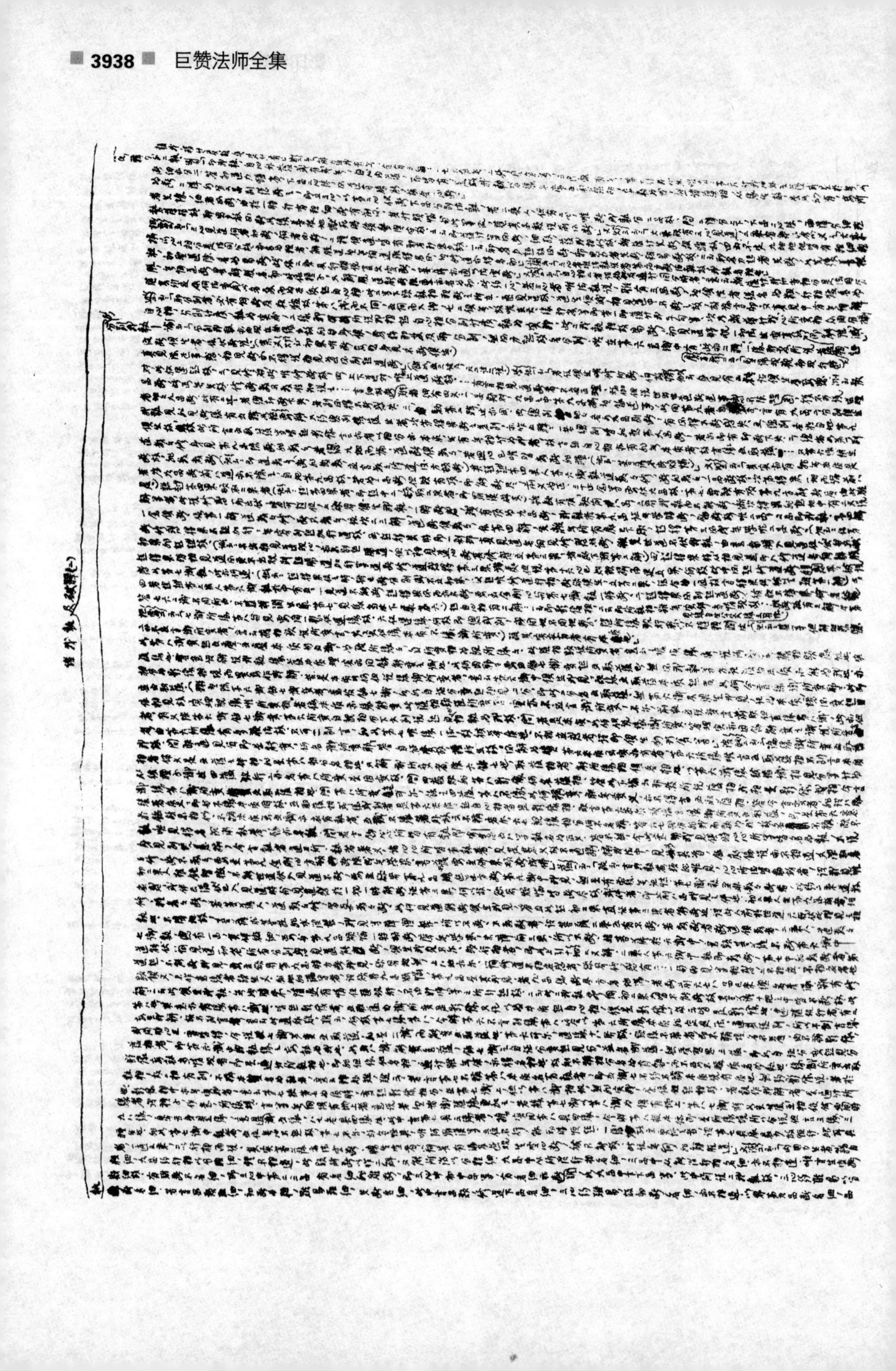

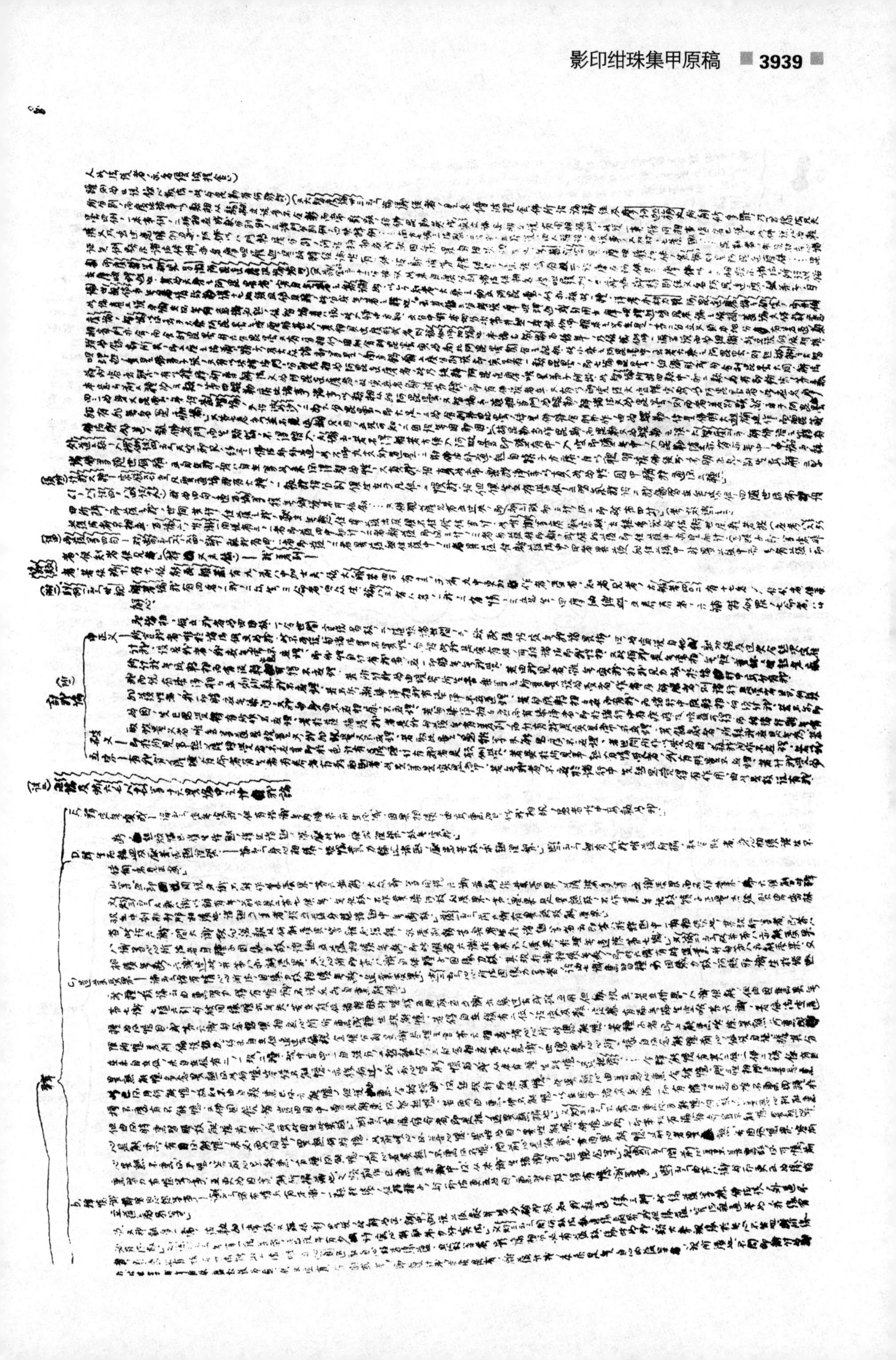

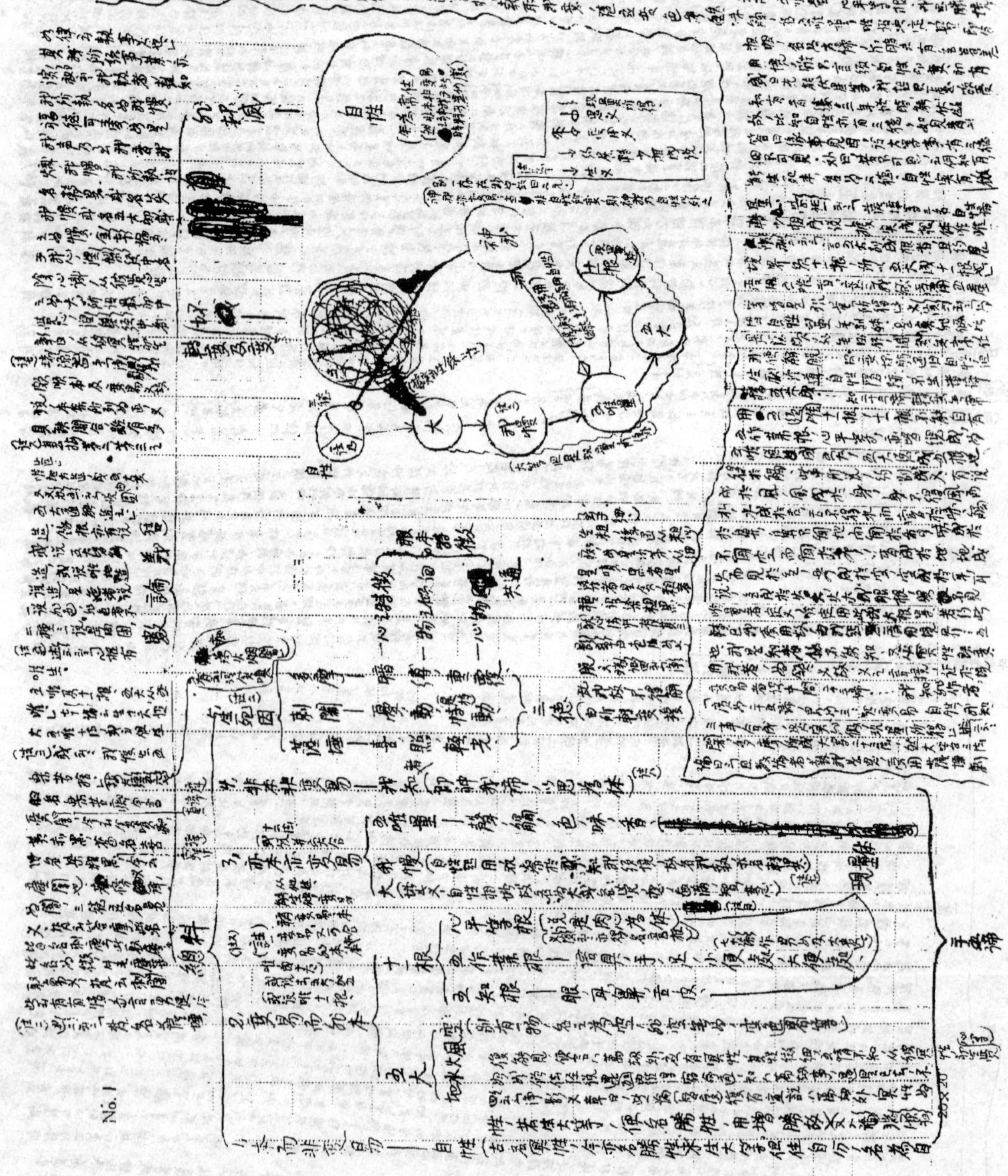

因自性已,有支那所謂渾沌,一元氣,未分陰陽,亦大[illegible]……

發破壞之第一原因,則破壞界限,並無有成之理……自性之本位的相狀如何,經曰:『……』[illegible],薩埵、羅闍、多摩之平均狀態

成,今依平等比量,可知宇宙萬有,由于絕對無制限之一本原而生,二、同性故,三、能生故,四、因果差別故,五、……若無不

:自性之實在,大概利用平等比量,由因中有果論以證明之,前舉說之五原理,[illegible]以下二,以顯有五之制限物由同一泥土而

適占空間之地位,雖亦二元論,從世界觀言之,不過所謂自性為王一人之為有而已,此乃數論解脫主義之結果……

所得精神說,系以感情為意志,固原理,智之作用,然由本質上言,並屬于物質性之範圍,故精神的原理之神我,

以活動,換言之,神我者,常住不動之實在,思考以外無何等之原性,自性者有延長,有增減,見為變化活動之物,吾人

不可混同,然依因緣,兩者交涉時,于其關係向,遂引出萬有之成立,更以為心之特質,為常住不變,以物之特質,為變

此理苟不成立,則自性之說明,終成空想……數論以物心二元,建其哲學,謂心與物者,本來對立之二實在,無論如何,

有果,果非新生,但因變其狀態而為果耳,數論之所以立此論者,正欲應用此理,以物質之原理,而從超感的自性故,

以此略為數論思想之第二期……數論哲學之方法論三:一、多苦說,二、三量(現比聖)論,三、因中有果論。因中有果論者,謂由因

[illegible],阿修利多,使數論之潮流,于二元思想,于緣起思想,若今固定,遂判然成為無神主義,故學者間

甚遠也,故學者間以彼時為數論思想之第三期,叙事詩摩訶婆羅多中之所謂四哲學者,如薩拉多斯品,解脫

[illegible]之所成,蓋自從傳耶綴(于摩)之以我為認識之主體外,全無等力等勢用之本體,一切之活動,悉自自性[illegible]之哲理猶相距

以二為中,而十二種奧義書[illegible]摩訶[illegible],更以譬喻明自性本質之喜憂闇三德,然只可以認其為數論之淵源,而非數論[illegible]

即說象,唯基于其發展。四、分析現象界之事項,于其間附以因果之關係,然此特質,實溯源于梨俱吠陀及奧義

特質是為第二,不認吠陀之法失,以之為絕對的權證,二、批神與梵之性,原理上自性神我之二元,三、特重物質的原理,一

由活動變化之三德成之,此兩元結合之時,神我為動力因,自性為原料因,而萬有依之成立。故從數論哲理可得四

論之精神的原理之神我,與物的原理之自性,解決,即,即神我為多,自性為一,我之本性在認識,自性之本質,

木村博士《不滅哲學》(葛力禪)云:『數論解脫觀,系式之功德,離人格神之存在,全依思辯的知見,以求解脫,其哲理純為二元

我,是名無知,此無知繫縛自身,令在人天獸等中』

自細身,真我秘存,故名解脫,翻此則繫縛者,翻智者名無智,以無智執言,我可憐,我可愛者,由慢故計

異故,從一自性,生之世間之三德不同,故有勝劣』又云:『因智厭離解脫,因細身得智慧,因智慧得厭離,因厭離捨

大等變異,一切我共用,自性亦如是,一切我同用。……三德五違,猶如怨家,而共為我作事。三德合集變,自性轉變作變,

身報生死,伸縮往還故,自性不如是,無有伸縮故。大等變異,我所受用,故從名塵,自性亦如是,我所受用故。

我既不思,自性不變,我微境縛,便得解脫』金七十論云:『大等諸物,欲起生死時,依此十三具(此四字疑三德之誤)能使細微

又大疏云:『由此三德是生死因,神我本性解脫,我思勝境,三德轉變,我乃受用,如境纏縛,不得解脫,除厭修道,

三德類同,合之為一,譯日不可更分,塵勝等種,多差別,何名類同』

皆有解成三德也。又疏云:『問自性體即三德,云何三種合名一德,答體實有三,作業等即同,故合為一。有義

三具異由本故,自性有三德,未(三德)有三德故,知本有三德,未不離本故。二皆有三德者,唯識述記曰:所成法上,一一

(註九)『唯識述記』云:『謂即自性,總名自性,別名三德,一一皆有三種德故』唯識四云:『言總名自性者,金七十論云:變異有三德,

塵,故曰知者』

(註八)瑜伽記四云:『淨影疏曰:十六神我,出大品經,神謂神主,我謂我人,論自釋曰:所言知者,計有我人,用能立情,知能立

言一,若不爾者,青黃赤等多法不滅,不應不爾,畢竟不滅者,青黃白等亦不應滅……』又見瑜伽論第十。

破曰:若離白則無異者,白滅異亦應滅,若異不滅,白亦應不滅,若爾青黃赤等亦滅,白是不滅者,云何

為白異不可說一,言此是白此是異,二法差別為白異,一切法因果亦如是(據此即因中有果論也)

馬,而我識覺我不可得,識我覺不可得,以我經中說,我覺體相,如火為熱,二法差別不可得,以彼法不可說異故。譬

[illegible]破樓云:『僧佉外道言我覺一,二相差別不可得故,如牛馬異法,二相差別可見可說,言此是牛此是

事,因我因人民威信十殿閻王故,創立命獄卒拘人故』(彌闍解世本)乃大品法是

形生,不行生』令人復合獄有三種,而一則曰『獄卒縛我,或閻王』,再則曰『是人修死為生閻羅所錄』

剎生,沙神生,或作梵,世主,天,乾闥婆,夜叉,羅剎,閻摩,羅剎,鬼神』,欲色二分[illegible]行生,自行生,修

據論亦言天堂地獄而不詳,其說法門亦言及,言天道有八(梵王生,世主生,天帝生,乾闥婆生,阿修羅生,夜叉生,羅

作根事故……』(指夜摩即禁制,反夜摩即勸誡)家所名知根,所作根相應,即名作根,以心根分別知根事及

摩相……能分別為心根,此心根若對心根[illegible]

用,不數康他能令三同世及生,隨我覺已很,隨己意住,此四是薩埵相,若與乍能二,反此名是四,

解脫,自在有八種:微細,極微,遍滿於虛空,至得所意得,三世同一本主,隨己欲塵

皮祿多論,外者於諸彼物已見,三時苦惱覺時,守時失時,又見相著能寶二過失,因此凡故離欲出家而獨

陰,梵行,無偏曲,智亦二,外智者六皮陀分,一或大偏,二此彼羅偏,三切彼論,四樹底城鑊及猶,五闍陀論,夫

夜摩,尼夜摩,夜摩有五,[illegible]師尊,內外清淨,滅換欲令不殺不盜,實

如跛盲人……決智各為六,大有八分,四分名喜,四分名閻二觸,喜分者證法,分知自喜離欲自在,法者何,

異故,如我又成立,人亦是實有,見者能作者,如是卵者見自性時即得解脫,是自性者亦令我初離所相捨離,

(為世間中見六味飲食,知有別能食)初離故(若唯有身,云何解脫)由因立我有,生死根別故,作事不苦故,三德別

聚集為他故(如床席等聚集,必為自用,必皆為人役,亦為他役,他者即是我)異三德能故(食者

五起(更互起者是三德更互作他事,如一憂喜被殘縛,無父母扶相援,如生歡喜,而是一切皆壞,故不作他事)……

無果,是又不然,故知因中定有果。……三德在大等中,一更互相伏,二更互相依,三更互相生,四更互相雙,五更

因自性進,平等比量,知自性實有,大等是共事,大等事有三德,故知自性有三德。……衛世師等執因中

(註四)七十論云:『若知二十五,隨處隨意住,編發翦剃形,得解脫無疑』……自性實有,細微故不可見,緣事見自

故果变，可知，或由缘变异故，果成变义、

中正义——有相法由众缘相可了知，一，亦应所，于所依（眼中眼识）三，于自相（如因自体不由他造）四，于自作业，如由因变

不应理，若已生，果体已有，复从因生，亦不应理、若因果两相异，因中果体如未生相如已生相，若未生，未生而说有

此所破义——若因果两体不异，即无因果决定之体、

从一切●和果生、

彼所立宗——因中恒常具有果性、若不尔者，应立一切是一切因，又应於二果取一切因，又应一切事加功营造以求一

形及六七，八等，以两经所造此因中有果论，其立破者、

住同变亦应见异，云何见一，若不同彼，如实故，自体虚疏同业报故，彼何于一。」

（注二）义灯三云：「境不应有三相，宁见为一者，大众自宗能造所造色皆同一处，应体非别，云何见一，又如一境有多

要现量能缘故不可碍。」

此注：又应义各别，彼许自性转变成大等，自性既遍故杂合，一切处皆应转变，大乘等所缘，名实

（注四）义灯一云：「彼计自性变成诸法，遍一切处，故皆此难。大乘中乃言熏习种子所生，如第八识故各

（注三）义灯一云：「佛法有根，但四大造净色为体，以一根得一切境者，如自四大种生四大所造，不同於彼皆三法体」

中相续假，若说续物者如秋波人会三假者，一，相续假，二，分位假，三，种类假，」

（注一）义灯二云：「自宗五尘亦多事成，一一皆用四大造故，即不许同彼实物等假，何故难他，答：宗体即三假

五，廿三於秦淮河畔

（上据述记卷五，廿三——五六，五分别）「金陵板」

如情，净秽等物，现比量等，皆应无量，便为大失，故彼所执实我不成

别，皆不得成，若尔，一根（注二）应得一切境，或应一境一切根所得，世间现见情与

F，大等法皆三合成，展转相望应无差别，是则因果，唯量诸大，诸根差

E，体亦应各三，以体即相故、

一一皆具三相，应一一事皆成色等，何所阙少，待三和合、

三相，和杂难知，故见一者，既有三相（注三），宁见为一，复如何知三事有异，若彼一

d，不可说三各有二相，一总，一别，总即别故，总亦应三，如何见一，若彼三体各有

c，若三和合成一相者，应失本别相，体亦应随失

b，此三变时，若不和合成一相者，应如未变，如何现见是一色等

a，三是别，大等是总，总别一故，应非一，三、

三，合难二十四谛，唯除神体、

F，体应如相，冥然是一，相应如体，显然有三，故不应言三合成一、

E，若谓三事体异相同，便违己宗体相是一、

d，许此三事体相各别，如何和合共成一相，不应合时变为一时，与未合时体无别故、

c，体既遍，一处变时，余亦应尔，体无别故、

b，三本事各多功能，体亦应多，能体一故、

a，萨埵等三，即大等故，应如大等亦三合成，转变如常，为例亦尔、

二，破本事能成自性

（注）彼许大等法三事合成，是实非假，现量所得，

c，大等法若是实有，应如本事非三合成

b，量云：汝之大等亦非现量所得，多事成故，或是假故，如军林等

a，大等诸法多事成故，如军林等，应假非实、（注二）

一，破所成二十三谛（注一）（注六）

No. 2

20×20

考甚解《假合论》文附上。　故依后上记，载编于末文。
二十五谛本年此篇，按《僧佉论》、宗七十论、《瑜伽师地论》昆吉那，及《假合论》，此亦并解脱义。第三亦有三谛，
即论第一、二、三之四明论等之论《僧佉经》，提婆菩萨十二门论，于二十五谛中，净此见自性与其等生，言三谛三，
谛，未之应意义物也。
因，自性依其本有（冥性），中辨论自性（觉）自己，而依二我（觉）为我而解脱自己，于身亡时，自性还冥，无时且的发
故为解脱我相之间（因），然有制限，生者有三之法，为自然的生于件之真我体，了于自性自觉悟也，而自性解脱之
心为联络媒介，而与对之之应求，故起识之活动，心理，而为永恒之明动发态，此之主体，其为在世时向冥自向以。
性从其本体说，经中对于他派之解脱说有别论之，亦可得解脱我之主体，与其生真，与活动无似，但有以本性，辅
本来不能离，而生有相违，此与我执着为故，不然因此而生，广说冥物与真之神我，其本体为无为，所以与不能与常，则
助言曰人（二人相助）者，由是其世间也……神我见自性之三德，其本来非常向之所说为知者之能已完满，自性脉神我见，则
依然，本来存在，因其有自性，但不为神我所见，则两者之依存，所以为三谛，自性之物质（即我之物质）
神我者，有主观性之依存，而为解脱，自性者有时观性之依存，而为所见，此两者相依，不逆于两，又之依存，然其性
依，所以能离之主体……
其本不同，非根亦有上中下之区别，故与合人之主体，则感不能同一，此为之神我本不生不动之活动主见体也，但以，未与身体
有所生者，其身之成为于物而为物，然为获得于身体说，有为神之物质，时发上，人人之生与死与同时，而随其以，从而作
证明法，所有之种，一凡现非诸物而有所作者，非为所作之自身，必有依他用之言生，二、因为三德，以三、五支论证四
在于为现，然来见为之何而言，其性依为常住，之自体，与活动，唯下不行（冥）谛，自主物之之说其生……神我之
依活动之别，由是等入于各自之论，谛者，与其与三德于动之理，因为之，自性者物体之本，与已指其因缘为之而言之之德，

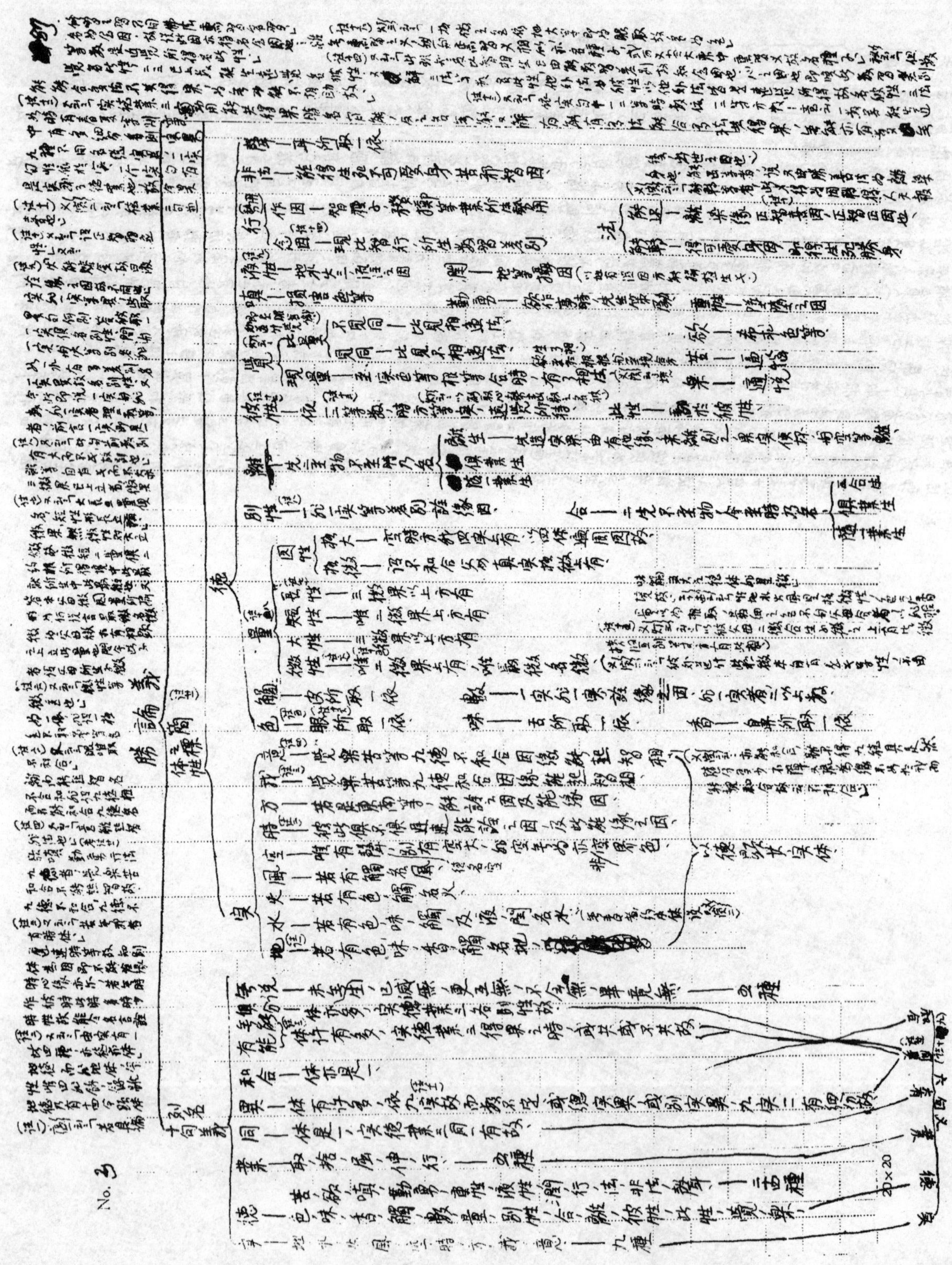

考瞿昙假名领疏义钞」、

三、可参考《大藏》二、亦有立、破。

四、论藏第三《优楼迦弟子论》、卫世师经，言于六谛，成那论中日立说，再供养火等和合生神等处」云云。

脱如理想矣」。

一种之消极主义，但为以世立大我为大自在天，信解脱为此神摄理之思想，则异于前之所述，而以活动的解故，以禅定使意志活动中止，不可见之业力，自然而灭，遂以为苦痛之义，此解脱既为小乘佛教所足取，即同为胜论派之思想故也，又彼论以为我所有活动的活动者，由依苦乐等而为之种种作业故，其因为意与我之结合，察，为其所达期，皆在解脱，又置重于上天，故本典说「落顶，断食」等行持，以为依之可达上天目的，此皆未全脱两原因为归于不可见之故，于是乃要为绝对涅槃之义之二元论矣……胜论对于种种问题，下以严密之科学的考顷，胜论宗义，此明立唯「之神，恐系基于本典说极微集合因，乃为宇宙种种动的现象中为根本之兆，假量等之要之，胜论为因中无果论，于其形而上学取积聚说，从其由数多原理之组织而成万有之思想而来也，第八世纪其结论一物之成立，须分此等诸因相俟，从而单为质料因中已备，因果并无结果之因中有果论，已非真理，一切一个，以非常迅度回转，恰如充遍全体内者然……胜论以为形成一事物，有和合因，不和合因，助因三因，故者也，然意自体非精神之存在，绝无知觉，其量极微少，如有触体，仅为极微物质，其数一身体内仅有束缚为心理现象，胜论别视为物质状态，而司掌于我之连络，即今所谓知觉神经而兼运动神经故胜论虽称他派，辩视我为四大同列，然其中心思想仍为根本原理者也，故有评胜论为二元论者，盖于意自多思想分我为最高我及小我，大我为唯一，小我为多数，而或之界，无解脱与我有关，并有生灭因之业，亦为我用，体，自身亦与地等同为非精神的实体，然胜论关于我之数，亦以数论思想为之存在，惟为因世有多加以种举所和及所起智以显我体」，则分义遮等义亦相顺）更进而言之，胜论考察为实及德二句义，若详其属性，则我为和合因缘，和合为解脱智，今德为我合，不依果解」，此为思解，立为演秘云：「由我能令九德和合而解，起智，故为苦乐欲等主体，亦胜论特质之一，所说有种种说是也。（按大疏解和合因缘云：「谓和合性，和合诸德与我合时，我义中，我意之属性质上有大差别，然两者协同起心理现象，可视同一类。六十句义中，按我以为和合因缘，将神观有加等说或非有句合，六句为七句义者……实句前七，为构成实现界要素，而我及意，则主构成主观界，胜论系者，亦谓此派及一切有部，其成立年代，大略为纪元前三世纪顷，盖有部家之成立，约在斯时……六句十句之外，又木村泰贤云：胜论派关于实有之影响，直接为弥曼差派所启发，其思想内容以及学派之态度，最类为密切关系。识，我别潜伏于意之业处，而成觉等九德合，故能起智，此为木村氏之言心理之界限耳」。

（注廿）大疏、撰述云：胜论六句义，明诸法相依而有，异乎西哲一元二元诸陋说。九实中，我意二实者，为心法也，意即今所谓意思。

总同，德、业亦尔，且一地实，有众多地，总名一地，名为别同，一一义差，名为别异，总业准此」。

（注廿一）大疏云：同异依多，实德业三各有总别之同异故」。演秘解云：实德业三，三不同故，名为总异；九实各实，各为

共八种等于本生父母十四微量，如是展转成三千界……其子粗微各为有分，有细分故，其本细微但名为分，未有他故」。

子微并本合有三微，如是辗转与余之微合生一子微，第十五子微

（续注廿二）明子微一，孙微三，父母极微合生一子微，子微之量等于父母，体唯是一。从他生故，性是无常。此是显极微者两两合生子微（等谓明灯、钉等一、二者未合名为父母，成子时已合之外，别有等量所生之子，而两者合时，量亦不为正。）

（注十七）又云：彼体云何，谓众一时等远觉所待一实所生，此谓缘因是名彼性，众近一时等觉所待一实所生，此谓缘因是名多极大」。

微者，谓极微所有和合一实极微，谓缘因是名极微，极大者，谓空、时、方、我、实和合一实极大，谓缘因，亦名遍行性者，谓因多体，大体积集差别所生三微果等和合一实大，谓缘因是名大体，因体者，有二种，一极微，二极少生三微果等和合，一实大，谓缘因是名大体，短体者，谓以二微果为和合因缘二体所生，一实短，谓缘因是名短体，

（注十八）十句论云：「微体者，谓以二微果为和合因缘二体所生，一实微，谓缘因是名短体，长体者，谓因多体，大体积集差别所是故，若从无体因能牵引，说六句论，六唯有故，我今应为有一常法，能令实等相属，不离」，同性、非是相……刹云：将有解等解起于异一实句，能令法别，二有能句，助和合句，能引诸果，其因合生，三无能句，亦能生结果，四俱分句，遍在实德业，亦同亦有，唯有一法能令实有体性故，十句论为同句，同异句者，有多常法，能令实等有同异故，十句论师开此为四：味触，数量，别体，合离，彼体此体，觉，乐，苦，欲，憎，勤勇，重体，液体，润，行，法，非法，声，十句论之有二十四，业句作业，此有五种：有取种子根门，数之回转，体有质碍，不能隐遁，言德句者，德依实，有胜力故，此有二十，谓色，香地球渐渐灭，所未微住，空谓虚空，时谓时，方谓十方，我即神我，意者梵云阿效者那，此云微意，能生觉者，空时方我意四大有二：一细二粗，细者体常，空劫散住，成劫二微合生一子，子微量等，二子生孙，辗成大

（注十九）演秘云：「五顶造义，虽有实论，谓六句义，谓未有依之藏说，实句者有实自体，德业所依，此为主故，此有九实，地水火风

勝論義

德—行,少分二種,半唯知現境,此行即是……行中全因,知全取行故某事也。

現量境分別
- 實—地水火風,父母極微,如現量得,子微以上是現量得。
- 空時方我意,如現量得。
- 德—覺、苦樂欲嗔勤勇,現境……有八德唯是現境。
- 和合句義,唯識說為非現量得。
- 無說句,非現量得,唯非境故。
- 業、同、俱分皆現量得,諸根得故。

有質礙分別
- 同及異亦是無礙。
- 實—地水火風是有礙;空時方我無礙。
- 德、業、和合、有能、無能、俱分、無說,唯無質礙。

常無常分別
- 實—空、時、方、我、意是常;地、水、火、風,如所有常,父母極微所作故,所作者無常,子微以上皆是無常。
- 唯業無常,從是能作所作事故。
- 德—餘十或常或無常……覺、樂、苦、欲、嗔、勤勇、法、非法、行、離、彼性、此性等十四是無常。
- 無說—不會無、更互無、畢竟無是常;已滅無、未生無一向無常……
- 大同、異、和合、有能、無能、俱分,六句是常,非所作故。

一多分別
- 實—地、水、火、風四是多物。空、時、方、我、意,各是一物。
- 德、業、異、有能、無能、俱分、無說,七唯多物。
- 大同、和合,二唯一物。

無說
- 畢竟無—以三時不生,……為體性。
- 不會無—以大有性及實德等隨於是處不和合,如彼處人……為體性。
- 更互無—以實德業等……故互無為其體性。
- 已滅無—以實德業或因勢盡,或違緣生,……為體。
- 未生無—以實德業因緣不合,而未得生……為體。

俱分—即實德業三種體性,此三之上總俱分性,……彼相望亦同亦異,故名俱分。

無能—實德業三或時共一,或時各別,不造餘果,……

有能—實德業三或時共一,或時各別,造自果……

和合—能令實等不相離而相屬。

異—有此,異於德等,故名為異……

同—謂實德業體性……

業
- 行—有質礙實先合後離之因。
- 伸—翻於屈業。
- 屈—遠處先離,近處今合之因。
- 捨—翻取業。
- 取—[illegible]

者，所香根得。火性與上故，如重上故觸，又有可所離處。

觸有別。觸（述三）「墮墮之因名為重，地果發酵，如墮墮又無重德。水有重者，現見雨滴墮墮故。水無香氣，火無味

（附）觸（四）：地有十四德，謂色、味、香、觸、數、量、別性、合、離、彼性、此性、液性、潤、行。水亦十四，前十四中除香取重」摘句。

又（述三）「如世史記」，眼舒光至境，緣、觸塵乃根方緣」

作觸，而彼白疊起無前因故」（又見試論叢第十一）

疊。若復疊之為西壁，依壁有西，壁滅西亦滅，無滅疊不滅，白疊不滅，又如此者，所事不相似，應是先有無是故

智故。如是一切因果為異，不可說一故。（按此即因中無果說也）……破云：若果與因異者，應有疊外有白疊者，有白如

又（掇言十）「衛世師外道說：一切法異，如說此是白，此是疊，此是天德，此是天德疊，非分覺異，亦如此，此是

如五業，一切遍所依，有境依附微意為遍所依，依附二微等者不遍所依……」（餘未示與，且參見如於本部二十頁）

行之因，如目隸為因亦爾，取捨行三以一切地水火風意為所依，屈申二以枝舒屈細分為身別果大等實為所依

業分別——五業，所有皆如實無質礙，無德無細分，離合之因，能作所作事不待緣，與實之標幟，是攫擲等所不待

相違——二十四德相違不相違如摘。

德遍不遍所依——色味香觸數量別體彼體此體液體，潤，重體，勢用遍所依，餘不遍。

德依實——合離依二實，數及別體亦一亦二，餘唯一。

生者，有觸實空處離為因，聲生者，有觸合離勢用待無障空處為因……

相屬含我意合為因……聲有三種：一合生，二離生，三聲生。合生者有觸實空處合為因，離

勤勇境及彼有能無能俱分有性境所有智，我意二和合為因、比量智所和合一又和合相違智為先，待合等

四和合為因，二者謂於聲及聲和合有能無能俱分有性境所有智，我根意三和合為因，三者，謂於業、業有性、業有能無能，於俱分有能無能所有智，我根意境

體液體潤勢用地水火風實取等業有性，除異和合有能無能……

智……現量有五種：一四和合生，二三和合生，三二和合生，一者謂了相於至色味香觸數量別體，合離彼體此體液體……

別體等別體同數不同數為因、一體別體彼體為因……智有二種：現及比，現有四種……

水所有重體，及水所有液體潤，二微果等和合同數為因、二體等數二

因——色味香觸同類為因者，謂二微果等和合火合為因者，謂地所有液體，地

所取人中——觸色味香為一根所取，數量別體離合彼體此體液體潤勢用眼觸所取

（附）實之德

意——、、、、、、、、彼體此體行八。

我——數量別體合離覺樂苦欲嗔勤勇法非法行十四（上言九德此十四德，以覺等九是我能遍法故，和合此九方能起智決擇是所我，覺等五亦是我德非能遍法故不復言之）

方——同時。

時——、、、、、五。

空——、、、、、聲六。

風——數量別體合離彼體此體觸行九。

火——色、觸、數量別體合離彼體此體液體行十一。

水——色、觸、數、量、別體、合、離、彼體、此體、重體、液體、潤、行、十四。

地——色、味、香、觸、數、量、別體、合、離、彼體、此體、重體、液體、行、十四。

又云：實德如下：

身根即地，味根即水，眼根即火，皮根即風，耳根即空。

分細分，因不相違，如因果相違，又因有果，亦有果不因，因亦爾。又是九實，地水火風空五是根，餘如根一如此

是有無德，有無對眼亦五、此是九實五常四分別。謂此四中如所造者無常，所造者無常，如是有無德，餘無此

九實一切皆有德，為有德，和合因緣有實性，有果，如果不相違，有待因亦爾。九實地水火風四有觸，餘無此

（註十九）十句論又云：「九實五地水火風意有德作，餘四無動作，如有動作無動作，有無質礙，有勢用，有無彼此體亦爾。」

業和合於一切業，業性緣因，於實德不轉，眼觸所取，地性等亦爾。」

於德業不轉，眼觸所取是名實性、德性者，謂一切德和合於一切德，德性緣因，於實業不轉，一切根所取。業性者，謂一切

（註十八）十句論云「云何俱分，謂實性德性業性及彼一又和合地性色性取性等。實性者，謂一切實和合於一切實，實性緣因，

現量境，故量合離彼此液潤重勢用如色味香亦爾，故知重性通現所攝」

（註十七）又云「現除彼論云色香味觸現所現境，若附於微及二微果名所現境，謂若依附大如一實名現量境，此一切是

現境也」

（註十六）又云「今解二微亦非現緣者詳日歐說二微以上眼知，不說二微為現不該順世明身果合以為其境不在二微是

（註十五）又云「此之實十，隨其所應依水火風，一切觸微，即名常住，二微業是無常，

地為同類因故皆無常」稱云「二微以上名粗地等」

85

廿四，五，一九三一於秦淮河畔

上據述記卅一，十四—又八頁到（金陵本）

云何施設

和合自体現量智攝，假合生故，如實智等，故勝論者實等句義，亦是隨情
實句自体現量智攝，假合生故，如德智等，廣說乃至緣和合智，非緣離識
彼實等非緣離識實有自体現量所得，許所知故，如龜毛等。又緣實智，非緣離識（注四）

三，結非

現量境，由前理故，亦非實有，
所得，以理推徵，尚非實有，況彼自許和合句義非現量得而可實有。設執和合是
J，彼所執和合句義，定非實有，非有實等諸法攝故，如畢竟無。彼許實等現量
實等性，故同異性，唯假施設。
無別實等性，實等亦應無別實性等。若離實等有實等性，應離非實等有非
實等非實等攝，異實等性故，如地等諸性，對地等体，更相徵詰，准此應知。如實性等，
I，彼所執實德業性（同異性）應非實德業性，異實德業性故，如和合等。又應實
離有法有別有性，應離無法有別無性，彼既不然，此云何爾，故彼有性，唯妄計度。
許異實等故，如畢竟無等。如有非無，無別有性，如何實等有別有性。若
H，彼所執有，應離實等無別自性，許非無故，如實德等。若離實等應非有性，
有別自性，非有攝故，如空華等。
G，彼所執非實德等，應非離識有別自性，非實攝故，如有實等，應非離識
F，諸句義中色根所取無質礙法，應皆有礙，許色根取故，如地水火風。
E，彼所執實句義中有礙常者，皆有礙故，如粗地等，應是無常。
D，彼所執堅濕煖動，應非無礙德句義攝，身根所觸故，如地水火風。
C，彼所執地水火風，應非有礙實句義攝，身根所觸故，如堅濕煖動。
心所，應非離此有實自性
b，諸無常者，若有質礙，便有方分，應可分析，如軍林等，非實有性，若無質礙，如心
非離識實有自性，如兔角等
a，諸句義中，且常住者，若能生果，應是無常，有作用故，如所生果；若不生果，應

二，正破他非

勝論所執實等句義，多實有性，現量所得：（述記云：謂前六句，六句皆實，十句九實。又云六句五現量得，十句中異及和合有能無能俱非現得，餘[illegible]）

一，敘宗

破勝論義

餘五句全不生果（注三）
德句准有能中說有得果所須十遍常德亦能生果，隨其所應（注四）
無覺雖亦有常，不能生果、
業雖生果，而体無常、
有能是常，亦能生果
（上表據述記卷五下至十五頁分列）

別—生果不生果分／常無常中

實—空時方我意雖常不能生果（非如但能遠因不作果故）
地水火風父母極微常能生果

因實及有能無能並非現得，果但差別實因能與俱分無說性數，有能無能因之所
然亦非現得
（注二）色味觸香數量別性合離彼性此性液性潤並通二種

得」
有自体之現量智所
等不是所緣識外實
（注三）又說云云五云此實
性，液性，潤，重性各是量十種皆常皆非極微上有能
句餘空實等相兩者不生果」
果也，除無說餘四通生不生，德中非實中火母四大極微合者亦生果，唯
即同句俱分無能和合異句殺常不能生
餘六句全并實中時方我意空亦不生果
（注三）又說云云十句中
生果也」
是所緣，故唯有能亦入常
設適常住，得果之時亦
果中，今德句中既有十法
得果須故，得入常住能生
是自能生果由實句等
（注三）又云[illegible]得」[illegible]僅佔有能句不
說實[illegible]
[illegible]亦即於現量境，[illegible]依根和即[illegible]等分也故

20×20

50

諸法執及破斥(一)

1. 數論及破
2. 勝論及破
3. 𡗝天自在天 — 立 / 破
4. 事梵天等 (註一)及 — 立 / 破
5. 尼犍子 (註二) — 立 / 破
6. 若提子 (註三) — 立 / 破
7. 獸主等 — 立 / 破
8. 吠陀學者 (註四) — 立 / 破
9. 順世外道 — 立 / 破
10. 聲論等 — 立 / 破
11. 時論等 — 立 / 破
12. 小乘十二部 (註五)
    - 色
        - 立
        - 破
            - 有對色
                - 破極微成有對色
                - 觀所緣緣論
                - 破所成有對極

[illegible]

计清净论——[illegible]

计最胜论——[illegible]婆罗门是最胜，刹帝利是下劣，婆罗门是白色，余是黑色。

害见论——彼谓[illegible]乃至世间无有真阿罗汉。

断见论——彼谓我身已死[illegible]已不可更合。

无因论者——彼作如是言：世间无因而起。

不死矫乱论——[illegible]于彼所问以言矫乱。

边无边论——[illegible]

[illegible]

自在等作者论——不平等因论者[illegible]

宿作因论——[illegible]

[illegible]

(注一)[illegible]

(注二)[illegible]

(注三)[illegible]

小乘外道二十种涅槃论

20，本生安荼论师——说见有本物是涅槃因[illegible]

19，口力论师——说见虚空为万物因[illegible]

18，服水论师——说见水为万物根本，水能生天地[illegible]

17，时散外道——说诸物皆是时作名涅槃[illegible]

16，无因外道——说一切物自然而生名涅槃[illegible]

15，摩醯首罗论师——说有作所作和合名涅槃[illegible]

14，僧佉论师——说诸法道者涅槃因，说二十五谛自性因生诸众生[illegible]

13，尼犍子论师——说众生遍共因生名涅槃[illegible]

12，摩陀罗论师——说见自在天造作众生名涅槃[illegible]

11，净眼论师——说烦恼尽，依智名涅槃[illegible]

10，行苦行论师——说罪福尽，德亦尽，故名涅槃[illegible]

9，女人眷属论师——说自性人命精[illegible]

8，苦行论师——说身尽福德尽名涅槃。

7，毗世师论师——说见一切法自相同异[illegible]

6，裸形外道——分别见种种[illegible]

5，伊赊那论师——伊赊那论师等者形相不可见[illegible]

4，围陀论师——从那罗延天脐中生大莲华，从莲华生梵天祖公[illegible]

3，风论师——风能生长万物，能杀万物[illegible]

2，方论师——最初生诸方，从方生世间人，从人生天地，天地灭没还入彼处，名为涅槃。

1，小乘外道论师——诸受阴尽，如灯火灭，种坏风止，名涅槃。

(注二)摘录提婆菩萨释楞伽经中小乘外道涅槃论卷下。(卷六日经疏卷一本卷三引)

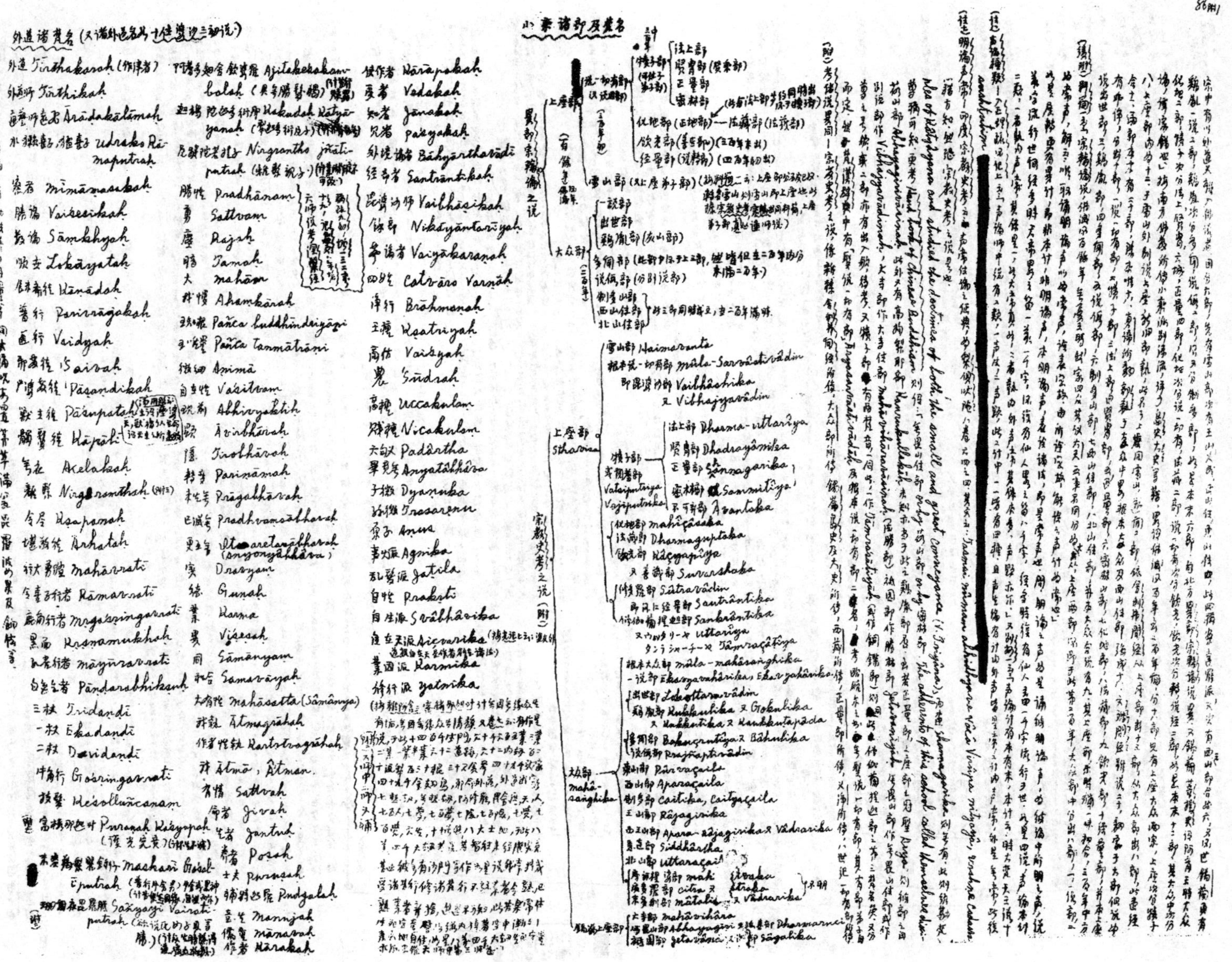

外道諸異名

外道 Tīrthakarah (作津者)
外道師 Tīrthikah
Ārādakālāmah
Udraka Rāmaputrah
Mīmāṃsakah
勝論 Vaiśesikah
數論 Sāmkhyah
順世 Lokāyatah
Kānādah
Parivrājakah
Vaidyah
Śaivah
Pāsandikah
Pāśupatah
Kāpāli
Acelakah
Nirgranthah
Arhatah
Mahāvratī
Rāmavratī
Mrgaśrngavratī
Krsnamukhah
Māyūravratī
Pāndarabhiksuh
三杖 Tridandī
一杖 Ekadandī
二杖 Dvidandī
Gośrngavratī
Kesolluñcanam
富蘭那迦葉 Puranah Kāśyapah
末伽梨拘賒梨子 Maskarī Gośālīputrah
刪闍夜毘羅胝子 Sañjayī Vairatīputrah

Ajitakeśakambalah
Kakudah Kātyāyanah
尼犍陀若提子 Nirgrantho jñātiputrah
Pradhānam
Sattvam
Rajah
Tamah
Mahān
Ahamkārah
Pañca buddhīndriyāni
Pañca tanmātrāni
Animā
Vaśitvam
Abhivyaktih
Āvirbhāvah
Tirobhāvah
Parināmah
Prāgabhāvah
Pradhvamsābhāvah
Itaretarābhāvah (anyonyābhāva)
Dravyam
Gunah
Karma
Viśesah
Sāmānyam
Samavāyah
Mahāsatta (Sāmānya)
Ātmagrāhah
Kartrtvagrāhah
Ātmā, Ātman
Sattvah
Jīvah
Jantuh
Posah
Purusah
Pudgalah
Manujah
Mānavah
Kārakah

Nārāyanah
Vedakah
Jānakah
Paśyakah
Bāhyārthavādī
Santrāntikah
Vaibhāsikah
Nikāyāntarīyah
Vaiyākaranah
Catvāro Varnāh
Brāhmanah
Ksatriyah
Vaiśyah
Śūdrah
Uccakulam
Nīcakulam
Padārtha
Anyatāhāra
Dyanuka
Trasarenu
Anu
Agnika
Jatila
Prakrti
Svābhāvika
Aiśvarika
Karmika
Yatnika

小乘諸部及異名

上座部 Sthavira
Haimavanta
Mūla-Sarvāstivādin
Vaibhāsika
又 Vibhajyavādin
Dharma-uttarīya
Bhadrayānika
Sannagarika
Sammitīya
Āvantaka
Vatsīputrīya
Mahīśāsaka
Dharmaguptaka
Kāśyapīya
Suvarsaka
Sūtravādin
Sautrāntika
Sankrāntika
Uttarīya
Tāmraśātīya

大眾部 Mahāsanghika
Mūla-mahāsanghika
Ekavyavahārika
Lokottaravādin
Kukkutika 又 Gokulika
Bahuśrutīya 又 Bāhulika
Prajñaptivādin
Pūrvaśaila
Aparaśaila
Caitika, Caityaśaila
Rājagirika
Apara-rājagirika 又 Vādarika
Siddhārtha
Uttaraśaila
Mahāvihāra
Abhayagiri
Jetavanīya
Sāgalika

…les of Kātyāyana and studied the doctrines of both the small and great conveyance (V. Triyāna) … Shannagarika …
… Hand book of Chinese Buddhism … The adherents of this school called themselves …
Abhayagirivāsinah
Vibhajyavādinah
Kaurukullakāh
Mahāvihāravāsinah
Jetavanīyāh
Tāmraśātīyāh
Āryasarvāstivādāh
Tasmai nūnam abhidhyave vācā Virūpa nityayā, vrsne Codasva
snshtutim

上座部

大众部

[illegible]

[illegible]

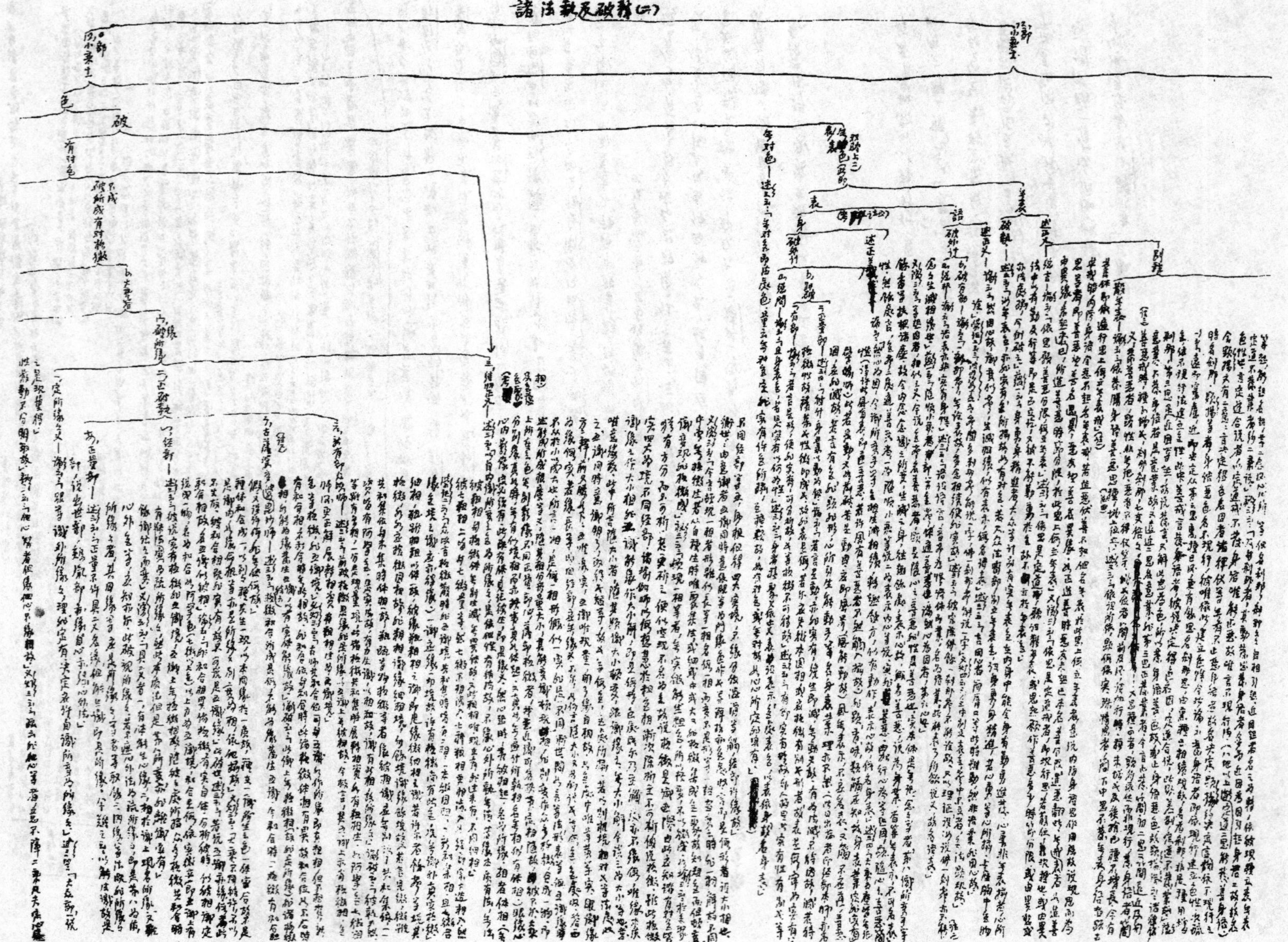
諸法執及破執(六)

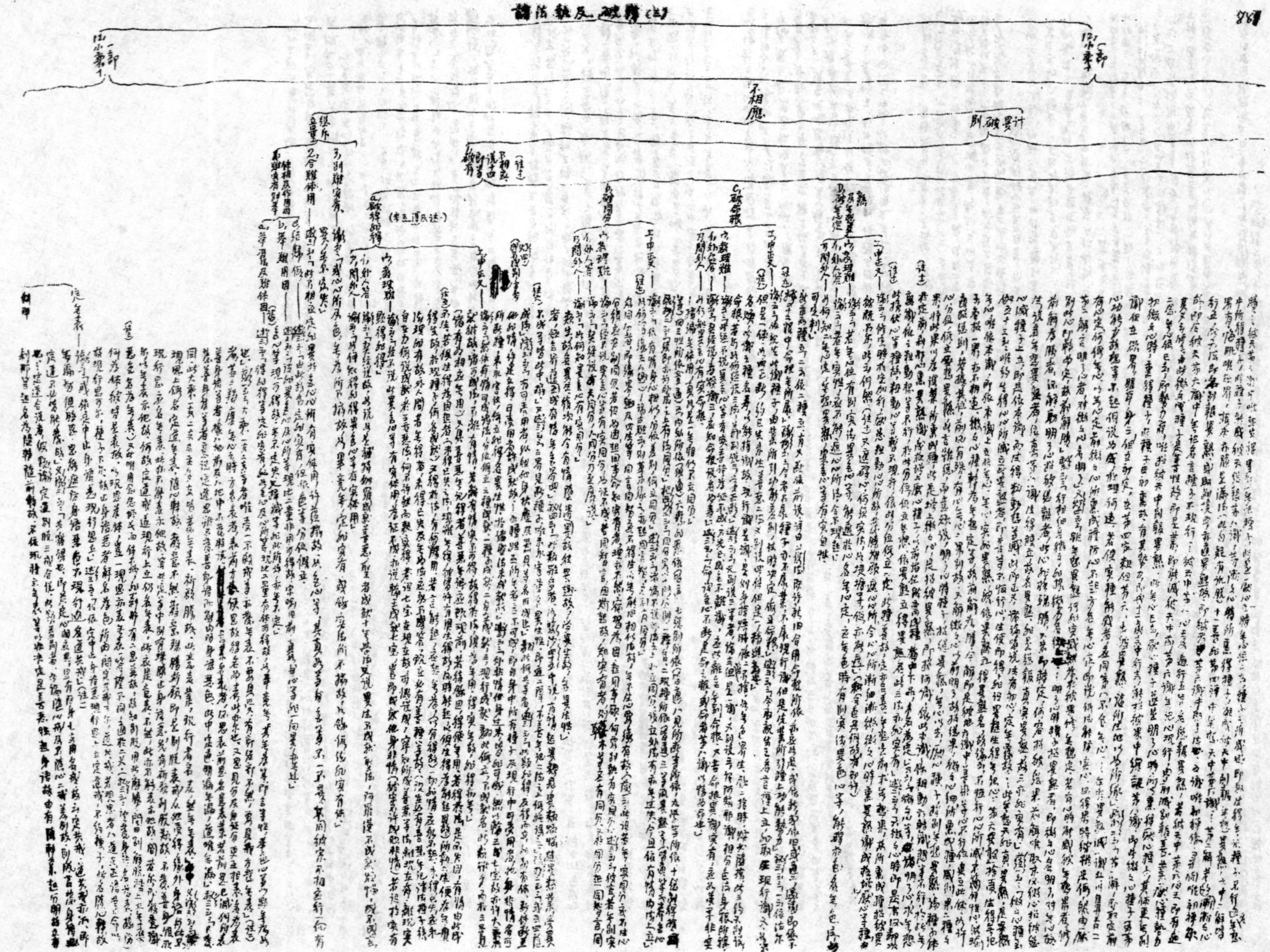

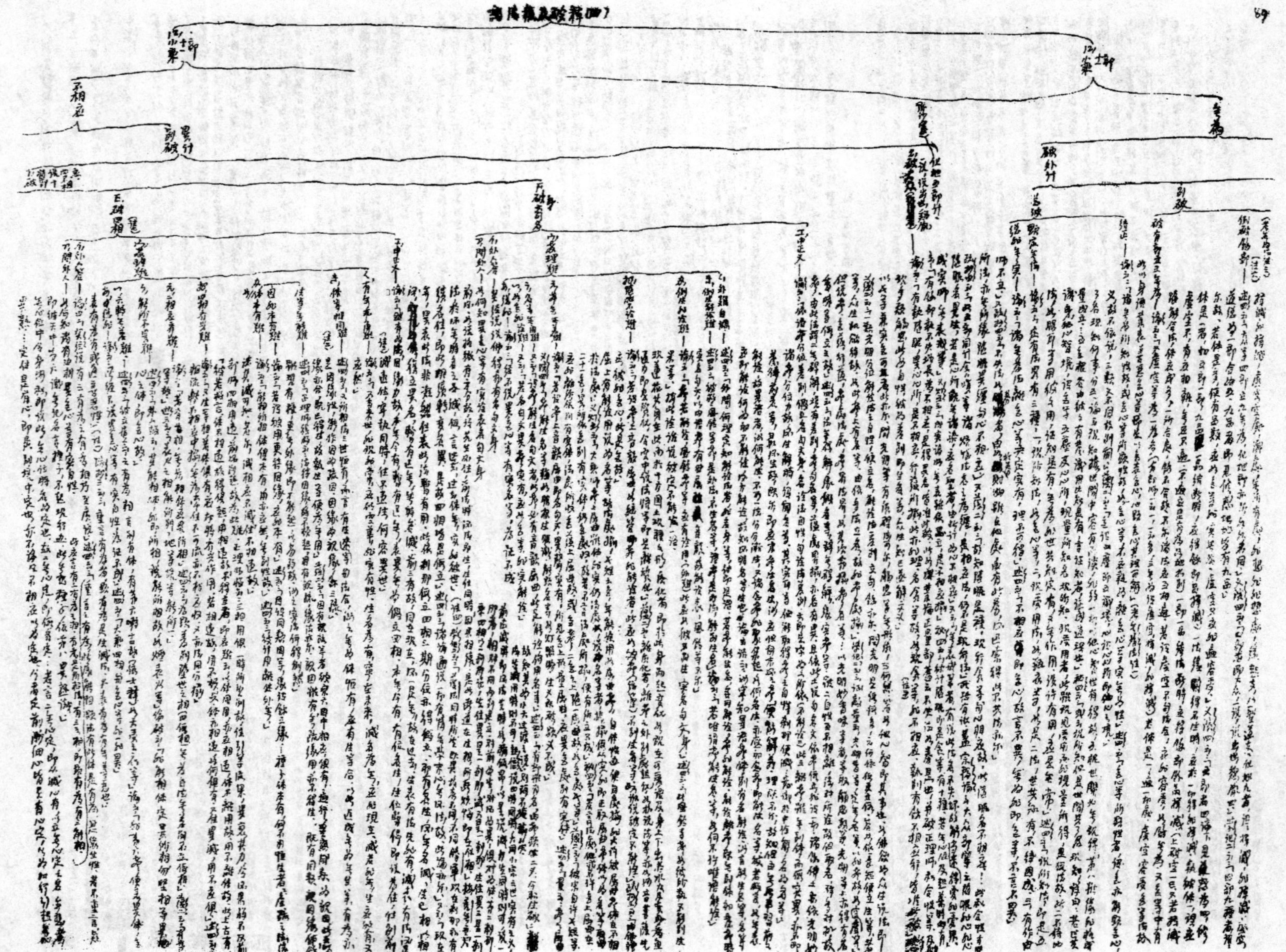

諸法執及破釋(五)

附　錄（壹）

附 (二) 錄

A, 經典中習語之對譯

清淨法界 Dharmadhātuviśuddhiḥ
具不退轉 Apratyudāvartyadharmaḥ
了法不疑 Niṣkāṅkṣo dharmajñānaiḥ
窮未來際 Aparāntakoṭiniṣṭhaḥ
極盡法界 Dharmadhātuparamaḥ
不壞善根 Avipraṇāśaḥ kuśalamūlānāṃ
無量智慧 Aprameyo jñānena
無邊辯才 Anantaḥ pratibhānena
渡習惡河 Oghād uttīrṇaḥ
斷諸結縛 Pracchinno granthaiḥ
解諸煩熱 Vimuktaḥ paridāghaiḥ
到彼岸 Pāragataḥ
已度 Tīrṇaḥ
除煩惱 Bhinnakleśaḥ
修道 Mārgavit
講道 Mārgādhyāyī
佛子 Jinadhārakaḥ (最勝子)
灌頂 Abhiṣecanī (abhiṣekaḥ, abhiṣiktaḥ)
住於無相 Animittavihārī
心等虛空 Ākāśasamacittaḥ
心不動如須彌 Sumeruparvatarājavadakampyacittaḥ
心不染如蓮 Padmavadanupaliptacittaḥ
心清如玉 Ratnavatsuparīśuddhacittaḥ
心淨如金 Suvarṇavatsuparyavadātacittaḥ
具大慈大悲 Mahāmaitrīmahākaruṇāsamanvāgataḥ
斷業障礙 Karmāvaraṇapratiprasrabdhaḥ
出諸魔業 Mārakarmasamatikrāntaḥ
心無礙 Apratihatacittaḥ
遊戲神通 Abhijñāvikrīḍitaḥ
諸漏已盡 Kṣīṇāsravaḥ
無煩惱 Niṣkleśaḥ
心得自在 Vaśībhūtaḥ
心善解脫 Suvimuktacittaḥ
所作已辦 Kṛtakṛtyaḥ
多聞 Bahuśrutaḥ
[illegible] Pariniṣpannaśukladharmaḥ

糞掃衣 Pāṃsukūlikaḥ.
但三衣 Traicīvarikaḥ.
常乞食 Paiṇḍapātikaḥ.
一坐食 Ekāsanikaḥ.
中後不飲漿 Khalupaścādbhaktikaḥ.
住寂靜處 Āraṇyakaḥ.
樹下坐 Vṛkṣamūlikaḥ.
塚間坐 Śmāśānikaḥ.
常坐不臥 Naiṣadikaḥ.
大乘 Mahāyānam.
小乘 Hīnayānam.
一乘 Ekayānam.
契經 Sūtram.
應頌 Geyam.
記別 Vyākaraṇam.
諷頌 Gāthā.
自說 Udānam.
因緣 Nidānam.
譬喻 Avadānam.
本事 Itivṛttakam.
本生 Jātakam.
方廣 Vaipulyam.
希法 Adbhutadharmaḥ.
論議 Upadeśaḥ.
十二分教 Dvādaśāṅga-dharmapravacanam.

(左註:) 九部經 / 十二部經 [illegible]

歎說 Kaṇṭhoktaḥ.
經句 Sūtram.
品類 Kārikā.
科文 Ṭippitakaḥ.
注 Vṛttiḥ or Vivaraṇam.
細疏 Pañjikā
大疏 Vārttikam.
本疏 Paddhatiḥ.
釋疏 Ṭīkā.
頌 Ślokaḥ.
章句 Padyam. (摘句偈，譯處頌前部，細注，疏者之偈[illegible])

文章 Vṛttam.
音韻 Chandaḥ.
品 Parivartaḥ or Paṭalaḥ.
攝頌 Uddānam.
依義不依文 Arthapratiśaraṇena bhavitavyaṃ na vyañjanapratiśaraṇena.
依法不依人 Dharmapratiśaraṇena bhavitavyaṃ na pudgalapratiśaraṇena.
依智不依識 Jñānapratiśaraṇena bhavitavyaṃ na vijñānapratiśaraṇena.
依了義經不依不了義 Nītārthasūtrapratiśaraṇena bhavitavyaṃ na neyārthasūtrapratiśaraṇena.
勝義 Paramārthaḥ.
真性 Tattvam.
真實際 Bhūtakoṭiḥ.
真如 Tathatā.
法界 Dharmadhātuḥ.
法界實性 Dharmaniyāmatā.
不可思議界 Acintyadhātuḥ.
性不顛倒 Aviparyāsatathatā
無二 Advayam.
歸依 Śaraṇam.
禮拜 Vandanam.
近事 Upāsanam.
毀戒 Duḥśīlaḥ or Dauḥśīlyam.
無上 Anuttaraḥ
第一 Paramaḥ
功德 Anuśaṃsā
陽炎 Mṛgatṛṣṇikā (亦陽焰[illegible]譯諸獸[illegible] marīci)
陽焰 Marīci
幻 Māyā
乾闥婆城 Gandharvanagaram
芭蕉 Kadalīskandhaḥ.
空花 Khapuṣpam.

施主 Dānapatiḥ
受者 Pratigrāhakaḥ
無戲論 Aprapañcaḥ
離戲論 Niṣprapañcaḥ
現法 Dṛṣṭadharmaḥ
此世 Ihatraḥ
彼世 Amutraḥ
此生 Ihajanmaḥ
他生 Pārajanmikaḥ
後世 Sāmparāyaḥ
下生 Cyavanam
轉生 Gatiparivartaḥ
四生 Catvāro yonayaḥ
胎生 Jarāyujāḥ
卵生 Aṇḍajāḥ
濕生 Saṃsvedajāḥ
化生 Upapādukāḥ
根缺 Indriyavaikalyam
如來不出世 Tathāgatānām anutpādaḥ
佛國 Buddhaviṣayaḥ
佛土 Buddhakṣetram
索訶世界 Sahālokadhātuḥ (意譯忍土[illegible])
極樂世界 Sukhāvatī (淨土有明[illegible])
傍世界 Tiryaglokadhātuḥ
魔 Māraḥ
天主帝釋 Śakro devendraḥ
天 Devaḥ
龍 Nāgaḥ
藥叉 Yakṣaḥ
乾闥婆 Gandharvaḥ
金翅鳥 Garuḍaḥ
阿修羅 Asurā
轉輪王 Cakravarti-rājānaḥ
真言 Mantraḥ (密咒)
總持 Dhāraṇī
明 Vidyā (明咒)
曼荼羅 Maṇḍalam (壇)
調伏 Abhicārakam

(中間旁註:) [illegible]

儀軌 Vidhiḥ (法事)
施食 Baliḥ
相違 Dvandvaḥ
帶數 Dviguḥ
依主 Tatpuruṣaḥ
持業 Karmadhārayaḥ
鬼 Bhūtaḥ
惡鬼 Rākṣasaḥ
讚誦明論 Ṛgvedaḥ
歌詠明論 Sāmavedaḥ
禳災明論 Atharvavedaḥ
壽明論 Āyurvedaḥ
馬祠 Aśvamedhayajñaḥ
人祠 ~~[illegible]~~ Puruṣamedhayajñaḥ
祭祀 Yajña iṣṭiḥ
眾 Saṃghaḥ, Saṅgha.
聖眾 Āryasaṃghaḥ
聖會 Āryagaṇaḥ
持經 Sūtradharaḥ
持律 Vinayadharaḥ
持論 Mātṛkādharaḥ
中觀者 Mādhyamikaḥ
唯識者 Vijñānavādī (唯識論者)
醍醐 Maṇḍaḥ (酥) 或作 Sarpirmaṇḍaḥ
趣向 Nimnaḥ
散心 Vikṣiptacittaḥ
善趣 Sugatiḥ
正趣 Sadgatiḥ
歸伺 Karaṇam or Avakāśaḥ Prastāvaḥ
節慶 Utsavaḥ
節期 Parva
金剛 Kuliśam or Vajram
莊嚴 Alaṃkāraḥ
環釧 Keyūram
散花 Puṣpābhyavakiraṇam
傘蓋 Chatram
幢 Dhvajaḥ

(右側框註:) 十八 [illegible] 參考十八[illegible]沙

百論疏云：「四韋陀者，外道十八大經，亦云十八明處，四韋陀為四，復有六論，復有八論，足為十八。」名义未錄，可參考。

附 (三) 梵

A, 经典中习惯之梵名?

[illegible] Jatakā
[illegible] Vipāḥ
[illegible] or padmam
[illegible] Utpalam
[illegible] [illegible]
[illegible] (优钵花)
[illegible] [illegible]
[illegible] [illegible]
[illegible] (-akaḥ)
[illegible] [illegible]
[illegible] [illegible]
[illegible] [illegible]
[illegible] Pudgalaḥ
真谛 Paramārthasatyam
俗谛 Saṃvṛtisatyam
异熟而熟 Visadṛśapāko Vipākaḥ (即異熟)
广大异熟 Udāravipākaḥ
授记 Uddiśati sma
烦恼、入患 Vyasanam
苦行者 Tapasvī
证净 Avetyaprasādaḥ
界天 Haryam
和社 Haryam
经义 Samudāyārthaḥ
四句 Cātuṣkoṭikaḥ
能证正觉 Abhisambudhyati
欲证觉菩提 Bodhim abhisambuddhaḥ
得佛果 Buddhatvam avāpnoti
剎那 Kṣaṇikaḥ
塔 Stūpaḥ, Dāgoba.
迦作 Upavāsaḥ
戒 Śīlam
学处 Śikṣāpadam
律仪 Saṃvaraḥ

果 Kāryam
因 Kāraṇam
大夫 Mahāpuruṣaḥ
成就 Samanvāgataḥ
广事 Māṃsacamāḥ
纷诤 Saṃnidānayam
增长 Utkarṣaḥ / Vṛddhiprasarpaṇam
领纳 Anubhūtiḥ / Anubhavati
自性 Prakṛtiḥ / Svabhāvaḥ
习气 Vāsanāḥ
~~[struck out]~~
~~[struck out]~~
~~[struck out]~~
~~[struck out]~~
阿僧祇 Asaṃkhyeyam
无量 Aparimāṇaḥ
无边 Aparyantaḥ
无比 Atulyam
极微 Paramāṇuḥ
微 Aṇuḥ
由旬 Yojanam (踰缮那)
时 Kālaḥ
分或时 Velā (不达时时,非时假名)
劫 Samayaḥ (不达时时,达时假名)
一刹那 Kṣaṇam
腊缚 Lavaḥ
须臾 Muhūtaḥ
无间 Samanantaram
弹指间 Acchaṭāsaṃghātamātram
坏劫 Saṃvartakalpaḥ
成劫 Vivartakalpaḥ
中间劫 Antarakalpaḥ
劫 Kalpaḥ
大劫 Mahākalpaḥ
贤劫 Bhadrakalpaḥ
即坐出 Aruṇodgatam
今 Adhunā or Sāmpratam

今 Idānīm
古昔 Bhūtapūrvam
过去 Atikrāntaḥ / Atītaḥ
前际 Pūrvāntaḥ
前际 Pūrvakoṭiḥ
后际 Aparāntaḥ
当来 Bhaviṣyat
长夜 Dīrgharātram
三世 Tryadhva
非时食 Akālabhojanam
饮酒 Surāmaireyamadyapānam
乞食 Piṇḍapātaḥ
粪扫衣 Pāṃsukūlam
作沙门 Śramaṇakārakaḥ
不饮酒 Madyapānaviratiḥ
出家 Pravrajitaḥ
受大戒 Upasampannaḥ
沙门 Śramaṇaḥ, Shramana (S.) Samaṇa (P.)
比丘 Bhikṣuḥ, Bhikkhu.
比丘尼 Bhikṣuṇī, Bhikkhunī.
沙弥 Śrāmaṇeraḥ
沙弥尼 Śrāmaṇerikā
近事男 Upāsakaḥ
近事女 Upāsikā
布萨 Poṣadhikaḥ
和尚 Upādhyāyaḥ 博叉波耶 / 阿阇
阿阇梨 Ācāryaḥ (Acharya) (轨范) 阿遮利夜
羯磨者 Karmakāraḥ (清净之人)
初业者 Navakarmikaḥ (新僧)
执事 Vaiyāvṛtyakaraḥ
徒 Śiṣyaḥ
徒孙 Praśiṣyaḥ
侍者 Antevāsī
随从沙门 Paścācchramaṇaḥ
新出家 Navakaḥ
生身 Niṣadanam

重杂衣 Saṃghāṭī (大衣,九条衣.)
上衣 Uttarāsaṅgaḥ (七条,入众衣.)
下衣 Antaravāsaḥ (五条,亦作衣.)
裙 Nivāsanam
手巾 Snātrakāṭakam
雨衣 Varṣāśāṭīcīvaram
资具衣 Pariṣkāracīvaram (包囊.)
钵 Pātram
瓶 Sarakam
锡杖 Khakkharam
钩儿 Kalācikā
净瓶 Vardhanikā
鞋 Upānat
靴 Pādaveṣṭanikā
针 Sūcī
印 Mudrā
小刀 Śastrakam
伞 Chattram
扇子 Vidhamanam
蚊帐 Maśakavaraṇam
枕 Bimbopadhānam
索 Paṭṭikā or Lohakā / Aṣṭanāccakam
蚊幮 Maśakakuṭī
帽 Kholam
布袋 Kolāhalasthavikaḥ
衣袋 Cīvarabhaṇḍikā
钵 Kapalikā
瓶 Kuṇḍikā
杓儿 Darvikā
席 Sphijam
斧 Kuṭhārikā
羯磨者 Karmakāraḥ
净舍 Vihāraḥ
住房 Layanam
[illegible] Grandikotanakam / [illegible]kavāsaḥ / [illegible]

衣服 Karpāsakam
别解脱 Prātimokṣaḥ
饮食 Gṛhavyākulikā
同住 Sārdhavihārī
五体投地 Pañcamaṇḍalakena Vandanaṃkṛtvā
合掌 Pragṛhītāñjaliḥ
暖房 Jentākaḥ
剃发 Muṇḍanā
客僧 Āgantukaḥ
钥匙 Kuñcikā
伐波罗 Kuṇḍalakam
三藏 Tripiṭakam (the three divisions of Buddhist canon.)
经 Sūtram, Sūtra.
论 Abhidharmaḥ
律 Vinayaḥ
注: Abhidharmaḥ 作 Abhidharma (S.) Abhidhama (P.) Tehoe non po (?)
Piṭakaḥ 亦作 Piṭaka
注: Samsâra (The ocean of birth and death, transiency, the agitation of selfishness.) (生死大海)
现量 Pratyakṣam
比量 Anumānam
圣教 Āgamaḥ
因 Hetuḥ
喻 Dṛṣṭāntaḥ
立宗 Pratijñā (?)
圣教量 Çabda
譬喻量 Upamâna
相违 Viruddhaḥ
有同法 Sādharmyavat
有异法 Vaidharmyavat
似因 Hetvābhāsaḥ
似喻 Dṛṣṭāntābhāsaḥ
破 Dūṣaṇam
自宗 Svapakṣaḥ
他宗 Parapakṣaḥ

Karma 业; action, work, the law of action, retribution, results of deeds
论者 Vādī
前论者 Prativādī
自相 Svalakṣaṇam
共相 Sāmānyam
答难 Parihāraḥ
征 Codyam
结合 Upanayaḥ
结 Nigamanam
宗 Siddhāntaḥ
量 Pramāṇam
推破 Tarkaḥ [illegible]
支 A[illegible]vaḥ
简 Nirākaraṇam
随一不成 Anyatarāsiddhaḥ
自不成 Svato 'siddhaḥ
他不成 Parato 'siddhaḥ
两俱不成 Ubhayāsiddhaḥ
两俱不成 Dvayāsiddhaḥ
表示 Saṃ[illegible]
有门 Sāk[illegible]
非量 Pramāṇābhāsaḥ
[illegible] Prasajyapratiṣedhaḥ
宗法性 Pakṣadharmatvam
同品有性 Sapakṣe sattvam
异品非有性 Asapakṣe 'sattvam
成相 [illegible]kāram
自量 Svataḥ pramāṇam
他量 Parataḥ pramāṇam
同事 Sahakāri[illegible]
[illegible] Pra[illegible]
见地 Darçana
非现境 Adṛṣṭa.
果报 Phala

附 録 (本)

B, 諸人名之梵書

毘盧遮那 Vairocanan
阿閦(不動) Akṣobhyaḥ
阿彌陀 Amitābhaḥ
寶生 Ratnasambhavaḥ
[illegible](鳴聲) Vipaśyī
[illegible] Krakucchandaḥ
(俱[illegible]巴點)
[illegible] Kanakamuniḥ
[illegible] (持警)
[illegible] Viśvabhuk (遍一切自在)
飲光 Kāśyapaḥ
釋迦牟尼 Śākyamuniḥ
燃燈 Dīpaṃkaraḥ
觀自在 Avalokiteśvaraḥ
慈氏 maitreyaḥ;
虛空藏 Ākāśagarbhaḥ
普賢 Samantabhadraḥ
文殊 Mañjuśrīkumārabhūtaḥ (妙吉祥法王子)
地藏 Kṣitigarbhaḥ
大勢至 mahāsthāmaprāptaḥ
宝手 Ratnapāṇiḥ
金剛藏 Vajragarbhaḥ
阿若憍陳如 Ājñātakauṇḍinyaḥ
舍利佛 Śāriputraḥ
大目犍連 maudgalyāyanaḥ
迦旃延 mahākātyāyanaḥ
須菩提 Subhūtiḥ (須菩提又作須浮帝,或稱善現)
富樓那 Pūrṇamaitrāyaṇīputraḥ
馬勝 Aśvajit
無滅 Aniruddhaḥ
覆障 Rāhulaḥ
阿難 Ānandaḥ
難陀 Nandaḥ
難陀迦 Nandakaḥ
難提迦 Nandikaḥ
大名 mahānāmaḥ

提舍 Tiṣyaḥ
優波提舍 upatiṣyaḥ
拘絺多 Koṣṭhila
優樓頻螺迦葉 Urubilvākāśyapaḥ
那提迦葉 Nadīkāśyapaḥ
牛主 Gavāṃpatiḥ
婆師波 Vāṣpaḥ
近護 Upasenaḥ
周利槃陀迦 Cūḍapanthakaḥ
大路邊 mahāpanthakaḥ
億二百億 Śroṇakoṭiviṃśaḥ
出現 Udāyī
善喜 Sundaranandaḥ
輸屢那結拏 Śroṇakoṭikarṇaḥ
善手 Subāhuḥ
上行子 Udrāyaṇaḥ
善賢 Lavaṇabhadrikaḥ
近執 Upāliḥ (優波離,鄔波離)
大膝 mahākauṣṭhilaḥ
象頭山迦葉 Gayākāśyapaḥ
善容 Vakkulaḥ
福陀林士 Khadiravanikaḥ
善來 Svāgataḥ
大愛 mahāprajāpatī Gautamī
大幻 māyādevī
名稱 Yaśodharā
明女 Gopā
優鉢羅色 Utpalavarṇā
法施 Dharmadinnaḥ
龍樹 Nāgārjunaḥ
龍叫 Nāgāhvayaḥ
聖天 Āryadevaḥ
無著 Āryāsaṅgaḥ
世親 Vasubandhuḥ
聖勇 Āryaśūraḥ
馬鳴 Aśvaghoṣaḥ
陳那 Diṅnāgaḥ

Dharmapālaḥ 護法
法稱 Dharmakīrtiḥ
堅慧 Sthiramatiḥ
眾賢 Saṃghabhadraḥ
德光 Guṇaprabhaḥ
世友 Vasumitraḥ
德慧 Guṇamatiḥ
釋迦慧 Śākyabuddhiḥ
天主慧 Devendrabuddhiḥ
智藏 Jñānagarbhaḥ
寂護 Śāntarakṣitaḥ
妙月居士 Candragomī
佛護 Buddhapālitaḥ
清辯 Bhavyaḥ
妙財 Vararuciḥ
波儞尼 Pāṇiniḥ
陰水 Patañjaliḥ
月稱 Candrakīrtiḥ
調伏天 Vinītadevaḥ
喜 Nandaḥ (或如難陀)
法勝 Dharmottaraḥ (Dharmaśrī)
釋迦親友 Śākyamitraḥ
智施 Jñānadattaḥ
光成 Prabhākarasiddhiḥ
戒賢 Śīlabhadraḥ
牙軍 Daṃṣṭrasenaḥ
法救 Dharmatrātaḥ
殊勝親 Viśeṣamitraḥ
日藏 Raviguptaḥ
有使 Bhāvabhaṭaḥ
羅怙羅 Rāhulaḥ
無 Anitābhaḥ 作 Amitābha, Ānandaḥ 作 Ānanda, Aniruddhaḥ 作 Aniruddha, Aśvajit 作 Aśvajit,
車匿 Chandaka
提婆達多 Devadatta
Devaputra (one of Buddha's [illegible])

祇多 Jeta
Kauṇḍinya (S.) Koṇḍañña (P.)
(name of Buddha's first disciple)
maitreyaḥ 作 maitreya (S.) metteyya (P.)
Māyā (Buddha's mother.)
釋迦 Shâkya (S.) Sâkya (P.)
Shuddhodana (S.) suddhodana (P.)
(Buddha's father.)
~~[illegible]~~
阿闍世 Ajātaśatru (自此去宗喀巴,據史考)
迦比羅 Kapila (其名已見于優陀夷沙士時代,本在紀元前六世紀前後)
阿修利 Āsuri
般遮尸訶 Pañcaśikha
毘梨沙 Vṛṣa 又 Varṣa (即圍陀經之跋婆利,紀元紀四世紀人所數論十八部之長,毘梨沙即兩佛者稱兩際外道)
自在黑 Īśvara-kṛṣṇa (即世親傳之數論阿毘沙,與佛經大論難,著金七十論,毘利沙之弟子也。)
足目 Akṣapāda 又名喬答摩 Gautama 又迦葉(足拔耶派之祖,以于Jaimini,與Kapila 踏同時。)
ジャイミニ Jaimini (彌曼蹉學派之大成者)
商羯羅 Śaṅkara (彌曼蹉學派之世親)
バーダラーヤナ Bādarāyaṇa (彌曼蹉學派之中堅,踏與 Jaimini 同時,前于商羯羅。)
迦那陀 Kaṇāda (勝論之祖,日世稱優樓迦 uluka 即鵂鶹仙人,其時代或早于迦毘羅。)
慧月 maticandra
商羯羅主 Śaṅkara-miśra (因明入正理論之著者商羯羅塞彌詩)
耆那教陀摩那 (耆那教主,譯勒大雄,阿闍世同時,或謂波羅 四佛教爲出之一支,或謂耆那與佛陀之前驅 出於印度恒河之東南,河流時之耆那教與佛教對峙外道。)
耶輸陀羅 Yaśodharā
摩咥 Mātṛceta (西藏之稱,又譯[illegible]稱之)
天 [illegible]Devānampiya Tissa (佛

毘闍耶 Vijaya (大秦帝後之祖先,佛教于其時輸入,當阿闍世王八年,即佛滅之年也,見善見律。)
頻婆娑羅王 Bimbisāra (阿闍世之父。)
優陀耶跋陀羅 udâyibhaddaka (阿闍世之孫)
波斯匿 Prasenajit
笈多 Gupta
迦膩色迦 Kaniṣka
護月 Candragomin
光友 Prabhamitra (?)
智月 Bodhicandra (?)
盧舍那 Locanâ
耶舍陀 yaças
離婆多 Revata
提多迦 Dhītika
末田地 madhyântika
商那和修 Çāṇavâsa
優波毱多 Upagupta
瞿沙 Ghoshaka
訶梨跋摩 Harivarman
童受 Kumâralata (究摩羅陀)
彌友軍 mitrasena (密多斯那)
宗喀巴 Tsong khapa
[illegible]摩訶僧那伽一大域龍 ([illegible])
滿慈子一布刺拏梅怛利曳尼子 (宗輪述云:七葉窟中有結集阿毘達磨。)
松贊岡甘索 Sron-Tsan Gampo (藏文字之西藏王。)
目犍連子帝須 Moggaliputta Tissa
阿提沙 Atiça (吉祥燃燈智)

附 录（廿）

C，诸经之梵名

大般若一至四百 Śatasāhasrikā prajñāpāramitā
（大般若百千颂。）
[illegible]一至四十八 Pañcaviṃśatisāhasrikā（大般若二万五千颂。）
[illegible]八千颂 Aṣṭasāhasrikā prajñāpāramitā
（大般若八千颂。）
[illegible]佛华严经 Buddhāvataṃsakam（佛陀华严）
[illegible] Bodhisattvapiṭakam
[illegible] Lalitavistaraḥ
[illegible]经 Samādhirājaḥ
[illegible] Lokottaraparivartaḥ
[illegible]华经 Saddharmapuṇḍarīkam
[illegible]经 Gaganagañjaḥ
宝云经 Ratnameghaḥ
楞伽经 Laṅkāvatāram
金光明经 Suvarṇaprabhāsottamaḥ
维摩诘经 Vimalakīrtinirdeśaḥ
宝严树经 Gaṇḍavyūhaḥ
大乘密严经 Ghanavyūhaḥ
虚空藏菩萨经 Ākāśagarbhaḥ
无尽意菩萨经 Akṣayamatinirdeśaḥ
善方便经 Upāyakauśalyam
法集经 Dharmasaṃgītiḥ
勇猛菩萨降伏经 Suvikrāntavikrāmī
悲华经 Mahākaruṇāpuṇḍarīkam
宝髻经（宝网，宝灯） Ratnaketuḥ
十地经 Daśabhūmikam
大悲经 Tathāgatamahākaruṇānirdeśaḥ
紧那罗王请问经 Drumakinnararājaparipṛcchā
日藏经 Sūryagarbhaḥ
佛地经 Buddhabhūmikam
如来不可思议秘密大乘经 Tathāgatācintya[illegible]

首楞严三昧经 Śūraṃgamasamādhinirdeśaḥ
海龙王所问经 Sāgaranāgarājaparipṛcchā
阿阇世王悔经 Ajātaśatrukaukṛtyavinodanam
解深密经 Saṃdhinirmocanam
诸佛要集经 Buddhasaṃgītiḥ
护国所问经 Rāṣṭrapālaparipṛcchā
诸法无行经 Sarvadharmāpravṛttinirdeśaḥ
宝髻所问经 Ratnacūḍaparipṛcchā
宝积经 Ratnakūṭaḥ
大乘发信家性 Mahāyānaprasādaprabhāvanam
大乘论议 Mahāyānopadeśaḥ
胜思惟梵天所问经 Āryabrahmaviśeṣacintāparipṛcchā
文殊圣住 Mañjuśrīvihāraḥ（大庄严法门经。）
大般涅槃经 Mahāparinirvāṇam
不退转法轮 Avaivartacakram
分别业缘经 Karmavibhaṅgaḥ
般若五百颂 Prajñāpāramitā pañcaśatikā
般若三百颂 Triśatikā prajñāpāramitā
宝炬经 Ratnolkā
境界清净经 Gocaraparisuddham
显示如来出生 Tathāgatotpattisaṃbhavanirdeśaḥ
大乘流转诸有经 Bhavasaṃkrāntiḥ
第一义法胜经 Paramārthadharmavijayaḥ
妙吉祥佛土功德庄严经 Mañjuśrībuddhakṣetraguṇavyūhaḥ
显示菩提分经 Bodhipakṣanirdeśaḥ
除障业经 Karmāvaraṇapratiprasrabdhiḥ
三聚经 Triskandhakam（根本有部律仪。）
解毒要集经 Sarvavaidalyasaṃgrahaḥ（摄一切广破？）
僧伽吒经 Saṃghāṭasūtram（僧伽吒经。）
如来智印三昧经 Tathāgatajñānamudrāsamādhiḥ
大宝广博楼阁善住秘密陀罗尼 Vajramaṇiśikharakūṭāgāradhāraṇī
入一切佛境界智光明庄严经 Sarvabuddhaviṣayāvatārajñānālokālaṃkāraḥ
七百颂般若经 Saptaśatikāprajñāpāramitā

妙臂菩萨所问经 Subāhuparipṛcchā
师子所问经 Siṃhaparipṛcchā（大子所护经？）
守护大千国土经 Mahāsahasrapramardanam
信力入法门经 Śraddhābalādhānam
央掘摩罗经 Aṅgulimālīyam
大念处经 Mahāsmṛtyupasthānam
弥勒授记经 Maitrīvyākaraṇam
药师如来本愿功德经 Bhaiṣajyaguruvaiḍūryaprabhaḥ
义决定经 Arthaviniścayaḥ
大力经 Mahābalasūtram
宝箧经 Ratnakaraṇḍakam
毗王请问 Vikurvāṇarājaparipṛcchā
施设论 Prajñaptiśāstram
集异门足论 Saṃgītiparyāyaḥ
法蕴足论 Dharmaskandhaḥ
界身足论 Dhātukāyaḥ
发智论 Jñānaprasthānam
品类足论 Prakaraṇapādaḥ
增一阿含 Ekottarikāgamaḥ
中阿含 Madhyamāgamaḥ
长阿含 Dīrghāgamaḥ
杂阿含 Saṃyuktāgamaḥ
律分别 Vinayavibhaṅgaḥ
律根本 Vinayavastu
律杂事 Vinayakṣudrakam
律大分 Uttaragranthaḥ
[illegible]阿毗达磨法蕴足论 Abhidharma dharma skandha pāda s'āstra (by Maudgalyāyana)
阿毘达磨发智论 Abhidharma djñāna prasthāna s'āstra (ascribed to Kātyāyana)
阿毘达磨心论 Abhidharma Hṛidaya s'āstra (by Upadyota)
俱舍雹论 Abhidharma kōcha karakâ s'[illegible] (by Saṃghabhadra)
阿毘达磨俱舍论 Abhidharma kōcha s'āstra
阿毘达磨甘露味论 Abhidharmāmṛta s'āstra (by Ghoṣaka)
众事分[illegible] [illegible]bhidharma[illegible]prakaraṇa pāda [illegible]

岛史 Dîpa-vaṃsa
大史 Mahā-vaṃsa

附 (四)

D, 诸地名之梵音

波羅柰 Vārāṇasī
吠舍釐 Vaiśālī
[illegible] Parinirvāṇam (双林)
王舍 Rājagṛham
[illegible] Veṇuvanam
[illegible] Kauśāmbī
[illegible] Śrāvastī
[illegible] Jetavanam, Jētavana.
[illegible] Anāthapiṇḍadasyārāmaḥ
[illegible] Pū[illegible]avardhana
[illegible] Bodhimaṇḍam
[illegible] Gṛdhrakūṭaparvataḥ
[illegible] [illegible]
[illegible] [illegible]
[illegible] Magadha
[illegible] Sarasvatī
[illegible] Lumbinī
[illegible] Indraśailaguhā
[illegible] Kuśanagaram
[illegible] Vaiśāgiriḥ
[illegible] Ujjayinī nagari
[illegible] Kaliṅg
鹿苑 Mṛgadāva
仙陸 Ṛṣipatanam
[illegible] Gosālā
[illegible] Sāketam
[illegible] Avanti
~~[illegible] Campā~~
[illegible] Pañcālaḥ
[illegible] Aṭavatī
[illegible] [illegible]kaniṣāpaḥ
[illegible] Nimindharaḥ
[illegible] Aśvakarṇaḥ
[illegible] Sudarśanaḥ

[illegible] Khadirakaḥ
持軸山 Īṣādharaḥ
持雙山 Yugandharaḥ
金山 Meruḥ
須彌 Sumeruḥ
鐵圍 Cakravāḍaḥ
香山 Gandhamādanaḥ
雪山 Himavān
崑崙 Kailāsaḥ
補陀落迦 Potalakaḥ (白華山)
摩羅耶 Malayaḥ
頻陀山 Vindhyaḥ
勝身山 Vaidehakaparvataḥ
無畏山 Abhayagiri (on Ceylon with an ancient temple in which Fa-hien found 5000 priests (A.D. 400.)
[illegible] Achiravatī (A river)
Bēluva (A village near Vaiśālī)
Benares (the well-known city in India.)
恒河 Ganges
Hiraṇyavatī (S.) Hiraññavatī (P.) (a river.)
Kapilavastu (S.) Kapilavatthu (P.) (the capital of the Śākyas.)
Kāśī (old and holy name of Benares.)
Nairañjana (S.) Nerañjarā (P.) (name of a river. identified by some with Nilajan by others with the Phalgu.)
Pāṭaliputra (S.) Pāṭaliputta (P.) (華氏城) (also called Pāṭaligāma, a city one the ganges north of Rajagṛha and belonging

to the kingdom of magadha.)
Pāvā (a village where Buddha took his last meal.)
Rājagṛha (S.) Rājagaha (The capital of Magadha.)
Kośala (name of a country, its capital is Shrāvastī.)
Ujjayinī (S.) Ujjēnī (P.) (name of a city.)
Uruvilvā (S.) Uruvēlā (P.) (a place south of Patna on the banks of the Nerañjarā river, now Buddha-gayā.)
Vaiśālī 作 Vaishālī (S.) Vesālī (P.) (a great city of India, north of Patna.)
罽賓 Kashmir, Kaśmīra, Cashmere (據宋輪述云：淨天天五事說，上座依持迦濕彌羅，王遂捨迦濕彌羅遊[illegible])
師子國 Lankā
金地国 Suvarṇa-bhūmi (緬甸)
雪山邊国 Himavanta
縛喝国 Balkh
都貨羅国 Tukhara (大月氏)
那爛陀 Nālanda
毘訶羅山 Vaibhāra
七叶窟 Sattapaṇṇi, Saptaparṇa. (據宋輪述云：佛滅日，七叶岩中二部結集(界內有)，迦叶滿慈遊執，乃告諸上座。界外亦有萬數余眾于界外結上座部。界外德言大众，兩人各爭淨，法等異說、大天淨時界外少年僧門人遂爲黨為一朋、名大众部。界內耆旧之僧共為一朋名上座部。然諸說不同，考諸[illegible]。)
秣菟羅国 Mathurā
羯若国 Kanyaja
瞻波城 Campa
香華城 Kusumapura (俱蘇摩，摩揭陀之旧都，有新都曰波吒釐子。宋輪述云。)

安息 (Parthia) (波斯)
[illegible] (Kirgiz，吉利吉思)
粟特 (Sogdiana) (康居之一部，即內康國)
于闐 (Khotan，和闐)
龜茲 (Kucha，庫車)
健馱羅 (Gandhāra)
疏勒 (Kashgar (佉沙)，喀什噶尔)
高昌 (Turfan，吐魯番)
鄯善 (Lop-Nor，羅布泊)
焉耆 (Karashar，喀喇沙尔)
子合 (Karghalik，[illegible])
葱嶺 (Pāmir (帕米尔))
烏場 (Udyāna)
渴盤陀 (Sarikol)
跋祿迦 (Aksu，阿克蘇)
素葉水城 (Tokmak)
納縛波 (Navapa)
大宛 (Fergana)
莎車 (Yarkand，叶尔羌)
吐蕃 (Tibet)
條支 (Assyria)
大秦 (Syria or Rekem)
大夏 (Bacteria 或 Bactria) (吐火羅[illegible])

E, 梵字拼音研究

梵漢辭典之拼音於 [illegible] 及 [illegible] 不同，其字母之次序為：(據梵語索引)

A, Ā, I, Ī, U, Ū, Ṛ, E, Ai, O, Au,
K, Kh, G, Gh, C, Ch, J, Jh, Ṭ, Ḍ,
T, Th, D, Dh, N, P, Ph, B, Bh, M,
Y, R, L, V, Ś, Ṣ, S, H.

[illegible] 之次第同普通之英文字典，[illegible] 則不同，[illegible]

[a as the Italian and German short a — u as oo in good
ā as a in father — ū as u in rumor
e as e in tent — ai as in eye
ē as e in eight — au as ow in how
i as i in hit — ñ as ny
ī as i in machine — jñ as dny
o as o in lot — ṅñ as n-ny
ō as o in home — ch as ch in church
cch as ch-ch in rich chance

s, j, y, and other letters as usual in English words. Double consonants are pronounced as two distinct sounds. The h after p, b, k, g, t, d is audible as in dub him, beg her, brick house and hill. pronounce tat-hāgata not Ta-thāgata.

To the average European it is difficult to catch, let alone to imitate, the difference of sound between dotted and non dotted letters. All those who are desirous for information on this point must consult Sanskrit and pali grammars.

Lest the reader be unnecessarily bewildered with foreign-looking dots and sign, which after all are no help to him, all dotted ṭ, ḍ, ṃ, ṇ, and italicised t, d, m, n, have been replaced in the text of the book by t, d, m, n, ñ, ññ, dotted ṣ and italicised s have been transcribed by ny, nny, ss and sh.]

附錄(貳)

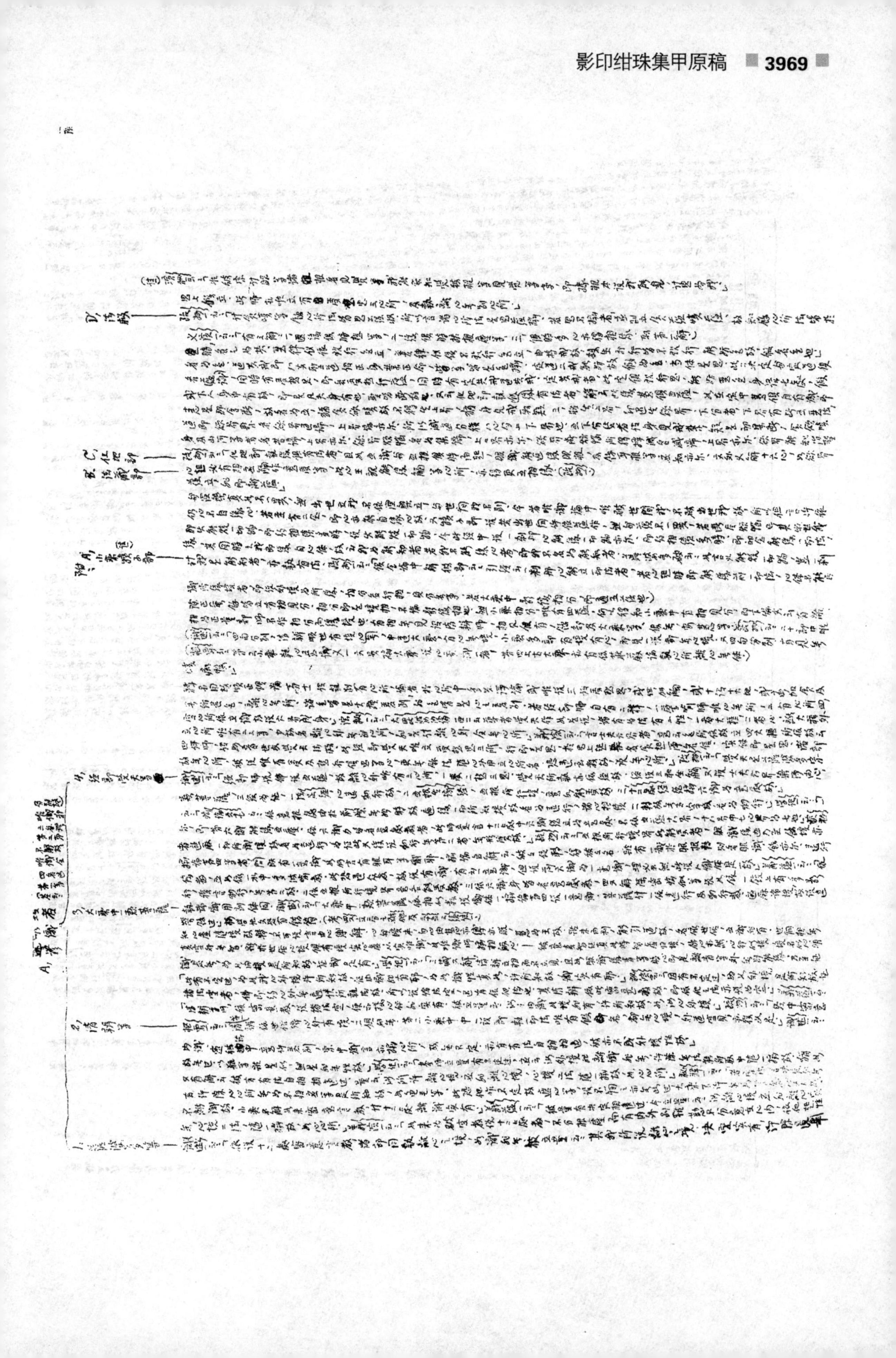

D，法般

C，化地部

B，法藏部

A，小乘诸子部

4，经部

3，大乘中一类菩萨

2，清辨等

1，

附录（一）

B，研究三量

附

C，圓明字輪表解（註二）（註三）

天城体		義（註三）	音（註二）(1)	(2)	(3)
अ	（註四）	一切法从初来不生相；不流，不流即常，常即如来。	A	阿	阿，取上声
र		一切法離垢相；乘戒勝义声	Ra	囉	囉，囉字上声兼弹舌声
प		一切法第一义；入般若波羅蜜門；入一切法等	Pa	跛	跛，波可反
च		一切法终不可得，诸法不终不生；出四聖諦声。	Ca	佐	左，上声
न		一切法不得不失不去不来，離名性相；編知名色声。	na	曩（寧呼）	曩，鼻中声
ल		諸法 拉舒一切世法恩爱報应因缘。	La	邏	攞，勒可反
द		諸法善心出，亦施相；惺一切法調伏寂静真如平等。	Da	娜	娜，那可反
ब		一切法無縛無解；佛十力。	Ba		麽，莫可反
ड		諸法無熱相，怨对不可得。	Da	拏	拏，儜賈反
ष		諸法六自在王，性清淨故；諸法無有罣礙，不得諸事	Sa	灑	灑，沙賈反
व		入諸法語言道斷。	va		嚩，無可反
त		入諸法如相不動；如如不可得。	Ta	多	多，取上声
य		諸法入实相中不生不滅；一切諸法乘不可得。	Ya	耶	野，音也
ष्ट	Sta 字母47合27	一切法無障碍相；一切諸法得至究竟。	Stha(?)		瑟吒，二字合为一字呼
क		諸法作者不可得；業異熟 随入非業異熟	Ka	迦	迦，薑佉反，佉取上声
स		一切法一切種不可得；諸法不可得時不可轉。	Sa	娑	娑，桑河反
म		一切法離我所；解知諸法从音生起。	ma	莽（鼻呼）	莽，莫朗反
ग		入諸法去者不可得；受持諸法者不可得見；一切法行取性不可得。	Ga	誐	誐，魚迦反，迦準上音
थ		一切處所不可得。	Tha	他	他，取上声
ज		諸法生老不可得。	Ja	惹	惹，慈擺反。
श्व	Sva 字母44合45	一切法安隱性不可得；真實不可得；言說不可得。	Śva		娑嚩，两字合为一实
ध		一切法中法性不可得；一切法界不可得。	Dha	拕	馱，唐賀反
श		諸法寂靜性不可得，成本性寂故；出一切止歇声。	Śa	捨	捨，如本音
ख		一切法虚空不可得；一切諸法如虚空声。	Kha	佉	佉，取上声
क्ष	Kṣa 17合47	諸法清滅不可得；入一切法涅槃。	Ksa		乞灑，二合为一实，演沙賈反
स्त	Sta 46合32	一切法如如不可得；不可動搖。	Sta(?)		娑多，合一字
ज्ञ		一切法中無智相；知真法性。	Jña	孃	孃，取上声
र्थ	rtha 43合33	諸法义不可得；因性不可得。	Ta(?)		囉他，二合，上聲带下聲緩
भ		諸法破壞不可得；一切法有不可得。	Bha	婆	婆，取去声
छ		一切法欲樂覆性不可得；一切法影像不可得。	Cha	磋	磋，倉可反
स्म	Sma 48合41	諸法可憶念性不可得；諸法如金剛石；諸法無所作	Sma		娑麽，二合，下忙可反，鼻中声
ह्व	hva 49合45	一切法無音声，不可得，則不可得。	Hva		賀嚩，二合为一。
त्स	tsa 32合46	諸法無煙燒相；諸法勇健不可得，或諸得見滅	Tsa		哆娑，二合上多可反。
घ		諸法不厚不薄；一合性不可得；如除無明黑暗。	Gha	伽	伽，取去声
ठ		諸法處不可得；集積性不可得；长养不可得。	Ṭa	咤	姹，拆賈反。
ण		諸法不來，不去，不立坐，不臥，众生空，法空故，法諍不可得	na	拏	儜如耕反，鼻中声
फ		諸法因果空性；遍满果報不可得；諸法不即不離	Pha(?)	婆	頗叵
स्क	SKa 48合17	一切法聚積蘊性不可得；法性不可得。	Ska		塞迦，二合
य्स	ysa 42合48	諸法衰老性相不可得；諸法不可得處，不得他至。	ysa(?)		也娑，二合

天城体		義	音 (1)	(2)	(3)
श्च	Sca 46合22	入諸法行不可得；分析不可得；聚集足跡不可得；等不可得。	Śca		室者，二合
ट		諸法如彼岸不可得；無有處所；起由性不可得，不得所生；出能出声	Ṭa(?)		咤，偏賈反
ढ		諸法由境處不可得，不終不生；一切法必不可得；執持不可得	S(?Ṭha)	荼(?)	侘，折賈反，借音

（註一）[illegible]

（註二）[illegible]

（註三）[illegible]

（註四）[illegible]

附4

[illegible]

(注二)悉曇之名,梵语曰 [illegible],有成就吉祥义,亦曰悉地罗窣覩,有声明又同。其于中国,此见于隋书经籍志,[illegible] 至印度所存之梵书,似未之见,但在宋 [illegible]

D,悉昙字母表之一(注二)(注三)

体 (1)	体 (2)	体 (3)	体 (4)	体 (5)	体 (6)	音 (1)	音 (2)	音 (3)	音 (4)	音 (5)	音 (6)	義 (注四)
[illegible]	[illegible]	[illegible]	[illegible]	[illegible]	[illegible]	短阿,上声,近恶引	阿(上)	a, alert	[illegible]	[illegible]	a 阿又作遏,恶,曷,安,[illegible]	
[illegible]	[illegible]	[illegible]	[illegible]	[illegible]	[illegible]	長阿,依声长呼	阿(引去)	ā, father	[illegible]	[illegible]	ā 阿(去声)又作亚,阿,爱,欸	出寂静声,一切法寂静
[illegible]	[illegible]	[illegible]	[illegible]	[illegible]	[illegible]	短伊,上声,近于翼反	伊(上)	i, abolish	[illegible]	[illegible]	i 伊又作壹,翳,意	出诸根广大声,一切法根不可得
[illegible]	[illegible]	[illegible]	[illegible]	[illegible]	[illegible]	長伊,依声长呼	伊(引去)	ī, been	[illegible]	[illegible]	ī 伊(引)又作翳,咿,伊	出世间灾害声,灾祸不可得,自生
[illegible]	[illegible]	[illegible]	[illegible]	[illegible]	[illegible]	短瓯,上声,近屋	坞	u, put	[illegible]	[illegible]	u 坞又作乌,欧,郁,优,于,佛	出荣盛声,一切法譬喻不可得,最上
[illegible]	[illegible]	[illegible]	[illegible]	[illegible]	[illegible]	长瓯,长呼	污(引)	ū, too	[illegible]	[illegible]	ū 乌又作污,忧,欧,瓯,坞	出损减声,一切法损减不可得,大乘最上味 [illegible]
[illegible]	[illegible]	[illegible]	[illegible]	[illegible]	[illegible]	纥里	哩	ṛ, motherly	[illegible]	[illegible]	哩	一切神通不可得,直软相续有情声
[illegible]	[illegible]	[illegible]	[illegible]	[illegible]	[illegible]	纥梨	哩(引上)	ṝ, 全长声	[illegible]	[illegible]	哩	出杂染因缘声,一切法类例不可得
[illegible]	[illegible]	[illegible]	[illegible]	[illegible]	[illegible]	里	吕	ḷ, middle	[illegible]	[illegible]	ḷ 里又作力,吕,鲁	出一切生法声,一切法染不可得
[illegible]	[illegible]	[illegible]	[illegible]	[illegible]	[illegible]	梨	嚧	ḹ, 今长声	[illegible]	[illegible]	ḹ 里(引)又作卢,嚧	出三有染相声,一切法沉没不可得
[illegible]	[illegible]	[illegible]	[illegible]	[illegible]	[illegible]	短蔼	曀	e, mail	[illegible]	[illegible]	e 翳又作曀,蔼,[illegible]	出所起过患声,一切法求不可得
[illegible]	[illegible]	[illegible]	[illegible]	[illegible]	[illegible]	长蔼	爱(引)	ai, why	[illegible]	[illegible]	爱	出圣道胜声,一切法自在不可得,如来义
[illegible]	[illegible]	[illegible]	[illegible]	[illegible]	[illegible]	短奥	污	o, so	[illegible]	[illegible]	o 乌又作污,袄,[illegible]	出取声,一切法暴流不可得;出乘暴流到彼岸声,烦恼义
[illegible]	[illegible]	[illegible]	[illegible]	[illegible]	[illegible]	长奥	奥(引去)	au, how	[illegible]	[illegible]	燠又作炮,奥	出化生等声,一切法化生不可得,大乘义
[illegible]	[illegible]	[illegible]	[illegible]	[illegible]	[illegible]	短暗	暗	aṃ, boomerang	[illegible]	[illegible]	aṃ 闇又作菴,暗	[illegible],一切法 [illegible] 不可得 [illegible]
[illegible]	[illegible]	[illegible]	[illegible]	[illegible]	[illegible]	长痾	恶	aḥ, ahead	[illegible]	[illegible]	aḥ 恶	出沉没尽声,一切法远离不可得
[illegible]	[illegible]	[illegible]	[illegible]	[illegible]	[illegible]	牙声 迦,居下反,近葛	迦(上)	ka	[illegible]	[illegible]	ka 迦又作葛,[illegible]	
[illegible]	[illegible]	[illegible]	[illegible]	[illegible]	[illegible]	佉,去下反,近去可反	佉(上)	kha	[illegible]	[illegible]	kha 佉又作呿,[illegible]	
[illegible]	[illegible]	[illegible]	[illegible]	[illegible]	[illegible]	伽,渠下反,轻,近声	誐(上)	ga 喉音	[illegible]	[illegible]	ga 哦又作誐,伽,[illegible]	
[illegible]	[illegible]	[illegible]	[illegible]	[illegible]	[illegible]	伽,渠我反,重	伽(引去)	gha	[illegible]	[illegible]	gha 伽	
[illegible]	[illegible]	[illegible]	[illegible]	[illegible]	[illegible]	哦	仰(鼻)	ṅa Being	[illegible]	[illegible]	ṅa 仰又作俄,饿,哦	[illegible]
[illegible]	[illegible]	[illegible]	[illegible]	[illegible]	[illegible]	齿音 者,止下反,近作可反	左	ca, child	[illegible]	[illegible]	ca 左又作拶,者	
[illegible]	[illegible]	[illegible]	[illegible]	[illegible]	[illegible]	车,昌下反,近磋可反	磋	cha	[illegible]	[illegible]	cha 嗟又作搽,车	
[illegible]	[illegible]	[illegible]	[illegible]	[illegible]	[illegible]	社,将下反,轻	惹	ja, jail	[illegible]	[illegible]	ja 惹又作社,阇	
[illegible]	[illegible]	[illegible]	[illegible]	[illegible]	[illegible]	社,重,近将我反	酂(上)	jha	[illegible]	[illegible]	jha 嵯又作酂,社	一切法战敌不可得,一切法 [illegible]
[illegible]	[illegible]	[illegible]	[illegible]	[illegible]	[illegible]	若,而下反,近若我反	孃(上)	ña, onion	[illegible]	[illegible]	若	
[illegible]	[illegible]	[illegible]	[illegible]	[illegible]	[illegible]	吒,卓下反,近卓我反	吒(上)	ṭa	[illegible]	[illegible]	ṭa 吒	
[illegible]	[illegible]	[illegible]	[illegible]	[illegible]	[illegible]	侘,拆下反,近拆我反	咤(上)	ṭha	[illegible]	[illegible]	ṭha 咃	
[illegible]	[illegible]	[illegible]	[illegible]	[illegible]	[illegible]	舌声 荼,宅下反,轻	拏(上)	ḍa 舌音	[illegible]	[illegible]	ḍa 拏又作[illegible]	
[illegible]	[illegible]	[illegible]	[illegible]	[illegible]	[illegible]	荼,重,近幢我反	荼(上)	ḍha	[illegible]	[illegible]	ḍha 荼	
[illegible]	[illegible]	[illegible]	[illegible]	[illegible]	[illegible]	拏,搦下反,近搦我反	拏 [illegible]	ṇa	[illegible]	[illegible]	ṇa 拏	
[illegible]	[illegible]	[illegible]	[illegible]	[illegible]	[illegible]	多,怛下反,近多可反	多(上)	ta	[illegible]	[illegible]	ta 多	
[illegible]	[illegible]	[illegible]	[illegible]	[illegible]	[illegible]	他,他下反,近他可反	他(上)	tha	[illegible]	[illegible]	tha 他	
[illegible]	[illegible]	[illegible]	[illegible]	[illegible]	[illegible]	喉声 陀,大下反,轻	娜	da 齿音	[illegible]	[illegible]	da 娜又作陀,捺	
[illegible]	[illegible]	[illegible]	[illegible]	[illegible]	[illegible]	陀,重,近陀可反	驮	dha	[illegible]	[illegible]	dha 驮又作达	
[illegible]	[illegible]	[illegible]	[illegible]	[illegible]	[illegible]	那,奈下反,奈囊	曩	na	[illegible]	[illegible]	na 那又作娜,曩	
[illegible]	[illegible]	[illegible]	[illegible]	[illegible]	[illegible]	波,钵下反,近波我反	跛	pa	[illegible]	[illegible]	pa 跛又作波,钵	
[illegible]	[illegible]	[illegible]	[illegible]	[illegible]	[illegible]	颇,铺下反,近破我反	颇	pha	[illegible]	[illegible]	pha 颇又作叵	
[illegible]	[illegible]	[illegible]	[illegible]	[illegible]	[illegible]	唇音 婆,罢下反,轻	麽	ba 唇音	[illegible]	[illegible]	ba 婆又作麽	
[illegible]	[illegible]	[illegible]	[illegible]	[illegible]	[illegible]	婆,重,近婆我反	婆(重)	bha	[illegible]	[illegible]	bha 婆又作嘙,薄	
[illegible]	[illegible]	[illegible]	[illegible]	[illegible]	[illegible]	摩,莫下反,鼻音莽	莽	ma	[illegible]	[illegible]	ma 莽又作摩,磨	
[illegible]	[illegible]	[illegible]	[illegible]	[illegible]	[illegible]	也,药下反,近药可反	耶	ya	[illegible]	[illegible]	ya 耶	

体 (1)	(2)	(3)	(4)	(5)	(6)	音 (1)	(2)	(3)	(4)	(5)	(6)	義
[illegible]	[illegible]	[illegible]	[illegible]	[illegible]	[illegible]	囉,力珂反,近惹主囉	囉	Ra	[illegible]	[illegible]	Ra ■ 囉又作囉	
[illegible]	[illegible]	[illegible]	[illegible]	[illegible]	[illegible]	攞,洛珂反,近邏珂反	邏(2)	la	[illegible]	[illegible]	la ■ 邏又作邏,羅攞	
[illegible]	[illegible]	[illegible]	[illegible]	[illegible]	[illegible]	嚩,亡可反,近無可反	嚩	va	[illegible]	[illegible]	va ■ 嚩又作婆,和,啝	
[illegible]	[illegible]	[illegible]	[illegible]	[illegible]	[illegible]	奢,舍珂反,近舍可反	捨	Sa	[illegible]	[illegible]	Sa ■ 捨又作設,奢	
[illegible]	[illegible]	[illegible]	[illegible]	[illegible]	[illegible]	沙,沙可反,近沙可反	灑	ṣa	[illegible]	[illegible]	ṣa ■ 灑	
[illegible]	[illegible]	[illegible]	[illegible]	[illegible]	[illegible]	娑,桑可反,近娑可反	娑(3)	Sa	[illegible]	[illegible]	Sa ■ 娑又作薩	
[illegible]	[illegible]	[illegible]	[illegible]	[illegible]	[illegible]	訶,許可反,近許可反	賀	ha	[illegible]	[illegible]	ha ■ 訶	一切諸法因緣不可得,[illegible]
	[illegible]	[illegible]		[illegible]		叉,楚可反,近楚可反	乞灑		[illegible]	[illegible]	kṣa ■ 剎又作乞灑	
	[illegible]					盤,力隔反,近郎激反						

D,悉曇字母表之二

雅語之一種,其產生在巴利文(?)後,猶待詳考也。即所謂俗語者:無考訛脫見之於,則所謂知俗語,即巴利文,天城字為又是一種,吾意天城字乃本,但中世紀印度所行俗語(Prakrit)佛教大乘典籍晚出者多用此種文章,未知天城体元為何年頃。大請學者須交(?)個出梵理雅語,遂由聲明別有一派,聲明著述多以雅語為用,即伽那如也。又云印度古代文字通名梵書,以來其語子吠陀語外別成一種,稱語(Samskrta)紀伽那書(Deva-nagari)亦曰天宿書,乃印度字家所傳字母也,係梵書之一体,去近人行梵典,則多

(注四)聲明即云:印度先有佉樓書(Kharosthi)及西紀前八世紀以前有梵書(Brahami)再以有提婆那

(注四)又意尚多,不能悉記,其未詳出者,則已見于圖明字母表解中。

大莊嚴經示如品,不空室譯文殊問經字母品,所注漢音,皆有刻此乃出入者。

大毗盧遮那成佛神變加持經,梁僧伽婆羅譯文殊師利問經字母品,唐地婆訶羅譯方廣大般涅槃經文字品音義,解說多從法顯慧嚴等譯大般涅槃經如來性品,

卷十五,續通志卷七十六,云大■■字母讀,慧■琳一切經音義又云大般涅槃經卷八,玄應男間,大宗以國為會聲之法為準。(6)■■■■錄自御田解譯之佛教大辭典,他若皇朝通志

十五年莊親王允祿奉勅撰之欽定同文韻統,四庫總目云:以天竺五十字母,西番三十字母,參考視度天竺字法,依其本音譯以唐古特字,以為依據經咒之用。(5)係滿洲文之譯音,錄自乾隆

行西文注音。(4)乃唐古特即西藏文之譯音,錄自皇朝通志十五卷。說曰貞觀年間,吐蕃相阿

(注五)注音中(1)據悉曇字記,(2)據不空譯瑜伽金剛頂經釋字母品,■漢字注音,以此為正,(3)係說于西曆第八世紀,以漸成蕃國印度通之文矣。

三通天城体,(5)據皇朝通志十五卷,天竺字母譜,(6)乃天城体,以日城書,印度近代之書体也,然

法後,中國所惟淨等撰,共五十字,(4)據金剛經,西曆第十一世紀上下寫本,存■■此外芬

時康熙,印度古代之書体也,相傳造于梵天,(3)據天竺字源,該書刻中天竺那爛陀寺沙門

悟隆寺中,(2)據悉曇字記,係唐德宗朝(A.D.七八〇—八〇四)僧廣智撰,共五十字,此外第一

(注三)文体中(1)據■法隆寺貝葉,相傳古■■■時(A.D.五九三—六二二,隋唐之間)■公使攜歸■■今存■■

云,欲考唐音,舍此之外莫由。)諸書(據宗本書中與唐音(?)和以上,諸家門是文字陀羅尼門兄(?)稱五十字

Maspero: Le dialecte de tch'-ang-ngon sous les Tang(唐代長安方言考)(又以湯用彤,法人,馬伯樂著)

phonologie chinoise(中國音韻學研究)Analytic dictionary of chinese and sino-japanese(唐韻字典)

諸家未悉之,而為搞稱者,以補其(?)審實未(?)見)瑞典 Bernhard Karlgren: Etudes sur la

音穿,厂為曉,曰為日,一為影,欲究其譯音考,宜平晉(?)注語平聲(?)集解(讀其(?)孑才作注

乂為滂,刀為明,ㄅ為泰,尸為審,ㄙ為心,匸為敷,万為微,ㄗ為精,ㄘ為清,ㄓ為照,ㄔ

字母,著以國音字母相配,則ㄍ為見,ㄎ為溪,兀為疑,ㄉ為端,ㄊ為透,ㄋ為泥,ㄅ為幫,

匣,心為丙,匣為亞,此外若非,敷,從,精,清,從,邪,照,穿,床,禪,曉,日,影,喻,則中國特有之

透為可,定為亞,泥為可,幫為可,滂為可,並為可,明為可,非為可,奉為可,微為

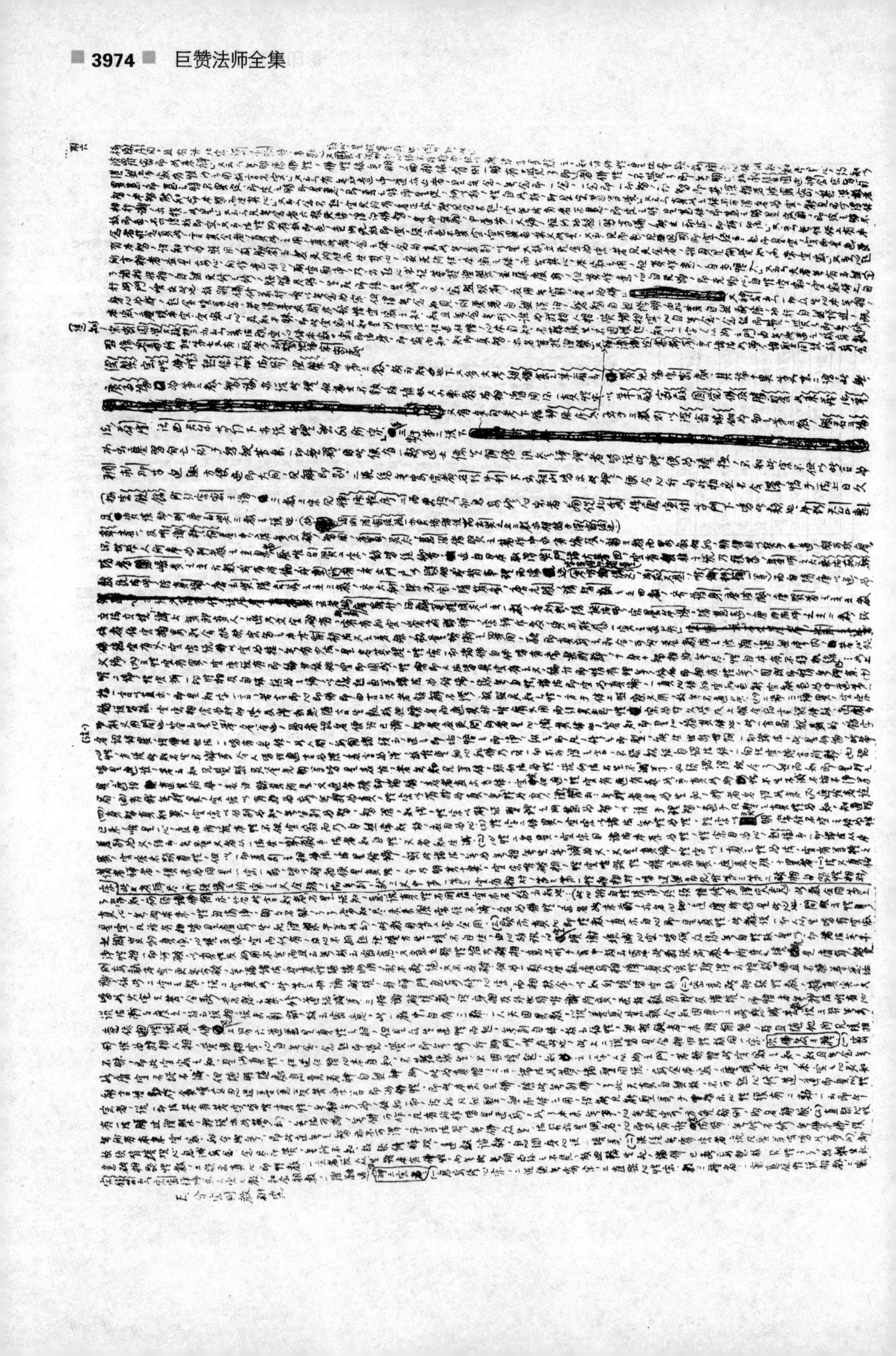

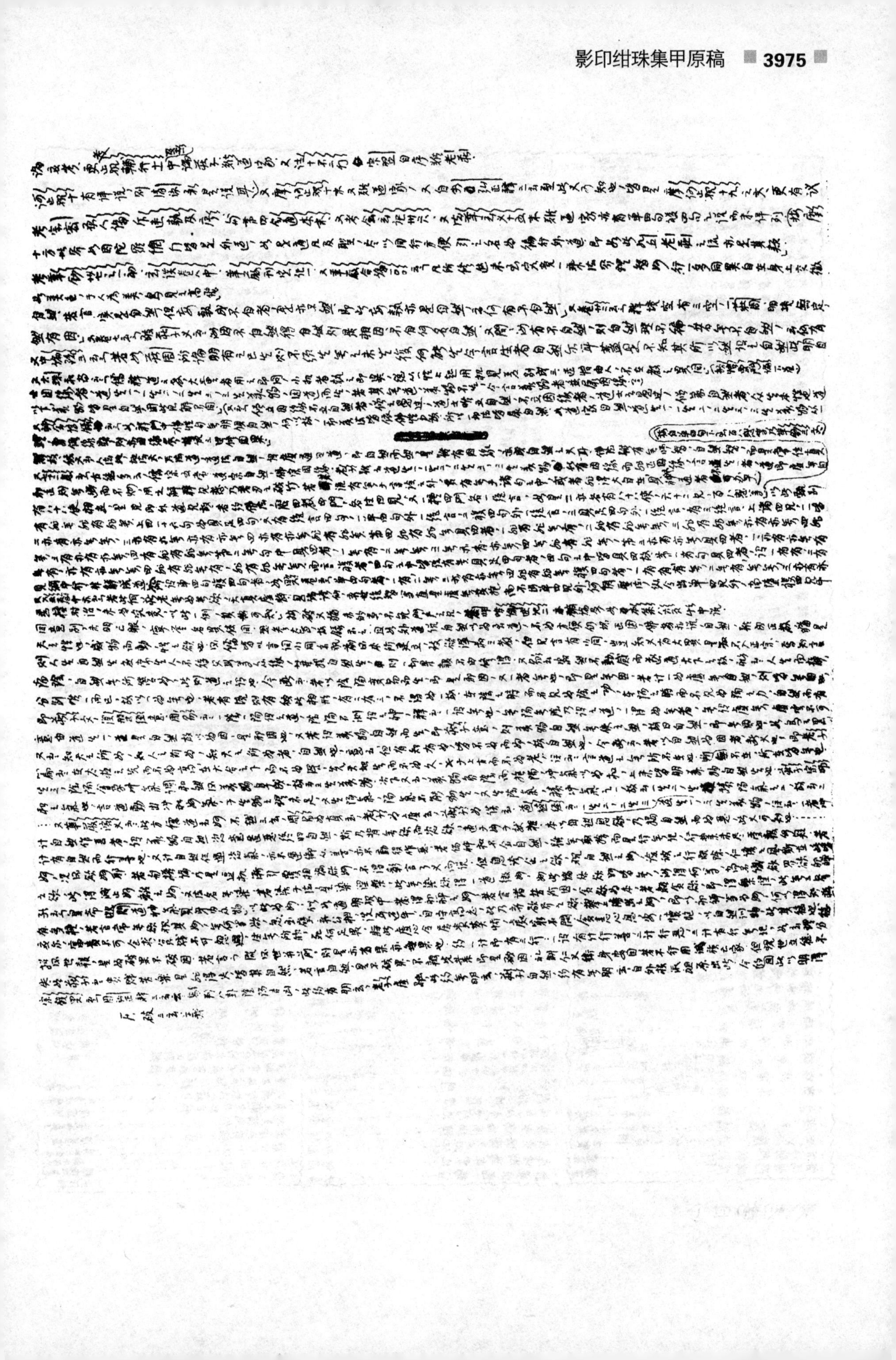

参考书目（一）

百论……提婆—罗什
中论……龙树—罗什
大智度论……龙树—罗什
大般若经第十一至第十六分……仝上
大般若经第六至第十分……仝上
大般若经第五分……仝上
大般若经第四分……仝上
大般若经第三分……仝上
大般若经第一分……仝上
大般若第二分方便般若……玄奘
大般若第二分实相般若……玄奘
大般若第二分信解般若……玄奘
大般若第二分须菩提般若……玄奘
大般若第二分金刚般若……玄奘
宝性论……[illegible]
胜鬘经……求那跋陀罗
佛地经……玄奘
璎珞本业经……姚秦竺佛念
金光明经……北凉昙无谶
观所缘缘论……陈那—玄奘
佛性论……天亲—真谛
佛地论……亲光—玄奘
十地论……天亲—菩提流支
庄严论……无著—唐波罗颇蜜多罗
二十唯识述记……窥基
大方广佛华严经……唐实叉难陀
密严经……唐地婆诃罗
菩萨藏经……唐玄奘
大乘同性经……宇文周阇那耶舍
无上依经……梁真谛
华手经……姚秦罗什
杂阿含经……宋求那跋陀罗
解深密经疏……圆测
解深密经……玄奘
大乘入楞伽经（七卷）……唐实叉难陀
入楞伽经（十卷）……元魏菩提流支
楞伽阿跋多罗宝经（四卷）……刘宋求那跋陀罗
宗镜录……延寿
法苑义林章补阙……慧沼
大乘法苑义林章……窥基
摄大乘论释……无性—仝上
摄大乘论释……世亲—仝上
摄大乘论……无着—玄奘
杂集论述记……仝上
成唯识论料简……仝上
成唯识论别抄……仝上
成唯识论枢要……窥基
成唯识论义演……如理
成唯识论了义灯……慧沼
成唯识论演秘……智周
成唯识论义蕴……道邑
成唯识论学记……太贤
成唯识论疏抄……灵泰
辩中边论述记……仝上
成唯识论述记……窥基
瑜伽师地论释……最胜子—玄奘
瑜伽论略纂……窥基
瑜伽论记……遁伦
瑜伽师地论……弥勒—玄奘
辩中边论……世亲—玄奘
显扬圣教论……无着—玄奘
杂集论……安慧—玄奘
集论……无着—玄奘
广五蕴论……安慧—玄奘
五蕴论……世亲—玄奘
百法明门论注……普光
百法明门论疏……窥基

肇论……[illegible]
宝藏论……[illegible]
鸠摩罗什法师大义……慧远
三论游意义……[illegible]
二谛义……仝上
大乘玄论……仝上
三论玄义……吉藏
十二门论宗致义记……法藏
掌珍论疏……[illegible]
百论疏……吉藏
十二门论疏……吉藏
中观论疏……吉藏
大智度论疏……慧影
十地经论义记……慧远
璎珞本业经疏……[illegible]
大乘密严经疏……[illegible]
胜鬘经疏义私钞……[illegible]
胜鬘经义记……慧远
金光明最胜王经疏……慧沼
金光明经疏……吉藏
金光明经文句……智顗
金光明经玄义……智顗
法相诸论叙合刊……欧阳渐
大乘入道次第……智周
胜鬘宝窟六卷……隋吉藏
观所缘缘论释……护法—义净
大乘百法明门论开宗义记序释……失名
大乘百法明门论开宗义决……仝上
大乘百法明门论[illegible]……唐昙旷
摄大乘义章……失名
摄大乘论章……失名
摄大乘论抄……失名
摄大乘论疏……失名
摄大乘论[illegible]……失名
唯识三十论要释……失名
瑜伽论手记……仝上
瑜伽师地论分门记……唐法成
辩显中边慧日论……慧沼
异部宗轮论述记……窥基
楞伽经通义……宋善月
楞伽经集注……宋正受
楞伽经纂……宋杨彦国
大乘入楞伽经注……宋宝臣
入楞伽心玄义……唐法藏
真唯识量略解……明明昱
因明入正理论直解……明智旭
三支比量义钞……[illegible]
因明入正理论续疏……仝上
因明入正理论义断……慧沼
因明入正理论疏……窥基
南海寄归内法传……义净
大唐西域记……玄奘
H.B. of Chinese Buddhism (1888)……E.J. Eitel
梵汉对译佛教辞典……[illegible]
藏要第一辑叙（论）……[illegible]
瑜伽师地论叙……仝上
唯识讲义……仝上
菩提心离相论……龙树—施护
菩提资粮论……龙树—达磨笈多
发菩提心论……天亲—罗什
金七十论……[illegible]—真谛
十句义论……慧月—玄奘
破外道楞伽经中外小乘四宗论……提婆—菩提流支
释楞伽经中外道小乘涅槃论……仝上
六妙门……仝上
释禅波罗蜜……智顗
法苑义林章决择记……智周
成唯识论演秘释……如理
成唯识论了义灯记……智周
成唯识论枢要记……智周
注成唯识论……失名

传法正宗记……宋契嵩
付法藏因缘传……元魏吉迦夜
喇嘛溯源……清[illegible]
朝鲜禅教考……[illegible]
三国遗事年表……[illegible]
三国遗事……仝上
图书集成神异典二氏部汇考
图书集成神异典释教部纪事
图书集成释教部汇考
释氏稽古略续集……明幻轮
释氏稽古略……明觉岸
释氏通鉴……宋本觉
释氏资鉴……元熙仲
佛史略……宋赞宁
善女人传……清彭际清
[illegible]……清彭际清
居士传……清彭际清
先觉宗乘……[illegible]
居士分灯录……明朱时恩
宰公法喜志……明夏树芳
佛法金汤编……明心泰
南宋元明禅林僧宝传……清自融
正宗心印后续联芳……明[illegible]
僧宝正续传……宋祖琇
禅林僧宝传……宋慧洪
净土圣贤录续编……清胡珽
净土圣贤录……清彭希涑
[illegible]……唐[illegible]
东国僧尼录
[illegible]……唐[illegible]
法藏和尚传……唐阎朝隐
永明道迹……宋大壑
曹溪大师别传
惠果和尚行状
不空三藏行状……唐赵迁
善无畏三藏行状及碑铭……唐李华
[illegible]佛舍利塔铭……唐[illegible]
[illegible]法师碑……唐[illegible]
窥基法师塔铭……唐李乂
唐三藏大遍觉法师塔铭……唐刘轲
大慈恩寺三藏法师传……唐慧立
玄奘法师行状……唐冥详
[illegible]别传……唐[illegible]
[illegible]自传……唐[illegible]
释迦方志……唐道宣
释迦谱……梁僧祐
释迦氏谱……唐道宣
比丘尼传……梁宝唱
大唐西域求法高僧传……唐义净
续武林西湖高僧事略……明[illegible]
武林西湖高僧事略……明[illegible]
皇明名僧辑略……明袾宏
大明高僧传……明如惺
补续高僧传……明明河
宋高僧传……宋赞宁
续高僧传……唐道宣
高僧传……梁慧皎
神僧传
名僧传抄……梁宝唱
高丽新刊大藏校正别录……守其
大明重刊三藏圣教目录
至元法宝勘同总录
大藏圣教法宝标目
贞元新定释教目录……唐圆照
开元释教录……唐智升
大唐内典录……唐道宣
历代三宝记……隋费长房
众经目录……隋法经等
出三藏记……梁僧祐

参考书目（一）

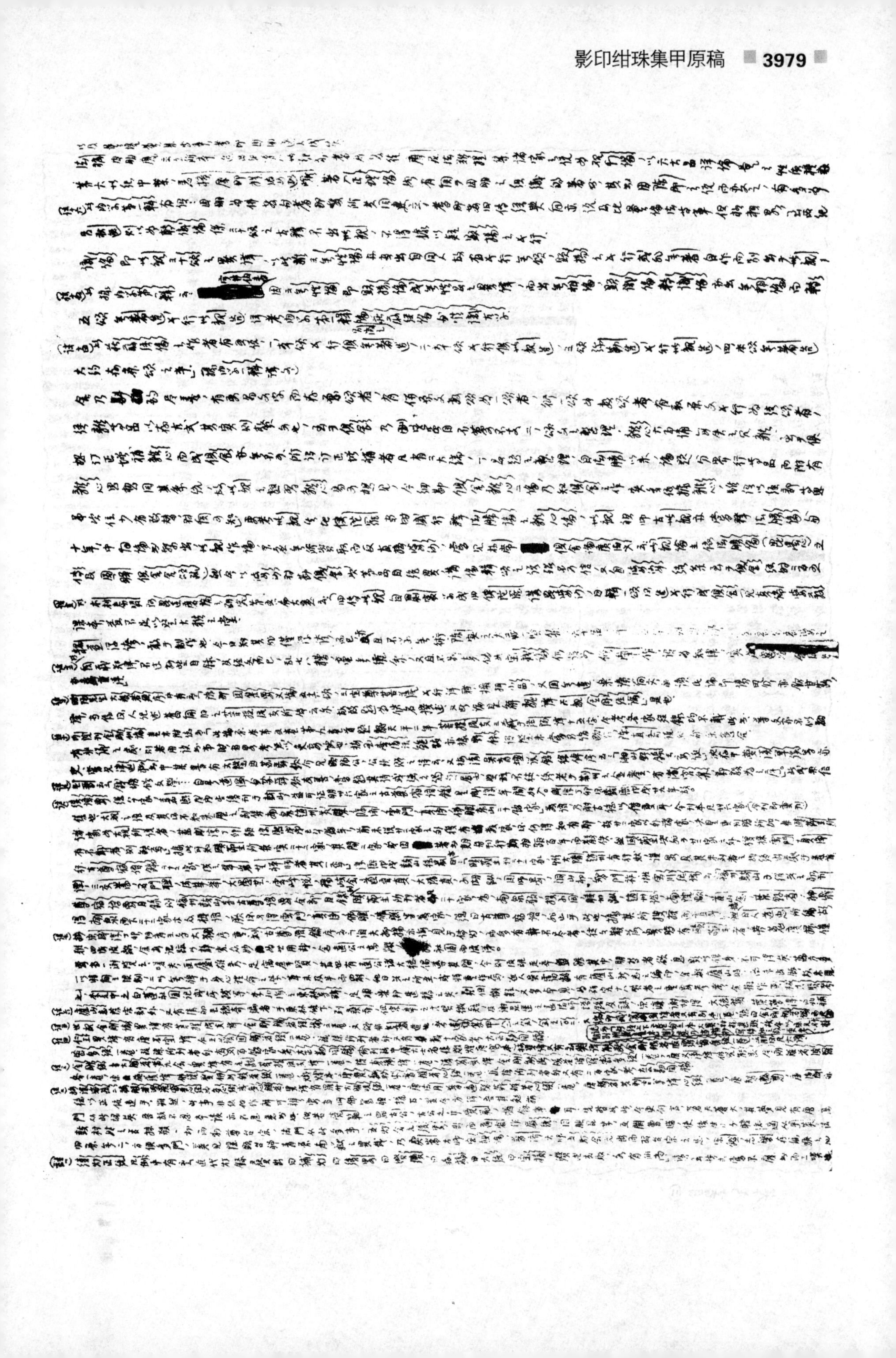

往生论……天亲
数音王经……
观无量寿佛经(注)……刘宋畺良耶舍
大阿弥陀经……宋王日休会
阿弥陀经……罗什
[illegible]地经……唐[illegible]
金刚顶经(佛说[illegible]三昧王经)……[illegible]
大日经……善无畏 一行
五事毗婆沙论……玄奘
大阿毗达磨[illegible]论……塞建陀罗……玄奘
阿毗昙甘露味论……曹魏失名
舍利弗阿毗昙论……姚秦昙摩耶舍
尊婆须蜜所集论……符秦僧伽跋澄
俱舍论法宗原……唐普光
俱舍论疏……唐神泰
俱舍论疏……唐法宝
俱舍论记……唐普光
顺正理论述文记……唐元瑜
成实论……诃梨跋摩……鸠摩罗什
显宗论……众贤……上
顺正理论……众贤……玄奘
杂阿毗昙心论(注)……法救……宋僧伽跋摩
阿毗昙心论……法胜……晋僧伽提婆
阿毗昙心论经……优波扇多……高齐那连提耶舍
大毗婆沙论……五百罗汉……玄奘
发智论……迦多衍尼子……仝上
识身足论……提婆设摩……上
界身足论……世友……上
品类足论……世友……玄奘
施设论……[illegible]……宋法护
集异门足论……舍利子……仝上
法蕴足论……目乾连……玄奘
四阿含暮抄解……婆素跋陀……符秦鸠摩罗佛提
长阿含经……姚秦佛陀耶舍 竺佛念
中阿含经……仝上
增一阿含经……东晋瞿昙僧伽提婆……上
法华经论述记……[illegible]
法华论疏……吉藏
[illegible]论疏……隋慧远
法华经疏……宋道生
维摩经疏……仝上
维摩经游意……吉藏
维摩疏记……湛然
维摩略疏……仝上
维摩文疏……智𫖮
华严玄谈……澄观

十一面神咒心经义疏……慧沼
大日经供养次第法疏……唐不可思议
法华传记……唐僧祥
请观音经疏阐义钞……智圆
金光明经文句记……〃
金光明经玄义拾遗记……知礼
大日经疏(注)……一行记
金刚顶经大瑜伽秘密心地法门义决(注)……不空
弥陀经疏……元照
妙宗钞……知礼
观经疏……智者
[illegible]山净宗法要(注)……[illegible]辑
龙舒净土文……宋王日休
天如和尚净土或问……善遇编
往生[illegible]论……明传灯
宝王论……唐飞锡
弥陀要解……智旭
弥陀疏钞……袾宏
因明论理门十四过类疏(注)……窥基
瑜伽师地论义演……唐清素
俱舍论颂疏……唐圆晖
俱舍论颂疏记……唐遁麟
俱舍论颂疏义钞……唐慧晖
台宗十数因革论……善月
二乘佛性究竟论……唐法宝
四明仁岳异说丛书……宋继忠
三千有门颂……宋陈瓘
十不二门枢要……宋了然
十不二门指要钞……同上
观音义疏记……知礼
观音义疏……智𫖮
观音玄义记……宋知礼
观音玄义……智𫖮
删定止观……唐梁肃
随自意三昧……慧思
法华经文句辅正记……唐道暹
法华经统略……吉藏
小止观……仝上
禅门章……仝上
四念处……智𫖮
观心论疏……灌顶
法界次第初门……智𫖮
法华经安乐行义……陈慧思
三观义……智𫖮
华严纲要……明德清
华严悬谈会玄记……元普瑞
华严文义要决问答……新罗表员
华严经文义记……[illegible]
华严大意……明古庭
文殊指南图赞……宋佛国
圆宗文类……高丽义天
华严经题法界观门颂……宋本嵩
华严一乘法界图……新罗义湘
华严一乘成佛妙义……唐见登
修大方广佛华严法界观门……杜顺
行愿品别行疏钞……宗密
普贤行愿品别行疏……澄观
禅源诸诠集都序……宗密
释华严十明论……李通玄
华严普贤观行法门……法藏

北魏僧惠生使西域记
游方记抄
西部大法相宗师资付法记
弘赞法华传……唐惠祥
历代法宝记……失名
[illegible]宗宝鉴……[illegible]
云栖法汇……袾宏
净土[illegible]录……[illegible]
经律异相……梁宝唱
法苑珠林……唐道世
曹溪通志……清[illegible]
大沩山志……清[illegible]
景祐新修法宝录(注)……宋吕夷简等
天圣释教总录(注)……宋惟净等
大中祥符法宝录(注)……宋赵安仁等
大唐开元释教广品历章(注)……宋[illegible]
景祐天竺字源……宋惟净等
传灯玉英集(注)……宋王随撰
双峰山曹侯溪宝林传(注)……唐智炬集
内学第二辑……支那内学院
内学第一辑……仝上
天台九祖传……宋士衡
法界宗五祖略记……清续法
华严经传记……唐法藏
教观纲宗……智旭
增修教苑清规……元自庆
山家绪余集……善月
螺溪振祖集……宋元悟编
四明教行录……仝上
宝云振祖集……宋宗晓编
金刚錍义解……善月
金刚錍显性录……宋智圆
法华十妙不二门示珠指……宋源清
十不二门指要钞详解……宋可度
大乘止观法门宗圆记……宋了然
法华经台宗会义……仝上
法华经[illegible]……智旭
法华三大部补注……宋从义
法华三大部读教记……宋法照
天台法华疏义缵……唐智度
法华经通义……仝上
法华经击节……德清
法华经合论……慧洪
法华经入疏……宋道威
法华经玄义节要……智旭
法华文句格言……仝上
法华妙玄格言……宋善月
[illegible]和尚止观记中异义……唐[illegible]
妙经文句私志记……唐智云
大藏一览集(注)……宋陈实
阅藏知津……智旭
止观义例……仝上
止观大意……仝上
始终心要……湛然
法华玄赞要集……唐栖复
法华玄赞决择记……唐崇俊
法华玄赞摄释……智周
止观辅行搜要记……仝上
金刚錍……仝上
十不二门……仝上
止观辅行传弘决……仝上
法华文句记……仝上
法华玄义释签……湛然
净土十疑论……智𫖮
国清百录……灌顶
南岳思禅师立誓愿文

参考书目(三)

年谱

巨赞法师年谱

一九〇八年　戊申　一岁　十月六日（清光绪三十四年农历八月十五日）出生于江苏省江阴市东门外要塞镇贯庄村。父名咏霓，经商。母徐氏，笃信佛教。家境小康。

一九一五年　乙卯　八岁　依私塾先生就读《四书》、《五经》，启蒙老师为三代诗人徐雪帆。后入贯庄小学。聪明好学，自修先秦诸子，注重老庄思想。

一九二三年　癸亥　十五岁　母亲病故，家道中落。

一九二四年　甲子　十六岁　考取江阴师范学校，校址在江阴城内东仓弄积谷仓。性喜考察周围生活，常与同学讨论人生哲学，写出处女作《庄子雏议》。

一九二五年　乙丑　十七岁　上海“五卅惨案”爆发，随同校中师生上街游行，声援工人，支持正义。

一九二六年　丙寅　十八岁　思想进步，靠拢校内共青团组织。

一九二七年　丁卯　十九岁　国民革命军进驻江阴，组织同学一起参加在怡园剧场演出反帝反封建话剧，慰劳革命军。是年，以优异成绩毕业于江阴师范。偷偷跑到常州清凉寺找应慈法师，想出家，机缘未熟，未能如愿。未几，至杭州灵隐寺，见到太虚大师，太虚要他写一篇出家志愿书，遂用骈体文写了四个志愿，其中一个志愿是“改革佛教”太虚大师看了很赏识，评语中有“斯亦有志于道之士，得其师导，可臻上达”。旋随太虚至闽南佛学院，研究佛学，不久学院闹风潮，又迫于父命，出家未成。至上海入大夏大学读书，相识田汉，秘密参加革命工作。

一九二八年　戊辰　二十岁　在大夏大学继续深造。

一九二九年　己巳　二十一岁　任江阴金童桥小学校长，兼任江阴东南乡学产保管委员会委员，支持革命师生，支持纱厂工人罢工和反帝斗争。

一九三〇年　庚午　二十二岁　调去上海学习，几天后因父病重回家，侍父去世。料理后事毕至上海，因联络人被捕，复回江阴。国民党江苏省党部通缉令下，逃至苏州，继去常熟，又潜回金童桥，被人告发，连夜到石牌乘装运黄石的船到崇明，再转上海。后又因姐姐病死，妹妹出嫁，弟弟无人照应，只得又回江阴，隐姓埋名于青阳中学代课。复因风声紧急，不得不又去上海。

一九三一年　辛未　二十三岁　三月至杭州，由太虚大师介绍，依灵隐寺却非老方丈出家，当年于宝华山隆昌寺受具足戒。住灵隐寺一年多，从法相唯识的研究开始，细心阅读《十支》和所有注疏，做了很多笔记，觉得问题很多。

一九三二年　壬申　二十四岁　为佛学问题走访了马一浮先生，并由周少猷介绍至南京支那内学院，依欧阳竟无，住数月，问题还未解决。接肇安法师复信。

一九三三年　癸酉　二十五岁　应约至四川重庆汉藏教理院任教，边教边学，经过一年多苦心参究，渐渐觉得对于问题的解答，很多与经论不谋而合。

一九三四年　甲戌　二十六岁　回南京支那内学院潜心研究。

一九三五年　乙亥　二十七岁　继续在内学院，看了很多经论，从三论、般若、天台、贤首、禅、净，以及其他大小乘经论，都细心地看了一遍，总计看了七千多卷，每看一本，都认真做了笔记，解决了五百多个问题。

一九三六年　丙子　二十八岁　在厦门闽南佛学院任教。于厦门《佛教公论》发表《先自度论》。于无锡国学专修学校所办的《论学》杂志上发表《评熊十力所著书》，为熊氏所赏识，接熊十力、幻叟来信。

焚膏继晷，悉心研读，这两三年间，所有佛教经论，法师已一一读毕，写下了三百多万字的读经笔记，笔记分两大部分：一为觉海遗珠集（九集），一为绀珠集甲和乙（十三集）。觉海遗珠集中的八集是在第二次回到支那内学院时写的。三月十七日法师非常兴奋，在觉海遗珠辛集中道出了内心的无比喜悦。此时又着手编写“五家学案”、“如是集”等札记。

十二月十七日复将《俱舍论》所论法、义，举要列成大表，附以《杂心论》及《大毘婆沙论》所论者。深感如将此三书详密对证，即可以见印度小乘学派之大概。并指出表中所列“颇有缺漏，或竟有讹错者，以余所注重者在知大纲，故未补正，当待来日。”

一九三七年　丁丑　二十九岁　又在《佛教公论》发表《为僧教育进一言》，受到各界好评，尤为弘一法师赞许，弘一法师写了一付对联称扬巨法师。在北平《微妙声》发表《如是斋琐议》，以文字精练，考证精确，为史学界老前辈陈垣所重视，询问该刊主编苏晋仁教授为何人所写。

“七七”事变后，专在世间学问上用功，除研治先秦诸子，宋明理学外，重温英、日文，新学德文。未几以战事紧张，由福建至香港，转入广东，一度于南华寺任虚云老和尚书记。是年冬至湖南，路经宁乡寒铁生余楼，瞻望家国，山河破碎，寇焰嚣张，不胜感慨，赋诗抒怀。

一九三八年　戊寅　三十岁　因不满国民党消极抗日，被常德警备部稽查处处长沈醉抓住，挨了两下耳光，险被枪毙。赴沩山佛学社讲学，途中吟诗一首。南岳福严寺创办华严研究社，巨法师应聘任教，讲授《瑜伽师地论》等。一月，于《海潮音》发表《参礼祖庭记》。六月，又于该刊发表《晦鸣录》。与田汉、冯乃超、日人鹿地亘等相逢于上封寺。由田汉导引，会到了当时任南岳游击干训班副教务长的叶剑英等。

一九三九年　己卯　三十一岁　在南岳福严寺讲学，决定组织救亡团体，四月，开第一次筹备会议，起草宣言。在上封寺会见老友田汉、冯乃超及日人鹿地亘等，田汉对宣言大加赞赏。五月七号在南岳成立南岳佛道救难协会，叶剑英在大会上讲了话。先后在《海潮音》发表：《南岳佛道救难协会组织大纲》、《告各地救亡团体同志书》、《佛教青年服务团动态》、《致抗日将士慰劳书》等。六月，率领佛教青年服务团奔赴长沙，宣传抗日救亡。周恩来先生亲笔书写“上马杀贼，下马学佛”赠予佛青。这期间，徐特立老先生在八路军驻湘办事处数次与巨法师会谈，并书元代著名政治活动家刘秉忠《朝中措·书怀》一词，有意劝巨法师还俗。在湖南工作中碰了不少钉子，几乎受害。不得不离开南岳，路经衡阳赋诗三首并发表《佛家之救亡抗战论》。

一九四〇年　庚辰　三十二岁　七月至桂林任广西省佛教会秘书长，与道安法师创办《狮子吼》月刊，发表《一支有力的笔部队》等，鼓吹抗战与佛教革新运动，提出“生产化”、“学术化”两个革新口号。与夏衍、田汉、郭沫若、柳亚子、朱蕴山、廖沫沙、关山月、尹瘦石、欧阳予倩、端木蕻良、聂绀弩、骆宾基、万仲文、盛成、李焰生等过从甚密，共商国是，并经常参与“漓江雅集”这一爱国诗社的活动。得以深入了解社会各阶层的底蕴，从而也坚定了法师彻底改革佛教的决心。于《狮子吼》发表《新佛教运动的回顾与前瞻》、《中论探玄记》、《略论空有之诤》等文，及《徙月牙山》诗一首。八月间，应澳门《觉音》主编竺摩法师之请，写出《奔走呼号一整年》、《宗教与民族性》等文，报导佛教青年服务团在衡山、长沙等地的抗战救亡活动情况。收到欧阳竟无、田汉、李源澄、徐季广等的函件并复信印度岫庐法师。

是年十月于桂林书肆购得日人宇野哲人所著，王璧如翻译，陈立夫作序，上海正中书局于民国三十五年出版的《中国哲学概论》一书。法师为学严谨，才思敏捷，每读一书，辄随手写下心得体会。日寇逞凶，武汉吃紧，桂林空袭频仍，法师既要操心省佛协工作，又要忙于《狮子吼》编务，还要应酬漓江诗友，但百忙中仍广征博引，条分缕析，在这本书上密密麻麻写了数万字的评语。

一九四一年 辛巳 三十三岁 改革佛教的信念更坚定，撰成二十多万字的《新佛教概论》，广西师范学院教授万仲文为写序言。这一年，法师工作比较顺利，心境亦较舒展，写下了不少诗文：《元月三日与盛成、万仲文、阎宗临三教授纵谈波影楼》、《八日与关山月、盛成等于月牙山为龙积之祝寿，步方孝宽韵》、《题关山月所作画贺白虹书店开幕》、《又题关山月峨眉黑龙江图》。二月，接田汉来信。秋间，《题尹瘦石盲群图》、《又题尹瘦石百寿图卷》、《南岳明真、成都徐季广来书勉以脚跟下事，感赋》、《路经开元寺废址》、《澳门竺摩法师以寄李仙根诗索和步原韵》、《汨罗张健甫以古风见赠，以七律一章报之》、《送关山月入蜀》。六月，《重游南岳》、《中秋感怀》、《与耶回两教徒论人生》、《友朋中有以罢道相劝者以诗答之》、《林素园居士以诗僧、高僧见称却赋》各一首，《田汉嘱和柳亚子韵祝郭沫若五十大寿》、《中秋书感》、《感赋》、《和白下张搓仙月牙山远眺》等二十余首诗。于《狮子吼》发表《新佛教运动之史的研究》、《新佛教运动的中心思想》、《新佛教运动与抗战建国》、《怎样处置庙产》、《佛教当前的一个严重问题》、《木拂和尚甲行日注抄》、《印光法师嘉言录约编序》、《所期望于佛教整理委员会者》、《拥护佛教整理委员会》、《宗门文献目录》、《唯识甄微》、《瑜伽师地论真实义品提要》、《学佛十讲》、《与张潜庐居士论佛学书》、《复田光烈书》。复应澳门竺摩法师之请于《觉音》发表《瑜伽师地论本地分中菩萨地第十五初持瑜伽处真实义品第四述记》、《如是斋窾启录》，于《觉讯》发表《是人天师，得无量寿》等二十余篇文章。收到陈铎、张健甫、吕集义、端木蕻良、方孝宽、万民一等赠诗。

一九四二年 壬午 三十四岁 于《狮子吼》发表《将至西山留别桂林诸友》、《佛教与中国》、《东坡与禅》、《两种精神》、《从佛教青年服务团到湖南佛教徒抗敌后援会》。三月，离开桂林，卓锡桂平西山，任龙华寺主持。现任香港佛教联合会会长的觉光法师亦同在该寺。秋间应请至梧州，于市商会发表演说，编者有幸忝列听众之一。在西竺园会见清凉法师。

到西山后，仍念念不忘在桂林的那些好友，赋有《孟春在至西山寄怀桂林诸友》、《岁暮寄怀田汉桂林》、《桄榔杖寄赠李任仁议长》、《酬柳亚子见赠》、《与耶回两教徒论人生》、《桂平西山山居即事》等诗。并收到万民一、何觉、吕集义、齐荪、万仲文、纫秋、胡静波、方孝宽、梁岵庐等赠诗。

一九四三年 癸未 三十五岁 撰成《桂平的西山》一文，介绍西山的人文景观和对佛教改革的抱负，发表在香港出版的《旅行杂志》。柳亚子先生见到此文，非常欣赏动心，恨不能买山终老于此。作《西山吟啸集序》刊登于第四期《大千》。七月一日，为乐观法师《奋迅集》作序。受聘兼在浔州中学教授德文。应请去贵县中学发表演说，编者随往听讲。赋诗《赠别朱蕴山》。收到檗庵、梁岵庐、陈此生、柳亚子、阎宗临、吕集义诸君赠诗。

一九四四年　甲申　三十六岁　太虚大师至桂林，赠诗《狮子吼》，以诗奉和。战事日益激烈，湘桂危急，悲愤时事，感伤离乱，写成《佛慈篇》。柳州、梧州相继失守，桂平岌岌，挥泪写诗《赠别觉光法师》。避难瑶山，曾协助瑶王李荣保，策划伏击日军，歼敌百余，取得重大战果。日寇震怒，四处搜捕巨法师，尝于梧州北山，拘禁西竺园方丈清凉法师，拷问巨法师行踪。

一九四五年　乙酉　三十七岁　至北流受聘为无锡国学专修学校教授。（该校本在无锡，战时迁至北流）。欣闻抗战胜利，登上北流山围之磐石山，以无比喜悦的心情用饶宗颐教授（时与向达等同执教于锡专）韵，写五言诗一首。接饶宗颐教授赠诗。

一九四六年　丙戌　三十八岁　岁首，赏雪于中印庵。二月于超山观梅，均有诗纪其事。四月，应请在梧州诗词学会讲演《佛教与中国文学》。东归，途经广州六榕寺，见妙峰法师聪明好学，遂携至杭州，安置在武林佛学院就读。住灵隐寺，任浙江省佛教会及杭州市佛教会秘书长。于《海潮音》发表《佛教界如何方能联合》、《华南佛教二三事》、《论道德休假与文化脱节》、《论自得》等文。夏历十月，《灵隐小志》脱稿，篇末所附《萍栖诗抄》，为却非上人所作，《还斋吟草》则为法师自己的诗稿。

法师出家后，家人遍寻无着，苦无音讯。一次，法师在大殿上香，为香客同村好友无意窥见，法师立即转身走避。这位好友即告知法师在上海的姑妈，姑妈闻讯立即赶到杭州，把法师苦苦拉回上海（姑妈的女婿徐裕庭是上海富有的实业家，颇有知名度，解放前夕去台湾设厂），一定要法师为嗣续着想，还俗。法师多方解释，当夜即悄悄离去。

一九四七年 丁亥 三十九岁 席不暇暖的为省市佛教会事务奔走操劳。主编《华藏世界》。应《佛教文摘》之请写《不立文字》、《了生死》两篇短文。于《觉有情》发表《成都徐季广居士传》，于《海潮音》发表《论目前文化之趋势》。七月，与却非、弘妙、圆成、东林等发起启建仁王护国息灾法会，法会期间按日与本光、乐观、度寰三人讲演佛学要旨。一度赴港，归途尝冒险为李济深带密信交陈铭枢和郭椿涛。

一九四八年　戊子　四十岁　九月间受聘为武林佛学院院长。期间应邀至香港讲经，再次会见李济深、何香凝、沈钧儒、郭沫若、章伯钧，大家认为全国不久将解放，都很关心佛教该怎么办。巨法师也很着急，讲完经即去台湾考察，经一个多月的考察，写出《台湾行脚记》，刊登于《觉有情》。淮海战役后，又匆匆去香港，受中共华南局负责人潘汉年委托，写出《新中国佛教改革草案》，由潘老派专人送至石家庄党中央所在地。于《佛教公论》发表《为僧教育进一言》。于《觉有情》发表《普照大师传》。是年秋，于灵峰寺相识南怀瑾先生，二老一见如故，顿成莫逆。巨师尝请南老于武林佛学院讲授禅学。迨巨师为法奔走身处险境时，南老星夜进京，仗义执言，援手相助。事后各有诗纪其事。

一九四九年　己丑　四十一岁　春间，在觉光法师协助下，于香海正觉莲社与优昙、敏智、道安等师商讨佛教改革事宜，以战事紧张，匆遽分手，未获结论.四月三日，毅然和李济深夫人等由港北上。行前，夏衍、廖沫沙曾电告天津，法师等一到天津即受到热情接待。四月十三日抵达北京，经一个多月考察研究讨论，会同周叔迦居士等用北京市佛教同人名义，为改革全国佛教，上书毛主席及各民主党派。六月，接田汉、马叙伦、陈叔通、贺鳞等来信。九月，致法舫、印顺、道安等书。组织全市佛教徒在极乐庵开办僧尼学习班。十二日当选全国政协代表，出席第一届全体会议。十月一日登上天安门，参加开国典礼，无比兴奋激动，写出《共和国开国观礼志喜诗》。三日当选为中国人民保卫世界和平委员会委员。于北京居士林开讲《人民政协对于佛教界进行革新的启导作用》。十一月初，徐特立老先生走访巨法师于寓所。于《弘化月刊》发表《纠正联合出版社高小历史课本对于佛教的误解》。是年又学习俄文。

一九五〇年　庚寅　四十二岁　收到伟大领袖毛主席亲笔复信。一月二十九日，在天津市商会作《新时代之宗教问题》的演讲。上书中央有关方面，要求收回广济寺。为了稳定佛教界的情绪，为了佛教徒的出路，为了佛教的改革，倡议开办大雄麻袋厂，深得周叔迦、沙泳沧等赞助。与李济深、陈铭枢、赵朴初等筹备成立中国佛教协会，任筹备处副主任，在北京图书馆参加《赵城金藏》展览座谈会。六月十八日，与李济深、陈铭枢、赵朴初等邀请出席全国政协第三次会议的与佛教有关的人士举行座谈会，讨论有关改革教务的意见，并决定成立《现代佛学》月刊社，公推陈铭枢为社长，巨法师为主编。九月十五日，《现代佛学》创刊号在北京出版。为保护佛教文物，致函全国各佛教团体。十一月，大雄麻袋厂正式开工，巨法师亲自兼任董事长。致徐悲鸿书。接熊十力、董鲁安、张志强、齐燕铭、法舫、陈其瑗、李维汉、吕澂等来信。

于《现代佛学》发表《听了艾思奇报告之后的一点观想》、《从个人主义到集体主义——论佛教革新运动中的困难问题》。于上海《弘化月刊》发表《先立乎其大者——佛教的人生观之二章》及《致全国佛教团体函》。于《觉有情》发表《佛学与人生》。复书叶圣陶、胡绳等。

一九五一年 辛卯 四十三岁 一月二十七日，主持在中山公园举行的北京佛教界抗美援朝座谈会。二月二日北京市佛教界举行爱国示威游行，巨法师任总指挥。出任华北抗美援朝总分会常务委员兼北京佛教界抗美援朝委员会主任委员。在北京市佛教界成立保卫世界和平反对美国侵略委员会大会上讲话。当选中国哲学会会员。应民主同盟总部及民盟北京市支部的邀请，出席“佛教与爱国主义座谈会”。受聘为北京市人大代表及北京市人民救济代表会议代表。

筹办振新印刷厂，所聘上海技工程兴楚等到达北京。五月初，参加上海土改。于《现代佛学》发表《会道门——中国传统文化的一个毒瘤》、《论佛教的爱国主义》、《本刊一年来的回顾与前瞻》、《从参加上海郊区土改工作得到的一点认识》等文。于《弘化月刊》发表《关于佛教基层组织法》。于《觉讯》发表《建立正法幢》。复书张汝舟、丁文隽、曹培灵、陈铭枢等。接熊十力等来信。七月访问苏州灵岩净土道场。

一九五二年 壬辰 四十四岁 至中南海怀仁堂参加亚洲太平洋区域和平会议。主持会议代表在广济寺举行的祈祷和平会，陈毅、郭沫若等到会观礼。十一月，会同佛教界著名人士在京举行发起组织中国佛教协会。应聘为全国政协宗教事务组组员。

于《现代佛学》发表《再为佛教同仁进一言》、《佛教徒坚决拥护严厉制裁细菌战犯》、《佛教徒应参加三反运动进行思想改造》、《从大雄麻袋厂加工订货略谈佛教的前途》、《大雄麻袋厂一九五一年下期总结报告》、《关于新的道路》、《目前佛教工作的四个步骤》、《学习共同纲领的重要性》、《对于佛教界内一些不妥当的言论的商酌》、《拯救和平是人类当前唯一的任务》、《关于佛教的信仰问题》、《再谈关于佛教的信仰问题》等文。复虚云老和尚书。

一九五三年 癸巳 四十五岁 当选中印、中缅友协会员。中国佛教协会成立，当选为副秘书长。步陈铭枢庆祝中国佛教协会成立原韵和诗一首。在广济寺接待四川省各民族参观团。在中国佛教协会会议记要上就培养人才问题作了重要发言。于香港《大公报》发表《佛教在新中国》，于《现代佛学》发表《再谈关于佛教徒的信仰问题》、《悼斯大林元帅》、《关于整理僧伽制度一点不成熟的意见》、《爱祖国》、《爱人民》、《爱劳动》、《爱科学》、《挽圆瑛长老》等诗文。接何家槐、梁漱溟等来信。复锡兰马拉塔纳法师书，致高棉佛教徒书。

一九五四年 甲午 四十六岁 当选第二届全国政协委员并北京市人大代表。在安养精舍观音法会开示《从因缘说起》。三月十四日，于广济寺与全国人民慰问人民解放军代表团第六分团太原组全体同志合影。在空军汽车学校慰问大会上致词。三十一日，巨法师和赵朴初居士代表佛教界电复日本“世界和平主义者会议”，表达我国人民对世界和平的主张和愿望。二十四日，出席政协宗教组举行的朝鲜人民访华代表团中的宗教界人士座谈会。五月十日，在广济寺主持浴佛节。十二月八日，于《光明日报》发表《坚决拥护周外长的声明，要用实际行动粉碎美国的侵略阴谋》。到机场迎接缅甸总理吴努。二十日出席第二届全国政协会议。于《现代佛学》发表《释迦牟尼的本生故事》、《爱护公共财物》、《学习志愿军，继续开展抗美援朝运动》、《多才多艺的释迦牟尼》、《学习国家在过渡时期的总路线》、《解放军同志们深深地教育了我》、《提高警惕加强爱国主义教育的学习》、《社会主义改造的光明大道》、《学习时事的重要性》、《体验民主生活，努力宣传讨论宪法草案》、《我们的宪法草案是以大安乐与人民的正法》、《宁静和乐的原始僧伽》、《龙树提婆与无著世亲》、《道安法师》等文。接了然、王之南赠诗，冯国瑞来信。

一九五五年　乙未　四十七岁　五月，陪同周总理参观广济寺。在广济寺接待缅甸吴努总理参拜佛像。和首都其他宗教界人士一致拥护周恩来总理声明，表示要以实际行动粉碎美国侵略阴谋。收到虚云老和尚及郭沫若等来信。十一月张体道来询问气功疗法，谓胃病初愈，遵周叔迦居士所嘱也，乃以唐山市气功疗养所油印之《气功疗法》一书予之。

于《现代佛学》发表《法显、玄奘两大师》、《鸠摩罗什法师》、《东林远公》、《唐代天文学者一行法师》、《天台与嘉祥》、《禅宗的思想与风范》、《华严宗的传承及其他》、《一行大师和他的大日经疏》、《东渡弘法的鉴真大师》、《关于空与有的问题》等文。

一九五六年　丙申　四十八岁　中国人民支援埃及反对侵略委员会成立，被选为常委。会同中国佛教文化代表团访问印度。继续当选北京市人大代表，出席北京市人民代表大会。十二月接待蒙古人民共和国佛教理会副会长万保德等。

于《现代佛学》发表《关于玄奘法师的会宗论》、《禅修的医疗作用及其可能发生的生理和心理现象》、《从阿育王敕文看佛陀遗教对于印度社会所发生的影响》、《道安法师的著作和学说》、《试谈空有之诤的焦点所在》。于《弘化月刊》发表《关于藏密的气功》。收到邓初民、竺可祯、师哲、了心及卫生部并印度文化国际学院等来信。

一九五七年　丁酉　四十九岁　中国佛教协会召开第二次全国代表会议，当选为副会长兼副秘书长。在全国政协第二届全国委员会第三次会议上作《更好地发扬优良文化传统》的发言，载于三月十六日《人民日报》。三月一日，应邀赴中南海怀仁堂出席第十一次最高国务会议。赴斯里兰卡参加世界和平理事会，归后作

《参加和会，朝拜佛牙》一文，发表于《现代佛学》。在佛协第二届全国代表会议上作了重要发言。四月，接待锡兰马拉拉塞克拉采访。七月，接待锡兰纳罗达法师来访。九月十五日陪同日本佛教访华亲善使节团参观通教寺，九月十九日陪同访问玄通寺，和日本高阶珑仙长老及山田无文禅师诗各一首。收到了心来信。

于《现代佛学》发表《般若思想在中国汉族地区的发展》、《我看“佛教在中国”影片以后》等文。感怀时事，咏史六首。和重人同志见访一首。

这一年，反右斗争继续深入，法师的不少良朋好友成了右派，法师受牵连，被迫在佛协一再交待，几乎也被打成右派。

一九五八年　戊戌　五十岁　陪同柬埔寨佛教代表团参观中国佛学院。缅甸和平代表团到达北京，参加接待工作。四月二日，在灵光寺参加佛牙舍利塔奠基典礼。

于《现代佛学》发表《印度古代的佛教学术中心——那烂陀寺》。

一九五九年　己亥　五十一岁　三月间当选第三届全国政协委员。九月二十八日应邀出席建国十周年庆祝大会。偕同佛协其他领导人瞻礼班禅额尔德尼大师，参加班禅大师在广济寺举行的传经仪式。在中国佛学院学习班第一期结业第二期举行开学典礼上作了重要讲话。

九月二十日，佛协常务理事义方法师在京逝世，二十四日开追悼会，巨法师主祭。十月十三日，虚云老和尚在江西永修云居山逝世，巨法师赶赴云居山吊唁。当选全国政协学习委员会委员。陪同喜饶大师接见来访的锡兰马拉拉塞克拉法师等。

于《现代佛学》发表《“解深密经无自性相品”述意》、《安世高所译经的研究》、《禅余随笔》、《庆祝建国十周年》等诗文。收到韩大载、凌楚苓等来信。

一九六〇年　庚子　五十二岁　偕佛协其他领导人邀请出席全国人民代表大会、中国人民政治协商会议的代表和委员中的中国佛协理事举行座谈会。四月底《保存在峨眉山佛教寺院里的祖国医学遗产》一文脱稿。五月初，又撰成《试论王叔和》。

于《现代佛学》发表《试论唐末以后的禅风——读（碧岩录）》。收到金成复信。

一九六一年　辛丑　五十三岁　赴柬埔寨参加世界和平佛教徒联谊会。于《现代佛学》发表《柬埔寨纪行》。六月间偕佛协其他领导人接待锡兰迎奉佛牙代表团及日本“中国殉难烈士名单捧持代表团”。参加首都佛教界人士追荐中国在日殉难烈士的集会。在中国佛学院研究班和第三期学习班毕业典礼上讲话中指出：要培养出“教海义龙，禅河香象”的高级僧才。至大连避暑山庄，有诗纪其事，寄杜宣诗，收到钱钟书信。

一九六二年　壬寅　五十四岁　中国佛教协会第三次代表大会召开，继续当选副会长兼副秘书长。出席全国政协举行的第三十五次常委扩大会议，在会上作了“关于中国佛教协会第三届全国代表会议情况和中国佛学院情况的报告”。收到吕逸卿来信。

于《现代佛学》发表《读宗镜录》、《饶云随笔》、《与吕澂先生探讨中国佛学有关心性的问题》、《汤著佛教史关于“太平经”与佛教的商兑》等文。于上海《文汇报》发表《佛教传入中国之初的“楚狱”》问题。三月间，寄丁于同志诗一首，赋诗祝李重毅先生八十大寿。

一九六三年　癸卯　五十五岁　元旦，参加接待锡兰总理班达拉奈克夫人访问我国中的礼佛访胜。三月七日，参加接待老挝国王西萨旺·瓦达纳陛下瞻礼佛牙舍利。八月主持祈祷越南南方佛教徒和人民反对迫害争取自由胜利祝愿世界和平法会。先后参加接待：日本佛教交流恳谈会大谷莹润会长，日本龟井胜一郎和白士武夫、日本佛教、文化界来我国参加纪念鉴真圆寂一千二百年的代表团及亚洲十一个国家和地区佛教徒会议的代表团。并陪同参加亚佛联代表至南京、杭州等地参观。陪同日本菅原夫妇访问山西。十月三日，中国佛教协会隆重举行纪念鉴真和尚逝世一千二百周年，巨法师主持法会，参加法会的有阿旺嘉措、噶喇藏、周叔伽等数百名僧尼喇嘛，及以金刚秀一法师为首的日本佛教代表团。十二月二十日，周总理、郭沫若先后接见出席会议的代表，接见时巨法师均在座。国务院宗教局设宴招待会议代表，巨法师应邀入席。在中国佛教协会设宴招待与会代表时，即席奉和日本大西良庆长老、日本日莲宗立本寺细井友晋贯主及越南智度法师诗各一首。为庆祝会议圆满，又赋诗二首。

在首都人民大会堂万人集会上发表《把美帝国主义扮成菩萨是对人民的欺骗》的讲话。在首都万人集会声援越南南方人民反美爱国的大会上，巨法师作了“坚决支持越南南方佛教徒和人民保卫宗教信仰自由和民主权力的正义斗争“讲话，新华通讯社对越南南方转播了这个讲话。参加首都佛教界祈祷南越佛教徒和人民反对美、吴集团的斗争早日胜利。收到谢无量、陈雪湄复信。

于《现代佛学》发表与汤用彤先生《关于佛教几个问题的讨论》、《鉴真大师的律学传承》。作诗和越南智度，赠印尼苏马多诺暨东苏达尔多雅斯明，游拙政园，和正义哲人游栖霞寺。

一九六四年　甲辰　五十六岁　继续当选第四届全国政协委员。接待稀兰钱达难陀法师来访。建国十五周年，满怀激情赋《满江红》一首，热烈歌颂祖国的繁荣昌盛。一月二十五日，写就《我对于〈中华大藏经目录〉的一点意见》，寄南京吕澂先生。三月十八日，郭沫若副委员长接见日本佛教界人士西川景文长老等。六月二十六日，郭沫若副委员长接见来自亚洲九个国家和地区的佛教代表团，接见时巨法师均在座。六月二十七日，董必武副主席接见来自十个国家和地区的佛教代表团，接见时巨法师也在座。八月十一日，首都宗教界举行座谈会，热烈拥护我国政府声明和支持越南民主共和国政府的声明，谴责美帝侵略，座谈会由巨法师主持。十一月十九日，参加日本第九次护送中国在日殉难遗骨法会。学习法文。收到郭子化复信。

在《现代佛学》发表《记玄奘法师纪念法会》。

一九六五年　乙巳　五十七岁　以十六字令二首庆祝国庆十六周年，感谢党的关怀厚爱。四月，接待日本天台宗来访。五月间，用长字韵赠日本即真周湛座主等六位。接慧树诗。

一九六六年　丙午　五十八岁　史无前例的“文化大革命”降临，不久即被打成权威、黑帮，被看管、劳动。

一九六七年　丁未　五十九岁　以现行反革命的莫须有罪名，被关进北京监狱，长达七年之久，始终恬退为怀，不以荣辱介意。

一九七五年　乙卯　六十七岁　出狱，泰然自若，毫无怨尤，赋诗抒怀。

一九七八年　戊午　七十岁　“七一”，于北海观荷，以诗纪事。

一九七九年　巳未　七十一岁　“五一”，再登香炉峰，感慨世事，吟诗两首，并咏怀四律。念及故交李济深、田汉，往事历历，不胜伤感，赋《追悼李任公》、《悼田寿昌》各一首。并作《昭雪谢沈公端先》、《寄怀桂平西山宽能法师》、《祝于澄八十大寿》各一首。

一九八〇年　庚申　七十二岁　落实政策，得到平反。当选为全国政协常委。撰写《我对于弘一大师的怀念》，供中国佛教图书文物馆所编之《弘一法师》一书。四月，游黄山，作《黄山之歌》。复作《寄怀日本菅原惠庆长老》。十一月，步香港黄居素居士原韵，和诗一首。老友李侠文来京同与政协之会，又欣逢于广济寺，作诗以赠。是年冬，中国佛教协会召开第四届全国代表大会，继续当选为副会长兼副秘书长。致大会闭幕词。

十月二十日，中国大百科全书佛教条目编撰小组成立，巨法师担任主编。

巨法师于广济寺以语体文另写《灵隐小志》再版前言。收到饶宗颐、端木蕻良等来信。

一九八一年　辛酉　七十三岁　再版《灵隐小志》编成，法师于《还吟草》中加入一九七五年至一九八一年新作十三首，连前共为三十八首。接受《北京晚报》记者黄蔼玲采访。参加法尊法师圆寂追悼会。秋间于避暑山庄观白荷，吟诗一首。十月九日，应邀参加辛亥革命七十周年纪念大会。

于《法音》发表《评熊十力所著书》（语体文）。七月初，接老友端木蕻良赠诗。

一九八二年　壬戌　七十四岁　五月，在中国佛教协会举行的第四届常务理事会第二次扩大会议上致开幕词。中国佛教协会友好代表团应日中友好佛教协会的邀请，由团长巨赞法师率领于六月二十三日至七月二日访问日本，受到热烈欢迎。于《法音》发表《东游纪事》三首，《维摩四说法》及《赠高田良信长老》各一首。为韩清净老居士《般若心经颂释》及《能断金刚般若波罗蜜多经了义疏》作序。《挽圆瑛长老》诗。重游故宫，赠诗戴文葆。七月，为韩清净居士所著《般若波罗蜜多心经颂释》及《能断金刚般若波罗蜜多经了义疏》作序二篇。中国佛教协会护送大藏经代表团由团长巨赞法师率领在各界热烈的欢呼、朗诵声中于十月二十日安抵香港。在香港龙藏展览会开幕典礼讲话。访问正觉莲社与觉光法师亲切交谈。与老友香港《大公报》社长费彝民叙旧。代表团圆满完成护送任务，于十一月一日在恋恋不舍，依依惜别声中离开香港。十一月上旬，陪同日本净土宗访华使节前往西安。

参加接待来华访问的和平会议和平使节团；来京迎请大藏经的香港宝莲寺代表团。

为《中国大百科全书·宗教卷》继续撰写《道安》、《一行》、《惠能》、《道济》、《禅宗史略》等条目。于《文史资料》发表《洋和尚照空》一文。喜闻桂平西山洗石庵重塑佛像挥毫为大雄宝殿书门联一付。为台北《狮子吼》撰写《曹溪南华寺沿革考》。

一九八三年　癸亥　七十五岁　积劳成疾，于人大礼堂开会时病倒。初住北大附属医院，旋移友谊医院，再转住广安门中医医院。

一九八四年　甲子　七十六岁　法师患病期间，中央统战部江平副部长，国务院宗教事务局任务之代局长，中国佛教协会名誉会长班禅，会长赵朴初，副会长正果以及生前友好夏衍，著名科学家钱学森先生等多次前往医院探视。

四月九日晚，把毕生精力无私的奉献给佛教、奉献给祖国的当代杰出的佛门栋梁、法海龙象——巨赞法师终因医治无效，抱着改革的遗愿，赍志以殁。法师博通内外，光明磊落，为了佛法久住，法轮常转，为了人类的和平幸福，为了国家的常治久安，他任劳任怨，鞠躬尽瘁，奋斗到最后一刻。海内外有识之士无不敬重。他的去世，中外闻者莫不失声悲悼。

法师圆寂后，当即组成以赵朴初为首的治丧委员会，处理善后。四月二十七日下午，在八宝山革命公墓举行追悼会。邓颖超、李维汉、帕巴拉格烈朗杰、叶圣陶等送了花圈。习仲勋、班禅额尔德尼·确吉坚赞、刘澜涛、杨静仁、屈武等参加了追悼会。

四月二十八日，在北京广济寺举行追悼法会。

讣闻发出后，海内外各界纷纷发来唁电或举行法会，沉痛悼念巨赞法师。

一九八六年，法师灵骨塔在浙江省天台山国清寺建成。一九九四年，巨法师家乡——江阴，在风景秀丽的君山之麓建成“巨赞纪念堂”。二〇〇一年，纪念堂提格为爱国主义教育基地。一九九八年，江阴要塞贯庄重修巨赞法师故居。二〇〇八年一月，“巨赞公园”在江阴奠基兴建，整个工程预计十月圆满告成，以此纪念巨赞法师诞辰一百周年也。

附言：巨赞法师勤奋好学，博达多才，著作等身。由于战乱，不少文章散失，有的因以笔名发表，编者不详，未敢贸然搜集。另有数十万字的文章，如：《扬弃集》、《周易研究》、《孔孟荀哲学研究札记》、《饶云杂录》、《潜夫论札记》、《周易韩王注札记》等，则以写作年代不详，未能编入《年谱》中。

最后我们谨引用巨法师读经笔记“觉海遗珠集”（乙）中的一小段按语（见《巨赞法师文集》P1371）作为结束语：

“阅此土华严著述竟，不禁涕泗盈睫，哀哉长夜，岂将尽为此等庸妄所障蔽耶？杜顺、法藏、清凉之遗绪笼统乃尔，吾将何以启发后人耶！倭奴淫暴，中原危迫，人理几希，吾复何所措施耶？哀哉！”

寥寥数笔的这段按语，可以想见法师研读之精，参透之深。“倭奴淫暴，中原危迫”，身在庙堂，心在社稷。忧国忧民，出自肺腑，溢于言表！读经何尝忘国忧，法师爱国爱教的一生，可歌可泣，实在令人无限敬仰。

功德芳名

慨施净资，共结胜缘

无锡祥符寺无相长老

天津敬一堂敬守存、杨秀珍贤伉俪

王爱琴　王琳瑛　罗兴银　常　宏　常　乐　王荣芬　李平生　王秀华
崇玉玲　周向东　刘玉珍　周继军　孟乐天　周翰石　肖安立　石良豫
肖　波　孟广林　王海玉　周继仁　陈华凤　谢　俊　齐红侠　黄满意
胡德全　仁　兰　刘桂莲　王玉岺　赵秀珍　王　军　廖秀芳　白天依阳
李晨阳　李红蕾　尚宝良　仁　秀　妙　香　冀欢欢　崔皞程　妙　云
妙　轩　仁　安　妙　缘　宗　良　李　德　崔皞永　邓中海　段兴鹏
周文王　李桂芝

辛勤校雠，真诚奉献

中国佛教图书文物馆：梵　华　妙　密　觉　尘　演　武　鲁大卫　蔡　宏

中国佛学院：养　辉　容　通　惟　善　隆　藏
妙　戒　法　雨　传　智　海　藏

管　谦　时　涛　张文凤　刘盛荣　郇　艳　叶祝华　李大虎　乔金荣
王东文　周作珍　李　德　周雪岩　陈瑞瑞　安乐明　叶　青　王　卓
孙晓乐　张小平　张淑霞

图书在版编目（CIP）数据

巨赞法师全集/朱哲主编. －北京：社会科学文献出版社，2008.5

ISBN 978－7－5097－0132－4

Ⅰ.巨… Ⅱ.朱… Ⅲ.佛教—文集 Ⅳ.B948－53

中国版本图书馆 CIP 数据核字（2008）第 050877 号

巨赞法师全集

主　　编 / 朱　哲
副 主 编 / 李　千　马小琳

出 版 人 / 谢寿光
总 编 辑 / 邹东涛
出 版 者 / 社会科学文献出版社
地　　址 / 北京市东城区先晓胡同 10 号
邮政编码 / 100005
网　　址 / http：//www.ssap.com.cn
网站支持 /（010）65269967
责任部门 / 编辑中心（010）65232637
电子信箱 / bianjibu@ssap.cn
项 目 人 / 宋月华
责任编辑 / 宋月华　侯云灏　张晓莉等
责任校对 / 段　青
责任印制 / 盖永东

总 经 销 / 社会科学文献出版社发行部
（010）65139961　65139963
经　　销 / 各地书店
读者服务 / 市场部（010）65285539
排　　版 / 北京步步赢图文制作中心
印　　刷 / 三河市尚艺印装有限公司

开　　本 / 787×1092 毫米　1/16
印　　张 / 240.5
插图印张 / 13.75
字　　数 / 4519 千字
版　　次 / 2008 年 5 月第 1 版
印　　次 / 2008 年 5 月第 1 次印刷

书　　号 / ISBN 978－7－5097－0132－4/B·0005
定　　价 / 3900.00 元（共八卷）

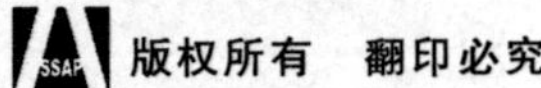